한일회담
일본외교문서 상세목록집 V
-제7차 회담-

일러두기

• 이 책은 2020년도 동북아역사재단 기획연구 수행 결과물임(NAHF-2020-기획연구-10).

한일회담
자료총서 15

한일회담
일본외교문서 상세목록집 V

- 제7차 회담 -

동북아역사재단 편

동북아역사재단
NORTHEAST ASIAN HISTORY FOUNDATION

발간사

한일관계에서 한일협정만큼 민감하고 논쟁적인 주제는 없을 것입니다. 한일 양국은 1951년 10월 국교정상화를 위한 회담을 시작하였습니다. 이후 회담은 13년 8개월에 걸쳐 중단과 재개를 되풀이하였고, 1965년 6월 한일 양국은 협정에 조인하였습니다. 한일회담은 해방 후 한일관계뿐만 아니라 한국현대사의 기본 틀을 만드는 과정이었습니다. 한일 양국이 최근 첨예하게 대립하는 근본 원인도 한일회담에 있다고 할 수 있습니다. 2018년 10월 30일 일제 강제동원 피해자 손해배상소송 판결과 2021년 1월 9일 일본군'위안부' 피해자 손해배상소송 판결은 1965년 한일협정이 지나간 과거가 아닌 현재진행형의 문제라는 사실을 확인시켰습니다.

한국정부와 법원은 1910년 강제병합조약은 원천 무효이고 반인도적 범죄에 대한 배상 문제는 1965년 한일청구권협정으로 해결되지 않았다고 주장합니다. 하지만 일본정부와 법원은 강제병합조약은 합법이고 청구권협정으로 모든 배상 문제가 해결되었다고 주장합니다. 한일협정에 대한 평가와 해석을 둘러싸고 이처럼 첨예하게 대립하는 근본 원인은 무엇일까요? 한일협정 해석을 둘러싼 갈등은 해결할 수 있는 것일까요?

이 문제들에 대한 해답을 찾기 위해서는 한일협정 조문 해석뿐만 아니라 협정이 어떤 과정을 거쳐 체결되었는지, 당시 양국 정부가 어떠한 역사인식과 전략을 토대로 협상하였는지를 한일회담 당시 관련 일차 자료에 근거하여 파악할 필요가 있습니다.

한일회담 외교문서가 공개된 것은 강제동원 피해자들이 2002년 한국정부를 상대로 문서공개요구소송을 한 것이 계기가 되었습니다. 강제동원 피해자들은 일본에서 제소한 소송에서 일본 법원이 1965년 청구권협정으로 모든 배상은 해결되었다는 판결을 내리자, 청구권협정에서 강제동원 피해자 문제가 어떻게 다루어졌는지 공개하라며 한국정부를 상대로 소송하였습니다. 이후 2004년 강제동원 피해자들이 승소하였고, 한국정부는 2005년 약 3만 5,000장의 문서를 공개하였습니다. 일본에서도 시민단체인 '일한회담문서 전면 공개를 요구하는 모임'이 문서공개를 요구하자, 일본정부는 2008~2015년까지 약 9만 장의 문서를 공개하였습니다.

동북아역사재단은 한일 양국에서 한일회담 외교문서가 공개된 이후 국민대학교 일본학연구소와 협력하여 방대한 분량의 외교문서를 체계적으로 정리하는 작업을 해 왔습니다. 그 첫 작업으로 한국외교문서를 체계적으로 분류·해제한 『한일회담 외교문서 해제집』 5권을 2008년에 발간하였습니다. 이후에는 소송을 통해 추가로 공개된 문서를 포함한 일본외교문서 약 9만 장을 체계적으로 분류하여 그 결과물을 『한일회담 일본외교문서 상세목록집』 5권으로 발간하게 되었습니다. 한국외교문서 원본은 동북아역사재단 〈동북아역사넷〉(contents.nahf.or.kr)에 게재하였으며, 일본외교문서 원본도 올리는 중입니다. 그 외 미국 국무성 문서도 국사편찬위원회의 협력을 받아 〈동북아역사넷〉에 올렸습니다.

이렇게 외교문서의 원문을 제공하는 작업은 한일회담의 전모를 밝히는 데 크게 기여하고 있지만, 외교문서를 찾아보는 일반 대중과 연구자, 정책 입안자들이 필기체로 된 방대한 문서에서 필요한 자료를 찾아내는 것은 쉬운 일은 아닙니다. 이에 우리 재단은 국민과 학계, 관계 기관에서 한일회담 관련 자료를 폭넓게 활용할 수 있도록 한일회담 관련 핵심 문서를 자료총서로 발간하는 작업을 하고 있습니다. 이 자료총서가 한일회담의 전모를 파악하고 핵심 쟁점이 어떻게 논의되었는지를 이해하고 한일회담에 대한 객관적인 이해를 토대로 한국과 일본이 현재 직면한 문제를 해결하는 데 기여할 수 있기를 기대합니다. 나아가 앞으로 진행될 북일 국교정상화 관련 대응에도 도움이 될 수 있을 것입니다.

한일회담 자료총서 발간 작업은 연구자들과 활동가들의 열정적인 노력이 있었기에 시작할 수 있었습니다. 외교문서가 공개될 수 있도록 노력하신 많은 분들과 방대한 분량의 외교문서를 한 장 한 장 검토해 주신 분들께 감사를 드립니다.

2021년 10월

동북아역사재단 이사장

이영호

이 자료집은 일본정부가 2007년 3월 이후 6차례에 걸쳐 공개한 한일회담 관련 외교문서 약 6만 장을 효율적으로 이용하기 위해 만든 상세목록이다. 한일회담은 공식적으로는 1951년 10월 20일부터 1965년 6월 22일까지 개최되었다. 회담 주제는 기본관계, 청구권, 어업, 문화재 등 다방면에 걸쳐 있었다. 따라서 일본이 공개한 외교문서 6만 장에서 필요한 자료를 찾는 것은 쉬운 일이 아니다. 6만 장이라는 방대한 문서에 빠져 길을 잃지 않으려면 문서 전체를 파악할 수 있는 조감도와 상세지도가 필요하다. 이 자료집을 만든 목적은 여기에 있다.

일본정부가 한일회담 관련 외교문서를 공개하게 된 직접적인 계기는 한국정부의 한일회담 외교문서 전면 공개였다. 한국정부는 일제강점기 강제동원 피해자들이 제기한 한일회담 외교문서공개요구 소송에서 패소하자 2005년 1월 일부 문서를 공개했다. 그리고 문서 전체에 대한 면밀한 내부 검토 과정을 거쳐 8월에는 3만 5,354쪽이나 되는 문서를 전부 공개했다. 당시 노무현 정부가 고심 끝에 이러한 결단을 내리게 된 것은, 일정 기간이 경과한 후에는 공문서를 공개함으로써 국민의 알 권리를 충족시키는 것이 민주주의 원리에 부합한다는 원칙에 따른 것이었다. 나아가 일제강점기에 강제로 동원되었던 피해 당사자의 청구권과 보상 요구에 대해 정부 차원에서 성실하게 대응하겠다는 의지의 표명이기도 했다. 1975년 한국정부는 법률을 제정하여 강제동원 피해자에게 일부 보상 조치를 했다. 하지만 강제동원 피해자 보상 문제는 오늘날까지 한일 양국 정부에 숙제로 남아 있다. 노무현 정부는 문서공개 이후 위원회를 만들어 강제동원 피해자를 조사하고 추가적인 지원 조치를 취했다.

한국정부의 문서공개와 일련의 후속 조치는 국경을 넘어 일본 사회에도 큰 충격을 주었다. 2005년 12월 전후보상을 요구해 온 운동그룹과 연구자들이 중심이 되어 '일한회담 문서 전면 공개를 요구하는 모임'(이하, 모임)을 결성하였다. 이 모임이 중심이 되어 일본정부를 상대로 정보공개 소송을 제기하는 등 한일회담 관련 일본외교문서 공개를 촉구하는 운동을 전개했다. 이 모임은 2006년 4월 외무성을 방문하여 정보공개법에 따라 한일회담과 관련한 공문서의 공개를 정식으로 청구했다. 외무성은 2008년 5월까지는 모든 문서에 대한 개시를 결정하겠다고 회답했다. 그리고 2007년 11월 약 7,000장의 문서를 공개했다. 같은 해 12월 도쿄지방법원은 이 모임이 제기한 정보공개 소송에 대해 "청구로부터 1년 7개월이 지나도록 결론을 내지 않은 것은 국가의 무작위"라고 판결했다. 외무성은 개시 결정을 서두를 수밖에 없는 상황에 몰렸다. 외무성은 2008년 4월과 5월에 걸쳐 약 5만 2,000장의 외교문서 개시 결정을 내렸다. 모임은 먹칠로 처리하여 비공개한 부분에 대한 공개를 추가로 청구했다. 그 결과 비공개 부분이 새롭게 공개되기도 했다. 이번 목록에는 추가로 공개된 문서들의 상세내용도 포함되어 있다.

한일회담과 관련하여 현재까지 일본정부가 공개한 문서가 모든 외교문서를 한 장도 빼놓지 않고 총망라하고 있는지 확인할 길은 없다. 그러나 공개된 약 6만 장의 문서군은 그동안 외무성이 한일회담 관련 문서 파일로 분류하여 관리하고 있던 거의 전량에 해당하는 것으로 추정된다. 외무성은 법원의 판결에 따라 방대한 문서군을 단시일 내에 분류, 정리하여 공개할 수밖에 없었고 그 과정에서 부분적으로 문서의 누락이나 분류상의 오류가 있었을 가능성을 배제할 수는 없다. 문서에 부여된 일련번호도 외무성이 문서작성 시기나 문서주제와 관계없이 공개요청에 따라 순차적으로 공개하면서 붙인 것으로, 큰 의미가 없다. 회담별 위원회 회의록의 경우에도 6만 장 안에 섞여 있어 무엇이 누락되었는지 정확히 파악할 수 없다. 이 자료집을 발간하면서 문서를 가급적 작성 시기와 주제별로 정리해 본 결과, 일부 누락된 파일이 있었다. 다만 고의적으로 누락시켰다기보다는 급하게 공개하다 보니 문서 정리와 분류 과정에서 실수가 있었던 것으로 보인다.

주목할 점은 한국정부가 한 장의 문서도 빠짐없이 전면 공개한 것과는 달리, 일본정부는 총 6만 688장의 문서를 공개했지만 국익과 개인 프라이버시를 이유로 문서 내용 전체를 공개하지는 않았다는 점이다. 독도 관련 문서, 대장성과 외무성의 청구권 금액 산정 부분 비교표 및 내부 검토 자료가 아직도 공개되지 않고 있다. 이 중 23건은 전면 비공개였으나 모임이 소송을 통해 공개를 요구한 결과, 그 일부가 공개되기도 했다. 공개된 내용은 이 자료집에 반영했다.

한일회담과 1965년에 체결된 한일협정은 학문적으로도 실무적으로도 심층적이고도 다각적인 검토가 필요한 과제다. 14년에 걸친 한일 국교정상화 교섭의 실태에 대한 치밀한 검토는 해방 후 한일관계사는 물론이고 동아시아 냉전사와 탈식민화 과정을 객관적으로 파악하는 데도 많은 도움이 된다.

한일회담의 전 과정에 대한 실증적인 분석을 위해서는 한일 외교문서의 비교 검토가 필요하다. 특히 일본외교문서는 일본정부의 한반도 정책 및 한일회담의 개별 현안에 대한 일본정부 내부의 논의 현황이나 방침, 대책 등이 구체적으로 기술되어 있어 사료로서의 가치가 매우 높다. 한일 간 식민지 피해 처리 문제는 한일회담에서 포괄적으로 다뤄졌고 한일협정에 의해 마무리되었다고 할 수 있다. 따라서 좋든 싫든 한일과거사 문제와 관련한 쟁점의 파악은 한일회담과 한일협정에 대한 이해와 해석에서 출발할 수밖에 없다.

향후 재개될 가능성이 있는 북일 국교정상화 교섭의 진행 과정과 그 결과를 예측하고 파악하기 위해서도 한일회담과 한일협정에 대한 이해가 필요하다. 북일 국교정상화 교섭 과정에서 논의될 현안이 한일회담의 현안과 상당 부분 중복될 수밖에 없다는 점을 고려한다면 북일 협상을 전망하고 이에 대한 대비책을 마련한다는 차원에서도 한일협정의 검토가 요구되고 있다.

이 자료집을 발간하는 데 많은 분들의 적극적인 지원과 헌신적인 노력이 있었다는 점을 밝혀 두고자 한다. 일본외교문서 입수에는 일본의 '일한회담 문서공개 요구모임' 관계자, 특히 이양수 선생님께서 많은 도움을 주셨다. 국민대학교 일본학연구소는 방대한 분량의 외교문서를 1차적으로 정리하고 상세목록을 작성해 주었다. 일본외교문서가 공개되어 분석을 시도하려 했을 때 선뜻 나서 주는 연구자나 연구소는 어디에도 없었다. 엄두도 못 낼만큼 엄청난 양의 외교문서를 한 장 한 장 검토하면서 분류하는 것은 상상할 수도 없을 만큼 지루한 작업이기 때문이다. 국민대 이원덕 교수님은 최근의 한일 과거사 문제가 이 협상과 협정에 기인하는 것이라는 점을 고려하면 한일회담 문서는 학문적으로도 정책적으로도 중요한 의미가 있다며 기꺼이 맡아 주셨다. 이원덕 교수님은 1994년 박사학위를 통해 사료에 근거한 한일회담 연구를 본격적으로 열어 주신 분이다. 『한일회담 일본외교문서 상세목록집』을 발간하면서 단어나 접속어의 의미까지도 이원덕 교수님과 논의하지 않을 수 없었다. 이 자리를 빌려 감사드린다. 이 외에도 지면의 제약으로 이름을 일일이 밝히지는 못하지만 10명 이상의 한일관계 전공자들이 헌신적으로 작업을 해 주셨다. 마지막으로 상세목록의 검수는 유의상 전 표기명칭대사님께서 해 주셨다. 엄청난 시간을 투여하지 않으면 안 되는 어려운 작업임에도 책임감을 갖고 작업해 주셨다. 유의상 전 대사는 한일관계를 담당했던 외교관이자 연구자이다. 외교관 경험이 없으면 도저히 파악할 수 없는 부분은 물론, 난해한 문장을 한 줄 한 줄 상세하게 검토해 주셨다. 재단에서도 많은 도움을 받았다. 무엇보다 일본외교문서에 대한 체계적인 정리와 분석 작업이 가능했던 것은 김용덕, 정재정, 김학준, 김호섭, 김도형 전 이사장님과 이영호 이사장님께서 이 작업의 중요성을 이해하고 적극적으로 지원해 주셨기 때문이다. 이 책이 완성되기까지 여러 우여곡절이 있었음을 고백하지 않을 수 없다. 남상구 연구정책실장님과 재단 도서발간 담당자의 도움이 없었다면 절대로 5권의 상세목록집이 발간될 수 없었다. 어떤 표현으로도 부족하지만 진심으로 도움이 컸음을 감히 밝히지 않을 수 없다.

마지막으로 이 자료집의 원고를 처음 본 순간부터 엄청난 양의 원고에 압도되어 도망가고 싶었음에도 끝까지 최선을 다해 준 출판 관계자 여러분들에게도 감사드린다.

이 책의 발간에 도움을 주신 모든 분께 이 자리를 빌려 다시 한번 감사드린다.

2021년 10월

조윤수 씀

차례

제1부 한국 동향(1965~1971)

제2부 한일관계·한일협정 관련 자료(1965)

제3부 한일협정과 국회 대응(1965~1969)

제4부 한일협정 조인 문서와 국회 비준

제5부 이동원 장관 방일(1965. 3~4)

第6部 다카스기 일본대표 발언 문제(1965)

第7部 한일 문제 관련 일미 간 협의(1965)

第8部 제7차 회담 본회의 및 수석대표회의

第9部 제7차 회담 기본관계위원회 회의록 및 방침

제10부 제7차 회담 한일어업 문제 훈령 및 정책(1965)

제11부 제7차 회담 한일어업관계위원회 및 협정안(1964~1965)

第12部 第7차 회담 청구권 및 경제협력 관련 정책 및 훈령(1965)

第13부 제7차 회담 청구권 및 경제협력위원회 회의록 및 협정(안)(1965)

제14부 제7차 회담 재일한국인 법적지위 위원회 회의록 및 정책(1965)

제15부 제7차 회담 문화재 위원회 회의록 및 정책 훈령

제16부 국내외 언론 및 해외 동향 보고(1965)

第17부 한일협정과 해외동향(1965)

第18부 제7차 회담 대표단 임면관계 및 연표, 일본 외교(1964~1965)

第19부 한일회담 일지

제20부 교섭사 자료 및 연표

제21부 한일국교정상화 교섭의 기록 총설

한일회담 일본외교문서 상세목록 일러두기

1. 한일회담은 1951년 예비회담부터 1965년 제7차 회담까지 진행됨. 위원회별로 반드시 그 시기가 일치하는 것은 아니며 겹치는 부분이 존재함. 일본은 예비회담을 1차 회담으로 부를 때도 있으나 이 자료총서에서는 예비회담을 제1차 한일회담에서 분리함.

예비회담	1951. 10. 20~1952. 2. 27
1차 회담	1952. 2. 15~1952. 4. 25
2차 회담	1953. 4. 15~1953. 7. 23
3차 회담	1953. 10. 6~1953. 10. 21
4차 회담	1958. 4. 15~1960. 4. 15
5차 회담	1960. 10. 25~1961. 5. 16
6차 회담	1961. 10. 20~1964. 4. 6
7차 회담	1964. 12. 3~1965. 6. 22

2. 문서 정리

- 상세목록집은 일본 외무성이 공개한 문서파일번호를 그대로 사용함. 외무성 공개 문서파일에는 여러 개의 문건이 존재함. 문서파일명이 대분류면 문서명은 소분류임.
- 문서는 기본적으로 문서파일의 작성 시기순으로 정리함(문서에 부여된 일련번호는 일본 외무성이

문서작성 시기나 문서 주제와 관계없이 공개요청에 따라 순차적으로 공개하면서 붙인 것으로 큰 의미가 없음).

- 하나의 문서 파일에는 여러 문서가 담긴 경우도 있고 한 개의 문서로 구성된 것도 있음. 이 자료집에서는 문서파일명이 대분류라면 문서명은 소분류로 분류함.
- 문서파일명에 포함된 문서는 외무성이 공개할 당시 편철한 순서대로 정리함.

3. 문서파일명이 없는 경우 내용을 고려하여 임의로 붙였으며 그 경우 ( )로 표시함.
   - 문서명의 제목이 없는 경우에는 제목 없음으로 표시함.

4. 문서의 비밀등급은 표시에 따라 극비(極秘), 비(秘)로 구분하여 표기하였으며, 비밀등급이 표시되어 있지 않은 경우는 일반문서로 간주하여 일반으로 표기함. 영어로 confidential 또는 strictly confidential로 되어 있는 것은 극비로 표시함. 자료집과 같은 경우 표지에 극비가 표시되어 있으면 내용물도 극비로 보아야 할 것이나, 사료를 있는 그대로 소개한다는 의미에서 내용물에 비밀 표시가 없는 경우 일반으로 표기함.

5. 문서상에 기록된 '조선(朝鮮)'이라는 국호는 1945년 8월 15일 이후일 경우 '한국'으로 번역하였으며, 조선인(朝鮮人)은 문맥에 따라 가급적 '한국인' 또는 '한인'으로, 조총련계를 지칭할 경우에는 재일조선인으로 번역함.

6. 원문에 "일한○○○"으로 되어 있는 부분은 "한일○○○"로 번역함.

7. 일본 인명, 지명, 선박명 등은 가급적 훈독으로 표기하고 일본어 원문을 괄호 안에 표기함. 단, 선박명의 경우 한국 국적 선박은 일본어 훈독이 아닌 한국식 한자 읽기로 표기함.

8. 외국어(영어, 일본어 등)는 번역문, 원문(괄호)순으로 표기함.

9. 문서에는 문서 작성처가 기록되어 있지 않으나 어디서 작성되었는지가 확실한 경우에는 추정해서 표기함. 작성처가 애매한 경우 외무성으로 표기하였으나, 외무성이나 다른 성·청 중 어느 쪽이 작성한 것인지 불분명할 경우는 불명으로 표기함. 한국대표단 또는 주일

한국대표부에서 작성한 것이지만 일본어로 되어 있는 문서는 '한국대표부(일본 가역 또는 번역)'로 표기함.

10. 문서종류는 아래 기준으로 구분하여 표기함.

표기	내역
회의록	회의의사록, 의사요록, 회의록, 내부 사전협의 기록 등
면담록	형식을 갖추지 않은 간담 또는 면담 기록
회의 보고서	본회의에 보고하기 위하여 작성한 분과위원회 회의 결과 등
내부자료	회의록의 첨부물 형태로 작성된 참고자료, 대표단 명부, 양측 수석대표 인사말, 회의 시 발언, 의사 절차, 제안, 대국회 자료, 언론 논조 분석자료, 회담 경위, 일지 등을 정리한 문서 등
보도자료	보도자료, Press Release 등
연설문	각종 계기에 이루어진 연설 내용을 담은 문서
성명문	대외적으로 어떠한 내용을 발표하는 형식(statement)
담화문	대외적으로 어떠한 내용을 발표하는 형식
공동성명(공동발표문)	양국 간 회담 후 그 결과를 공동으로 발표하기 위하여 작성한 문서(Joint Communique)
공동성명문	회담 후 그 결과를 공동으로 발표하기 위해 작성한 성명문(Joint Statement)
기자회견록	기자회견의 내용을 정리한 문서
간행자료	출판물로 간행된 자료
설명자료	대외적으로 특정 내용을 설명하기 위해 작성한 자료
전문	외무성 본성과 재외공관 간, 또는 재외공관과 재외공관 간 전신으로 주고받은 문서
공문	외무성 본성과 재외공관 간에 전문 이외의 방식(파우치 편 전달 등)으로 주고받은 문서, 외무성과 다른 성 · 청 간 주고받은 문서, 각의 심의요청 문서, 각의 결정사항을 하달하는 문서, 연합국 최고사령부와 주한미군정청이 주고받은 문서 등
재가문서	상부의 결재를 받기 위해 작성한 내부문서
내부문서	인사 발령, 회의 소집 등 내부 회담을 위해 작성한 문서, 회의 지침, 방침 등 내부용으로 작성한 문서, 내부보고서, 출장보고서 등
외교공한	외무성과 한국대표단 또는 주일한국대표부(구상서 등), 외무성과 연합국 최고사령부(GHQ, SCAP), 한국대표부와 연합국 최고사령부 간에 주고받은 문서[구상서(Note Verbale) 포함], 국가 정상 간에 주고받은 친서, 국가 간의 공적인 내용의 전달을 위한 개인 명의 서한, 단 국가 정상 간 친서라 할지라도 개인적인 내용이 담긴 것은 서한으로 분류

서한	개인 명의로 주고받은 사적인 내용의 편지
조약	한일 간 체결을 위해 작성한 조약 문안
협정	한일 간 체결을 위해 작성한 협정 문안
협약	한일 간 체결된 조약의 한 종류
교환공문	협정 부속문서의 한 종류
합의의사록	협정 부속문서의 한 종류
의정서	협정 부속문서의 한 종류
협정 부속문서	형식이 확정되지 않은 협정 부속문서 문안
양해각서 또는 부속 양해서	양국 간의 합의사항을 기록한 외교문서의 한 종류(Memorandum of Understanding)
약정	양국 간 조약이나 협정보다 덜 중요한 사항에 관해 합의한 내용을 담은 외교문서의 한 종류
구두전달사항(oral statement)	중요성이 떨어지는 양국 간 합의사항을 정리하는 외교문서의 한 방식 (구두 전달)
합의사항	1965년 4월 3일 한일 간에 가서명한 청구권 문제, 어업 문제, 재일한국인 법적 지위 문제 해결 등을 위한 '합의사항'. 협정 체결의 모태가 됨.
비망록	외교당국 간에 어떠한 사항 또는 주장을 전달하기 위하여 취하는 한 방식(aide - memoire)
공동선언	국가 간에 합의된 내용을 발표하는 한 방식(Joint Declaration)
비공식문서(non - paper)	외교당국 간에 어떠한 사항 또는 주장을 전달하기 위하여 취하는 한 방식. 정식 문서가 아니라고 해서 non - paper라고 칭함.
언급사항 문서(talking paper)	상대방에게 언급할 사항을 기록한 비공식 문서
진정서	민원인(진정인)이 정부 관청에 제출한 문서
청원서	민원인(진정인)이 정부 관청에 청원한 내용이 담긴 문서
법령	한일 양국의 법령, 연합국 최고사령부 지령(SCAPIN 등), 주한미군정청 법령 등
기타	위에 분류한 항목에 포함시키기에는 적절치 않은 문서

한일회담 일본외교문서 상세목록집의 이해를 돕기 위하여

이 자료집은 일본 외무성이 공개한 외교문서를 주제별, 작성 시기별로 정리한 것이다. 한일회담 한국외교문서와는 달리 일본외교문서는 일본 외무성이 자발적으로 공개한 것이 아니라 일본 내에서 활동하는 전후보상을 요구하는 시민단체의 노력으로 공개되었다.

일제강점기 강제동원 피해자들은 일본에서 소송을 제기했다. 일본 사법부는 피해자 배상 문제는 한일청구권 및 경제협력 협정에 의해 '완전하고 최종적으로 해결'되었다며 모든 소송을 기각시켰다. 한일협정에서 말하는 '최종적 해결'이란 무엇인지, 어떤 논의를 통해 이러한 논리가 만들어졌는지는 판도라의 상자에 갇혀 있었다. 이 판도라의 상자를 열고자 일본의 전후보상을 요구하는 시민단체가 중심이 되어 2005년 12월 '일한회담 문서 전면 공개를 요구하는 모임(日韓会談文書・全面公開を求める会: 이하 '요구하는 모임')이 결성되었다. '요구하는 모임'은 한일회담 외교문서공개소송을 제기하였고 마침내 일본 법원은 공개를 결정했다.

일본 외무성은 2007년 3월 1차 공개를 시작으로 2008년 제6차까지 약 6만 장을 공개했다. 그러나 여전히 공개하지 않은 부분이 다수 포함되어 있다. 공개하지 않은 문서는 일본 국내 정치에 파장을 일으킬 수 있는 내용, 청구권 금액 계산 내역, 궁내성(宮内省)과 도쿄박물관 한국관계 문화재 일람표, 데라우치(寺内)문고 관련 기록, 그리고 독도 관련 내용이다. 일본정부는 회담 초기 개인청구권을 2억 엔으로 상정했는데 계산 내역은 비공개다. 추가 소송을 통해 공개하지 않은 문서의 일부 혹은 전체가 공개되었다. 예를 들면 일본외교문서 376번은 처음에는 부분 공개였으나, 2013년 1월 전면 공개했다. 이것은 '요구하는 모임'의 지속적인 자료 공개 요청 소송의 성과다.

아래는 문서파일번호 376「일한관계 상정문답 미정고」의 2008년 비공개 문서와 2013년 전면 공개된 후의 문서를 비교한 것이다.

2008년	2013년
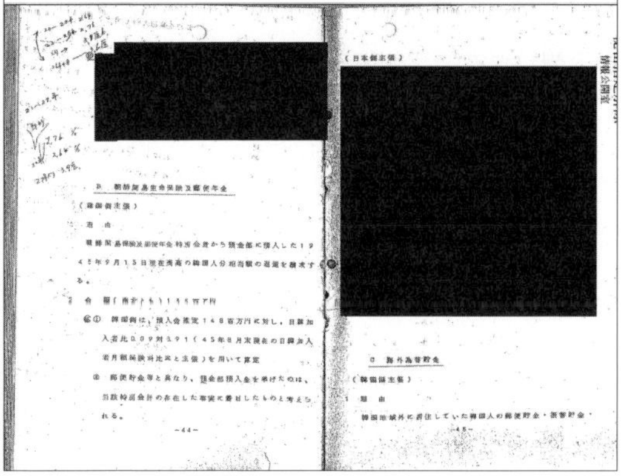	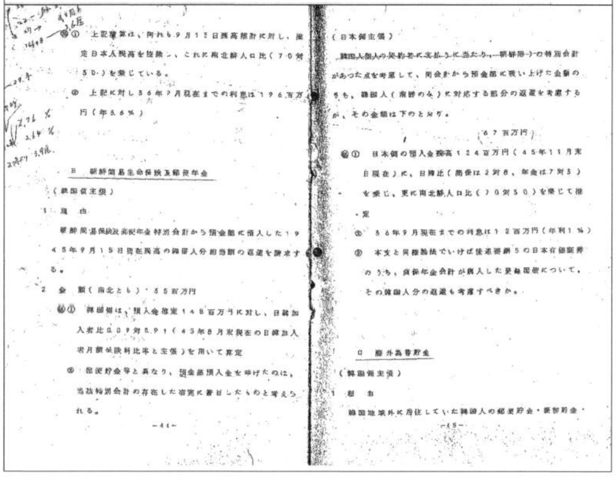

외무성이 공개한 파일을 보면 문서번호는 하나에 한 개의 문건이 들어 있는 경우, 다수의 문건이 포함된 경우가 있다. 또한 파일 안에 다른 이슈가 들어간 경우도 있는데 아마도 문서철을 작성할 때 잘못 들어간 것으로 보인다. 그러나 상세목록을 읽고 외무성 문서를 검색할 경우 원래 문서에 접근하기 쉽도록 하기 위해 그대로 두었다. 원문은 동북아역사재단의 〈동북아역사넷〉(contents.nahf.or.kr)이나 '요구하는 모임'의 홈페이지(http://www.f8.wx301.smilestart.ne.jp/)에서 확인할 수 있다. 일본 외교사료관에서도 열람할 수 있다. 다만, 이미 공개된 문서임에도 열람할 때마다 공개 청구를 해야 하고 복사할 경우 비용도 든다.

이 자료집에 들어가는 항목은 파일번호, 문서명, 작성연월일(발신일), 작성처(작성자), 내용, 주제어, 문서종류다. 파일번호는 외무성이 공개한 문서 순서이다. 일본외교문서는 정보공개 소송에서 일본정부가 패소한 결과 공개되었기 때문에 시간적 여유가 없어서인지 두서없이 공개되었다. 또한 비공개 부분을 새로 공개하면 공개한 순서대로 다시 외무성에서 번호를 붙이기 때문에 파일번호는 의미가 없다. 문서명은 원문서에 표기된 문서명을 그대로 사용하는 것을 원칙으로 했다. 다만 파일번호에 문서제목이 없는 것들이 적지 않기 때문에 그 경우에는 내용이나 발신자 정보에 따라 파일번호에 문서제목을 붙였다. 문서파일 안에 포함된 다수의 문건 중에도 문서제목이 없는 경우에는 별도로 문서제목을 붙이지 않았다. 문서종류는 일러두기에 상세하게 기술했으므로 참고하면 도움이 될 것이다. 작성연월일은 문서에 표기된 그대로 붙였으며, 문서에 기록되지 않은 경우에도 내용에서 날짜를 추정할 수 있으면 추정한 날짜를 표시했다. 날짜를 알 수 없는 경우에는 불명으로, 연도만 알 수 있는 경우에는 연도만 표시했다. 문서종류는 회의록, 보고서, 외교공한, 공문, 자료, 협정문으로 구분했다. 보고서는 사안을 자세하게 분석하거나 검토하기 위해 작성한 것이다. 외교공한은 일본이 연합국최고사령부(GHQ)나 한국과 주고받은 문서다. 한일회담은 한국과 일본 양자 간 교섭이었으나 미국 등 국제정세도 주요한 요소로 작용했다. 양국 정상이 주고받은 친서라도 '생일 축하' 등 사적인 내용은 서한으로 분류했다. 외무성과 각 성·청이 주고받은 문서는 공문으로 분류했다. 공문은 주로 각 성·청에서 한국과의 회담에 필요한 자료들을 제시한 것이다.

일본이 작성한 한일회담 각 이슈별 보고서에는 일본이 식민지 피해를 어떻게 인식했고 어떤 전략으로 한일회담을 추진했는지 드러나 있다. 일본정부는 청구권, 어업, 재일조선인 법적지위, 기본관계, 문화재 반환문제 교섭에 필요한 실증적인 자료를 모으고 분석했다. 한국의 독립 문제를 철저하게 일본 제국에서 한국이 '분리'하면서 발생한 문제로 보았다. 일본외교문서에는 한국이 주장한 일본의 식민지 지배에 대한 피해 보상과 청산 문제가 거론되지 않았다. 일본은 식민지와 종주국 간의 관계 설정에 대한 자료를 수집해 영토 분리 과정에서의 재산처리가 어떤 방식으로 이뤄지고 있는지를 분석할 뿐이다. 일본의 국제법상 '분리' 주장은 한 번도 바뀐 적이 없다. 이는 한일기본조약으로 귀결되었다.

외무성 관계자는 청구권, 어업, 문화재 문제 교섭과 관련하여 한국과의 교섭보다 오히려 대장성이나 수산청, 문부성과의 교섭이 더 어려웠다고 고백했다. 일본에서도 14년 동안 국회와 각 부서 사이에서 다양한 조정이 있었음을 보여 준다. 한일회담 교섭 과정에서 일본은 다양한 근거를 제시했고 한국의 주장을 반박하기 위해 사전에 내부적으로 치밀하게 협의했다. 일본외교문서에는 한일회담 교섭 과정에서 한국대표들이 어떻게 교섭했는지도 적나라하게 담겨 있다. 따라서 원문을 찾아 읽다 보면 상당히 불편한 내용과도 마주할 수 있다. 한일협정이 뒤틀린 한일관계의 기원이라는 점을 확인하는 것은 뼈아픈 일이다. 하지만 양국이 협정 체결을 위해 수많은 논의와 갈등을 거듭하면서 도출한 결론이 한일협정이라는 사실, 이 협정을 토대로 한일 양국이 발전적인 관계를 만들어 왔다는 점 역시 제대로 평가할 필요가 있다.

6만 장이라는 방대한 일본외교문서를 체계적으로 정리하고 해제한 이 자료집이 일본외교문서를 토대로 한 한일회담 연구에 기여하기를 기대한다.

제1부

한국 동향

(1965~1971)

최근의 한국 정치정세
(最近の韓国政治情勢)

문서파일번호	203
문서명	최근의 한국 정치정세(最近の韓国政治情勢)
작성연월일	1965. 1. 13
구분	제7차 회담
세부항목	한국정세
작성처	외무성 북동아시아과
매수	17
비밀등급	극비
문서종류	내부자료
공개구분	공개
내용	1965년 1월 현재 한국의 정치판도, 김종필 전 총리 귀국 등 정세에 관한 보고서
주제어	한국정세

한일회담을 둘러싼 한국정세보고
(日韓会談をめぐる韓国政情報告)

문서파일번호	205
문서명	한일회담을 둘러싼 한국정세 보고(日韓会談をめぐる韓国政情報告)
작성연월일	1965. 3. 20
구분	제7차 회담
세부항목	한국정세
작성처	외무성 마에다 조사관
매수	9
비밀등급	극비
문서종류	전문(電文)
공개구분	공개
내용	한국에 파견된 마에다 도시카즈(前田利一) 조사관의 한일회담 관련 한국정세 보고 전문
주제어	한국정세

한일교섭을 둘러싼 한국 정치정세 경과
(日韓交渉をめぐる韓国の政情の経過)

문서파일번호	208
직싱연월일	1965. 4. 14 - 1965. 6. 15
구분	제7차 회담
세부항목	한국 정치 동향
작성처	외무성 북동아시아과
매수	74
비밀등급	
문서종류	내부자료
공개구분	공개
내용	1965년 3월 20일~6월 15일까지를 다섯 개 기간으로 나눈 후, 각 기간 중의 한국 신문 사설, 야당 동향 등 한국의 정치정세에 관해 일지 형식으로 정리한 자료
주제어	한국 정치 동향

문서명	한일교섭을 둘러싼 한국 정치정세의 경과(1) 1965. 3. 20~4. 7[日韓交渉をめぐる韓国の政情の経過(その一)40. 3. 20~4. 7]

문서파일번호	208
작성연월일	1965. 4. 14
구분	제7차 회담
세부항목	한국 정치 동향
작성처	외무성 북동아시아과
매수	18
비밀등급	일반
문서종류	내부자료
공개구분	공개
내용	1965년 3월 20일~4월 7일까지의 한국 주요 정치 동향
주제어	한국 정치 동향

문서명	한일교섭을 둘러싼 한국 정치정세의 경과(2) 1965. 4. 6~4. 17[日韓交渉をめぐる韓国の政情の経過(その二) 40. 4. 6~4. 17]

문서파일번호	208
작성연월일	1965. 4. 22
구분	제7차 회담
세부항목	한국 정치 동향
작성처	외무성 북동아시아과
매수	14
비밀등급	일반
문서종류	내부자료
공개구분	공개
내용	1965년 4월 6일~4월 17일까지의 한국 주요 정치 동향
주제어	한국 정치 동향

문서명	한일교섭을 둘러싼 한국 정치정세의 경과(3) 1965. 4. 18~4. 30[日韓交渉をめぐる韓国の政情の経過(その三)40. 4. 18~4. 30]

문서파일번호 208
작성연월일 1965. 5(일자 불명)
구분 제7차 회담
세부항목 한국 정치 동향
작성처 외무성 북동아시아과
매수 13
비밀등급 일반
문서종류 내부자료
공개구분 공개
내용 1965년 4월 18일~4월 30일까지의 한국 주요 정치 동향
주제어 한국 정치 동향

문서명	한일교섭을 둘러싼 한국 정치정세의 경과(4) 1965. 5. 1~5. 15[日韓交渉をめぐる韓国の政情の経過(その四) 40. 5. 1~5. 15]

문서파일번호 208
작성연월일 1965. 5. 20
구분 제7차 회담
세부항목 한국 정치 동향
작성처 외무성 북동아시아과
매수 13
비밀등급 일반
문서종류 내부자료
공개구분 공개
내용 1965년 5월 1일~5월 15일 간 한국의 주요 정치 동향
주제어 한국 정치 동향

문서명	한일교섭을 둘러싼 한국 정치정세의 경과(5) 1965. 5. 16~5. 31[日韓交渉をめぐる韓国の政情の経過(その五) 40. 5. 16~5. 31]

문서파일번호 208
작성연월일 1965. 6. 8
구분 제7차 회담
세부항목 한국 정치 동향
작성처 외무성 북동아시아과
매수 7
비밀등급 일반
문서종류 내부자료
공개구분 공개
내용 1965년 5월 16일~5월 31일까지의 한국 주요 정치 동향
주제어 한국 정치 동향

문서명	한일교섭을 둘러싼 한국 정치정세의 경과(6) 1965. 6. 1~6. 15[日韓交渉をめぐる韓国の政情の経過(その六)40. 6. 1~6. 15]

문서파일번호 208
작성연월일 1965. 6. 19
구분 제7차 회담
세부항목 한국 정치 동향
작성처 외무성 북동아시아과
매수 9
비밀등급 일반
문서종류 내부자료
공개구분 공개
내용 1965년 6월1일~6월 15일까지의 한국 주요 정치 동향
주제어 한국 정치 동향

한일 여러 협정의 비준을 둘러싼 한국 정계의 움직임(日韓諸協定の批准をめぐる韓国政界の動き)

문서파일번호	211
작성연월일	1965. 7. 8 - 1965. 7. 22
구분	한일협정 체결 後
세부항목	한일협정 조인 후 한국 정계 동향
작성처	외무성 북동아시아과
매수	26
비밀등급	
문서종류	내부자료
공개구분	공개
내용	한일 여러 협정 비준과 관련한 한국 정부, 국회, 야당 등 정계 동향을 정리한 문서
주제어	한국 정계 동향

문서명	한일 여러 협정의 비준을 둘러싼 한국 정계의 움직임(日韓諸協定の批准をめぐる韓国政界の動き)

문서파일번호 211
작성연월일 1965. 7. 8
구분 한일협정 체결 후
세부항목 한일협정 조인 후 한국 정계 동향
작성처 외무성 북동아시아과
매수 8
비밀등급 일반
문서종류 내부자료
공개구분 공개
내용 ① 임시국회의 소집과 정부·여당의 움직임 ② 야당 민중당의 움직임 ③ 이효상 국회의장의 움직임 ④ 학생 데모 등
주제어 한국 정계 동향

문서명	한일 여러 협정의 비준을 둘러싼 한국 정계의 움직임(2)[日韓条約諸協定の批准をめぐる韓国政界の動き(その2)]

문서파일번호 211
작성연월일 1965. 7. 22
구분 한일협정 체결 후
세부항목 한일협정 조인 후 한국 정계 동향
작성처 외무성 북동아시아과
매수 18
비밀등급 일반
문서종류 내부자료
공개구분 공개
내용 ① 임시국회의 개회 ② 난투 국회 ③ 야당 민중당의 내분 ④ 여·야당 영수회담 ⑤ 여야 영수회담에 관한 반향 ⑥ 한국 언론의 반향 ⑦ 제51회 임시국회의 개회 ⑧ 박 대통령에 의한 제52회 임시국회 소집요청
주제어 한국 정계 동향

한국 종교계의 한일조약 비준 반대운동에 대해서
(韓国宗教界の日韓条約批准反対運動について)

문서파일번호	213
문서명	한국 종교계의 한일조약 비준 반대운동에 대해서(韓国宗教界の日韓条約批准反対運動について)
작성연월일	1965. 7. 10
구분	한일협정 체결 後
세부항목	한일협정 한국 종교계 동향
작성처	외무성 북동아시아과
매수	6
비밀등급	일반
문서종류	내부자료
공개구분	공개
내용	한일협정 비준을 반대하는 한국의 종교계 동향을 정리함.
주제어	한일협정 한국 종교계 동향

한일국교정상화를 지지하는 한국 여러 단체의 성명서(한국 각 지로부터 번역)[日韓国交正常化を支持する韓国諸団体の声明書(韓国各紙より翻訳)]

문서파일번호	215
문서명	한일국교정상화를 지지하는 한국 여러 단체의 성명서(한국 각 지로부터 번역)[日韓国交正常化を支持する韓国諸団体の声明書(韓国各紙より翻訳)]
작성연월일	1965. 9(일자 불명)
구분	한일협정 체결 후
세부항목	국교정상화 한국 지지단체 성명
작성처	외무성
매수	37
비밀등급	일반
문서종류	내부자료
공개구분	공개
내용	한국 신문에 보도된 한일국교정상화를 지지하는 한국 각 단체의 성명서를 정리한 자료
주제어	국교정상화 지지 성명

한일 여러 협정 비준을 둘러싼 한국 정치일지
(日韓諸協定批准をめぐる韓国政治日誌)

문서파일번호	216
문서명	한일 여러 협정 비준을 둘러싼 한국 정치일지(日韓諸協定批准をめぐる韓国政治日誌)
작성연월일	1965. 9(일자 불명)
구분	한일협정 체결 후
세부항목	한일협정 조인 후 한국 정치일지
작성처	외무성 북동아시아과
매수	20
비밀등급	일반
문서종류	내부자료
공개구분	공개
내용	1965년 7월 12일~8월 14일까지 한국 정부, 국회, 주요 정당의 동향을 정리한 일지
주제어	한일협정 조인 후 한국 정치일지

한일회담에 관한 논조의 동향(2)
[日韓会談をめぐる論調の動向(二)]

문서파일번호	116
문서명	한일회담에 관한 논조의 동향(2)[日韓会談をめぐる論調の動向(二)]
작성연월일	1965. 3. 27
구분	제7차 회담
세부항목	일본 언론 논조
작성처	외무성
매수	69
비밀등급	일반
문서종류	내부자료
공개구분	공개
내용	1965년 3월 9~24일까지 어업교섭 관련 일본 언론의 논조를 분석, 정리한 자료 ① 한일어업교섭 타결을 둘러싼 논조는 어업교섭에 대해서는 비록 불만은 있으나 대국적 견지에서 그런대로 평가할 만하다는 것임. 금어 해역 범위, 어업 규제에 대해서는 이견이 있으며, 어업협력 자금에 대해서는 민간 차원 협력을 관철시킨 것에 긍정적으로 평가하는 목소리가 많음. '이승만 라인'이 사실상 철폐된 것에 대해 일본 국내에서는 낭보로 여기는 반면에 어업협정으로 명기하도록 요구하는 논조도 있음. 어업교섭 타결에 대한 한국 국내의 반응은 분노와 포기가 뒤섞이며 강하게 비난하는 야당, 학생 등의 한일회담 반대 운동을 우려하는 보도가 있는 것으로 파악됨. ② 어업교섭 타결 직전까지의 논조는 답보 상태인 금어 해역 교섭에 대해서는 일본에서 이 이상의 양보는 없다는 논조가 지배적임. 어업협정에 '이승만 라인'의 철폐를 명확하게 규정하라는 요구가 계속해서 나오는 것이 주목됨. 일본의 기준 어획량을 15만 톤으로 하는 합의에 대한 국내여론의 불만도 있음. 일본 국내의 논조는 전반적으로 한일회담의 조기 타결을 지지하지만 한편으로는 한일교섭의 방향을 의문시하는 비판적인 목소리도 있음.[(부) 한일회담 관련일지(3.11 - 3.24)]
주제어	어업

한일회담에 관한 논조의 동향(3)
[日韓会談をめぐる論調の動向(三)]

문서파일번호	117
문서명	한일회담에 관한 논조의 동향(3)[日韓会談をめぐる論調の動向(二)]
작성연월일	1965. 4. 7
구분	제7차 회담
세부항목	일본 언론 논조
작성처	외무성
매수	40
비밀등급	일반
문서종류	내부자료
공개구분	공개
내용	1965년 3월 25일~4월 6일간 일본 언론의 한일회담 관련 보도 논조 분석 자료. ① 교섭타결의 의의와 금후의 과제: 교섭 타결에 대해 한일 양국이 친선관계를 맺는다는 취지에서 환영 논조가 많음. 일본의 국제적 지위가 더 높아질 것이라는 논조도 있음. 다만 타결내용에 애매한 부분, 의문점이 많아서 한일회담은 이제부터가 고비라는 지적과 남겨진 문제의 중요성에 주목하는 시각도 있음. ② 경제협력과 법적지위: 경제협력은 협력자금이 한국 경제발전에 얼마나 기여할지 의문시하거나, 이를 해소하고자 기본구상을 요구하는 논조 있음. 한국이 일본의 '경제 침략'을 경계하지 않도록 협력방법 등에 신중해야 한다는 목소리도 있음. 법적지위는 한국의 자성 촉구 등 이치에 맞게 하라는 주장이 강함. ③ 반대운동에 대한 비판: 한일교섭이 한국, 일본, 타이완의 군사동맹 구상으로 발전할 것이라는 반대론에 대해 일본의 자주·평화 외교 노선에서 보면 불가능한 시나리오라고 부정함. 일본 기득권을 상실하는 교섭은 무의미하다는 의견도 한국이 안정적으로 성장한다면 일본에 더 큰 국익이 된다고 반론을 펼침. ④ 한국 내의 반응: 한국 국내에는 반대 운동이 격화될 조짐이 보이는데 그중에서도 특히 문제는 학생들의 움직임 향방에 있다고 지적함. 한국인의 비판 의식은 식민지 경험에 기인한 것도 있지만, 한편으로는 새로운 한일 우호관계를 형성한다는 본래 목적을 잊으면 안 된다는 논조도 상당히 있음. [부1] 한일 3 현안의 가조인과 각 당의 견해 [부2] 한일회담 관련 시사여론조사(3월 10~12일)
주제어	기본관계, 재일한국인 법적지위, 청구권·경협, 교섭타결 반대

한국정부의 '한일회담백서'
(韓国政府の「韓日会談白書」)

문서파일번호	371
문서명	한국정부의 '한일회담백서'(韓国政府の「韓日会談白書」)
작성연월일	1965. 4. 10
구분	제7차 회담
세부항목	한일회담 백서
작성처	외무성 북동아시아과
매수	218
비밀등급	일반
문서종류	내부자료
공개구분	공개
내용	1965년 3월 20일 한국정부가 발간한 '한일회담백서'(본문 부분)를 번역한 자료
주제어	한일회담 백서

박 대통령의 방미에 대해서
(朴大統領の訪米について)

문서파일번호	207
문서명	박 대통령의 방미에 대해시(朴大統領の訪米について)
작성연월일	1965. 5. 28
구분	제7차 회담
세부항목	박정희 방미
작성처	외무성 북동아시아과
매수	10
비밀등급	일반
문서종류	내부자료
공개구분	공개
내용	1965년 5월 박정희 대통령의 방미 결과에 대한 평가보고서
주제어	박정희 방미

한일회담에 대한 한국 국민의 목소리
(日韓会談に対する韓国民の声)

문서파일번호	25
문서명	한일회담에 대한 한국 국민의 목소리(日韓会談に対する韓国民の声)
작성연월일	1965. 6. 24
구분	제7차 회담
세부항목	한국 언론 보도
작성처	외무성 북동아시아과
매수	18
비밀등급	일반
문서종류	내부자료
공개구분	공개
내용	1965년 6월 20일 자 조선일보에 게재된 한일회담 관련 독자투고 내용을 번역한 자료집
주제어	한국 동향, 제언

한일교섭에 관한 한국 동정(1965년)

[日韓交渉に関する韓国動静(昭和40年)]

문서파일번호	289
작성연월일	1965. 1. 5 - 1965. 3. 19
구분	제7차 회담
세부항목	한일교섭, 한국 동향
작성처	모리타 사무관, 서울
매수	100
비밀등급	
문서종류	전문(電文), 내부문서
공개구분	공개 또는 일부비공개
내용	1965년 1~3월까지 주한일본사무소와 북동아시아과의 한일회담 관련 한국 동향 보고
주제어	한일회담 관련 한국 동향

문서명	김·오히라 메모 등의 백지화에 관한 건의안 국회 제출(金·大平メモなどの白紙化に関する建議案の国会提出)

문서파일번호 289
작성연월일 1965. 1. 5
구분 제7차 회담
세부항목 한일교섭, 한국 동향, 모리타 사무관 보고
작성처 모리타 사무관, 서울
매수 1
비밀등급 일반
문서종류 전문(電文)
공개구분 공개
내용 서울에 장기 체류 중인 모리타 요시오(森田芳夫) 사무관의 보고. 한국의 민정당이 김종필·오히라 마사요시 메모, 원용석·아카기 무네노리 농상 간 합의사항의 백지화 건의안을 국회에 제출. 민정당은 이번 건의안이 당의 방침이라고 말함.
주제어 한일회담 야당 반대 동향

문서명	다카스기 수석대표 임명에 대한 한국 반응(高杉首席代表任命に対する韓国側反応)

문서파일번호 289
작성연월일 1965. 1. 7
구분 제7차 회담
세부항목 한일교섭, 한국 동향
작성처 모리타 사무관, 서울
매수 2
비밀등급 일반
문서종류 전문(電文)
공개구분 공개
내용 서울에 장기 체류 중인 모리타 요시오 사무관의 보고. 다카스기 신이치 수석대표 임명에 대한 한국의 반응을 홍찬 외무부 대변인, 민정당 측의 발언을 중심으로 정리함.
주제어 다카스기 대표 임명에 대한 한국 반응

문서명	한일회담에 관한 신문 보도(日韓会談に関する新聞報道)

문서파일번호 289
작성연월일 1965. 1. 8
구분 제7차 회담
세부항목 한일교섭, 한국 동향
작성처 모리타 사무관, 서울
매수 1
비밀등급 일반
문서종류 전문(電文)
공개구분 공개
내용 모리타 요시오 사무관의 보고. 1월 8 한국일보가 '3월 타결, 4월 조인, 5월 비준'이라는 제목으로 보도.
주제어 한일회담 전망

문서명	박 대통령 기자회견(朴大統領の記者会見)

문서파일번호 289
작성연월일 1965. 1. 9
구분 제7차 회담
세부항목 한일교섭, 한국 동향
작성처 모리타 사무관, 서울
매수 1
비밀등급 일반
문서종류 전문(電文)
공개구분 공개
내용 모리타 요시오 사무관의 보고. 박정희 대통령은 1965년 1월 9일 기자회견에서 한일회담 진전에 대한 의욕을 밝힘.
주제어 박정희 기자회견

문서명	한일회담 3월 타결설에 대하여(日韓会談3月妥結説について)

문서파일번호 289
작성연월일 1965. 1. 11
구분 제7차 회담
세부항목 한일교섭, 한국 동향
작성처 모리타 사무관, 서울
매수 4
비밀등급 극비
문서종류 전문(電文)
공개구분 일부비공개
내용 모리타 요시오 사무관의 보고. 한일회담 3월 타결설 관련, 가능성은 50% 정도이며 예측하기 어려운 변수가 많음.
주제어 한일회담 언론전망

문서명	정정 보고(한일회담 3월 타결설에 대하여)[訂正報(日韓会談3月妥結説について)]

문서파일번호 289
작성연월일 1965. 1. 13
구분 제7차 회담
세부항목 한일교섭, 한국 동향
작성처 모리타 사무관, 서울
매수 1
비밀등급 극비
문서종류 전문(電文)
공개구분 공개
내용 1965년 1월 11일 자 한일회담 3월 타결설 보고를 정정
주제어 한일회담 언론 전망

문서명	한일회담 타결설에 관하여(日韓会談妥結説について)

문서파일번호 289
작성연월일 1965. 1. 13
구분 제7차 회담
세부항목 한일교섭, 한국 동향
작성처 모리타 사무관, 서울
매수 2
비밀등급 극비
문서종류 전문(電文)
공개구분 공개
내용 모리타 요시오 사무관의 보고. 한일회담 타결 시 반대운동에 대한 대책 등에 관해 유진오의 의견을 청취. 유진오는 독도 문제는 회담에서 제외하는데, 원래 한국고유의 영토이므로 국제사법재판소에 가져가는 것은 반대
주제어 유진오, 한일회담 반대 대책

문서명	한일교섭에 관한 보도(日韓交渉に関する報道)

문서파일번호 289
작성연월일 1965. 1. 13
구분 제7차 회담
세부항목 한일교섭, 한국 동향
작성처 모리타 사무관, 서울
매수 1
비밀등급 일반
문서종류 전문(電文)
공개구분 공개
내용 모리타 요시오 사무관의 보고. 1월 13일 자 동아일보 기사. 박정희 대통령이 임시 국무회의를 열어 김동조 대사에게 교섭경위를 보고받고 종래 일괄타결방침을 국교정상화 후 어업 문제 해결 도모 방침으로 바꾸었음
주제어 한일회담 한국교섭방침

문서명	제7차 한일회담 대표단(第7次日韓会談代表団)

문서파일번호 289
작성연월일 1965. 1. 15
구분 제7차 회담
세부항목 한일교섭, 한국 동향
작성처 모리타 사무관, 서울
매수 2
비밀등급 일반
문서종류 전문(電文)
공개구분 공개
내용 모리타 요시오 사무관의 보고. 한국 언론에 보도된 제7차 한일회담 대표단의 명단
주제어 제7차 회담 한국대표단 명부

문서명	한일회담에 관한 보도(日韓会談に関する報道)

문서파일번호 289
작성연월일 1965. 1. 17
구분 제7차 회담
세부항목 한일교섭, 한국 동향
작성처 모리타 사무관, 서울
매수 2
비밀등급 일반
문서종류 전문(電文)
공개구분 공개
내용 모리타 요시오 사무관의 보고. 한일회담에 대한 한국 정당들의 반응 관련 언론 보도
주제어 한일회담 한국정당 반응

문서명	한일회담에 관한 윤보선 민정당 대표 최고위원의 담화(日韓会談に関しインフゼン民政党代表最高委員の談話)

문서파일번호 289
작성연월일 1965. 1. 18
구분 제7차 회담
세부항목 한일교섭, 한국 동향
작성처 모리타 사무관, 서울
매수 1
비밀등급 극비
문서종류 전문(電文)
공개구분 일부비공개
내용 모리타 요시오 사무관의 보고. 1월 18일 윤보선 민정당 대표가 한일회담에 관해 국민감정을 상하게 하지 않을 것, 청구권은 현금으로 받을 것, '이 라인'을 존속시킬 것 등의 입장을 표명함.
주제어 윤보선, 한일회담

문서명	한일회담에 대한 한국의 태도에 대하여(日韓会談に対する韓国側の態度について)

문서파일번호 289
작성연월일 1965. 1. 18
구분 제7차 회담
세부항목 한일교섭, 한국 동향
작성처 외무성 북동아시아과
매수 5
비밀등급 극비
문서종류 내부문서
공개구분 일부비공개
내용 주한일본사무소에서 본국으로 귀임한 직원(먹칠되어 있으나 모리타 요시오 사무관으로 추정)의 한일회담 관련 한국 태도에 관한 보고. ① 한국은 앞으로도 종래와 같은 태도로 교섭에 임할 것임 ② 어업 문제 관련 한국정부는 국민들을 설득해 나갈 것임 ③ 김동조 대표가 민정당 및 민주당 중진들에게 협력을 구함 ④ 한국정부당국은 최근 국제정세로 인해 한일회담을 하지 않으면 안 된다는 입장이나 저자세는 취하지 않을 것임 ⑤ 언론은 대일강경태도를 견지 중임.
주제어 한일회담 한국 태도

문서명	우에무라 도로공단 총재에 대한 김동조 대사의 비공식 언급(上村道路公団総裁に対する金東祚大使の内話)

문서파일번호 289
작성연월일 1965. 1. 20
구분 제7차 회담
세부항목 한일교섭, 한국 동향
작성처 외무성 북동아시아과
매수 7
비밀등급 극비
문서종류 내부문서
공개구분 공개
내용 우에무라 겐타로(上村健太郎) 도로공단 총재가 김동조 대사 면담 결과를 정리하여 북동아시아과에 전해 준 자료. 김동조는 1965년 2월 중에 공동선언을 발표하여 국교회복을 하고 재산청구권과 어업 문제는 3월 이후에 협의하자는 의견을 제시함.
주제어 한일회담, 김동조 입장

문서명	한일 문제(김 특파대사와 정 국무총리 회견)에 관하여[日韓問題(キシ特派大使とテイ国務総理との会見)について]

문서파일번호 289
작성연월일 1965. 1. 30
구분 제7차 회담
세부항목 한일교섭, 한국 동향
작성처 주영대사
매수 1
비밀등급 극비
문서종류 전문(電文)
공개구분 공개
내용 주영대사가 주불대사관에 처칠 전 총리 조문을 위해 영국을 방문한 기시 노부스케(岸信介) 특파대사와 정일권 국무총리가 프랑스에서 회담을 하기로 했다고 알림.
주제어 정일권 기시 회담

문서명	한일회담의 전망 등에 관한 신문 보도에 대하여(日韓会談の展望等に関する新聞報道について)

문서파일번호 289
작성연월일 1965. 1. 31
구분 제7차 회담
세부항목 한일교섭, 한국 동향
작성처 마에다 조사관, 서울
매수 3
비밀등급 일반
문서종류 전문(電文)
공개구분 공개
내용 서울에 장기 체류 중인 마에다 도시카즈 조사관이 1월 31일 자 조선일보, 한국일보가 시나 에쓰사부로 대신의 방한과 한일회담 전망에 대해 보도한 것을 정리하여 보고
주제어 시나 에쓰사부로 외상 방한, 한일회담 전망

문서명	한일회담에 관한 신문 보도(日韓会談についての新聞報道)

문서파일번호 289
작성연월일 1965. 2. 1
구분 제7차 회담
세부항목 한일교섭, 한국 동향
작성처 마에다 조사관, 서울
매수 3
비밀등급 일반
문서종류 전문(電文)
공개구분 공개
내용 마에다 도시카즈 조사관의 보고. 2월 1일 자 서울신문의 '기본관계는 조약 형식', '1억 달러 이상의 어업자금 제공' 기사
주제어 한일회담 언론전망

문서명	한일회담 한국대표단의 보강에 관한 신문 보도(韓国会談韓国側代表団の補強に関する新聞報道)

문서파일번호 289
작성연월일 1965. 2. 1
구분 제7차 회담
세부항목 한일교섭, 한국 동향
작성처 마에다 조사관, 서울
매수 2
비밀등급 일반
문서종류 전문(電文)
공개구분 공개
내용 마에다 도시카즈 조사관의 보고. 한국이 기본관계, 어업, 청구권 문제 대표단을 보강한다는 2월 1일 자 동아일보 기사
주제어 한일회담 한국대표단

문서명	한일회담에 관한 신문 보도(日韓会談についての新聞報)

문서파일번호 289
작성연월일 1965. 2. 4
구분 제7차 회담
세부항목 한일교섭, 한국 동향
작성처 마에다 조사관, 서울
매수 3
비밀등급 일반
문서종류 전문(電文)
공개구분 공개
내용 마에다 도시카즈 조사관의 보고. 2월 3일 자 경향신문의 '한일국교정상화를 위한 전제조건'이라는 사설
주제어 한일회담 언론 반응

문서명	평화선에 대한 신문 보도(平和線についての新聞報道)

문서파일번호 289
작성연월일 1965. 2. 4
구분 제7차 회담
세부항목 한일교섭, 한국 동향
작성처 마에다 조사관, 서울
매수 1
비밀등급 일반
문서종류 전문(電文)
공개구분 공개
내용 마에다 도시카즈 조사관의 보고. 2월 4일 자 경향신문의 평화선 단속에 대한 한국 정부의 미온적인 자세를 비판하는 사설
주제어 평화선 한국 언론 비판

문서명	평화선 사수에 관한 신문 보도(平和線死守についての新聞報道)

문서파일번호 289
작성연월일 1965. 2. 6
구분 제7차 회담
세부항목 한일교섭, 한국 동향
작성처 마에다 조사관, 서울
매수 1
비밀등급 일반
문서종류 전문(電文)
공개구분 공개
내용 마에다 도시카즈 조사관의 보고. 평화선 단속을 촉구하는 2월 5일 자 경향신문 사설
주제어 평화선

문서명	한국정부 관할권에 관한 신문 보도(韓国政府管轄権についての新聞報)

문서파일번호 289
작성연월일 1965. 2. 25
구분 제7차 회담
세부항목 한일교섭, 한국 동향
작성처 마에다 조사관, 서울
매수 2
비밀등급 일반
문서종류 전문(電文)
공개구분 공개
내용 마에다 도시카즈 조사관의 보고. 시나 에쓰사부로 외상이 국회에서 한국의 관할권이 북한 지역에 미치지 않고 있다는 발언을 한 것에 대한 한국 내 보도
주제어 기본관계, 한국관할권

문서명	제주도 주변의 기선 문제에 관한 동아일보 도쿄 특파원의 보도(済州島周辺の基線問題に関する東亜日報東京特派員の報道振り)

문서파일번호 289
작성연월일 1965. 2. 28
구분 제7차 회담
세부항목 한일교섭, 한국 동향
작성처 마에다 조사관, 서울
매수 3
비밀등급 비(秘)
문서종류 전문(電文)
공개구분 공개
내용 마에다 도시카즈 조사관의 보고. 제주도 주변의 기선 문제와 어업 문제에 관한 2월 26, 27일 동아일보 도쿄 특파원 기사
주제어 어업, 기선 문제

문서명	한일어업회담(평화선)에 관한 보도[日韓漁業会談(平和線問題)についての報道ぶり]

문서파일번호 289
작성연월일 1965. 2. 28
구분 제7차 회담
세부항목 한일교섭, 한국 동향
작성처 마에다 조사관, 서울
매수 2
비밀등급 일반
문서종류 전문(電文)
공개구분 공개
내용 마에다 도시카즈 조사관의 보고. 2월 27일 자 동아일보의 평화선 철폐 반대 관련 사설
주제어 평화선

문서명	대일굴욕외교반대 한국민 투쟁위 3·1 성명 등에 관한 보도(対日屈辱外交反対韓国民闘争委3.1声明等に関する報道)

문서파일번호 289
작성연월일 1965. 3. 2
구분 제7차 회담
세부항목 한일교섭, 한국 동향
작성처 마에다 조사관, 서울
매수 3
비밀등급 일반
문서종류 전문(電文)
공개구분 공개
내용 마에다 도시카즈 조사관의 보고. 대일굴욕외교반대 한국국민투쟁위의 3·1절 성명과 향후 움직임에 관한 신문 보도
주제어 한일회담 반대 동향

문서명	한일회담을 둘러싼 야당 측 움직임에 관하여(日韓会談をめぐる野党側の動きについて)

문서파일번호 289
작성연월일 1965. 3. 5
구분 제7차 회담
세부항목 한일교섭, 한국 동향
작성처 마에다 조사관, 서울
매수 2
비밀등급 일반
문서종류 전문(電文)
공개구분 공개
내용 마에다 도시카즈 조사관의 보고. 민정당, 민주당 두 야당이 공동으로 준비한 '한일회담 즉시 중지에 관한 결의안'의 내용
주제어 한일회담 야당 반대 동향

문서명	대일굴욕외교반대 투쟁위의 움직임에 관하여(対日屈辱外交反対斗争委の動きについて)

문서파일번호 289
작성연월일 1965. 3. 5
구분 제7차 회담
세부항목 한일교섭, 한국 동향
작성처 마에다 조사관, 서울
매수 1
비밀등급 일반
문서종류 전문(電文)
공개구분 공개
내용 마에다 도시카즈 조사관의 보고. 대일굴욕외교반대 투쟁위가 한국 정부에 한일 문제 공개 토론회 개최를 제안
주제어 한일회담 반대 동향

문서명	한일회담에 대한 한국 신문 논조(日韓会談に対する韓国紙論調)

문서파일번호	289
작성연월일	1965. 3. 6
구분	제7차 회담
세부항목	한일교섭, 한국 동향
작성처	마에다 조사관, 서울
매수	1
비밀등급	일반
문서종류	전문(電文)
공개구분	공개
내용	마에다 도시카즈 조사관의 보고. '일본은 과연 반성하여 양보했는가'라는 제목의 3월 5일 자 동아일보 사설
주제어	한일회담 언론 논조

문서명	한일교섭 건(日韓交渉に関する件)

문서파일번호	289
작성연월일	1965. 3. 4
구분	제7차 회담
세부항목	한일교섭, 한국 동향
작성처	외무성
매수	2
비밀등급	극비
문서종류	전문(電文)
공개구분	공개
내용	김동조 대사가 다카스기 신이치 대표와의 예비회담석상에서 우선 기본관계조약 및 법적지위협정을 3월 말에 정식 서명할 수 있도록 추진하고, 어업, 청구권은 요강에 가서명하는 대로 서울에 일본사무소를 개설하는 것을 제안했으나, 일본은 그러한 방식은 현안 일괄타결방침에 반하는 것이라 곤란하다는 입장을 표명했음을 서울에 파견 나가 있는 마에다 조사관에게 통보
주제어	한일회담 김동조 입장

문서명	한일회담을 둘러싼 야당 측 움직임에 관하여(日韓会談をめぐるや党側の動きについて)

문서파일번호 289
작성연월일 1965. 3. 7
구분 제7차 회담
세부항목 한일교섭, 한국 동향
작성처 마에다 조사관, 서울
매수 1
비밀등급 일반
문서종류 전문(電文)
공개구분 공개
내용 마에다 도시카즈 조사관의 보고. 한국 국회 외무위원회에서 야당의 '한일회담 중지 결의안' 제출 이유에 대해 청취한 결과, 국무총리 등 한국 정부 고관들을 출석시켜 질의한 후 결의안을 어떻게 처리할지 정하기로 했음.
주제어 한일회담 야당 반대 동향

문서명	한일회담에 관한 신문 보도(日韓会談に関する新聞報道)

문서파일번호 289
작성연월일 1965. 3. 7
구분 제7차 회담
세부항목 한일교섭, 한국 동향
작성처 마에다 조사관, 서울
매수 2
비밀등급 일반
문서종류 전문(電文)
공개구분 공개
내용 마에다 도시카즈 조사관의 보고. 한일회담을 다룬 3월 7일 자 경향신문, 대한신문의 사설
주제어 한일회담 언론 논조

문서명	전신사항(한일교섭)[電信事項(日韓交渉)]

문서파일번호 289
작성연월일 1965. 3. 7
구분 제7차 회담
세부항목 한일교섭, 한국 동향
작성처 마에다 조사관, 서울
매수 1
비밀등급 극비
문서종류 전문(電文)
공개구분 공개
내용 마에다 도시카즈 조사관의 보고. 외무성에서 보낸 전문 제53호에 인용한 '귀전 제 203호'는 조사한 결과 없으므로 다시 보내 주기 바란다고 건의
주제어 기타

문서명	대일굴욕외교반대 범국민 투쟁위원회를 둘러싼 움직임에 관하여(対日屈辱外交反対汎国民闘争委員会をめぐる動きについて)

문서파일번호 289
작성연월일 1965. 3. 8
구분 제7차 회담
세부항목 한일교섭, 한국 동향
작성처 마에다 조사관, 서울
매수 2
비밀등급 일반
문서종류 전문(電文)
공개구분 공개
내용 마에다 도시카즈 조사관의 보고. 대일굴욕외교반대 범국민 투쟁위원회가 한일회담 관련 공개토론회에 박정희 대통령의 출석을 요구함.
주제어 한일회담 반대 동향

문서명	야나기야 서기관의 일시 귀국에 대하여(훈령)[柳谷書記官の一時帰朝について(訓令)]

문서파일번호 289
작성연월일 1965. 3. 8
구분 제7차 회담
세부항목 한일교섭, 한국 동향
작성처 외무성
매수 1
비밀등급 일반
문서종류 전문(電文)
공개구분 공개
내용 주영국대사관에 근무하는 야나기야 겐스케(柳谷謙介) 서기관에게 한일교섭 지원을 위해 일시 귀국하라고 지시
주제어 기타

문서명	대일굴욕외교반대 범국민 투쟁위원회를 둘러싼 움직임에 관하여(対日屈辱外交反対汎国民斗争委員会をめぐる動きについて)

문서파일번호 289
작성연월일 1965. 3. 12
구분 제7차 회담
세부항목 한일교섭, 한국 동향
작성처 마에다 조사관, 서울
매수 2
비밀등급 일반
문서종류 전문(電文)
공개구분 공개
내용 마에다 도시카즈 조사관의 보고. 대일굴욕외교반대 범국민 투쟁위원회의 3월 9일자 성명. 성명은 공개토론회에 응하지 않는 것을 비판함.
주제어 한일회담 반대 동향

문서명	한일회담(▬ 비공식 언급)[日韓会談(▬内話)]

문서파일번호 289
작성연월일 1965. 3. 13
구분 제7차 회담
세부항목 한일교섭, 한국 동향
작성처 마에다 조사관, 서울
매수 4
비밀등급 극비
문서종류 전문(電文)
공개구분 일부비공개
내용 마에다 도시카즈 조사관의 보고. 3월 12일 제주도 부근의 기선 문제, 어업 문제, 이동원 외무장관과 차균희 농수산장관의 불화 등에 관해 정일권 국무총리에게 청취한 내용
주제어 어업, 기선 문제

문서명	대일굴욕외교반대 위원회의 움직임에 관하여(対日屈辱外交反対委員会の動きについて)

문서파일번호 289
작성연월일 1965. 3. 14
구분 제7차 회담
세부항목 한일교섭, 한국 동향
작성처 마에다 조사관, 서울
매수 1
비밀등급 일반
문서종류 전문(電文)
공개구분 공개
내용 마에다 도시카즈 조사관의 보고. 대일굴욕외교반대위원회가 한일회담 공개토론회 개최를 요구하는 움직임
주제어 한일회담 반대 동향

문서명	한일회담에 관한 신문 보도(日韓会談に関する新聞報道)

문서파일번호 289
작성연월일 1965. 3. 16
구분 제7차 회담
세부항목 한일교섭, 한국 동향
작성처 마에다 조사관, 서울
매수 4
비밀등급 일반
문서종류 전문(電文)
공개구분 공개
내용 마에다 도시카즈 조사관의 보고. 기선 문제에 대한 한국 정부의 방침, 한국 정부에 의한 새로운 타결안 준비 등에 관한 신문 보도
주제어 어업, 기선 문제

문서명	한일회담에 관한 신문 보도(日韓会談に関する新聞報道)

문서파일번호 289
작성연월일 1965. 3. 17
구분 제7차 회담
세부항목 한일교섭, 한국 동향
작성처 마에다 조사관, 서울
매수 3
비밀등급 일반
문서종류 전문(電文)
공개구분 공개
내용 마에다 도시카즈 조사관의 보고. 어업 문제에 관한 한국의 신문 보도
주제어 어업, 한국 언론

문서명	한국 국내정세, 한일회담의 전망에 관한 민주공화당 위원의 비공식 언급 (韓国国内情勢、日韓会談の見透しについて民主共和党委員の内話)

문서파일번호	289
작성연월일	1965. 3. 17
구분	제7차 회담
세부항목	한일교섭, 한국 동향
작성처	마에다 조사관, 서울
매수	4
비밀등급	극비
문서종류	전문(電文)
공개구분	공개
내용	마에다 도시카즈 조사관의 보고. 강상욱 민주공화당 당무위원이 서울에 나와 있는 북동아시아과 미타니 사무관에게 언급한 내용. 윤보선 등의 장로급은 다른 이유로 한일회담을 반대하지만 중견급은 결국 회담 타결에 동조할 것이라고 전망함.
주제어	한일회담 야당 반대 동향

문서명	대일굴욕외교반대위원회의 움직임에 관하여(対日屈辱外交反対委員会の動きについて)

문서파일번호	289
작성연월일	1965. 3. 17
구분	제7차 회담
세부항목	한일교섭, 한국 동향
작성처	마에다 조사관, 서울
매수	2
비밀등급	일반
문서종류	전문(電文)
공개구분	공개
내용	마에다 도시카즈 조사관의 보고. 대일굴욕외교반대위원회가 강연회, 유세를 준비하고 거기에 저명한 정치인들이 참석함.
주제어	한일회담 반대 동향

문서명	정세 보고 훈령(情勢報告訓令)

문서파일번호 289
작성연월일 1965. 3. 17
구분 제7차 회담
세부항목 한일교섭, 한국 동향
작성처 외무성
매수 1
비밀등급 극비
문서종류 전문(電文)
공개구분 공개
내용 외무성이 서울에 파견 나가 있는 마에다 도시카즈 조사관에게 한일회담 반대세력의 동향 및 전망에 대해 보고하라는 지시
주제어 한일회담 반대 동향

문서명	한일회담에 관한 신문 보도(日韓会談に関する新聞報道)

문서파일번호 289
작성연월일 1965. 3. 18
구분 제7차 회담
세부항목 한일교섭, 한국 동향
작성처 마에다 조사관, 서울
매수 4
비밀등급 일반
문서종류 전문(電文)
공개구분 공개
내용 마에다 도시카즈 조사관의 보고. 제8차 농상회담 결과 및 사토 에사쿠(佐藤榮作) 총리의 한일회담 조기 타결 발언을 다룬 한국 신문의 보도내용을 간략하게 정리
주제어 한일회담 언론 반응

문서명	한일회담에 관한 신문 보도(日韓会談に関する新聞報道)

문서파일번호 289
작성연월일 1965. 3. 19
구분 제7차 회담
세부항목 한일교섭, 한국 동향
작성처 마에다 조사관, 서울
배수 2
비밀등급 일반
문서종류 전문(電文)
공개구분 공개
내용 1965년 3월 18일 마에다 도시카즈 조사관의 보고. '한일회담에 임하는 우리들의 기본자세'라는 제목의 3월 18일 자 동아일보 사설 요지
주제어 한일회담 언론 논조

문서명	'한일회담 백서' 발표(「日韓会談白書」発表)

문서파일번호 289
작성연월일 1965. 3. 19
구분 제7차 회담
세부항목 한일교섭, 한국 동향
작성처 마에다 조사관, 서울
매수 3
비밀등급 일반
문서종류 전문(電文)
공개구분 공개
내용 마에다 도시카즈 조사관의 보고. 한국정부가 발표한 한일회담 백서와 신문 보도 내용
주제어 한일회담 백서

문서명	한일회담에 관한 각지 논평 보고(日韓会談に関する各紙論評報告)

문서파일번호	289
작성연월일	1965. 3. 19
구분	제7차 회담
세부항목	한일교섭, 한국 동향
작성처	마에다 조사관, 서울
매수	3
비밀등급	일반
문서종류	전문(電文)
공개구분	공개
내용	마에다 도시카즈 조사관의 보고. 3월 18일 자 한국 신문의 논평을 간략하게 정리
주제어	한일회담 언론 반응

'현 상태하의 한일국교 그 자체에 반대한다.' - 윤보선 민정당 총재(「現状態下においては日韓国交そのものに反対す」- 尹潽善民政党総裁)

문서파일번호	23
문서명	'현 상태하의 한일국교 그 자체에 반대한다.' - 윤보선 민정당 총재(「現状態下においては日韓国交そのものに反対す」- 尹潽善民政党総裁)
작성연월일	1965. 3. 15
구분	제7차 회담
세부항목	언론 보도
작성처	외무성 북동아시아과
매수	15
비밀등급	일반
문서종류	내부자료
공개구분	공개
내용	1965년 3월 5일, 6일 동아일보에 게재된 윤보선 민정당 총재의 한일회담 반대 기고[3월 초순~중순에 걸쳐 여야당 간부들의 한일회담에 대한 지상(紙上) 토론의 일부] 번역 자료
주제어	윤보선 한일회담 비판

‘현 상태하에서는 한일국교 그 자체에 반대한다.’ - 윤보선 민정당 총재(「現狀態下においては日韓國交そのものに反對す」- 尹潽善 民政黨 總裁)

문서파일번호	785
문서명	‘현 상태하에서는 한일국교 그 자체에 반대한다.’ - 윤보선 민정당 총재(「現狀態下においては日韓國交そのものに反對す」- 尹潽善 民政黨 總裁)
작성연월일	1965. 3. 15
구분	제7차 회담
세부항목	언론 보도
작성처	외무성 북동아시아과
매수	15
비밀등급	일반
문서종류	내부자료
공개구분	공개
내용	1965년 3월 5일, 6일 동아일보에 게재된 윤보선 민정당 총재의 한일회담 반대 기고[3월 초순~중순에 걸쳐 여야당 간부들의 한일회담에 대한 지상(紙上) 토론의 일부] 번역 자료. 문서파일번호 23과 동일한 문서임.
주제어	윤보선 한일회담 비판

한국정부의 '대한민국과 일본국의 조약 및 협정의 해설'(韓国政府の「大韓民国と日本国間の条約および協定の解説」)

문서파일번호	372
문서명	한국정부의 '대한민국과 일본국의 조약 및 협정의 해설'(韓国政府の「大韓民国と日本国間の条約および協定の解説」)
작성연월일	1965. 7. 27
구분	한일협정 체결 후
세부항목	한일협정 한국 설명자료
작성처	외무성 북동아시아과
매수	105
비밀등급	일반
문서종류	내부자료
공개구분	공개
내용	1965년 7월 5일 한국정부가 발간한 『대한민국과 일본국 간의 조약 및 협정의 해설』을 발췌, 번역한 자료
주제어	한일협정 한국 설명자료

한국정부 발행『한일회담의 어제와 오늘』초벌 번역
(韓国政府発行「日韓会談のきのうときょう」抄訳)

문서파일번호	373
문서명	한국정부 발행『한일회담의 어제와 오늘』초벌 번역(韓国政府発行「日韓会談のきのうときょう」抄訳)
작성연월일	1965. 7. 16
구분	한일협정 체결 후
세부항목	한일회담 한국 설명자료
작성처	외무성 북동아시아과
매수	122
비밀등급	일반
문서종류	내부자료
공개구분	공개
내용	1965년 5월 25일 한국정부가『한일회담 백서』에 이어 발간한『한일회담 어제와 오늘』을 발췌, 번역한 자료
주제어	한일회담 한국 설명자료

(집무참고자료)한일교섭 보고강연회에서 한일회담 한국대표가 한 강연내용[(執務参考資料)日韓交渉報告講演会において日韓会談韓国側代表が行った講演内容]

문서파일번호	30
문서명	(집무참고자료)한일교섭 보고강연회에서 한일회담 한국대표가 한 강연내용[(執務参考資料)日韓交渉報告講演会において日韓会談韓国側代表が行った講演内容]
작성연월일	1965. 7. 26
구분	한일협정 체결 후
세부항목	언론 보도(강연내용)
작성처	외무성 북동아시아과
매수	46
비밀등급	일반
문서종류	내부자료
공개구분	공개
내용	1965년 7월 6일 한국정부 주최 한일교섭 보고강연회에서 회담 대표가 한 강연 내용을 서울신문이 7월 8일, 10일, 13일에 걸쳐 게재한 것을 번역한 자료 ① 기본조약이란 무엇인가?(연하구 외무부 아주국장) ② 반환되는 우리들의 문화재(이홍식 고려대 교수) ③ 법적지위협정과 교포의 미래(이동호 법무부 법무국장) ④ 청구권자금(김영준 경제기획원 기획차관보) ⑤ 어업협정과 한국수산업의 전도(김명년 농림부 수산국장)
주제어	기본관계, 문화재 반환, 재일한국인 법적지위, 청구권·경협, 어업

한일조약 비준을 둘러싼 여러 정세(제2집)
[日韓条約批准をめぐる諸情勢(第2集)]

문서파일번호	118
문서명	한일조약 비준을 둘러싼 여러 정세(제2집)[日韓条約批准をめぐる諸情勢(第2集)]
작성연월일	1965. 8. 31
구분	한일협정 체결 후
세부항목	협정 비준 관련 정세
작성처	외무성 북동아시아과
매수	42
비밀등급	일반
문서종류	내부자료
공개구분	공개
내용	한일조약 비준을 둘러싼 한국의 정세, 일본의 반대운동 동향 및 언론 논조를 분석, 아래 항목으로 정리한 자료 총괄 제1장. 한일조약 비준 승인 한국정세 제2장. 한일조약 비준에 대한 국내 반대운동 전망 제3장. 한일 문제에 대한 논조의 동향
주제어	협정비준 한국 동향, 일본 반대운동, 언론 논조

이후락 주일대사의 연설-70년대에 요청되는 한일관계(李厚洛駐日大使の演説-70年代において要請される韓日関係)

문서파일번호	37
문서명	이후락 주일대사의 연설 - 70년대에 요청되는 한일관계(李厚洛駐日大使の演説 - 70年代において要請される韓日関係)
작성연월일	1970. 2. 12
구분	한일협정 비준 후
세부항목	이후락 연설
작성처	외무성 북동아시아과
매수	15
비밀등급	일반
문서종류	내부자료
공개구분	공개
내용	1970년 2월 5일 한국기자협회 초청으로 강연한 이후락 주일대사의 연설문 번역문
주제어	이후락, 한일관계 제언

한국인 ▬의 조회
(韓国人▬からの照会)

문서파일번호	1233
문서명	한국인 ▬의 조회(韓国人▬からの照会)
작성연월일	1966. 6. 8
구분	한일협정 비준 후
세부항목	청구권 관련 한국의 조치사항
작성처	외무성 조약국 법규과
매수	5
비밀등급	일반
문서종류	공문
공개구분	일부비공개
내용	주부산일본총영사관 관할 구역 내에 거주하는 한국인의 은급지불에 관한 조회에 대해 청구권협정 제2조 3항에 의거하여 은급수령의 권리가 소멸되어 불가함을 알림.
주제어	청구권

한국 국회의 한일관계 사항(상)
[韓国国会における日韓関係事項(上)]

문서파일번호	133
문서명	한국 국회의 한일관계 사항(上)[韓国国会における日韓関係事項(上)]
작성연월일	1971. 4(일자 불명)
구분	한일협정 비준 후
세부항목	한국 국회 논의
작성처	외무성 한일국교정상화교섭사 편찬위원회
매수	93
비밀등급	취급주의(取扱主意)
문서종류	내부자료
공개구분	공개
내용	제1~54회까지 한국 국회 청원, 건의안, 결의안, 중요 동의안, 한일회담 관련 보고 등 국회기록을 일본어로 번역한 것임.
주제어	국회 청원, 건의안, 결의안, 동의안, 보고

한국 국회의 한일관계 사항(下)(한일조약 여러 협정 비준 국회에서의 논의)[韓国国会における日韓関係事項(下)(日韓条約諸協定批准国会における論議)]

문서파일번호	134
문서명	한국 국회의 한일관계 사항(下)(한일조약 여러 협정 비준 국회에서의 논의)[韓国国会における日韓関係事項(下)(日韓条約諸協定批准国会における論議)]
작성연월일	1971. 5(일자 불명)
구분	한일협정 비준 후
세부항목	한국 국회 논의
작성처	외무성 한일국교정상화교섭사 편찬위원회
매수	143
비밀등급	취급주의
문서종류	내부자료
공개구분	공개
내용	한국 국회의 한일조약 여러 협정 비준 동의안 통과 경위, 한국의 독도영유와 교섭 경위, 분쟁 해결에 관한 교환공문 등에 관해 정부 관계자가 답변한 내용을 일본어로 번역한 것임.
주제어	한일조약 협정 비준, 독도

제2부

한일관계·한일협정 관련 자료 (1965)

'한일회담에 관한 보고'에 대한 국내반향
(「日韓会談に関する報告」に対する国内反響)

문서파일번호	206
문서명	'한일회담에 관한 보고'에 대한 국내 반향(「日韓会談に関する報告」に対する国内反響)
작성연월일	1965. 3. 25
구분	제7차 회담
세부항목	회담 평가
작성처	외무성 정보문화국 국내홍보과
매수	8
비밀등급	일반
문서종류	내부자료
공개구분	공개
내용	1964년 3월 19일 오히라 마사요시 외상의 '한일관계에 관한 보고'(중의원 보고)에 대한 일본 언론 반응
주제어	한일 관계 국회 보고

내각총리대신 및 외무대신 담화
(内閣総理大臣及び外務大臣の談話)

문서파일번호	745
작성연월일	1965. 3. 28 - 1965. 4. 3
구분	제7차 회담
세부항목	4.3 합의사항
작성처	외무성
매수	8
비밀등급	
문서종류	담화문
공개구분	공개
내용	1965년 4월 3일 청구권·경협, 어업, 재일한국인 법적지위에 관한 '합의사항' 가서명을 계기로 발표된 총리, 외상의 담화문 및 다카스기 신이치 일본 회담 수석대표의 메시지
주제어	4·3 합의사항 가서명에 대한 총리, 외상 담화문

문서명	내각총리대신 담화(안)[内閣総理大臣談話(案)]

문서파일번호 745
작성연월일 1965. 3. 28
구분 제7차 회담
세부항목 4·3 합의사항
작성처 외무성 북동아시아과
매수 2
비밀등급 일반
문서종류 담화문
공개구분 공개
내용 1965년 4월 3일 청구권·경협, 어업 및 재일한국인 법적지위 문제에 관한 '합의사항' 가서명을 계기로 발표되는 사토 에사쿠 총리의 담화문안(3월 28일 현재). 어업, 재일한국인 법적지위 문제 등에 관해 해결을 향한 큰 진전이 있었던 것은 경축, 곧 한국과 국교정상화가 달성되리라는 확신 위에서 계속 교섭을 진행하여 여러 현안의 신속한 해결을 도모하고자 함.
주제어 사토 총리 담화문

문서명	시나 외무대신 담화(NHK 한국 방송용)[椎名外務大臣談話(NHK韓国向け放送)]

문서파일번호 745
작성연월일 1965. 4. 3
구분 제7차 회담
세부항목 4·3 합의사항
작성처 외무성 정보문화국
매수 2
비밀등급 일반
문서종류 담화문
공개구분 공개
내용 '합의사항' 가서명을 계기로 NHK 한국용 방송을 통해 발표된 시나 에쓰사부로 외상의 담화문. 한일 양국이 대국적 견지에서 어려움을 넘어 어업, 청구권·경협, 재일한국인 법적지위 등 문제 합의사항에 가서명하게 된 것을 기쁘게 생각함. 금후 조속히 조약의 본 조인을 통해 한일양국 국민 간에 상호 이해와 존경에 기초한 새로운 역사의 한 페이지가 열리기를 희망함.
주제어 시나 외상 담화문

문서명	시나 외무대신 담화(일본용)[椎名外務大臣談話(日本向け)]

문서파일번호 745
작성연월일 1965. 4. 3
구분 제7차 회담
세부항목 4·3 합의사항
작성처 외무성 정보문화국
매수 1
비밀등급 일반
문서종류 담화문
공개구분 공개
내용 '합의사항' 가서명을 계기로 일본 국내용으로 발표된 시나 에쓰사부로 외상의 담화문. 한국방송용으로 발표한 내용과 대동소이함.
주제어 시나 외상 담화문

문서명	다카스기 대표의 메시지(안)[高杉代表のメッセージ(案)]

문서파일번호 745
작성연월일 1965. 4. 3
구분 제7차 회담
세부항목 4·3 합의사항
작성처 외무성 북동아시아과
매수 3
비밀등급 일반
문서종류 담화문
공개구분 공개
내용 민단 기관지에 게재된 다카스기 신이치 일본 수석대표의 4·3 '합의사항' 관련 메시지. 합의사항 가서명이 이루어져 기쁘게 생각하며, 재일한국인과 함께 양 국민 간의 영원한 우호관계와 한국 국민의 번영을 기원함.
주제어 다카스기 대표 메시지

한일회담 현재 진척상황 보고
(日韓会談の現在の進捗状況報告)

문서파일번호	746
작성연월일	1965. 4. 1　1965. 4. 7
구분	제7차 회담
세부항목	시나 외상의 대국회 보고
작성처	외무성
매수	22
비밀등급	
문서종류	내부자료
공개구분	공개
내용	시나 에쓰사부로 외상이 1965년 4월 1일 자민당 양원 의원총회 및 4월 7일 중의원 외무위원에서 한일회담 진전사항에 관해 보고한 내용
주제어	시나 외상의 대국회 보고

문서명	자민당 양원 의원총회에서 시나 대신의 보고(自民党両院議員総会における椎名大臣の報告)

문서파일번호 746
작성연월일 1965. 4. 1
구분 제7차 회담
세부항목 자민당 양원 의원총회 보고, 한일회담
작성처 외무성
매수 11
비밀등급 비(秘)
문서종류 내부자료
공개구분 공개
내용 시나 에쓰사부로 외상이 자민당 양원 의원총회에서 한일회담 진전사항을 보고한 내용. 1965년 2월 17일 기본관계조약 가서명 후, 이동원 외무장관, 차균희 농림장관의 방일을 통해 큰 폭의 진전을 보게 되었다는 모두발언 후 재일한국인 법적지위 문제, 청구권 및 경제협력 문제, 어업 문제에 관해 설명함.
주제어 시나 외상의 대국회 보고

문서명	시나 외무대신의 중의원 외무위원회에서의 한일교섭에 관한 중간보고(椎名外務大臣の衆議院外務委員会における日韓交渉についての中間報告)

문서파일번호 746
작성연월일 1965. 4. 7
구분 제7차 회담
세부항목 중의원 외교위원회 보고, 한일회담
작성처 외무성
매수 11
비밀등급 일반
문서종류 내부자료
공개구분 공개
내용 시나 에쓰사부로 외상이 중의원 외교위원회에서 한일회담과 관련해 보고한 내용. 4월 3일 어업, 청구권 및 경제협력, 재일한국인 법적지위 문제에 관한 '합의사항' 가서명이 이루어졌음을 보고한 후, 각 안건에 대한 교섭 진전상황을 설명함.
주제어 시나 외상의 대국회 보고

사토·김(기타 정계 요인) 회담(통보)
[佐藤·金会談(通報)]

문서파일번호	788
작성연월일	1965. 7. 14
구분	한일협정 체결 後
세부항목	사토·김동조, 한국 정계인사 회담
작성처	외무성 북동아시아과
매수	5
비밀등급	
문서종류	
공개구분	공개
내용	사토 에사쿠 총리와 김동조 대사 회담 기록, 사토 총리와 한국 정계인사의 회담 기록
주제어	

문서명	사토·김 회담(통보)[佐藤·金会談(通報)]

문서파일번호 788
작성연월일 1965. 7. 14
구분 한일협정 체결 後
세부항목 사토·김동조 회담
작성처 외무성 북동아시아과
매수 2
비밀등급 극비
문서종류 회의록
공개구분 공개
내용 일시귀국 인사차 사토 에사쿠 총리를 예방한 김동조 대사와 총리 회담 기록. 한국 김의 일본 수출 할당량, 주한일본대표부 설치 문제 등에 관해 협의함.
주제어 김 대일 수출 문제, 주한일본대표부

문서명	사토 에사쿠 총리와 한국 정계요인 회견(佐藤総理と韓国政界の要人との会見)

문서파일번호 788
작성연월일 1965(월일 불명)
구분 한일협정 체결 후
세부항목 사토·한국 정계요인 면담 기록
작성처 외무성 북동아시아과
매수 3
비밀등급
문서종류 내부자료
공개구분 공개
내용 1965년 2월 6일~1967년 5월 18일까지 사토 에사쿠 총리의 한국 정계요인 접견 기록
주제어 사토·한국 정계요인 면담 기록

한일회담 향후 진행방식
(日韓会談今後の進め方)

문서파일번호	1787
직싱연월일	1965. 1. 7 - 1965. 4. 7
구분	제7차 회담
세부항목	한일회담
작성처	외무성
매수	82
비밀등급	
문서종류	내부문서
공개구분	공개 또는 일부비공개
내용	제7차 한일회담 기간 중 한일 문제, 한일회담에 대한 일본입장 등이 정리된 문서 모음
주제어	한일회담 교섭에 임하는 일본 입장

문서명	한일교섭에 관한 사토 에사쿠 총리의 지시(日韓交渉についての佐藤総理の御指示)

문서파일번호 1787
작성연월일 1965. 1. 29
구분 제7차 회담
세부항목 교섭에 임하는 일본 태도
작성처 외무성 북동아시아과장
매수 3
비밀등급 극비
문서종류 내부문서
공개구분 일부비공개
내용 한일회담 관련 사토 에사쿠 총리가 요코다 다키오(横田多喜夫) 차관에게 지시한 사항이 기록된 문서. 일본이 너무 양보하고 있다, 귀찮다고 해서 뒤로 빼지 말고, 싫다면 관두자라는 태도로 교섭에 임할 것을 지시함.
주제어 사토 총리 지시사항, 교섭에 임하는 일본 태도

문서명	한일회담의 일본 입장(日韓会談における日本側の立場)

문서파일번호 1787
작성연월일 1965. 1. 8
구분 제7차 회담
세부항목 한일회담 의제별 일본의 기본 입장
작성처 외무성
매수 8
비밀등급 극비
문서종류 내부문서
공개구분 공개
내용 우시로쿠 도라오(後宮虎郎) 국장이 우노 소스케((宇野宗佑) 의원에게 전달한 한일회담 의제별 일본의 기본입장 문서. 기본관계 문제에 대해서 형식, 병합조약, 한국의 관할권 문제가 기술되어 있으며, 청구권 문제에 대해서 무상 3억 달러, 정부차관 2억 달러로 이 문제가 해결되어야 한다는 입장을 밝힘.
주제어 기본관계, 어업, 청구권, 재일한국인 법적지위, 독도 문제

문서명	별첨1. 구두 설명(別添1. 口頭説明)

문서파일번호 1787
작성연월일 1965. 1. 8
구분 제7차 회담
세부항목 우노 소스케 의원에 대한 한일회담 관련 보고
작성처 외무성
매수 2
비밀등급 극비
문서종류 내부문서
공개구분 공개
내용 '한일회담에서의 일본 입장' 문서 첨부1. 우시로쿠 도라오 국장의 우노 소스케 의원 보고 시 구두 설명사항이 기록된 문서. 기본관계 문제에 대해서 공동선언 명칭은 고집하지 않을 것, 북한과의 국교 가능성은 없다는 것 등을 명시함. 독도 문제는 국제사법재판소에 의한 해결을 주장하나 이것은 이상적인 해결방식을 생각하고 있는 것으로 이 방식을 고집하는 것은 아니라고 기술
주제어 기본관계, 어업, 독도 문제, 재일한국인 법적지위

문서명	별첨2. 한일회담 여러 현안의 개요(別添2. 日韓会談諸県案の概要)

문서파일번호 1787
작성연월일 1965. 1. 8
구분 제7차 회담
세부항목 우노 의원에 대한 한일회담 관련 보고
작성처 외무성
매수 4
비밀등급 극비
문서종류 내부문서
공개구분 공개
내용 1965년 1월 8일 자 '한일회담에서의 일본 입장' 문서 첨부2. 우시로쿠 도라오 국장의 우노 소스케 의원 보고 시 참고자료. 한일회담 여러 현안의 성격 등을 간략히 정리. 기본관계 문제에 대해 형식, 병합조약, 한국의 관할권 문제가 남았다는 것, 청구권 문제는 무상, 정부 차관으로 해결할 문제라는 것, 문화재 문제는 일본의 통치 중에 반출된 문화재에 대해 한국이 반환을 요구하고 있는 것이라는 설명 기술
주제어 기본관계, 어업, 청구권·경협, 재일한국인 법적지위, 선박 반환, 문화재 반환, 독도

문서명	'이 라인' 문제(李ラインの問題)

문서파일번호 1787
작성연월일 1965. 1. 7
구분 제7차 회담
세부항목 사토 총리 및 외무대신 브리핑 자료
작성처 외무성 북동아시아과
매수 4
비밀등급 일반
문서종류 내부문서
공개구분 공개
내용 사토 에사쿠 총리 방미에 즈음하여 총리 및 외무대신 브리핑용으로 작성한 자료. '이승만 라인'에 대한 한국의 입장, 그리고 이에 대한 일본의 입장이 정리됨.
주제어 이 라인

문서명	독도 문제 개요(竹島問題の概要)

문서파일번호 1787
작성연월일 1965. 1. 7
구분 제7차 회담
세부항목 사토 총리 및 외무대신 브리핑 자료
작성처 외무성 북동아시아과
매수 4
비밀등급 일반
문서종류 내부문서
공개구분 공개
내용 사토 에사쿠 총리 방미에 즈음하여 총리 및 외무대신 브리핑용으로 작성한 자료. 독도가 일본의 영토라는 근거, 한국이 '이승만 라인'에 독도를 포함시킨 것, 이에 대해 일본이 항의한 것 등을 설명함.
주제어 독도

문서명	한일회담 진행 방식에 관한 성내 협의(日韓会談の進め方に関する省内打合せ)

문서파일번호 1787
작성연월일 1965. 1. 19
구분 제7차 회담
세부항목 한일회담 진행방법
작성처 외무성 북동아시아과
매수 7
비밀등급 극비
문서종류 내부문서
공개구분 공개
내용 한일회담 진행방법 관련 내부협의회 기록. 북동아시아과장으로부터 최근 고노 라인의 상황에 관한 설명이 있은 후, 어업 문제와 관련해 어업협력, 공동규제구역의 어선 수 문제, 그리고 현안 일괄 해결에 대한 논의가 이루어짐.
주제어 한일회담 진행방법

문서명	당면의 한일 여러 현안 처리 방식 건(当面の日韓諸懸案の取扱振りに関する件)

문서파일번호 1787
작성연월일 1965. 2. 9
구분 제7차 회담
세부항목 한일회담에서의 일본 대응 방식
작성처 외무성 아시아국
매수 8
비밀등급 극비
문서종류 내부문서
공개구분 공개
내용 시나 에쓰사부로 외상의 방한과 관련하여 외상 보고용으로 한일 여러 현안에 대한 일본 대응 방식을 정리한 문서. 한일회담 의제로 기본관계 문제(병합조약, 한국 정부의 관할권 문제), 청구권 문제(정부차관의 상환기간 문제 등), 어업(제주도 주변 기선 문제, 공동규제수역 일본 출어 척수, 어업협력), 재일한국인 법적지위, 독도 문제를 검토하고, 회담 의제 외 현안으로 농상회담, 재서울사무소 개설 문제, 무역회담 개최 문제 등을 검토
주제어 한일회담에서의 일본 대응 방식, 기본관계, 청구권, 어업, 재일한국인 법적지위, 독도, 농상 회담, 재서울사무소, 무역회담

문서명	최근의 한일 문제 PR 실적(最近における日韓問題PR実績)

문서파일번호 1787
작성연월일 1965. 2. 24
구분 제7차 회담
세부항목 한일회담 홍보 현황
작성처 정보문화국 국내홍보과
매수 11
비밀등급
문서종류 내부문서
공개구분 공개
내용 한일회담, 한일 문제에 대한 홍보 현황을 정리한 문서. 팸플릿, 외무성 발행 '세계의 움직임', 외무성 주관의 '도도부현(都道府縣)에 대한 설명회', '세계 저널', 방송 등을 통한 홍보 현황이 기술됨.
주제어 한일회담 홍보 현황

문서명	한일교섭을 둘러싼 제반 정세(日韓交渉をめぐる諸般の情勢)

문서파일번호 1787
작성연월일 1965. 3. 15
구분 제7차 회담
세부항목 한일회담을 둘러싼 한국정세
작성처 외무성 북동아시아과
매수 12
비밀등급 비(秘)
문서종류 내부문서
공개구분 공개
내용 한일회담을 둘러싼 한국 정세에 관한 내용이 정리된 문서. 작년에 비해 한국의 정치 상황이 좋아졌음. 이 외에 한일회담에 대한 한국 내의 반응 등이 정리됨.
주제어 한일회담을 둘러싼 한국정세

문서명	한국 외상 방일 시 혹은 그 전에 해결이 필요한 중요 문제 처리방침에 관하여 (韓国外相訪日の際ないしその前に解決を要する重要問題処理方針について)

문서파일번호 1787

작성연월일 1965. 3. 16

구분 제7차 회담

세부항목 이동원 장관 방일 대비 한일현안에 관한 입장 정리

작성처 외무성 북동아시아과

매수 12

비밀등급 극비

문서종류 내부문서

공개구분 공개

내용 외무성이 각 현안에 관해 이동원 외무부장관의 방일 시 해결해야 할 문제를 정리한 문서. 청구권에 관한 문제로 정부 차관 상환 기간 및 대일무역 채무 상환 기간, 민간 차관의 금액, 선박 처리가 포함됨.

주제어 이동원 장관 방일, 한일현안

문서명	향후 한일교섭의 진행방법(今後の日韓交渉の進め方)

문서파일번호 1787

작성연월일 1965. 4. 7

구분 제7차 회담

세부항목 한일교섭 관계성 협의회

작성처 외무성 북동아시아과

매수 7

비밀등급 극비

문서종류 회의록

공개구분 공개

내용 1965년 4월 6일 우시바 노부히코(牛場信彦) 외무심의관 주최로 개최된 한일교섭 관련 관계성 협의회 기록. 대장성 이재국장, 통산성 경제협력부장, 법무성 입관국장, 문부성 문화재보호위원회 사무국장, 농림성 어업조정과장 등이 참석함. 문화재에 관해서는 인도할 문화재가 늘어나지 않도록 한국과 접촉을 가급적 피할 것, 청구권에 관해서는 관련 협정의 책임을 외무성이 맡을 것 등이 기술됨.

주제어 한일교섭 관계성 협의회

한일회담 최근 진척상황
(日韓会談の最近の進捗状況)

문서파일번호	1788
작성연월일	1965. 4. 12 - 1965. 8. 25
구분	제7차 회담
세부항목	한일회담 진척상황
작성처	외무성
매수	77
비밀등급	
문서종류	
공개구분	공개
내용	한일회담 진척상황, 교섭 타결방침안, 회담 경위, 회담 홍보 실적 등의 내용이 기술된 문서 모음
주제어	

문서명	한일회담 최근 진척상황(日韓会談の最近の進捗状況)

문서파일번호	1788
작성연월일	1965. 4. 12
구분	제7차 회담
세부항목	한일회담 진척상황
작성처	외무성 북동아시아과
매수	21
비밀등급	일반
문서종류	내부문서
공개구분	공개
내용	한일회담의 의제별 교섭 진척상황을 정리
주제어	청구권 · 경제협력, 어업, 재일한국인 법적지위, 기본관계

문서명	한일교섭 진척상황(1965년 4월 21일 현재)[日韓交渉の進捗状況(四十年四月二十一日現在)]

문서파일번호	1788
작성연월일	1965. 4. 21
구분	제7차 회담
세부항목	한일회담 진척상황
작성처	외무성 북동아시아과
매수	2
비밀등급	일반
문서종류	내부문서
공개구분	공개
내용	의제별 한일회담 교섭 진척상황을 정리
주제어	재일한국인 법적지위, 어업, 청구권 · 경협, 문화재

문서명	한일교류 진척상황(1965년 4월 27일 현재)[日韓交渉の進捗状況(40年4月27日現在)]

문서파일번호 1788
작성연월일 1965. 4. 27
구분 제7차 회담
세부항목 한일회담 진척상황
작성처 외무성 북동아시아과
매수 4
비밀등급 극비
문서종류 내부문서
공개구분 공개
내용 의제별 한일회담 교섭 진척상황을 정리
주제어 어업, 청구권·경협, 재일한국인 법적지위, 문화재 반환

문서명	한일회담 진척상황(1965년 5월 10일 현재)[日韓会談の進捗状況(40年5月10日現在)]

문서파일번호 1788
작성연월일 1965. 5. 10
구분 제7차 회담
세부항목 한일회담 진척상황
작성처 외무성 북동아시아과
매수 4
비밀등급 극비
문서종류 내부문서
공개구분 공개
내용 의제별 한일회담 교섭 진척상황을 정리
주제어 어업, 청구권·경협, 재일한국인 법적지위, 문화재 반환

문서명	한일회담의 각 현안에 관한 진척상황(5월 17일 현재) [日韓全面会談の各懸案に関する進捗状況(5月17日現在)]

문서파일번호 1788
작성연월일 1965. 5. 17
구분 제7차 회담
세부항목 한일회담 진척상황
작성처 외무성 북동아시아과
매수 /
비밀등급 극비
문서종류 내부문서
공개구분 공개
내용 의제별 한일회담 교섭 진척상황을 정리
주제어 재일한국인 법적지위, 어업, 청구권 · 경협, 문화재 반환

문서명	한일회담의 각 현안에 관한 진척상황(6월 3일 현재) [日韓全面会談の各懸案に関する進捗状況(6月3日現在)]

문서파일번호 1788
작성연월일 1965. 6. 3
구분 제7차 회담
세부항목 한일회담 진척상황
작성처 외무성 북동아시아과
매수 7
비밀등급 극비
문서종류 내부문서
공개구분 공개
내용 의제별 한일회담 교섭 진척상황을 정리
주제어 청구권 · 경제협력, 재일한국인 법적지위, 문화재 반환, 어업

문서명	한일교섭 타결방침안(日韓交渉妥結の方針案)

문서파일번호	1788
작성연월일	1965. 5. 25
구분	제7차 회담
세부항목	한일교섭 타결방침안
작성처	외무성 북동아시아과
매수	5
비밀등급	일반
문서종류	내부문서
공개구분	공개
내용	한일교섭 타결방침안 문서. 1965년 6월 10일 조인을 목표로 실무교섭을 마무리해 나간다는 기본방침 하에 어업, 청구권 및 경제협력, 문화재 문제에 대한 실무교섭 지침, 독도 문제에 대한 정치교섭 전 대응 방안 등에 관한 내용이 기술됨.
주제어	어업, 청구권 · 경협, 재일한국인 법적지위, 문화재 반환, 독도

문서명	한일회담 경위 개요(日韓会談の経緯概要)

문서파일번호	1788
작성연월일	1965. 6. 23
구분	제7차 회담
세부항목	한일회담 경위
작성처	외무성 북동아시아과
매수	10
비밀등급	일반
문서종류	내부문서
공개구분	공개
내용	1965년 6월 22일 한일 기본조약 및 여러 협정 조인 다음 날인 6월 23일 작성된 예비회담부터 한일협정 타결까지의 한일회담 경위 개요가 담긴 문서
주제어	한일회담 경위

문서명	한일회담 홍보 실적(日韓会談PR実績)

문서파일번호	1788
작성연월일	1965. 8. 25
구분	제7차 회담
세부항목	한일회담 홍보
작성처	외무성 정보문화국 국내홍보과
매수	17
비밀등급	일반
문서종류	내부문서
공개구분	공개
내용	1962년부터 1965년 8월 25일 현재로 한일회담 홍보 실적을 정리한 내용이 담긴 문서. 간행물 발간, 팸플릿 언론 기고 등 간접 계발, TV 라디오 방송 직접 기획 프로그램, 위탁사업, 강연회 및 세미나 개최 실적 등이 정리됨.
주제어	한일회담 홍보

한일회담의 현재 등
(日韓会談の現在等)

문서파일번호	1696
작성연월일	1965. 2. 17 - 1965. 6. 25
구분	제7차 회담
세부항목	한일회담 진행 현황
작성처	외무성 북동아시아과
매수	27
비밀등급	
문서종류	전문(電文)
공개구분	공개 또는 일부비공개
내용	한일회담 진전상황 등을 주미, 영국대사 등에게 통보하는 전문 모음
주제어	한일회담 진행 현황

문서명	제7차 한일회담 현황(통보) [第7次日韓会談んの現状(通報)]

문서파일번호 1696
작성연월일 1965. 2. 17
구분 제7차 회담
세부항목 제7차 한일회담 진행상황
작성처 외무성 북동아시아과
매수 4
비밀등급 극비
문서종류 전문(電文)
공개구분 공개
내용 제7차 한일회담 진전 현황을 주미, 영국대사에게 통보
주제어 제7차 한일회담 진행상황

문서명	한일기본조약안의 가서명(통보) [日韓基本条約案のイニシャル(通報)]

문서파일번호 1696
작성연월일 1965. 2. 20
구분 제7차 회담
세부항목 기본관계, 조약 가서명
작성처 외무성 북동아시아과
매수 2
비밀등급 일반
문서종류 전문(電文)
공개구분 공개
내용 1965년 3월 20일 한일기본관계조약안에 가서명이 이루어졌음을 주미, 영국대사에게 통보
주제어 기본관계, 조약 가서명

문서명	한일교섭의 현황에 관한 미국에 대한 설명(훈령)[日韓交渉の現状についての米側に対する説明より(訓令)]

문서파일번호 1696
작성연월일 1965. 3. 12
구분 제7차 회담
세부항목 한일회담 진전 현황의 대미국 설명
작성처 외무성 북동아시아과
매수 7
비밀등급 극비
문서종류 전문(電文)
공개구분 공개
내용 이동원 장관 방미 시 미국에 한일회담 관련 한국 입장을 어필할 경우에 대비, 1965년 3월 12일까지의 한일회담 진전 현황을 미국에 설명하라고 주미대사에게 지시하는 본성 전문
주제어 한일회담 진전 현황의 대미국 설명

문서명	미국 측으로부터의 한일교섭 조기 타결 요청에 관하여(米側よりの日韓交渉早期妥結の要請について)

문서파일번호 1696
작성연월일 1965. 5. 1
구분 제7차 회담
세부항목 미국의 한일회담 조기 타결 요청
작성처 외무성 북동아시아과
매수 4
비밀등급 극비
문서종류 전문(電文)
공개구분 공개
내용 주일미국대사관 에머슨(John K. Emmerson) 공사가 우시로쿠 도라오 아시아국장에게 박정희 대통령의 방미 시까지 한일교섭이 타결되어 협정 조인이 이루어지길 희망한다는 뜻을 전해 왔음을 주미대사에게 통보
주제어 미국의 한일회담 조기 타결 요청

문서명	한국의 어업협정에 관하여 미국에 통보(韓国側漁業協定案についての米側への通報)

문서파일번호 1696
작성연월일 1965. 5. 13
구분 제7차 회담
세부항목 어업, 한국 어업협정안
작성처 외무성 북동아시아과
매수 3
비밀등급 극비
문서종류 전문(電文)
공개구분 공개
내용 우시로쿠 도라오 아시아국장이 주일미국대사관 에머슨 공사에게 한국이 제시한 어업협정안에 대해 설명하였음을 주미대사에게 통보. 우시로쿠 국장은 한국 협정안이 4월 3일 '합의사항' 내용을 상당부분 수정한 것이라면서 그 상세 내용을 설명함.
주제어 어업, 한국 어업협정안

문서명	한일교섭(독도 문제)(통보)[日韓交渉(竹島問題)(通報)]

문서파일번호 1696
작성연월일 1965. 5. 14
구분 제7차 회담
세부항목 독도 문제
작성처 외무성 북동아시아과
매수 2
비밀등급 극비
문서종류 전문(電文)
공개구분 일부비공개
내용 독도 문제 관련 한일회담에서의 일본 기본입장을 주미대사 참고용으로 통보. 내용 중 주요부분은 먹칠로 가려짐.
주제이 독도 문제

문서명	라이샤워 대사 회담(한일)[ライシャワー大使との会談(日韓)]

문서파일번호 1696
작성연월일 1965. 5. 26
구분 제7차 회담
세부항목 한일회담 진척상황
작성처 외무성 북동아시아과
매수 2
비밀등급 극비
문서종류 전문(電文)
공개구분 공개
내용 시나 에쓰사부로 외상과 라이샤워(Edwin O. Reischauer) 주일미국대사 회담에서 시나 외상이 한일회담의 진척상황을 설명하였음을 주미대사에게 통보
주제어 한일회담 진척상황

문서명	사토 총리가 존슨 대통령에게 보내는 답신 전달 요청(佐藤総理よりジョンスン大統領宛の返電伝達要請)

문서파일번호 1696
작성연월일 1965. 6. 24
구분 제7차 회담
세부항목 존슨 대통령의 한일회담 타결 축하메시지에 대한 사토 총리 답신
작성처 외무성 북동아시아과
매수 3
비밀등급 비(秘)
문서종류 전문(電文)
공개구분 공개
내용 존슨(Lyndon B. Johnson) 미 대통령의 한일회담 타결 축하메시지에 대한 사토 에사쿠 총리의 답신을 미국에 전달하라고 주미대사에게 지시
주제어 존슨 대통령의 한일회담 타결 축하메시지에 대한 사토 총리 답신

한일 여러 협정 조인 후의 관계 사무처리 요령
(日韓諸協定調印後における関係事務処理要領)

문서파일번호	1235
작성연월일	1965. 6. 21 - 1965. 6. 30
구분	제7차 회담, 한일협정 체결 후
세부항목	국회제출 예상 조약안 및 법률안
작성처	내각 법제국, 외무성
매수	4
비밀등급	
문서종류	내부문서
공개구분	공개
내용	한일협정 조인 후 관계 사무처리 요령 및 국회 제출이 예상되는 조약안 및 법률안을 정리한 문서
주제어	국회제출 예상 조약안 및 법률안

문서명	한일 여러 협정 조인 후의 관계 사무처리 요령(日韓諸協定調印後における関係事務処理要領)

문서파일번호 1235
작성연월일 1965. 6. 21
구분 제7차 회담
세부항목 한일협정 조인 후 사무처리 요령
작성처 내각 법제국
매수 2
비밀등급 일반
문서종류 내부문서
공개구분 공개
내용 한일협정 조인 후 관계 사무처리 요령에 관해 정리한 내각 법제국 문서
주제어 한일협정 조인에 따른 관계 사무처리

문서명	한일 특별국회에 제출될 것으로 예상되는 조약안건(日韓特別国会に提出を予想される条約案件)

문서파일번호 1235
작성연월일 1965. 6. 30
구분 한일협정 체결 후
세부항목 국회제출 예상 조약안
작성처 외무성
매수 1
비밀등급 비(秘)
문서종류 내부문서
공개구분 공개
내용 한일협정 조인 후 국회 제출이 예상되는 조약안 목록
주제어 국회 제출 예상 조약안

문서명	한일 특별국회에 제출될 가능성이 있다고 생각되는 법률안건 등(日韓特別国会に提出される可能性があると考えられる法律案件等)

문서파일번호 1235
작성연월일 1965. 6. 30
구분 한일협정 체결 후
세부항목 국회제출 예상 법률안
작성처 외무성
매수 1
비밀등급 비(秘)
문서종류 내부문서
공개구분 공개
내용 한일협정 조인 후 국회 제출이 예상되는 법률안 목록
주제어 국회 제출 예상 법률안

한일회담 회의 횟수(미정고)
[日韓会談における会合回数(未定稿)]

문서파일번호	136
문서명	한일회담 회의 횟수(미정고)[日韓会談における会合回数(未定稿)]
작성연월일	1968. 11(일자 불명)
구분	한일협정 비준 후
세부항목	한일회담 회의 개최 횟수
작성처	외무성 한일국교정상화교섭사 편찬위원회
매수	17
비밀등급	비(秘)
문서종류	내부자료
공개구분	공개
내용	① 기록 상 한일회담 각 회의의 명칭 ② 한일회담 회의 횟수 ③ 회담 외 교섭 횟수 첨부(1) 한일회담 대표 및 수석위원 일람 첨부(2) 한일회담 기간 중 한일교섭 담당관 및 외무성 관계 주요 인사
주제어	한일회담 회의 개최 횟수

한일회담 회의 횟수(미정고)
[日韓会談における会合回数(未定稿)]

문서파일번호	274
문서명	한일회담의 회의 횟수(미정고)[日韓会談における会合回数(未定稿)]
작성연월일	1968. 11(일자 불명)
구분	한일협정 비준 後
세부항목	한일회담 회의 개최 횟수
작성처	외무성 한일국교정상화교섭사 편찬위원회
매수	17
비밀등급	비(秘)
문서종류	내부자료
공개구분	공개
내용	문서파일번호 136과 동일한 문서
주제어	한일회담 회의 개최 횟수

회담, 사전협의 일정 등 메모
(会談、打合せ日程等メモ)

문서파일번호	82
문서명	회담, 사전협의 일정 등 메모(会談、打合せ日程等メモ)
작성연월일	1965(월일 불명)
구분	제7차 회담
세부항목	사전협의 일정
작성처	외무성 관방 총무참사관
매수	3
비밀등급	극비
문서종류	내부자료
공개구분	공개
내용	1965년 4월 15일~6월 16일까지 한일 간 사전협의 일정 등을 메모한 자료
주제어	회의 일정

한일기본조약 및 여러 협정 등에 관한 참고자료
(日韓基本条約及び諸協定等に関する参考資料)

문서파일번호	1647
문시명	한일기본조약 및 여러 협정 등에 관한 참고자료(日韓基本条約及び諸協定等に関する参考資料)
작성연월일	1965. 10(일자 불명)
구분	한일협정 체결 후
세부항목	한일기본조약 및 여러 협정 참고자료
작성처	참의원 외무위원회 조사실(参議院外務委員會調査室)
매수	203
비밀등급	일반
문서종류	내부자료
공개구분	공개
내용	참의원 외무위원회 조사실에서 작성한 한일기본조약 및 여러 협정 등에 관한 참고자료 ① 교섭개시 전의 경위 ② 교섭의 경위(예비회담~제7차 회담) ③ 조약 및 협정의 내용(기본관계조약, 청구권 및 경제협력협정, 어업협정, 재일한국인의 법적지위 및 처우협정, 문화재 반환 및 문화협력협정, 독도 문제, 해저전선 문제) ④ 조약 및 협정 등에 대한 일본 각 당의 태도 및 한국 내 움직임 ⑤ 한국 경제의 현상 및 한일경제협력 첨부 자료
주제어	한일기본조약 및 여러 협정 참고자료

제3부

한일협정과 국회 대응
(1965~1969)

한일조약에 관한 국회 제출자료
(日韓条約に関する国会提出資料)

문서파일번호	1240
문서명	한일조약에 관한 국회 제출자료(日韓条約に関する国会提出資料)
작성연월일	1965. 7. 30
구분	한일협정 체결 후
세부항목	한일조약 관련 국회 제출자료
작성처	외무성
매수	5
비밀등급	일반
문서종류	내부자료
공개구분	공개
내용	외무성이 한일조약과 관련하여 국회에 제출한 자료 목록
주제어	한일조약 관련 국회 제출자료

한일조약 여러 협정 비준 국회 대책 등
(日韓条約諸協定の批准国会対策等)

문서파일번호	1241
작성연월일	1965. 8. 17 - 1965. 9. 7
구분	한일협정 체결 後
세부항목	비준 국회 대책
작성처	외무성
매수	26
비밀등급	
문서종류	내부문서
공개구분	공개
내용	한일 여러 조약의 비준 국회 대책에 관한 문서 모음
주제어	한일협정 비준 국회 대책

문서명	한일 여러 조약의 비준 국회의 기간에 대해서(日韓諸条約の批准国会の期間について)

문서파일번호	1241
작성연월일	1965. 8. 17
구분	한일협정 체결 後
세부항목	비준 국회 대책
작성처	외무성 북동아시아과
매수	4
비밀등급	일반
문서종류	내부문서
공개구분	공개
내용	한일 여러 조약의 비준을 다룰 국회의 기간에 관해 검토한 보고서
주제어	비준 국회 기간

문서명	비준 국회에 한일조약 백서 혹은 해설 제출의 문제점(批准国会に日韓条約の白書ないし解説を提出することの問題点)

문서파일번호	1241
작성연월일	1965. 8. 17
구분	한일협정 체결 後
세부항목	비준 국회 대책
작성처	외무성 북동아시아과
매수	5
비밀등급	극비
문서종류	내부문서
공개구분	공개
내용	비준 국회에 한일조약 백서 혹은 해설 제출 시 예상되는 문제점에 관하여 아시아국, 조약국, 경제국 담당관이 모여 협의한 결과를 정리
주제어	비준 국회 제출자료

문서명	한일조약 비준 국회 대책상의 문제점(日韓条約批准国会対策上の問題点)

문서파일번호 1241
작성연월일 1965. 8. 28
구분 한일협정 체결 後
세부항목 비준 국회 대책
작성처 외무성 북동아시아과장
매수 6
비밀등급 비(秘)
문서종류 내부문서
공개구분 공개
내용 1965년 8월 26일 관방총무참사관, 조약과장, 국제협력과장, 북동아시아과장이 모여 검토한 한일조약 비준 국회 대책상의 문제점을 기록(수기로 작성)
주제어 비준 국회 대책

문서명	한일조약 비준 국회 대책상의 문제점(日韓条約批准国会対策上の問題点)

문서파일번호 1241
작성연월일 1965. 8. 28
구분 한일협정 체결 後
세부항목 비준 국회 대책
작성처 외무성 북동아시아과장
매수 5
비밀등급 비(秘)
문서종류 내부문서
공개구분 공개
내용 앞서 수기로 작성된 1965년 8월 26일 관방총무참사관 및 관계 과장의 한일조약 비준 국회 대책상의 문제점을 타이핑한 문서
주제어 비준 국회 대책

문서명	한일조약 비준 국회 대책에 관하여(日韓条約批准国会対策について)

문서파일번호	1241
작성연월일	1965. 9. 7
구분	한일협정 체결 후
세부항목	비준 국회 대책
작성처	외무성
매수	6
비밀등급	비(秘)
문서종류	내부문서
공개구분	공개
내용	1965년 10월 5일 개회되는 한일조약 비준 국회 대응책에 관해 정리한 문서
주제어	비준 국회 대책

일본국과 대한민국의 기본관계에 관한 조약 등 체결에 대해 국회 승인을 요청하는 각의 청의에 대해서(日本国と大韓民国との間の基本関係に関する条約等の締結について国会の承認を求める閣議請議について)

문서파일번호	1238
작성연월일	1965. 10. 2 - 1965. 10. 21
구분	한일협정 체결 후
세부항목	한일기본관계조약 등 체결에 따른 일본 국내 후속 조치(국회 승인, 입법사항 등)
작성처	외무성 조약과
매수	26
비밀등급	
문서종류	재가문서, 내부자료
공개구분	공개
내용	한일기본관계조약 등의 체결에 대한 국회 승인 요청 건의 각의 청의, 재산권과 청구권에 관한 문제의 해결 및 경제협력에 관한 협정 제2조 실시에 따른 법률안, 어업협정 제1조 1의 수역설정에 관한 법률안, 재일한국인 법적지위 및 처우에 관한 협정 실시에 따른 출입국관리특별법안에 대한 취지 설명문서 모음
주제어	한일기본관계조약 등 체결에 따른 일본 국내 후속 조치

문서명	일본국과 대한민국의 기본관계에 관한 조약 등 체결에 대해 국회 승인을 요청하는 건의 각의 청의에 대해서(日本国と大韓民国との間の基本関係に関する条約等の締結について国会の承認を求めるの件に関する閣議請議について)

문서파일번호 1238
작성연월일 1965. 10. 2
구분 한일협정 체결 후
세부항목 한일기본관계조약 등 체결에 따른 일본 국회 승인 각의 청의
작성처 외무성 조약과
매수 3
비밀등급 일반
문서종류 재가문서
공개구분 공개
내용 한일기본관계조약 등의 체결에 대한 국회 승인을 요청하는 각의 청의 관련 문서. 재가문서, 청의 이유서가 첨부됨
주제어 한일기본관계조약 등 체결에 따른 일본 국회 승인 각의 청의

문서명	일본과 한국 간 기본관계조약 등 체결에 관한 승인을 요청하는 건 및 재산권과 청구권에 관한 문제의 해결 및 경제협력에 관한 일본과 한국 협정 제2조 실시에 따른 한국 등의 재산권에 대한 조치에 관한 법률안 취지 설명(日本国と大韓民国との間の基本関係に関する条約等の締結について承認を求めるの件並びに財産權及び請求權に関する問題の解決並びに經濟協力に関する日本國と大韓民國との間の協定 第二條の實施に伴う大韓民國等の財産權に對する措置に関する法律案の趣旨說明)

문서파일번호 1238
작성연월일 1965. 10. 2
구분 한일협정 체결 후
세부항목 한일기본관계조약 등 체결에 따른 일본 국내 후속 조치
작성처 외무성 조약과
매수 8
비밀등급 일반
문서종류 내부자료
공개구분 공개
내용 기본관계조약 및 청구권협정 제2조 실시를 위한 법률안 취지 설명서
주제어 한일기본관계조약 등 체결에 따른 일본 국내 후속 조치

문서명	일본국과 대한민국의 기본관계에 관한 조약 등 체결에 대해 승인을 요청하는 건(조약 제1호) 요지[日本国と大韓民国との間の基本関係に関する条約等の締結について承認を求めるの件(条約第一号)要旨]

문서파일번호 1238
작성연월일 1965. 10. 21
구분 한일협정 체결 후
세부항목 한일기본관계조약 등 체결에 따른 일본 국내 후속 조치
작성처 외무성 조약과
매수 12
비밀등급
문서종류 내부자료
공개구분 공개
내용 기본관계조약 등 체결에 관해 승인을 요청하는 건에 관한 요지(취지 설명)
주제어 한일기본관계조약 등 체결에 따른 일본 국내 후속 조치

문서명	일본과 한국 간 어업협정 실시에 따른 동 협정 제1조 1의 어업에 관한 수역설정에 관한 법률안(내각제출 제1호) 요지[日本国と大韓民国との間の漁業に関する協定の實施に伴う同協定第一條1の漁業に関する水域の設定に関する法律案(内閣提出第一号)要旨]

문서파일번호 1238
작성연월일 1965. 10. 21
구분 한일협정 체결 후
세부항목 어업협정 체결에 따른 일본 국내 후속 조치
작성처 외무성 조약과
매수 1
비밀등급 일반
문서종류 내부자료
공개구분 공개
내용 어업협정 실시에 따른 동 협정 제1조 1항의 어업에 관한 수역설정에 관한 법률안 요지(취지 설명)
주제어 어업, 어업협정 체결에 따른 일본 국내 후속 조치

문서명	재산권 및 청구권에 관한 문제 해결 및 경제협력에 관한 일본과 한국의 협정 제2조 실시에 따른 한국 등의 재산권 조치에 관한 법률안(내각제출 제2호) 요지[財産權及び請求權に関する問題の解決並びに經濟協力に関する日本國と大韓民國との間の協定 第二條の實施に伴う大韓民國等の財産權に對する措置に関する法律案(内閣提出第二号)要旨]

문서파일번호 1238
작성연월일 1965. 10. 21
구분 한일협정 체결 후
세부항목 청구권협정 체결에 따른 일본 국내 후속 조치
작성처 외무성 조약과
매수 1
비밀등급
문서종류 내부자료
공개구분 공개
내용 청구권협정 제2조 실시에 따른 한국 등의 재산권 조치에 관한 법률안 요지(취지 설명)
주제어 청구권 · 경제협력, 청구권협정 체결에 따른 일본 국내 후속 조치

문서명	일본에 거주하는 한국 국민의 법적지위 및 처우에 관한 일본과 한국의 협정 실시에 따른 출입국관리특별법안(내각제출제3호) 요지[日本国に居住する大韓民国国民の法的地位及び待遇に関する日本国と大韓民国との間の協定の実施に伴う出入国特別法案(内閣提出第三号)要旨]

문서파일번호 1238
작성연월일 1965. 10. 21
구분 한일협정 체결 후
세부항목 재일한국인 법적지위협정 체결에 따른 일본 국내 후속 조치
작성처 외무성 조약과
매수 1
비밀등급 일반
문서종류 내부자료
공개구분 공개
내용 재일한국인 법적지위 및 처우에 관한 협정 실시에 따른 출입국관리특별법안 요지(취지 설명)
주제어 재일한국인 법적지위, 재일한국인 법적지위협정 체결에 따른 일본 국내 후속 조치

한일국교정상화 교섭과 국회 논의(I)
[日韓国交正常化交渉と国会論議(I)]

문서파일번호	127
문서명	한일국교정상화 교섭과 국회 논의(I)[日韓国交正常化交渉と国会論議(I)]
작성연월일	1969. 1(일자 불명)
구분	한일협정 비준 후
세부항목	일본 국회 연표, 일본 국회 연설
작성처	외무성 한일국교정상화교섭사 편찬위원회
매수	54
비밀등급	비(秘)
문서종류	내부자료
공개구분	공개
내용	한일회담 개최기간 중 개회된 국회 연표 및 한일 문제에 관한 총리, 외무대신의 외교연설 모음 1. 연표(1951년 10월 10일~1966년 6월 27일) 2. 총리대신의 시정연설 및 외무대신의 외교연설에서 한일 문제에 관한 부분(제15회 특별국회~제51회 통상국회)
주제어	국회 연표, 총리 및 외상 국회 외교연설

한일국교정상화 교섭과 국회 논의(I)
[日韓国交正常化交渉と国会論議(I)]

문서파일번호	138
문서명	한일국교정상화 교섭과 국회 논의(I)[日韓国交正常化交渉と国会論議(I)]
작성연월일	1969. 1(일자 불명)
구분	한일협정 비준 후
세부항목	일본 국회 연표, 일본 국회 연설
작성처	외무성 한일국교정상화교섭사 편찬위원회
매수	54
비밀등급	비(秘)
문서종류	내부자료
공개구분	공개
내용	문서파일번호 127과 동일한 문서
주제어	국회연표, 총리 및 외상 국회 외교연설

한일국교정상화 교섭과 국회 논의(II)
[日韓国交正常化交渉と国会論議(II)]

문서파일번호	128
문서명	한일국교정상화 교섭과 국회 논의(II)[日韓国交正常化交渉と国会論議(II)]
작성연월일	1969. 2(일자 불명)
구분	한일협정 비준 후
세부항목	한일회담 추이 관련 외상 국회보고
작성처	외무성 한일국교정상화교섭사 편찬위원회
매수	35
비밀등급	비(秘)
문서종류	내부자료
공개구분	공개
내용	한일회담 추이에 관한 외무대신의 설명 및 보고 ① 제1차 한일회담 중단 시 ② 제3차 한일회담 중단 시 ③ 제4차 한일회담 개시 후 ④ 재개 제6차 회담 개시 후 ⑤ 기본관계조약안 가서명 후 ⑥ 청구권, 어업, 법적지위 합의사항 가서명 후
주제어	일본 국회 보고

한일국교정상화 교섭과 국회 논의(II)
[日韓国交正常化交渉と国会論議(II)]

문서파일번호	139
문서명	한일국교정상화 교섭과 국회 논의(II)[日韓国交正常化交渉と国会論議(II)]
작성연월일	1969. 2(일자 불명)
구분	한일협정 비준 후
세부항목	한일회담 추이 관련 외상 국회보고
작성처	외무성 한일국교정상화교섭사 편찬위원회
매수	35
비밀등급	비(秘)
문서종류	내부자료
공개구분	공개
내용	문서파일번호 128과 동일한 문서
주제어	일본 국회 보고

한일조약 및 여러 협정 조인에 대한 한국 및 각국의 반향(日韓条約および諸協定調印に対する韓国および各国の反響)

문서파일번호	214
문서명	한일조약 및 여러 협정 조인에 대한 한국 및 각국의 반향(日韓条約および諸協定調印に対する韓国および各国の反響)
작성연월일	1965. 9(일자 불명)
구분	한일협정 체결 후
세부항목	한일협정 한국 및 각국 반향
작성처	외무성
매수	16
비밀등급	일반
문서종류	내부자료
공개구분	공개
내용	한일기본조약 및 여러 협정 조인에 대한 한국 정부, 여·야당, 경제계 및 언론 반응, 각국(미국, 영국, 독일, 태국, 중화민국, 홍콩, 북한, 중공, 소련, 폴란드, 인도네시아) 정부 및 언론의 반응을 모은 국회제출용 자료집
주제어	한일협정 한국 및 각국 반향

(국회제출자료) 한일조약 및 여러 협정 조인에 대한 한국 및 각국의 반향(国会提出資料 日韓条約および諸協定調印に対する韓国および各国の環境)

문서파일번호	1463
문서명	(국회제출자료) 한일조약 및 여러 협정 조인에 대한 한국 및 각국의 반향[国会提出資料 日韓条約および諸協定調印に対する韓国および各国の環境]
작성연월일	1965. 9(일자 불명)
구분	한일협정 체결 후
세부항목	한일협정 조인에 대한 한국 및 각국 반향
작성처	외무성
매수	16
비밀등급	일반
문서종류	내부자료
공개구분	공개
내용	한일기본조약 및 여러 협정 조인에 대한 한국 정부, 여·야당, 경제계 및 언론 반응, 각국(미국, 영국, 독일, 태국, 중화민국, 홍콩, 북한, 중공, 소련, 폴란드, 인도네시아) 정부 및 언론의 반응을 모은 국회제출용 자료집. 문서파일번호 214와 동일함.
주제어	한일협정 조인 반향

■ 에게 송부받은 자료(■より送付越した資料)

문서파일번호	36
작성연월일	1965. 10. 4
구분	한일협정 체결 後
세부항목	한일회담 관련 소련의 동향, 언론 논조
작성처	외무성 구아국 동구과
매수	20
비밀등급	
문서종류	내부자료
공개구분	공개 또는 일부비공개
내용	■에게 받은 한일회담과 관련한 소련의 동향, 언론 논조 자료
주제어	한일회담 관련 소련 동향

문서명	한일회담과 관련한 소련의 동향(日韓會談をめぐるソ連の動向)

문서파일번호 36
작성연월일 1965. 10. 4
구분 한일협정 체결 후
세부항목 소련동향
작성처 외무성 구아국 동구과
매수 4
비밀등급 극비
문서종류 내부자료
공개구분 일부비공개
내용 소련의 한일회담에 대한 입장(언론 보도 분석)이 기록된 문서. 문서의 상당부분이 먹칠되어 있으며, 2쪽은 비공개됨. 한일회담을 추진하는 나라는 미국이며, 미국은 한일회담을 통해 동북아시아 군사블럭(NEATO) 체제를 기도하고 있다는 내용이 담김.
주제어 한일회담 비판

문서명	별첨. 대일논조의 개요(別添 対日論調の概要)

문서파일번호 36
작성연월일 1965. 10. 4
구분 한일협정 체결 후
세부항목 소련동향
작성처 외무성 구아국 동구과
매수 16
비밀등급 일반
문서종류 내부자료
공개구분 공개
내용 '한일회담과 관련한 소련의 동향' 제하 문서 첨부자료. 1964년 12월 3일~1965년 8월 14일까지 모스크바 방송 등 소련 언론의 제7차 한일회담과 한일조약, 여러 협정 조인과 관련한 보도 모음
주제어 한일회담, 협정 비판

한일국교정상화 교섭과 국회 논의(Ⅲ)
[日韓国交正常化交渉と国会論議(Ⅲ)]

문서파일번호	129
문서명	한일국교정상화 교섭과 국회 논의(Ⅲ)[日韓国交正常化交渉と国会論議(Ⅲ)]
작성연월일	1969. 3(일자 불명)
구분	한일협정 비준 후
세부항목	일본 국회 논의
작성처	외무성 한일국교정상화교섭사 편찬위원회
매수	59
비밀등급	비(秘)
문서종류	내부자료
공개구분	공개
내용	① 연표 ② 총리대신의 시정연설 및 외무대신의 외교연설에서 한일 문제에 관한 부분 (제15회 특별국회~제51회 통상국회) ③ 한일회담 추이에 관한 외무대신 설명 및 보고(*이상은 위 127, 128) ④ 소위 구보타 발언에 관하여 ⑤ 한일문제에 관한 결의 (1) 이 라인, 억류자 문제 (2) 한국 김의 수입 문제 ⑥ 한일조약 및 협정 등 심의
주제어	구보타 발언, 한일현안, 한일조약 및 협정 심의

한일국교정상화 교섭과 국회 논의(Ⅲ)
[日韓国交正常化交渉と国会論議(Ⅲ)]

문서파일번호	140
문서명	한일국교정상화 교섭과 국회 논의(Ⅲ)[日韓国交正常化交渉と国会論議(Ⅲ)]
작성연월일	1969. 3(일자 불명)
구분	한일협정 비준 후
세부항목	일본 국회 논의
작성처	외무성 한일국교정상화교섭사 편찬위원회
매수	59
비밀등급	비(秘)
문서종류	내부자료
공개구분	공개
내용	파일번호 129와 동일한 문서
주제어	구보타 발언, 한일현안, 한일조약 및 협정 심의

한일국교정상화 교섭과 국회 논의(IV)(한일 문제의 논의 요지: 1)[日韓国交正常化交渉と国会論議(IV)(日韓問題の論議要旨:その1)]

문서파일번호	130
문서명	한일국교정상화 교섭과 국회 논의(IV)(한일 문제의 논의 요지: 1)[日韓国交正常化交渉と国会論議(IV)(日韓問題の論議要旨:その1)]
작성연월일	1969. 5(일자 불명)
구분	한일협정 비준 후
세부항목	일본 국회 논의
작성처	외무성 한일국교정상화교섭사 편찬위원회
매수	74
비밀등급	일반
문서종류	내부자료
공개구분	공개
내용	제12회 임시국회~제28회 국회에서 한일회담, 독도 등 한일관계에 관해 논의한 내용
주제어	한일회담, 독도, 한일현안

한일국교정상화 교섭과 국회 논의(IV)(한일 문제의 논의 요지: 1)[日韓国交正常化交渉と国会論議(IV)(日韓問題の論議要旨:その1)]

문서파일번호	141
문서명	한일국교정상화 교섭과 국회 논의(IV)(한일 문제의 논의 요지: 1)[日韓国交正常化交渉と国会論議(IV)(日韓問題の論議要旨:その1)]
작성연월일	1969. 5(일자 불명)
구분	한일협정 비준 후
세부항목	일본 국회 논의
작성처	외무성 한일국교정상화교섭사 편찬위원회
매수	74
비밀등급	일반
문서종류	내부자료
공개구분	공개
내용	문서파일번호 130과 동일한 문서
주제어	한일회담, 독도, 한일현안

한일국교정상화 교섭과 국회 논의(V)(한일 문제의 논의 요지: 2)[日韓国交正常化交渉と国会論議(V)(日韓問題の論議要旨:その2)]

문서파일번호	131
문서명	한일국교정상화 교섭과 국회 논의(V)(한일문제의 논의 요지: 2)[日韓国交正常化交渉と国会論議(V)(日韓問題の論議要旨:その2)]
작성연월일	1969. 7(일자 불명)
구분	한일협정 비준 후
세부항목	일본 국회 논의
작성처	외무성 한일국교정상화교섭사 편찬위원회
매수	89
비밀등급	일반
문서종류	내부자료
공개구분	공개
내용	제29~42회 국회에서 한일회담, 독도 등 한일관계, 북일관계 등에 관해 논의한 내용
주제어	한일회담, 독도, 한일현안, 북일관계

한일국교정상화 교섭과 국회 논의(V)(한일 문제의 논의 요지: 2)[日韓国交正常化交渉と国会論議(V)(日韓問題の論議要旨:その2)]

문서파일번호	142
문서명	한일국교정상화 교섭과 국회 논의(V)(한일문제의 논의 요지: 2)[日韓国交正常化交渉と国会論議(V)(日韓問題の論議要旨:その2)]
작성연월일	1969. 7(일자 불명)
구분	한일협정 비준 후
세부항목	일본 국회 논의
작성처	외무성 한일국교정상화교섭사 편찬위원회
매수	89
비밀등급	일반
문서종류	내부자료
공개구분	공개
내용	문서파일번호 131과 동일한 문서
주제어	한일회담, 독도, 한일현안, 북일관계

한일국교정상화 교섭과 국회 논의(VI)(한일 문제의 논의 요지: 3)[日韓国交正常化交渉と国会論議(VI)(日韓問題の論議要旨:その3)]

문서파일번호	132
문서명	한일국교정상화 교섭과 국회 논의(VI)(한일문제의 논의 요지: 3)[日韓国交正常化交渉と国会論議(VI)(日韓問題の論議要旨:その3)]
작성연월일	1969. 9(일자 불명)
구분	한일협정 비준 후
세부항목	일본 국회 논의
작성처	외무성 한일국교정상화교섭사 편찬위원회
매수	111
비밀등급	일반
문서종류	내부자료
공개구분	공개
내용	제43~50회 임시국회에서 한일회담(개인청구권, 김종필·오히라 메모, 대일청구요강 8개 항목 등), 독도 등 한일관계, 북일관계 등에 관해 논의한 내용
주제어	한일회담, 독도, 한일현안, 북일관계

한일국교정상화 교섭과 국회 논의(VI)(한일 문제의 논의 요지: 3)[日韓国交正常化交渉と国会論議(VI)(日韓問題の論議要旨:その3)]

문서파일번호	143
문서명	한일국교정상화 교섭과 국회 논의(VI)(한일 문제의 논의 요지: 3)[日韓国交正常化交渉と国会論議(VI)(日韓問題の論議要旨:その3)]
작성연월일	1969. 9(일자 불명)
구분	한일협정 비준 후
세부항목	일본 국회 논의
작성처	외무성 한일국교정상화교섭사 편찬위원회
매수	111
비밀등급	일반
문서종류	내부자료
공개구분	공개
내용	문서파일번호 132와 동일한 문서
주제어	한일회담, 독도, 한일현안, 북일관계

제4부

한일협정 조인 문서와 국회 비준

조약 등 서명 등에 관한 각의 청의
(条約等署名等に関する閣議請議)

문서파일번호	1458
작성연월일	1965. 6. 22
구분	제7차 회담
세부항목	기본조약 및 여러 협정 서명 각의 청의
작성처	외무성
매수	210
비밀등급	
문서종류	
공개구분	공개
내용	한일 기본관계조약 및 여러 협정의 서명을 위한 각의 청의 공문 및 각의 결정안, 조약 및 협정, 부속문서 조문, 설명자료 등을 모은 자료
주제어	

문서명	일본국과 대한민국의 국교정상화 및 여러 현안 해결을 위한 교섭 결과 작성된 일본국과 대한민국의 기본관계에 관한 조약·기타 문서의 서명 등에 관한 각의 청의에 대하여(日本国と大韓民国との間の国交正常化及び諸懸案解決のための交渉の結果作成された日本国と大韓民国との間の基本関係に関する条約その他の文書の署名等に関する閣議請議について)

문서파일번호 1458
작성연월일 1965. 6. 22
구분 제7차 회담
세부항목 기본조약 및 여러 협정 서명 각의 청의
작성처 외무성
매수 1
비밀등급 일반
문서종류 공문
공개구분 공개
내용 한일 기본관계조약 및 여러 협정의 서명을 위한 각의 청의 공문
주제어 각의 청의

문서명	일본국과 대한민국의 국교정상화 및 여러 현안 해결을 위한 교섭 결과 작성된 일본국과 대한민국의 기본관계에 관한 조약·기타 문서의 서명 등에 관한 각의 결정(안)[日本国と大韓民国との間の国交正常化及び諸懸案解決のための交渉の結果作成された日本国と大韓民国との間の基本関係に関する条約その他の文書の署名に関する閣議決定(案)]

문서파일번호 1458
작성연월일 1965. 6. 22
구분 제7차 회담
세부항목 기본조약 및 여러 협정 서명 각의 청의
작성처 외무성
매수 169
비밀등급 일반
문서종류 내부문서
공개구분 공개
내용 한일 기본관계조약 및 여러 협정의 서명을 위한 각의 청의 공문의 첨부물. 일본국

과 대한민국의 국교정상화 및 여러 현안 해결을 위한 교섭 결과 작성된 일본국과 대한민국의 기본관계에 관한 조약·기타 문서에 서명 또는 가서명을 행한다는 각의 결정안. 한일 기본관계조약, 분쟁 해결에 관한 교환공문, 어업, 청구권 및 경제협력, 재일한국인 법적지위 및 처우, 문화재 및 문화협력에 관한 협정 및 부속 합의문서 조문이 첨부됨.

주제어 각의 청의 결정안

문서명	일본국과 대한민국의 국교정상화 및 여러 현안 해결을 위한 교섭 결과 작성된 일본국과 대한민국의 기본관계에 관한 조약·기타 문서의 서명 등에 관한 설명자료(日本国と大韓民国との間の国交正常化及び諸懸案解決のための交渉の結果作成された日本国と大韓民国との間の基本関係に関する条約その他の文書の署名等に関する説明資料)

문서파일번호 1458

작성연월일 1965. 6. 22

구분 제7차 회담

세부항목 기본조약 및 여러 협정 서명 각의 청의

작성처 외무성

매수 40

비밀등급 일반

문서종류 내부문서

공개구분 공개

내용 한일 기본관계조약 및 여러 협정의 서명을 위한 각의 청의 공문의 첨부물. 일본국과 대한민국의 국교정상화 및 여러 현안 해결을 위한 교섭 결과 작성된 일본국과 대한민국의 기본관계에 관한 조약·기타 문서 서명 등에 관한 설명자료. 기본관계조약 및 여러 협정의 요강이 첨부됨.

주제어 기본관계조약 문안 교섭 및 기타 문서의 서명에 관한 설명자료

기본관계에 관한 조약·기타 문서의 서명 등에 관한 각의 결정(基本關係に関する条約その他の文書の署名等に関する閣議決定)

문서파일번호	1459
문서명	기본관계에 관한 조약·기타 문서의 서명 등에 관한 각의 결정(基本關係に関する条約その他の文書の署名等に関する閣議決定)
작성연월일	1965. 6. 22
구분	제7차 회담
세부항목	기본조약 및 여러 협정 서명 각의 결정
작성처	외무성
매수	159
비밀등급	일반
문서종류	내부자료
공개구분	공개
내용	일본국과 대한민국의 국교정상화 및 여러 현안 해결을 위한 교섭 결과 작성된 일본국과 대한민국의 기본관계에 관한 조약·기타 문서의 서명 등에 관한 각의 결정문 및 조약, 기타 문서
주제어	각의 결정

조인식
(調印式)

문서파일번호	1460
작성연월일	1965. 6. 20 – 1965. 6. 22
구분	제7차 회담
세부항목	한일협정 조인식
작성처	외무성 북동아시아과, 한국대표단
매수	13
비밀등급	
문서종류	내부문서, 내부자료
공개구분	공개
내용	한일기본관계조약 및 여러 협정 조인식 순서, 양국 외상 인사말
주제어	한일협정 조인식

문서명	조인식 순서(안)[調印式次第(案)]

문서파일번호 1460
작성연월일 1965. 6. 20
구분 제7차 회담
세부항목 한일협정 조인식, 순서
작성처 외무성 북동아시아과
매수 4
비밀등급 일반
문서종류 내부문서
공개구분 공개
내용 한일기본관계조약 및 여러 협정 조인식 순서 및 좌석배치도
주제어 한일협정 조인식

문서명	6월 22일의 한일회담 조인식 시나 외무대신의 인사(六月二十二日の日韓会談調印式における椎名外務大臣の挨拶)

문서파일번호 1460
작성연월일 1965. 6. 22
구분 제7차 회담
세부항목 한일협정 조인식 시나 외상 인사말
작성처 외무성 북동아시아과
매수 5
비밀등급 일반
문서종류 내부자료
공개구분 공개
내용 한일협정 조인식 시나 에쓰사부로 일본 외상 인사말
주제어 시나 외상 인사말

문서명	이동원 외무부 장관의 인사(李東元外務部長官の挨拶)

문서파일번호	1460
작성연월일	1965. 6. 22
구분	제7차 회담
세부항목	한일협정 조인식 이동원 장관 인사말
작성처	한국대표단(일본 번역문)
매수	4
비밀등급	일반
문서종류	내부자료
공개구분	공개
내용	한일협정 조인식 이동원 한국 외무장관 인사말
주제어	이동원 장관 인사말

시나 외무대신·이동원 외무장관 회담 등 기록
(椎名外務大臣·李東元外務部長官会談等記録)

문서파일번호	1462
작성연월일	1965. 6. 21 - 1965. 6. 24
구분	제7차 회담
세부항목	이동원 장관·시나 외상, 사토 총리 회담
작성처	외무성 북동아시아과
매수	21
비밀등급	
문서종류	
공개구분	공개
내용	한일협정 교섭 마무리를 위한 시나 에쓰사부로 외무대신·이동원 외무장관 회담(3차례 개최) 및 사토 에사쿠 총리·이동원 장관 회담 기록
주제어	이동원 장관·시나 외상, 사토 총리 회담

문서명	시나 외무대신·이동원 외무장관 회담 기록(椎名外務大臣·李東元外務部長官会談記録)

문서파일번호 1462
작성연월일 1965. 6. 21
구분 제7차 회담
세부항목 시나 외상 · 이동원 장관 회담
작성처 외무성 북동아시아과
매수 6
비밀등급 극비
문서종류 회의록
공개구분 공개
내용 시나 에쓰사부로 외상 · 이동원 외무장관 회담 제1회 회의기록. 시나 외상이 조인식 날짜(6월 22일)의 변경 불가, 어업 잠정조치(연안어업), 주서울일본사무소 설치, 주한 일본상사 과세 문제, 울산비료공장 연불수출 허가 문제를 거론함. 이 장관은 재일 한국인 법적지위 문제 관련 조총련계에 대한 차별대우, 한국학교 문제, 주일한국영사관 11개 설치 문제 등을 제기함. 시나 외상은 독도 문제에 관한 일본 최종안(분쟁에 관한 교환공문)을 제시하면서 독도를 포함한 일괄 해결이 지상명령이라고 주장함. 이 장관은 이에 대해 독도 문제는 한국정부의 안정과 운명이 걸린 중대 문제이며 본인은 독도와 관련해 결정할 권한이 없다면서 1일 유예를 해 달라고 요청함.
주제어 시나 · 이동원 회담

문서명	제목 없음

문서파일번호 1462
작성연월일 1965. 6. 21
구분 제7차 회담
세부항목 시나 외상 · 이동원 외무장관 회담
작성처 외무성 북동아시아과
매수 1
비밀등급 극비
문서종류 내부자료

공개구분 공개

내용 시나·이동원 제1회 회의기록 첨부1. 시나 에쓰사부로·이동원 외무장관 회담 제1회 회의에서 일본이 제시한 잠정적 어업규제조치의 적용 대상이 되지 않는 연안어업 종사 일본어선의 공동규제수역 조업과 관련한 내용이 기재됨.

주제어 어업

문서명	별첨2. 기본관계에 관한 조약 부속 교환공문(안)[基本關係に関する條約附屬交換公文(案)]

파일번호 1462

작성연월일 1965. 6. 21

구분 제7차 회담

세부항목 시나 외상·이동원 외무장관 회담

작성처 외무성 북동아시아과

매수 1

비밀등급 극비

문서종류 내부자료

공개구분 공개

내용 시나·이동원 제1회 회의기록 첨부2. 시나 에쓰사부로 외상·이동원 외무장관 회담 제1회 회의에서 일본이 제시한 기본관계에 관한 조약 부속 교환공문안. 독도 문제를 염두에 두고 작성한 것임.

주제어 분쟁 해결에 관한 교환공문, 독도 문제

문서명	시나 외무대신·이동원 외무장관 제2회 회의기록(椎名外務大臣·李東元外務部長官第2回会談記録)

문서파일번호 1462
작성연월일 1965. 6. 23
구분 제7차 회담
세부항목 시나 외상 · 이동원 외무장관 회담
작성처 외무성 북동아시아과
매수 4
비밀등급 극비
문서종류 회의록
공개구분 공개
내용 1965년 6월 22일 오전 11시 20분부터 1시간 반에 걸쳐 진행된 시나 에쓰사부로 외상 · 이동원 외무장관 회담 제2회 회의기록. 이 장관은 청구권협정 제2조 청구권 소멸조항과 관련 '구 재일한국인의 부동산의 처리' 표현 문제에 대해 일본안에 동의, 일본의 서울 재외사무소 설치에 동의함. 한국영사관 수 제한과 관련하여 시나 외상은 계약 베이스(contract base)이나 기본적으로 제한할 생각은 없다고 함. 시나 외상은 제1회 회의 때 제시한 연안어업 관련 일본안에 동의를 요구, 이 장관이 동의함. 기본조약의 번역 문제 관련, 양측은 상대국의 자국어 번역문을 서로 양승하지 않았다는 유보[한국은 문서로 남길 것을 요구했으나 일본이 주장한 구두유보(oral reservation)로 합의함] 하에 상대방의 번역문에 이의를 제기하지 않기로 확인함. 분쟁 해결에 관한 교환공문의 문구에 잠정합의[일본 '양국 간 모든 분쟁', 한국 '양국 간에 발생하는 분쟁'이란 표현 요구, 중재를 빼고 조정만 남기는 것으로 함], 총리에게 보고하기로 함.
주제어 청구권 · 경제협력, 주한일본사무소, 주일한국영사관, 기본조약 번역문, 분쟁 해결 공문, 독도

문서명	사토 총리·이 장관 회담 기록(佐藤総理·李長官会談記録)

문서파일번호 1462
작성연월일 1965. 6. 22
구분 제7차 회담
세부항목 사토 총리 · 이동원 장관 회담
작성처 외무성 북동아시아과
매수 5

비밀등급 극비

문서종류 회의록

공개구분 공개

내용 1965년 6월 22일 오후 4시 15분부터 20분간 진행된 사토 에사쿠 총리 · 이동원 외무장관 회담 기록. 양국 간에 어려운 교섭을 마무리하게 된 데 대한 덕담을 나눈 후 이 장관은 분쟁 해결에 관한 공문의 문구 관련, '양국 간에 발생하는 분쟁'으로 할 것을 요청함. 이에 대해 사토 총리는 이미 일본 제시안이 자신의 의도를 넘어선 것이라면서 더 이상 양보는 곤란하다고 말함. 결국 일본안대로 '분쟁에 관한'이란 표현을 쓰기로 하였으며, 이 장관은 이와 관련 한국 국내적으로 분쟁에 독도 문제는 포함되지 않은 것으로 설명하는 데 대한 일본 양해를 요구, 일본이 이에 동의함. 이 장관은 박정희 대통령도 일본 방문을 검토 중이라면서 사토 총리의 조기 방한을 희망함.

주제어 분쟁 해결에 관한 교환공문, 독도 문제

문서명	시나 외무대신·이동원 외무장관 제3회 회담 기록(椎名外務大臣·李東元外務部長官第3回会談記録)

문서파일번호 1462

작성연월일 1965. 6. 24

구분 제7차 회담

세부항목 시나 외상 · 이동원 외무장관 회담

작성처 외무성 북동아시아과

매수 4

비밀등급 극비

문서종류 회의록

공개구분 공개

내용 1965년 6월 24일 오전에 개최된 시나 에쓰사부로 외상 · 이동원 외무장관 회담 제3회 회의기록. 양측은 조인된 조약과 여러 협정의 원만한 실시를 위해 상호 노력해 가기로 함. 이 장관은 한국 김의 수출 할당을 실시해 줄 것을 요청함. 시나 외상은 어업협정의 잠정실시가 어떻게 진행될 것인지 문의, 이 장관은 귀국 후 관계당국과 연구해 보겠으나 우선 김 수출 문제의 해결이 필요하다고 답함. 이 장관은 한국학교 인가 문제에 대한 일본의 선처를 당부함.

주제어 한국 김 수출, 어업협정 잠정조치, 한국학교 인가 문제

공동성명
(共同声明)

문서파일번호	1461
문서명	공동성명(共同声明)
작성연월일	1965. 6. 24
구분	제7차 회담
세부항목	한일협정 조인식 공동성명
작성처	외무성
매수	4
비밀등급	일반
문서종류	공동성명문
공개구분	공개
내용	1965년 6월 22일 한일협정 조인식과 관련한 양국 공동성명문
주제어	한일협정 조인식 공동성명

한일 여러 협정 조인에 관한 박 대통령 특별담화 (6월 24일 자 서울신문 번역)[日韓諸協定調印に関する朴大統領特別談話(6月24日付ソウル新聞より翻訳)]

문서파일번호	26
문서명	한일 여러 협정 조인에 관한 박 대통령 특별담화(6월 24일 자 서울신문 번역)[日韓諸協定調印に関する朴大統領特別談話(6月24日付ソウル新聞より翻訳)]
작성연월일	1965. 6. 30
구분	한일협정 체결 후
세부항목	언론 보도
작성처	외무성 북동아시아과
매수	12
비밀등급	일반
문서종류	내부자료
공개구분	공개
내용	1965년 6월 24일 한일협정 조인에 즈음한 박정희 대통령의 담화 내용
주제어	박정희 대통령 담화

한일 여러 조약에 관해
(日韓諸条約について)

문서파일번호	193
문서명	한일 여러 조약에 관해(日韓諸条約について)
작성연월일	1965. 10(일자 불명)
구분	한일협정 체결 후
세부항목	조약 체결 경위, 회담 경위
작성처	외무성
매수	18
비밀등급	일반
문서종류	간행자료
공개구분	공개
내용	한일 여러 조약 체결 경위 및 한일회담 경위에 관한 설명 책자
주제어	조약 체결 경위, 회담 경위

한일 여러 조약 체결 이후 설명자료
(日韓諸条約 締結以後 說明資料)

문서파일번호	194
문서명	한일 여러 조약 체결 이후 설명자료(日韓諸条約 締結以後 說明資料)
작성연월일	1965(월일 불명)
구분	한일협정 체결 後
세부항목	한일협정, 한일관계
작성처	외무성
매수	30
비밀등급	일반
문서종류	설명자료
공개구분	공개
내용	기본관계조약, 독도와 분쟁처리 관계, 어업 문제, 재일한국인 법적지위 대우 관계, 청구권·경제협력 관계, 문화재·문화협력 관계 등에 관한 설명자료
주제어	기본관계, 독도와 분쟁처리, 어업, 재일한국인 법적지위, 청구권·경제협력, 문화재 반환

한일 여러 조약 체결 이후 설명자료
(日韓諸条約 締結以後 說明資料)

문서파일번호	195
문서명	한일 여리 조약 체결 이후 설명자료(日韓諸条約 締結以後 說明資料)
작성연월일	1965. 10(일자 불명)
구분	한일협정 체결 후
세부항목	한일협정
작성처	외무성
매수	31
비밀등급	일반
문서종류	설명자료
공개구분	공개
내용	기본관계조약, 어업협정, 청구권·경제협력협정, 재일한국인 법적지위 및 대우에 관한 협정, 문화재 및 문화협력에 관한 협정, 분쟁에 관한 교환공문에 관한 설명서
주제어	기본관계, 독도와 분쟁 처리, 어업, 재일한국인 법적지위, 청구권·경제협력, 문화재

일본국과 대한민국의 기본관계에 관한 조약
(日本国と大韓民国との間の基本関係に関する条約)

문서파일번호	196
문서명	일본국과 대한민국의 기본관계에 관한 조약(日本国と大韓民国との間の基本関係に関する条約)
작성연월일	1965. 6. 22
구분	제7차 회담
세부항목	기본관계조약
작성처	외무성
매수	12
비밀등급	일반
문서종류	조약문
공개구분	공개
내용	대한민국과 일본국의 기본관계에 관한 조약 영문, 일문 및 한글본
주제어	기본관계조약

일본국과 대한민국의 어업협정
(日本国と大韓民国との間の漁業に関する協定)

문서파일번호	197
문서명	일본국과 대한민국의 어입협징(日本国と大韓民国との間の漁業に関する協定)
작성연월일	1965. 6. 22
구분	제7차 회담
세부항목	어업협정 및 부속문서
작성처	외무성
매수	64
비밀등급	일반
문서종류	협정 및 부속문서
공개구분	공개
내용	최종 합의된 대한민국과 일본국 간 어업협정 및 부속문서 일문 및 한글본
주제어	어업

재산 및 청구권에 관한 문제 해결과 경제협력에 관한 일본국과 대한민국의 협정(財産及び請求権に関する問題の解決並びに経済協力に関する日本国と大韓民国との間の協定)

문서파일번호	198
문서명	재산 및 청구권에 관한 문제 해결과 경제협력에 관한 일본국과 대한민국의 협정 (財産及び請求権に関する問題の解決並びに経済協力に関する日本国と大韓民国との間の協定)
작성연월일	1965. 6. 22
구분	제7차 회담
세부항목	청구권·경협협정
작성처	외무성
매수	58
비밀등급	일반
문서종류	협정문
공개구분	공개
내용	재산 및 청구권에 관한 문제 해결 및 경제협력에 관한 일본국과 대한민국의 협정 및 부속문서 일문 및 한글본
주제어	청구권·경제협력

일본국에 거주하는 대한민국 국민의 법적지위 및 처우에 관한 일본국과 대한민국의 협정(日本国に居住する大韓民国国民の法的地位及び待遇に関する日本国と大韓民国との間の協定)

문서파일번호	199
문서명	일본국에 거주하는 대한민국 국민의 법적지위 및 처우에 관한 일본국과 대한민국의 협정(日本国に居住する大韓民国国民の法的地位及び待遇に関する日本国と大韓民国との間の協定)
작성연월일	1965. 6. 22
구분	제7차 회담
세부항목	재일한국인법적지위협정
작성처	외무성
매수	29
비밀등급	일반
문서종류	협정문
공개구분	공개
내용	일본국에 거주하는 대한민국 국민의 법적지위 및 처우에 관한 일본국과 대한민국의 협정 및 부속문서 일문 및 한글본
주제어	재일한국인 법적지위

문화재 및 문화협정에 관한 일본국과 대한민국의 협정(文化財及び文化協定に関する日本国と大韓民国との間の協定)

문서파일번호	200
문서명	문화재 및 문화협정에 관한 일본국과 대한민국의 협정(文化財及び文化協定に関する日本国と大韓民国との間の協定)
작성연월일	1965. 6. 22
구분	제7차 회담
세부항목	문화재협정
작성처	외무성
매수	46
비밀등급	일반
문서종류	협정문
공개구분	공개
내용	문화재 및 문화협정에 관한 일본국과 대한민국의 협정 일문 및 한글본
주제어	문화재 반환

분쟁 해결에 관한 교환공문
(紛争の解決に関する交換公文)

문서파일번호	201
문서명	분쟁 해결에 관한 교환공문(紛争の解決に関する交換公文)
작성연월일	1965. 6. 22
구분	제7차 회담
세부항목	분쟁에 관한 교환공문
작성처	외무성
매수	5
비밀등급	일반
문서종류	교환공문
공개구분	공개
내용	분쟁 해결에 관한 교환공문 일문 및 한글본
주제어	분쟁 해결

한일 여러 조약집
(日韓諸条約集)

문서파일번호	202
문서명	한일 여러 조약집(日韓諸条約集)
작성연월일	1966. 4(일자 불명)
구분	한일협정 비준 후
세부항목	한일협정
작성처	외무성 조약국
매수	94
비밀등급	일반
문서종류	간행자료
공개구분	공개
내용	1965년 6월 22일 한일 간에 체결된 기본관계조약, 여타 4개 협정 및 분쟁에 관한 교환공문을 담은 조약집(일문, 한글, 기본관계조약은 영문 포함)
주제어	기본관계, 독도와 분쟁처리, 어업, 재일한국인 법적지위, 청구권·경제협, 문화재

한일조약의 해석 차이에 관한 처리방침(안)
[日韓条約の解釈の喰違い点に関する処理方針(案)]

문서파일번호	1236
문서명	한일조약의 해석 차이에 관한 처리방침(안)[日韓条約の解釈の喰違い点に関する処理方針(案)]
작성연월일	1965. 9. 20
구분	한일협정 체결 後
세부항목	한일협정 해석 차이 처리방침
작성처	외무성 북동아시아과
매수	1
비밀등급	일반
문서종류	내부문서
공개구분	공개
내용	한일협정에 관한 한일 양국의 해석 차이 처리방침이 정리된 문서이나, 제목만 공개되고 내용은 먹칠됨.
주제어	한일협정 해석 차이 처리방침

한일 여러 조약 실시를 위한 후속 조치
(諸条約実施のための後續措置)

문서파일번호	1242
작성연월일	1965. 9. 8 - 1965. 12. 13
구분	한일협정 체결 후
세부항목	비준 국회 대책 등 후속 조치
작성처	외무성, 내각관방
매수	25
비밀등급	
문서종류	내부문서, 공문, 내부자료
공개구분	공개
내용	한일 여러 조약 실시를 위한 후속 조치(한국과 협의 등)에 관한 사항들을 기록한 문서 모음
주제어	비준 국회 대책 등 후속 조치

문서명	한일조약 비준 국회대책에 관하여 차관이 관방장관에게 해야 할 말(日韓条約批准国會対策について次官より官房長官に話していただくこと)

문서파일번호 1242
작성연월일 1965. 9. 8
구분 한일협정 체결 후
세부항목 비준 국회 대책 등 후속 조치
작성처 외무성
매수 4
비밀등급 비(秘)
문서종류 내부문서
공개구분 공개
내용 한일조약 비준 국회대책에 관하여 외무성 차관이 관방장관에게 전달해야 할 사항을 정리
주제어 관방장관 협조사항

문서명	일본국과 대한민국의 기본관계에 관한 조약 등의 체결에 관하여 승인을 요구하는 건(日本国と大韓民国との間の基本関係に関する条約等の締結について承認を求めるの件)

문서파일번호 1242
작성연월일 1965. 12. 14
구분 한일협정 체결 후
세부항목 비준 국회 대책 등 후속 조치
작성처 내각관방
매수 1
비밀등급 일반
문서종류 공문
공개구분 공개
내용 한일 간 여러 조약 체결이 승인되었음을 내각관방장관이 외무대신에게 통보
주제어 한일조약 체결에 관한 각의 의결

문서명	제50회 국회(임시국회에서의 조약·법안심의경과 일람표)[第50回国会(臨時会における条約法案審議経過一覧表]

문서파일번호 1242
작성연월일 1965. 12. 13
구분 한일협정 체결 후
세부항목 비준 국회 대책 등 후속 조치
작성처 관방 총무과
매수 1
비밀등급 일반
문서종류 내부자료
공개구분 공개
내용 한일조약 및 관련 법안에 관한 국회 심의 일정표
주제어 국회 심의일정

문서명	한일 여러 조약 실시를 위해 한국과 협의를 요하는 사항에 대해서(日韓諸条約実施のため韓国側と協議を要する事項について)

문서파일번호 1242
작성연월일 1965. 11. 5
구분 한일협정 체결 후
세부항목 비준 국회 대책 등 후속 조치
작성처 외무성 북동아시아과
매수 11
비밀등급 비(秘)
문서종류 내부문서
공개구분 공개
내용 한일협정 실시에 앞서 협정 발효 전 추가 협의를 필요로 하는 사항(한국의 요청)에 대한 검토의견서
주제어 한국과 추가 협의

문서명	한국과의 절충사항(韓国側との折事項について)

문서파일번호	1242
작성연월일	1965. 11. 19
구분	한일협정 체결 후
세부항목	비준 국회 대책 등 후속 조치
작성처	외무성 북동아시아과
매수	8
비밀등급	비(秘)
문서종류	내부문서
공개구분	공개
내용	대사관 설치 등 한국과 협의가 필요한 사항들을 정리
주제어	한국과 추가 협의

한일 여러 조약 비준서 교환의 교섭·방침
(日韓諸条約批准書交換の折衝·方針)

문서파일번호	1317
작성연월일	1965. 11. 18 - 1965. 12. 14
구분	한일협정 체결 後
세부항목	협정 비준서 교환 관련 교섭
작성처	외무성
매수	43
비밀등급	
문서종류	내부문서
공개구분	공개
내용	한일 여러 조약 비준서 교환과 관련한 한국의 교섭방침 문서 및 양국 외무장관 회담 기록 등 모음
주제어	한일협정 비준서 교환 관련 교섭

문서명	한일 여러 조약 비준서 교환식 규정에 관하여(日韓条約批准書交換式典について)

문서파일번호 1317
작성연월일 1965. 11. 18
구분 한일협정 체결 후
세부항목 협정 비준서 교환 관련 교섭
작성처 외무성 북동아시아과장
매수 7
비밀등급 비(秘)
문서종류 내부문서
공개구분 공개
내용 한일 여러 조약 비준서 교환 일정, 일본 대표, 절차 등에 관한 내부 방침
주제어 비준서 교환

문서명	한일 여러 조약 비준서 교환 등에 관한 건(日韓条約批准書交換等に関する件)

문서파일번호 1317
작성연월일 1965. 11. 25
구분 한일협정 체결 후
세부항목 협정 비준서 교환 관련 교섭
작성처 외무사무차관
매수 6
비밀등급 비(秘)
문서종류 내부문서
공개구분 공개
내용 한일 여러 조약 비준서 교환과 관련한 1965년 11월 24일 시모다 다케소(下田武三) 차관과 김동조 주일대사 회담 기록. 교환식 개최 일자, 교환사절의 구성 등을 협의함.
주제어 비준서 교환

문서명	한일 여러 조약 비준서 교환식 규정에 관하여(日韓条約批准書交換式典に関し)

문서파일번호 1317
작성연월일 1965. 12. 6
구분 한일협정 체결 후
세부항목 협정 비준서 교환 관련 교섭
작성처 외무성 북동아시아과
매수 8
비밀등급 비(秘)
문서종류 내부문서
공개구분 공개
내용 한일 여러 조약 비준서 교환식과 관련 한국과 정한 협의 방침 내용이 담긴 문서. 양국 대표단, 일정, 준비사항 등에 관한 내용들이 담김.
주제어 비준서 교환

문서명	한일 여러 조약 비준서 교환식 규정 및 조약 실시에 관한 한국과의 대화에 관하여(日韓条約批准書交換式および条約の実施に関する韓国側との話合いについて)

문서파일번호 1317
작성연월일 1965. 12. 9
구분 한일협정 체결 후
세부항목 협정 비준서 교환 관련 교섭
작성처 외무성 북동아시아과장
매수 8
비밀등급 비(秘)
문서종류 내부문서
공개구분 공개
내용 한일 여러 조약 비준서 교환식 및 조약 실시와 관련한 한국대표부 오재희 서기관 협의 기록. 이동원 장관의 방일(12월 12일~15일), 해난구조협정, 어업공동순시 및 옵서버 승선 문제 등을 협의함.
주제어 비준서 교환, 조약의 실시

문서명	한일 비준서 교환식 규정에 관한 한국 의향(日韓批准書交換式典についての韓国側の意向)

문서파일번호 1317
작성연월일 1965. 12. 9
구분 한일협정 체결 후
세부항목 협정 비준서 교환 관련 교섭
작성처 외무성 북동아시아과장
매수 6
비밀등급 비(秘)
문서종류 내부문서
공개구분 공개
내용 주일대표부 오재희 서기관에게 통보받은 한일 여러 조약 비준서 교환과 관련한 한국의 입장을 기록한 문서. 공동발표 일정, 교환식 일정, 교환식 순서 등에 관한 한국 입장이 담김.
주제어 비준서 교환

문서명	시나 대신·이 장관 회담 기록(椎名大臣·李長官会談記録)

문서파일번호 1317
작성연월일 1965. 12. 13
구분 한일협정 체결 후
세부항목 협정 비준서 교환 관련 교섭
작성처 외무성 북동아시아과
매수 1
비밀등급 극비
문서종류 내부문서
공개구분 공개
내용 시나 에쓰사부로 · 이동원 외무장관(방일 중) 회담 기록. 비준서 교환 일자 등을 협의함.
주제어 비준서 교환

문서명	사토 총리·이 외무부 장관 회담 기록(佐藤総理·李外務部長官会談記録)

문서파일번호 1317
작성연월일 1965. 12. 13
구분 한일협정 체결 후
세부항목 협정 비준서 교환 관련 교섭
작성처 외무성 북동아시아과
매수 2
비밀등급 극비
문서종류 내부문서
공개구분 공개
내용 사토 에사쿠 총리 · 이동원 외무장관 회담 기록. 비준서 교환식 일자 등에 관해 의견을 나눔.
주제어 비준서 교환

문서명	한일조약 비준서 교환식 순서 등에 관하여(日韓条約批准書交換式次第等について)

문서파일번호 1317
작성연월일 1965. 12. 14
구분 한일협정 체결 후
세부항목 협정 비준서 교환 관련 교섭
작성처 외무성 북동아시아과장
매수 5
비밀등급 비(秘)
문서종류 내부문서
공개구분 공개
내용 한일 여러 조약 비준서 교환식 식순, 일본대표단의 방한 일정, 수행기자단의 한국 대통령 또는 국무총리 회견, 한국 어업전관수역 설치, 해저전선 분할협정 등에 관한 사항 등이 기술됨.
주제어 비준서 교환, 어업전관수역, 해저전선 분할

한일 여러 조약 비준서 준비자료
(日韓諸条約批准書準備資料)

문서파일번호	1318
작성연월일	1965. 12. 9 - 1965. 12. 16
구분	한일협정 체결 후
세부항목	비준서 교환 관련 준비자료
작성처	외무성 북동아시아과
매수	34
비밀등급	
문서종류	내부문서
공개구분	공개
내용	한일 여러 조약 비준서 교환과 관련한 준비 자료 모음
주제어	비준서 교환 관련 준비자료

문서명	이 장관 예방 시 외무대신 발언 요지(李長官表敬の際の外務大臣発言要旨)

문서파일번호	1318
작성연월일	1965. 12. 9
구분	한일협정 체결 후
세부항목	비준서 교환 관련 준비자료
작성처	외무성 북동아시아과
매수	12
비밀등급	비(秘)
문서종류	내부문서
공개구분	공개
내용	비준서 교환을 위한 시나 에쓰사부로 외상이 방한 중 이동원 장관 예방 시 발언 요지. 인사말, 비준서 교환식 관련, 대사임명 시기, 아시아개발은행, 유엔에서의 한국 문제, 한미일 3국 외상 문제, 8개국 외상회담, 동남아시아 개발 각료회의, 일본상사원 한국입국, 일본상사 과세 문제, 김 문제 등에 관한 발언 요지안
주제어	시나·이동원 면담 시 시나 외상 발언 요지

문서명	(외상 회담용 자료)영사관 설치 문제에 관한 한일 쌍방의 주장[(外相会談用資料)領事館設置問題に関する日韓双方の主張]

문서파일번호	1318
작성연월일	1965. 12. 16
구분	한일협정 체결 후
세부항목	비준서 교환 관련 준비자료
작성처	외무성 북동아시아과
매수	15
비밀등급	비(秘)
문서종류	내부문서
공개구분	공개
내용	영사관 설치에 관한 한일 양국의 주장을 정리(외상 회담용 자료)
주제어	영사관 설치 관련 한일 쌍방 주장

문서명	시나 대신 방한용(椎名大臣訪韓用)

문서파일번호 1318
작성연월일 1965. 12(일자 불명)
구분 한일협정 체결 후
세부항목 비준서 교환 관련 준비자료
작성처 외무성 북동아시아과
매수 3
비밀등급 비(秘)
문서종류 내부문서
공개구분 공개
내용 한일 외상 회담용으로 작성한 대한경협(무상 및 장기저리 차관) 관련 자료
주제어 대한경협

문서명	안도 의원과 민 특별위원장의 대담에서의 발언 요령(安藤先生と閔特別委員長の対談における発言要領)

문서파일번호 1318
작성연월일 1965. 12(일자 불명)
구분 한일협정 체결 후
세부항목 비준서 교환 관련 준비자료
작성처 외무성 북동아시아과
매수 4
비밀등급 일반
문서종류 내부문서
공개구분 공개
내용 안도 가쿠(安藤覚) 방한단 부단장(중의원 의원)과 민관식 한일협정 비준동의안 예비심사 특별위원장 대담 시 발언 요령
주제어 안도·민 면담

한일조약 비준서 교환일 정하기
(日韓条約批准交換の日取り)

문서파일번호	1319
작성연월일	1965. 11. 16 - 1965. 12. 18
구분	한일협정 체결 후
세부항목	비준서 교환 준비, 주서울사무소장 및 주유엔 대사 보고
작성처	주서울사무소장, 주유엔대사
매수	48
비밀등급	
문서종류	전문(電文)
공개구분	공개
내용	한일 여러 조약 비준서 교환과 관련하여 주서울일본사무소장 및 주유엔대사가 본성에 보고한 전문 모음
주제어	한일협정 비준서 교환 준비

문서명	한일조약 비준서 교환식에 관하여(日韓条約批准書交換式について)

문서파일번호 1319
작성연월일 1965. 11. 16
구분 한일협정 체결 후
세부항목 비준서 교환 준비, 주서울사무소장 보고
작성처 주서울사무소장
매수 2
비밀등급 극비
문서종류 전문(電文)
공개구분 공개
내용 최광수 외무부 동북아주과장이 조약 비준서 교환식에 관해 언급한 내용을 보고. 교환식 일정을 12월 20일 기준 전후 2, 3일 예정으로 하여 일본 사정을 감안, 확정짓고 싶어함.
주제어 비준서 교환 준비

문서명	한일조약 비준서 교환 등에 관하여(日韓条約批准書交換等について)

문서파일번호 1319
작성연월일 1965. 11. 27
구분 한일협정 체결 후
세부항목 비준서 교환 준비, 주서울사무소장 보고
작성처 주서울사무소장
매수 3
비밀등급 극비
문서종류 전문(電文)
공개구분 공개
내용 마에다 도시카즈 서울사무소장이 일시 귀국 중인 김동조 주일대사와 만나 조약 비준서 교환 등과 관련 협의한 내용을 보고. 비준서 교환식을 12월 22일 하는 것으로 하고자 함.
주제어 비준서 교환 준비

문서명	한일조약 비준서 교환 등에 관하여(日韓条約批准書交換等について)

문서파일번호 1319
작성연월일 1965. 11. 27
구분 한일협정 체결 후
세부항목 비준서 교환 준비, 주서울사무소장 보고
작성처 주서울사무소장
매수 2
비밀등급 극비
문서종류 전문(電文)
공개구분 공개
내용 한일 여러 조약 비준식 한국대표단 명단을 보고
주제어 비준서 교환 준비

문서명	한일조약 비준서 교환 일자(日韓条約批准交換の日取り)

문서파일번호 1319
작성연월일 1965. 12. 3
구분 한일협정 체결 후
세부항목 비준서 교환 준비, 주유엔대사 보고
작성처 주유엔대사
매수 1
비밀등급 극비
문서종류 전문(電文)
공개구분 공개
내용 주유엔한국대표부 최 참사관에게 청취한 한일조약 비준서 교환식 일자를 12월 23일로 하기로 했다는 내용을 보고
주제어 비준서 교환 준비

문서명	한일조약 비준 교환 일자(日韓条約批准交換の日取り)

문서파일번호	1319
작성연월일	1965. 12. 7
구분	한일협정 체결 후
세부항목	비준서 교환 준비, 주서울사무소장 보고
작성처	주서울사무소장
매수	2
비밀등급	극비
문서종류	전문(電文)
공개구분	공개
내용	연하구 외무부 아주국장에게 청취한 조약 비준식 일자를 보고. 한국은 교환식을 12월 21일 하는 것으로 확정했다 함.
주제어	비준서 교환 준비

문서명	한일 비준서 교환식(일정안)[日韓批准書交換式(日程案)]

문서파일번호	1319
작성연월일	1965. 12. 10
구분	한일협정 체결 후
세부항목	비준서 교환 준비, 주서울사무소장 보고
작성처	주서울사무소장
매수	3
비밀등급	비(秘)
문서종류	전문(電文)
공개구분	공개
내용	1965년 12월 9일 한국 외무부 3과장(동북아주, 조약, 의전)에게 전달받은 비준서 교환식 일정에 관한 보고. 비준서 교환식은 12월 21일임.
주제어	비준서 교환 준비

문서명	한일 비준서 교환식 규정에 관하여(日韓批准書交換式典について)

문서파일번호 1319
작성연월일 1965. 12. 10
구분 한일협정 체결 후
세부항목 비준서 교환 준비, 주서울사무소장 보고
작성처 주서울사무소장
매수 6
비밀등급 비(秘)
문서종류 전문(電文)
공개구분 공개
내용 비준서 교환식 규정 관련 한국 설명을 보고. 일정에 대한 상세 내용이 담김.
주제어 비준서 교환 준비

문서명	한일 비준서 교환식 순서(日韓批准書交換式次第次の通り)

문서파일번호 1319
작성연월일 1965. 12. 10
구분 한일협정 체결 후
세부항목 비준서 교환 준비, 주서울사무소장 보고
작성처 주서울사무소장
매수 2
비밀등급 비(秘)
문서종류 전문(電文)
공개구분 공개
내용 비준서 교환식 순서에 대해 보고
주제어 비준서 교환 준비

문서명	한일 비준서 교환식 규정에 관하여(日韓批准書交換式典について)

문서파일번호	1319
작성연월일	1965. 12. 10
구분	한일협정 체결 후
세부항목	비준서 교환 준비, 주서울사무소장 보고
작성처	주서울사무소장
매수	2
비밀등급	비(秘)
문서종류	전문(電文)
공개구분	공개
내용	외무부 최광수 과장에게 확인한 비준서 교환식 관련 일정을 보고
주제어	비준서 교환 준비

문서명	한일 비준서 교환식 규정(동행기자)에 관하여[日韓批准書交換式典(同行記者)について]

문서파일번호	1319
작성연월일	1965. 12. 10
구분	한일협정 체결 후
세부항목	비준서 교환 준비, 주서울사무소장 보고
작성처	주서울사무소장
매수	1
비밀등급	
문서종류	전문(電文)
공개구분	공개
내용	수행기자단을 위한 호텔 숙소예약 현황을 보고
주제어	비준서 교환 준비

문서명	한일 비준서 교환식 규정에 관하여(日韓批准書交換式典について)

문서파일번호 1319
작성연월일 1965. 12. 11
구분 한일협정 체결 後
세부항목 비준서 교환 준비, 주서울사무소장 보고
작성처 주서울사무소장
매수 1
비밀등급 비(秘)
문서종류 전문(電文)
공개구분 공개
내용 비준서 교환식에 참석하는 일본대표단의 숙소 예약 현황을 보고
주제어 비준서 교환 준비

문서명	한일조약 비준서 교환식 규정에 관하여(日韓条約批准書交換式典について)

문서파일번호 1319
작성연월일 1965. 12. 11
구분 한일협정 체결 後
세부항목 비준서 교환 준비, 주서울사무소장 보고
작성처 주서울사무소장
매수 2
비밀등급 비(秘)
문서종류 전문(電文)
공개구분 공개
내용 연하구 국장에게 청취한 비준서 교환식 일정 관련 내용을 보고. 국무총리가 12월 22일 기자회견을 가질 예정이라 함.
주제어 비준서 교환 준비

문서명	한일 비준서 교환에 관하여(日韓批准書交換について)

문서파일번호	1319
작성연월일	1965. 12. 12
구분	한일협정 체결 후
세부항목	비준서 교환 준비, 주서울사무소장 보고
작성처	주서울사무소장
매수	2
비밀등급	비(秘)
문서종류	전문(電文)
공개구분	공개
내용	연하구 국장 회담 시 연 국장으로부터 청취한 비준서 교환 전 처리해야 할 사항에 관해 보고. 영사관 설치에 관한 합의, 대사관 개설 관련 구상서 문안, 해저전선 분할 문제 등이 기술됨
주제어	비준서 교환 준비

문서명	한일 비준서 교환식(일정 안)[日韓批准書交換式(日程案)]

문서파일번호	1319
작성연월일	1965. 12. 13
구분	한일협정 체결 후
세부항목	비준서 교환 준비, 주서울사무소장 보고
작성처	주서울사무소장
매수	1
비밀등급	일반
문서종류	전문(電文)
공개구분	공개
내용	외무부 의전과장에게 청취한 비준서 교환식 관련 일정을 보고. 대통령 예방일시, 오찬 일정 등이 기술됨.
주제어	비준서 교환 준비

문서명	한일 비준서 교환식 규정(동행기자)에 관하여[日韓批准書交換式典(同行記者)について]

문서파일번호	1319
작성연월일	1965. 12. 13
구분	한일협정 체결 後
세부항목	비준서 교환 준비, 주서울사무소장 보고
작성처	주서울사무소장
매수	1
비밀등급	비(秘)
문서종류	전문(電文)
공개구분	공개
내용	비준서 교환식 일본대표단 동행기자단이 이용할 자동차 관련 사항을 보고
주제어	비준서 교환 준비

문서명	비준서 교환식 일정(批准書交換式の日程)

문서파일번호	1319
작성연월일	1965. 12. 14
구분	한일협정 체결 後
세부항목	비준서 교환 준비, 주서울사무소장 보고
작성처	주서울사무소장
매수	1
비밀등급	극비
문서종류	전문(電文)
공개구분	공개
내용	연하구 국장에게 청취한 비준서 교환식 일정 변경에 관한 내용을 보고. 한국이 일본의 요청을 받아들여 교환식 일정을 12월 18일로 변경하였음.
주제어	비준서 교환 준비

문서명	시나 대신 일행 방한 일정(椎名大臣一行訪韓日程)

문서파일번호	1319
작성연월일	1965. 12. 15
구분	한일협정 체결 후
세부항목	비준서 교환 준비, 주서울사무소장 보고
작성처	주서울사무소장
매수	4
비밀등급	비(秘)
문서종류	전문(電文)
공개구분	공개
내용	비준서 교환식 참석을 위한 시나 에쓰사부로 외무대신 방한 일정을 보고
주제어	비준서 교환 준비

문서명	기본관계조약 및 어업협정 비준에 관하여(基本關係條約及び 漁業協定批准について)

문서파일번호	1319
작성연월일	1965. 12. 15
구분	한일협정 체결 후
세부항목	비준서 교환 준비, 주서울사무소장 보고
작성처	주서울사무소장
매수	3
비밀등급	비(秘)
문서종류	전문(電文)
공개구분	공개
내용	기본관계조약 및 어업협정 비준 관련 외무부 조약과장에게 준비사항에 관하여 청취한 내용을 보고
주제어	비준서 교환 준비

문서명	제목 없음

문서파일번호 1319
작성연월일 1965. 12. 15
구분 한일협정 체결 후
세부항목 비준서 교환 준비, 주서울사무소장 보고
작성처 주서울사무소장
매수 3
비밀등급 비(秘)
문서종류 전문(電文)
공개구분 공개
내용 조약 비준문서 영문본을 보고
주제어 비준서 교환 준비

문서명	비준서 교환식 대신 인사말에 관하여(批准書交換式典大臣挨拶について)

문서파일번호 1319
작성연월일 1965. 12. 17
구분 한일협정 체결 후
세부항목 비준서 교환 준비, 주서울사무소장 보고
작성처 주서울사무소장
매수 1
비밀등급 일반
문서종류 전문(電文)
공개구분 공개
내용 비준서 교환식에 있을 시나 에쓰사부로 대신의 인사말 수정내용을 보고
주제어 비준서 교환 준비

문서명	한일조약 비준서 교환 등에 관하여(日韓条約批准書交換について)

문서파일번호 1319
작성연월일 1965. 12. 18
구분 한일협정 체결 後
세부항목 비준서 교환 준비, 주서울사무소장 보고
작성처 주서울사무소장
매수 1
비밀등급 일반
문서종류 전문(電文)
공개구분 공개
내용 한일 여러 조약 비준서 교환식이 1965년 12월 18일 오전 10시 30분 예정대로 거행되었음을 보고
주제어 비준서 교환

문서명	한일조약 비준서 교환에 관한 공동성명(日韓条約批准書交換についての共同聲明)

문서파일번호 1319
작성연월일 1965. 12. 18
구분 한일협정 체결 後
세부항목 비준서 교환 준비, 공동성명, 주한대리대사 보고
작성처 주한대리대사
매수 1
비밀등급 일반
문서종류 전문(電文)
공개구분 공개
내용 한국과의 협의를 통해 한일조약 비준서 교환에 관한 공동성명을 1965년 12월 18일 오후 7시에 발표하기로 하였음을 보고
주제어 비준서 교환, 공동성명

문서명	한일조약 비준서 교환에 관한 공동성명(日韓条約批准書交換についての共同聲明)

문서파일번호	1319
작성연월일	1965. 12. 18
구분	한일협정 체결 후
세부항목	비준서 교환 준비, 공동성명, 주한대리대사 보고
작성처	주한대리대사
매수	3
비밀등급	
문서종류	전문(電文)
공개구분	공개
내용	한일조약 비준서 교환과 관련 발표된 공동성명 내용을 보고
주제어	비준서 교환, 공동성명

한일조약 비준서 교환 등
(日韓条約批准書交換等)

문서파일번호	1320
직싱연월일	1965. 11. 25 - 1965. 12. 16
구분	한일협정 체결 후
세부항목	비준서 교환 준비, 본성 지시 전문
작성처	외무성 북동아시아과
매수	41
비밀등급	
문서종류	
공개구분	공개
내용	한일 여러 조약 비준서 교환과 관련하여 외무성이 주서울사무소에 지시한 내용이 담긴 전문 모음
주제어	비준서 교환 준비

문서명	한일조약 비준서 교환 등에 관한 건(통보)[日韓条約批准書交換等に関する件(通報)]

문서파일번호 1320
작성연월일 1965. 11. 25
구분 한일협정 체결 後
세부항목 비준서 교환 준비, 본성 지시 전문
작성처 외무성 북동아시아과
매수 3
비밀등급 극비
문서종류 전문(電文)
공개구분 공개
내용 1965년 11월 24일 시모다 다케소 차관과 김동조 주일대사가 한일조약 비준서 교환에 관해 협의한 내용을 통보. 비준서 교환식 일자 등을 협의함.
주제어 비준서 교환 준비

문서명	한일조약 비준서 교환일 정하기(훈령)[日韓条約批准交換の日取り(訓令)]

문서파일번호 1320
작성연월일 1965. 11. 26
구분 한일협정 체결 後
세부항목 비준서 교환 준비, 본성 지시 전문
작성처 외무성 북동아시아과
매수 2
비밀등급 극비
문서종류 전문(電文)
공개구분 공개
내용 한일조약 비준서 교환식 일자를 1965년 12월 23일 또는 20일로 하도록 한국과 교섭하라고 주서울사무소장에게 지시
주제어 비준서 교환 준비

문서명	한일조약 비준서 교환일 정하기(日韓条約批准交換の日取り)

문서파일번호 1320
작성연월일 1965. 12. 6
구분 한일협정 체결 후
세부항목 비준서 교환 준비, 본성 지시 전문
작성처 외무성 북동아시아과
매수 2
비밀등급 극비
문서종류 전문(電文)
공개구분 공개
내용 한일조약 비준서 교환식을 일본 희망대로 1965년 12월 21일로 하는 데 동의한다는 김동조 대사의 언급내용을 주서울사무소장에게 통보
주제어 비준서 교환 준비

문서명	한일조약 비준서 교환일 정하기(日韓条約批准交換の日取り)

문서파일번호 1320
작성연월일 1965. 12. 6
구분 한일협정 체결 후
세부항목 비준서 교환 준비, 본성 지시 전문
작성처 외무성 북동아시아과
매수 1
비밀등급 극비
문서종류 전문(電文)
공개구분 공개
내용 한일조약 비준서 교환식을 1965년 12월 21일에 할 수 있는지를 한국 외무부에 확인하라고 주서울사무소장에게 지시
주제어 비준서 교환 준비

문서명	한일 비준서 교환식 규정에 관하여(日韓批准書交換式典について)

문서파일번호 1320
작성연월일 1965. 12. 9
구분 한일협정 체결 後
세부항목 비준서 교환 준비, 본성 지시 전문
작성처 외무성 북동아시아과
매수 4
비밀등급 비(秘)
문서종류 전문(電文)
공개구분 공개
내용 한일조약 비준서 교환식 참석을 위한 일본 사절단 명부 및 희망일정을 주일한국대표부 측에 통보하였음을 주서울사무소장에게 전달
주제어 비준서 교환 준비

문서명	한일 비준서 교환식에 관하여(日韓批准書交換式について)

문서파일번호 1320
작성연월일 1965. 12. 10
구분 한일협정 체결 後
세부항목 비준서 교환 준비, 본성 지시 전문
작성처 외무성 북동아시아과
매수 2
비밀등급 비(秘)
문서종류 전문(電文)
공개구분 공개
내용 한일무역회담 참석을 위해 방한하는 인사들을 비준서 교환식에 참석하도록 한국에 요청하라고 주서울사무소장에게 지시
주제어 비준서 교환 준비

문서명	비준서 교환식의 일정 건(批准書交換式の日程に関する件)

문서파일번호 1320
작성연월일 1965. 12. 13
구분 한일협정 체결 후
세부항목 비준서 교환 준비, 본성 지시 전문
작성처 외무성 북동아시아과
매수 2
비밀등급 극비
문서종류 전문(電文)
공개구분 공개
내용 일본의 국회 사정상 한일조약 비준서 교환식을 1965년 12월 18일 또는 19일 거행하는 것으로 한국과 교섭하라고 주서울사무소장에게 지시
주제어 비준서 교환 준비

문서명	한일조약 비준서 교환식에 관하여(日韓批准書交換式典について)

문서파일번호 1320
작성연월일 1965. 12. 14
구분 한일협정 체결 후
세부항목 비준서 교환 준비, 본성 지시 전문
작성처 외무성 북동아시아과
매수 2
비밀등급 일반
문서종류 전문(電文)
공개구분 공개
내용 한일조약 비준서 교환식 참석을 위한 특파대사의 고문자격으로 국회의원 5명이 방한 예정이라는 사실과 일본 수행원 명단을 주서울사무소장에게 통보
주제어 비준서 교환 준비

문서명	비준서 교환식 규정에 관하여(批准書交換式典について)

문서파일번호 1320
작성연월일 1965. 12. 14
구분 한일협정 체결 後
세부항목 비준서 교환 준비, 본성 지시 전문
작성처 외무성 북동아시아과
매수 1
비밀등급 일반
문서종류 전문(電文)
공개구분 공개
내용 한일조약 비준서 교환식에 참석하는 농림대신 수행차 농림성 관방장관이 방한함을 주서울사무소장에게 통보
주제어 비준서 교환 준비

문서명	비준서 교환식 규정에 관하여(批准書交換式典について)

문서파일번호 1320
작성연월일 1965. 12. 15
구분 한일협정 체결 後
세부항목 비준서 교환 준비, 본성 지시 전문
작성처 외무성 북동아시아과
매수 1
비밀등급 비(秘)
문서종류 전문(電文)
공개구분 공개
내용 한일조약 비준서 교환식 참석을 위한 일본 사절단 명단을 한국이 요구하는 형식대로 작성하여 전달하라고 주서울사무소장에게 지시
주제어 비준서 교환 준비

문서명	비준서 교환식 규정에 관하여(批准書交換式典について)

문서파일번호 1320
작성연월일 1965. 12. 15
구분 한일협정 체결 後
세부항목 비준서 교환 준비, 본성 지시 전문
작성처 외무성 북동아시아과
매수 1
비밀등급 비(秘)
문서종류 전문(電文)
공개구분 공개
내용 한일조약 비준서 교환식 참석을 위한 특파대사 고문자격으로 방한하는 국회의원 1인이 변경되었음을 주서울사무소장에게 통보
주제어 비준서 교환 준비

문서명	비준서 교환식 규정에 관하여(批准書交換式典について)

문서파일번호 1320
작성연월일 1965. 12. 15
구분 한일협정 체결 後
세부항목 비준서 교환 준비, 본성 지시 전문
작성처 외무성 북동아시아과
매수 2
비밀등급 비(秘)
문서종류 전문(電文)
공개구분 공개
내용 한일조약 비준서 교환식 식전에 참석하는 일본 참석자 명단을 주서울사무소장에게 통보
주제어 비준서 교환 준비

문서명	비준서 교환식 규정에 관하여(批准書交換式典について)

문서파일번호 1320
작성연월일 1965. 12. 15
구분 한일협정 체결 後
세부항목 비준서 교환 준비, 본성 지시 전문
작성처 외무성 북동아시아과
매수 1
비밀등급 일반
문서종류 전문(電文)
공개구분 공개
내용 한일조약 비준서 교환식 참석차 방한하는 안도 가쿠(安藤覚) 중의원 의원에게 부단장 타이틀을 부여하였음을 주서울사무소장에게 통보
주제어 비준서 교환 준비

문서명	비준서 교환식 시나 대신 인사말 전문 송부(批准書交換式典における椎名大臣の挨拶全文送付について)

문서파일번호 1320
작성연월일 1965. 12. 16
구분 한일협정 체결 後
세부항목 비준서 교환 준비, 본성 지시 전문
작성처 외무성 북동아시아과
매수 4
비밀등급 비(秘)
문서종류 전문(電文)
공개구분 공개
내용 한일조약 비준서 교환식에서 말할 시나 에쓰사부로 외상 인사말을 주서울사무소장에게 전달
주제어 비준서 교환 준비, 교환식에서의 시나 외상 인사말

문서명	이 장관 주최 만찬회에서 시나 대신의 인사말 송부에 대해서(李長官主催晩餐会における椎名大臣の挨拶全文の送付について)

문서파일번호 1320
작성연월일 1965. 12. 16
구분 한일협정 체결 후
세부항목 비준서 교환 준비, 본성 지시 전문
작성처 외무성 북동아시아과
매수 4
비밀등급 비(秘)
문서종류 전문(電文)
공개구분 공개
내용 한일조약 비준서 교환식 참석자들을 위한 이동원 장관 주최 만찬 시나 에쓰사부로 외상 인사말을 주서울사무소장에게 전달
주제어 비준서 교환 준비, 이동원 장관 주최 만찬 시나 외상 인사말

문서명	시나 대신 주최 오찬회 동 대신 인사말 송부에 대해서(椎名大臣主催午餐会における同大臣の挨拶全文送付について)

문서파일번호 1320
작성연월일 1965. 12. 16
구분 한일협정 체결 후
세부항목 비준서 교환 준비, 본성 지시 전문
작성처 외무성 북동아시아과
매수 4
비밀등급 비(秘)
문서종류 전문(電文)
공개구분 공개
내용 한일조약 비준서 교환식 참석자들을 대상으로 한 시나 에쓰사부로 외상 주최 오찬에서의 시나 외상 인사말을 주서울사무소장에게 전달
주제어 비준서 교환 준비, 시나 외상 주최 오찬 인사말

문서명	신문기자회견 시나 대신의 모두발언 송부에 관하여(新聞記者会見における椎名大臣の冒頭発言全文送付について)

문서파일번호 1320
작성연월일 1965. 12. 16
구분 한일협정 체결 후
세부항목 비준서 교환 준비, 본성 지시 전문
작성처 외무성 북동아시아과
매수 5
비밀등급 비(秘)
문서종류 전문(電文)
공개구분 공개
내용 한일조약 비준서 교환식 후 1965년 12월 19일로 예정된 기자회견에서 말할 시나 에쓰사부로 외상 모두발언을 주서울사무소장에게 전달
주제어 비준서 교환 준비, 기자회견 시나 외상 모두발언

일본국과 대한민국의 기본관계에 관한 조약 등 비준에 관한 각의 청의에 대해서(日本国と大韓民国との間の基本関係に関する条約等の批准に関する閣議請議について)

문서파일번호	1321
작성연월일	1965. 12. 11 - 1965. 12. 14
구분	한일협정 체결 후
세부항목	비준에 관한 각의 심의 결정
작성처	외무성, 내각총리대신
매수	10
비밀등급	
문서종류	공문, 비준서
공개구분	공개
내용	한일조약 등 비준에 관한 각의 결정 요청 및 승인에 관한 공문 모음
주제어	한일협정 비준에 관한 각의 심의 결정

문서명	일본국과 대한민국의 기본관계에 관한 조약 등 비준에 관한 각의 청의에 대해서(日本国と大韓民国との間の基本関係に関する条約等の批准に関する閣議請議について)

문서파일번호 1321
작성연월일 1965. 12. 11
구분 한일협정 체결 후
세부항목 비준에 관한 각의 심의 요청
작성처 외무성
매수 6
비밀등급 일반
문서종류 공문
공개구분 공개
내용 한일 기본관계조약 등의 비준에 관한 각의 심의 요청 공문
주제어 한일협정 비준 각의심의 요청

문서명	제목 없음

문서파일번호 1321
작성연월일 1965. 12. 14
구분 한일협정 체결 후
세부항목 비준에 관한 각의 심의 결정
작성처 내각총리대신
매수 1
비밀등급 일반
문서종류 공문
공개구분 공개
내용 한일 기본관계조약 등의 비준을 승인하는 공문
주제어 한일협정 승인

문서명	제목 없음

문서파일번호 1321
작성연월일 1965. 12. 14
구분 한일협정 체결 후
세부항목 비준에 관한 각의 심의 결정
작성처 외무성
매수 3
비밀등급 일반
문서종류 비준서
공개구분 공개
내용 한일 기본관계조약 등의 비준을 승인하는 공문 첨부물. 한일 기본관계조약 등에 대한 비준서(일문, 영문 번역본)
주제어 한일협정 비준

비준서 교환식 순서
(批准書交換式次第)

문서파일번호	1322
작성연월일	1965. 12. 15 - 1965. 12. 18
구분	한일협정 체결 후
세부항목	한일조약 비준서 교환
작성처	외무성 북동아시아과, 한국 외무부
매수	12
비밀등급	
문서종류	
공개구분	공개
내용	한일조약 비준서 교환을 위한 시나 에쓰사부로 외상의 방한 관련 문서 및 이동원 장관의 인사말 모음
주제어	시나 외상 방한, 이동원 장관 인사말

문서명	비준서 교환식 순서(批准書交換式次第)

문서파일번호 1322
작성연월일 1965. 12(일자 불명)
구분 한일협정 체결 후
세부항목 한일조약 비준서 교환
작성처 외무성 북동아시아과
매수 2
비밀등급 일반
문서종류 내부자료
공개구분 공개
내용 비준서 교환식 순서가 적힌 문서
주제어 비준서 교환식 식순

문서명	비준서 교환 사절단 방한 일정(批准書交換使節団訪韓日程)

문서파일번호 1322
작성연월일 1965. 12. 15
구분 한일협정 체결 후
세부항목 한일조약 비준서 교환
작성처 외무성 북동아시아과
매수 4
비밀등급
문서종류 내부자료
공개구분 공개
내용 비준서 교환을 위한 일본사절단 방한 일정이 적힌 문서
주제어 비준서 교환식 일본사절단 방한 일정

문서명	비준서 교환 사절단(批准書交換使節団)

문서파일번호 1322
작성연월일 1965. 12. 15
구분 한일협정 체결 후
세부항목 한일조약 비준서 교환
작성처 외무성 북동아시아과
매수 3
비밀등급 일반
문서종류 내부자료
공개구분 공개
내용 비준서 교환을 위한 일본사절단 명부
주제어 비준서 교환식 일본사절단 명부

문서명	비준서 교환 시 이동원 외무부 장관의 인사말(批准書交換に際しての李東元外務部長官の挨拶)

문서파일번호 1322
작성연월일 1965. 12. 18
구분 한일협정 체결 후
세부항목 한일조약 비준서 교환, 이동원 장관 인사말
작성처 한국 외무부
매수 3
비밀등급 일반
문서종류 내부자료
공개구분 공개
내용 비준서 교환 시 이동원 장관 인사말
주제어 비준서 교환식, 이동원 장관 인사말

시나 대신과 이 장관 회담
(椎名大臣と李長官との会談)

문서파일번호	1323
작성연월일	1965. 12. 15
구분	한일협정 체결 後
세부항목	시나 에쓰사부로·이동원 회담
작성처	외무성 북동아시아과
매수	17
비밀등급	
문서종류	회의록
공개구분	공개
내용	한일조약 비준서 교환식을 위해 방한한 시나 에쓰사부로 외상과 이동원 외무장관 회담 기록
주제어	시나 에쓰사부로·이동원 회담

문서명	시나 대신과 이 장관 회담(椎名大臣と李長官との会談)

문서파일번호 1323
작성연월일 1965. 12. 18
구분 한일협정 체결 후
세부항목 시나 에쓰사부로·이동원 회담
작성처 외무성 북동아시아과
매수 6
비밀등급 극비
문서종류 회의록
공개구분 공개
내용 시나 에쓰사부로 외상·이동원 외무장관 회담 기록
주제어 시나 에쓰사부로·이동원 회담

문서명	시나 대신·이 장관 회담 기록(椎名大臣·李長官会談記録)

문서파일번호 1323
작성연월일 1965. 12. 18
구분 한일협정 체결 후
세부항목 시나 에쓰사부로·이동원 회담
작성처 외무성 북동아시아과
매수 5
비밀등급 극비
문서종류 회의록
공개구분 공개
내용 시나 에쓰사부로 외상·이동원 외무장관 회담의 보다 상세한 기록
주제어 시나 에쓰사부로·이동원 회담

문서명	시나 외상 방한 중 한국과의 절충 요지(영사관 설치의 건 및 분쟁 해결의 교환공문 발표기일 건)[椎名外相訪韓中における韓国側との折衝要旨(領事館設置の件及び紛争解決の交換公文の発効期日に関する件)]

문서파일번호 1323
작성연월일 1965. 12. 20
구분 한일협정 체결 후
세부항목 시나 에쓰사부로·이동원 회담
작성처 외무성 북동아시아과
매수 6
비밀등급 비(秘)
문서종류 회의록
공개구분 공개
내용 시나 에쓰사부로 외상 방한 중 영사관 설치와 분쟁 해결 교환공문 발표 시기에 관하여 1965년 12월 18, 19일 교섭한 결과
주제어 영사관 설치, 분쟁 해결 교환공문

일본국과 대한민국의 기본관계에 관한 조약 등의 공포에 대해서(日本国と大韓民国との間の基本関係に関する条約等の公布について)

문서파일번호	1324
문서명	일본국과 대한민국의 기본관계에 관한 조약 등의 공포에 대해서(日本国と大韓民国との間の基本関係に関する条約等の公布について)
작성연월일	1965. 12. 13
구분	한일협정 체결 후
세부항목	한일협정 공포
작성처	외무성
매수	8
비밀등급	일반
문서종류	공문
공개구분	공개
내용	한일조약 등의 공포에 관해 총리 재가를 요청하는 공문
주제어	한일협정 공포에 관한 총리 재가

한일조약 해석의 상이점에 관한 한국의 설명에 대하여(日韓条約解釈の相違点に関する韓国側の説明について)

문서파일번호	1237
문서명	한일조약 해석의 상이점에 관한 한국의 설명에 대하여(日韓条約解釈の相違点に関する韓国側の説明について)
작성연월일	1965. 10. 4
구분	한일협정 체결 후
세부항목	한일협정에 관한 한국의 해석
작성처	주서울 마에다
매수	28
비밀등급	일반
문서종류	내부문서
공개구분	일부비공개
내용	방한 중인 일본 의원단에 대해 장기영 부총리, 원용석 무임소장관, 차균희 농림부 장관, 문덕주 외무부 차관이 독도 문제, 평화선 문제, 관할권 문제에 관한 해석의 차이점을 설명한 내용을 기록한 문서. 한국은 자신들이 독도 문제에 대한 일본의 발언을 국내 문제라고 평가하는 것에 담긴 함의를 설명하고 일본이 독도 문제를 분쟁 해결 교환공문과 직접적으로 연관시키지 않을 것을 요구함.
주제어	한일협정에 관한 한국의 해석

한일조약 여러 협정의 실시상황
(日韓条約諸協定の実施状況)

문서파일번호	1243
작성연월일	1966. 2. 1 - 1966. 9. 1
구분	한일협정 비준 후
세부항목	한일협정 실시상황
작성처	외무성 북동아시아과
매수	89
비밀등급	
문서종류	내부문서
공개구분	공개
내용	한일조약 및 여러 협정의 실시상황에 대해 점검한 결과를 정리한 문서 모음
주제어	한일조약 및 여러 협정 실시상황에 대한 점검

문서명	한일조약 여러 협정의 실시상황(日韓条約諸協定の実施状況)

문서파일번호 1243
작성연월일 1966. 2. 1
구분 한일협정 비준 후
세부항목 한일협정 실시상황
작성처 외무성 북동아시아과
매수 14
비밀등급 일반
문서종류 내부문서
공개구분 공개
내용 대사관 설치 등 한일조약 및 여러 협정의 실시상황에 관해 정리
주제어 한일협정 실시상황

문서명	한일조약 여러 협정의 실시상황(日韓条約諸協定の実施状況)

문서파일번호 1243
작성연월일 1966. 2. 1
구분 한일협정 비준 후
세부항목 한일협정 실시상황
작성처 외무성 북동아시아과
매수 5
비밀등급 비(秘)
문서종류 내부문서
공개구분 공개
내용 대사관 설치 등 한일조약 및 여러 협정의 실시상황을 표로 정리
주제어 한일협정 실시상황

문서명	한일조약 여러 협정의 실시상황(日韓条約諸協定の実施状況)

문서파일번호 1243
작성연월일 1966. 4. 7
구분 한일협정 비준 후
세부항목 한일협정 실시상황
작성처 외무성 북동아시아과
매수 11
비밀등급 일반
문서종류 내부문서
공개구분 공개
내용 한일조약 및 여러 협정의 실시상황에 관해 정리
주제어 한일협정 실시상황

문서명	한일 간 주요 안건 표(日韓間主要案件表)

문서파일번호 1243
작성연월일 1966. 6. 27
구분 한일협정 비준 후
세부항목 한일협정 실시상황
작성처 외무성 북동아시아과
매수 7
비밀등급 비(秘)
문서종류 내부문서
공개구분 공개
내용 한일조약 및 여러 협정 비준 이후 한일 간 남아 있는 현안을 정리
주제어 한일협정 실시상황

문서명	한일조약 여러 협정의 실시상황(日韓条約諸協定の実施状況)

문서파일번호 1243
작성연월일 1966. 7. 12
구분 한일협정 비준 후
세부항목 한일협정 실시상황
작성처 외무성 북동아시아과
매수 4
비밀등급 비(秘)
문서종류 내부문서
공개구분 공개
내용 대사관 설치 등 한일조약 및 여러 협정의 실시상황을 표로 정리
주제어 한일협정 실시상황

문서명	한일조약 여러 협정의 실시상황(日韓条約諸協定の実施状況)

문서파일번호 1243
작성연월일 1966. 9. 1
구분 한일협정 비준 후
세부항목 한일협정 실시상황
작성처 외무성 북동아시아과
매수 48
비밀등급 극비
문서종류 내부문서
공개구분 일부비공개
내용 한일조약 및 여러 협정의 실시상황을 정리
주제어 한일협정 실시상황

한일 여러 조약의 유엔 등록(영문)·유엔일본정부 대표부와의 왕복문서[日韓諸条約の国連への登録(英訳文)·国連日本政府代表部との往復文書]

문서파일번호	1245
작성연월일	1965. 10. 14 - 1967. 7. 14
구분	한일협정 체결 후
세부항목	한일협정 유엔 등록
작성처	주미대사, 주유엔대사, 외무성, 한국정부
매수	49
비밀등급	
문서종류	공문, 전, 회의록, 외교공한, 내부자료
공개구분	공개
내용	한일 여러 조약의 유엔 등록과 관련한 외무성과 재외공관(미국, 유엔, 한국) 간 왕복 공문 및 전문 모음
주제어	한일협정 유엔 등록

문서명	한일 여러 협정 및 관계문서 영문 번역문에 관하여(日韓諸協定及び関係文書英訳文について)

문서파일번호 1245
작성연월일 1965. 10. 14
구분 한일협정 체결 후
세부항목 한일협정 유엔 등록, 주미대사 보고
작성처 주미대사
매수 2
비밀등급 일반
문서종류 공문
공개구분 공개
내용 한일조약 및 여러 협정의 영문 번역문에 관한 주미대사의 견해를 보고
주제어 한일협정 유엔 등록

문서명	한일 여러 협정 및 관계문서 영문 번역문에 관하여(회답)[日韓諸協定及び関係文書の英訳文について(回答)]

문서파일번호 1245
작성연월일 1965. 10. 14
구분 한일협정 체결 후
세부항목 한일협정 유엔 등록
작성처 외무성 북동아시아과
매수 1
비밀등급 일반
문서종류 공문
공개구분 공개
내용 1965년 10월 14일 자 주미대사의 공문에 대한 회신
주제어 한일협정 유엔 등록

문서명	유엔에 대한 2국 간 조약 등록에 관하여(国際連合に対する二国間条約の登録について)

문서파일번호 1245
작성연월일 1966. 11. 26
구분 한일협정 체결 후
세부항목 한일협정 유엔 등록
작성처 외무성 조약과
매수 3
비밀등급 일반
문서종류 공문
공개구분 공개
내용 한일조약 및 여러 협정을 유엔에 제출하라고 지시(수기로 작성됨)
주제어 한일협정 유엔 등록

문서명	유엔에 대한 2국 간 조약 등록에 관하여(国際連合に対する二国間条約の登録について)

문서파일번호 1245
작성연월일 1966. 11. 26
구분 한일협정 체결 후
세부항목 한일협정 유엔 등록
작성처 외무성 조약과
매수 6
비밀등급 일반
문서종류 공문
공개구분 공개
내용 한일조약 및 여러 협정을 유엔에 제출하라고 지시
주제어 한일협정 유엔 등록

문서명	유엔에 한일 여러 조약의 등록에 관하여(国連に対する日韓諸条約の登録について)

문서파일번호 1245
작성연월일 1967. 2. 22
구분 한일협정 체결 후
세부항목 한일협정 유엔 등록
작성처 외무성 조약과
매수 2
비밀등급 일반
문서종류 전문(電文)
공개구분 공개
내용 한일조약 및 여러 협정의 유엔 등록일자를 보고하라고 본성에서 주유엔대사에게 지시
주제어 한일협정 유엔 등록

문서명	한일조약 등록(日韓条約登録)

문서파일번호 1245
작성연월일 1967. 2. 23
구분 한일협정 체결 후
세부항목 한일협정 유엔 등록, 주유엔대사 보고
작성처 주유엔대사
매수 1
비밀등급 일반
문서종류 공문
공개구분 공개
내용 한일조약 및 여러 협정이 1966년 12월 12일 자로 유엔에 등록되었음을 보고
주제어 한일협정 유엔 등록

문서명	제목 없음

문서파일번호 1245
작성연월일 1967. 2. 8
구분 한일협정 체결 後
세부항목 한일협정 유엔 등록
작성처 유엔사무국
매수 1
비밀등급 일반
문서종류 외교공한
공개구분 공개
내용 유엔사무국이 한일조약 및 여러 협정이 1966년 12월 15일 자로 유엔에 등록되었음을 주유엔일본대표부에 통보(영문)
주제어 한일협정 유엔 등록

문서명	유엔에 한일 여러 조약의 등록에 관하여(国連に対する日韓諸条約の登録)

문서파일번호 1245
작성연월일 1967. 2. 23
구분 한일협정 체결 後
세부항목 한일협정 유엔 등록, 주유엔대사 보고
작성처 주유엔대사
매수 1
비밀등급 일반
문서종류 전문(電文)
공개구분 공개
내용 한일조약 및 여러 협정이 1966년 12월 12일 자로 유엔에 등록되었음을 보고
주제어 한일협정 유엔 등록

문서명	한일 여러 조약 영문 번역문의 유엔 사무국 제출에 관하여(日韓諸条約の英訳文テキストの国連事務局への提出について)

문서파일번호 1245
작성연월일 1967. 3. 25
구분 한일협정 체결 후
세부항목 한일협정 유엔 등록
작성처 외무성 조약과
매수 2
비밀등급 일반
문서종류 공문
공개구분 공개
내용 한일조약 및 여러 협정의 영문 번역이 한국과 완전 합의에 이르지 못함에 따라 일본이 번역한 텍스트를 유엔사무국에 제출하라고 지시(한국은 한국이 번역한 텍스트를 제출하기로 함)
주제어 한일협정 유엔 등록

문서명	한일조약 영문 번역문에 관하여(日韓条約英訳文について)

문서파일번호 1245
작성연월일 1967. 4. 3
구분 한일협정 체결 후
세부항목 한일협정 유엔 등록
작성처 마쓰나가 조약과장
매수 5
비밀등급 일반
문서종류 회의록(전화)
공개구분 공개
내용 마쓰나가 노부오(松永信雄) 조약과장이 오재희 주일대사관 정무과장에게 전화로 통보한 내용을 기록한 문서. 한일조약 및 여러 협정을 각각 번역한 것을 유엔에 제출하자고 함.
주제어 한일협정 유엔 등록

문서명	한일 여러 조약의 영문 번역문에 관하여(日韓諸条約の英訳文テキストについて)

문서파일번호 1245
작성연월일 1967. 4. 4
구분 한일협정 체결 후
세부항목 한일협정 유엔 등록, 주유엔대사 보고
작성처 주유엔대사
매수 2
비밀등급 일반
문서종류 공문
공개구분 공개
내용 한일조약 및 여러 협정의 영역본을 1967년 3월 31일 유엔사무국에 제출하였음을 보고. 사무국 측은 한국과 합의가 이루어지지 않은 부분에 대해 양측 번역문을 동시에 게재하겠다고 함.
주제어 한일협정 유엔 등록

문서명	한일 여러 조약 영문 번역문의 유엔 사무국 제출에 관하여(日韓諸条約英訳文テキストの国連事務局への提出)

문서파일번호 1245
작성연월일 1967. 4. 7
구분 한일협정 체결 후
세부항목 한일협정 유엔 등록, 주유엔대사 보고
작성처 주유엔대사
매수 1
비밀등급 일반
문서종류 공문
공개구분 공개
내용 유엔사무국에서 한일조약 및 여러 협정 영문본을 수령하였음을 통지하는 공한을 송부
주제어 한일협정 유엔 등록

문서명	제목 없음

문서파일번호	1245
작성연월일	1967. 4. 3
구분	한일협정 체결 후
세부항목	한일협정 유엔 등록
작성처	유엔사무국
매수	1
비밀등급	일반
문서종류	외교공한
공개구분	공개
내용	한일조약 및 여러 협정 영문 텍스트를 1967년 3월 31일 자로 수령하였음을 통보하는 유엔사무국의 공한(영문)
주제어	한일협정 유엔 등록

문서명	한일 여러 조약의 영문 번역문에 관하여(日韓諸条約の英訳文テキストについて)

문서파일번호	1245
작성연월일	1967. 4. 21
구분	한일협정 체결 후
세부항목	한일협정 유엔 등록
작성처	외무성 조약과
매수	2
비밀등급	일반
문서종류	공문
공개구분	공개
내용	1967년 4월 4일 주유엔대사의 공문에 대한 회신. 한일 간에 미합의된 부분에 대해 양측의 번역문을 모두 게재하겠다는 유엔 측 견해에 반대한다는 입장을 통보
주제어	한일협정 유엔 등록

문서명	한일 여러 조약의 영문 번역문에 관하여(日韓諸条約英訳文テキストについて)

문서파일번호 1245
작성연월일 1967. 5. 8
구분 한일협정 체결 후
세부항목 한일협정 유엔 등록, 주유엔대사 보고
작성처 주유엔대사
매수 2
비밀등급 비(秘)
문서종류 공문
공개구분 공개
내용 유엔사무국 측은 일본 번역문을 싣고 한국 번역문은 주(註)로 달거나 최종페이지에 기재하는 방안을 제시하면서 이에 관해 한국 의향을 타진 중이라는 것을 보고
주제어 한일협정 유엔 등록

문서명	한일 여러 조약의 등록증명서 기재 영문 타이틀에 관하여(日韓諸条約の登録証明書記載の英文タイトルについて)

문서파일번호 1245
작성연월일 1967. 5. 17
구분 한일협정 체결 후
세부항목 한일협정 유엔 등록
작성처 외무성 조약과
매수 2
비밀등급 일반
문서종류 공문
공개구분 공개
내용 주유엔대사가 송부한 등록증명서에 기재된 한일조약 및 여러 협정의 영문타이틀이 인증 조약문과 상이하다면서 이를 시정하라고 주유엔대사에게 지시
주제어 한일협정 유엔 등록

문서명	한일 여러 조약의 등록증명서 기재 영문 타이틀에 관하여(회신)[日韓諸条約の登録証明書記載の英文タイトルについて(回報)]

문서파일번호 1245
작성연월일 1967. 5. 29
구분 한일협정 체결 후
세부항목 한일협정 유엔 등록, 주유엔대사 보고
작성처 주유엔대사
매수 2
비밀등급 일반
문서종류 공문
공개구분 공개
내용 본성 지시에 따라 유엔사무국 측에 확인한 결과, 유엔 측은 관보 기재 시 조약 인증문의 타이틀을 사용한다고 하는 것을 보고
주제어 한일협정 유엔 등록

문서명	한일 여러 조약 영문 번역 상이점에 관하여(日韓諸条約英訳相違点について)

문서파일번호 1245
작성연월일 1967. 6. 9
구분 한일협정 체결 후
세부항목 한일협정 유엔 등록, 주유엔대사 보고
작성처 주유엔대사
매수 1
비밀등급 일반
문서종류 공문
공개구분 공개
내용 유엔사무국 측이 한일조약 및 여러 협정의 일본 번역문을 수령하였으며 한국과 미합의 부분은 밑줄로 표시하였음을 통보하는 공한(1967년 6월 1일 자)을 송부
주제어 한일협정 유엔 등록

문서명	제목 없음

문서파일번호 1245
작성연월일 1967. 6. 1
구분 한일협정 체결 後
세부항목 한일협정 유엔 등록
작성처 유엔사무국
매수 1
비밀등급 일반
문서종류 외교공한
공개구분 공개
내용 유엔사무국 측이 주일본대표부에 보낸 공한(영문)
주제어 한일협정 유엔 등록

문서명	한일 여러 조약 영문 번역 텍스트(日韓諸条約英訳テキスト)

문서파일번호 1245
작성연월일 1967. 6. 22
구분 한일협정 체결 後
세부항목 한일협정 유엔 등록, 주유엔대사 보고
작성처 주유엔대사
매수 1
비밀등급 비(秘)
문서종류 전문(電文)
공개구분 공개
내용 유엔사무국에서 영문 텍스트 및 일본과 미합의점에 관한 한국의 통보가 있었음을 보고
주제어 한일협정 유엔 등록

문서명	한일 여러 조약 영문 번역 텍스트(정정)[日韓諸条約英訳テキスト(訂正)]

문서파일번호 1245
작성연월일 1967. 6. 23
구분 한일협정 체결 후
세부항목 한일협정 유엔 등록, 주유엔대사 보고
작성처 주유엔대사
매수 1
비밀등급 비(秘)
문서종류 전문(電文)
공개구분 공개
내용 1967년 6월 22일 자 전문 가운데 일부를 정정
주제어 한일협정 유엔 등록

문서명	한일 여러 조약 영문 번역 텍스트(日韓諸条約英訳テキスト)

문서파일번호 1245
작성연월일 1967. 6. 26
구분 한일협정 체결 후
세부항목 한일협정 유엔 등록
작성처 외무성 조약과
매수 1
비밀등급 비(秘)
문서종류 전문(電文)
공개구분 공개
내용 유엔사무국이 검토한 한일조약 및 여러 협정 번역문의 한일 간 차이에 대해 보고하라고 주유엔대사에게 지시
주제어 한일협정 유엔 등록

문서명	한일 여러 조약 영문 번역 텍스트(日韓諸条約英訳テキスト)

문서파일번호	1245
작성연월일	1967. 6. 28
구분	한일협정 체결 後
세부항목	한일협정 유엔 등록, 주유엔대사 보고
작성처	주유엔대사
매수	1
비밀등급	비(秘)
문서종류	전문(電文)
공개구분	공개
내용	유엔사무국이 한일 간 번역이 다른 부분에 대해 검토하지 않았음을 보고
주제어	한일협정 유엔 등록

문서명	한일 여러 조약 영문 번역 텍스트(日韓諸条約英訳テキスト)

문서파일번호	1245
작성연월일	1967. 6. 30
구분	한일협정 체결 後
세부항목	한일협정 유엔 등록, 주유엔대사 보고
작성처	주유엔대사
매수	1
비밀등급	일반
문서종류	공문
공개구분	공개
내용	유엔사무국에서 입수한 한일조약 및 여러 협정에 관한 한국의 영문 텍스트 및 일본 번역문과 다른 부분을 보고
주제어	한일협정 유엔 등록

문서명	한일어업협정 등(AGREEMENT OF FISHERIES BETWEEN THE REPUBLIC OF KOREA AND JAPAN)

문서파일번호	1245
작성연월일	1967. 7. 14
구분	한일협정 체결 후
세부항목	한일협정 유엔 등록
작성처	한국 정부
매수	6
비밀등급	일반
문서종류	내부자료
공개구분	공개
내용	한국이 유엔에 제출한 한일 여러 협정 영역본의 일본 번역문과 다른 부분을 표시
주제어	한일협정 유엔 등록

한일 여러 조약의 유엔 등록(영문)·한국과의 교섭
[日韓諸条約の国連への登録(英訳文)·韓国側との交渉]

문서파일번호	1244
작성연월일	1966. 8. 13 - 1967. 3. 22
구분	한일협정 비준 후
세부항목	한일협정 유엔 등록
작성처	외무성, 주일한국대사관
매수	58
비밀등급	
문서종류	내부문서, 외교공한, 내부자료, 구상서, 전문
공개구분	공개
내용	한일조약 및 여러 협정의 유엔 등록과 관련한 문서 모음
주제어	

문서명	한일 여러 조약의 유엔 등록에 관하여(日韓諸条約の国連登録について)

문서파일번호 1244
작성연월일 1966. 8. 13
구분 한일협정 비준 후
세부항목 한일협정 유엔 등록, 번역
작성처 외무성 조약국
매수 5
비밀등급 일반
문서종류 내부문서
공개구분 공개
내용 한일협정의 유엔 등록을 위한 영문 번역과 관련하여 한국과 협의한 결과를 정리
주제어 한일협정 유엔 등록

문서명	제목 없음

문서파일번호 1244
작성연월일 1966. 8. 24
구분 한일협정 비준 후
세부항목 한일협정 유엔 등록, 번역
작성처 주일한국대사관
매수 1
비밀등급 일반
문서종류 외교공한
공개구분 공개
내용 한일협정의 유엔 등록을 위한 영문 번역과 관련하여 한국대사관이 외무성에 보낸 공한
주제어 한일협정 유엔 등록

문서명	한일 여러 조약의 유엔 등록에 관하여(日韓諸条約の国際連合への登録について)

문서파일번호 1244
작성연월일 1966. 9. 7
구분 한일협정 비준 후
세부항목 한일협정 유엔 등록, 번역
작성처 외무성
매수 6
비밀등급 극비
문서종류 내부문서
공개구분 공개
내용 한일협정의 유엔 등록과 관련한 한국과의 교섭 등 경위를 정리
주제어 한일협정 유엔 등록

문서명	(조약자료 제5호) 유엔헌장 제102조의 실시를 위한 규칙(조약 및 국제협정의 등록 및 공표)[(条約資料第五号)国際連合憲章第百二条の実施のための規制(条約及び国際協定の登録及び公表]

문서파일번호 1244
작성연월일 1965. 9(일자 불명)
구분 한일협정 비준 후
세부항목 한일협정 유엔 등록, 번역
작성처 외무성 조약국
매수 5
비밀등급 일반
문서종류 내부자료
공개구분 공개
내용 조약 및 협정의 유엔 등록과 관련한 유엔헌장 제102조 규칙
주제어 한일협정 유엔 등록

문서명	한일 여러 조약의 영문 번역 건(日韓諸条約の英訳に関する件)

문서파일번호	1244
작성연월일	1966. 9. 14
구분	한일협정 비준 후
세부항목	한일협정 유엔 등록, 번역
작성처	외무성 마쓰나가 조약과장
매수	2
비밀등급	일반
문서종류	내부문서
공개구분	공개
내용	한일 여러 조약의 영문 번역과 관련한 마쓰나가(松永信雄) 조약과장의 견해
주제어	한일협정 유엔 등록

문서명	구상서(口上書)

문서파일번호	1244
작성연월일	1966. 9. 26
구분	한일협정 비준 후
세부항목	한일협정 유엔 등록, 번역
작성처	외무성 북동아시아과
매수	2
비밀등급	일반
문서종류	구상서
공개구분	공개
내용	한일 여러 조약의 영문 번역 관련 일본 외무성이 주일한국대사관에 보낸 구상서
주제어	한일협정 유엔 등록

문서명	구상서(NOTE VERBALE)

문서파일번호	1244
작성연월일	1966. 9. 26
구분	한일협정 비준 후
세부항목	한일협정 유엔 등록, 번역
작성처	외무성 북동아시아과
매수	1
비밀등급	일반
문서종류	구상서
공개구분	공개
내용	한일 여러 조약의 영문 번역 관련 일본 외무성이 주일한국대사관에 보낸 구상서 영문본
주제어	한일협정 유엔 등록

문서명	제목 없음

문서파일번호	1244
작성연월일	1966. 11. 12
구분	한일협정 비준 후
세부항목	한일협정 유엔 등록, 번역
작성처	주일한국대사관
매수	2
비밀등급	일반
문서종류	구상서
공개구분	공개
내용	한일 여러 조약의 영문 번역 관련 주일한국대사관의 영문 구상서
주제어	한일협정 유엔 등록

문서명	한일 여러 조약의 유엔 등록에 관하여(영문 번역문에 관하여)[日韓諸条約の国連登録について(英訳文について)]

문서파일번호 1244
작성연월일 1966. 11. 24
구분 한일협정 비준 후
세부항목 한일협정 유엔 등록, 번역
작성처 외무성 북동아시아과
매수 5
비밀등급 극비
문서종류 회의록
공개구분 공개
내용 한일 여러 조약의 영문 번역과 관련한 북동아시아과 직원(黒河内)과 오재희 주일대사관 정무과장의 1966년 11월 24일 협의 기록
주제어 한일협정 유엔 등록

문서명	제목 없음

문서파일번호 1244
작성연월일 1967. 2(일자 불명)
구분 한일협정 비준 후
세부항목 한일협정 유엔 등록, 번역
작성처 주일한국대사관
매수 1
비밀등급 일반
문서종류 외교공한
공개구분 공개
내용 한일 여러 조약의 영문 번역 관련 주일한국대사관의 영문 공한(날짜 불명)
주제어 한일협정 유엔 등록

문서명	제목 없음

문서파일번호 1244
작성연월일 1967. 2. 28
구분 한일협정 비준 후
세부항목 한일협정 유엔 등록, 번역
작성처 외무성 북동아시아과장
매수 4
비밀등급 비(秘)
문서종류 내부문서
공개구분 공개
내용 외무성 노다 북동아시아과장이 오재희 주일한국대사관 정무과장 및 외무성 조약과장과 한일 여러 조약의 유엔 등록 및 이를 위한 번역문제에 관해 협의한 내용을 정리
주제어 한일협정 유엔 등록

문서명	유엔 대표부 발 제193호의 전보에 관하여(国連代表部発第193号の転報について)

문서파일번호 1244
작성연월일 1967. 3. 2
구분 한일협정 비준 후
세부항목 한일협정 유엔 등록, 번역
작성처 외무성 조약과
매수 1
비밀등급 일반
문서종류 공문
공개구분 공개
내용 외무성 조약과가 한일협정의 유엔 등록을 위한 번역과 관련, 한국에 재촉하라고 주한대사관에 지시
주제어 한일협정 유엔 등록

문서명	유엔에 한일 여러 조약의 등록에 관하여(国連に対する日韓諸条約の登録について)

문서파일번호 1244
작성연월일 1967. 3. 18
구분 한일협정 비준 후
세부항목 한일협정 유엔 등록, 번역
작성처 외무성 북동아시아과
매수 3
비밀등급 비(秘)
문서종류 전문(電文)
공개구분 공개
내용 한일조약 유엔 등록과 관련하여 한국과의 협의에 관한 훈령을 주한대사관에 통보
주제어 한일협정 유엔 등록

문서명	문화재 및 문화협력에 관한 일본국과 대한민국의 협정 부속서의 영문 번역에 관하여(文化財及び文化協力に関する日本国と大韓民国との間の協定付属書の英訳について)

문서파일번호 1244
작성연월일 1967. 3. 20
구분 한일협정 비준 후
세부항목 한일협정 유엔 등록, 번역
작성처 외무성 북동아시아과
매수 7
비밀등급 일반
문서종류 내부문서
공개구분 공개
내용 문화재 및 문화협력협정의 영문 번역과 관련한 검토의견서
주제어 한일협정 유엔 등록

문서명	유엔에 한일 여러 조약의 등록에 관하여(国連に対する日韓諸条約の登録について)

문서파일번호 1244
작성연월일 1967. 3. 22
구분 한일협정 비준 후
세부항목 한일협정 유엔 등록, 번역
작성처 주대한민국대사
매수 2
비밀등급 비(秘)
문서종류 전문(電文)
공개구분 공개
내용 한일조약의 유엔 등록 및 이를 위한 번역과 관련한 본성 훈령에 대한 주한대사의 보고
주제어 한일협정 유엔 등록

문서명	한일 간 여러 조약 영역문에 관하여(日韓間諸条約英訳文に関し)

문서파일번호 1244
작성연월일 1967. 3. 22
구분 한일협정 비준 후
세부항목 한일협정 유엔 등록, 번역
작성처 주일한국대사관(일본 가역본)
매수 4
비밀등급 일반
문서종류 내부문서
공개구분 공개
내용 한일 여러 조약의 영역문에 관한 한국 의견이 담긴 문서의 일문 번역본
주제어 한일협정 유엔 등록

문서명	문화재협정 부속서의 영역문에 관하여(文化財協定付属書の英訳文に関し)

문서파일번호 1244
작성연월일 1967. 3. 22
구분 한일협정 비준 후
세부항목 한일협정 유엔 등록, 번역
작성처 주일한국대사관(일본 가역본)
매수 1
비밀등급 일반
문서종류 내부문서
공개구분 공개
내용 문화재 협정 영역문에 관한 한국 의견이 담긴 문서의 일문 번역본
주제어 한일협정 유엔 등록

문서명	한일 간 여러 조약 영역문에 관하여(日韓間諸条約英訳文に関し)

문서파일번호 1244
작성연월일 1967. 3. 22
구분 한일협정 비준 후
세부항목 한일협정 유엔 등록, 번역
작성처 주일한국대사관
매수 2
비밀등급 일반
문서종류 내부문서
공개구분 공개
내용 한일 여러 조약 영역문에 관한 한국 의견이 담긴 문서의 한글본
주제어 한일협정 유엔 등록

문서명	문화재협정 부속서의 영역문에 관하여(文化財協定付属書の英訳文に関し)

문서파일번호	1244
작성연월일	1967. 3. 22
구분	한일협정 비준 후
세부항목	한일협정 유엔 등록, 번역
작성처	주일한국대사관
매수	1
비밀등급	일반
문서종류	내부문서
공개구분	공개
내용	문화재 협정에 영역문에 관한 한국 의견이 담긴 문서의 한글본
주제어	한일협정 유엔 등록

문서명	한일 여러 조약 영역문의 한일 양국 간 상이점에 관한 일본정부의 견해(日韓諸条約の英訳文についての日韓両国間の相違点に関する日本政府の見解)

문서파일번호	1244
작성연월일	1967. 3(일자 불명)
구분	한일협정 비준 후
세부항목	한일협정 유엔 등록, 번역
작성처	외무성
매수	3
비밀등급	일반
문서종류	내부문서
공개구분	공개
내용	일본의 한일조약 영역문 한국 검토의견에 관한 일본의 재검토의견서
주제어	한일협정 유엔 등록

한일 여러 조약 영문 번역문
(日韓諸条約英語文)

문서번호	1246
문서명	한일 여러 조약 영문 번역문(日韓諸条約英語文)
작성연월일	1967(월일 불명)
구분	한일협정 비준 후
세부항목	한일협정 영문 번역본
작성처	외무성
매수	60
비밀등급	일반
문서종류	내부자료
공개구분	공개
내용	한일 기본관계조약 및 여러 협정의 영문 번역문
주제어	한일협정 영문 번역본

요시라 참사관·김 참사관 회담 요지
(吉良参事官·金参事官会談要旨)

문서번호	790
문서명	요시라 참사관·김 참사관 회담 요지[吉良参事官·金参事官会談要旨]
작성연월일	1967. 3. 14
구분	한일협정 체결 後
세부항목	요시라·김 참사관 회담
작성처	외무성 북동아시아과
매수	11
비밀등급	비(秘)
문서종류	회의록
공개구분	공개
내용	요시라 참사관과 김 참사관 회담 기록. 해난구조협정 문제, 한국인 주일특파원의 자격 및 기간 등에 관한 문제, 사토 총리 방한 문제, 외국인학교 제도, 정기 각료회담 개최 문제 등에 관해 협의함.
주제어	해난구조협정, 사토 총리 방한, 정기 각료회담

제5부

이동원 장관 방일
(1965. 3~4)

한국 외상 방일 전에 해결을 요하는 중요문제 처리방침에 대해서(韓国外相訪日の際ないしその前に解決を要する重要問題処理方針について)

문서파일번호	1380
문서명	한국 외상 방일 전에 해결을 요하는 중요문제 처리방침에 대해서(韓国外相訪日の際ないしその前に解決を要する重要問題処理方針について)
작성연월일	1965. 3. 16
구분	제7차 회담
세부항목	한국과 해결을 요하는 중요문제 처리방침
작성처	외무성 북동아시아과
매수	12
비밀등급	극비
문서종류	내부문서
공개구분	공개
내용	한국의 외무장관 방일 전에 해결을 요하는 중요문제 처리에 관한 방침을 기술한 문서. 청구권, 어업, 재일한국인 법적지위 문제에 관한 사항들이 담겨 있음.
주제어	청구권·경제협력, 어업, 재일한국인 법적지위

시나 대신 · 이 장관 회담록
(椎名大臣·李長官会談録)

문서파일번호	728
작성연월일	1965. 3. 8 - 1965. 3. 11
구분	제7차 회담
세부항목	시나 에쓰사부로 · 이동원 회담
작성처	외무성 북동아시아과
매수	13
비밀등급	
문서종류	회의록, 내부문서
공개구분	공개 또는 일부비공개
내용	미국 방문길에 1965년 3월 10일~11일까지 일본에 잠시 들린 이동원 외무장관과 시나 에쓰사부로 외상의 회담 기록
주제어	시나 에쓰사부로 · 이동원 회담

문서명	시나 대신·이 장관 회담록(椎名大臣·李長官会談録)

문서파일번호 728
작성연월일 1965. 3. 11
구분 제7차 회담
세부항목 시나 에쓰사부로 · 이동원 회담
작성처 외무성 북동아시아과
매수 7
비밀등급 극비
문서종류 회의록
공개구분 일부비공개
내용 시나 에쓰사부로 · 이동원 한일 외상회담 기록. 이 장관은 자신의 방일 기간 중 어업협정문안에 가서명이 가능하다면 기본관계조약의 정식 조인을 했으면 좋겠다는 의사를 표명함. 이에 대해 일본은 일괄 조인한다는 입장이므로 기본관계조약만 별도로 떼어내 서명하기는 곤란하다는 반응을 보임. 한국은 김종락 · 고노 회담에 관해 불쾌하다는 입장을 표명함.
주제어 시나 에쓰사부로 · 이동원 회담, 기본관계, 어업, 청구권 · 경협, 김종락 · 고노회담

문서명	이장관 회담에서 시나 대신의 발언 요지(李長官との会談における椎名大臣発言要旨)

문서파일번호 728
작성연월일 1965. 3. 8
작성처 외무성 북동아시아과
구분 제7차 회담
세부항목 시나 에쓰사부로 · 이동원 회담 시나 외상 발언 요지
작성처 외무성 북동아시아과
매수 6
비밀등급 극비
문서종류 내부문서
공개구분 공개
내용 1965년 3월 11일 이동원 장관 회담용으로 북동아시아과가 작성한 시나 에쓰사부로 외상 발언 요지
주제어 시나 에쓰사부로 · 이동원 회담

한일외상회담 제1회 회의기록
(日韓外相会談第1回会合記録)

문서파일번호	729
작성연월일	1965. 3. 20 - 1965. 3. 24
구분	제7차 회담 시나 에쓰사부로·이동원 회담 제1회 회의
세부항목	
작성처	외무성 북동아시아과
매수	33
비밀등급	
문서종류	회의록, 전문, 내부문서
공개구분	공개
내용	미국 방문 귀로에 1965년 3월 23부터 일본을 공식 방문한 이동원 외무장관과 시나 에쓰사부로 외상의 제1회 회의기록
주제어	시나 에쓰사부로·이동원 회담

문서명	한일외상회담 제1회 회의기록(日韓外相会談第1回会合記録)

문서파일번호 729
작성연월일 1965. 3. 24
구분 제7차 회담 시나 에쓰사부로·이동원 회담 제1회 회의
세부항목
작성처 외무성 북동아시아과
매수 11
비밀등급 극비
문서종류 회의록
공개구분 공개
내용 1965년 3월 24일 오후 3시~4시 45분까지 개최된 시나 에쓰사부로·이동원 외상회담 제1회 회의기록. 일본은 어업, 재일한국인 법적지위, 청구권 세 안건에 관해 이 장관 체일 중 큰 틀에서 합의를 이루고 이후 실무협의를 거쳐 협정 조문 완성에 전력을 다한다 하더라도 1개월 이상은 걸릴 것이라고 함. 이에 한국은 5월 17일 박정희 대통령의 방미 전 협정의 본 조인을 하기를 희망한다고 대응함.
주제어 청구권·경제협력, 어업, 재일한국인 법적지위, 독도

문서명	한일외상회담에 관하여(훈령)[日韓外相会談について(訓令)]

문서파일번호 729
작성연월일 1965. 3. 20
구분 제7차 회담 시나 에쓰사부로·이동원 회담 제1회 회의
세부항목
작성처 외무성 북동아시아과
매수 2
비밀등급 극비
문서종류 전문(電文)
공개구분 공개
내용 한일 외상회담을 앞두고 의제와 관련하여 한국과 교섭 후 결과를 보고하라고 주서울 마에다 도시카즈 조사관에게 지시
주제어 회담 의제

문서명	한일외상회담에 관하여(日韓外相会談について)

문서파일번호 729
작성연월일 1965. 3. 22
구분 제7차 회담 시나 에쓰사부로 · 이동원 회담 제1회 회의
세부항목
작성처 외무성 북동아시아과
매수 4
비밀등급 극비
문서종류 전문(電文)
공개구분 공개
내용 서울에 와있는 마에다 도시카즈 조사관이 주한미국대사관 하비브(Philip C. Habib) 참사관에게 이동원 장관에 관해 청취한 내용을 보고. 하비브에 따르면 이 장관은 자기를 희생할 각오가 서 있는 인물로 각료 중 대통령에 대한 영향력도 있다 함. 일본으로서는 독도를 제외한 다른 현안들을 이 장관 회담에서 제기해야 하며, 이 장관은 이에 응할 수 있는 인물임.
주제어 이동원 인물평

문서명	한일외상회담 제1회 회의(3월 24일)에서 시나 대신의 발언 요지[日韓外相会談第1回会合(3月24日)における椎名大臣の発言要旨]

문서파일번호 729
작성연월일 1965. 3. 22
구분 제7차 회담 시나 에쓰사부로 · 이동원 회담 제1회 회의
세부항목
작성처 외무성 북동아시아과
매수 16
비밀등급 극비
문서종류 내부문서
공개구분 공개
내용 시나 에쓰사부로 · 이동원 외상 회담용으로 북동아시아과가 준비한 외상 발언 요지
주제어 시나 외상 발언 요지

한일외상회담 제3회 회의기록
(日韓外相会談第3回会合記録)

문서파일번호	730
문서명	한일외싱회딤 제3회 회의기록(日韓外相会談第3回会合記録)
작성연월일	1965. 3. 26
구분	제7차 회담
세부항목	시나 에쓰사부로·이동원 회담 제3회 회의
작성처	외무성 북동아시아과
매수	8
비밀등급	극비
문서종류	회의록
공개구분	공개
내용	1965년 3월 26일 오전 10시 35분부터 정오까지 개최된 시나 에쓰사부로·이동원 제3회 회의기록. 일본은 재일한국인 후손의 영주권 부여에 대해 법적인 자격을 영구적으로 부여하는 것은 불가능하지만 도덕적 의무를 충분히 고려하겠다고 함. 또한 상업차관을 세분화하여 9천만 달러는 어업차관으로 하며 기타 중화학공업 분야에 투자하고자 한다는 입장을 밝힘. 청구권 문제 해결에 관해 의견 일치를 본 내용(안)이 첨부됨(제2회 회의기록은 없다고 수기로 기재되어 있음).
주제어	재일한국인 법적지위, 경협, 어업

한일외상회담 제4회 회의기록
(日韓外相会談第4回会合記録)

문서파일번호	731
문서명	한일외상회담 제4회 회의기록(日韓外相会談第4回会合記録)
작성연월일	1965. 3. 27
구분	제7차 회담
세부항목	시나 에쓰사부로·이동원 회담 제4회 회의
작성처	외무성 북동아시아과
매수	11
비밀등급	극비
문서종류	회의록
공개구분	공개
내용	1965년 3월 26일 오후 10시 30분부터 3월 27일 오전 5시까지 개최된 시나 에쓰사부로·이동원 제4회 회의기록. 정회와 재개를 반복하며 밤샘 회의가 진행됨. 재일한국인 법적지위와 청구권 문제에 관한 논의가 이루어짐. 일본은 제3회 회의에서 제시한 청구권 문제 해결 합의내용 안에 한일문화협력의 일환으로 국유문화재를 약간 인도한다는 내용을 추가한 안을 제시함.
주제어	재일한국인 법적지위, 청구권·경협, 문화재 반환

한일외상회담 제6회 회의기록
(日韓外相会談第6回会合記録)

문서파일번호	732
문시명	한일외상회담 제6회 회의기록(日韓外相会談第6回会合記録)
작성연월일	1965. 3. 28
구분	제7차 회담
세부항목	시나 에쓰사부로·이동원 회담 제6회 회의
작성처	외무성 북동아시아과
매수	4
비밀등급	극비
문서종류	회의록
공개구분	공개
내용	1965년 3월 27일 오후 9시 45분부터 3월 28일 아침까지 개최된 시나 에쓰사부로·이동원 제6회 회의기록. 2억 달러 장기저리차관의 상환기간 관련 일본은 한국이 희망하는 27년은 무리라고 하자 한국은 20년으로 하되 문서상에는 연장이 가능하다는 표현을 남기자고 주장함[시나 외상이 다나카 가쿠에이(田中角栄) 장상과 전화 협의 후 이를 수락]. 통상(상업)차관 금액은 5억 달러 이상은 일본이 받기 어렵다고 하여 당초대로(3억 달러) 하기로 함(제5회 회의기록은 없다고 수기로 기재되어 있음).
주제어	청구권·경제협력

한일외상회담 제7회 회의기록
(日韓外相会談第7回会合記録)

문서파일번호	733
문서명	한일외상회담 제7회 회의기록(日韓外相会談第7回会合記録)
작성연월일	1965. 3. 29
구분	제7차 회담
세부항목	시나 에쓰사부로·이동원 회담 제7회 회의
작성처	외무성 북동아시아과
매수	4
비밀등급	극비
문서종류	회의록
공개구분	공개
내용	1965년 3월 29일 오전 9시 30분부터 10시 15분까지 개최된 시나 에쓰사부로·이동원 제7회 회의기록. 한국은 재일한국인이 가장 신경 쓰고 있는 부분, 즉 '일본인과 같은'에 대해 결정할 수 있기를 희망한다면서 준비한 안을 제시함. 일본은 검토해 보겠다고 함. 한국은 어업 관련, 아직 합의가 이루어지지 않는 부분인 금지수역에서 위반사실 확인 방법, 어획량, 척수의 표현 방법 등에 관해 일본의 전향적 검토를 요망함.
주제어	재일한국인 법적지위, 어업

비공식 외상회담 기록
(非公式外相會談記錄)

문서파일번호	734
문서명	비공식 외상회담 기록(非公式外相會談記錄)
작성연월일	1965. 3. 30
구분	제7차 회담
세부항목	시나 에쓰사부로·이동원 비공식회담
작성처	시나 외상 구술
매수	4
비밀등급	극비
문서종류	회의록
공개구분	공개
내용	1965년 3월 30일 오후 7시 30분부터 8시까지 시나 에쓰사부로 외상과 이동원 장관 비공식회담 기록. 재일한국인 법적지위 관련 이 장관은 영주권자의 사회보장 약속, 일본 패전 후 입국자로 거주기간 10년 이상의 한국인에게 영주권 인정, 이산가족 재회 보장을 요구함. 청구권 관련, 시나 외상은 어업협력자금 9천만 달러와 선박자금 3천만 달러의 이자 관련 한국의 양해를 구함. 어업 관련, 시나 외상은 양측 간 이견이 남아 있는 부분은 제외하고 합의된 부분에 대해서만 이니셜하기를 희망함.
주제어	재일한국인 법적지위, 청구권·경협, 어업

사토 총리·이동원 장관 회담록
(佐藤総理·李東元長官会談録)

문서파일번호	735
작성연월일	1965. 3. 9 - 1965. 3. 11
구분	제7차 회담
세부항목	사토 에사쿠·이동원 회담
작성처	외무성 북동아시아과
매수	11
비밀등급	
문서종류	회의록, 내부자료
공개구분	공개
내용	1965년 3월 11일 이동원 장관의 사토 에사쿠 총리 예방, 회담 기록
주제어	사토 에사쿠·이동원 회담

문서명	사토 총리·이동원 장관 회담록(佐藤総理·李東元長官会談録)

문서파일번호 735
작성연월일 1965. 3. 11
구분 제7차 회담
세부항목 사토 에사쿠 · 이동원 회담
작성처 외무성 북동아시아과
매수 6
비밀등급 극비
문서종류 회의록
공개구분 공개
내용 이동원 장관의 사토 에사쿠 총리 예방, 회담 기록. 이 장관은 박정희 대통령의 친서(이 장관 방일 기간 중 청구권, 법적지위, 어업 문제의 해결을 희망한다는 내용)를 전달함. 양인은 어업(기선 문제), 청구권(상업차관 액수), 고노 이치로 라인 협의(이 장관은 고노 라인 협의가 교섭에 혼란을 초래한다고 하자 사토 총리는 고노 대신이 자신의 양해를 얻어 측면 지원하는 것이라고 대응) 등과 관련하여 협의함.
주제어 사토 에사쿠 · 이동원 회담, 어업, 청구권 · 경협, 고노 라인 비공식 협의

문서명	이동원 한국 외무부장관의 예방 시 총리대신의 발언 요령(李東元韓国外務部長官表敬の際総理大臣の御発言要領)

문서파일번호 735
작성연월일 1965. 3. 9
구분 제7차 회담
세부항목 사토 에사쿠 · 이동원 회담, 총리 발언 요령
작성처 외무성 북동아시아과
매수 5
비밀등급 극비
문서종류 내부자료
공개구분 공개
내용 사토 에사쿠 총리의 이동원 외무장관 접견을 위해 준비한 발언 요령
주제어 사토 에사쿠 · 이동원 회담

사토·이 회담 요지
(佐藤·李会談要旨)

문서파일번호	736
작성연월일	1965. 3. 23 - 1965. 3. 24
구분	제7차 회담
세부항목	사토 에사쿠·이동원 회담
작성처	외무성 북동아시아과
매수	26
비밀등급	
문서종류	회의록, 내부자료
공개구분	공개
내용	1965년 3월 24일 이동원 장관의 사토 에사쿠 총리 예방, 회담 기록
주제어	사토 에사쿠·이동원 회담

문서명	사토·이 회담 요지(佐藤·李会談要旨)

문서파일번호 736
작성연월일 1965. 3. 24
구분 제7차 회담
세부항목 사토 에사쿠 · 이동원 회담
작성처 외무성 북동아시아과
매수 17
비밀등급 극비
문서종류 회의록
공개구분 공개
내용 이동원 장관이 사토 에사쿠 총리 예방, 회담 기록. 이 장관은 방미 시 존슨 대통령, 러스크 미국무장관이 한일기본조약 가서명에 대단히 기뻐했다는 사실을 언급한 후, 사도 총리 덕분에 어려운 어업 문제도 협의가 이루어질 수 있게 되었다고 하자, 사토 총리는 일본 어민의 반대도 제어하고 자민당 내에서도 반대가 없어 잘 진행되고 있는 것으로 보인다 함. 이 장관은 재일한국인 법적지위 문제와 청구권 문제에 대해서도 사토 총리의 배려를 요망함. 사토 총리는 나포 어선과 독도 문제, 문화재 문제에 관해 언급함.
주제어 사토 에사쿠 · 이동원 회담, 어업, 재일한국인 법적지위, 청구권, 나포 어선, 독도, 문화재 반환

문서명	이 장관 예방 시 총리 발언 요령(李長官表敬の際の総理御発言要領)

문서파일번호 736
작성연월일 1965. 3. 23
구분 제7차 회담
세부항목 사토 에사쿠 · 이동원 회담, 총리 발언 요령
작성처 외무성 북동아시아과
매수 9
비밀등급 극비
문서종류 내부자료
공개구분 공개
내용 사토 에사쿠 총리의 이동원 외무장관 접견 시 발언 요령
주제어 사토 총리 발언 요령

사토·이 회담 요지
(佐藤·李会談要旨)

문서파일번호	737
작성연월일	1965. 4. 3 - 1965. 4. 6
구분	제7차 회담
세부항목	사토 에사쿠·이동원 회담
작성처	외무성 북동아시아과
매수	16
비밀등급	
문서종류	회의록
공개구분	공개
내용	한일 간에 청구권, 어업, 재일한국인 법적지위 등 현안이 되어 왔던 문제들에 대한 '합의사항' 가서명을 끝내고 귀국 인사차 이동원 장관이 1965년 4월 3일 사토 에사쿠 총리를 예방한 기록
주제어	사토 에사쿠·이동원 회담

문서명	사토·이 회담 요지(佐藤·李会談要旨)

문서파일번호 737
작성연월일 1965. 4. 3
구분 제7차 회담
세부항목 사토 에사쿠 · 이동원 회담
작성처 외무성 북동아시아과
매수 12
비밀등급 극비
문서종류 회의록
공개구분 공개
내용 이동원 장관의 사토 에사쿠 총리 예방 기록. 사토 총리는 '합의사항' 가서명이 가능토록 해 준 이 장관, 차균희 농림장관, 김동조 대사에게 사의를 표명함. 한국이 일단 산을 하나 넘었으니 이제 협정 조문 작성이 남아 있다고 하자, 사토 총리는 금번 다결 과정에서 양측 뜻이 통한 바 있으니 남은 작업도 어렵지 않을 것이라고 함. 또 어업 문제가 해결되었으나 영해 문제는 아직 남았다고 지적하고 한국이 정식 입장을 표명하지 않았으나 일본이 이해한 것과 같다고 보면 되겠냐고 물음. 이 장관은 어업과 평화선 존속은 별개 문제이나 실질적으로는 평화선이 없어졌다고 보면 될 것이되, 일본이 이 점을 외부에 언급하지 않았으면 좋겠다고 함.
주제어 사토 에사쿠 · 이동원 회담, 어업, 평화선

문서명	사토·이 회담에서 어업에 관한 부분의 요지(수산청에의 송부를 위해)[佐藤·李会談における漁業に関する部分の要旨(水産庁への送付のため)]

문서파일번호 737
작성연월일 1965. 4. 6
구분 제7차 회담
세부항목 사토 에사쿠 · 이동원 회담
작성처 외무성 북동아시아과
매수 4
비밀등급 극비
문서종류 회의록
공개구분 공개
내용 1965년 4월 3일 이동원 외무장관의 사토 에사쿠 총리 예방 시 이루어진 어업과 평화선 관련 한국 발언 요지를 수산청 송부용으로 별도 작성한 문서
주제어 사토 에사쿠 · 이동원 회담, 어업, 평화선

공동성명
(共同コミュニケ)

문서파일번호	738
작성연월일	1965. 3. 26 - 1965. 4. 3
구분	제7차 회담
세부항목	시나 에쓰사부로·이동원, 아카기 무네노리·차균희 공동성명
작성처	외무성
매수	33
비밀등급	
문서종류	공동성명
공개구분	공개
내용	1965년 4월 3일 청구권·경협, 어업, 재일한국인 법적지위에 관한 '합의사항'에 대한 양국 대표의 이니셜이 있은 후 발표된 공동성명
주제어	시나 에쓰사부로·이동원, 아카기 무네노리·차균희 공동성명

문서명	공동성명(共同コミュニケ)

문서파일번호 738
작성연월일 1965. 4. 3
구분 제7차 회담
세부항목 시나 에쓰사부로 · 이동원 공동성명
작성처 외무성
매수 6
비밀등급 일반
문서종류 공동성명
공개구분 공개
내용 시나 에쓰사부로 외상 · 이동원 외무장관 공동성명. 이동원 외무장관이 시나 외상의 초청으로 1965년 3월 23일부터 4월 3일까지 방일하여 협의한 결과, 청구권 · 경협, 재일한국인 법적지위 및 어업에 관한 '합의사항'에 가서명하였다는 사실과 금후 회담의 조기 타결을 위한 노력을 통해 모든 현안이 성공리에 해결될 수 있기를 바란다는 내용이 담김.
주제어 청구권 · 경제협력, 재일한국인 법적지위, 어업

문서명	공동성명(Joint Communique)

문서파일번호 738
작성연월일 1965. 4. 3
구분 제7차 회담
세부항목 시나 에쓰사부로 · 이동원 공동성명
작성처 외무성
매수 2
비밀등급 일반
문서종류 공동성명
공개구분 공개
내용 공동성명의 영문본
주제어 청구권 · 경제협력, 재일한국인 법적지위, 어업

문서명	아카기 무네노리 일본국 농림대신과 차균희 대한민국 농림부 장관 간의 공동성명(赤城宗徳日本国農林大臣と車均禧大韓民国農林部長官との間の共同コミュニケ)

문서파일번호 738
작성연월일 1965. 4. 3
구분 제7차 회담
세부항목 아카기 무네노리 · 차균희 공동성명
작성처 외무성
매수 3
비밀등급 일반
문서종류 공동성명
공개구분 공개
내용 아카기 무네노리 농림대신과 차균희 농림장관의 공동성명. 양 장관은 1965년 3월 3일~4월 3일까지 협의를 거듭, 어업에 관한 수역, 어업자원 보호를 위한 규제조치 및 어업협력 등 양국 간 어업 문제에 관한 '합의사항'에 가서명하였다는 사실과 한국에 대한 일본의 어업협력을 위해 9천만 달러의 민간신용공여가 이루어지길 기대한다는 점을 확인하였다는 점 등이 담김.
주제어 어업

문서명	공동성명(안)[(Draft) Joint Communique]

문서파일번호 738
작성연월일 1965. 3. 26
구분 제7차 회담
세부항목 시나 에쓰사부로 · 이동원 공동성명
작성처 외무성
매수 4
비밀등급 일반
문서종류 공동성명
공개구분 공개
내용 1965년 4월 3일 한일 외무장관 공동성명 영문본의 3월 26일 자 초안
주제어 청구권 · 경제협력, 재일한국인 법적지위, 어업

문서명	공동성명(안)[(Draft) Joint Communique]

문서파일번호 738
작성연월일 1965. 4. 2
구분 제7차 회담
세부항목 시나 에쓰사부로 · 이동원 공동성명
작성처 외무성
매수 6
비밀등급 일반
문서종류 공동성명
공개구분 공개
내용 1965년 4월 3일 한일 외무장관 공동성명 영문본의 4월 2일 자 초안
주제어 청구권 · 경제협력, 재일한국인 법적지위, 어업

문서명	공동성명(Joint Communique)

문서파일번호 738
작성연월일 1965. 4. 3
구분 제7차 회담
세부항목 시나 에쓰사부로 · 이동원 공동성명
작성처 외무성
매수 6
비밀등급 일반
문서종류 공동성명
공개구분 공개
내용 일 외무장관 공동성명 영문본의 최종본
주제어 청구권 · 경제협력, 재일한국인 법적지위, 어업

문서명	한일공동성명안(日韓共同コミュニケ案)

문서파일번호	738
작성연월일	1965. 4(일자 불명)
구분	제7차 회담
세부항목	시나 에쓰사부로 · 이동원 공동성명
작성처	외무성
매수	6
비밀등급	일반
문서종류	공동성명
공개구분	공개
내용	1965년 4월 3일 한일 외무장관 공동성명 초안
주제어	청구권 · 경제협력, 재일한국인 법적지위, 어업

합의사항 및 부속문서
(合議事項及び附属文書)

문서파일번호	739
작성연월일	1965. 3. 28 - 1965. 4. 3
구분	제7차 회담
세부항목	4·3 합의사항
작성처	외무성
매수	53
비밀등급	
문서종류	
공개구분	공개
내용	1965년 4월 3일 한일 양국 간에 가서명이 이루어진 청구권·경협, 재일한국인 법적지위, 어업에 관한 '합의사항' 및 부속문서 모음
주제어	

문서명	합의의사록(合意議事録)

문서파일번호 739
작성연월일 1965. 4. 3
구분 제7차 회담
세부항목 4·3 합의사항
작성처 외무성
매수 2
비밀등급 일반
문서종류 합의의사록
공개구분 공개
내용 가서명된 한일 양국 간 청구권·경협에 관한 '합의사항'과 관련하여 추가적으로 작성된 합의의사록. '합의사항' 5항에 의거, 완전하고 최종적으로 해결된 것으로 되는 재산 및 청구권에 한국의 대일청구요강(8항목)이 포함된다는 내용 등이 담겨 있음.
주제어 청구권·경제협력

문서명	한일 간 청구권 문제 해결 및 경제협력에 관한 합의사항(안) [日韓間の請求権問題解決及び経済協力に関する合意事項(案)]

문서파일번호 739
작성연월일 1965. 4. 3
구분 제7차 회담
세부항목 4·3 합의사항
작성처 외무성
매수 4
비밀등급 일반
문서종류 합의사항
공개구분 공개
내용 가서명된 한일 양국 간 청구권·경협에 관한 '합의사항'. 무상공여 3억 달러, 장기저리차관 2억 달러, 민간신용공여 3억 달러 이상으로 기대, 청구권 문제는 완전하고 최종적으로 해결된 것이 된다는 내용이 담김.
주제어 청구권·경제협력

문서명	제목 없음

문서파일번호 739
작성연월일 1965. 4. 3
구분 제7차 회담
세부항목 4·3 합의사항
작성처 외무성
매수 2
비밀등급 일반
문서종류 합의사항
공개구분 공개
내용 가서명된 한일 양국 간 재일한국인 처우에 관한 '합의사항'에 추가한 사항. '합의사항' 2항의 규정을 근거로 하는 협정 조항에 관해 한국의 요청이 있으면 협의를 하겠다는 내용 기술
주제어 재일한국인 법적지위

문서명	합의사항(合意された事項)

문서파일번호 739
작성연월일 1965. 3. 28
구분 제7차 회담
세부항목 4·3 합의사항
작성처 외무성
매수 6
비밀등급 일반
문서종류 합의사항
공개구분 공개
내용 1965년 4월 3일 가서명된 한일 양국 간 재일한국인 처우에 관한 '합의사항'의 3월 28일 자 안. 재일한국인의 처우에 대해 일본이 ① 종전 이전부터 일본에 거주하는 자 ② '①'의 직계비속으로 종전 직후 협정 발효 5년 이내에 일본에서 출생하여 거주하는 자 ③ '①'과 '②'의 자식으로 협정 발효 5년 후부터 일본에서 출생한 자에 대해 영주신청을 허가한다는 내용임.
주제어 재일한국인 법적지위

문서명	추가 합의된 사항(追加の合意された事項)

문서파일번호 739
작성연월일 1965. 4. 3
구분 제7차 회담
세부항목 4·3 합의사항
작성처 외무성
매수 2
비밀등급 일반
문서종류 합의사항
공개구분 공개
내용 가서명된 한일 양국 간 재일한국인 처우에 관한 '합의사항'에 추가된 내용. 재일한국인이 일본에서의 영주를 포기하고 한국으로 귀국할 때 재산 및 한국 송금을 고려함.
주제어 재일한국인 법적지위

문서명	제목 없음

문서파일번호 739
작성연월일 1965. 4. 3
구분 제7차 회담
세부항목 4·3 합의사항
작성처 외무성
매수 2
비밀등급 일반
문서종류 합의사항
공개구분 공개
내용 가서명된 한일 양국 간 어업 문제에 관한 '합의사항'의 제3항(2)에 대해, 영세어민을 위한 5천만 달러는 5% 금리, 나머지는 5.7% 금리를 목표로 한다는 내용이 담긴 추가 합의사항
주제어 어업

문서명	'한일어업 문제에 관한 합의사항'(안) [日韓間の漁業問題に関する合事項(案)]

문서파일번호 739
작성연월일 1965. 4. 3
구분 제7차 회담
세부항목 4·3 합의사항
작성처 외무성
매수 34
비밀등급 일반
문서종류 합의사항
공개구분 공개
내용 가서명된 한일 양국 간 어업 문제에 관한 '합의사항'. 어업 수역, 공동규제수역, 건착망어업, 연간 총어획 기준량, 통제 및 재판관할권, 연안어업에 종사하는 어선의 자주규제, 공동규제수역 내에서 출항하는 양국의 포경어업에 종사하는 어선의 자주규제, 국내어업금지수역 등의 상호 존중, 공동자원조사수역, 어업협력 등 15가지 합의사항에 대한 내용이 담겨 있음.
주제어 어업

문서명	제목 없음

문서파일번호 739
작성연월일 1965. 4. 3
구분 제7차 회담
세부항목 4·3 합의사항
작성처 외무성
매수 1
비밀등급 일반
문서종류 합의사항
공개구분 공개
내용 가서명된 한일 양국 간 청구권·경협에 관한 '합의사항'과 관련하여 추가적으로 작성된 문서. 합의사항 3(2)에 관해 선박 수출을 위해 기대되는 민간신용공여 3천만 달러의 금리를 5.5% 정도로 목표한다는 내용이 담김.
주제어 청구권·경제협력

이동원 장관의 방일 및 농상회담에 관한 비공식 언급(李東元長官の訪日および農相会談に関する内話)

문서파일번호	740
문서명	이동원 장관의 방일 및 농상회담에 관한 비공식 언급(李東元長官の訪日および農相会談に関する内話)
작성연월일	1965. 3. 6
구분	제7차 회담
세부항목	한일 외상, 농상 회담
작성처	외무성 아시아국장
매수	4
비밀등급	극비
문서종류	내부문서
공개구분	공개
내용	1965년 3월 5일 시나 에쓰사부로 외상의 차균희 농림장관 환영 만찬석상에서 김동조 대사 및 연하구 아주국장이 우시로쿠 도라오 아시아국장에게 언급한 내용. 이동원 장관의 방일 시기(일본은 국회 개회 중인 관계로 다소 뒤로 늦추길 희망했으나 한국은 국내 홍보 문제 등으로 당초 예정대로 방일 희망), 이 장관에 대한 일본의 영접(한국은 내규를 바꾸더라도 극진한 대접을 희망), 한일교섭의 타이밍(한국은 3월 말 기본관계와 법적지위를 분리해서 기본관계의 정식 조인을 희망, 일본은 5월 말까지 모든 현안에 관한 협정을 일괄 조인할 수 있도록 노력하자고 하자 한국은 5월 17일 박 대통령의 방미 시 미국에 대한 선물로 활용코자 하므로 그때까지 교섭 성과를 거둘 수 있기를 희망), 어업 문제(어획량 규제실시 방법 관련, 한국은 자주적으로 양국이 체크하고 결과를 공동위에 보고하면 된다고 주장), 청구권(한국은 김·오히라 합의 시 1억 달러 이상으로 되어 있는 민간신용공여 액을 올리기를 희망) 등에 관한 내용이 기술됨.
주제어	한일 외상, 농상 회담, 기본관계, 어업, 청구권·경협

이동원 외무부장관의 천황 예방이 결정되었을 때의 상황 개요(李東元外務部長官が拝謁を賜った際の状況概要)

문서파일번호	741
문서명	이동원 외무부장관의 천황예방이 결정되었을 때의 상황 개요(李東元外務部長官が拝謁を賜った際の状況概要)
작성연월일	1965. 3. 26
구분	제7차 회담
세부항목	이동원 장관 일본 방문, 천황 예방
작성처	외무성 북동아시아과
매수	1
비밀등급	극비
문서종류	내부문서
공개구분	일부비공개
내용	1965년 3월 26일 오후 4시부터 40분간 이루어진 회담에서 이동원 장관의 천황 예방 결정과 관련한 상황이 기술된 문서. 상세내용은 먹칠로 가려지거나 공개되지 않아(8쪽) 파악이 불가능함.
주제어	이동원 장관 일본 방문, 천황 예방

이동원 외무부장관 방일 시 접대 관련 시나 대신의 각의 발언(李東元外務部長官訪日の際の接遇について椎名大臣の閣議における御発言ぶり)

문서파일번호	742
문서명	이동원 외무부장관 방일 시 접대 관련 시나 대신의 각의 발언(李東元外務部長官訪日の際の接遇について椎名大臣の閣議における御発言ぶり)
작성연월일	1965(월일 불명)
구분	제7차 회담
세부항목	이동원 장관 일본 방문, 의전
작성처	외무성 북동아시아과
매수	2
비밀등급	일반
문서종류	내부문서
공개구분	공개
내용	1965년 3월 23일부터 일본을 방문하는 이동원 외무장관의 영접과 관련하여 시나 에쓰사부로 외상이 각의에서 발언할 내용을 적은 문서. 시나 외상 방한 시 한국의 영접, 한국 국민 감정 등을 고려하여 가능한 높은 수준의 영접을 하고자 한다면서 체재비 부담, 공항 의전, 영빈관 숙소, 총리 및 중·참원 의장 예방, 천황 주최 오찬 등을 건의함.
주제어	이동원 장관 일본 방문, 의전

제목 없음(사토 총리가 박정희 대통령에게 보낸 친서)

문서파일번호	743
문서명	제목 없음
작성연월일	1965. 3. 24
구분	제7차 회담
세부항목	이동원 장관 일본 방문, 사토 총리의 박정희 대통령 앞 친서
작성처	외무성 북동아시아과
매수	3
비밀등급	일반
문서종류	외교공한(친서)
공개구분	공개
내용	이동원 장관이 사토 에사쿠 총리 예방 시 전달한 박정희 대통령의 친서에 대한 사토 총리의 답신. 박 대통령의 친서에 대한 사의 표명과 함께 기본관계조약 가서명을 통해 양국 간 국교정상화의 조기 실현을 위한 기운이 가일층 강해졌으며, 금번 이동원 장관의 방일을 통해 구체적 성과가 있기를 희망한다는 내용이 담김.
주제어	이동원 장관 일본 방문, 사토·박정희 친서

이 한국 외무부장관의 방일 시 각종 연설문
(李韓国外務部長官訪日における各種の演説文)

문서파일번호	744
작성연월일	1965. 3. 23 - 1965. 3. 24
구분	제7차 회담
세부항목	이동원 장관 일본 방문
작성처	외무성
매수	18
비밀등급	
문서종류	연설문, 내부문서
공개구분	공개
내용	1965년 3월 23일~4월 3일 이동원 장관의 일본 방문 시 각종 연설문 모음
주제어	이동원 장관 일본 방문, 연설문

문서명	이 한국 외무부장관이 하네다 공항에 도착했을 때 시나 외무대신의 환영 연설 (李韓国外務部長官が羽田空港に到着したさいの椎名外務大臣の歓迎ステートメント)

문서파일번호 744
작성연월일 1965. 3. 23
구분 제7차 회담
세부항목 이동원 장관 일본 방문
작성처 외무성 북동아시아과
매수 2
비밀등급 일반
문서종류 연설문
공개구분 공개
내용 이동원 장관의 하네다(羽田) 공항 도착 시 시나 에쓰사부로 외무대신의 환영 연설문. 일본의 빈객으로 방문하는 이동원 장관을 환영하며, 이 방문이 양국 간 우호의 새로운 계기가 되기를 바람.
주제어 이동원 장관 일본 방문, 시나 외상의 환영 연설문

문서명	이동원 외무부 장관의 도착 성명(李東元外務部長官の到着聲命)

문서파일번호 744
작성연월일 1965. 3. 23
구분 제7차 회담
세부항목 이동원 장관 일본 방문
작성처 한국 외무부(일본 가역)
매수 2
비밀등급 일반
문서종류 연설문
공개구분 공개
내용 하네다 공항에 도착한 이동원 장관의 도착 성명. 한일양국의 여러 현안을 조속, 원만히 해결하는 것이 한일 간 새로운 우호관계의 기초가 된다는 점을 강조함(일본어 번역문).
주제어 이동원 장관 일본 방문, 공항 도착 성명

문서명	총리 주최 오찬 시 연설(總理の午餐會における演說)

문서파일번호 744
작성연월일 1965. 3. 24
구분 제7차 회담
세부항목 이동원 장관 일본 방문
작성처 외무성 북동아시아과
매수 6
비밀등급 일반
문서종류 연설문
공개구분 공개
내용 사토 에사쿠 총리가 주최한 이동원 장관 환영 오찬 시 총리의 연설문. 양국 간에 불행한 시기가 있어 양국 국민의 마음에 거리가 생겼으나 이는 양국 국민에게 불행한 일임. 본인은 양국 간 국교정상화를 정책의 큰 기둥으로 생각하고 있으며, 미력하나마 그 실현을 위한 결의를 갖고 있음. 양국이 가까운 이웃으로서 가장 긴밀한 우호관계를 수립하는 날이 조속히 오기를 기대함.
주제어 이동원 장관 일본 방문, 사토 총리 오찬 연설문

문서명	시나 외무대신이 주최한 이 장관 환영 만찬회에서 대신 인사(椎名義務大臣主催の李長官歓迎晩餐会での大臣挨拶)

문서파일번호 744
작성연월일 1965. 3. 24
구분 제7차 회담
세부항목 이동원 장관 일본 방문
작성처 외무성 북동아시아과
매수 6
비밀등급 일반
문서종류 연설문
공개구분 공개
내용 이동원 장관을 위해 시나 에쓰사부로 외상이 주최한 만찬에서 외상의 연설문. 양국 관계의 중요성, 교류의 역사 등을 언급하고, 이 장관과 손을 잡고 꿈을 하나하나 실현시키기 위해 노력해 나가고 싶다는 의지를 피력함.
주제어 이동원 장관 일본 방문, 시나 외상 만찬 연설문

문서명	우에무라 씨의 인사말에 삽입하는 것을 검토해 볼 만한 점들(植村甲午郎氏挨拶に挿入してはいかがと考えられる諸点)

문서파일번호	744
작성연월일	1965(월일 불명)
구분	제7차 회담
세부항목	이동원 장관 일본 방문
작성처	외무성
배수	2
비밀등급	일반
문서종류	내부문서
공개구분	공개
내용	시나 에쓰사부로 외상 주최 만찬에 참석한 우에무라(植村) 씨의 인사말에 포함되었으면 하는 점들을 정리한 내용. 일본 국민 대다수가 하루속히 한국과 국교정상화를 바라고 있다는 점, 이들은 과거의 한일관계에 대한 한국 국민의 엄정한 감정을 알고 있으며 행동을 통해 유감의 뜻을 표하려 한다는 점 등이 기술되어 있음.
주제어	이동원 장관 일본 방문, 우에무라 인사말

시나 대신의 공업 클럽에서의 연설
(椎名大臣の工業クラブにおける演説)

문서파일번호	747
문서명	시나 대신의 공업 클럽에서의 연설(椎名大臣の工業クラブにおける演説)
작성연월일	1965(월일 불명)
구분	제7차 회담
세부항목	시나 외상의 공업 클럽 강연
작성처	외무성
매수	12
비밀등급	일반
문서종류	연설문
공개구분	공개
내용	시나 에쓰사부로 외상이 공업 클럽에서 '일본과 한국 - 금후의 한일제휴의 모습' 제목으로 강연한 내용(강연 날짜는 불명). 한일국교정상화교섭의 의의, 한국 국민의 대일감정, 한국경제의 장래, 일본의 대한경제협력의 태도, 한일 간 경제협력 발족, 한일 무역관계 등에 관해 언급한 후, 결어 부분에서 일본 국민들이 아시아에서의 일본의 지위를 확실히 인식하면 할수록 일본이 근린제국에 대한 관심을 제고해야 한다고 생각한다고 강조함.
주제어	한일관계

제6부

다카스기 일본대표 발언 문제
(1965)

다카스기 대표의 발언문제(신문 보도)
[高杉代表の発言問題(新聞報道)]

문서파일번호	1423
문서명	다카스기 대표의 발언문제(신문 보도)[高杉代表の発言問題(新聞報道)]
작성연월일	1965. 1. 10 - 1965. 2. 11
구분	제7차 회담
세부항목	'다카스기 발언', 언론 보도
작성처	외무성
매수	47
비밀등급	일반
문서종류	내부자료
공개구분	공개
내용	다카스기 신이치 일본 제7차 한일회담 수석대표의 발언에 관한 일본[아사히, 아카하타(赤旗), 마이니치(毎日), 요미우리(読売), 니혼게이자이(日本經濟), 도쿄(東京), 산케이(産經), 조선시보, 사회시보(주간지)], 한국(동아일보 번역문), 북한(조선통신, 노동신문) 언론 기사 모음
주제어	다카스기 대표 발언 문제

다카스기 대표의 발언 문제
(高杉代表の発言問題)

문서파일번호	1422
작성연월일	1965. 1. 18 - 1965. 1. 27
구분	제7차 회담
세부항목	다카스기 대표 발언 문제
작성처	외무성, 주서울 모리타 사무관
매수	64
비밀등급	
문서종류	내부문서, 전문
공개구분	공개 또는 일부비공개
내용	다카스기 신이치 제7차 한일회담 일본 수석대표가 1965년 1월 7일 외무성 담당 기자들에게 한 발언(일본의 한반도 식민통치 미화 발언)과 관련한 문서 모음
주제어	다카스기 대표 발언 문제

문서명	다카스기 대표의 한국 신문, 라디오 기자회견(개요)[高杉代表の韓国新聞·ラジオ記者会見(概要)]

문서파일번호 1422
작성연월일 1965. 1. 18
구분 제7차 회담
세부항목 '다카스기 발언', 사후 수습
작성처 외무성 북동아시아과
매수 9
비밀등급 일반
문서종류 내부문서
공개구분 공개
내용 다카스기 신이치 제7차 한일회담 일본 수석대표가 도쿄주재 한국특파원 10명을 대상으로 자신의 발언에 대해 해명하는 기자회견 개요
주제어 다카스기 대표 발언 문제

문서명	'다카스기 발언' 문제의 개요(「高杉発言」問題の概要)

문서파일번호 1422
작성연월일 1965. 1. 25
구분 제7차 회담
세부항목 '다카스기 발언', 사후 수습
작성처 외무성 북동아시아과
매수 8
비밀등급 극비
문서종류 내부문서
공개구분 공개
내용 '다카스기 발언' 문제의 개요를 정리한 문서. 다카스기 신이치 대표는 1965년 1월 7일 외무성 출입기자단과 민방 기자단을 대상으로 한일회담 수석대표 취임 인사를 위한 회견에서 일본의 한국통치에는 좋은 면도 있었다는 취지의 발언을 한 것이 언론에 보도됨. 1월 18일 다카스기는 도쿄주재 한국특파원을 대상으로 자신의 발언을 해명하였으며, 1월 19일 한국 외무부 당국자는 "공산당의 모략이며, 문제 삼

지 않을 방침"이라고 밝힘. '다카스기 발언'은 1월 10일 아카하타(赤旗)지가 최초로 보도하였으며, 1월 13일 조선중앙통신이 아카하타(赤旗)지의 기사내용을 보도, 1월 16일 노동신문 논평, 1월 18일 아사히신문 조간이 보도, 1월 19일 한국의 동아일보(1면 톱), 경향신문이 보도함.

주제어 다카스기 대표 발언 문제

문서명	시나 방한, '다카스기 발언' 등에 대하여(椎名訪韓、高杉発言等について)

문서파일번호 1422

작성연월일 1965. 1. 26

구분 제7차 회담

세부항목 '다카스기 발언', 사후 수습

작성처 외무성 북동아시아과

매수 4

비밀등급 극비

문서종류 내부문서

공개구분 일부비공개

내용 도쿄주재 한국인 기자가 시나 에쓰사부로 외상 방한 문제, 이동원 외무장관 경질설, 다카스기 신이치 발언 문제 등에 관해 북동아시아과에 언급한 내용을 정리한 문서. 시나 외상 방한은 한국에 들고 갈 '선물' 마련을 위해 양측 실무자가 교섭이 좀 더 필요하며 2월 말로 하는 것이 좋을 듯함. 이동원은 한일회담 관련 국내 홍보를 전혀 하지 않고 있으며 평이 나빠 교체될지도 모른다는 설이 있음. '다카스기 발언'은 자신도 1월 7일 입수하였으나 김동조 대사가 문제 삼지 않을 것이라고 해서 자신이 속한 신문사가 이를 보도하지 않았으나 동아일보가 보도하는 바람에 한국 신문이 전부 보도하게 된 것임.

주제어 다카스기 대표 발언 문제

문서명	'다카스기 발언' 관계 경위(高杉発言関係の経緯)

문서파일번호	1422
작성연월일	1965. 1. 26
구분	제7차 회담
세부항목	'다카스기 발언', 사후 수습
작성처	외무성 북동아시아과
매수	2
비밀등급	일반
문서종류	내부문서
공개구분	공개
내용	'다카스기 발언' 경위를 간략히 정리한 문서
주제어	다카스기 대표 발언 문제

문서명	한일 수석대표 회담석상에서 다카스기 대표 발언(日韓首席代表会談席上での高杉代表発言)

문서파일번호	1422
작성연월일	1965. 1. 20
구분	제7차 회담
세부항목	'다카스기 발언', 사후 수습
작성처	외무성
매수	2
비밀등급	일반
문서종류	내부문서
공개구분	공개
내용	한일회담 양국 수석대표 회담석상에서 다카스기 신이치 대표가 자신의 발언에 관해 해명한 내용의 발언문. 본인이 한국 국민 감정을 무시한 말도 안 되는 발언을 했다는 공산계열 뉴스와 일부 보도에 놀랐음. 본인은 한일국교정상화 교섭에 있어 국민감정의 문제를 중시하고 있음.
주제어	다카스기 대표 발언 문제

문서명	일부 신문 보도에 대한 다카스기 신이치 한일회담 정부대표의 해명에 관하여 (一部新聞報道に対する高杉晋一日韓会談政府代表の釈明について)

문서파일번호 1422
작성연월일 1965(월일 불명)
구분 제7차 회담
세부항목 '다카스기 발언', 사후 수습
작성처 외무성 정보문화국
매수 4
비밀등급 일반
문서종류 내부문서
공개구분 일부비공개
내용 다카스기 신이치 대표의 발언과 관련한 언론 보도에 대한 해명자료
주제어 다카스기 대표 발언 문제

문서명	한일회담에 관한 신문 보도(日韓会談に関する新聞報道)

문서파일번호 1422
작성연월일 1965. 1. 19
구분 제7차 회담
세부항목 '다카스기 발언', 사후 수습
작성처 주서울 모리타 사무관
매수 1
비밀등급 일반
문서종류 전문(電文)
공개구분 공개
내용 동아일보가 1면 톱으로 '다카스기 수석대표 중대 실언' 제목으로 보도했음을 보고
주제어 다카스기 대표 발언 문제

문서명	다카스기 수석대표의 한국인 기자회견에 관하여(통보)[高杉首席代表の韓国人記者会見について(通報)]

문서파일번호 1422
작성연월일 1965. 1. 19
구분 제7차 회담
세부항목 '다카스기 발언', 사후 수습
작성처 외무성 북동아시아과
매수 3
비밀등급 일반
문서종류 전문(電文)
공개구분 공개
내용 다카스기 신이치 대표가 1965년 1월 18일 도쿄주재 한국특파원 10명을 대상으로 자신의 발언에 관한 기자회견을 했다는 내용을 주서울 모리타 요시오 사무관에게 통보
주제어 다카스기 대표 발언 문제

문서명	다카스기 대표 발언에 관한 서울의 반향 보고 지시(高杉代表の発言に関するソウルの反響報告指示)

문서파일번호 1422
작성연월일 1965. 1. 19
구분 제7차 회담
세부항목 '다카스기 발언', 사후 수습
작성처 외무성 북동아시아과
매수 2
비밀등급 극비
문서종류 전문(電文)
공개구분 공개
내용 '다카스기 발언' 관련 서울의 반향을 보고하라고 지시
주제어 다카스기 대표 발언 문제

문서명	다카스기 대표 발언에 관한 서울의 반향 보고(高杉代表の発言に関するソウルの反響報告)

문서파일번호 1422
작성연월일 1965. 1. 20
구분 제7차 회담
세부항목 '다카스기 발언', 한국정부 반향
작성처 주서울 모리타 사무관
매수 3
비밀등급 극비
문서종류 전문(電文)
공개구분 공개
내용 주서울 모리타 요시오 사무관이 다카스기 신이치 대표의 발언과 관련한 서울 측 반향을 보고. 한국 외무부 공보관이 1965년 1월 19일 "본인이 부정하였으므로 문제가 되지 않으며, 아카하타(赤旗)와 북한 노동신문에 게재되었으므로 회담 반대 공작"이라고 언급함. 한국 언론은 동아일보가 발언내용을 구체적으로 보도함. 국회는 1월 22일 이후 야당 총재의 연설 또는 질의가 있을 것으로 예상됨. 한국 외무부 동북아주과장은 일본 외무성 또는 다카스기 대표의 공식 부인 발언이 있으면 활용할 수 있을 것이라고 언급함.
주제어 다카스기 대표 발언 문제

문서명	한일회담에 관한 신문 보도(日韓会談に関する新聞報道)

문서파일번호 1422
작성연월일 1965. 1. 20
구분 제7차 회담
세부항목 '다카스기 발언', 한국 언론 보도
작성처 주서울 모리타 사무관
매수 4
비밀등급 일반
문서종류 전문(電文)
공개구분 공개
내용 '다카스기 발언'에 관한 1965년 1월 20일 자 한국 언론 보도내용을 보고
주제어 다카스기 대표 발언 문제

문서명	다카스기 수석대표의 한국인 기자회견에 관하여(高杉首席代表の韓国人記者会見について)

문서파일번호 1422
작성연월일 1965. 1. 20
구분 제7차 회담
세부항목 '다카스기 발언', 한국 언론 보도
작성처 주서울 모리타 사무관
매수 4
비밀등급 일반
문서종류 전문(電文)
공개구분 공개
내용 '다카스기 발언'을 비판하는 1965년 1월 20일 자 동아일보 컬럼 내용을 보고
주제어 다카스기 대표 발언 문제

문서명	다카스기 수석대표의 한국인 기자회견에 관하여(高杉首席代表の韓国人記者会見について)

문서파일번호 1422
작성연월일 1965. 1. 20
구분 제7차 회담
세부항목 '다카스기 발언', 한국 언론 보도
작성처 주서울 모리타 사무관
매수 2
비밀등급 일반
문서종류 전문(電文)
공개구분 공개
내용 한국 정부가 주일대표부에 다카스기 신이치 대표 발언의 사실 여부를 공식 확인하고 사실이 아니면 일본정부가 이를 공식 부인할 것을 요청하라고 지시했다는 1965년 1월 21일 자(가판) 한국 언론 보도내용을 보고
주제어 다카스기 대표 발언 문제

문서명	'다카스기 발언' 문제에 관한 수석대표 회담에서의 다카스기 대표 설명내용 통보(「高杉発言」問題に関する首席代表会談における高杉代表の説明内容通報)

문서파일번호 1422
작성연월일 1965. 1. 20
구분 제7차 회담
세부항목 '다카스기 발언', 사후 수습
작성처 외무성 북동아시아과
매수 4
비밀등급 일반
문서종류 전문(電文)
공개구분 공개
내용 다카스기 신이치 대표가 자신의 발언에 관해 한일회담 수석대표 회담에서 설명한 내용을 주서울 모리타 요시오 사무관에게 통보. 설명내용 첨부
주제어 다카스기 대표 발언 문제

문서명	'다카스기 발언' 문제에 관한 신문 보도에 관하여(「タカスギ発言」問題に関する新聞報道について)

문서파일번호 1422
작성연월일 1965. 1. 21
구분 제7차 회담
세부항목 '다카스기 발언', 한국 언론 보도
작성처 주서울 모리타 사무관
매수 2
비밀등급 일반
문서종류 전문(電文)
공개구분 공개
내용 '다카스기 발언' 관련 1965년 1월 21일 자 동아일보 보도 내용을 보고
주제어 다카스기 대표 발언 문제

문서명	'다카스기 발언' 문제에 관한 수석대표 회담에서의 다카스기 대표 설명내용에 관하여(「高杉発言」問題に関する首席代表会談における高杉代表の説明内容について)

문서파일번호 1422
작성연월일 1965. 1. 21
구분 제7차 회담
세부항목 '다카스기 발언', 한국 언론 보도
작성처 주서울 모리타 사무관
매수 1
비밀등급 일반
문서종류 전문(電文)
공개구분 공개
내용 다카스기 신이치 대표의 발언 부인 성명을 보도하는 1965년 1월 21일 자 서울신문 기사 내용을 보고
주제어 다카스기 대표 발언 문제

문서명	다카스기 대표의 발언에 대한 신문 보도에 관하여(高杉代表の発言に対する韓国紙報道について)

문서파일번호 1422
작성연월일 1965. 1. 21
구분 제7차 회담
세부항목 '다카스기 발언', 한국 언론 보도
작성처 외무성 북동아시아과
매수 5
비밀등급 일반
문서종류 내부문서
공개구분 공개
내용 서울 모리타 요시오 사무관이 보고한 다카스기 신이치 대표 발언 관련 한국 언론 보도내용을 정리
주제어 다카스기 대표 발언 문제

문서명	'다카스기 발언' 문제에 관한 한국 신문의 보도에 관하여(「高杉発言」問題に関する韓国紙の報道について)

문서파일번호 1422
작성연월일 1965. 1. 26
구분 제7차 회담
세부항목 '다카스기 발언', 한국 언론 보도
작성처 주서울 모리타 사무관
매수 2
비밀등급 일반
문서종류 전문(電文)
공개구분 공개
내용 1965년 1월 26일 자 동아일보의 다카스기 신이치 대표 발언 관련 보도내용을 보고
주제어 다카스기 대표 발언 문제

문서명	'다카스기 발언' 문제에 관한 동아일보의 논평(「タカスギ発言」問題に関する東ア日報の論評)

문서파일번호 1422
작성연월일 1965. 1. 27
구분 제7차 회담
세부항목 '다카스기 발언', 한국 언론 보도
작성처 주서울 모리타 사무관
매수 2
비밀등급 일반
문서종류 전문(電文)
공개구분 공개
내용 다카스기 신이치 대표의 발언에 관한 1965년 1월 27일 자 동아일보 논평 내용을 보고
주제어 다카스기 대표 발언 문제

제7부

한일 문제 관련 일미 간 협의
(1965)

북동아시아과장과 주일미국대사관 서기관 회담
(北東アジア課長と在京米大使館書記官との会談)

문서파일번호	1691
직싱연월일	1965. 2. 11 - 1965. 5. 14
구분	제7차 회담
세부항목	한국정세에 관한 미국 정보 제공
작성처	외무성
매수	20
비밀등급	
문서종류	내부문서
공개구분	일부비공개
내용	1965년 2월 11일~5월 14일까지 주일미국대사관 서기관이 한국정세 관련 북동아시아과장에게 전달한 정보 내용을 기록한 문서
주제어	한국정세

문서명	주일미국대사관 ■ 서기관이 11일 비공식 전달한 내용(在京米大使館■書記官が11月内話せる要旨次のとおり)

문서파일번호 1691
작성연월일 1965. 2. 11
구분 제7차 회담
세부항목 정일권 총리 방일
작성처 외무성 북동아시아과
매수 3
비밀등급 극비
문서종류 내부문서
공개구분 일부비공개
내용 주일미국대사관 ■ 서기관이 북동아시아과에 전달한 한국정세 관련 내용을 기록한 문서. 정일권 총리가 방일결과에 대해 만족해하고 있음.
주제어 한국정세

문서명	한국정세에 관한 미국의 정세 판단(韓国政情についての米側情勢判断)

문서파일번호 1691
작성연월일 1965. 3. 23
구분 제7차 회담
세부항목 한일회담 관련 한국 내 동향
작성처 외무성 북동아시아과
매수 5
비밀등급 극비
문서종류 내부문서
공개구분 일부비공개
내용 주일미국대사관 ■ 서기관이 구로다 미즈오(黒田瑞夫) 북동아시아과장에게 전달한 한국정세 관련 정보를 기록한 문서. 한일회담에 대한 한국 내 반대 동향에 관한 사항들이 기술되어 있음.
주제어 한국정세

문서명	윤보선 씨와 브라운 대사의 회담에 관하여(尹潽善氏とブラウン大使との会談について)

문서파일번호 1691
작성연월일 1965. 4. 20
구분 제7차 회담
세부항목 윤보선-브라운 주한미국대사 회담
작성처 외무성 북동아시아과장
매수 4
비밀등급 극비
문서종류 내부문서
공개구분 일부비공개
내용 1965년 4월 19일 주일미국대사관 ■ 서기관이 구로다 미즈오 북동아시아과장에게 전달한 윤보선 전 대통령과 브라운(Winthrop G. Brown) 대사의 4월 16일 회담 내용을 기록한 문서. 윤보선 씨는 박정희 대통령이 한일회담에서 한국 입장을 관철시키지 못한 점, 일본의 야심, 민중이 정부에 반대할 권리, 정부가 힘으로 민중을 억압해도 효과가 없다는 점, 미국이 한일회담 타결을 요망하고 있는 것은 잘못되었다는 점 등을 브라운 대사에게 설명함.
주제어 한국정세

문서명	한국정세에 관한 재경 미, 영국대사관원의 비공식 언급(韓国政情に関する在京米、及び英大使館員の内話)

문서파일번호 1691
작성연월일 1965. 5. 14
구분 제7차 회담
세부항목 한국의 군부 쿠데타 미수사건
작성처 외무성 북동아시아과
매수 8
비밀등급 극비
문서종류 내부문서
공개구분 일부비공개
내용 1965년 5월 12일 주일미국대사관 ■ 서기관, 5월 14일 주일영국대사관 ■ 서기관이 구로다 미즈오 북동아시아과장에게 언급한 한국정세 관련 내용을 기록한 문서. 1965년 5월 15일 또는 16일 발발 예정이었던 군부 쿠데타 실패 관련 정보가 기술됨.
주제어 한국정세

외무대신과 라이샤워 대사 회담
(外務大臣とライシャワー大使との会談)

문서파일번호	1692
문서명	외무대신과 라이샤워 대사 회담(外務大臣とライシャワー大使との会談)
작성연월일	1965. 3. 22
구분	제7차 회담
세부항목	시나 외상·라이샤워 대사 회담
작성처	외무성
매수	2
비밀등급	극비
문서종류	회의록
공개구분	공개
내용	시나 에쓰사부로 외상과 라이샤워 주일미국대사 회담 기록. 라이샤워 대사는 시나 외상의 방한, 이동원 장관에 대한 호의적 태도 표명 등을 높이 평가한 뒤, 현재 한국에서 회담 반대 움직임이 점점 고조되고 있으므로 타결을 서두르는 것이 좋겠다고 말함.
주제어	한일회담 조기 타결 문제

주한미국대사관 하비브 참사관의 비공식 대화에 대해서(在韓米国大使館ハビブ参事官の内話について)

문서파일번호	1693
문서명	주한미국대사관 하비브 참사관의 비공식 대화에 대해서(在韓米国大使館ハビブ参事官の内話について)
작성연월일	1965. 5. 25
구분	제7차 회담
세부항목	우시바 외무심의관·하비브 전 주한미국대사관 참사관 회담
작성처	외무성 북동아시아과
매수	16
비밀등급	극비
문서종류	회의록
공개구분	일부비공개
내용	전근 도중 일본을 방문한 하비브 전 주한미국대사관 참사관이 1965년 5월 25일 우시바 노부히코(牛場信彦) 외무심의관을 방문, 한일교섭 관련 한국 내 정세에 관해 환담한 내용을 기록한 문서. 하비브 참사관은 독도 문제 관련, 한국의 현 정세에 비추어 이 문제는 한일교섭의 대상이 될 수 없다고 확언함. 어업 문제와 관련해서는 한국이 '합의사항'의 수정을 희망한 바 있으나 지금은 그런 생각을 갖고 있지 않은 것으로 보인다고 말함. 한일 여러 협정의 비준과 관련하여 한국은 문제없다고 말하지만 내심으로는 매우 어려울 것으로 알고 있다고 함. 교섭 타결 시점으로는 5월이 가장 좋았으며 6월, 7월로 갈수록 어려워질 것이라 함. 그 밖에 한국의 여, 야당 정세에 관해서도 설명함.
주제어	한일 문제 관련 일미 간 협의

북동아시아과장과 주일미국대사관 서기관의 한국정세에 관한 회담(北東アジア課長と在京米大使館書記官との韓国の政情に関する会談)

문서파일번호	1694
작성연월일	1965. 7. 12 - 1965. 8. 27
구분	한일협정 체결 후
세부항목	한국정세에 관한 미국 측 정보 제공
작성처	외무성 북동아시아과
매수	8
비밀등급	
문서종류	내부문서
공개구분	일부비공개
내용	한일협정 체결 후의 한국정세에 관해 주일미국대사관 ▬ 서기관이 북동아시아 과장에게 전달한 정보(주한미국대사관 관측 정보)를 기록한 문서
주제어	한국정세

문서명	한국의 최근 정세에 관하여(주한미국대사관의 관측)[韓国の最近の政情について(在ソウル米大使館の観測)]

문서파일번호 1694
작성연월일 1965. 7. 12
구분 한일협정 체결 後
세부항목 한일협정 체결 後 한국정세
작성처 외무성 북동아시아과
매수 4
비밀등급 극비
문서종류 내부문서
공개구분 일부비공개
내용 주일미국대사관 ■ 서기관이 한국정세 관련 주한미국대사관 관측에 따른 정보를 북동아시아과장에게 전달한 내용을 기록한 문서. 한일협정 반대 관련 움직임, 한국의 조약 비준 국회 예상 전망 등에 관한 내용들이 기술되어 있음.
주제어 한국정세

문서명	한국의 정세에 관하여(韓国の政情について)

문서파일번호 1694
작성연월일 1965. 8. 27
구분 한일협정 체결 後
세부항목 한일협정 체결 後 한국정세
작성처 외무성 북동아시아과
매수 4
비밀등급 비(秘)
문서종류 내부문서
공개구분 일부비공개
내용 1965년 7월 21일 주일미국대사관 ■ 서기관이 한국정세에 관해 북동아시아과장에게 전달한 내용을 기록한 문서. 한일회담 반대 움직임 등에 관해 주한미국대사관이 낙관적으로 보고 있다는 내용이 기술됨.
주제어 한국정세

한일회담에 관한 주한미국대사관 참사관의 비공식 대화 등(日韓会談に関する在韓米大使館参事官の内話等)

문서파일번호	1695
작성연월일	1965. 3. 3 - 1965. 5. 11
구분	제7차 회담
세부항목	주서울, 주미대사관 보고
작성처	주서울 마에다 조사관, 주미대사
매수	23
비밀등급	
문서종류	전문(電文)
공개구분	공개 또는 일부비공개
내용	한일회담 관련 주서울 마에다 도시카즈(前田利一) 조사관의 보고 전문과 이동원 한국 외무장관의 방미 관련 주미대사의 보고 전문 모음
주제어	한일회담 관련 보고, 이동원 장관 방미 관련 보고

문서명	한일회담(주한미국대사관 참사관의 언급)[日韓会談(在韓米大使館参事官の内話)]

문서파일번호 1695
작성연월일 1965. 3. 3
구분 제7차 회담
세부항목 한일회담 관련 한국 동향, 주서울 마에다 조사관 보고
작성처 주서울 마에다 조사관
매수 3
비밀등급 극비
문서종류 전문(電文)
공개구분 공개
내용 한일회담 관련 주한미국대사관 하비브(Philip C. Habib) 참사관이 1965년 3월 3일 마에다 도시카즈 조사관에게 언급한 내용을 보고. 차균희 농림장관은 상당히 큰 폭의 재량권을 부여받았으나 관료 출신의 한계가 있음. 이동원 장관은 정치가이며 영리한 인물로 어업은 차 장관에게 맡기고 자신은 경협 문제를 추진코자 함. 이 장관은 3월 미국 방문 귀로에 일본에 들려 외상회담을 개최하는 복안을 갖고 있음. 박 대통령은 3월 중에 회담을 타결한다는 결의를 갖고 있음. 5월 17일 방미도 이러한 일정과 관련되어 있는 것으로 보임.
주제어 한일회담 관련 한국 동향

문서명	하비브 참사관의 언급(ハヴィブ参事官の内話)

문서파일번호 1695
작성연월일 1965. 3. 11
구분 제7차 회담
세부항목 어업 관련 주한미국대사관 정보, 주서울 마에다 조사관 보고
작성처 주서울 마에다 조사관
매수 4
비밀등급 극비
문서종류 전문(電文)
공개구분 공개

내용	주한미국대사관 하비브 참사관이 한일어업교섭 관련 마에다 도시카즈 조사관에게 전달한 내용을 보고. 제주도 부근의 기선 획정 방법은 한국으로서는 매우 중요한 문제임. 이동원 장관의 일본 방문 관련, 미국 방문길에는 도저히 시간을 낼 수 없어 일단 차균희 농림장관으로 하여금 농상회담을 좀 더 하도록 할 것으로 보임. 미국이 가장 우려하는 것은 일본이 비공식 협의를 통해 양해한 차 장관의 신 제안으로부터 후퇴하는 것임. 이러한 일들이 언론에 보도될 경우 교섭에 치명적인 악영향을 미치게 될 것임.
주제어	어업

문서명	**정정 알림**(訂正報)

문서파일번호	1695
작성연월일	1965. 3. 12
구분	제7차 회담
세부항목	전문내용 정정
작성처	전신과(電信課)
매수	1
비밀등급	극비
문서종류	전문(電文)
공개구분	공개
내용	1965년 3월 11일 자 마에다 도시카즈 조사관의 보고 가운데 일부를 정정함.
주제어	어업

문서명	대사·러스크 회담(한일 문제)[大使、ラスク会談(日韓問題)]

문서파일번호 1695
작성연월일 1965. 3. 10
구분 제7차 회담
세부항목 다케우치 대사 · 러스크 국무장관 회담 결과, 주미대사 보고
작성처 주미대사
매수 1
비밀등급 극비
문서종류 전문(電文)
공개구분 공개
내용 다케우치 류지 주미대사와 러스크 국무장관 회담 내용을 보고. 다케우치가 한일 양국이 회담 타결을 위해 열심히 노력중이라고 설명하자, 러스크 장관은 3월 이동원 장관, 5월 박정희 대통령 방미 시 한일회담의 진행사항을 확인해서 한국정부의 국내적 입장을 지원, 회담이 성공할 수 있도록 하겠다고 언급함.
주제어 다케우치 대사 · 러스크 국무장관 회담, 미국의 한일회담 지원

문서명	이 한국 외상의 방미(リ韓国外相の訪米)

문서파일번호 1695
작성연월일 1965. 3. 17
구분 제7차 회담
세부항목 이동원 장관 방미 관련 주미대사 보고
작성처 주미대사
매수 3
비밀등급 일반
문서종류 전문(電文)
공개구분 공개
내용 이동원 외무장관의 방미 관련 동향을 보고. 이 장관은 3월 15일 워싱턴에 도착, 러스크 국무장관, 맥나마라(Robert S. McNamara) 국방장관과 회담하고, 3월 17일 존슨 대통령을 예방함. 회담에서는 한일회담, 미국의 대한군사, 경제 원조, 주한미군지위협정, 한국군 베트남 파병 문제, 중공 핵 실험 후 동아시아 정세, 유엔에서의 한국의 지위 등이 협의된 것으로 알려짐.
주제어 이동원 장관 방미

문서명	러스크 국무장관·이 외무장관 공동성명[JOINT STATEMENT BY SECRETARY RUSK AND FOREIGN MINISTER LEE OF KOREA(DEPARTMENT OF STATE FOR THE PRESS)]

문서파일번호	1695
작성연월일	1965. 3. 17
구분	제7차 회담
세부항목	이동원 장관 방미 관련 주미대사 보고
작성처	주미대사
매수	3
비밀등급	일반
문서종류	전문(電文)
공개구분	공개
내용	이동원 외무장관의 방미 시 발표된 한미공동성명문 내용을 보고
주제어	이동원 장관 방미, 한미공동성명

문서명	이 한국 외무부 장관의 방미(노렛 비공식 언급)[リ韓国外相の訪米(ノレッド内話)]

문서파일번호	1695
작성연월일	1965. 3. 18
구분	제7차 회담
세부항목	이동원 장관 방미 관련 주미대사 보고
작성처	주미대사
매수	3
비밀등급	극비
문서종류	전문(電文)
공개구분	공개
내용	미국무부 노렛(Christopher A. Norred Jr.) 한국과장이 주미일본대사관에 알려 준 이동원 외무장관의 방미 결과를 보고. 노렛 과장은 이 장관 방미의 주된 목적은 한일교섭에 관한 한국정부의 내정 상의 입장을 강화하기 위한 것이라는 설명과 함께 주한미군지위협정 등 의제별 주요 논의내용을 알려 줌.
주제어	이동원 장관 방미

문서명	미국의 한일교섭 조기 타결 요청에 대한 하비브 참사관의 언급(米側よりの日韓交渉早期妥結の要請についてのハビブ参事官の談話)

문서파일번호 1695
작성연월일 1965. 5. 4
구분 제7차 회담
세부항목 한일교섭 조기 타결 요청에 대한 미국 측 반응, 주서울 마에다 조사관 보고
작성처 주서울 마에다 조사관
매수 1
비밀등급 극비
문서종류 전문(電文)
비공개구분 공개
내용 한일교섭 조기 타결 요청에 대한 주한미국대사관 하비브 참사관의 비공식 언급 내용에 관한 보고. 내용은 먹칠로 가려져 파악이 불가능함.
주제어 한일교섭 조기 타결 요청에 대한 미국 측 반응

문서명	한일 문제에 관한 하비브 참사관의 비공식 언급(日韓問題についてハビフ参事官内話)

문서파일번호 1695
작성연월일 1965. 5. 11
구분 제7차 회담
세부항목 한일 문제 관련 미국 측 정보, 주서울 마에다 조사관 보고
작성처 주서울 마에다 조사관
매수 4
비밀등급 극비
문서종류 전문(電文)
공개구분 일부비공개
내용 하비브 주한미국대사관 참사관이 한일 문제 관련 비공식 언급한 내용을 보고. 상당 부분이 먹칠로 가려져 전체내용은 파악이 어려움. 어업 문제의 초점은 단속과 관련한 기국주의를 채택하는 문제임. 한국은 한일 문제에 관해 야당의 지지를 받는 것은 처음부터 포기한 것으로 보임. 박정희 대통령은 6월 말 또는 7월 초 비준을 위해 협정을 국회에 제출한다는 결의를 갖고 있음.
주제어 한일회담 타결에 관한 사항

한일, 한미 공동성명, 한일조약 비준에 대한 미 러스크 국무장관 성명 등 모음(日·韓, 韓·米共同コミュニケ, 日韓條約批准に對するラスク米國務長官の聲明)

문서파일번호	218
작성연월일	1965. 10(일자 불명)
구분	한일협정 체결 후
세부항목	한일, 한미 간 공동성명
작성처	외무성 북동아시아과
매수	42
비밀등급	
문서종류	공동성명, 성명문
공개구분	공개
내용	한일, 한미 간 공동성명, 러스크 미 국무장관의 한일조약 비준에 관한 성명 등을 수록한 자료
주제어	한일, 한미 간 공동성명

문서명	1. 한일 공동성명(一、日韓共同コミュニケ)

문서파일번호 218
작성연월일 1965. 10(일자 불명)
구분 한일협정 체결 後
세부항목 한일 공동성명
작성처 외무성 북동아시아과
매수 21
비밀등급 일반
문서종류 공동성명(발표문)
공개구분 공개
내용
① 시나 에쓰사부로 일본국 외무대신과 이동원 대한민국 외무부장관 간의 공동성명 (1965. 2. 28)
② 한일무역회의 공동성명(1965. 3. 27)
③ 시나 에쓰사부로 일본국 외무대신과 이동원 대한민국 외무부장관 간의 공동성명 (1965. 4. 3)
④ 아카기 무네노리 일본국 농림대신과 차균희 대한민국 농림부장관 간의 공동성명 (1965. 4. 3)
⑤ 시나 에쓰사부로 일본국 외무대신과 이동원 대한민국 외무부장관 간의 공동성명 (1965. 6. 24)
주제어 한일관계

문서명	2. 한미 공동성명(二、韓米共同コミュニケ)

문서파일번호 218
작성연월일 1965. 10(일자 불명)
구분 한일협정 체결 後
세부항목 한미 공동성명
작성처 외무성 북동아시아과
매수 20
비밀등급 일반

문서종류 공동성명(발표문)

공개구분 공개

내용
① 박정희 한국 대통령과 러스크 미국 국무장관 간의 공동성명(1964. 1. 29)
② 이동원 한국 외무부장관과 브라운(Winthrop G. Brown) 주한미국대사 간의 합의사항(요지, 1964. 8. 17)
③ 이동원 한국 외무부장관과 번디(William P. Bundy) 미국 국무부 극동담당 차관보 간의 공동성명(1964. 10. 3)
④ 이동원 한국 외무부장관과 러스크 미국 국무장관 간의 공동성명(1965. 3. 17)
⑤ 박정희 한국 대통령과 존슨 미국 대통령 간의 공동성명(1965. 5. 18)

주제어 한미관계

문서명	3. 한일 여러 조약 조인에 대한 러스크 미 국무장관의 성명(三、日韓諸条約調印に対するラスク米国務長官の声明)

문서파일번호 218

작성연월일 1965. 10(일자 불명)

구분 한일협정 체결 후

세부항목 협정 조인에 대한 미국 성명

작성처 외무성 북동아시아과

매수 1

비밀등급 일반

문서종류 성명문

공개구분 공개

내용 1965년 6월 22일 미국 러스크 국무장관 성명

주제어 한일협정 조인에 대한 미국 성명

제8부

제7차 회담 본회의 및 수석대표회의

제7차 한일회담 본회의(제1~3회)
[第7次日韓会談本会議(第1~3回)]

문서파일번호	1428
작성연월일	1964. 12. 4 1965. 1. 18
구분	제7차 회담 본회의(제1~3회)
세부항목	
작성처	외무성, 주일한국대표부, 한국대표단
매수	78
비밀등급	
문서종류	회의록, 내부자료, 보도자료, 외교공한
공개구분	일부비공개
내용	제7차 한일회담 본회의 제1~3회 회의기록, 양국 대표단 명부, 인사말 등 관련 자료 모음
주제어	제7차 회담 본회의

문서명	제7차 한일회담 본회의 제1회 회의(第7次日韓全面会談本会議第1回会合)

문서파일번호 1428
작성연월일 1964. 12. 4
구분 제7차 회담 제1회 본회의
세부항목
작성처 외무성 북동아시아과
매수 5
비밀등급 극비
문서종류 회의록
공개구분 공개
내용 1964년 12월 3일 제7차 한일회담 본회의 제1회 회의기록. 양국 수석대표의 인사 및 대표단 소개 이후 회담 일정에 관해 논의함.
주제어 제1회 본회의, 양국 수석대표 인사말, 회담 운영 일정

문서명	별첨1. 1964. 12. 3 제7차 한일회담 제1회 본회의에서 우시바(牛場) 수석대표 대리의 인사(別添1 昭和三十九年十二月三日の第七次日韓全面会談第1回本会議における牛場首席代表代理の挨拶)

문서파일번호 1428
작성연월일 1964. 12. 4
구분 제7차 회담 제1회 본회의
세부항목
작성처 외무성 북동아시아과
매수 3
비밀등급 일반
문서종류 내부자료
공개구분 공개
내용 제7차 한일회담 본회의 제1회 회의기록 첨부1. 우시바 노부히코 일본 수석대표대리 인사말
주제어 제1회 본회의 일본 수석대표대리 인사말

문서명	별첨2. 제7차 한일회담 개최에 즈음한 김동조 수석대표의 인사(別添2 第七次韓日会談開催に際しての金東祚首席代表の挨拶)

문서파일번호 1428
작성연월일 1964. 12. 4
구분 제7차 회담 제1회 본회의
세부항목
작성처 외무성 북동아시아과
매수 4
비밀등급 일반
문서종류 내부자료
공개구분 공개
내용 제7차 한일회담 본회의 제1회 회의기록 첨부2. 한국 김동조 수석대표 인사말
주제어 제1회 본회의 한국 수석대표 인사말

문서명	별첨3(1). 제7차 한일회담 제1회 회의에 관하여[別添3(1) 第七次日韓全面会談第一回会合について]

문서파일번호 1428
작성연월일 1964. 12. 3
구분 제7차 회담 제1회 본회의
세부항목
작성처 외무성 정보문화국
매수 1
비밀등급 일반
문서종류 보도자료
공개구분 공개
내용 제7차 한일회담 본회의 제1회 회의기록 첨부3-1. 회의 보도자료
주제어 제1회 본회의 결과 보도자료

문서명	제7차 한일회담 제1회 본회의(The Opening Sesion of the Seventh Japan - Korea Overall Talks)

문서파일번호 1428
작성연월일 1964. 12. 3
구분 제7차 회담
세부항목 제1회 본회의결과
작성처 외무성 정보문화국
매수 1
비밀등급 일반
문서종류 보도자료
공개구분 공개
내용 제7차 한일회담 본회의 제1회 회의 영문 보도자료
주제어 제1회 본회의 결과 영문 보도자료

문서명	제7차 한일회담 본회의 제1회 본회의 순서(第7次日韓全面会談第1回本会議次第)

문서파일번호 1428
작성연월일 1964. 12. 3
구분 제7차 회담 제1회 본회의
세부항목
작성처 외무성 북동아시아과
매수 3
비밀등급 비(秘)
문서종류 내부자료
공개구분 공개
내용 제1회 본회의 진행순서, 좌석배치도
주제어 제1회 본회의 순서, 좌석배치도

문서명	제7차 한일회담 양국 대표 명부(第7次日韓全面会談両国代表名簿)

문서파일번호 1428
작성연월일 1964. 12. 1
구분 제7차 회담
세부항목 제7차 회담 양국 대표단 명부
작성처 외무성 북동아시아과
매수 2
비밀등급 일반
문서종류 내부자료
공개구분 공개
내용 제7차 한일회담 양국 대표단 명부
주제어 제7차 회담 양국 대표단 명부

문서명	제7차 한일회담 한국대표단 면면(11월 26일 대표부로부터 통보)[第7次日韓会談韓国側代表団顔触れ(11月26日代表部より内報があった)]

문서파일번호 1428
작성연월일 1964. 11. 26
구분 제7차 회담
세부항목 제7차 회담 한국대표단
작성처 주일한국대표부, 외무성 북동아시아과
매수 2
비밀등급 일반
문서종류 내부자료
공개구분 공개
내용 한국대표부가 한국대표단 구성에 대해 통보한 내용. 대표단의 성명 및 직책이 정리되어 있음.
주제어 제7차 회담 한국대표단

문서명	제7차 한일회담 한국대표단 명부(第七次韓日全面会談韓国代表団名簿)

문서파일번호 1428
작성연월일 1964. 11. 26
구분 제7차 회담
세부항목 제7차 회담 한국대표단
작성처 주일한국대표부
매수 1
비밀등급 일반
문서종류 내부자료
공개구분 공개
내용 한국이 작성한 제7차 한일회담 한국대표단 명부
주제어 제7차 회담 한국대표단

문서명	제7차 한일회담 각분과위원회 한국 위원 명부(第七次韓日全面会談各分科委員会韓国側委員名簿)

문서파일번호 1428
작성연월일 1964. 11. 26
구분 제7차 회담
세부항목 제7차 회담 각 위원회 한국대표단
작성처 주일한국대표부
매수 1
비밀등급 일반
문서종류 내부자료
공개구분 공개
내용 한국이 작성한 제7차 회담 각 위원회 대표단 명부. 기본관계위원회, 재일한국인 법적 지위위원회, 어업 및 평화선 위원회에 참여하는 위원들의 성명 및 직책이 기재됨.
주제어 제7차 회담 각 위원회 한국대표단

문서명	구상서(Note Verbale)

문서파일번호 1428
작성연월일 1964. 12. 7
구분 제7차 회담
세부항목 제7차 회담 한국대표단 고문
작성처 주일한국대표부
매수 1
비밀등급 일반
문서종류 외교공한(구상서)
공개구분 공개
내용 한국이 제7차 한일회담에 권일을 고문으로 임명하였음을 통보(영문)
주제어 제7차 회담 한국대표단 고문

문서명	구상서(Note Verbale)

문서파일번호 1428
작성연월일 1964. 12. 24
구분 제7차 회담
세부항목 제7차 회담 한국대표단 고문
작성처 주일한국대표부
매수 1
비밀등급 일반
문서종류 외교공한(구상서)
공개구분 공개
내용 한국이 제7차 한일회담에 이갑성과 오광선을 고문으로 추가 임명하였음을 통보(영문)
주제어 제7차 회담 한국대표단 고문

문서명	구상서(Note Verbale)

문서파일번호 1428
작성연월일 1965. 3. 8
구분 제7차 회담
세부항목 한국대표부 및 대표단 신변보호 요청
작성처 주일한국대표부
매수 1
비밀등급
문서종류 외교공한(구상서)
공개구분 공개
내용 한국이 대표부 및 교섭 대표단의 신변 안전, 공관보호를 외무성에 요청(영문)
주제어 신변보호 요청

문서명	한국대표단 명부(List of Members and Delegates of the Korean Mission)

문서파일번호 1428
작성연월일 1965. 3. 8
구분 제7차 회담
세부항목 한국대표부 및 대표단 신변보호 요청
작성처 주일한국대표부
매수 4
비밀등급 일반
문서종류 내부자료
공개구분 일부비공개
내용 주일한국대표부의 외무성 앞 공한 첨부물. 한국대표부 직원 및 교섭대표단의 명단, 거주지(먹칠로 가려짐)가 기재됨(영문).
주제어 신변보호 요청

문서명	제7차 한일회담 본회의 제2회 회의(第7次日韓全面会談本会議第2回会合)

문서파일번호 1428
작성연월일 1964. 12. 22
구분 제7차 회담 제2회 본회의
세부항목
작성처 외무성 북동아시아과
매수 8
비밀등급 극비
문서종류 회의록
공개구분 공개
내용 1964년 12월 21일 개최된 제7차 한일회담 본회의 제2회 회의기록. 제7차 한일회담의 진행 상황을 서로 확인하고 현안에 대한 입장을 표명함. 일본은 한국이 중요시하는 청구권 문제에 대해 개략적으로 합의했으니 이제 일본이 중시하는 어업 문제를 우선하자고 제안함. 그리고 독도 문제를 거론하면서 모든 현안을 일괄 타결해야 한다는 뜻을 밝힘.
주제어 제2회 본회의, 청구권, 어업, 독도

문서명	기본관계위원회(Committee on Basic Relations)

문서파일번호 1428
작성연월일 1964. 12. 21
구분 제7차 회담 제2회 본회의
세부항목
작성처 외무성 북동아시아과
매수 2
비밀등급 일반
문서종류 내부자료
공개구분 공개
내용 제7차 회담 제2회 본회의에 제출된 기본관계위원회 제5회까지의 논의내용을 간략하게 정리한 영문 문서. 기본관계 초안 제출, 조약 형식 등에 대한 논의내용을 기술하고 있음.
주제어 기본관계위원회

문서명	기본관계위원회에서 제안된 논의 항목(List of Items Recommended for Discussion at the Committee on Basic Relations)

문서파일번호 1428
작성연월일 1964. 12. 21
구분 제7차 회담 제2회 본회의
세부항목
작성처 외무성 북동아시아과
매수 2
비밀등급 일반
문서종류 내부자료
공개구분 공개
내용 기본관계위원회 논의 항목을 영어로 정리한 문서
주제어 기본관계위원회

문서명	어업 및 '평화선'위원회(Committee on Fisheries and 'Peace Line')

문서파일번호 1428
작성연월일 1964. 12. 21
구분 제7차 회담 제2회 본회의
세부항목
작성처 외무성 북동아시아과
매수 1
비밀등급 일반
문서종류 내부자료
공개구분 공개
내용 제7차 회담 제2회 본회의에 제출된 어업 및 '평화선'위원회 논의 경과 영문 기록
주제어 어업 및 평화선 위원회

문서명	재일한국인 법적지위위원회(Committee on Legal Status of Korean Residents in Japan)

문서파일번호 1428
작성연월일 1964. 12. 21
구분 제7차 회담 제2회 본회의
세부항목
작성처 외무성 북동아시아과
매수 2
비밀등급 일반
문서종류 내부자료
공개구분 공개
내용 제7차 회담 제2회 본회의에 제출된 재일한국인 법적지위위원회 논의 경과 영문 기록
주제어 재일한국인 법적지위위원회

문서명	제7차 한일회담 본회의 제2회 회의에 관하여(第七次日韓全面会談本会議第二回会合について)

문서파일번호 1428
작성연월일 1964. 12. 21
구분 제7차 회담 제2회 본회의
세부항목
작성처 외무성 정보문화국
매수 1
비밀등급 일반
문서종류 보도자료
공개구분 공개
내용 제7차 한일회담 제2회 본회의 결과
주제어 제2회 본회의 결과 보도자료

문서명	우시바 수석대표대리의 발언(牛場首席代表代理の発言)

문서파일번호 1428
작성연월일 1964. 12. 21
구분 제7차 회담 제2회 본회의
세부항목
작성처 외무성 북동아시아과
매수 6
비밀등급 일반
문서종류 내부자료
공개구분 공개
내용 제7차 한일회담 제2회 회의에서 우시바 노부히코 수석대표가 발언한 내용을 기록한 문서. 스기 미치스케 전 대표 서거 소식 등이 담김.
주제어 제2회 본회의 일본 수석대표대리 발언

문서명	기본관계위원회에서 제안된 논의 항목(List of Items Recommended for Discussion at the Committee on Basic Relations)

문서파일번호 1428
작성연월일 1964. 12. 21
구분 제7차 회담 제2회 본회의
세부항목
작성처 외무성 북동아시아과
매수 2
비밀등급
문서종류 내부자료
공개구분 공개
내용 기본관계위원회에서의 논의 항목을 영어로 정리한 문서(앞에 동일한 문서가 포함됨)
주제어 기본관계위원회

문서명	제7회 한일회담 제2회 본회의 요록(Summary Records of the Second Plenary Session of the Seventh Korea - Japan Overall Talks)

문서파일번호	1428
작성연월일	1964. 12. 21
구분	제7차 회담 제2회 본회의
세부항목	
작성처	한국대표단
매수	4
비밀등급	일반
문서종류	회의록
공개구분	공개
내용	제7차 한일회담 본회의 제2회 회의 영어 회의록
주제어	제2회 본회의 영문 회의요록

문서명	제7차 한일회담 제2회 본회의(The Second Plenary Session of the Seventh Korea - Japan Overall Talks)

문서파일번호	1428
작성연월일	1964. 12. 21
구분	제7차 회담 제2회 본회의
세부항목	
작성처	외무성 정보문화국
매수	1
비밀등급	일반
문서종류	보도자료
공개구분	공개
내용	제7차 한일회담 제2회 본회의 결과 영문 보도자료
주제어	제2회 본회의 영문 보도자료

문서명	제7차 한일회담 본회의 제2회 본회의 순서(第7次日韓会談第2回本会議次第)

문서파일번호 1428
작성연월일 1964. 12. 21
구분 제7차 회담 제2회 본회의
세부항목
작성처 외무성 북동아시아과
매수 3
비밀등급 비(秘)
문서종류 회의록
공개구분 공개
내용 제7차 한일회담 제2회 본회의 진행순서 및 좌석배치도
주제어 제2회 본회의 진행순서, 좌석배치도

문서명	제7차 한일회담 본회의 제3회 회의(第7次日韓全面会談本会議第3回会合)

문서파일번호 1428
작성연월일 1965. 1. 18
구분 제7차 회담 제3회 본회의
세부항목
작성처 외무성 북동아시아과
매수 5
비밀등급 극비
문서종류 회의록
공개구분 공개
내용 제7차 한일회담 본회의 제3회 회의기록. 양국 수석대표 간의 인사 교환 이후 기본관계, 어업, 법적지위 등 각 위원회의 운영방식에 관하여 협의함.
주제어 제3회 본회의, 각 위원회 운영방식

문서명	별첨1. 제7차 한일회담 본회의 제3회 회의에서의 다카스기 대표 인사(別添1 第7次日韓全面会談第3回本会議における高杉代表挨拶)

문서파일번호 1428
작성연월일 1965. 1. 18
구분 제7차 회담 제3회 본회의
세부항목
작성처 외무성 북동아시아과
매수 2
비밀등급 일반
문서종류 내부자료
공개구분 공개
내용 제7차 한일회담 제3회 본회의 회의기록 첨부1. 다카스기 수석대표 인사말
주제어 제3회 본회의 일본 수석대표 인사말

문서명	별첨2. 제7차 한일회담 본회의 제3회 회의에서의 김동조 수석대표의 인사(別添2 第七次韓日全面会談第三回本会議における金東祚韓国首席代表の挨拶)

문서파일번호 1428
작성연월일 1965. 1. 18
구분 제7차 회담 제3회 본회의
세부항목
작성처 외무성 북동아시아과
매수 3
비밀등급 일반
문서종류 내부자료
공개구분 공개
내용 제7차 한일회담 제3회 본회의 회의기록 첨부2. 김동조 수석대표 인사말
주제어 제3회 본회의 한국 수석대표 인사말

문서명	제7차 한일회담 본회의 제3회 회의에 대하여(第七次日韓全面会談第三回本会議について)

문서파일번호 1428
작성연월일 1965. 1. 18
구분 제7차 회담 제3회 본회의
세부항목
작성처 외무성 정보문화국
매수 1
비밀등급 일반
문서종류 보도자료
공개구분 공개
내용 제7차 한일회담 본회의 제3회 회의결과
주제어 제3회 본회의 결과 보도자료

문서명	제7차 한일회담 본회의 제3회 본회의 순서(第7次日韓全面会談第3回本会議次第)

문서파일번호 1428
작성연월일 1965. 1. 18
구분 제7차 회담 제3회 본회의
세부항목
작성처 외무성 북동아시아과
매수 5
비밀등급
문서종류 내부자료
공개구분 공개
내용 제7차 한일회담 본회의 제3회 회의 진행순서 및 좌석배치도
주제어 제3회 본회의 순서, 좌석배치도

제7차 한일회담 수석대표 회의(제1~17회)
[第7次日韓会談首席代表会合(第1 - 17回)]

문서파일번호	1429
작성연월일	1965. 1. 20 - 1965. 5. 27
구분	제7차 회담 다카스기·김동조 회의(제1~17회)
세부항목	
작성처	외무성
매수	145
비밀등급	
문서종류	회의록, 내부자료, 협정안
공개구분	공개
내용	제7차 한일회담 다카스기 신이치(高杉晋一)·김동조 수석대표 제1~17회 회의기록
주제어	한일 양국 수석대표 회의

문서명	다카스기·김 한일회담 수석대표 제1회 회의(高杉·金日韓会談主席代表第1回会合)

문서파일번호 1429
작성연월일 1965. 1. 20
구분 제7차 회담 양국 수석대표 제1회 회의
세부항목 '다카스기 발언', 회의 운영방식
작성처 외무성 북동아시아과
매수 5
비밀등급 극비
문서종류 회의록
공개구분 공개
내용 제7차 한일회담 양국 수석대표 제1회 회의기록. 김동조 대표가 다카스기 신이치 대표의 발언(대표 취임 후 1965년 1월 7일 일본기자단을 상대로 한 일본의 한국 식민지 통치 미화 발언)에 유감을 표명하자 다카스기 대표가 해명함. 이후 수석대표 회의의 운영 방식에 대해 의견을 교환함.
주제어 양국 수석대표 제1회 회의

문서명	별첨. 한일수석대표 회담 석상에서 다카스기 대표 발언(別添：日韓首席代表会談席上での高杉代表発言)

문서파일번호 1429
작성연월일 1965. 1. 20
구분 제7차 회담 양국 수석대표 제1회 회의
세부항목 '다카스기 발언'
작성처 외무성 북동아시아과
매수 2
비밀등급
문서종류 내부자료
공개구분 공개
내용 제7차 한일회담 양국 수석대표 제1회 회의기록 첨부문서. 제7차 한일회담 양국 수석대표 제1회 회의에서 다카스기 신이치 대표가 자신의 1965년 1월 7일 자 발언에 대해 해명함.
주제어 양국 수석대표 제1회 회의

문서명	동아일보 1월 19일 기사 일문 번역본(「東亜日報」1月19日付記事)

문서파일번호 1429
작성연월일 1965. 1. 20
구분 제7차 회담
세부항목 '다카스기 발언', 동아일보 기사
작성처 외무성 북동아시아과
매수 5
비밀등급 일반
문서종류 내부자료
공개구분 공개
내용 다카스기 신이치 대표가 일본 기자들에게 "일본이 한국을 20년간 더 식민통치했으면 더욱 좋았을 것"이라고 발언한 것을 보도한 동아일보 기사 전문
주제어 '다카스기 발언', 동아일보 기사

문서명	제목 없음

문서파일번호 1429
작성연월일 1965. 1. 20
구분 제7차 회담
세부항목 '다카스기 발언'
작성처 외무성 다카스기
매수 4
비밀등급 일반
문서종류 내부자료
공개구분 공개
내용 다카스기 신이치 대표가 자신의 발언에 대해 해명하는 글의 일부인 것으로 추정됨.
주제어 '다카스기 발언'

문서명	다카스기·김 한일회담 수석대표 제2회 회의(高杉·金日韓会談主席代表第2回会合)

문서파일번호 1429
작성연월일 1965. 1. 27
구분 제7차 회담 양국 수석대표 제2회 회의
세부항목
작성처 외무성 북동아시아과
매수 9
비밀등급 극비
문서종류 회의록
공개구분 공개
내용 제7차 한일회담 양국 수석대표 제2회 회의기록. 회담 의제에 관한 의견교환이 이루어짐. 기본관계에 관해서 한국이 병합조약 무효 문제, 한국정부의 유일합법성 규정을 수락할 것을 일본에 요구
주제어 양국 수석대표 제2회 회의, 기본관계

문서명	다카스기·김 한일회담 수석대표 제3회 회의(高杉·金日韓会談主席代表第3回会合)

문서파일번호 1429
작성연월일 1965. 2. 3
구분 제7차 회담 양국 수석대표 제3회 회의
세부항목
작성처 외무성 북동아시아과
매수 8
비밀등급 극비
문서종류 회의록
공개구분 공개
내용 제7차 한일회담 양국 수석대표 제3회 회의기록. 주로 어업위원회가 교착 상황에 빠진 것에 대해 서로의 입장을 표명하고 향후 진행 방식이 대해 협의함.
주제어 양국 수석대표 제3회 회의, 어업

문서명	다카스기·김 한일회담 수석대표 제4회 회의(高杉·金日韓会談主席代表第4回会合)

- **문서파일번호** 1429
- **작성연월일** 1965. 2. 10
- **구분** 제7차 회담 양국 수석대표 제3회 회의
- **세부항목**
- **작성처** 외무성 북동아시아과
- **매수** 7
- **비밀등급** 극비
- **문서종류** 회의록
- **공개구분** 공개
- **내용** 제7차 한일회담 양국 수석대표 제4회 회의기록. 어업 및 기본관계 문제에 관한 의견교환이 이루어짐. 기본관계에 관해서 분쟁 해결방법, 병합조약 무효 문제, 한국정부의 유일합법성 문제에 관한 구체적인 조문 문제 거론
- **주제어** 양국 수석대표 제3회 회의, 어업, 기본관계

문서명	다카스기·김 한일회담 수석대표 제5회 회의(高杉·金日韓会談主席代表第5回会合)

- **문서파일번호** 1429
- **작성연월일** 1965. 2. 12
- **구분** 제7차 회담 양국 수석대표 제5회 회의
- **세부항목**
- **작성처** 외무성 북동아시아과
- **매수** 7
- **비밀등급** 극비
- **문서종류** 회의록
- **공개구분** 공개
- **내용** 제7차 한일회담 양국 수석대표 제5회 회의기록. 기본관계 문제만 논의되었으며 주요 내용은 병합조약 무효 문제, 한국정부의 유일합법성 문제에 관한 구체적인 조문 문제였음.
- **주제어** 양국 수석대표 제5회 회의, 기본관계

문서명	다카스기·김 한일회담 수석대표 제6회 회의(高杉·金日韓会談主席代表第6回会合)

문서파일번호	1429
작성연월일	1965. 2. 24
구분	제7차 회담 양국 수석대표 제6회 회의
세부항목	
작성처	외무성 북동아시아과
매수	8
비밀등급	극비
문서종류	회의록
공개구분	공개
내용	제7차 한일회담 양국 수석대표 제6회 회의기록. 회담 관련 의제에 관한 의견교환이 이루어졌으나 청구권 문제에 관해 김종필 · 오히라 마사요시 합의의 민간신용공여 1억 달러를 더 올리기 위해(2.5억 달러라는 언급도 있음) 한국이 추가 요구를 함.
주제어	양국 수석대표 제6회 회의, 청구권 · 경협

문서명	다카스기·김 한일회담 수석대표 제7회 회의(高杉·金日韓会談主席代表第7回会合)

문서파일번호	1429
작성연월일	1965. 3. 3
구분	제7차 회담 양국 수석대표 제7회 회의
세부항목	
작성처	외무성 북동아시아과
매수	5
비밀등급	극비
문서종류	회의록
공개구분	공개
내용	제7차 한일회담 양국 수석대표 제7회 회의기록. 회담 의제에 관한 의견교환이 이루어졌으나, 한국이 청구권 문제에 관해 논의를 진행하자고 촉구
주제어	양국 수석대표 제7회 회의, 청구권 · 경협

문서명	다카스기·김 한일회담 수석대표 제8회 회의(高杉·金日韓会談主席代表第8回会合)

문서파일번호 1429
작성연월일 1965. 3. 10
구분 제7차 회담 양국 수석대표 제8회 회의
세부항목
작성처 외무성 북동아시아과
매수 9
비밀등급 극비
문서종류 회의록
공개구분 공개
내용 제7차 한일회담 양국 수석대표 제8회 회의기록. 회담 의제에 관해 의견교환. 청구권 문제에 관해 일본은 대장성 측 인물도 참석시켜야 한다고 주장
주제어 양국 수석대표 제8회 회의, 청구권 · 경협

문서명	다카스기·김 한일회담 수석대표 제9회 회의(高杉·金日韓会談主席代表第9回会合)

문서파일번호 1429
작성연월일 1965. 3. 17
구분 제7차 회담 양국 수석대표 제9회 회의
세부항목
작성처 외무성 북동아시아과
매수 9
비밀등급 극비
문서종류 회의록
공개구분 공개
내용 제7차 한일회담 양국 수석대표 제9회 회의기록. 회담 관련 의제에 관해 의견교환. 청구권 문제에 관해 교섭 진행 방법을 협의
주제어 양국 수석대표 제9회 회의, 청구권 · 경협

문서명	다카스기·김 한일회담 수석대표 제10회 회의(高杉·金日韓会談主席代表第10回会合)

문서파일번호 1429
작성연월일 1965. 3. 22
구분 제7차 회담 양국 수석대표 제10회 회의
세부항목
작성처 외무성 북동아시아과
매수 6
비밀등급 극비
문서종류 회의록
공개구분 공개
내용 제7차 한일회담 양국 수석대표 제10회 회의기록. 회담 의제에 관해 의견교환. 청구권 문제가 주된 대상이 됨. 한국은 민간신용공여 1억 달러를 어업 협력도 포함하여 2억 또는 3억 달러로 하는 정치적인 고려를 일본에 요청
주제어 양국 수석대표 제10회 회의, 청구권 · 경협

문서명	다카스기·김 한일회담 수석대표 제11회 회의(高杉·金日韓会談主席代表第11回会合)

문서파일번호 1429
작성연월일 1965. 4. 7
구분 제7차 회담 양국 수석대표 제11회 회의
세부항목 회담 의제
작성처 외무성 북동아시아과
매수 7
비밀등급 극비
문서종류 회의록
공개구분 공개
내용 제7차 한일회담 양국 수석대표 제11회 회의기록. 회담 의제에 관한 교섭 진행 순서, 방법, 일정 등의 조정이 이루어짐.
주제어 양국 수석대표 제11회 회의, 회담의제

문서명	다카스기·김 한일회담 수석대표 제12회 회의(高杉·金日韓会談主席代表第12回会合)

문서파일번호 1429
작성연월일 1965. 4. 13
구분 제7차 회담 양국 수석대표 제12회 회의
세부항목
작성처 외무성 북동아시아과
매수 11
비밀등급 극비
문서종류 회의록
공개구분 공개
내용 제7차 한일회담 양국 수석대표 제12회 회의기록. 회담 의제와 진행 방법에 관한 의견교환이 이루어짐. 청구권 문제에 관해서는 특히 향후 개인청구권 문제가 발생하지 않도록 한일 양국의 사정을 고려해서 조정해 나가야 한다는 점이 논의됨.
주제어 양국 수석대표 제12회 회의, 청구권 · 경협

문서명	다카스기·김 한일회담 수석대표 제13회 회의(高杉·金日韓会談主席代表第13回会合)

문서파일번호 1429
작성연월일 1965. 4. 21
구분 제7차 회담 양국 수석대표 제13회 회의
세부항목
작성처 외무성 북동아시아과
매수 6
비밀등급 극비
문서종류 회의록
공개구분 공개
내용 제7차 한일회담 양국 수석대표 제13회 회의기록. 회담의 조인 일정 등 회담의 진행방식에 대해 의견을 교환함. 한국은 평화선 부근에서의 일본어민의 태도에 대해 일본은 한국 국내에서의 일본 국기 소각 사건에 대해 선처 방안을 요청함. 이후 주일한국대사관 설치, 영주권자 처우를 논의함.
주제어 양국 수석대표 제13회 회의, 어업, 주일한국대사관 설치, 영주권자 대우

문서명	다카스기·김 한일회담 수석대표 제14회 회의(高杉·金日韓会談主席代表第14回会合)

문서파일번호	1429
작성연월일	1965. 4. 28
구분	제7차 회담 양국 수석대표 제14회 회의
세부항목	회담 의제, 일정
작성처	외무성 북동아시아과
매수	6
비밀등급	극비
문서종류	회의록
공개구분	공개
내용	제7차 한일회담 양국 수석대표 제14회 회의기록. 회담 관련 의제, 교섭 진행 방법, 일정 등의 조정이 이루어짐.
주제어	양국 수석대표 제14회 회의, 회담 의제, 일정

문서명	다카스기·김 한일회담 수석대표 제15회 회의(高杉·金日韓会談主席代表第15回会合)

문서파일번호	1429
작성연월일	1965. 5. 12
구분	제7차 회담 양국 수석대표 제15회 회의
세부항목	
작성처	외무성 북동아시아과
매수	7
비밀등급	극비
문서종류	회의록
공개구분	공개
내용	제7차 한일회담 양국 수석대표 제15회 회의기록. 김동조 대표는 각 분과위원회를 5월 15일까지 마무리 짓고 싶다는 의향을 밝힘. 일본도 이에 동의를 표함. 이후 한국 어업협정안의 진척상황, 문화재위원회의 운영을 논의함.
주제어	양국 수석대표 제15회 회의, 어업, 문화재 반환

문서명	다카스기·김 한일회담 수석대표 제16회 회의(高杉·金日韓会談主席代表第16回会合)

문서파일번호 1429
작성연월일 1965. 5. 19
구분 제7차 회담 양국 수석대표 제16회 회의
세부항목
작성처 외무성 북동아시아과
매수 4
비밀등급 극비
문서종류 회의록
공개구분 공개
내용 제7차 한일회담 양국 수석대표 제16회 회의기록. 어업 문제에 관한 입장 차가 드러남. 일본은 어업 문제에 관해 '모든 어획물을 규제수역 내의 어획으로 간주한다'고 한국이 주장하는 것은 합의 위반이라고 비판함.
주제어 양국 수석대표 제16회 회의, 어업

문서명	다카스기·김 한일회담 수석대표 제17회 회의(高杉·金日韓会談主席代表第17回会合)

문서파일번호 1429
작성연월일 1965. 5. 27
구분 제7차 회담 양국 수석대표 제17회 회의
세부항목
작성처 외무성 북동아시아과
매수 8
비밀등급 극비
문서종류 회의록
공개구분 공개
내용 제7차 한일회담 양국 수석대표 제17회 회의기록. 한국은 어업협정문안(소위 이 공사안)을 재차 제시함. 문화재에 관해서 한국은 일본에 반환 리스트를 제시할 것을 요구함.
주제어 양국 수석대표 제17회 회의, 어업, 문화재 반환

문서명	별첨. 어업협정안문에 관하여(別添: 漁業協定案文について)

문서파일번호 1429
작성연월일 1965. 5. 27
구분 제7차 회담
세부항목 양국 수석대표 제17회 회의
작성처 외무성 북동아시아과
매수 4
비밀등급 극비
문서종류 협정안(한일 수석대표 제17회 회의기록 첨부문서)
공개구분 공개
내용 제7차 한일회담 양국 수석대표 제17회 회의에서 한국이 제시한 어업협정문안. ① 기선 ② 단속 ③ 어획량 ④ 공동규제 수역으로의 출어 ⑤ 연안어업으로 구성됨.
주제어 어업협정안

문서명	어업협정안 문에 관하여(漁業協定案文について)

문서파일번호 1429
문서명
작성연월일 1965. 5. 27
구분 제7차 회담 양국 수석대표 제17회 회의
세부항목
작성처 외무성 북동아시아과
매수 5
비밀등급 극비
문서종류 협정안
공개구분 공개
내용 제7차 한일회담 양국 수석대표 제17회 회의에서 한국이 제시한 어업협정문안
주제어 어업협정안

문서명	5월 27일의 수석회담에서의 발언 요령안(五月二七日における首席会談における発言要領案)

문서파일번호	1429
작성연월일	1965. 5. 27
구분	제7차 회담 양국 수석대표 제17회 회의
세부항목	
작성처	외무성 북동아시아과
매수	3
비밀등급	일반
문서종류	내부자료
공개구분	공개
내용	제7차 한일회담 양국 수석대표 제17회 회의에서 일본이 발언하기 위해 준비한 초안. 청구권 문제에 관한 안을 5월 28일쯤 제시할 수 있다고 밝힘.
주제어	양국 수석대표 제17회 회의, 청구권 · 경협

제9부

제7차 회담 기본관계위원회 회의록 및 방침

한일회담 시 한국 독립 시기에 대한 논의
(日韓会談時における韓国独立の時期についての論議)

문서파일번호	1858
문서명	한일회담 시 한국 독립 시기에 대한 논의(日韓会談時における韓国独立の時期についての論議)
작성연월일	1970. 1. 22
구분	한일협정 비준 후
세부항목	한국의 독립 시기에 관한 양국 주장
작성처	외무성 북동아시아과
매수	26
비밀등급	비(秘)
문서종류	내부문서
공개구분	공개
내용	한일회담에서 한일 양국이 한국의 독립 시기와 관련하여 각각 주장한 내용을 정리한 문서. 당초 일본은 평화조약 발효 시를 한국 독립의 시기로 한다고 주장하였으며, 한국은 1948년 샌프란시스코 대일평화조약으로 독립이 확인되었다는 것은 받아들일 수 없다고 주장
주제어	한국 독립 시기

제7차 한일회담 기본관계위원회 회의(제1~5회)
[第7次日韓全面会談基本関係委員会会合(第1 ~ 5回)]

문서파일번호	1345
작성연월일	1964. 12. 8 - 1964. 12. 18
구분	제7차 회담 기본관계위원회(제1~5회 회의)
세부항목	
작성처	외무성 북동아시아과
매수	53
비밀등급	
문서종류	회의록, 협정안
공개구분	공개
내용	제7차 한일회담 기본관계위원회 제1~5회 회의기록
주제어	제7차 한일회담 기본관계위원회 회의

문서명	제7차 한일회담 기본관계위원회 제1회 회의(第7次日韓全面会談基本関係委員会第1回会合)

문서파일번호 1345
작성연월일 1964. 12. 8
구분 제7차 회담 기본관계위원회 제1회 회의
세부항목
작성처 외무성 북동아시아과
매수 5
비밀등급 극비
문서종류 회의록
공개구분 공개
내용 제7차 한일회담 기본관계위원회 제1회 회의기록. 향후 위원회를 진행하는 방법 등에 대해 논의함.
주제어 제7차 한일회담 기본관계위원회 회의 진행 방법

문서명	제7차 한일회담 기본관계위원회 제2회 회의(第7次日韓全面会談基本関係委員会第2回会合)

문서파일번호 1345
작성연월일 1964. 12. 10
구분 제7차 회담 기본관계위원회 제2회 회의
세부항목
작성처 외무성 북동아시아과
매수 12
비밀등급 극비
문서종류 회의록
공개구분 공개
내용 제7차 한일회담 기본관계위원회 제2회 회의기록. 양국이 제출한 기본관계 요강에 기초해 질의응답이 진행됨. 특히 기본관계에 삽입하는 항목, 북한에 대한 한국의 관할권 문제가 논의되었음.
주제어 기본관계

문서명	한일기본관계에 관한 합의 요강안(日韓基本関係に関する合意要綱案)

문서파일번호 1345
작성연월일 1964. 12. 10
구분 제7차 회담 기본관계위원회 제2회 회의
세부항목
작성처 외무성 북동아시아과
매수 2
비밀등급 비(秘)
문서종류 내부자료
공개구분 공개
내용 일본이 제7차 한일회담 기본관계위원회 제2회 회의에서 제출한 기본관계 문제 요강안. 공동선언 형식, 한국의 관할권 문제 등이 명기되었음.
주제어 기본관계

문서명	(가역)기본관계에 관한 한국 입장 요강(안)[(仮訳)基本関係に関する韓国側立場要綱(案)]

문서파일번호 1345
작성연월일 1964. 12. 10
구분 제7차 회담 기본관계위원회 제2회 회의
세부항목
작성처 한국대표단 (일본 가역)
매수 3
비밀등급 비(秘)
문서종류 내부자료
공개구분 공개
내용 한국이 제7차 한일회담 기본관계위원회 제2회 회의에서 제출한 기본관계 문제 요강안을 북동아시아과가 번역한 문서. 조약 형식, 한국정부의 제한 없는 유일합법성, 병합조약 무효 문제 등이 명시되어 있음.
주제어 기본관계

문서명	(안) 기본관계에 관한 한국 입장 요강[(Daft) Essentials of Korean Position on Basic Relations]

문서파일번호 1345
작성연월일 1964. 12. 10
구분 제7차 회담 기본관계위원회 제2회 회의
세부항목
작성처 한국대표단
매수 3
비밀등급 일반
문서종류 내부자료
공개구분 공개
내용 한국이 제7차 한일회담 기본관계위원회 제2회 회의에서 제출한 기본관계 문제 요강안의 영문 문서
주제어 기본관계

문서명	제7차 한일회담 기본관계위원회 제3회 회의(第7次日韓全面会談基本関係委員会第3回会合)

문서파일번호 1345
작성연월일 1964. 12. 12
구분 제7차 회담 기본관계위원회 제3회 회의
세부항목
작성처 외무성 북동아시아과
매수 11
비밀등급 극비
문서종류 회의록
공개구분 공개
내용 제7차 한일회담 기본관계위원회 제3회 회의기록. 지난 회의에 이어 양국이 제출한 요강에 따라 각 항목에 대한 질의응답이 진행됨.
주제어 기본관계

문서명	第7차 한일회담 기본관계위원회 제4회 회의(第7次日韓全面会談基本関係委員会第4回会合)

문서파일번호 1345
작성연월일 1964. 12. 16
구분 제7차 회담 기본관계위원회 제4회 회의
세부항목
작성처 외무성 북동아시아과
매수 13
비밀등급 극비
문서종류 회의록
공개구분 공개
내용 제7차 한일회담 기본관계위원회 제4회 회의기록. 기본관계조약에 삽입하는 항목에 관해 한일 양국이 합의를 본 것, 합의를 보지 못하는 것 등을 정리하면서 그에 기초해 논의가 진행됨. 병합조약, 한국 독립 승인 조항, 유일합법성, 분쟁 처리 등에 관한 논의가 이루어짐.
주제어 기본관계

문서명	第7차 한일회담 기본관계위원회 제5회 회의(第7次日韓全面会談基本関係委員会第5回会合)

문서파일번호 1345
작성연월일 1964. 12. 18
구분 제7차 회담 기본관계위원회 제5회 회의
세부항목
작성처 외무성 북동아시아과
매수 4
비밀등급 극비
문서종류 회의록
공개구분 공개
내용 제7차 한일회담 기본관계위원회 제5회 회의기록. 일본이 국회에서 한일교섭에서는 북한 문제가 백지로 남는다고 발언한 것에 대해 한국이 이의를 제기함.
주제어 기본관계

제7차 한일회담 기본관계위원회 회의(제6~10회)
[第7次日韓全面会談基本関係委員会会合(第6 ~ 10回)]

문서파일번호	1346
작성연월일	1965. 1. 22 - 1965. 2. 8
구분	제7차 회담 기본관계위원회(제6~10회 회의)
세부항목	
작성처	외무성 북동아시아과, 한국대표단
매수	74
비밀등급	
문서종류	회의록, 조약안
공개구분	공개
내용	제7차 한일회담 기본관계위원회 제6~10회 회의기록(제1~5회 회의는 1964년 12월 8~18일까지 개최됨.)
주제어	제7차 한일회담 기본관계위원회

문서명	第7차 한일회담 기본관계위원회 제6회 회의(第7次日韓全面会談基本関係委員会第6回会合)

문서파일번호 1346
작성연월일 1965. 1. 22
구분 제7차 회담 기본관계위원회 제6회 회의
세부항목
작성처 외무성 북동아시아과
매수 6
비밀등급 극비
문서종류 회의록
공개구분 공개
내용 제7차 한일회담 기본관계위원회 제6회 회의 회의기록. 일본은 조약 전문(前文)에 과거청산에 대해 기술하는 것을 반대하고, 유일합법정부에 대해서는 유엔 결의에 따르지만 관할권은 북한을 고려해야 하므로 조정이 필요하다는 입장을 피력함.
주제어 기본관계

문서명	第7차 한일회담 기본관계위원회 제7회 회의(第7次日韓全面会談基本関係委員会第7回会合)

문서파일번호 1346
작성연월일 1965. 1. 26
구분 제7차 회담 기본관계위원회 제7회 회의
세부항목
작성처 외무성 북동아시아과
매수 10
비밀등급 극비
문서종류 회의록
공개구분 공개
내용 제7차 한일회담 기본관계위원회 제7회 회의 회의기록. 기본관계에 관한 한일양국의 합의 초안 제시. 한국은 '과거청산'이라는 표현을 사용하고 있지만 일본이 요청할 경우 '더 좋은 표현'으로 바꿀 용의가 있다고 하고, 한국은 구조약이 처음부터 무효라는 생각이지만, 일본의 주장도 있으므로 'are null and void'(~는 무효)라는 표현으로 중성화하고자 한다고 함.
주제어 기본관계

문서명	일본국과 대한민국의 ----(안)[日本国と大韓民国との間の----(案)]

문서파일번호 1346
작성연월일 1965. 1. 26
구분 제7차 회담 기본관계위원회 제7회 회의
세부항목
작성처 외무성 북동아시아과
매수 6
비밀등급 극비
문서종류 조약안
공개구분 공개
내용 제7차 한일회담 기본관계위원회 제7회 회의에서 일본이 제시한 기본관계에 관한 조약 초안
주제어 기본관계

문서명	(번역) 한일기본관계조약안[(TRANSLATION) DRAFT BASIC TREATY BETWEEN THE REPUBLIC OF KOREA AND JAPAN)]

문서파일번호 1346
작성연월일 1965. 1. 26
구분 제7차 회담 기본관계위원회 제7회 회의
세부항목
작성처 한국대표단
매수 4
비밀등급 극비
문서종류 조약안
공개구분 공개
내용 제7차 한일회담 기본관계위원회 제7회 회의에서 한국이 제시한 기본관계에 관한 조약 초안(영문)
주제어 기본관계

문서명	제7차 한일회담 기본관계위원회 제8회 회의(第7次日韓全面会談基本関係委員会第8回会合)

문서파일번호 1346
작성연월일 1965. 1. 29
구분 제7차 회담 기본관계위원회 제8회 회의
세부항목
작성처 외무성 북동아시아과
매수 11
비밀등급 극비
문서종류 회의록
공개구분 공개
내용 제7차 한일회담 기본관계위원회 제8회 회의록. 한국이 제7회 회의에서 제출한 조약안에 대해 일본의 코멘트를 요구함. 관할권과 협정의 적용범위를 놓고 다시 이견을 보임.
주제어 기본관계

문서명	(초벌번역) 안… 한일간[(Preliminary translation)Draft …between Japan and the Republic of Korea]

문서파일번호 1346
작성연월일 1965. 1. 26
구분 제7차 회담 기본관계위원회 제7회 회의
세부항목
작성처 외무성 북동아시아과
매수 5
비밀등급 극비
문서종류 조약안
공개구분 공개
내용 제7차 한일회담 기본관계위원회 제7회 회의에서 일본이 제시한 기본관계에 관한 조약 초안 영문본
주제어 기본관계

문서명	제7차 한일회담 기본관계위원회 제9회 회의(第7次日韓全面会談基本関係委員会第9回会合)

문서파일번호 1346
작성연월일 1965. 2. 5
구분 제7차 회담 기본관계위원회 제9회 회의
세부항목
작성처 외무성 북동아시아과
매수 9
비밀등급 극비
문서종류 회의록
공개구분 공개
내용 제7차 한일회담 기본관계위원회 제9회 회의 회의기록. 일본이 일본 제2차안을 제시하여 이를 중심으로 논의가 진행됨. 2차 합의안은 내부반대에도 불구하고 한국안을 가능한 한 전면적으로 받아들였음. 그러나 한국안에 있는 '유일 합법정부'라는 규정은 일본으로서는 절대로 받아들일 수 없음.
주제어 기본관계

문서명	일본국과 대한민국의 ○○○(안)[日本国と大韓民国との間の○○○(案)]

문서파일번호 1346
작성연월일 1965. 2. 5
구분 제7차 회담 기본관계위원회 제9회 회의
세부항목
작성처 외무성 북동아시아과
매수 6
비밀등급 극비
문서종류 조약안
공개구분 공개
내용 일본이 제시한 기본관계 합의 초안의 1965년 2월 5일 자 안
주제어 기본관계

문서명	제7차 한일회담 기본관계위원회 제10회 회의(第7次日韓全面会談基本関係委員会第10回会合)

문서파일번호 1346
작성연월일 1965. 2. 8
구분 제7차 회담 기본관계위원회 제10회 회의
세부항목
작성처 외무성 북동아시아과
매수 8
비밀등급 극비
문서종류 회의록
공개구분 공개
내용 제7차 한일회담 기본관계위원회 제10회 회의기록. 한국이 제2차안을 제시하여 이를 중심으로 논의함.
주제어 기본관계

문서명	(초벌 번역) 안… 한일 간[(Preliminary translation)Draft …between Japan and the Republic of Korea]

문서파일번호 1346
작성연월일 1965. 2. 5
구분 제7차 회담 기본관계위원회 제9회 회의
세부항목
작성처 외무성 북동아시아과
매수 5
비밀등급 극비
문서종류 조약안
공개구분 공개
내용 일본의 기본관계조약 영문 초벌 번역문
주제어 기본관계

문서명	(번역) 한일기본관계조약안[(TRANSLATION)DRAFT BASIC TREATY BETWEEN THE REPUBLIC OF KOREA AND JAPAN)]

문서파일번호	1346
작성연월일	1965. 2. 8
구분	제7차 회담 기본관계위원회 제10회 회의
세부항목	
작성처	한국대표단
매수	4
비밀등급	극비
문서종류	조약안
공개구분	공개
내용	제7차 한일회담 기본관계위원회 제10회 회의에서 한국이 제시한 조약 초안 영문본
주제어	기본관계

제7차 한일회담 기본관계위원회 회의(제11~13회)
[第7次日韓全面会談基本関係委員会会合(第11 ~ 13回)]

문서파일번호	1347
작성연월일	1965. 2. 10 - 1965. 2. 15
구분	제7차 회담 기본관계위원회(제11~13회 회의)
세부항목	
작성처	외무성 북동아시아과
매수	32
비밀등급	
문서종류	회의록, 조약안
공개구분	공개
내용	제7차 한일회담 기본관계위원회 제11~13회 회의기록
주제어	제7차 한일회담 기본관계위원회

문서명	제7차 한일회담 기본관계위원회 제11회 회의(第7次日韓全面会談基本関係委員会会合 第11回会合)

문서파일번호 1347
작성연월일 1965. 2. 10
구분 제7차 회담 기본관계위원회 제11회 회의
세부항목
작성처 외무성 북동아시아과
매수 8
비밀등급 극비
문서종류 회의록
공개구분 공개
내용 제7차 한일회담 기본관계위원회 제11회 회의 회의기록. 한국의 요망을 수용한 영문 수정안을 일본이 제시하고 이에 대해 논의함.
주제어 기본관계

문서명	안 … 한일 간(Draft …between Japan and the Republic of Korea)

문서파일번호 1347
작성연월일 1965. 2. 10
구분 제7차 회담 기본관계위원회 제11회 회의
세부항목
작성처 외무성 북동아시아과
매수 6
비밀등급 극비
문서종류 조약안
공개구분 공개
내용 제7차 한일회담 기본관계위원회 제11회 회의에서 일본이 제시한 영문 수정본
주제어 기본관계

문서명	제7차 한일회담 기본관계위원회 제11회 회의 의사록의 정정에 관하여(第7次日韓全面会談基本関係委員会会合 第11回会合議事録の訂正について)

문서파일번호 1347
작성연월일 1965. 2. 18
구분 제7차 회담 기본관계위원회 제11회 회의
세부항목
작성처 외무성 북동아시아과
매수 1
비밀등급 극비
문서종류 회의록
공개구분 공개
내용 제7차 한일회담 기본관계위원회 제11회 회의 의사록에 표기 정정이 필요한 부분을 통보
주제어 기본관계

문서명	제7차 한일회담 기본관계위원회 제12회 회의(第7次日韓全面会談基本関係委員会会合 第12回会合)

문서파일번호 1347
작성연월일 1965. 2. 11
구분 제7차 회담 기본관계위원회 제12회 회의
세부항목
작성처 외무성 북동아시아과
매수 6
비밀등급 극비
문서종류 회의록
공개구분 공개
내용 제7차 한일회담 기본관계위원회 제12회 회의 회의기록. 일본이 한국에 제출한 통상(通商)에 관한 경과 규정을 중심으로 논의함. 'are null and void'(~는 무효)에 대한 해석을 두고 이견이 대립함.
주제어 기본관계

문서명	제3조(第3條)

문서파일번호 1347
작성연월일 1965. 2. 11
구분 제7차 회담 기본관계위원회 제12회 회의
세부항목
작성처 외무성 북동아시아과
매수 2
비밀등급 극비
문서종류 조약안
공개구분 공개
내용 제7차 한일회담 기본관계위원회 제12회 회의에서 일본이 제시한 조약 제3조 내용
주제어 기본관계

문서명	제7차 한일회담 기본관계위원회 제13회 회의(第7次日韓全面会談基本関係委員会会合 第13回会合)

문서파일번호 1347
작성연월일 1965. 2. 15
구분 제7차 회담 기본관계위원회 제13회 회의
세부항목
작성처 외무성 북동아시아과
매수 7
비밀등급 극비
문서종류 회의록
공개구분 공개
내용 제7차 한일회담 기본관계위원회 제13회 회의 회의기록. 일본이 한국에 제출한 '구조약 무효 및 한국정부의 유일합법성에 관한 대안' 및 2월 13일에 기본관계위원회에서 한국에 제출했던 '잠정통상규정에 관한 양해안의 영문가역(假譯)'에 대해 논의함.
주제어 기본관계

문서명	제목 없음

문서파일번호 1347
작성연월일 1965. 2. 15
구분 제7차 회담 기본관계위원회 제13회 회의
세부항목
작성처 외무성 북동아시아과
매수 1
비밀등급 극비
문서종류 조약안
공개구분 공개
내용 제7차 한일회담 제13회 기본관계위원회 회의기록 첨부1. 회의에서 한국의 유일합법성, 구 조약 무효에 대해 일본이 제시한 대안
주제어 기본관계

문서명	제목 없음

문서파일번호 1347
작성연월일 1965. 2. 15
구분 제7차 회담 기본관계위원회 제13회 회의
세부항목
작성처 외무성 북동아시아과
매수 1
비밀등급 극비
문서종류 회의록
공개구분 공개
내용 제7차 한일회담 제13회 기본관계위원회 회의기록 첨부2. 회의에서 조약안 제3조에 관해 한국과 합의
주제어 기본관계

한일기본관계조약안
(DRAFT BASIC TREATY BETWEEN THE REPUBLIC OF KOREA AND JAPAN)

문서파일번호	1852
문서명	한일기본관계조약안(DRAFT BASIC TREATY BETWEEN THE REPUBLIC OF KOREA AND JAPAN)
작성연월일	1965. 1. 26
구분	제7차 회담
세부항목	기본관계조약안
작성처	한국대표단
매수	4
비밀등급	극비
문서종류	조약안
공개구분	공개
내용	제7차 한일회담 기본관계위원회 제7회 회의에서 한국이 일본에 제시한 기본관계조약안 영문본
주제어	기본관계조약안

기본관계조약 문안 교섭
(基本關係条約文案交渉)

문서파일번호	1853
작성연월일	1965. 1. 10 - 1965. 2. 16
구분	제7차 회담
세부항목	기본관계조약 문안 교섭
작성처	외무성, 한국대표단
매수	93
비밀등급	
문서종류	내부자료, 내부문서, 재가문서, 조약안
공개구분	공개
내용	기본관계조약 문안 교섭과 관련한 문서 모음
주제어	기본관계조약 문안 교섭

문서명	기본관계합의에 관한 한일 양국 안의 이동 세목(基本関係合意に関する日韓両国案の異同細目)

문서파일번호 1853
작성연월일 1965(월일 불명)
구분 제7차 회담
세부항목 기본관계조약 문안 교섭
작성처 외무성
매수 2
비밀등급
문서종류 내부자료
공개구분 공개
내용 기본관계합의(조약) 중, 형식, 전문(前文), 본문 조문에 관해 일본 및 한국의 요구 내용과 기타 양국 입장 등을 일람표로 작성
주제어 기본관계조약 문안 교섭

문서명	한일기본관계에 관한 1964년 12월 10일 일본의 합의요강안에 대한 수정(안) [日韓基本関係に関する1964年12月10日の日本側合意要綱案に対する修正(案)]

문서파일번호 1853
작성연월일 1965. 1. 7
구분 제7차 회담
세부항목 기본관계조약 문안 교섭
작성처 외무성
매수 4
비밀등급 극비
문서종류 내부문서
공개구분 공개
내용 일본이 1964년 12월 10일 자로 작성한 한일기본관계 합의요강안에 대한 수정 사항을 기재
주제어 기본관계조약 문안 교섭

문서명	한일기본관계에 관한 합의요강안(日韓基本関係に関する合意要綱案)

문서파일번호 1853
작성연월일 1964. 12. 10
구분 제7차 회담
세부항목 기본관계조약 문안 교섭
작성처 외무성
매수 2
비밀등급 비(秘)
문서종류 내부문서
공개구분 공개
내용 일본이 작성한 한일기본관계조약 합의요강안. 형식, 전문(前文), 본문의 내용, 구성 등
주제어 기본관계조약 문안 교섭

문서명	한일회담 기본관계위원회에서 일본 공동선언안의 일부 수정에 관하여(日韓会談基本関係委員会における日本側共同宣言案の一部修正について)

문서파일번호 1853
작성연월일 1965. 1. 10
구분 제7차 회담
세부항목 기본관계조약 문안 교섭
작성처 외무성 북동아시아과
매수 2
비밀등급 극비
문서종류 재가문서
공개구분 공개
내용 기본관계 공동선언안과 관련한 내부 재가문서. 일본은 1965년 1월 18일 재개될 기본관계위원회 회의에서 진전이 없을 경우, 한국 입장을 고려한다는 의미에서 작년 12월 10일의 요강안을 수정하여 한국에게 제시하고 그 반응을 보기로 함.
주제어 기본관계, 조약 문안 교섭

문서명	한일기본관계조약안 주석(Annotations to the Draft Basic Treaty between the Republic of Korea and Japan)

문서파일번호 1853
작성연월일 1965(월일 불명)
구분 제7차 회담
세부항목 기본관계조약 문안 교섭
작성처 한국대표단
매수 2
비밀등급 극비
문서종류 내부문서
공개구분 공개
내용 작성 날짜 등이 불명이나 한국이 제시한 기본관계조약에 관한 요강안(영문). 명칭, 전문, 한국정부의 유일합법성, 분쟁 해결 등 기술
주제어 기본관계조약 문안 교섭

문서명	미정고: 일본국과 대한민국의 기본관계에 관한 조약(안)[未定稿: 日本国と大韓民国との間の基本関係に関する条約(案)]

문서파일번호 1853
작성연월일 1965. 2. 2
구분 제7차 회담
세부항목 기본관계조약 문안 교섭
작성처 외무성 조약과
매수 11
비밀등급 극비
문서종류 조약안
공개구분 공개
내용 일본이 작성한 기본관계조약 초안. 명칭에 조약이 처음으로 사용됨.
주제어 기본관계조약 문안 교섭

문서명	일본국과 대한민국의 안[日本国と大韓民国との間の-(案)]

문서파일번호 1853
작성연월일 1965. 2. 5
구분 제7차 회담
세부항목 기본관계조약 문안 교섭
작성처 외무성 조약과
매수 6
비밀등급 극비
문서종류 조약안
공개구분 공개
내용 일본이 작성한 기본관계조약 초안. 명칭이 다시금 공란으로 되어 있음.
주제어 기본관계조약 문안 교섭

문서명	(초벌 번역)일본과 한국의 안[(Preliminary translation)(Draft)-between Japan and the Republic of Korea]

문서파일번호 1853
작성연월일 1965. 2. 5
구분 제7차 회담
세부항목 기본관계조약 문안 교섭
작성처 외무성 조약과
매수 5
비밀등급 극비
문서종류 조약안
공개구분 공개
내용 일본의 기본관계조약 영문안
주제어 기본관계조약 문안 교섭

문서명	(초벌 번역) 일본과 한국의 안[(Preliminary translation)(Draft) – between Japan and the Republic of Korea]

문서파일번호 1853
작성연월일 1965. 2. 5
구분 제7차 회담
세부항목 기본관계조약 문안 교섭
작성처 외무성 조약과
매수 5
비밀등급 극비
문서종류 조약안
공개구분 공개
내용 일본의 기본관계조약 영문 초안. 북동아시아과 구로가와우치(黒河内) 사무관이 검토한 것으로 표기되어 있음.
주제어 기본관계조약 문안 교섭

문서명	(번역) 한국과 일본 간 기본관계조약안[(Translation) Draft Treaty on Basic Relations between the Republic of Korea and Japan]

문서파일번호 1853
작성연월일 1965. 2. 8
구분 제7차 회담
세부항목 기본관계조약 문안 교섭
작성처 한국대표단
매수 4
비밀등급 극비
문서종류 조약안
공개구분 공개
내용 한국이 작성한 기본관계조약 영문안.
주제어 기본관계조약 문안 교섭

문서명	(번역) 한국과 일본 간 기본관계조약안[(Translation) Draft Treaty on Basic Relations between the Republic of Korea and Japan]

문서파일번호 1853
작성연월일 1965. 2. 8
구분 제7차 회담
세부항목 기본관계조약 문안 교섭
작성처 한국대표단
매수 4
비밀등급 극비
문서종류 조약안
공개구분 공개
내용 제7차 한일회담 기본관계위원회 제10회 회의에서 한국이 제시한 기본관계조약 제2차안(영문)
주제어 기본관계조약 문안 교섭

문서명	(초벌 번역) 한일 기본관계조약(안)[(Preliminary translation)(Draft) Treaty on Basic Relations between Japan and the Republic of Korea]

문서파일번호 1853
작성연월일 1965. 2. 9
구분 제7차 회담
세부항목 기본관계조약 문안 교섭
작성처 외무성 조약과
매수 5
비밀등급 극비
문서종류 조약안
공개구분 공개
내용 일본이 작성한 기본관계조약 영문안. 명칭이 Treaty(조약)으로 되어 있음.
주제어 기본관계조약 문안 교섭

문서명	(초벌 번역) 한일 기본관계조약(안)[(Preliminary translation)(Draft) Treaty on Basic Relations between Japan and the Republic of Korea]

문서파일번호	1853
작성연월일	1965. 2. 10
구분	제7차 회담
세부항목	기본관계조약 문안 교섭
작성처	외무성 조약과
매수	6
비밀등급	극비
문서종류	조약안
공개구분	공개
내용	일본이 작성한 기본관계조약 영문안
주제어	기본관계조약 문안 교섭

문서명	(초벌 번역) 한일 기본관계조약(안)[(Preliminary translation)(Draft) Treaty on Basic Relations between Japan and the Republic of Korea]

문서파일번호	1853
작성연월일	1965. 2. 10
구분	제7차 회담
세부항목	기본관계조약 문안 교섭
작성처	외무성 조약과
매수	6
비밀등급	극비
문서종류	조약안
공개구분	공개
내용	일본이 작성한 기본관계조약 영문안. 북동아시아과 구로가와우치(黒河内) 사무관이 검토, 수정한 내용이 표기됨.
주제어	기본관계조약 문안 교섭

문서명	제3조(第3条)

문서파일번호 1853
작성연월일 1965. 2. 11
구분 제7차 회담
세부항목 기본관계조약 문안 교섭
작성처 외무성
매수 2
비밀등급 극비
문서종류 조약안
공개구분 공개
내용 제7차 한일회담 기본관계위원회 제12회 회의에서 일본이 한국에 제시한 제3조 조문(안). 통상 관련 조문임.
주제어 기본관계조약 문안 교섭

문서명	제3조(第3条)

문서파일번호 1853
작성연월일 1965. 2. 11
구분 제7차 회담
세부항목 기본관계조약 문안 교섭
작성처 외무성
매수 1
비밀등급 극비
문서종류 조약안
공개구분 공개
내용 제7차 한일회담 기본관계위원회 제12회 회의에서 일본이 한국에 제시하려다 중단한 제3조 조문(안). 내용은 통상 문제에 관한 협정 체결까지 통상 문제를 부속의정서에 규정한다는 것임.
주제어 기본관계조약 문안 교섭

문서명	제목 없음

문서파일번호	1853
작성연월일	1965. 2. 13
구분	제7차 회담
세부항목	기본관계조약 문안 교섭
작성처	외무성
매수	2
비밀등급	극비
문서종류	조약안
공개구분	공개
내용	일본이 작성한 제3조의 부속문서(안). 통상항해 관련 내용임.
주제어	기본관계조약 문안 교섭, 부속문서

문서명	제3조(第3条)

문서파일번호	1853
작성연월일	1965. 2. 11
구분	제7차 회담
세부항목	기본관계조약 문안 교섭
작성처	외무성
매수	2
비밀등급	극비
문서종류	조약안
공개구분	공개
내용	제3 조문(안)이 담긴 문서와 동일한 문서임.
주제어	기본관계조약 문안 교섭

문서명	안(Draft)

문서파일번호 1853
작성연월일 1965. 2. 13
구분 제7차 회담
세부항목 기본관계조약 문안 교섭
작성처 외무성
매수 1
비밀등급 극비
문서종류 조약안
공개구분 공개
내용 앞에 나온 1965년 2월 11일 자로 일본이 작성한 부속문서의 영문안
주제어 기본관계조약 문안 교섭, 부속문서

문서명	제목 없음

문서파일번호 1853
작성연월일 1965. 2. 15
구분 제7차 회담
세부항목 기본관계조약 문안 교섭
작성처 외무성
매수 1
비밀등급 극비
문서종류 조약안
공개구분 공개
내용 일본이 작성한 한국의 유일합법성 조항(제5조) 및 병합조약 무효 조항(제6조)(영문)
주제어 기본관계조약 문안 교섭

문서명	제목 없음

문서파일번호 1853
작성연월일 1965. 2. 16
구분 제7차 회담
세부항목 기본관계조약 문안 교섭
작성처 외무성
매수 1
비밀등급 극비
문서종류 조약안
공개구분 공개
내용 1965년 2월 13일 자로 일본이 작성한 제5조의 부속문서(안). 통상항해 관련 내용임.
주제어 기본관계조약 문안 교섭, 부속문서

문서명	미정고: 일본국과 대한민국의 기본관계에 관한 조약(안)[未定稿：日本国と大韓民国との間の基本関係に関する条約(案)]

문서파일번호 1853
작성연월일 1965. 2. 16
구분 제7차 회담
세부항목 기본관계조약 문안 교섭
작성처 외무성
매수 5
비밀등급 극비
문서종류 조약안
공개구분 공개
내용 일본이 작성한 기본관계조약안
주제어 기본관계조약 문안 교섭

문서명	한일기본관계조약(안)[(Draft) Treaty on Basic Relations between Japan and the Republic of Korea]

문서파일번호 1853
작성연월일 1965. 2. 16
구분 제7차 회담
세부항목 기본관계조약 문안 교섭
작성처 외무성
매수 4
비밀등급 극비
문서종류 조약안
공개구분 공개
내용 일본이 작성한 기본관계조약 영문안
주제어 기본관계조약 문안 교섭

문서명	미정고: 일본국과 대한민국의 기본관계에 관한 조약(안)[未定稿：日本国と大韓民国との間の基本関係に関する条約(案)]

문서파일번호 1853
작성연월일 불명(19650
구분 제7차 회담
세부항목 기본관계조약 문안 교섭
작성처 외무성
매수 5
비밀등급 극비
문서종류 조약안
공개구분 공개
내용 작성 일자 표기가 없는 일본 작성 기본관계조약안
주제어 기본관계조약 문안 교섭

문서명	한일기본관계조약안(Draft Treaty on Basic Relations between Japan and the Republic of Korea)

문서파일번호	1853
작성연월일	1965(월일 불명)
구분	제7차 회담
세부항목	기본관계조약 문안 교섭
작성처	외무성
매수	5
비밀등급	극비
문서종류	조약안
공개구분	공개
내용	작성일자 표기가 없는 일본 작성 기본관계조약 영문안
주제어	기본관계조약 문안 교섭

일본국과 대한민국의 기본관계에 관한 조약의 가서명에 대해서(日本国と大韓民国との間の基本関係に関する条約のイニシアルについて)

문서파일번호	1854
작성연월일	1965. 2. 20 - 1965. 2. 26
구분	제7차 회담
세부항목	기본관계조약 가서명
작성처	외무성
매수	34
비밀등급	
문서종류	공문, 조약안, 내부문서
공개구분	공개
내용	1965년 2월 20일 한일기본관계조약 가서명을 위한 각의 양해 요청 관련 문서 및 가서명 이후 국회에 제출한 관련 문서 모음
주제어	기본관계조약 가서명

문서명	일본국과 대한민국의 기본관계에 관한 조약의 가서명에 대해서(日本国と大韓民国との間の基本関係に関する条約のイニシアルについて)

문서파일번호 1854
작성연월일 1965. 2. 20
구분 제7차 회담
세부항목 기본관계조약 가서명
작성처 외무성
매수 10
비밀등급 일반
문서종류 공문
공개구분 공개
내용 한일 기본관계조약 가서명을 위한 각의 양해를 요청하는 공문. 한일기본관계조약안의 요강, 한일기본관계조약안의 가서명에 관한 설명자료, 영문 조약안이 첨부됨.
주제어 기본관계조약 문안 교섭 가서명 각의 양해

문서명	안: 한일기본관계조약(Draft: TREATY ON BASIC RELATIONS BETWEEN JAPAN AND THE REPUBLIC OF KOREA)

문서파일번호 1854
작성연월일 1965. 2. 20
구분 제7차 회담
세부항목 기본관계조약 가서명
작성처 외무성
매수 5
비밀등급 일반
문서종류 조약안
공개구분 공개
내용 서울에서 가서명된 원본에 기초하여 작성한 기본관계조약안 영문 텍스트
주제어 기본관계조약 문안 교섭

문서명	제목 없음

문서파일번호 1854
작성연월일 1965. 2. 20
구분 제7차 회담
세부항목 기본관계조약 가서명
작성처 외무성
매수 2
비밀등급 극비
문서종류 내부문서
공개구분 공개
내용 기본관계조약 초안에 대한 가서명 후 무역협정, 금융협정 및 잠정해운협정과 기타 필요한 사항에 관해 검토하며, 해저전선 문제에 관해 계속 협의한다는 내용이 적힌 문서. 양국 아시아국장이 공항에서 합의하여 작성한 문서라고 주(注)에 기록
주제어 무역협정, 금융협정, 해운협정, 해저전선 문제

문서명	가서명에 관하여(イニシアルいついて)

문서파일번호 1854
작성연월일 1965. 2. 19
구분 제7차 회담
세부항목 기본관계조약 가서명
작성처 외무성 조약과
매수 6
비밀등급 비(秘)
문서종류 내부문서
공개구분 공개
내용 조약과에서 가서명에 관해 설명한 내용
주제어 가서명

문서명	(가역) 일본국과 대한민국의 기본관계에 관한 조약(안)[(假驛) 日本国と大韓民国との間の基本関係に関する条約(案)]

문서파일번호 1854
작성연월일 1965. 2. 26
구분 제7차 회담
세부항목 기본관계조약 가서명
작성처 외무성
매수 6
비밀등급 일반
문서종류 조약안
공개구분 공개
내용 1965년 2월 20일 한일 간에 가서명된 기본관계조약(안)의 국회 제출용 일문 가역본
주제어 기본관계조약 문안 교섭

문서명	(안) 한일기본관계조약[(Draft) TREATY ON BASIC RELATIONS BETWEEN JAPAN AND THE REPUBLIC OF KOREA]

문서파일번호 1854
작성연월일 1965. 2. 26
구분 제7차 회담
세부항목 기본관계조약 가서명
작성처 외무성
매수 5
비밀등급 일반
문서종류 조약안
공개구분 공개
내용 1965년 2월 20일 한일 간에 가서명된 기본관계조약(안) 국회 제출용 자료
주제어 기본관계조약 문안 교섭

한일기본관계조약 제3조에 관하여
(日韓基本関係条約第三条について)

문서파일번호	1855
문서명	한일기본관계조약 제3조에 관하여(日韓基本関係条約第三条について)
작성연월일	1965. 3. 1
구분	제7차 회담
세부항목	기본관계조약 제3조에 관한 검토의견
작성처	외무성
매수	5
비밀등급	일반
문서종류	내부문서
공개구분	공개
내용	한일 기본관계조약 제3조의 의미에 관한 검토의견을 담은 문서. 제3조에는 남한을 유효하게 통치하는 합법정부, 유엔 감시하의 자유선거 및 대한민국정부의 유일성 등 세 가지 사항이 모두 포함되어 있음.
주제어	기본관계조약 문안 교섭

대한민국의 '영역'에 관하여
(大韓民国の「領域」について)

문서파일번호	1856
직싱연월일	1965. 3. 13 - 1965. 10. 7
구분	제7차 회담~한일협정 체결 이후
세부항목	대한민국의 영역
작성처	외무성
매수	14
비밀등급	
문서종류	내부문서, 내부자료
공개구분	공개
내용	대한민국의 영역에 관한 검토의견이 담긴 문서 모음
주제어	대한민국의 영역

문서명	대한민국의 '영역'에 관하여(大韓民国の「領域」について)

문서파일번호 1856
작성연월일 1965. 3. 13
구분 제7차 회담
세부항목 대한민국의 영역
작성처 외무성
매수 3
비밀등급 일반
문서종류 내부문서
공개구분 공개
내용 대한민국의 영역에 관한 검토의견이 담긴 문서. '대한민국은 현재 남한에 대해서만 유효한 지배 및 관할권을 행사하고 있으며, 따라서 그러한 의미의 영역으로는 남한만 해당되나, 동시에 대한민국은 한반도 단일의 정부하에 통일을 국시로 삼고 있으며 이 통일한국은 당연히 한반도 전체를 영역으로 하는 것이다'라는 내용이 담김.
주제어 대한민국의 영역

문서명	제목 없음

문서파일번호 1856
작성연월일 1965. 3. 4
구분 제7차 회담
세부항목 대한민국의 영역
작성처 외무성
매수 7
비밀등급 비(秘)
문서종류 내부자료
공개구분 공개
내용 대한민국의 영역과 관련한 문답이 정리된 문서
주제어 대한민국의 영역

문서명	분열 국가에 관한 일본의 입장(안) [分裂国家に関する我が国の立場(案)]

문서파일번호 1856

작성연월일 1965. 10. 7

구분 한일협정 체결 이후

세부항목 대한민국의 영역

작성처 외무성 조약국 법규과

매수 4

비밀등급 비(秘)

문서종류 내부문서

공개구분 공개

내용 독일, 베트남, 중국, 한국 등 분단국가에 대한 일본의 입장이 정리된 문서. 한국에 대해서는 1948년 12월 12일 유엔총회 결의 195(Ⅲ)에 명시되어 있는 대로 인정하고 있으며, 따라서 한국정부의 관할권은 한반도의 남쪽에만 미치는 것으로 본다는 입장임.

주제어 대한민국의 영역

제10부

제7차 회담 한일어업 문제 훈령 및 정책
(1965)

한일어업협정 실시조치 관계법령집
(日韓漁業協定実施措置関係法令集)

문서파일번호	462
문서명	한일어업협정 실시 조치 관계법령집(日韓漁業協定実施措置関係法令集)
작성연월일	1965. 12. 18
구분	한일협정 체결 후
세부항목	한일어업협정 관련 일본 국내법
작성처	수산청
매수	101
비밀등급	일반
문서종류	법령
공개구분	공개
내용	한일 어업체결에 따라 제정되거나 개정된 관련 일본 국내법 모음. ① 어업에 관한 수역 관계 ② 지정어업 관계 ③ 고등어 어업, 연안어업 등 관계
주제어	한일어업협정 관련 일본 국내법

한일어업 민간 계약 지침서
(日韓漁業民間取決めの手引)

문서파일번호	463
문서명	한일어업 민간 계약 지침서(日韓漁業民間取決めの手引)
작성연월일	1966. 1(일자 불명)
구분	한일협정 비준 후
세부항목	한일어업 민간 계약 지침서
작성처	사단법인 대일본수산회(社団法人大日本水産会)
매수	28
비밀등급	일반
문서종류	간행자료
공개구분	공개
내용	일본 외무성 아시아국장과 한국 외무부 아주국장의 왕복 서한에 따른 지도를 받아 한일 양국의 민간단체인 수산업협동조합중앙회와 대일본수산회가 체결한 지침서. 조업 안전 및 질서유지, 사고 해결, 해난구조, 조업 중 준수사항 등이 명기되어 있음.
주제어	어업 민간 계약 지침서

한일어업대책 운동사
(日韓漁業対策運動史)

문서파일번호	464
문서명	한일어업대책 운동사(日韓漁業対策運動史)
작성연월일	1966. 2. 1
구분	한일협정 비준 後
세부항목	한일어업 문제 대책 운동사
작성처	한일어업협의회
매수	225
비밀등급	일반
문서종류	간행자료
공개구분	공개
내용	한일어업협회가 한국 독립 이후 한국과의 사이에서 발생한 어업 관련 문제들을 타개하기 위해 추진해 온 일련의 '운동'을 아래와 같이 정리한 간행물 서장. 한일어업 문제의 배경 제1장. 한일어업 문제의 시발점 제2장. 한일어업대책의 발족 제3장. 각종 대책 운동의 전개 제4장. 나포억류 생활의 실태 제5장. 한국 강경화에 대한 대응책 제6장. 억류자 구출 운동의 개시 제7장. 억류자 구출 운동의 성과 제8장. 복잡화한 구출 운동 제9장. 한일 우호 기운의 도래 제10장. 어업협정 교섭의 난항 제11장. 한일어업협정의 성립 제12장. 나포 손해보상의 획득 첨부. 한일 어업대책 관계 연표 후기
주제어	한일어업 문제 대책 운동사

한일어업협정에 대해서
(日韓漁業協定について)

문서파일번호	706
문서명	한일어업협정에 대해서(日韓漁業協定について)
작성연월일	1965(월일 불명)
구분	한일협정 체결 후
세부항목	자민당 외교조사회 제출 자료
작성처	외무성 북동아시아과
매수	39
비밀등급	일반
문서종류	내부문서
공개구분	공개
내용	1965년 6월 22일 한일어업협정 및 부속문서 체결 이후 외무성 북동아시아과 우치다 사무관이 작성하여 자민당 외교조사회에 제출한 어업협정 관련 설명문서. 협정(또는 부속문서)에 규정된 어업 수역, 공동규제수역에 있어서의 잠정적 어업규제조치, 단속 및 재판관할권, 자원조사 등 합의된 기타 사항, 어업협력, 나포 어선 보상 문제 등에 관한 내용이 정리되어 있음.
주제어	어업

한일어업교섭 관계자료
(日韓漁業交涉關係資料)

문서파일번호	712
문서명	한일어업교섭 관계자료(日韓漁業交涉關係資料)
작성연월일	1965. 9(일자 불명)
구분	한일협정 체결 후
세부항목	한일어업교섭 관계자료
작성처	참의원 농림수산위원회 조사실(參議院 農林水産委員會 調査室)
매수	161
비밀등급	일반
문서종류	내부자료
공개구분	공개
내용	한일어업협정 체결 후 1965년 9월 일본 참의원 농림수산위원회에서 작성한 어업협정 교섭의 발자취, 협정 체결에 대한 한일 양국의 언론 논조, 참고자료(인접해양에 대한 주권선언. 포획 심판령, 어업자원보호법, 어업자원보호법 시행령, 한일어업협정에 기초한 수역 구분, 사건 통계표) 등이 수록된 자료집
주제어	어업

한일어업협정의 체결과 관계수역에서의 해상보안청 경비에 대해서(日韓漁業協定の締結と関係水域における海上保安庁の警備について)

문서파일번호	748
작성연월일	1965. 3. 23 - 1965. 4. 12
구분	제7차 회담
세부항목	일본어선의 관계수역 조업
작성처	외무성, 수산청 등
매수	32
비밀등급	
문서종류	회의록, 내부문서, 공문, 담화문, 내부자료
공개구분	공개
내용	일본어선의 관계수역 조업 문제, 일본 해상보안청의 경비 체제 등과 관련한 문서 및 일본어선의 한국어선 충돌 후 도주 사건 관련 문서 모음
주제어	어업, 해상보안청 경비 체제, 어선 충돌 사건

문서명	한일어업협정의 체결과 관계수역에서의 해상보안청 경비에 대해서(日韓漁業協定の締結と関係水域における海上保安庁の警備について)

문서파일번호	748
작성연월일	1965. 3. 23
구분	제7차 회담
세부항목	일본어선의 관계수역 조업
작성처	외무성 북동아시아과
매수	3
비밀등급	일반
문서종류	회의록(전화)
공개구분	공개
내용	해상보안청 경비 2과장이 북동아시아과에 전화, 한일어업교섭의 진전에 따른 경비 문제와 관련하여 협의한 내용을 기록한 문서. 북동아시아과 측은 한일어업협정이 체결되면 해상보안청은 현재의 불법 나포에 대한 일본어선의 보호 체제에서 협정 위반의 일본어선 단속 체제로 전환된다는 내용을 설명함.
주제어	어업, 일본어선에 대한 경비 체제

문서명	금후 관계수역에서 일본어선의 나포 문제에 관하여(시안)[今後関係水域における日本漁船の拿捕問題について(試案)]

문서파일번호	748
작성연월일	1965. 4. 6
구분	제7차 회담
세부항목	일본어선의 관계수역 조업
작성처	외무성 북동아시아과
매수	6
비밀등급	일반
문서종류	내부문서
공개구분	공개
내용	어업 관련 합의사항의 가서명부터 협정 체결까지의 기간에 해상보안청의 역할(해상보안청 제기)에 관한 북동아시아과 검토의견을 정리한 문서. 협정 체결 전까지는 해상보안청이 일본어선 보호의 현 체제를 유지하는 것이 타당함. 문제는 관계수역에 출어하는 일본어선들이 단속이 없을 것으로 예상하여 한국 어업수역까지 들어가 조업할 경우 한국을 자극할 우려가 있으므로 합의사항의 정신에 따라 일본어선이 한국 어업수역에 들어가지 않는 것이 바람직함.
주제어	어업

문서명	관계수역의 금후 일본어선의 조업에 관하여(関係水域における今後の日本漁船の操業について)

문서파일번호 748
작성연월일 1965. 4. 8
구분 제7차 회담
세부항목 일본어선의 관계수역 조업
작성처 외무성 북동아시아과
매수 4
비밀등급 일반
문서종류 회의록
공개구분 공개
내용 관계수역의 금후 일본어선의 조업과 관련하여 외무성, 수산청, 해상보안청 관계자가 개최한 회의기록. 협정 체결 전까지 현상유지 차원에서 해상보안청이 일본어선 보호 역할을 계속하는 것으로 결론을 냄.
주제어 어업

문서명	한일어업 문제에 관한 합의사항의 가조인에 대해서(日韓漁業問題に関する合意事項の仮調印について)

문서파일번호 748
작성연월일 1965. 4. 8
구분 제7차 회담
세부항목 일본어선의 관계수역 조업
작성처 수산청
매수 3
비밀등급
문서종류 공문
공개구분 공개
내용 수산청장관이 각 지사들에게 1965년 4월 3일 가조인된 '한일어업 문제에 관한 합의사항'의 내용을 통보하는 문서. 4월 13~14일 한일어업 문제에 관한 도도부현(都道府縣) 주무과장회의 개최 관련 내용이 첨부됨.
주제어 어업

문서명	외무성 정보문화국장 담화(시안)[外務省情報文化局長談(試案)]

문서파일번호 748
작성연월일 1965. 4. 9
구분 제7차 회담
세부항목 일본어선의 관계수역 조업
작성처 외무성 정보문화국
매수 3
비밀등급 극비
문서종류 담화문
공개구분 공개
내용 1965년 4월 3일 '어업 문제 합의사항' 가서명에 따라 일본어선의 출어와 관련하여 외무성이 발표한 담화문. '합의사항'은 법적으로 구속력이 없으나, 협정이 체결, 발효될 때까지 '합의사항'에 따라 장래 설정되는 한국 어업수역의 조업 금지, 공동규제수역의 출어는 현상유지, 저인망 및 트롤 금지구역은 관계어선의 출입을 금지하는 행정지도를 하기로 하였음. 이와 관련 한국정부도 일본어선을 나포하지 않도록 필요한 조치를 강구하게끔 요청하였음.
주제어 어업

문서명	일본어선의 한국어선 충돌 사건과 이에 대한 한국대표의 항의(日本漁船の韓□漁船への衝突事件とこれに対する韓□代表部よりの抗議)

문서파일번호 748
작성연월일 1965. 4. 9
구분 제7차 회담
세부항목 일본어선의 관계수역 조업
작성처 외무성 북동아시아과
매수 3
비밀등급 비(秘)
문서종류 내부문서
공개구분 공개
내용 1965년 4월 6일 흑산도 부근에서 발생한 일본어선의 한국어선 충돌 후 도주 사건 관련, 아사히신문 보도(4월 9일 자), 서울 발 AP통신 보도(일본에 손해배상을 청구하도록 외무부가 주일대표부에 지시), 4월 9일 김동조 대사의 외무성 항의 등에 관한 사항과 함께 수산청으로 하여금 사실관계 확인 후 대처 방안을 검토하도록 의뢰하였다는 내용이 담긴 문서

주제어 일본어선의 한국어선 충돌 사건

문서명	별첨1. 긴급 항의(URGENT PROTEST)

문서파일번호 748
작성연월일 1965. 4. 9
구분 제7차 회담
세부항목 일본어선의 관계수역 조업
작성처 AP 통신
매수 1
비밀등급 일반
문서종류 내부자료
공개구분 공개
내용 '일본어선의 한국어선 충돌 사건과 이에 대한 한국대표부로부터의 항의' 제하 문서 첨부1. 1965년 4월 9일 자 AP 통신기사. 4월 6일 일본어선의 한국어선 충돌 후 도주 사건 관련, 한국 외무부 대변인이 일본에 대해 배상을 요구하도록 주일한국대표부에 지시하였음.
주제어 일본어선의 한국어선 충돌 사건 언론 보도

문서명	별첨2. 어선 충돌 사건 관련 김동조 대사의 일본 외무성에 대한 항의

문서파일번호 748
작성연월일 1965. 4. 9
구분 제7차 회담
세부항목 일본어선의 관계수역 조업
작성처 외무성 북동아시아과
매수 8
비밀등급 일반
문서종류 내부문서
공개구분 공개
내용 '일본어선의 한국어선 충돌 사건과 이에 대한 한국대표부로부터의 항의' 제하 문서 첨부1. 1965년 4월 6일 일본어선의 한국어선 충돌 후 도주 사건 관련, 김동조 대사가 우시바 노부히코(牛場信彦) 외무심의관을 방문, 항의한 내용을 정리
주제어 일본어선의 한국어선 충돌 사건

문서명	관계수역에서의 금후 일본어선의 조업에 관하여(関係水域における今後の日本漁船の操業について)

문서파일번호 748
작성연월일 1965. 4. 12
구분 제7차 회담
세부항목 일본어선의 관계수역 조업
작성처 외무성 북동아시아과
매수 1
비밀등급 일반
문서종류 내부문서
공개구분 공개
내용 1965년 4월 10일 자로 수산청장관이 한국선 충돌 사건 등을 고려, 업계의 자숙을 요구하는 담화를 발표하였다는 내용이 기록된 문서. 수산청장관 담화 내용이 보도된 신문기사가 첨부됨.
주제어 어업

충남호 사건에 대해서(흑산군도 부근의 충돌 사건) [忠南号事件について(黒山群島付近における衝突事件)]

문서파일번호	749
문서명	충남호 사건에 대해서(흑산군도 부근의 충돌 사건)[忠南号事件について(黒山群島付近における衝突事件)]
작성연월일	1965. 4. 13
구분	제7차 회담
세부항목	일본어선의 한국어선 충돌 사건
작성처	외무성 북동아시아과
매수	3
비밀등급	극비
문서종류	내부문서
공개구분	일부비공개
내용	1965년 4월 6일 한국 경비정 865호가 전보로 발신한 일본 저인망 어선에 의한 한국어선(홍도 NW 45해리 정박 중) 충돌 사건(가해 어선 도주) 보고 내용
주제어	어업

한국 주변수역에서 해상보안청의 금후 경비 체제에 관하여(韓国周辺水域における海上保安庁の今後の警備体制について)

문서파일번호	750
작성연월일	1965. 5. 12 - 1965. 7. 7
구분	제7차 회담
세부항목	일본어선에 대한 경비 체제
작성처	외무성, 해상보안청, 수산청
매수	28
비밀등급	
문서종류	회의록, 내부문서, 공문
공개구분	공개
내용	일본어선의 관계수역 조업 문제, 일본 해상보안청의 경비 체제 등과 관련한 문서 모음
주제어	어업, 일본어선에 대한 경비 체제

문서명	한국 주변수역에서 해상보안청의 금후 경비 체제에 관하여(韓国周辺水域における海上保安庁の今後の警備体制について)

문서파일번호 750
작성연월일 1965. 5. 12
구분 제7차 회담
세부항목 일본어선에 대한 경비 체제
작성처 외무성 북동아시아과
매수 13
비밀등급 극비
문서종류 회의록
공개구분 공개
내용 해상보안청 담당관이 북동아시아과를 방문, '한일어업 문제에 관한 합의사항' 가조인 후 협정 체결 전까지와 협정 체결 후의 해상보안청의 경비 체제에 관해 협의한 내용. 금명간 관계 성청 회의를 개최하기로 함.
주제어 어업, 일본어선에 대한 경비 체제 변경

문서명	해상보안청의 경비 체제 변경에 관하여(海上保安庁の警備体制の変更について)

문서파일번호 750
작성연월일 1965. 5. 19
구분 제7차 회담
세부항목 일본어선에 대한 경비 체제
작성처 외무성 북동아시아과
매수 4
비밀등급 비(秘)
문서종류 회의록
공개구분 공개
내용 1965년 5월 18일 해상보안청 경비과장이 북동아시아과장을 내방하여 현재 해상보안청이 '이 라인' 수역 내에서 하는 나포 방지 활동을 변경하는 데 대해 외무성의 비공식적 자문을 요청하고 이에 관해 협의한 내용을 정리
주제어 어업, 일본어선에 대한 경비 체제 변경

문서명	특초 실시방침의 변경에 관하여(特哨実施方針の変更について)

문서파일번호 750
작성연월일 1965. 5. 18
구분 제7차 회담
세부항목 일본어선에 대한 경비 체제
작성처 해상보안청 경비 제2과(海上保安庁 警備第2課)
매수 2
비밀등급 비(秘)
문서종류 내부문서
공개구분 공개
내용 외무성-해상보안청 협의 시 해상보안청 측이 제시한 문서
주제어 어업, 일본어선에 대한 경비 체제 변경

문서명	특초 실시방침의 변경에 관하여(特哨実施方針の変更について)

문서파일번호 750
작성연월일 1965. 5. 22
구분 제7차 회담
세부항목 일본어선에 대한 경비 체제
작성처 해상보안청 경비 제2과
매수 3
비밀등급 비(秘)
문서종류 내부문서
공개구분 공개
내용 해상보안청이 작성한 자국어선에 대한 경비 체제의 변경에 관한 입장
주제어 어업, 일본어선에 대한 경비 체제 변경

문서명	특초 실시방침의 변경에 관하여(特哨実施方針の変更について)

문서파일번호 750
작성연월일 1965. 5. 27
구분 제7차 회담
세부항목 일본어선에 대한 경비 체제
작성처 수산청 어업조정과
매수 3
비밀등급 일반
문서종류 내부문서
공개구분 공개
내용 수산청이 작성한 자국어선에 대한 경비 체제의 변경에 관한 입장
주제어 어업, 일본어선에 대한 경비 체제 변경

문서명	한일조업협정 합의의사록 3(d)항의 '오직 어업단속에 종사하는 자국의 감시선'에 관하여[日韓漁業協定合意議事録3(d)項の「専ら漁業の取締まりに従事する自国の監視船」について]

문서파일번호 750
작성연월일 1965. 6. 30
구분 제7차 회담
세부항목 일본어선에 대한 경비 체제
작성처 해상보안청 경비구난부장
매수 2
비밀등급 일반
문서종류 공문
공개구분 공개
내용 해상보안청이 외무성에 의견 조회한 공문. 1965년 6월 18일 한일회담 어업위원회에서 한국이 감시선의 범위에 대해 질의했으며, 이에 대해 일본은 일본 감시선은 수산청 소속의 감시선을 의미하며, 해상보안청 소속 순시선정은 포함되지 않는다고 답한 바 있음. 이에 따라 해상보안청의 업무방침을 책정하기 위해 외무성에 의견 조회
주제어 어업, 일본 감시선 범위

문서명	한일조업협정 합의의사록 3(d)항의 '오직 어업단속에 종사하는 자국의 감시선'에 관하여[日韓漁業協定合意議事録3(d)項の「専ら漁業の取締まりに従事する自国の監視船」について]

문서파일번호 750
작성연월일 1965. 7. 7
구분 제7차 회담
세부항목 일본어선에 대한 경비 체제
작성처 외무성 아시아국장
매수 1
비밀등급 일반
문서종류 공문
공개구분 공개
내용 외무성 아시아국장이 해상보안청 구난부장에게 회신한 공문. 외무성으로서도 일본 감시선은 수산청 소속의 감시선을 의미하는 것으로 이해하고 있음
주제어 일본 감시선 범위

한일어업협정 체결에 관계된 예산관계 사항
(日韓漁業協定締結に係わる予算関係事項)

문서파일번호	751
작성연월일	1965. 4. 14 - 1965. 5. 10
구분	제7차 회담
세부항목	어업협정에 따른 일본 국내조치 및 비용
작성처	외무성, 수산청
매수	32
비밀등급	
문서종류	내부문서, 협정안, 회의록
공개구분	공개
내용	한일어업협정 체결에 따라 일본 국내적으로 발생하는 문제점, 예산관계 사항 등에 관한 검토의견, 회의내용을 기록한 문서 모음
주제어	어업, 협정에 따른 일본 국내조치, 비용

문서명	한일어업협정 체결에 관계된 예산관계 사항(日韓漁業協定締結に係わる予算関係事項)

문서파일번호	751
작성연월일	1965. 5. 10
구분	제7차 회담
세부항목	어업협정에 따른 일본 국내조치 및 비용
작성처	외무성 북동아시아과
매수	3
비밀등급	일반
문서종류	내부문서
공개구분	공개
내용	한일어업협정 체결에 따라 일본 국내적으로 발생하는 제반 비용을 외무성, 수산청, 해상보안청, 대장성 별로 구분하여 정리한 내용
주제어	어업

문서명	한일어업협정 체결에 관계된 예산관계 사항(日韓漁業協定締結に係る予算関係事項)

문서파일번호	751
작성연월일	1965(월일 불명)
구분	제7차 회담
세부항목	어업협정에 따른 일본 국내조치 및 비용
작성처	수산청
매수	2
비밀등급	일반
문서종류	내부문서
공개구분	공개
내용	한일어업협정 체결에 따라 일본 국내적으로 발생하는 제반 비용과 관련하여 수산청으로부터 접수한 검토의견서
주제어	어업

문서명	한일어업협정 체결에 관계된 국내조치에 관하여(日韓漁業協定の締結に関連する国内措置について)

문서파일번호 751
작성연월일 1965. 4. 14
구분 제7차 회담
세부항목 어업협정에 따른 일본 국내조치 및 비용
작성처 수산청 어업조정과
매수 1
비밀등급 일반
문서종류 내부문서
공개구분 공개
내용 한일어업협정 체결에 따른 일본 국내조치(어업수역 설정 등)와 관련하여 수산청에서 접수한 검토의견서
주제어 어업

문서명	어업수역 설정과 관련하여 발생하는 약간의 문제점에 관하여(漁業水域の設定に関連して生ずる若干の問題について)

문서파일번호 751
작성연월일 1965. 4. 15
구분 제7차 회담
세부항목 어업협정에 따른 일본 국내조치 및 비용
작성처 외무성 북동아시아과
매수 4
비밀등급 비(秘)
문서종류 내부문서
공개구분 공개
내용 한일어업 문제에 관한 4·3 합의사항에 따라 어업수역이 설정될 경우 어업에 관한 단속 및 재판관할권이 연안국에 속하게 되는데, 이 경우 현행 일본 형법 및 형사소송법과 관련하여 발생하는 문제점이 없는지 여부를 법규과에 검토 의뢰하겠다는 문서
주제어 어업

문서명	법규과 코멘트(法規とコメント)

문서파일번호 751
작성연월일 1965. 4. 16
구분 제7차 회담
세부항목 어업협정에 따른 일본 국내조치 및 비용
작성처 외무성 법규과
매수 4
비밀등급 비(秘)
문서종류 내부문서
공개구분 공개
내용 외무성 법규과에서는 '합의사항'에 의해 어업협정이 체결될 경우 일본으로서는 국내 입법의 필요는 없으나 다만, 일본어선의 한국 어업수역 침범 예방차원에서 국내법상 필요한 조치를 취할 필요는 있다는 의견을 제시
주제어 어업

문서명	지정어업의 조업을 금지하는 해역(指定漁業の操業を禁止する海域)

문서파일번호 751
작성연월일 1965. 4. 15
구분 제7차 회담
세부항목 어업협정에 따른 일본 국내조치 및 비용
작성처 수산청
매수 2
비밀등급 일반
문서종류 내부문서
공개구분 공개
내용 수산청이 '한일어업 문제에 관한 합의사항'에 따라 작성한 지정어업 조업 금지 해역에 관한 내용
주제어 어업

문서명	관계성(省) 회의(4월 21일), 특히 단속 및 재판관할권 문제에 대해서[関係省会談(4月21日)特に取締り及び裁判管轄権問題について]

문서파일번호 751
작성연월일 1965. 4. 21
구분 제7차 회담
세부항목 어업협정에 따른 일본 국내조치 및 비용
작성처 외무성 북동아시아과
매수 6
비밀등급 일반
문서종류 회의록
공개구분 공개
내용 외무성, 해상보안청, 법무성 형사국, 수산청 등 관계 성청의 담당자가 모여 어선 단속 및 재판관할권의 문제에 관해 논의한 회의기록
주제어 어업

문서명	어업수역에 관련된 제 문제에 관한 관계 각 성 간의 회담 요지(漁業水域に関連する諸問題についての関係各省間会談の要旨)

문서파일번호 751
작성연월일 1965. 4. 26
구분 제7차 회담
세부항목 어업협정에 따른 일본 국내조치 및 비용
작성처 외무성 북동아시아과
매수 10
비밀등급 극비
문서종류 회의록
공개구분 공개
내용 외무성, 해상보안청, 법무성 형사국, 수산청 등 관계 성청의 담당자가 모여 어선에 대한 추적권 문제에 관해 논의한 회의기록
주제어 어업

4월 21일 수산청이 제안한 긴급피난 건
(4月21日水産庁より提案した緊急避難に関する件)

문서파일번호	752
작성연월일	1965. 4. 21
구분	제7차 회담
세부항목	어선 긴급피난
작성처	수산청
매수	2
비밀등급	
문서종류	협정안, 회의록
공개구분	공개
내용	수산청이 제시한 어선의 난파 및 조난시의 긴급 피난에 관한 한일 간 협정안
주제어	어업

문서명	4월 21일 수산청이 제안한 긴급피난 건(4月21日水産庁より提案した緊急避難に関する件)

문서파일번호 752
작성연월일 1965. 4. 21
구분 제7차 회담
세부항목 어선 긴급피난
작성처 수산청
매수 2
비밀등급 일반
문서종류 협정안
공개구분 공개
내용 수산청이 제시한 어선의 난파 및 조난시의 긴급 피난에 관한 한일 간 협정안
주제어 어업

문서명	긴급피난 및 순시선의 경비 체제에 관한 해상보안청의 의견(緊急避難及び巡視船の警備体制に関する海上保安庁の意見について)

문서파일번호 752
작성연월일 1965. 5. 4
구분 제7차 회담
세부항목 어선 긴급피난
작성처 외무성 북동아시아과
매수 7
비밀등급 극비
문서종류 회의록
공개구분 공개
내용 1965년 4월 30일 해상보안청 와카오(若尾) 정무과장이 북동아시아과장을 내방, 한국과 해상조난구조협력을 위한 협정 체결의 필요성을 제시하고 이에 관해 협의한 기록
주제어 어업

문서명	한일어업협정 해난구조조항(안)[日韓漁業協定海難救助条項(案)]

문서파일번호	752
작성연월일	1965(월일 불명)
구분	제7차 회담
세부항목	어선 긴급피난
작성처	해상보안청
매수	2
비밀등급	일반
문서종류	협정안
공개구분	공개
내용	해상보안청이 제시한 한일어업협정 내 어선 또는 어선 단속용 선박의 난파 시 해난구조 및 상대국 항구 피항 등과 관련한 조항(안)
주제어	어업

어선의 조업 안전과 질서유지에 관한 규정
(漁船の操業安全と秩序維持に関する規定)

문서파일번호	753
작성연월일	1965. 5. 6 - 1965. 5. 28
구분	第7차 회담
세부항목	어선의 조업 안전과 질서유지 관련 규정
작성처	외무성, 수산청
매수	38
비밀등급	
문서종류	협정안, 내부문서, 회의록, 외교공한
공개구분	공개
내용	'한일어업 문제에 관한 합의사항' 가서명 후 양국 간에 협의된 어선의 조업 안전과 질서유지에 관한 규정('합의사항' 12) 관련 문서 모음
주제어	어업, 어선 조업 안전과 질서유지

문서명	어선의 조업 안전과 질서유지에 관한 규정(안)[漁船の操業安全と秩序維持に関する規定(案)]

문서파일번호 753
작성연월일 1965. 5. 6
구분 제7차 회담
세부항목 어선의 조업 안전과 질서유지 관련 규정
작성처 외무성(한국이 제시한 안을 정리)
매수 13
비밀등급 극비
문서종류 협정 부속서안
공개구분 공개
내용 어업협정 부속서의 일환으로 한국이 제시한 어선의 조업 안전과 질서유지에 관한 규정안. 어선의 출어표지 및 게시, 항행 및 조업에 관한 준수사항, 어선의 조업표지, 어선의 피항과 신호에 관한 사항, 어선의 피해 보상 등에 관한 내용이 담겨 있음.
주제어 어업

문서명	어선의 조업 질서유지에 관하여(漁船の操業秩序維持について)

문서파일번호 753
작성연월일 1965. 5. 20
구분 제7차 회담
세부항목 어선의 조업 안전과 질서유지 관련 규정
작성처 수산청
매수 2
비밀등급
문서종류 내부문서
공개구분 공개
내용 수산청이 제시한 어선의 조업 질서유지에 관한 내용
주제어 어업

문서명	어선의 조업 안전과 질서유지에 관한 협정안(漁船の操業安全と秩序維持に関する協定案)

문서파일번호 753
작성연월일 1965. 5. 21
구분 제7차 회담
세부항목 어선의 조업 안전과 질서유지 관련 규정
작성처 수산청
매수 5
비밀등급 일반
문서종류 협정안
공개구분 공개
내용 수산청이 제시한 어선의 조업 안전과 질서유지에 관한 협정안
주제어 어업

문서명	어선의 조업 질서유지에 관하여(漁船の操業秩序維持について)

문서파일번호 753
작성연월일 1965(월일 불명)
구분 제7차 회담
세부항목 어선의 조업 안전과 질서유지 관련 규정
작성처 불명
매수 3
비밀등급 일반
문서종류 내부문서
공개구분 공개
내용 한국이 1965년 5월 6일 제시한 어선의 조업 안전과 질서유지에 관한 규정(안)을 검토한 일본의 언급사항 문서(talking paper)
주제어 어업

문서명	어선의 조업 질서유지에 관하여(漁船の操業秩序維持について)

문서파일번호 753
작성연월일 1965. 5. 22
구분 제7차 회담
세부항목 어선의 조업 안전과 질서유지 관련 규정
작성처 외무성(한국이 제시한 안을 정리)
매수 3
비밀등급
문서종류 협정안
공개구분 공개
내용 어업협정에 따라 양 체약국이 자국의 관련 민간기관에 대해 양국 어선의 조업 안전과 질서유지를 위한 지도(指導)를 할 경우의 동 지도 내용에 관한 규정(한국 제시)
주제어 어업

문서명	안전 조업과 조업 질서유지에 관한 규정안(安全操業と送料秩序維持に関する規定案)

문서파일번호 753
작성연월일 1965. 5. 21
구분 제7차 회담
세부항목 어선의 조업 안전과 질서유지 관련 규정
작성처 외무성
매수 1
비밀등급 일반
문서종류 협정안
공개구분 공개
내용 안전 조업과 조업의 질서유지에 관한 규정안의 일본 수정안
주제어 어업

문서명	안전 조업과 조업 질서유지에 관한 논의기록(安全操業と送料秩序維持に関する討議の記録)

문서파일번호 753
작성연월일 1965. 5. 21
구분 제7차 회담
세부항목 어선의 조업 안전과 질서유지 관련 규정
작성처 외무성 북동아시아과
매수 1
비밀등급 일반
문서종류 회의록
공개구분 공개
내용 한일 어업협정을 체결할 경우 양국 정부의 대표자들이 자국의 조업자들에게 어선 간의 조업 안전과 정상적 질서유지에 관한 사항들을 장려하겠다는 뜻을 표명하였다는 논의기록(일본이 회의에 대비하여 사전에 준비해 놓은 것으로 보임)
주제어 어업

문서명	안전 조업과 조업 질서유지에 관한 규정안(安全操業と送料秩序維持に関する規定案)

문서파일번호 753
작성연월일 1965. 5. 22
구분 제7차 회담
세부항목 어선의 조업 안전과 질서유지 관련 규정
작성처 외무성 북동아시아과
매수 2
비밀등급 일반
문서종류 협정안
공개구분 공개
내용 일본의 안전조업과 조업의 질서유지에 관한 규정 수정안
주제어 어업

문서명	조업 안전과 질서유지 관련 수산청의 의향 타진이 필요한 사항(操業安全と秩序維持について水産庁の意向を打尽すべき事項)

문서파일번호 753
작성연월일 1965. 5. 24
구분 제7차 회담
세부항목 어선의 조업 안전과 질서유지 관련 규정
작성처 외무성 북동아시아과
매수 4
비밀등급 극비
문서종류 내부문서
공개구분 공개
내용 조업 안전과 질서유지에 관한 사항을 민간에게만 맡기지 말고 행정지도, 성명, 합의의사록 등의 형태로 한일 정부가 결정할 것을 제안하는 외무성 안에 대해, 수산청의 검토가 필요하다고 건의
주제어 어업

문서명	조업 안전과 질서유지에 관하여(操業安全及び秩序維持について)

문서파일번호 753
작성연월일 1965. 5. 26
구분 제7차 회담
세부항목 어선의 조업 안전과 질서유지 관련 규정
작성처 외무성 북동아시아과
매수 4
비밀등급 일반
문서종류 내부문서
공개구분 공개
내용 북동아시아과 오카다(岡田) 사무관이 개인 기록용으로 작성한 조업의 안전과 질서유지에 관한 수산청, 외무성 조약국 및 한국의 견해. 한국은 이 규정을 협정의 부속서로 포함시켜 직접 협정상 의무의 대상으로 하고 싶어 하나 일본은 반대함.
주제어 어업

문서명	제목 없음(오카다 사무관의 어업 관련 메모)

문서파일번호 753
작성연월일 1965. 5. 28
구분 제7차 회담
세부항목 어선의 조업 안전과 질서유지 관련 규정
작성처 외무성 북동아시아과
매수 1
비밀등급 일반
문서종류 내부문서
공개구분 공개
내용 오카다 사무관의 간단한 메모. 외무성은 수산청의 의견에 따라 내부검토를 진행하겠다는 메모
주제어 어업

문서명	일본국 외무성 아시아국장이 한국 외무부 아주국장에게 보내는 서한(안) [日本国外務省アジア局長の韓国外務部亜州局長あて書簡(案)]

문서파일번호 753
작성연월일 1965. 5. 28
구분 제7차 회담
세부항목 어선의 조업 안전과 질서유지 관련 규정
작성처 외무성 북동아시아과
매수 1
비밀등급 극비
문서종류 외교공한
공개구분 공개
내용 일본 외무성 아시아국장이 한국 외무부 연하구 아주국장에게 보내는 서한(안). 한일어업협정의 서명이 이루어진 후 일본 수산당국은 한일양국 어선의 정상적인 질서유지를 위해 일본의 책임 있는 민간단체가 별지 내용에 따라 협약을 체결해야 할 것임. 한국도 관련 민간단체에 동일한 조치를 취하는 것이 필요하다는 점을 지적함.
주제어 어업

문서명	일본국 외무성 아시아국장이 한국 외무부 아주국장에게 보내는 서한(안)[日本国外務省アジア局長 の韓国外務部亜州局長あて書簡(案)]

문서파일번호 753
작성연월일 1965. 5. 28
구분 제7차 회담
세부항목 어선의 조업 안전과 질서유지 관련 규정
작성처 외무성 북동아시아과
매수 1
비밀등급 일반
문서종류 외교공한
공개구분 공개
내용 외무성 아시아국장이 연하구 아주국장에게 보내는 서한 초안
주제어 어업

어업교섭에 대한 방침
(漁業交渉に対する方針)

문서파일번호	754
작성연월일	1965. 5. 19 - 1965. 5. 22
구분	제7차 회담
세부항목	어업교섭
작성처	외무성
매수	15
비밀등급	
문서종류	회의록, 내부문서
공개구분	공개
내용	'4·3 합의사항' 이후 어업교섭과 관련하여 한일 양측 실무자 협의 및 일본 자체 협의 기록
주제어	어업

문서명	어업교섭에 대한 한국 제안 건(漁業交渉に対する韓国側の提案に関する件)

문서파일번호 754
작성연월일 1965. 5. 19
구분 제7차 회담
세부항목 어업교섭
작성처 외무성 북동아시아과
매수 4
비밀등급 극비
문서종류 회의록
공개구분 공개
내용 주일한국대표부 오재희 정무과장, 김정태 전 동북아주과장과 일본 구로다 미즈오(黒田瑞夫) 북동아시아과장, 마쓰나가 노부오(松永信雄) 조약과장이 참석한 회의기록. 한국은 '합의사항'을 바꿀 수는 없으므로 불명확한 점을 명료하게 하는 것을 포함하여 정식채널에서 대화하는 것이 필요하다고 제기함.
주제어 어업

문서명	한국안에 대한 일본의 대처방침안(외무성 안)[韓国案に対する日本側対処方針案(外務省案)]

문서파일번호 754
작성연월일 1965. 5. 20
구분 제7차 회담
세부항목 어업교섭
작성처 외무성 북동아시아과
매수 3
비밀등급 극비
문서종류 내부문서
공개구분 공개
내용 1965년 5월 18일 한일어업 4자 회담에서 한국이 제시한 안에 대한 외무성 검토의견. 외무성 관련사항으로 ① 옵저버 승선 ② 공동순시(Joint Patrol) ③ 직선기선에 관한 의견을 정리한 후 수산청에 별도 6가지 사항에 대한 검토를 요청하기로 함.
주제어 어업

문서명	아시아국, 조약국 회의(アジア局、条約局会議)

문서파일번호 754
작성연월일 1965. 5. 20
구분 제7차 회담
세부항목 어업교섭
작성처 외무성 북동아시아과
매수 3
비밀등급 일반
문서종류 회의록
공개구분 공개
내용 1965년 5월 18일 한국 제안에 대하여 아시아국과 조약국 실무자들이 검토한 내부 회의기록
주제어 어업

문서명	한일어업교섭 대처방침(안)[日韓漁業交渉対処方針(案)]

문서파일번호 754
작성연월일 1965. 5. 22
구분 제7차 회담
세부항목 어업교섭
작성처 외무성 아시아국
매수 5
비밀등급 극비
문서종류 내부문서
공개구분 공개
내용 외무성 아시아국의 한일어업교섭 대처방침안. 일본은 '합의사항'의 내용을 충실히 반영하여 작성한 4월 22일 자 일본의 어업협정안을 기초로 교섭을 추진키로 함(한국은 5월 4일 어업협정안 제시).
주제어 어업

수산청장관의 서한 내용
(水産庁長官の書簡の内容)

문서파일번호	755
작성연월일	1965. 6. 9
구분	제7차 회담
세부항목	어업교섭
작성처	외무성 아시아국
매수	13
비밀등급	
문서종류	내부문서
공개구분	공개
내용	일본 외무성이 한일어업협정 내용과 관련하여 일본 수산청장관이 한국에 보낼 서한에 포함될 내용을 작성한 문서
주제어	어업

문서명	수산청장관의 서한 내용(구로다 제1차안)[水産庁長官の書簡の内容(黒田第一次案)]

문서파일번호 755
작성연월일 1965. 6. 9
구분 제7차 회담
세부항목 어업교섭
작성처 외무성 아시아국
매수 7
비밀등급 일반
문서종류 외교공한
공개구분 공개
내용 수산청장관이 한국에 보낼 서한 내용과 관련한 구로다 미즈오 북동아시아과장의 제1차 초안. 연안어업에 종사하는 일본의 어선 및 그 어선들의 조업 수역의 현황에 관한 정보를 제공할 용의가 있으며, 감시선 또는 순시선이 잠정적 조업규제조치를 원할하고 효과적으로 실시하기 위해 필요에 따라 공동 또는 밀접히 연락하면서 순시하기로 하자는 내용 등이 기술됨.
주제어 어업

문서명	제2안을 관계 각 성에 제시 후 하코네 회담의 총리 보고에 사용[黒田第二次案(本案を関係各省に提示後箱根会談の総理への報告において使用)]

문서파일번호 755
작성연월일 1965. 6. 9
구분 제7차 회담
세부항목 어업교섭
작성처 외무성 아시아국
매수 6
비밀등급 극비
문서종류 내부문서
공개구분 공개
내용 구로다 미즈오 제1차안을 다소 수정한 문서
주제어 어업

한일어업 문제의 해결 건
(日韓漁業問題の解決に關する件)

문서파일번호	756
작성년월일	1965. 6. 12 - 1965. 6. 17
구분	제7차 회담
세부항목	어업교섭
작성처	외무성, 수산청
매수	12
비밀등급	
문서종류	내부문서, 성명문
공개구분	공개
내용	한일어업협정 체결 교섭 막바지에 한국이 보완을 요청한 사항에 관한 일본의 처리내용이 담긴 문서 모음
주제어	어업

문서명	한일어업 문제 해결 시 12해리 어업수역에 대해(日韓漁業問題の解決に当たっての12海里の漁業水域について)

문서파일번호 756
작성연월일 1965. 6. 12
구분 제7차 회담
세부항목 어업교섭
작성처 외무성 조약국 법규과
매수 6
비밀등급 비(秘)
문서종류 내부문서
공개구분 공개
내용 한일어업협정에서 한국의 어업전관수역을 12해리로 설정하는 데 양측이 합의한 것과 관련하여 이에 대한 국제법적 타당성을 검토한 내용이 담긴 문서. 어업수역 12해리는 영해의 문제는 일체 건드리지 않고 있으며, 일본이 사용한 직선기선은 어업수역에 관한 것이고, 어업수역은 양국 간 협정에 기초하여 설정한 것이므로 당사국 상호 간에만 유효한 제도임.
주제어 어업

문서명	한국의 이른바 보완요청사항에 대한 생각(韓国のいわゆる補完要請事項に対する考え方)

문서파일번호 756
작성연월일 1965. 6. 15
구분 제7차 회담
세부항목 어업교섭
작성처 수산청
매수 2
비밀등급 비(秘)
문서종류 내부문서
공개구분 공개
내용 한국이 어업협정 체결과 관련하여 보완을 요청한 사항에 대해 직선기선 및 공정 타당한 처리에 관한 합의사항 가서명 당시의 양해가 지켜지지 않으면 보완요청사항의 심의에 들어갈 수 없다는 수산청의 입장이 담김.
주제어 어업

문서명	일본국 농림대신의 성명(안)[日本国農林大臣の声明(案)]

문서파일번호 756
작성연월일 1965. 6. 17
구분 제7차 회담
세부항목 어업교섭
작성처 외무성
매수 1
비밀등급 극비
문서종류 성명문
공개구분 공개
내용 한국의 보완요청사항(1)에 대한 일본 의견(일본 농림대신 성명의 형태로 처리)
주제어 어업

문서명	합의의사록안[合意議事錄(案)]

문서파일번호 756
작성연월일 1965. 6. 17
구분 제7차 회담
세부항목 어업교섭
작성처 외무성
매수 2
비밀등급 극비
문서종류 내부문서
공개구분 공개
내용 한국의 보완요청사항(2), (3), (4), (5)에 관한 일본 의견(합의의사록을 수정하는 형태로 처리)
주제어 어업

문서명	한일 간에 교환한 설명내용(日韓間において交わされる説明の内容)

문서파일번호 756
작성연월일 1965. 6. 17
구분 제7차 회담
세부항목 어업교섭
작성처 외무성
매수 1
비밀등급 극비
문서종류 내부문서
공개구분 공개
내용 한국의 보완요청사항(6)에 대한 일본 의견(어떠한 형식으로 처리할지 미정)
주제어 어업

어업수역 침범을 이유로 하는 '추적권'에 대해서
(漁業水域侵犯を理由とする「追跡権」について)

문서파일번호	757
작성연월일	1965. 6. 19 1965. 6. 29
구분	제7차 회담 , 한일협정 체결 후
세부항목	어업수역 침범선박에 대한 추적권
작성처	외무성 조약국 법규과
매수	14
비밀등급	
문서종류	내부문서
공개구분	공개
내용	한일어업협정상 어업수역을 침범하는 선박에 대한 '추적권'에 관한 검토의견이 담긴 문서
주제어	어업

문서명	어업수역 침범을 이유로 하는 '추적권'에 대해서(漁業水域侵犯を理由とする「追跡権」について)

문서파일번호 757
작성연월일 1965. 6. 19
구분 제7차 회담
세부항목 어업수역 침범선박에 대한 추적권
작성처 외무성 조약국 법규과
매수 11
비밀등급 비(秘)
문서종류 내부문서
공개구분 공개
내용 어업수역의 공해 부분은 영해나 접속수역이 아니므로 공해상의 어선은 추적권을 행사할 수 없다는 검토의견이 담김.
주제어 어업

문서명	한일어업협정에서 어업수역을 침범한 선박에 대한 '추적권'에 관하여(日韓漁業協定における漁業水域を侵犯した船舶に対する「追跡権」について)

문서파일번호 757
작성연월일 1965. 6. 29
구분 한일협정 체결 후
세부항목 어업수역 침범선박에 대한 추적권
작성처 외무성 조약국 법규과
매수 3
비밀등급 비(秘)
문서종류 내부문서
공개구분 공개
내용 1965년 6월 19일 법규과의 추적권 관련 검토의견을 일부 보완하여 타이핑한 문서
주제어 어업

한일어업협력
(日韓漁業協力)

문서파일번호	1616
작성연월일	1965. 2. 1 - 1965. 2. 27
구분	제7차 회담
세부항목	한일어업협력
작성처	외무성, 수산청 등
매수	35
비밀등급	
문서종류	내부문서, 회의록
공개구분	공개
내용	일본의 대한국 어업협력 처리방침, 어업협력안 등의 문서 모음
주제어	어업, 어업협력

문서명	어업협력 건(漁業協力に関する件)

문서파일번호 1616
작성연월일 1965. 2. 1
구분 제7차 회담
세부항목 한일어업협력
작성처 외무성 북동아시아과
매수 9
비밀등급 극비
문서종류 내부문서
공개구분 공개
내용 한일어업협력에 관한 내용이 기술된 문서. 어업협력 총액 중 일부는 동해안 어민을 위한 중소어선을 대상으로 특별고려조치가 필요하다는 시안이 담김.
주제어 어업, 어업협력

문서명	한일교섭에서 한일 간 어업협력 문제의 처리방침(안)[日韓交渉における日韓間漁業協力問題の処理方針(案)]

문서파일번호 1616
작성연월일 1965. 2. 8
구분 제7차 회담
세부항목 한일어업협력
작성처 외무성 북동아시아과
매수 7
비밀등급 극비
문서종류 내부문서
공개구분 공개
내용 1965년 2월 1일 작성한 한일교섭에서 한일 간 어업협력 문제의 처리방침안. 총액은 명기되어 있지 않으며, 성격은 오히라 마사요시·김종필 합의의 제3카테고리인 민간신용공여(1억 달러 이상)의 틀 내에서 하는 것으로 함. 신용공여의 대상 등에 관한 사항들도 정리되어 있음.
주제어 어업, 어업협력

문서명	한일어업교섭에 관한 메모(日韓漁業交渉に関するメモ)

문서파일번호 1616
작성연월일 1965. 2. 15
구분 제7차 회담
세부항목 한일어업협력
작성처 수산청
매수 2
비밀등급 일반
문서종류 내부문서
공개구분 공개
내용 한일어업교섭에 관한 수산청 측 의견이 기록된 메모. 어업 문제와 관련 일본연안에 공동규제수역 설치 불가 등의 견해와 함께 무역 문제에 관해 어선의 수출은 한일어업협정 조인 후 처리하겠다는 내용 등이 담김.
주제어 어업, 공동규제수역, 어선 수출 문제

문서명	대한어업협력안(対韓漁業協力案)

문서파일번호 1616
작성연월일 1965. 2. 25
구분 제7차 회담
세부항목 한일어업협력
작성처 외무성 아시아국
매수 9
비밀등급 극비
문서종류 내부문서
공개구분 공개
내용 한국에 대한 어업협력안. 오히라 마사요시·김종필 합의의 제3 카테고리인 민간신용공여(1억 달러 이상)의 틀 내에서 금액은 5천만 달러로 하되 향후 정치 절충 과정에서 증액 가능하다는 것을 전제로 구체적인 협력 방안을 정리
주제어 어업, 어업협력

문서명	어업협력 차관 문제에 관한 국회 심의 상황(漁業協力借款問題についての国会審議状況)

문서파일번호 1616
작성연월일 1965. 2. 27
구분 제7차 회담
세부항목 한일어업협력
작성처 불명
매수 6
비밀등급 일반
문서종류 회의록
공개구분 공개
내용 중의원 예산위원회 제2분과회의 회의록. 어업교섭의 3가지 현안중 하나인 한국에 대한 어업협력에 관한 심의기록
주제어 어업, 어업협력, 일본 국회 심의

문서명	어업협력안(漁業協力案)

문서파일번호 1616
작성연월일 1965. 2. 12
구분 제7차 회담
세부항목 한일어업협력
작성처 불명
매수 2
비밀등급 극비
문서종류 내부문서
공개구분 공개
내용 한국에 대한 어업협력의 구체적인 내역이 명기된 안. 금액 5천만 달러, 기간 4년, 1년 거치 후 7년, 계 8년 안에 상환, 금리 5.75%, 한국어업공사와 일본 상사 간의 연도별 일괄계약 수출입은행 베이스 융자 등 기술
주제어 어업, 어업협력

한일어업교섭의 경과
(日韓漁業交渉の経過)

문서파일번호	913
작성연월일	1965. 1. 14
구분	제7차 회담
세부항목	한일어업교섭 경과
작성처	수산청
매수	12
비밀등급	
문서종류	내부문서
공개구분	공개
내용	제7차 회담 다카스기 신이치 일본수석대표에게 브리핑하기 위한 참고용으로 수산청이 작성한 한일어업교섭 관련 자료
주제어	어업

문서명	한일어업교섭의 경과(日韓漁業交渉の経過)

문서파일번호 913
작성연월일 1965. 1. 14
구분 제7차 회담
세부항목 한일어업교섭 경과
작성처 수산청
매수 6
비밀등급 극비
문서종류 내부문서
공개구분 공개
내용 1962년 12월부터 1964년 1월까지의 한일 간 어업교섭 경위, 내용 등을 정리. 직선기선, 아카기 무네노리 농상대신의 시안, 공동규제수역, 공동규제조치, 공동규제척수 및 단속과 재판관할권에 관해 정리함.
주제어 어업

문서명	한일어업교섭의 규제 내용(日韓漁業交渉の規制の内容)

문서파일번호 913
작성연월일 1965. 1. 14
구분 제7차 회담
세부항목 한일어업교섭에서의 규제내용
작성처 수산청
매수 5
비밀등급 일반
문서종류 내부문서
공개구분 공개
내용 한일어업교섭에서의 규제 내용(어선 크기, 그물 크기, 조업 중단 기간, 제한 척수 등)에 관해 정리
주제어 어업

문서명	별표: B 해역의 어업 종류별 척수(연안어업)[別表: B海域における漁業種類別隻数(沿岸漁業)]

문서파일번호 913
작성연월일 1965. 1. 14
구분 제7차 회담
세부항목 B 해역 어업 종류별 척수
작성처 수산청
매수 1
비밀등급 일반
문서종류 내부문서
공개구분 공개
내용 B 해역의 어업 종류별 척수(연안어업)를 기술한 문서
주제어 어업

영일만 및 울산만 처리에 대해서
(迎日湾及び蔚山湾の取扱について)

문서파일번호	914
작성연월일	1965. 1. 27 - 1965. 1. 29
구분	제7차 회담
세부항목	영일만 및 울산만 처리 문제
작성처	
매수	15
비밀등급	
문서종류	회의록
공개구분	공개
내용	한국 동해안의 영일만 및 울산만 처리 문제에 관하여 검토한 내용을 담은 문서
주제어	

문서명	영일만 및 울산만의 처리에 대해서(迎日湾及び蔚山湾の取扱について)

문서파일번호 914
작성연월일 1965. 1. 27
구분 제7차 회담
세부항목 영일만 · 울산만 처리 문제
작성처 외무성
매수 11
비밀등급 극비
문서종류 내부문서
공개구분 공개
내용 양국이 한국 동해안의 영일만 및 울산만은 1958년 '영해 및 접속수역에 관한 조약'에 따라 처리하기로 했으나, 1965년 1월 25일 한일 어업전문가 회의에서 이 합의에 대한 해석에 차이(직선기선을 긋는 방식에 따라 관할수역의 범위가 크게 달라짐)가 노정됨에 따라 이 문제의 해결을 위해 검토한 의견 정리문서임.
주제어 어업

문서명	영일만·울산만의 처리 방법에 관한 교섭방침(迎日湾·蔚山湾の処理の仕方に関する交渉方針)

문서파일번호 914
작성연월일 1965. 1. 29
구분 제7차 회담
세부항목 영일만 · 울산만 처리 문제
작성처 외무성 북동아시아과
매수 4
비밀등급 극비
문서종류 내부문서
공개구분 공개
내용 영일만과 울산만의 획선에 관한 일본안
주제어 어업

공동조업수역에서의 규제
(共同操業水域における規制)

문서파일번호	916
작성연월일	1965. 2. 1 - 1965. 2. 15
구분	제7차 회담
세부항목	공동수역 규제
작성처	외무성 북동아시아과
매수	19
비밀등급	
문서종류	내부문서, 내부자료
공개구분	공개
내용	한일어업 공동조업수역의 규제와 관련한 한일 양측 주장과 이에 관한 논의기록을 담은 문서 모음
주제어	어업

문서명	한일공동조업수역의 일본 규제안에 대한 한국 견해(韓日共同操業水域における日本側規制案に対する韓国側見解)

문서파일번호 916
작성연월일 1965. 2. 1
구분 제7차 회담
세부항목 공동수역 규제
작성처 외무성 북동아시아과
매수 6
비밀등급 극비
문서종류 내부문서
공개구분 공개
내용 한일공동수역의 규제내용과 관련한 한국 견해를 적은 문서. 수역을 A, B, C, D, E 5구역으로 나누고 B, C, D, E 구역에서의 규제내용에 관해서는 전문가 회의에서 계속 논의하는 것으로 함. 공동수역에서의 일본 출어 척수, 기타 규제사항에 관한 내용도 제시함.
주제어 어업

문서명	공동규제해역에서의 규제내용(共同規制海域における規制内容)

문서파일번호 916
작성연월일 1965. 2. 3
구분 제7차 회담
세부항목 공동수역 규제
작성처 외무성 북동아시아과
매수 6
비밀등급 극비
문서종류 내부자료
공개구분 공개
내용 공동규제해역에서의 규제내용에 관한 일본안과 한국안을 비교한 표
주제어 어업

문서명	한일어업교섭의 공동규제내용에 관한 논의 개요(日韓漁業交渉における共同規制内容に関する討議概要)

문서파일번호 916

작성연월일 1965. 2. 15

구분 제7차 회담

세부항목 공동수역 규제

작성처 외무성 북동아시아과

매수 7

비밀등급 극비

문서종류 내부문서

공개구분 공개

내용 한일어업교섭의 공동규제 내용에 관한 그간의 논의 개요를 기록한 문서. 양국 간 합의된 내용과 합의되지 않은 내용이 나와 있는데 규제 척수에 대해서는 조정에 실패했다고 기록됨.

주제어 어업

나포 어선 및 한국 치적선에 관한 자료
(拿捕漁船及び朝鮮置籍船に関する資料)

문서파일번호	917
문서명	나포 어선 및 한국 치적선에 관한 자료(拿捕漁船及び朝鮮置籍船に関する資料)
작성연월일	1965. 2. 2
구분	제7차 회담
세부항목	나포 어선 및 한국치적선 자료
작성처	외무성 북동아시아과
매수	6
비밀등급	극비
문서종류	내부자료
공개구분	공개
내용	1964년 8월 22일까지의 일본어선 나포에 따른 손해액과 일본이 조사한 한국 치적선 현황에 관한 자료
주제어	어업, 나포 어선, 한국치적선

한국에 대한 어선 11척 수출에 관해서
(韓国向漁船11隻輸出について)

문서파일번호	918
문서명	한국에 대한 어선 11척 수출에 관해서(韓国向漁船11隻輸出について)
작성연월일	1965. 2. 6
구분	제7차 회담
세부항목	한국에 대한 어선수출
작성처	외무성 경제국 아시아과(經濟局 アジア課)
매수	2
비밀등급	극비
문서종류	내부문서
공개구분	공개
내용	외무성 경제국에서 작성한 어선 11척의 한국 수출 경위. 한국의 일본어선 나포 문제로 국내적 우려가 있었으나 한일교섭 촉진의 견지에서 수출을 승인했음.
주제어	어업, 어선 수출

월별 최고 출어 척수 실적
(月別最高出漁隻数実績)

문서파일번호	919
문서명	월별 최고 출어 척수 실적(月別最高出漁隻数実績)
작성연월일	1965. 2. 10
구분	제7차 회담
세부항목	일본 월별 출어 척수
작성처	수산청
매수	1
비밀등급	일반
문서종류	내부자료
공개구분	공개
내용	와다 수산청 차장이 주일한국대표부 이규성 참사관(공사)에게 전달한 자료로, 외무성은 2월 12일 수산청으로부터 받음. 저인망, 트롤, 장작망(まき網) 등의 월별 출어 척수가 정리되어 있음.
주제어	어업

한일어업교섭에 관한 메모
(日韓漁業交渉に関するメモ)

문서파일번호	915
문서명	한일어업교섭에 관한 메모(日韓漁業交渉に関するメモ)
작성연월일	1965. 2. 15
구분	제7차 회담
세부항목	시나 외상 방한 대비 어업 문제 자료
작성처	수산청
매수	2
비밀등급	일반
문서종류	내부문서
공개구분	공개
내용	시나 에쓰사부로 외상의 방한(1965년 2월 17~20일) 참고용으로 수산청이 작성한 한일어업교섭과 관련한 메모 자료. 공동규제수역을 일본연안에 설치하는 안(C해역)은 승인할 수 없음. 어선 수출, 한국 수산물 대일수출 문제 등 무역 문제에 관한 내용
주제어	어업

'이 라인'의 철폐에 대해서
(李ラインの撤廃について)

문서파일번호	921
작성연월일	1965. 3. 9
구분	제7차 회담
세부항목	'이 라인' 대책
작성처	외무성
매수	4
비밀등급	
문서종류	내부문서
공개구분	공개
내용	공동규제수역을 설정함에 있어 '이 라인'과 관련한 문제에 대한 일본의 대책을 담은 문서
주제어	어업, '이 라인'

문서명	'이 라인'의 철폐에 대해서(李ラインの撤廃について)

문서파일번호 921
작성연월일 1965. 3. 9
구분 제7차 회담
세부항목 '이 라인' 대책, 어업협정에 담겨야 할 내용
작성처 외무성
매수 2
비밀등급 극비
문서종류 내부문서
공개구분 공개
내용 일본이 어업협정(부속서 포함)에 담겨야 할 내용을 적은 문서. 어업수역 확정, 공동규제수역 확정, 공동규제수역에서의 규제조치 양국 평등적용, 단속 및 재판관할권의 기국주의가 포함되어야 함. 공동규제수역과 '이 라인' 사이를 자원조사수역으로 하는 것은 반대하며, 자원조사수역은 공동위원회에서 필요에 따라 결정하면 됨.
주제어 어업, '이 라인'

문서명	교환서한 또는 합의의사록의 표현(交換書簡または合意議事録の表現振り)

문서파일번호 921
작성연월일 1965. 3. 9
구분 제7차 회담
세부항목 '이 라인' 대책, 어업협정 부속문서에 담겨할 공해 단속 관련 내용
작성처 외무성
매수 2
비밀등급
문서종류 내부문서
공개구분 공개
내용 일본이 어업과 관련한 교환공문 또는 합의의사록 표현과 관련한 내용을 담은 문서. 공해에서 일방 국가가 타방 국가 국민 및 선박에 대해 권력을 행사하는 것은 어떠한 명목으로도 용납되지 않음을 확인함.
주제어 어업, '이 라인'

15만 톤의 어획량의 성격에 관하여
(15万トンの漁獲量の性格について)

문서파일번호	922
작성연월일	1965. 3. 9 1965. 3. 13
구분	제7차 회담
세부항목	어획량 제한문제의 일본 견해
작성처	외무성, 수산청
매수	6
비밀등급	
문서종류	내부문서
공개구분	공개
내용	어획량 제한과 관련한 일본 견해를 정리한 문서
주제어	어업

문서명	15만 톤의 어획량의 성격에 관하여(15万トンの漁獲量の性格について)

문서파일번호 922
작성연월일 1965. 3. 9
구분 제7차 회담
세부항목 어획량 제한 문제의 일본 견해
작성처 외무성
매수 3
비밀등급 극비
문서종류 내부문서
공개구분 공개
내용 한국의 어획량 15만 톤 제한에 대한 일본 견해를 정리한 문서. 한국은 어선의 척수로 제한할 경우 어획량이 많아질 것을 우려하여 15만 톤으로 제한하려 하나, 이 문제는 추후 다시 협의할 필요성이 있음.
주제어 어업

문서명	공동규제의 내용에 관하여(共同規制の内容について)

문서파일번호 922
작성연월일 1965. 3. 13
구분 제7차 회담
세부항목 어획량 제한문제의 일본 견해
작성처 수산청
매수 3
비밀등급 일반
문서종류 내부문서
공개구분 공개
내용 수산청의 공동규제에 관한 구체적 제안문서. 공동규제수역을 구분하지 말고 최고 출어 척수와 어선의 규모만 규제해야 한다는 내용임.
주제어 어업

제주도 부근의 기선 문제에 대해서
(済州島附近の基線問題について)

문서파일번호	923
작성연월일	1965. 3. 13 - 1965. 3. 24
구분	제7차 회담
세부항목	제주도 부근 기선 , 조업 금지구역, 한일 농림장관 회담
작성처	외무성, 주서울 마에다 조사관, 수산청, 한국정부
매수	44
비밀등급	
문서종류	내부문서, 합의의사록안, 전문, 내부자료
공개구분	공개
내용	제주도 부근 기선 문제, 조업 금지구역에 관한 합의의사록안, 한일 농림장관 회담 관련 언론 보도, 어업수역 침범에 관한 문제 등에 관한 문서 모음
주제어	어업

문서명	제주도 부근의 기선 문제에 대해서(済州島附近の基線問題について)

문서파일번호 923
작성연월일 1965. 3. 13
구분
세부항목 제주도 부근 기선 문제
작성처 외무성
매수 2
비밀등급 극비
문서종류 내부문서
공개구분 공개
내용 제주도 부근 기선 문제에 관한 어업협정안 조문 요지
주제어 어업

문서명	합의의사록 요지(안)[合意議事録要旨(案)]

문서파일번호 923
작성연월일 1965. 3. 17
구분
세부항목 공동규제수역 내 조업 척수
작성처 외무성
매수 1
비밀등급 극비
문서종류 합의의사록안
공개구분 공개
내용 공동규제수역에서의 조업 척수에 관한 합의의사록 요지안
주제어 어업

문서명	합의의사록 요지(안)[合意議事録要旨(案)]

문서파일번호 923
작성연월일 1965. 3. 17
구분 제7차 회담
세부항목 조업 척수
작성처 외무성
매수 1
비밀등급 극비
문서종류 합의의사록안
공개구분 공개
내용 한국 동해안의 공동규제구역의 일본 저인어선의 척수에 관한 합의의사록 요지안
주제어 어업

문서명	금지구역에 관한 합의의사록 요지(안)[禁止区域に関する合意議事録要旨(案)]

문서파일번호 923
작성연월일 1965. 3. 17
구분 제7차 회담
세부항목 조업 금지구역
작성처 외무성
매수 2
비밀등급 극비
문서종류 합의의사록안
공개구분 공개
내용 조업 금지구역에 관한 합의의사록 요지안
주제어 어업

문서명	농상회담에 관한 한국의 반향에 관하여(農相会談に関する韓国の反響について)

문서파일번호 923
작성연월일 1965. 3. 13
구분
세부항목 한일 농림장관 회담, 언론 보도
작성처 외무성 북동아시아과
매수 2
비밀등급
문서종류 전문(電文)
공개구분 공개
내용 서울에 파견된 마에다 도시카즈에게 한일농상회담 관련 한국 언론 동향을 보고하라고 지시한 문서임.
주제어 어업

문서명	한일 농상회담 보도(日韓農相会談報道)

문서파일번호 923
작성연월일 1965. 3. 14
구분 제7차 회담
세부항목 한일 농림장관 회담 , 언론 보도, 마에다 조사관 보고
작성처 주서울 마에다 조사관
매수 3
비밀등급 일반
문서종류 전문(電文)
공개구분 공개
내용 한일 농림장관 회담 관련 1965년 3월 13일 자 한국 언론 보도 보고
주제어 어업

문서명	한일 농상회담에 관한 보도(日韓農相会談に関する報道)

문서파일번호 923
작성연월일 1965. 3. 15
구분 제7차 회담
세부항목 어업, 한일 농림장관 회담, 언론 보도, 마에다 조사관 보고
작성처 주서울 마에다 조사관
매수 4
비밀등급 일반
문서종류 전문(電文)
공개구분 공개
내용 1965년 3월 14일 한국 언론의 한일 농림장관 회담 보고 내용
주제어 어업

문서명	한일 농상회담(신문 보도)[日韓農相会談(新聞報道)]

문서파일번호 923
작성연월일 1965. 3. 21
구분 제7차 회담
세부항목 어업, 한일 농림장관 회담, 언론 보도, 마에다 조사관 보고
작성처 주서울 마에다 조사관
매수 2
비밀등급 일반
문서종류 전문(電文)
공개구분 공개
내용 1965년 3월 20일 자 한국 언론의 한일 농림장관 회담 관련 보도 보고
주제어 어업

문서명	한국에 의한 나포 어선의 손해액(시산) [韓国による漁船の被害額だ捕(試算)]

문서파일번호 923
작성연월일 1965. 3. 17
구분 제7차 회담
세부항목 나포 어선 손해액
작성처 수산청
매수 1
비밀등급 극비
문서종류 내부자료
공개구분 공개
내용 한국에 의한 나포 어선의 손해액(시산)을 기재
주제어 어업

문서명	어업수역 침범에 관한 문제에 관하여(漁業水域侵犯に関する問題について)

문서파일번호 923
작성연월일 1965. 3. 19
구분 제7차 회담
세부항목 나포방지대책
작성처 외무성 북동아시아과
매수 5
비밀등급 극비
문서종류 내부문서
공개구분 공개
내용 한일어업협정 체결 후 한국의 어업수역 침범 일본어선 나포 방지를 위한 대책을 정리한 문서. 나포 방지를 위한 구체적 절차 합의와 어업수역 침범 어선 및 어부에 대한 벌칙 부여를 일정범위 내에서 정지하도록 합의하는 방안을 기록
주제어 어업

문서명	협정 본문 제○조(규제 및 재판관할권) 제○항의 요지(안)[協定本文第○条(取締り及び裁判管轄権)第○項の要旨(案)]

문서파일번호 923
작성연월일 1965. 3. 19
구분 제7차 회담
세부항목 나포 방지 대책
작성처 외무성
매수 3
비밀등급 일반
문서종류 내부문서
공개구분 공개
내용 협정 본문(규제 및 재판관할권)의 요지안. 단속 및 재판관할권의 남용을 방지하는 내용이 담김.
주제어 어업

문서명	제목 없음

문서파일번호 923
작성연월일 1965. 3. 22
구분 제7차 회담
세부항목 한일 농림장관 회담 일본 발언 요지안
작성처 외무성
매수 4
비밀등급 일반
문서종류 내부문서
공개구분 공개
내용 한일 농림장관 회담에서의 일본 발언 요지안을 정리한 문서로 보임. 한국 어업수역의 기선 획정, 공동규제수역에서의 단속 및 재판관할권 기국주의, 공동규제의 내용, 어업협력자금에 대한 내용 등이 기술되어 있음.
주제어 어업

문서명	아카기·차 어업각료회담의 논의 상황(赤城·車漁業閣僚会談における討議状況)

문서파일번호 923
작성연월일 1965. 3. 23
구분 제7차 회담
세부항목 한일 농림장관 회담
작성처 외무성 북동아시아과
매수 10
비밀등급 일반
문서종류 내부문서
공개구분 공개
내용 한일 농림장관 회담에서의 논의사항을 정리한 문서. 한국 어업수역 획정에 관한 문제, 공동규제수역에서의 출어규제에 관한 문제, 어업단속의 기국주의, 이 라인 폐지문제 등에 관한 논의내용
주제어 어업

문서명	교섭 각 현안의 발언 요령(交渉の各懸案についての御發言要領)

문서파일번호 923
작성연월일 1965. 3. 24
구분 제7차 회담
세부항목 한일 외무장관회담, 어업 문제 일본 발언 요령
작성처 외무성
매수 2
비밀등급 일반
문서종류 내부문서
공개구분 공개
내용 한일 외무장관회의에서 일본의 발언 요령(어업 문제)
주제어 어업

문서명	어업기술협력 총괄표(漁業技術協力總括表)

문서파일번호 923
작성연월일 1970(월일 불명)
구분 한일협정 체결 후
세부항목 어업기술협력
작성처 한국정부
매수 1
비밀등급 일반
문서종류 내부자료
공개구분 공개
내용 한국이 1970년에 작성한 것으로 보이는 일본으로부터의 어업기술협력에 관한 총괄표
주제어 어업

문서명	대일기술협력자료(對日技術協力資料)

문서파일번호 923
작성연월일 1970(월일 불명)
구분 한일협정 체결 후
세부항목 어업기술협력
작성처 한국정부
매수 1
비밀등급 일반
문서종류 내부자료
공개구분 공개
내용 일본의 어업기술협력 관련 자료
주제어 어업

대한 어업협력의 처리방침(안)
[対韓漁業協力の処理方針(案)]

문서파일번호	924
작성연월일	1965. 3. 20 - 1965. 3. 27
구분	제7차 회담
세부항목	일본의 대한국 어업협력
작성처	외무성, 수산청
매수	9
비밀등급	
문서종류	내부문서, 내부자료
공개구분	공개
내용	일본의 대한어업협력 입장 정리 문서
주제어	어업, 어업협력

문서명	대한 어업협력의 처리방침(안)[対韓漁業協力の処理方針(案)]

문서파일번호 924
작성연월일 1965. 3. 20
구분 제7차 회담
세부항목 일본의 대한국 어업협력
작성처 외무성 아시아국
매수 7
비밀등급 극비
문서종류 내부문서
공개구분 공개
내용 어업협력 기금은 총액을 8천만 달러로 함. 이를 양분해 4천만 달러를 중소선박에 대해 특별 고려분으로 10년간 지원함. 나머지 4천만 달러는 통상적인 민간신용공여에 사용함.
주제어 어업

문서명	제목 없음

문서파일번호 924
작성연월일 1965. 3. 27
구분 제7차 회담
세부항목 일본의 대한국 어업협력
작성처 외무성 아시아국
매수 1
비밀등급 일반
문서종류 내부문서
공개구분 공개
내용 일본의 대한국 어업협력자금을 9천만 달러로 한다는 내용의 영문 문서
주제어 어업

문서명	어업수역에 관하여(漁業水域について)

문서파일번호 924
작성연월일 1965(월일 불명)
구분 제7차 회담
세부항목 어업수역
작성처 수산청
매수 1
비밀등급 일반
문서종류 내부자료
공개구분 공개
내용 수산청의 어업수역에 관한 의견서. 양국은 국제법적 관행의 범위 내에서 어업수역을 설정함. 제주도 주변의 금어선은 3년으로 한정하지 않고 '당분간'으로 함. 쓰시마는 국제적 관행의 범위에 따라 일본의 어업수역으로 함.
주제어 어업

어업수역제도의 제3국으로의 파급 문제에 대해서
(漁業水域制度の第三国への波及の問題について)

문서파일번호	925
문서명	어업수역제도의 제3국으로의 파급 문제에 대해서(漁業水域制度の第三国への波及の問題について)
작성연월일	1965. 3. 29
구분	제7차 회담
세부항목	어업전관수역 제도의 파급
작성처	외무성 조약국 법규과
매수	2
비밀등급	일반
문서종류	내부문서
공개구분	공개
내용	한일어업협정 체결 이후 양국 간에 합의된 어업(전관)수역제도의 타국 파급 문제를 검토한 의견서. 일본은 이번에 한국에 어업수역을 인정했듯이 타국에서 같은 요구가 있을 경우 대화에 응한다는 내용이 담김.
주제어	어업

어업수역 내 외측 6해리 안, 출입 문제(이른바 '입회권'의 문제)에 대해서[漁業水域内の外側六海里への立入り問題(いわゆる「入会権」の問題)について]

문서파일번호	926
문서명	어업수역 내 외측 6해리 안, 출입 문제(이른바 '입회권'의 문제)에 대해서[漁業水域内の外側六海里への立入り問題(いわゆる「入会権」の問題)について]
작성연월일	1965. 3. 29
구분	제7차 회담
세부항목	6해리 입회권 문제
작성처	외무성
매수	2
비밀등급	일반
문서종류	내부문서
공개구분	공개
내용	어업수역 외측 6해리 입회권 문제와 관련, 일본이 이를 양보한 경위를 적은 문서. 일본은 '이 라인'의 폐기와 종래의 어업실적을 확보했기 때문에 6해리 입회권은 한국측 반대를 수용하였음.
주제어	어업

영해의 범위에 관한 한국정부의 입장에 대해서
(領海の範囲に関する韓国政府の立場について)

문서파일번호	927
문서명	영해의 빔위에 관한 한국정부의 입장에 대해서(領海の範囲に関する韓国政府の立場について)
작성연월일	1965. 3. 29
구분	제7차 회담
세부항목	영해폭원에 관한 문제
작성처	외무성
매수	3
비밀등급	일반
문서종류	내부문서
공개구분	공개
내용	영해 범위에 관한 한국 입장과 일본 대응 정리 문서. 영해 범위는 국제법상 3해리이며 세계 대다수의 국가가 동의하나 한국은 분명한 입장을 밝히지 않음. 어업교섭을 통해 어업전관수역이 12해리로 정해졌고 일반 선박은 무해통항권이 있기 때문에 한국에게 영해의 입장을 분명히 밝히라고까지 할 필요는 없음.
주제어	어업, 영해

한일어업교섭 현황
(日韓漁業交渉の現状)

문서파일번호	928
문서명	한일어업교섭 현황(日韓漁業交渉の現状)
작성연월일	1965. 4. 1
구분	제7차 회담
세부항목	어업교섭 현황
작성처	외무성 북동아시아과
매수	7
비밀등급	극비
문서종류	내부문서
공개구분	공개
내용	1965년 3월 24일 아카기 무네노리·차균희 농림장관 회담 제10회 회의 이후의 교섭 현황을 정리한 기록(어업수역도 3장이 첨부됨). 제10회 농림장관 회의에서 어업 문제에 관해 대략의 합의가 이뤄졌으며 양측 대표자 레벨에서 이 합의를 명확히 하고 문서화하는 작업이 진행 중임.
주제어	어업

한일어업 문제에 관한 합의사항에 대한 상정문답집
(日韓間の漁業問題に関する合意事項についての想定問答集)

문서파일번호	930
작성연월일	1965. 4. 7 - 1965. 4. 20
구분	제7차 회담
세부항목	어업 문제 합의사항 문답집
작성처	외무성 북동아시아과
매수	33
비밀등급	
문서종류	내부자료
공개구분	공개
내용	한일어업 문제 합의사항에 가서명한 후 작성한 예상 질의답변 자료(1), (2)
주제어	어업

문서명	한일어업 문제에 관한 합의사항에 대한 상정문답집(1)[日韓間の漁業問題に関する合意事項についての想定問答集(その一)]

문서파일번호 930

작성연월일 1965. 4. 7

구분 제7차 회담

세부항목 어업 문제 합의사항 예상 문답집

작성처 외무성 북동아시아과

매수 16

비밀등급 비(秘)

문서종류 내부자료

공개구분 공개

내용 한일어업 문제에 관한 합의사항 관련 예상 질의응답 자료집(1).

① '이 라인'의 철폐가 명기되지 않은 점

② 합의사항에 대해 북한은 어떻게 할 것인가

③ 제주도와 한반도 사이를 저조선(低潮線)으로 하면서 12해리 이상의 수역까지 한국의 어업수역으로 포함시킨 이유

④ 연안에서 12해리까지 어업수역으로 인정하여 이에 대한 배타적 관할권을 인정한 이유

⑤ 양국에 각각 적용되는 최고 출어 척수가 합의되었음에도 한국의 출어 척수는 별도 조정한다는 것의 의미는?

⑥ 일본정부는 합의의사록에서 '이 라인'의 철폐를 분명히 하겠다고 기술해 놓고, 공해자유원칙을 전문(前文)에 넣은 이유는 무엇이며 전문의 법적 효력은?

⑦ 연간 총어획량과 최고 출어 척수의 관계

⑧ 직선기선은 어떻게 결정?

⑨ 어업수역이란?

⑩ 연안어업 및 포경어업에 종사하는 어선의 자주규제 내용까지 합의할 필요가 있는가?

주제어 어업

문서명	한일어업 문제에 관한 합의사항에 대한 상정문답집(2) [日韓間の漁業問題に関する合意事項についての想定問答集(その一二)]

문서파일번호 930
작성연월일 1965. 4. 20
구분 제7차 회담
세부항목 어업 문제 합의사항 예상 문답집
작성처 외무성 북동아시아과
매수 17
비밀등급 비(秘)
문서종류 내부자료
공개구분 공개
내용 한일어업 문제에 관한 합의사항 관련 예상 질의응답 자료집(2).
① 일본의 어업수역
② 어업 문제에 관해 합의사항에 이르기까지의 경위
③ 한일어업교섭을 추진하는 일본의 기본방침
④ 가서명된 어업 문제 합의사항의 개요
⑤ 합의사항에 대한 일본정부의 평가
⑥ 합의사항에 의해 한일 간 어업이 규제되는가?
⑦ 합의사항의 가서명이 이루어지고부터 한일어업협정이 발효되기까지 관계수역에서의 일본어선의 조업은 어떻게 되는지, '이 라인'에 의한 나포는?
⑧ 한일어업교섭의 향후 전망
⑨ 어업협력차관에 관한 합의내용
⑩ 어업협력에 관해 일본정부가 취한 방침
⑪ 어업협력을 위한 민간신용공여 9천만 달러의 성격과 이를 합의사항에서 언급하지 않은 이유
주제어 어업

어업전관수역에 관한 국제 선례
(漁業専管水域に関する国際先例)

문서파일번호	931
문서명	어업전관수역에 관한 국제 선례(漁業専管水域に関する国際先例)
작성연월일	1965. 3. 31
구분	제7차 회담
세부항목	어업전관수역
작성처	불명
매수	3
비밀등급	일반
문서종류	내부자료
공개구분	공개
내용	어업전관수역에 관한 국제 선례를 표로 정리(수기)한 문서
주제어	어업

제7차 한일회담 어업교섭(미정고)
[第7次日韓全面会談における漁業交渉(未定稿)]

문서파일번호	1658
문서명	제7차 한일회담 어업교섭(미정고)[第7次日韓全面会談における漁業交渉(未定稿)]
작성연월일	1968. 10. 15
구분	한일협정 비준 후
세부항목	제7차 한일회담 어업교섭 기록
작성처	외무성 북동아시아과
매수	209
비밀등급	비(秘)
문서종류	내부자료
공개구분	공개
내용	제7차 한일회담에서 어업 문제를 담당한 북동아시아과 우치다 사무관이 제7차 한일회담 어업교섭과 관련하여 정리한 기록 I. 제7차 한일회담까지의 경위 ① '이 라인'의 설정 ② 제1차~제4차 회담 ③ 교섭의 진전 ④ 아카기(赤城宗徳)·차균희 농상회담 개최 II. 제7차 한일회담의 개최 ① 어업위원회의 개최 ② 어업 문제 전반에 대한 쌍방 입장 확인 ③ 어업협력 문제 ④ 기타 III. 제2차 한일어업 각료회담 ① 어업 기선 문제 ② 어업자원보호를 위한 규제조치 문제 ③ 어업협력 문제 ④ 기타 IV. 합의사항 서명 ① 쌍방 서명(안) 제시 ② '합의사항' 작성을 위한 교섭 V. '한일어업협정'의 조인 ① 5월 말까지의 교섭경위 ② 하코네 회담에서부터 조인까지 부속자료 목록만 포함되어 있고 자료들은 문서파일번호 1659~1669에 수록됨.
주제어	어업

자료1. 인접 해양에 대한 주권선언 등
(資料1 隣接海洋に対する主権宣言等)

문서파일번호	1659
작성연월일	1968. 10. 15
구분	한일협정 비준 후
세부항목	제7차 한일회담 어업교섭 기록 부속자료
작성처	외무성 북동아시아과
매수	11
비밀등급	
문서종류	내부자료
공개구분	공개
내용	제7차 한일회담 어업교섭 기록 부속자료 1. 외무성 북동아시아과 우치다 사무관이 작성. 한국의 인접 해양에 관한 주권선언 및 어업자원보호법에 관한 자료
주제어	어업

문서명	자료1(1) 인접 해양에 대한 주권선언 등[資料1(1) 隣接海洋に対する主権宣言等]

문서파일번호 1659
작성연월일 1968. 10. 15
구분 한일협정 비준 후
세부항목 제7차 한일회담 어업교섭
작성처 외무성 북동아시아과
매수 1
비밀등급 일반
문서종류 내부자료
공개구분 공개
내용 한국의 인접 해양에 관한 주권선언과 어업자원보호법, 어업자원보호법시행령 조치에 관해 화살표로 진행순서를 표시
주제어 어업

문서명	인접 해양에 대한 주권선언(隣接海洋に対する主権宣言)

문서파일번호 1659
작성연월일 1968. 10. 15
구분 한일협정 비준 후
세부항목 인접 해양주권에 관한 선언
작성처 외무성 북동아시아과
매수 5
비밀등급 일반
문서종류 내부자료
공개구분 공개
내용 1952년 1월8일 선포된 인접 해양에 대한 주권선언의 전문
주제어 어업, 인접 해양 주권에 관한 선언

문서명	자료1(2) 어업자원보호법[資料1(2) 漁業資源保護法]

문서파일번호	1659
작성연월일	1968. 10. 15
구분	한일협정 비준 후
세부항목	어업자원 보호법
작성처	외무성 북동아시아과
매수	3
비밀등급	일반
문서종류	내부자료
공개구분	공개
내용	1953년 12월12일에 제정된 한국의 어업자원보호법 전문
주제어	어업, 한국 어업자원보호법

문서명	어업자원보호법 시행령(漁業資源保護法施行令)

문서파일번호	1659
작성연월일	1968. 10. 15
구분	한일협정 비준 후
세부항목	어업자원 보호법 시행령
작성처	외무성 북동아시아과
매수	2
비밀등급	일반
문서종류	내부자료
공개구분	공개
내용	1954년 1월 18일에 제정된 한국의 어업자원보호법 시행령의 전문
주제어	어업, 한국 어업자원보호법 시행령

자료2. 한국 경비정에 의한 일본어선 나포 상황
(資料2 韓国警備艇による本邦漁船拿捕状況)

문서파일번호	1660
문서명	자료2. 한국 경비정에 의한 일본어선 나포 상황(資料2 韓国警備艇による本邦漁船拿捕状況)
작성연월일	1968. 10. 15
구분	한일협정 비준 후
세부항목	제7차 한일회담 어업교섭 기록 부속자료
작성처	외무성 북동아시아과
매수	2
비밀등급	일반
문서종류	내부자료
공개구분	공개
내용	제7차 한일회담 어업교섭 기록 부속자료 2. 북동아시아과 우치다 사무관이 작성. 한국 경비정에 의한 일본어선 나포 상황에 관한 자료. 1947~1965년까지 선박 327척 나포, 이 중 142척 귀환, 3척 침몰, 억류승무원은 총 3,911명, 3,903명 귀환, 8명 사망
주제어	어업, 일본어선 나포 상황

자료3. 한일어업 문제 각료회담 일본 의사록
(資料3 日韓漁業問題閣僚会談日本側議事録)

문서파일번호	1661
작성연월일	1968. 10. 15
구분	한일협정 비준 후
세부항목	제7차 한일회담 어업교섭 기록 부속자료
작성처	외무성 북동아시아과
매수	33
비밀등급	
문서종류	내부자료
공개구분	공개
내용	제7차 한일회담 어업교섭 기록 부속자료 3. 북동아시아과 우치다 사무관이 작성. 한일어업 각료회담 일본 의사록
주제어	어업

문서명	한일어업 문제 각료회담 일본 의사록(日韓漁業問題閣僚会談日本側議事録)

문서파일번호 1661
작성연월일 1968. 10. 15
구분 한일협정 비준 후
세부항목 한일어업 각료회담 일본 의사록
작성처 외무성 북동아시아과
매수 15
비밀등급 일반
문서종류 내부자료
공개구분 공개
내용 우치다 사무관이 작성한 '제7차 한일회담 어업교섭' 부속자료 3. 한일어업 각료회담 일본 의사록(1964년 4월 6일 작성)
주제어 어업, 한일어업 각료회담 일본 의사록

문서명	한일어업 문제 각료회담 일본 의사록 부속자료(日韓漁業問題閣僚会談日本側議事録附属資料)

문서파일번호 1661
작성연월일 1968. 10. 15
구분 한일협정 비준 후
세부항목 한일 어업각료회담 의사록 부속자료
작성처 외무성 북동아시아과
매수 18
비밀등급 일반
문서종류 내부자료
공개구분 공개
내용 북동아시아과 우치다 사무관이 작성한 '제7차 한일회담 어업교섭' 부속자료 3. 한일어업 각료회담 일본 의사록 부속자료
주제어 어업, 한일어업 각료회담 의사록 부속자료

자료4. 한일어업 문제에 관한 각료회담 한국 요약 회의록(資料4 韓日間漁業問題に関する閣僚会談韓国側要約会議録)

문서파일번호	1662
문서명	자료4. 한일어업 문제에 관한 각료회담 한국 요약 회의록(資料4 韓日間漁業問題に関する閣僚会談韓国側要約会議録)
작성연월일	1968. 10. 15
구분	한일협정 비준 후
세부항목	제7차 한일회담 어업교섭 기록 부속자료
작성처	한국대표단(일본 가역)
매수	25
비밀등급	일반
문서종류	내부자료
공개구분	공개
내용	제7차 한일회담 어업교섭 기록 부속자료 4. 북동아시아과 우치다 사무관이 작성. 한일어업 각료회담 한국 요약 회의록(1964년 4월 6일 작성)
주제어	어업, 한일어업 각료회담 한국 요약 회의록

자료5. 공동규제수역에서의 규제내용에 대한 한일 쌍방의 입장(資料5 共同規制水域における規制内容について日韓双方の立場)

문서파일번호	1663
문서명	자료5. 공동규제수역에서의 규제내용에 대한 한일 쌍방의 입장(資料5 共同規制水域における規制内容について日韓双方の立場)
작성연월일	1968. 10. 15
구분	한일협정 비준 후
세부항목	제7차 한일회담 어업교섭 기록 부속자료
작성처	외무성 북동아시아과
매수	6
비밀등급	일반
문서종류	내부자료
공개구분	공개
내용	제7차 한일회담 어업교섭 기록 부속자료 5. 북동아시아과 우치다 사무관이 작성. 공동규제수역에서의 규제내용에 대한 양국 입장을 표로 제시한 자료(1965년 2월 3일 작성)
주제어	어업, 공동규제수역 규제내용 쌍방 입장

자료6. 제2차 한일어업 각료회담 관계자료
(資料6 第2次日韓漁業閣僚会談関係資料)

문서파일번호	1664
문서명	자료6. 제2차 한일어업 각료회담 관계자료(資料6 第2次日韓漁業閣僚会談関係資料)
작성연월일	1968. 10. 15
구분	한일협정 비준 후
세부항목	제7차 한일회담 어업교섭 기록 부속자료
작성처	외무성 북동아시아과
매수	30
비밀등급	일반
문서종류	내부자료()
공개구분	공개
내용	제7차 한일회담 어업교섭 기록 부속자료 6. 우치다 사무관이 작성. 제2차 한일어업 각료회담 관계 자료 ① 일본 농림대신 인사말 ② 차균희 한국 농림부장관 인사말 ③ 1965. 3. 5 제 3회 농상회담에서 한국이 제시한 규제 요강 ④ 15만 톤의 어획량의 성격에 관하여(1965. 3. 9 농상회담 제5회 회의 한국 제시) ⑤ 협정 본문 제○조의 요지(1965. 3. 9) ⑥ 한일어업협력 한국 제안(1965. 3. 5 농상회담 제3회 회의) ⑦ '이 라인'의 철폐에 관하여(1965. 3. 9 농상회담 제5회 회의 한국 제시) ⑧ 교환서한 또는 합의의사록의 표현방식(1965. 3. 9.) ⑨ 어업단속 및 재판관할권에 관하여(1965. 3. 9. 농상회담 제5회 회의 한국 제시) ⑩ 어업공동위원회 협정문 요지(1965. 3. 16)
주제어	어업, 제2차 한일어업 각료회담 관계자료

자료7. 일본의 제1차안
(資料7 日本側第1次案)

문서파일번호	1665
문서명	자료7. 일본의 제1차안(資料7 日本側第1次案)
작성연월일	1968. 10. 15
구분	한일협정 비준 후
세부항목	제7차 한일회담 어업교섭 기록 부속자료
작성처	외무성 북동아시아과
매수	28
비밀등급	극비
문서종류	내부자료
공개구분	공개
내용	제7차 한일회담 어업교섭 기록 부속자료 7. 우치다 사무관이 작성. 1965년 3월 25일 자로 작성한 어업에 관한 양국 합의각서 및 일본의 제1차안
주제어	어업, 어업에 관한 합의각서 일본의 제1차안

자료8. 한국의 제1차안(양해사항)
[資料8 韓国側第1次案(Matters of Understanding)]

문서파일번호	1666
문서명	자료8. 한국의 제1차안(양해사항)[資料8 韓国側第1次案(Matters of Understanding)]
작성연월일	1968. 10. 15
구분	한일협정 비준 후
세부항목	제7차 한일회담 어업교섭 기록 부속자료
작성처	외무성 북동아시아과
매수	11
비밀등급	일반
문서종류	내부자료
공개구분	공개
내용	제7차 한일회담 어업교섭 기록 부속자료 8. 북동아시아과 우치다 사무관이 작성. 1965년 3월 26일 자로 작성한 어업에 관한 양해사항 한국 제1차안(영문)
주제어	어업, 어업에 관한 합의서 한국 제1차안

자료9. 한일어업 문제에 관한 합의사항(안)
(資料 9 日韓漁業問題に関する合意事項)

문서파일번호	1667
문서명	자료9. 한일어업 문제에 관한 합의사항(안)[資料 9 日韓漁業問題に関する合意事項]
작성연월일	1968. 10. 15
구분	한일협정 비준 후
세부항목	제7차 한일회담 어업교섭 기록 부속자료
작성처	외무성 북동아시아과
매수	31
비밀등급	극비
문서종류	내부자료
공개구분	공개
내용	제7차 한일회담 어업교섭 기록 부속자료 9. 우치다 사무관이 작성. 1965년 4월 1일 자로 작성한 '한일어업 문제에 관한 합의사항(안)'
주제어	어업, 어업 합의사항안

자료10. 한일어업 문제에 관한 합의사항(안)
(資料10 日韓間の漁業問題に関する合意事項)

문서파일번호	1668
문서명	자료10. 한일어업 문제에 관한 합의사항(안)[資料10 日韓間の漁業問題に関する合意事項]
작성연월일	1968. 10. 15
구분	한일협정 비준 후
세부항목	제7차 한일회담 어업교섭 기록 부속자료
작성처	외무성 북동아시아과
매수	34
비밀등급	극비
문서종류	내부자료()
공개구분	공개
내용	제7차 한일회담 어업교섭 기록 부속자료 10. 북동아시아과 우치다 사무관이 작성. 1965년 4월 3일 자로 작성한 '한일어업 문제에 관한 합의사항 최종안'
주제어	어업, 어업 합의사항 최종안

자료11. 일본국 농림대신과 대한민국 농림부장관 공동성명(資料11 日本国農林大臣と大韓民国農林部長官との間の共同コミュニケ)

문서파일번호	1669
문서명	자료11. 일본국 농림대신과 대한민국 농림부장관 공동성명(資料11 日本国農林大臣と大韓民国農林部長官との間の共同コミュニケ)
작성연월일	1968. 10. 15
구분	한일협정 비준 후
세부항목	제7차 한일회담 어업교섭 기록 부속자료
작성처	외무성 북동아시아과
매수	3
비밀등급	일반
문서종류	내부자료
공개구분	공개
내용	제7차 한일회담 어업교섭 기록 부속자료 11. 북동아시아과 우치다 사무관이 작성. 1965년 3월 3일~4월 3일까지 일련의 한일 농상회담에 대한 공동성명, 어업협력을 위한 9,000만 달러의 민간신용공여, 한국에 대한 어선 및 어구의 수출, 김을 비롯한 각종 한국 수산물의 수입 증대를 위한 조치, 대한(對韓)어선수출 해금 고려 등의 내용이 담김.
주제어	어업, 한일 농림장관 공동성명

일본과 대한민국 간 어업협정 및 관련 문서(日本と大韓民国との間の漁業に関する協定及び関連文書目次)

문서파일번호	1449
문서명	일본과 대한민국 간 어업협정 및 관련 문서(日本と大韓民国との間の漁業に関する協定及び関連文書目次)
작성연월일	1965. 4. 22
구분	제7차 회담
세부항목	한일어업협정 및 부속문서 일본안(1965.4.22)
작성처	외무성
매수	51
비밀등급	극비
문서종류	협정안, 교환공문안, 합의의사록안, 성명문안
공개구분	공개
내용	1965년 4월 22일 자 일본의 '일본국과 대한민국의 어업협정안(협정안은 4월 15일 자) 및 그 부속문서' 모음(문서파일번호 848과 동일한 문서)
주제어	어업

제7차 한일회담 어업교섭 자료13 어업협정에 관한 잠정협정안(第7次日韓會談漁業交渉 資料13漁業協定に関する暫定協定案)

문서파일번호	1450
작성연월일	1965. 5. 4
구분	제7차 회담
세부항목	한일어업협정 및 부속문서 한국안
작성처	한국대표단(일본 가역)
매수	45
비밀등급	
문서종류	협정안, 협정 부속문서안
공개구분	공개
내용	1965년 4월 22일 현재의 한일어업협정 및 부속문서 한국안. 문서파일번호 849에 수록된 문서들과 동일함.
주제어	어업

문서명	대한민국과 일본국의 어업자원 보존 및 어업협력에 관한 잠정협정(안)[(仮訳文)大韓民国と日本国間の漁業資源の保存及び漁業協力に関する暫定協定(案)]

문서파일번호 1450
작성연월일 1965. 5. 6
구분 제7차 회담
세부항목 한일어업협정 한국안(1965. 5. 4)
작성처 한국대표단(일본 가역)
매수 16
비밀등급 극비
문서종류 협정안
공개구분 공개
내용 1965년 5월 4일 자로 한국이 작성한 대한민국과 일본국의 어업자원 보존 및 어업협력에 관한 잠정협정안
주제어 어업

문서명	부속서(I)(최고 출어 척수 또는 총수, 어선 규모)[附属書(I)(最高 出漁隻数又は總数, 漁船規模)]

문서파일번호 1450
작성연월일 1965. 5. 6
구분 제7차 회담
세부항목 한일어업협정 부속문서 한국안(1965. 5. 4)
작성처 한국대표단(일본 가역)
매수 5
비밀등급 극비
문서종류 협정 부속서안
공개구분 공개
내용 1965년 5월 4일 자 어업협정 부속서(I). 최고 출어 척수 및 총수와 어선 규모를 규정
주제어 어업

문서명	부속서(II)(어선 간의 조업 안전 및 질서유지 사항)[附屬書(II)(漁船間の操業安全及び秩序の維持に關する事項)]

문서파일번호 1450
작성연월일 1965. 5. 6
구분 제7차 회담
세부항목 한일어업협정 부속문서 한국안(1965. 5. 4)
작성처 한국대표단(일본 가역)
매수 1
비밀등급 극비
문서종류 협정(안)
공개구분 공개
내용 1965년 5월 4일 자 어업협정 부속서(II). 어선 간의 조업 안전 및 질서유지 사항을 규정하는 문서이나, 내용은 비어 있음.
주제어 어업

문서명	대한민국과 일본국의 어업자원 보존 및 어업협력에 관한 잠정협정 합의의사록안[大韓民国と日本国との間の漁業資源の保存及び漁業協力に関する暫定協定に関する合意議事録(案)]

문서파일번호 1450
작성연월일 1965. 5. 6
구분 제7차 회담
세부항목 한일어업협정 합의의사록 한국안(1965. 5. 4)
작성처 한국대표단(일본 가역)
매수 10
비밀등급 극비
문서종류 합의의사록안
공개구분 공개
내용 1965년 5월 4일 자로 한국이 작성한 대한민국과 일본국의 어업자원 보존 및 어업협력에 관한 잠정협정 합의의사록안
주제어 어업

문서명	대한민국과 일본국의 어업자원 보존 및 어업협력에 관한 잠정협정 서명 시 대한민국 외무부장관의 성명(안)[大韓民国と日本国間の漁業資源の保存及び漁業協力に関する暫定協定の署名に際して行なう大韓民国外務部長の声明(案)]

문서파일번호 1450
작성연월일 1965. 5. 6
구분 제7차 회담
세부항목 한일어업협정 서명 시 한국 외무부장관 성명안(1965. 5. 4)
작성처 한국대표단(일본 가역)
매수 1
비밀등급 극비
문서종류 성명안
공개구분 공개
내용 협정 발효 후 한국 독점수역 내 일본 어선이 침범하면 한국은 감시선을 통해 일본 어선의 침범 사실을 확인시킴. 일본어선 및 선원의 단속은 국제통념에 따라 공정하게 처리할 것을 선언한다는 한국외무부 장관의 성명안을 보고함.
주제어 어업

문서명	일본국과 대한민국의 어업자원 보존 및 어업협력에 관한 잠정협정 서명 시 일본국 외무대신의 성명(안)[日本国と大韓民国間が漁業資源の保存及び漁業協力に関する暫定協定の署名に際して行なう日本国外務大臣の声明(案)]

문서파일번호 1450
작성연월일 1965. 5. 6
구분 제7차 회담
세부항목 한일어업협정 서명 시 일본 외무대신 성명안(1965. 5. 4)
작성처 한국대표단(일본 가역)
매수 1
비밀등급 극비
문서종류 성명안
공개구분 공개
내용 협정 발효 후 한국 독점수역 내 일본 어선이 침범하면 한국은 감시선을 통해 일본 어선의 침범 사실을 확인시킴. 일본어선 및 선원의 단속은 국제통념에 따라 공정하게 처리할 것을 선언한다는 한국외무부 장관의 성명안을 보고함.
주제어 어업

문서명	대한민국과 일본의 어업자원 보존 및 어업협력에 관한 잠정협정 서명 시 대한민국 외무부장관의 성명(안)[大韓民国と日本間の漁業資源の保存及び漁業協力に関する暫定協定の署名に際して行なう大韓民国外務部長官の声明(案)]

문서파일번호 1450

작성연월일 1965. 5. 6

구분 제7차 회담

세부항목 한일어업협정 서명 시 한국 외무부장관 성명안(1965. 5. 4)

작성처 한국대표단(일본 가역)

매수 1

비밀등급 극비

문서종류 성명안

공개구분 공개

내용 1965년 5월 4일 자로 한국이 작성한 대한민국 외무부장관의 성명안. 영해 및 독점수역에 대한 상대국의 무해 통항권 내용

주제어 어업

문서명	일본국과 대한민국의 어업자원 보존 및 어업협력에 관한 잠정협정 서명 시 일본국 외무대신의 성명(안)[日本国と大韓民国間の漁業資源の保存及び漁業協力に関する暫定の署名に際して行なう日本国外務大臣の声明(案)]

문서파일번호 1450

작성연월일 1965. 5. 6

구분 제7차 회담

세부항목 한일어업협정 서명 시 일본 외무대신 성명안(1965. 5. 4)

작성처 한국대표단(일본 가역)

매수 1

비밀등급 극비

문서종류 성명안

공개구분 공개

내용 1965년 5월 4일 자로 한국이 작성한 일본국 외무대신의 성명안. 영해 및 독점수역에 대한 상대국의 무해 통항권 내용

주제어 어업

문서명	대한민국과 일본 간의 어업자원 보존 및 어업협력에 관한 잠정협정 서명 시 대한민국 농림부 장관의 성명(안)[大韓民国と日本国間の漁業資源の保存及び漁業協力に関する暫時協定の署名に際して行なう大韓民国農林部長官の声明(案)]

문서파일번호 1450
작성연월일 1965. 5. 6
구분 제7차 회담
세부항목 한일어업협정 서명 시 한국 농림부장관 성명안(1965. 5. 4)
작성처 한국대표단(일본 가역)
매수 1
비밀등급 극비
문서종류 성명안
공개구분 공개
내용 1965년 5월 4일 자로 한국이 작성한 대한민국 농림부장관의 성명안. 공동규제수역 내에서의 포경어업규제 내용
주제어 어업

문서명	일본국과 대한민국의 어업자원 보존 및 어업협력에 관한 잠정협정 서명 시 일본국 농림대신의 성명(안)[日本国と大韓民国間の漁業資源の保存及び漁業協力に関する暫定協定の署名に際して行なう日本国農林大臣の声明(案)]

문서파일번호 1450
작성연월일 1965. 5. 6
구분 제7차 회담
세부항목 한일어업협정 서명 시 일본 농림대신 성명안(1965. 5. 4)
작성처 한국대표단(일본 가역)
매수 1
비밀등급 극비
문서종류 성명안
공개구분 공개
내용 1965년 5월 4일 자로 한국이 작성한 일본 농림대신의 성명안. 공동규제수역 내에서의 포경어업규제 내용
주제어 어업

문서명	교환공문 한국 서한(안), 일본 서한(안) [交換公文 韓国側書簡(案)、日本側書簡(案)]

문서파일번호 1450
작성연월일 1965. 5. 6
구분 제7차 회담
세부항목 한일어업협정 부속 교환공문 한국안(1965. 5. 4)
작성처 한국대표단(일본 가역)
매수 2
비밀등급 극비
문서종류 교환공문(안)
공개구분 공개
내용 1965년 5월 4일 자로 한국이 작성한 교환공문안. 독점수역의 직선기선 사용 내용
주제어 어업

문서명	교환공문 한국 서한(안), 일본 서한(안) [交換公文 韓国側書簡(案)、日本側書簡(案)]

문서파일번호 1450
작성연월일 1965. 5. 6
구분 제7차 회담
세부항목 한일어업협정부속 교환공문 한국안(1965. 5. 4)
작성처 한국대표단(일본 가역)
매수 3
비밀등급 극비
문서종류 교환공문(안)
공개구분 공개
내용 1965년 5월 4일 자로 한국 작성 교환공문안. 독점수역을 구획하는 선과 별도로 표시하는 선으로 둘러싸인 수역은 한국의 독점어업수역에 포함시킨다는 내용
주제어 어업

문서명	어업협력차관에 관한 교환서한 요강안(漁業協力借款に関する交換書簡要綱案)

문서파일번호 1450
작성연월일 1965. 5. 6
구분 제7차 회담
세부항목 한일어업협정 부속 어업차관에 관한 교환서한 한국안(1965. 5. 4)
작성처 한국대표단(일본 가역)
매수 2
비밀등급 극비
문서종류 교환서한안
공개구분 공개
내용 1965년 5월 4일 자로 한국이 작성한 어업협력차관에 관한 교환서한 요강안.
주제어 어업

제7차 한일회담 어업교섭 자료14 어업협정문안에 관하여(第7次日韓會談漁業交渉 資料14 漁業協定案文について)

문서파일번호	1451
문서명	제7차 한일회담 어업교섭 자료14 어업협정문안에 관하여(第7次日韓會談漁業交渉 資料14 漁業協定案文について)
작성연월일	1965. 5. 27
구분	제7차 회담
세부항목	어업협정문안(한국 제시)
작성처	한국대표단(일본 가역)
매수	5
비밀등급	극비
문서종류	내부자료
공개구분	공개
내용	제7차 한일회담 수석대표 회의에서 한국이 제시한 어업협정 문안 내용. 기선, 단속, 어획량, 공동규제수역 출어, 연안어업 등에 관한 내용.
주제어	어업협정문안(한국 제시)

제7차 한일회담 어업교섭 자료15 시나 대신이 이 장관에게 보내는 서한(第7次日韓會談漁業交渉 資料15 椎名大臣より李長官宛の書簡)

문서파일번호	1452
문서명	제7차 한일회담 어업교섭 자료15 시나 대신이 이 장관에게 보내는 서한(第7次日韓會談漁業交渉 資料15 椎名大臣より李長官宛の書簡)
작성연월일	1965. 6. 1
구분	제7차 회담
세부항목	시나 대신이 이동원 장관에게 보내는 서한
작성처	외무성
매수	4
비밀등급	극비
문서종류	외교공한
공개구분	공개
내용	시나 외무대신이 이동원 외무부 장관에게 보내는 서한(안). 최근의 긴박한 정세를 감안하여 하루라도 빨리 한일교섭을 타결하자는 내용
주제어	시나 대신, 이동원 장관, 서한

제7차 한일회담 어업교섭 자료16 한일어업 하코네 회담(第7次日韓會談漁業交涉 資料16 日韓漁業箱根会談)

문서파일번호	1453
문서명	제7차 한일회담 어업교섭 자료16 한일어업 하코네 회담(第7次日韓會談漁業交涉 資料16 日韓漁業箱根会談)
작성연월일	1965. 6. 9
구분	제7차 회담
세부항목	하코네 어업회담
작성처	외무성 북동아시아과
매수	48
비밀등급	극비
문서종류	회의록
공개구분	공개
내용	문서파일번호 456에 포함된 문서와 동일함.
주제어	어업

제7차 한일회담 어업교섭 자료17 일본국과 대한민국의 어업협정안(第7次日韓會談漁業交渉 資料17日本国と大韓民国との間の漁業に関する協定案)

문서파일번호	1454
문서명	제7차 한일회담 어업교섭 자료17 일본국과 대한민국의 어업협정안(第7次日韓會談漁業交渉 資料17日本国と大韓民国との間の漁業に関する協定案)
작성연월일	1965. 6. 11
구분	제7차 회담
세부항목	어업협정 및 부속문서 일본안(1965. 6. 11)
작성처	외무성
매수	69
비밀등급	극비
문서종류	협정 및 부속문서안
공개구분	공개
내용	일본 작성 어업협정안, 잠정적 어업규제조치 부속서, 직선기선 교환공문안, 한국 어업 수역에 관한 교환공문안, 합의의사록안, 표지에 관한 교환공문안, 어업협력에 관한 교환공문안, 일본 외무대신의 성명에 관한 구상서안, 대한민국 외무부장관의 성명에 관한 구상서안, 일본 농림대신의 성명에 관한 구상서안, 대한민국 농림부장관의 성명에 관한 구상서안, 안전조업에 관한 왕복 서한(양국 아시아국장간). 문서파일번호 851에 수록된 문서들과 동일함.
주제어	어업

제7차 한일회담 어업교섭 자료18 일본국과 대한민국의 어업협정(第7次日韓會談漁業交渉 資料18 日本国と大韓民国との間の漁業に関する協定)

문서파일번호	1455
문서명	세/자 한일회담 어업교섭 자료18 일본국과 대한민국의 어업협정(第7次日韓會談漁業交渉 資料18 日本国と大韓民国との間の漁業に関する協定)
작성연월일	1965. 6. 22
구분	제7차 회담
세부항목	한일어업협정, 부속문서
작성처	외무성
매수	59
비밀등급	일반
문서종류	협정, 교환공문, 합의의사록, 성명문, 왕복 서한, 논의기록
공개구분	공개
내용	한일 양국이 최종적으로 합의한 '일본국과 대한민국의 어업협정' 및 부속서, 부속문서. 직선기선 교환공문, 한국 어업 수역에 관한 교환공문, 합의의사록, 표지(表識)에 관한 교환공문, 어업협력에 관한 교환공문, 일본국 외무대신의 성명에 관한 구상서, 대한민국 외무부장관의 성명에 관한 구상서, 일본국 농림대신의 성명에 관한 구상서, 대한민국 농림부장관의 성명에 관한 구상서, 안전조업(양국 외무성 아주국장의)에 관한 왕복 서한, 논의기록. 문서파일번호 853과 동일함.
주제어	어업

제7차 한일회담 어업교섭 자료19 어업협정 예상 질의응답(주로 사실관계)[第7次日韓會談漁業交涉 資料19 漁業協定に関する擬問擬答(主として事実関係)]

문서파일번호	1456
문서명	제7차 한일회담 어업교섭 자료19 어업협정 예상 질의응답(주로 사실관계)[第7次日韓會談漁業交涉 資料19 漁業協定に関する擬問擬答(主として事実関係)]
작성연월일	1965. 8. 1
구분	한일협정 체결 후
세부항목	어업협정 질의응답 자료
작성처	외무성
매수	95
비밀등급	비(秘)
문서종류	내부자료
공개구분	공개
내용	한일어업협정 체결 후 작성한 동 협정에 관한 예상 질의 및 답변자료. 총론(7문답), 어업수역(10문답), 규제조치(20문답), 단속(9문답), 기타(17문답)로 구분하여 총 63개 예상 질문과 답변으로 구성
주제어	어업

제7차 한일회담 어업교섭 자료20 한일어업협정 관계 질의응답(第7次日韓會談漁業交涉 資料20日韓漁業協定関係擬問擬答)

문서파일번호	1457
문서명	제7차 한일회담 어업교섭 자료20 한일어업협정 관계 질의응답(第7次日韓會談漁業交涉 資料20日韓漁業協定関係擬問擬答)
작성연월일	1965. 7. 23
구분	한일협정 체결 후
세부항목	어업협정 질의응답 자료
작성처	외무성
매수	57
비밀등급	비(秘)
문서종류	내부자료
공개구분	공개
내용	한일어업협정 체결 후 작성한 동 협정에 관한 예상 질의 및 답변자료. 협정의 적용범위가 명시되지 않은 이유, 공통의 관심을 가지는 수역이 어디인지, '이승만 라인'의 철폐는 협정 중 어디에 적혀 있는지, 이 협정에 따라 '이승만 라인' 관련 국내법은 당연히 효력을 잃게 되는 것인지, 북한이나 오키나와 북방 영토에도 본 협정이 적용되는지, 제주도의 경우 12해리 이상의 어업수역 설정을 인정했는지 등 예상 질문과 답변
주제어	어업

나포 어선 청구권에 관한 일본정부 견해 등
(拿捕漁船請求権に関する日本政府見解等)

문서파일번호	1230
작성연월일	1965. 3. 29 - 1965. 11. 22
구분	제4차 회담 , 제7차 회담, 한일협정 체결 후
세부항목	나포 어선 청구권 문제
작성처	외무성 등
매수	22
비밀등급	
문서종류	내부문서, 내부자료
공개구분	공개 또는 일부비공개
내용	한국에 의해 나포된 일본어선에 대한 대한국 청구권 문제 등에 관해 검토한 내용
주제어	어업, 나포 어선 청구권 문제

문서명	나포 어선 청구권에 관한 정부 통일 견해(拿捕漁船請求権に関する政府統一見解)

문서종류 1230
작성연월일 1965. 3. 29
구분 제7차 회담
세부항목 나포 어선 청구권 문제
작성처 외무성
매수 1
비밀등급 일반
문서종류 내부문서
공개구분 공개
내용 외무성, 대장성 협의 후 확정한 나포 어선 청구권에 관한 정부 통일 견해를 정리
주제어 나포 어선 청구권

문서명	한일청구권협정안에 대한 의견(日韓請求権協定案に対する意見)

문서파일번호 1230
작성연월일 1965. 5. 31
구분 제7차 회담
세부항목 나포 어선 청구권 문제
작성처 수산청
매수 2
비밀등급 일반
문서종류 내부문서
공개구분 공개
내용 한일청구권협정 체결 시 일본정부는 반드시 일본 국민의 재산권을 보호해야 하는 의무를 지님. 따라서 나포어선은 한국에 손해배상을 청구해야 한다는 수산청의 의견
주제어 나포 어선 청구권

문서명	한일청구권협정 제2조(안)와 나포 어선 문제[日韓請求権協定第二条(案)とだ捕漁船問題]

문서파일번호 1230
작성연월일 1965. 5. 28
구분 제7차 회담
세부항목 나포 어선 청구권 문제
작성처 외무성 조약국
매수 5
비밀등급 일반
문서종류 내부문서
공개구분 공개
내용 한일청구권협정은 양국 간 권리 의무관계를 정하는 것임. 한국에 나포된 어선을 국내적으로 어떻게 조치를 취할 것인지는 협정의 해석 문제와 관계없으므로 거론될 이유가 없다는 조약국의 견해
주제어 나포 어선 청구권

문서명	한반도 주변해역에서 어선의 안전조업 확보 및 억류어선 승무원 등에 대한 구원조치에 관하여(朝鮮半島周辺海域における漁船の安全操業の確保並びに抑留漁船乗組員等に対する救助措置について)

문서파일번호 1230
작성연월일 1959. 5. 1
구분 제4차 회담
세부항목 나포 어선 청구권 문제
작성처 불명
매수 4
비밀등급 일반
문서종류 내부자료
공개구분 공개
내용 한반도 주변 해역에서 어업조업의 안전을 확보하기 위한 조치에 관한 각의 결정(1957년 12월 17일) 및 이를 일부 개정(1959년 5월 1일)한 내용을 정리한 문서. 각의 결정에 따른 순사선 및 감사선의 증강, 보험제도 이용 장려, 억류선원 및 그 가족에 대한 구제 조치 등이 기록됨.
주제어 나포 어선 청구권

문서명	중국대륙 및 소련연방 주변해역의 억류어선 승무원 등에 대한 구제조치에 관하여(中国大陸およびソ連邦周辺海域における抑留漁船乗組員等に対する救助措置について)

문서파일번호 1230
작성연월일 1959. 5. 1
구분 제4차 회담
세부항목 나포 어선 청구권 문제
작성처 불명
매수 2
비밀등급 일반
문서종류 내부자료
공개구분 공개
내용 각의에서 결정된 중국대륙 및 소련연방 주변해역의 억류어선 승무원 등에 대한 구제조치 내용. 한국 주변 해역의 억류사태에 대한 구제조치를 위해 참고자료로 활용함.
주제어 나포 어선 청구권

문서명	나포 미귀환어선 구제에 필요한 경비 설명자료(だ捕未帰還漁船救済に必要な経費説明資料)

문서파일번호 1230
작성연월일 1959(월일 불명)
구분 제4차 회담
세부항목 나포 어선 청구권 문제
작성처 불명
매수 4
비밀등급 일반
문서종류 내부자료
공개구분 일부비공개
내용 어업손해보상법에 의한 특수보험의 보상조치를 받지 못한 중소 어업자에 대해 구제조치를 강구할 필요성을 제기함.
주제어 나포 어선 청구권

문서명	한국 나포 미귀환어선의 상황(韓国だ捕未帰還漁船の状況)

문서파일번호 1230
작성연월일 1959(월일 불명)
구분 제4차 회담
세부항목 나포 어선 청구권 문제
작성처 불명
매수 2
비밀등급 일반
문서종류 내부자료
공개구분 일부비공개
내용 각 지역별로 한국에 나포되어 아직 구환되지 않는 어선의 현황 정리
주제어 나포 어선 청구권

문서명	나포 어선 청구권에 관하여(拿捕漁船請求権について)

문서파일번호 1230
작성연월일 1965. 11. 22
구분 제4차 회담
세부항목 나포 어선 청구권 문제
작성처 외무성
매수 2
비밀등급 비(秘)
문서종류 내부문서
공개구분 공개
내용 한국에 나포된 어선에 대해 배상청구권을 주장할 수 있는 국제법적 근거에 대해서 설명
주제어 나포 어선 청구권

어업협력의 처리방침(안)
[漁業協力の処理方針(案)]

문서파일번호	1617
작성연월일	1965. 3. 20 - 1965. 3. 22
구분	제7차 회담
세부항목	한일어업협력
작성처	외무성
매수	27
비밀등급	
문서종류	내부문서, 회의록
공개구분	공개
내용	일본의 한국에 대한 어업협력 처리방침안, 어업교섭 내용 등이 정리된 문서 모음
주제어	어업, 어업협력

문서명	어업협력의 처리방침(안)[漁業協力の処理方針(案)]

문서파일번호 1617
작성연월일 1965. 3. 20
구분 제7차 회담
세부항목 한일어업협력
작성처 외무성 아시아국
매수 12
비밀등급 극비
문서종류 내부문서
공개구분 공개
내용 한국에 대한 어업협력 방식을 검토한 내용이 담긴 문서. ① 인도·파키스탄 방식의 엔 차관 ② 대한 원재료 긴급원조방식 ③ 수출입은행 방식 ④ 경제협력기금을 일부 사용하는 방식 등 4가지 방식에 관한 검토의견 기술
주제어 어업, 어업협력

문서명	어업협력(漁業協力)

문서파일번호 1617
작성연월일 1965. 3(일자 불명)
구분 제7차 회담
세부항목 한일어업협력
작성처 외무성
매수 10
비밀등급 극비
문서종류 회의록
공개구분 공개
내용 아카기 무네노리 일본 농림대신과 차균희 한국 농림부장관의 어업협력자금에 대한 논의기록. 아카기 대신은 한국에 대한 어업협력자금을 9천만 달러의 민간베이스 차관으로 하고 이중 5천만 달러는 연리 5.75%로, 4천만 달러는 영세어민을 대상으로 연리 5%로 하는 방안을 검토 중이라고 밝힘. 차 장관은 총액을 일괄적으로 할당하는 배려를 기대하며 건별 계약의 경우 일일이 정부 승인을 받아야 할 경우 영세어민은 차입(借入)이 곤란하다고 입장을 밝혔음.
주제어 어업, 어업협력

문서명	제목 없음

문서파일번호	1617
작성연월일	1965. 3. 22
구분	제7차 회담
세부항목	한일어업협력
작성처	외무성 아시아국장
배수	5
비밀등급	극비
문서종류	내부문서
공개구분	공개
내용	한국 어업수역, 공동규제수역, 공동규제내용, 어업협력자금 등 일본 입장 정리
주제어	어업, 어업수역, 공동규제수역, 어업협력

한국대사관 최 경제과장 회담 요지
(韓国大使館崔経済課長との会談要旨)

문서파일번호	1391
문서명	한국대사관 최 경제과장 회담 요지(韓国大使館崔経済課長との会談要旨)
작성연월일	1966. 1. 8
구분	한일협정 비준 후
세부항목	배상과장·한국 대사관 경제과장 회담
작성처	외무성 배상과
매수	5
비밀등급	비(秘)
문서종류	회의록
공개구분	공개
내용	외무성 야스이 배상과장과 한국대사관 경제과장 회담 기록. 대한경협 실시 교섭 차 한국대표단이 방일 예정임을 전달함.
주제어	대한경협 실시를 위한 교섭

한국대사관 이 공사 회담 요지
(韓国大使館李公使との会議要旨)

문서파일번호	1392
문서명	한국대사관 이 공사 회담 요지(韓国大使館李公使との会議要旨)
작성연월일	1966. 1. 19
구분	한일협정 비준 후
세부항목	후지타 심의관·주일한국대사관 이 공사 회담
작성처	배상과
매수	5
비밀등급	비(秘)
문서종류	회의록
공개구분	공개
내용	외무성 후지타 심의관과 한국대사관 이 공사 회담 기록. 대한경협 실시 세목 관련 교섭 의견을 교환
주제어	대한경협 실시를 위한 교섭

한일어업협정 등 자료 목록
(日韓漁業協定等に関する資料目録)

문서파일번호	708
문서명	한일어업협정 등 자료 목록(日韓漁業協定等に関する資料目録)
작성연월일	1966(월일 불명)
구분	한일협정 체결 후
세부항목	일본 수산청 한일어업협정 자료목록
작성처	수산청 어업조정과
매수	198
비밀등급	일반
문서종류	내부자료
공개구분	공개
내용	1952~1966년에 만들어진 한일어업 교섭, 협정 등 수산청의 자료 목록
주제어	어업

제11부

제7차 회담 한일어업위원회 및 협정안
(1964~1965)

제7차 한일회담 어업위원회 제1~5회 회의기록
(第7次日韓全面会談漁業委員会第1～5回会合記録)

문서파일번호	1129
직성연월일	1964. 12. 7 - 1965. 12. 17
구분	제7차 회담 어업위원회(제1~5회)
세부항목	
작성처	외무성 북동아시아과
매수	63
비밀등급	
문서종류	회의록
공개구분	공개
내용	제7차 한일회담 어업위원회 제1~5회 회의기록
주제어	어업

문서명	제7차 한일회담 어업위원회 제1회 회의기록(第7次日韓全面会談漁業委員会第1回会合記録)

문서파일번호 1129
작성연월일 1964. 12. 7
구분 제7차 회담 어업위원회 제1회
세부항목
작성처 외무성 북동아시아과
매수 8
비밀등급 극비
문서종류 회의록
공개구분 공개
내용 제7차 한일회담 어업위원회 제1회 회의기록. 회의 진행과 관련한 사항 협의 후 E 수역의 어업규제 문제, 규제연구위원회 설치 문제 등 논의
주제어 어업

문서명	제7차 한일회담 어업위원회 제2회 회의기록(第7次日韓全面会談漁業委員会第2回会合記録)

문서파일번호 1129
작성연월일 1964. 12. 9
구분 제7차 회담 어업위원회 제2회
세부항목
작성처 외무성 북동아시아과
매수 12
비밀등급 극비
문서종류 회의록
공개구분 공개
내용 제7차 한일회담 어업위원회 제2회 회의기록. '이 라인' 수역에서의 일본어선 조업과 한국 경비정의 단속 관련 의견교환이 있은 후, B, C, E 수역 규제, 직선기선 설정 및 경제협력 문제 논의
주제어 어업

문서명	제7차 한일회담 어업위원회 제3회 회의기록(第7次日韓全面会談漁業委員会第3回会合記録)

문서파일번호 1129
작성연월일 1964. 12. 11
구분 제7차 회담 어업위원회 제3회
세부항목
작성처 외무성 북동아시아과
매수 12
비밀등급 극비
문서종류 회의록
공개구분 공개
내용 제7차 한일회담 어업위원회 제3회 회의기록. B, C 수역의 규제에 관해 논의
주제어 어업

문서명	제7차 한일회담 어업위원회 제4회 회의기록(第7次日韓全面会談漁業委員会第4回会合記録)

문서파일번호 1129
작성연월일 1964. 12. 15
구분 제7차 회담 어업위원회 제4회
세부항목
작성처 외무성 북동아시아과
매수 16
비밀등급 극비
문서종류 회의록
공개구분 공개
내용 제7차 한일회담 어업위원회 제4회 회의기록. A, D 수역 규제조치에 관해 논의한 후 양측은 어업 문제의 조기해결을 위해 노력할 것을 재확인함.
주제어 어업

문서명	제7차 한일회담 어업위원회 제5회 회의기록(第7次日韓全面会談漁業委員会第5回会合記録)

문서파일번호 1129
작성연월일 1964. 12. 17
구분 제7차 회담 어업위원회 제5회
세부항목
작성처 외무성 북동아시아과
매수 15
비밀등급 극비
문서종류 회의록
공개구분 공개
내용 제7차 한일회담 어업위원회 제5회 회의기록. 한국 동해안의 만(灣) 처리에 관해 논의
주제어 어업

제7차 한일회담 어업위원회 제6~10회 회의기록
(第7次日韓全面会談漁業委員会第6 ~ 10回会合記録)

문서파일번호	1130
작성연월일	1965. 1. 21 - 1965. 3. 8
구분	제7차 회담 어업위원회(제6~10회)
세부항목	
작성처	외무성 북동아시아과
매수	54
비밀등급	
문서종류	회의록, 내부자료
공개구분	공개
내용	제7차 한일회담 어업위원회 제6~10회 회의기록(제1~5회 회의는 1964년 12월 7~17일 까지 개최됨.)
주제어	제7차 한일회담 어업위원회

문서명	제7차 한일회담 어업위원회 제6회 회의기록(第7次日韓全面会談漁業委員会第6回会合記録)

문서파일번호 1130
작성연월일 1965. 1. 21
구분 제7차 회담 어업위원회 제6회 회의
세부항목
작성처 외무성 북동아시아과
매수 12
비밀등급 극비
문서종류 회의록
공개구분 공개
내용 제7차 한일회담 어업위원회 제6회 회의기록. 한국은 어업문제의 타결을 위해 속도를 내고 싶다는 의사를 표명함. 일본은 각 수역의 규제에 대한 입장을 담은 문서를 제시함. 양국은 각 수역 내 규제조치를 큰틀에서 합의하는 데 일치함.
주제어 어업

문서명	제7차 한일회담 어업위원회 제7회 회의기록(第7次日韓全面会談漁業委員会第7回会合記録)

문서파일번호 1130
작성연월일 1965. 1. 26
구분 제7차 회담 어업위원회 제7회 회의
세부항목
작성처 외무성 북동아시아과
매수 7
비밀등급 극비
문서종류 회의록
공개구분 공개
내용 제7차 한일회담 어업위원회 제7회 회의기록. 규제수역 내 어획량을 양국이 논의하였으나 합의하지 못함.
주제어 어업

문서명	한일어업 공동규제해역에서의 일본 규제안(日韓漁業共同規制海域における日本側規制案)

문서파일번호 1130
작성연월일 1965. 1. 26
구분 제7차 회담 어업위원회 제7회 회의
세부항목
작성처 외무성 북동아시아과
매수 6
비밀등급 극비
문서종류 내부자료
공개구분 공개
내용 제7차 한일회담 어업위원회 제7회 회의기록 첨부문서. 제7회 어업위원회에서 일본의 공동규제수역 내 규제안을 제시함.
주제어 어업

문서명	제7차 한일회담 어업위원회 제8회 회의기록(第7次日韓全面会談漁業委員会第8回会合記録)

문서파일번호 1130
작성연월일 1965. 2. 2
구분 제7차 회담 어업위원회 제8회 회의
세부항목
작성처 외무성 북동아시아과
매수 15
비밀등급 극비
문서종류 회의록
공개구분 공개
내용 어업위원회 회의에서 한국의 영일만, 울산만의 기선에 대하여 논의함 .
주제어 어업

문서명	제7차 한일회담 어업위원회 제9회 회의기록(第7次日韓全面会談漁業委員会第9回会合記録)

문서파일번호 1130
작성연월일 1965. 2. 15
구분 제7차 회담 어업위원회 제9회 회의
세부항목
작성처 외무성 북동아시아과
매수 10
비밀등급 극비
문서종류 회의록
공개구분 공개
내용 2월 5일, 8일, 11일 개최된 어업전문가 회의 결과를 검토하고, 한국이 제시한 어업 규제안에 대해 논의함.
주제어 어업

문서명	제7차 한일회담 어업위원회 제10회 회의기록(第7次日韓全面会談漁業委員会第10回会合記録)

문서파일번호 1130
작성연월일 1965. 3. 8
구분 제7차 회담 어업위원회 제10회 회의
세부항목
작성처 외무성 북동아시아과
매수 4
비밀등급 극비
문서종류 회의록
공개구분 공개
내용 한일 농무장관 회담에서 정해진 어업위원회 회의 의제(① 어업량과 척수의 표현 문제 ② 어획량의 어업 종류별 세분화 문제 ③ 어획량의 확인의 문제)에 관해 협의함.
주제어 어업

제7차 한일회담 어업위원회 제11~15회 회의기록
(第7次日韓全面会談漁業委員会第11 ~ 15回会合記録)

문서파일번호	1131
작성연월일	1965. 3. 16 - 1965. 3. 27
구분	제7차 회담 어업위원회(제11~15회)
세부항목	
작성처	외무성 북동아시아과
매수	60
비밀등급	
문서종류	회의록, 내부자료, 협정안, 합의각서안
공개구분	공개
내용	제7차 한일회담 어업위원회 제11~15회 회의기록
주제어	제7차 한일회담 어업위원회

문서명	제7차 한일회담 어업위원회 제11회 회의기록(第7次日韓全面会談漁業委員会第11回会合記録)

문서파일번호 1131
작성연월일 1965. 3. 16
구분 제7차 회담 어업위원회 제11회 회의
세부항목
작성처 외무성 북동아시아과
매수 5
비밀등급 일반
문서종류 회의록
공개구분 공개
내용 일본이 ① 공동규제내용 ② 어업공동위원회 협정문 요지 ③ 잠정적 어업조정 실시 합의의사록 등의 문서를 제시, 이에 관해 논의함.
주제어 어업

문서명	별첨1. 공동규제내용에 관하여(3월 16일 어업위원회 회의석상에서 한국에 제시)[別添1 共同規制の内容について(3月16日漁業委員会会合の席上韓国側に提示)]

문서파일번호 1131
작성연월일 1965. 3. 16
구분 제7차 회담 어업위원회 제11회 회의
세부항목
작성처 외무성 북동아시아과
매수 3
비밀등급 일반
문서종류 내부자료
공개구분 공개
내용 제11회 회의기록 첨부문서에 1. 회의에서 일본이 제시한 공동규제내용. 공동규제수역 내 최고 출어 척수, 어선규모, 세목(그물망), 휴어기간, 광력(光力)에 관한 내용을 포함하고 있음.
주제어 어업

문서명	별첨2. 어업공동위원회 협정문 요지(1965. 3. 16)[別添 2 漁業共同委員会に関する協定文の要旨(四〇、三、一六)]

문서파일번호	1131
작성연월일	1965. 3. 16
구분	제7차 회담 어업위원회 제11회 회의
세부항목	
작성처	외무성 북동아시아과
매수	4
비밀등급	일반
문서종류	내부자료
공개구분	공개
내용	제7차 한일회담 어업위원회 제11회 회의기록 첨부2. 회의에서 일본이 제시한 어업공동위원회 협정문 요지, 양국 어선 간 조업 안전 및 질서유지에 관한 합의의사록 요약문
주제어	어업

문서명	별첨3. 제목 없음(1965. 3. 16)[別添3(四〇、三、一六)]

문서파일번호	1131
작성연월일	1965. 3. 16
구분	제7차 회담 어업위원회 제11회 회의
세부항목	
작성처	외무성 북동아시아과
매수	1
비밀등급	일반
문서종류	내부자료
공개구분	공개
내용	제11회 회의기록 첨부3. 회의에서 일본이 제시한 잠정적 어업조사 실시에 관한 합의의사록 요지
주제어	어업

문서명	제7차 한일회담 어업위원회 제12회 회의기록(第7次日韓全面会談漁業委員会第12回会合記録)

문서파일번호 1131
작성연월일 1965. 3. 17
구분 제7차 회담 어업위원회 제12회 회의
세부항목
작성처 외무성 북동아시아과
매수 6
비밀등급 일반
문서종류 회의록
공개구분 공개
내용 어선 또는 어부의 협정 위반에 따른 처벌을 논의함.
주제어 어업

문서명	제7차 한일회담 어업위원회 제13회, 제14회, 제15회 회의기록(第7次日韓全面会談漁業委員会第13回、第14回、第15回会合記録)

문서파일번호 1131
작성연월일 1965. 3. 27
구분 제7차 회담 어업위원회 제13~15회 회의
세부항목
작성처 외무성 북동아시아과
매수 2
비밀등급 일반
문서종류 회의록
공개구분 공개
내용 제7차 한일회담 어업위원회 제13회(1965년 3월 25일 오후 4시), 제14회(3월 25일 오후 9시), 제15회(3월 26일) 회의기록. 한일 농무장관 회담에서의 합의에 따라 양국 간에 가서명해야 할 문서안을 협의함.
주제어 어업

문서명	별첨1. 합의사항(Matters of Understanding)

문서파일번호 1131
작성연월일 1965. 3. 26
구분 제7차 회담 어업위원회 제13~15회 회의
세부항목
작성처 한국대표단
매수 11
비밀등급 일반
문서종류 내부자료
공개구분 공개
내용 한국이 작성한 한일 농무장관 회담에서의 합의사항
주제어 어업

문서명	별첨2. 일본국과 대한민국의 어업 문제 합의각서(안) [別添2 日本国と大韓民国との間の漁業問題に関する合意0覚書(案)]

문서파일번호 1131
작성연월일 1965. 3. 25
구분 제7차 회담 어업위원회 제13~15회 회의
세부항목
작성처 외무성 북동아시아과
매수 28
비밀등급 일반
문서종류 합의각서안
공개구분 공개
내용 일본이 작성한 한일이 가서명해야 할 문서안. ① 어업수역에 관하여 ② 어업수역 침범 단속에 관하여 ③ 어업수역 외측에 있어서의 단속 및 재판관할권에 관하여 ④ 공해자유의 원칙에 관하여 ⑤ 공동규제구역의 범위 확인에 관하여 ⑥ 공동규제구역 내에 있어서 잠정적 어업조정조치의 내용에 관하여 ⑦ 잠정적 어업조정조치의 적용대상이 되지 않는 종류의 어업에 관하여 ⑧ 국내 어업금지수역 등의 상호존중에 관하여 ⑨ 자원조사수역에 관하여 ⑩ 어업공동위원회의 구성 및 임무 등에 관하여 11. 협정의 해석 및 적용에 관한 분쟁에 관하여로 구성
주제어 어업

제7차 한일회담 어업위원회 제16~20회 회의기록
(第7次日韓全面会談漁業委員会第16~20回会合記録)

문서파일번호	1132
작성연월일	1965. 3. 29 - 1965. 4. 22
구분	제7차 회담 어업위원회(제16~20회)
세부항목	
작성처	외무성 북동아시아과, 한국대표단
매수	134
비밀등급	
문서종류	회의록, 합의각서안, 내부자료, 협정안, 부속문서안
공개구분	공개
내용	제7차 한일회담 어업위원회 제16~20회 회의기록
주제어	제7차 한일회담 어업위원회

문서명	제7차 한일회담 어업위원회 제16회, 제17회, 제18회 회의기록(第7次日韓全面会談漁業委員会第16回、17回、第18回会合記録)

문서파일번호 1132
작성연월일 1965. 3. 29
구분 제7차 회담 어업위원회 제16~18회 회의
세부항목
작성처 외무성 북동아시아과
배수 1
비밀등급 일반
문서종류 회의록
공개구분 공개
내용 1965년 3월 28일 제7차 한일회담 어업위원회 제16회, 3월 29일 제 17회, 18회 회의기록. 양국이 어업 문제에 관해 합의할 내용에 관해 각각 수정안을 제시하여 논의
주제어 어업

문서명	한국 제시 합의내용 수정안[別添(仮訳)]

문서파일번호 1132
작성연월일 1965. 3. 28
구분 제7차 회담 어업위원회 제16회 회의
세부항목
작성처 한국대표단(일본 가역)
매수 25
비밀등급
문서종류 내부자료
공개구분 공개
내용 제16~18회 회의기록 첨부문서. 한국이 제16회 회의에서 설명한 양국 합의내용에 관한 수정안. 한국은 공동규제조치에 관하여 문제점을 기술함.
주제어 어업

문서명	일본국과 대한민국의 어업 문제 합의각서(안)[日本国と大韓民国との間の漁業問題に関する合意の覚書(案)]

문서파일번호 1132
작성연월일 1965. 3. 29
구분 제7차 회담 어업위원회 제17회
세부항목
작성처 외무성 북동아시아과
매수 32
비밀등급 극비
문서종류 합의각서안
공개구분 공개
내용 일본이 제시한 어업에 관한 합의각서 수정안
주제어 어업

문서명	한국이 제시한 합의내용 수정안

문서파일번호 1132
작성연월일 1965. 3. 28
구분 제7차 회담 어업위원회 제16회
세부항목
작성처 한국대표단
매수 16
비밀등급 일반
문서종류 내부자료
공개구분 공개
내용 한국이 제시한 양국 합의내용 수정안 한글본
주제어 어업

문서명	제7차 한일회담 어업위원회 제19회 회의기록(第7次日韓全面会談漁業委員会第19回会合記録)

문서파일번호 1132
작성연월일 1965. 4. 15
구분 제7차 회담 어업위원회 제19회 회의
세부항목
작성처 외무성 북동아시아과
매수 5
비밀등급 극비
문서종류 회의록
공개구분 공개
내용 한국이 4월 3일 '한일어업 문제에 관한 합의사항' 가서명 이후 국내동향에 관해 설명함. 양측은 가서명된 합의사항을 기초로 협정문안과 관련 부속문서안의 작성 방안을 논의함.
주제어 어업

문서명	제7차 한일회담 어업위원회 제20회 회의기록(第7次日韓全面会談漁業委員会第20回会合記録)

문서파일번호 1132
작성연월일 1965. 4. 22
구분 제7차 회담 어업위원회 제20회
세부항목
작성처 외무성 북동아시아과
매수 4
비밀등급 극비
문서종류 회의록
공개구분 공개
내용 일본에서 제안한 어업협정 문안의 설명
주제어 어업

문서명	일본국과 대한민국의 어업협정 및 관련 문서(日本国と大韓民国との間の漁業に関する協定及び関連文書)

문서파일번호	1132
작성연월일	1965. 4. 22
구분	제7차 회담 어업위원회 제20회
세부항목	
작성처	외무성 북동아시아과
매수	51
비밀등급	극비
문서종류	협정안, 부속문서안
공개구분	공개
내용	일본이 제시한 협정 관련 문안 및 관련 문서안 ① 일본국과 대한민국의 어업협정 ② 부속서 ③ 교환공문 제1호(직선기선에 관한 것) ④ 교환공문 제2호(제주도 부근의 어업수역에 관한 것) ⑤ 합의의사록 ⑥ 영해의 범위에 관한 교환공문 ⑦ 어업협력에 관한 교환공문 ⑧ 일본국 외무대신의 성명 ⑨ 대한민국 외무부장관의 성명 ⑩ 일본국 농림대신의 성명 ⑪ 대한민국 농림부장관의 성명
주제어	어업

제7차 한일회담 어업위원회 제21~25회 회의기록
(第7次日韓全面会談漁業委員会第21～25回会合記録)

문서파일번호	1133
작성연월일	1965. 4. 27 - 1965. 5. 20
구분	제7차 회담 어업위원회(제21~25회)
세부항목	
작성처	외무성 북동아시아과
매수	9
비밀등급	
문서종류	회의록, 회의자료
공개구분	공개
내용	제7차 한일회담 어업위원회 제21~25회 회의기록
주제어	제7차 한일회담 어업위원회

문서명	제7차 한일회담 어업위원회 제21회 회의기록(第7次日韓全面会談漁業委員会第21回会合記録)

문서파일번호 1133
작성연월일 1965. 4. 27
구분 제7차 회담 어업위원회 제21회 회의
세부항목
작성처 외무성 북동아시아과
매수 9
비밀등급 극비
문서종류 회의록
공개구분 공개
내용 일본이 전회 회의에서 제시한 협정문안 및 부속문서안에 관해 양측 실무선에서 검토한 내용을 정리. 한국은 어업공동위원회의 구성 및 임무에 관련된 안을 제시하여 논의함.
주제어 어업

문서명	(가역) 규약[(假驛)規約]

문서파일번호 1133
작성연월일 1965. 4. 27
구분 제7차 회담 어업위원회 제21회 회의
세부항목
작성처 한국대표단(일본 가역)
매수 5
비밀등급 극비
문서종류 내부자료
공개구분 공개
내용 한국이 제시한 한일어업공동위원회 설치 관련 규약 및 동 위원회 임무 및 권한의 내용
주제어 어업

문서명	제7차 한일회담 어업위원회 제22회 회의기록(第7次日韓全面会談漁業委員会第22回会合記録)

문서파일번호 1133
작성연월일 1965. 4. 30
구분 제7차 회담 어업위원회 제22회 회의
세부항목
작성처 외무성 북동아시아과
매수 5
비밀등급 극비
문서종류 회의록
공개구분 공개
내용 한국이 제21회 회의에서 제시한 공동위원회 관련 규약에 대해 설명 후 이를 양국이 논의함
주제어 어업

문서명	(가역) 규약[(假驛)規約]

문서파일번호 1133
작성연월일 1965. 4. 28
구분 제7차 회담 어업위원회 제22회 회의
세부항목
작성처 한국대표단(일본 가역)
매수 1
비밀등급 극비
문서종류 내부자료
공개구분 공개
내용 한국이 제시한 어업협정 분쟁 발생과 해결방안에 관한 규약
주제어 어업

문서명	제7차 한일회담 어업위원회 제23회 회의기록(第7次日韓全面会談漁業委員会第23回記録)

문서파일번호 1133
작성연월일 1965. 5. 4
구분 제7차 회담 어업위원회 제23회 회의
세부항목
작성처 외무성 북동아시아과
매수 9
비밀등급 극비
문서종류 회의록
공개구분 공개
내용 제22회 회의에서 한국이 제시한 어업공동위원회 설치에 대해 일본이 검토한 내용을 설명
주제어 어업

문서명	제7차 한일회담 어업위원회 제24회 회의기록(第7次日韓全面会談漁業委員会第24回会合記録)

문서파일번호 1133
작성연월일 1965. 5. 7
구분 제7차 회담 어업위원회 제24회 회의
세부항목
작성처 외무성 북동아시아과
매수 3
비밀등급 극비
문서종류 회의록
공개구분 공개
내용 어업공동위원회 설치와 관련하여 논의 후, 한국이 어선의 조업 안전과 질서유지에 관한 규정(안)을 제시함.
주제어 어업

문서명	부속서 어선의 조업 안전과 질서유지에 관한 규정(안)[附屬書 漁船の操業安全と秩序維持に關する規定(案)]

문서파일번호 1133
작성연월일 1965. 5. 6
구분 제7차 회담 어업위원회 제24회 회의
세부항목
작성처 한국대표단(일본 가역)
매수 8
비밀등급 극비
문서종류 내부자료
공개구분 공개
내용 어업위원회 제24회 회의에서 한국이 제시한 '어선의 조업 안전과 질서유지에 관한 규정(안)'
주제어 어업

문서명	제7차 한일회담 어업위원회 제25회 회의기록(第7次日韓全面会談漁業委員会第25回会合記録)

문서파일번호 1133
작성연월일 1965. 5. 20
구분 제7차 회담 어업위원회 제25회 회의
세부항목
작성처 외무성 북동아시아과
매수 5
비밀등급 극비
문서종류 회의록
공개구분 공개
내용 조업의 안전질서유지에 관한 문제를 어떻게 문서화할 것인가에 관해 논의함.
주제어 어업

문서명	(가역) 제7조 및 제8조 [(假驛) 第7條及び第8條]

문서파일번호	1133
작성연월일	1965. 5. 20
구분	제7차 회담 어업위원회 제25회 회의
세부항목	
작성처	한국대표단(일본 가역)
매수	5
비밀등급	극비
문서종류	내부자료
공개구분	공개
내용	한국이 제7차 한일회담 어업위원회 제25회 회의에서 제시한 어업협정 제7조 공동위원회 설치에 관한 조문 안 및 제8조 공동위원회의 임무 및 권한에 관한 조문 안
주제어	어업

제7차 한일회담 어업위원회 제1회~제5회 전문가 회의기록(第7次日韓全面会談漁業委員会第1回 ~ 第5回専門家会合記録)

문서파일번호	1028
작성연월일	1965. 1. 25 - 1965. 2. 12
구분	제7차 회담 어업위원회 전문가 회의(제1~5회)
세부항목	
작성처	외무성 북동아시아과
매수	42
비밀등급	
문서종류	회의록, 내부자료
공개구분	공개
내용	제7차 한일회담 어업위원회 합의에 따라 1965년 1월 25일~2월 8일까지 실무자들로 구성하여 진행한 전문가 회의 제1~5회 회의기록
주제어	어업

문서명	제7차 한일회담 어업위원회 제1회 전문가 회의기록(第7次日韓全面会談漁業委員会第1回専門家会合記録)

문서파일번호 1028
작성연월일 1965. 1. 25
구분 제7차 회담 어업위원회 제1회 전문가 회의
세부항목
작성처 외무성 북동아시아과
매수 8
비밀등급 극비
문서종류 회의록
공개구분 공개
내용 한일 양국의 실무자로 구성된 제7차 한일회담 어업위원회 제1회 전문가 회의기록. 한국 동해안의 영일만 및 울산만의 처리에 관해 논의함.
주제어 어업

문서명	제7차 한일회담 어업위원회 제2회 전문가 회의기록(第7次日韓全面会談漁業委員会第2回専門家会合記録)

문서파일번호 1028
작성연월일 1965. 1. 27
구분 제7차 회담 어업위원회 제2회 전문가 회의
세부항목
작성처 외무성 북동아시아과
매수 5
비밀등급 극비
문서종류 회의록
공개구분 공개
내용 일본이 같은 날 개최된 제7회 어업위원회 회의에서 제시한 '공동규제해역에서의 일본 규제안'(별첨)에 대해 논의함.
주제어 어업

문서명	한일어업 공동규제해역의 일본 규제안(日韓漁業共同規制海域における日本側規制案)

문서파일번호 1028
작성연월일 1965. 1. 27
구분 제7차 회담 어업위원회 제2회 전문가 회의
세부항목
작성처 외무성 북동아시아과
매수 6
비밀등급 극비
문서종류 회의록
공개구분 공개
내용 일본이 1965년 1월 26일 제7차 한일회담 어업위원회 제7회 회의에서 제시한 '공동규제해역의 일본 규제안'
주제어 어업

문서명	제7차 한일회담 어업위원회 제3회 전문가 회의기록(第7次日韓全面会談漁業委員会第3回専門家会合記録)

문서파일번호 1028
작성연월일 1965. 2. 3
구분 제7차 회담 어업위원회 제3회 전문가 회의
세부항목
작성처 외무성 북동아시아과
매수 4
비밀등급 극비
문서종류 회의록
공개구분 공개
내용 한국이 2월 1일 제8회 어업위원회 회의에서 제시한 별첨의 한국안(어업규제)을 전문가 회의에서 논의함. 일본은 한국안이 실망스럽고 한국이 회담에서 성의를 갖고 해결할 의지가 있는지 의심스럽다고까지 주장
주제어 어업

문서명	한일공동조업수역의 일본 규제안에 대한 한국 견해(日韓共同操業水域における日本側規制案に対する韓国側見解)

문서파일번호 1028
작성연월일 1965. 2. 1
구분 제7차 회담 어업위원회 제3회 전문가 회의
세부항목
작성처 외무성 북동아시아과
매수 6
비밀등급 극비
문서종류 내부자료
공개구분 공개
내용 한일공동수역의 규제내용과 관련한 한국 견해를 적은 문서. 수역을 A, B, C, D, E 5구역으로 나누고 B, C, D, E 구역에서의 규제내용에 관해서는 전문가 회의에서 계속 논의하는 것으로 함. 공동수역 일본 출어 척수, 기타 규제사항에 관한 내용도 제시함(문서파일번호 916에 동일한 문서가 있음).
주제어 어업

문서명	제7차 한일회담 어업위원회 제4회 전문가 회의기록(第7次日韓全面会談漁業委員会第4回専門家会合記録)

문서파일번호 1028
작성연월일 1965. 2. 12
구분 제7차 회담 어업위원회 제4회 전문가 회의
세부항목
작성처 외무성 북동아시아과
매수 6
비밀등급 극비
문서종류 회의록
공개구분 공개
내용 2월 5일 제7차 한일회담 어업위원회 제4회 전문가 회의기록. 한국이 일본 어선의 월별 출어 척수 자료 제시를 요청함.
주제어 어업

문서명	제7차 한일회담 어업위원회 제5회 전문가 회의기록(第7次日韓全面会談漁業委員会第5回専門家会合記録)

문서파일번호 1028

작성연월일 1965. 2. 12

구분 제7차 회담 어업위원회 제5회 전문가 회의

세부항목

작성처 외무성 북동아시아과

매수 7

비밀등급 극비

문서종류 회의록

공개구분 공개

내용 2월 8일 제7차 한일회담 어업위원회 제5회 전문가 회의기록. 한국이 일본의 요청에 따라 저인망어업의 실정에 관해 설명함.

주제어 어업

제7차 한일회담 어업위원회 제6~10회 전문가 회의기록(第7次日韓全面会談漁業委員会第6回～第10回専門家会合記録)

문서파일번호	1029
작성연월일	1965. 2. 17 - 1965. 3. 1
구분	제7차 회담 어업위원회 전문가 회의(제6~10회)
세부항목	
작성처	외무성 북동아시아과
매수	30
비밀등급	
문서종류	회의록
공개구분	공개
내용	1965년 2월 11~26일까지 개최된 제7차 한일회담 어업위원회 전문가 회의 제6~10회 회의기록
주제어	어업

문서명	제7차 한일회담 어업위원회 제6회 전문가 회의기록(第7次日韓全面会談漁業委員会第6回専門家会合記録)

문서파일번호 1029
작성연월일 1965. 2. 24
구분 제7차 회담 어업위원회 제6회 전문가 회의
세부항목
작성처 외무성 북동아시아과
매수 6
비밀등급 극비
문서종류 회의록
공개구분 공개
내용 2월 11일 제6회 전문가 회의에서 양국이 각각 현행 어업 금지구역에 관해 설명, 다음 회의에서 지도를 교환하기로 함(회의록 작성일은 2월 24일).
주제어 어업

문서명	제7차 한일회담 어업위원회 제7회 전문가 회의기록(第7次日韓全面会談漁業委員会第7回専門家会合記録)

문서파일번호 1029
작성연월일 1965. 2. 17
구분 제7차 회담 어업위원회 제7회 전문가 회의
세부항목
작성처 외무성 북동아시아과
매수 5
비밀등급 극비
문서종류 회의록
공개구분 공개
내용 양국이 각각 국내 금지구역에 관해 별도로 준비한 자료에 의거하여 설명함.
주제어 어업

문서명	제7차 한일회담 어업위원회 제8회 전문가 회의기록(第7次日韓全面会談漁業委員会第8回専門家会合記録)

문서파일번호 1029
작성연월일 1965. 2. 24
구분 제7차 회담 어업위원회 제8회 전문가 회의
세부항목
작성처 외무성 북동아시아과
매수 6
비밀등급 극비
문서종류 회의록
공개구분 공개
내용 그물, 광력, 어선 규모 등에 대한 공동규제내용의 합의사항을 확인함.
주제어 어업

문서명	제7차 한일회담 어업위원회 제9회 전문가 회의기록(第7次日韓全面会談漁業委員会第9回専門家会合記録)

문서파일번호 1029
작성연월일 1965. 2. 25
구분 제7차 회담 어업위원회 제9회 전문가 회의
세부항목
작성처 외무성 북동아시아과
매수 5
비밀등급 극비
문서종류 회의록
공개구분 공개
내용 공동규제수역의 범위, 일본 포경 현황 등에 관하여 논의함.
주제어 어업

문서명	제7차 한일회담 어업위원회 제10회 전문가 회의기록(第7次日韓全面会談漁業委員会第10回漁業専門家会合記録)

문서파일번호	1029
작성연월일	1965. 3. 1
구분	제7차 회담 어업위원회 제10회 전문가 회의
세부항목	
작성처	외무성 북동아시아과
매수	8
비밀등급	극비
문서종류	회의록
공개구분	공개
내용	2월 26일 제10회 전문가 회의기록. 협정 위반 단속, 재판관할권에 관한 양측 입장을 확인함.
주제어	어업

제7차 한일회담 어업위원회 제11~15회 전문가 회의기록(第7次日韓全面会談漁業委員会第11回 ~ 第15回 専門家会合記録)

문서파일번호	1030
작성연월일	1965. 3. 2 - 1965. 5. 10
구분	제7차 회담 어업위원회 전문가 회의(제11~15회)
세부항목	
작성처	외무성 북동아시아과, 수산청
매수	39
비밀등급	
문서종류	회의록, 내부자료
공개구분	공개
내용	1965년 2월 27일~5월 8일까지 개최된 제7차 한일회담 어업위원회 전문가 회의 제11~15회 회의기록
주제어	어업, 전문가 회의

문서명	제7차 한일회담 어업위원회 제11회 전문가 회의기록(第7次日韓全面会談漁業委員会第11回専門家会合記録)

문서파일번호 1030
작성연월일 1965. 3. 2
구분 제7차 회담 어업위원회 제11회 전문가 회의
세부항목
작성처 외무성 북동아시아과
매수 4
비밀등급 극비
문서종류 회의록
공개구분 공개
내용 2월 27일 제11회 전문가 회의기록. B, D 해역의 경계 및 B 해역의 성격 등에 관해 논의함.
주제어 어업

문서명	제7차 한일회담 어업위원회 제12회 전문가 회의기록(第7次日韓全面会談漁業委員会第12回専門家会合記録)

문서파일번호 1030
작성연월일 1965. 3. 3
구분 제7차 회담 어업위원회 제12회 전문가 회의
세부항목
작성처 외무성 북동아시아과
매수 10
비밀등급 극비
문서종류 회의록
공개구분 공개
내용 3월 2일 제12회 전문가 회의기록에서 협정 위반 시 단속 및 관할권, 공동위원회의 운영방식, 어획량 등에 대해 논의함.
주제어 어업

문서명	별첨. 한국 동해역에서의 저인어업 실적(別添 韓国東海域における底びき漁業の実績)

문서파일번호 1030
작성연월일 1965. 3. 3
구분 제7차 회담 어업위원회 전문가 회의 제12회
세부항목
작성처 외무성 북동아시아과
매수 1
비밀등급 일반
문서종류 내부자료
공개구분 공개
내용 제12회 전문가 회의기록 첨부물. 회의에서 일본이 제시한 한국 동해수역에서의 저인망어업 실적
주제어 어업

문서명	제7차 한일회담 어업위원회 제13회 전문가 회의기록(第7次日韓全面会談漁業委員会第13回専門家会合記録)

문서파일번호 1030
작성연월일 1965. 3. 20
구분 제7차 회담 어업위원회 제13회 전문가 회의
세부항목
작성처 외무성 북동아시아과
매수 11
비밀등급 극비
문서종류 회의록
공개구분 공개
내용 한국이 '어업협정 요강안'의 내용에 관해 설명한 후 양측이 이에 관해 논의함.
주제어 어업

문서명	제7차 한일회담 어업위원회 제14회 전문가 회의기록(第7次日韓全面会談漁業委員会第14回専門家会合記録)

문서파일번호 1030
작성연월일 1965. 4. 30
구분 제7차 회담 어업위원회 제14회 전문가 회의
세부항목
작성처 외무성 북동아시아과
매수 5
비밀등급 극비
문서종류 회의록
공개구분 공개
내용 4월 28일 제14회 전문가 회의에서 어업 공동규제수역의 조업 안전 및 질서유지 등을 논의함.
주제어 어업

문서명	제7차 한일회담 어업위원회 제15회 전문가 회의기록(第7次日韓全面会談漁業委員会第15回専門家会合記録)

문서파일번호 1030
작성연월일 1965. 5. 10
구분 제7차 회담 어업위원회 제15회 전문가 회의
세부항목
작성처 외무성 북동아시아과
매수 6
비밀등급 극비
문서종류 회의록
공개구분 공개
내용 5월 8일 제15회 전문가 회의에서 한국이 제시한 '어선의 조업 안전과 질서유지에 관한 규정(안)'을 논의함.
주제어 어업

문서명	별첨. 공동규제수역에 들어가는 이서(以西) 저인망어선의 표식에 관하여(別添 共同規制水域に入域する以西底びき網漁船の標識について)

문서파일번호	1030
작성연월일	1965. 4. 28
구분	제7차 회담 어업위원회 제15회 전문가 회의
세부항목	
작성처	수산청
매수	2
비밀등급	일반
문서종류	내부자료
공개구분	공개
내용	제15회 전문가 회의기록 첨부물. 공동규제수역에 들어가는 이서 저인망어선의 표식에 관해 일본 수산청이 제시한 안
주제어	어업

제7차 한일회담 어업위원회 제16~19회 전문가 회의기록(第7次日韓全面会談漁業委員会第16回 ~ 第19回 専門家会合記録)

문서파일번호	1031
작성연월일	1965. 5. 24 - 1965. 6. 2
구분	제7차 회담 어업위원회 전문가 회의(제16~19회)
세부항목	
작성처	외무성 북동아시아과
매수	42
비밀등급	일반
문서종류	
공개구분	공개
내용	1965년 5월 22~31일까지 개최된 제7차 한일회담 어업위원회 전문가 회의 제16~19회 회의기록
주제어	어업

문서명	第7차 한일회담 어업위원회 第16회 전문가 회의기록(第7次日韓全面会談漁業委員会第16回専門家会合記録)

문서파일번호 1031
작성연월일 1965. 5. 24
구분 第7차 회담 어업위원회 第16회 전문가 회의
세부항목
작성처 외무성 북동아시아과
매수 7
비밀등급
문서종류 회의록
공개구분 공개
내용 5월 22일 第16회 전문가 회의기록. 공동규제수역의 조업 안전과 질서유지를 논의함.
주제어 어업

문서명	부속서(e)(i)의 수정안[別添 附属書(e)(i)の 修正案]

문서파일번호 1031
작성연월일 1965. 5. 22
구분 第7차 회담 어업위원회 第16회 전문가 회의
세부항목
작성처 외무성 북동아시아과
매수 1
비밀등급
문서종류 내부자료
공개구분 공개
내용 第16회 전문가 회의 첨부문서임. 회의에서 일본이 제시한 어업협정 부속서 내용에 포함된 선박표식에 관한 규정의 수정안
주제어 어업

문서명	안전 조업과 조업 질서유지에 관한 규정안(安全操業と操業秩序維持に關する規定案)

문서파일번호 1031
작성연월일 1965. 5. 22
구분 제7차 회담 어업위원회 제16회 전문가 회의
세부항목
작성처 외무성 북동아시아과
매수 1
비밀등급 일반
문서종류 내부자료
공개구분 공개
내용 제16회 전문가 회의기록 첨부문서. 회의에서 일본이 제시한 협정문안에 포함시킬 안전 조업과 조업 질서유지에 관한 규정안
주제어 어업

문서명	제7차 한일회담 어업위원회 제17회 전문가 회의기록(第7次日韓全面会談漁業委員会第17回専門家会合記録)

문서파일번호 1031
작성연월일 1965. 5. 31
구분 제7차 회담 어업위원회 제17회 전문가 회의
세부항목
작성처 외무성 북동아시아과
매수 11
비밀등급 극비
문서종류 회의록
공개구분 공개
내용 5월 29일 개최한 제17회 전문가 회의기록. 협정의 명칭, 전문(前文)을 논의함.
주제어 어업

문서명	第7차 한일회담 어업위원회 제18회 전문가 회의기록(第7次日韓全面会談漁業委員会第18回専門家会合記録)

문서파일번호 1031
작성연월일 1965. 6. 1
구분 제7차 회담 어업위원회 제18회 전문가 회의
세부항목
작성처 외무성 북동아시아과
매수 10
비밀등급 극비
문서종류 회의록
공개구분 공개
내용 5월 31일 오전 제18회 전문가 회의기록. 1965년 4월 3일 가서명된 '합의사항' 1(어업에 관한 수역에 관하여)에 기초하여 협정 문안 논의가 있었음.
주제어 어업

문서명	第7차 한일회담 어업위원회 제19회 전문가 회의기록(第7次日韓全面会談漁業委員会第19回専門家会合記録)

문서파일번호 1031
작성연월일 1965. 6. 2
구분 제7차 회담 어업위원회 제19회 전문가 회의
세부항목
작성처 외무성 북동아시아과
매수 12
비밀등급 극비
문서종류 회의록
공개구분 공개
내용 5월 31일 오후 제19회 전문가 회의기록. 오전 회의에 이어 협정문 논의가 계속 진행됨.
주제어 어업

어업 4자 회담
(漁業4者会談)

문서파일번호	1032
작성연월일	1964. 12. 17 - 1965. 3. 1
구분	제7차 회담
세부항목	어업 4자 회담
작성처	외무성 북동아시아과
매수	27
비밀등급	
문서종류	내부문서, 회의록
공개구분	공개
내용	1965년 2월 3일 한일 양국 수석대표 회담에서의 합의[어업위원회 논의가 정체되었음을 고려하여 일본 히로세 다쓰오(広瀬達夫, 아시아국 참사관), 와다 마사아키(和田正明, 수산청 어정부장에서 수산청 차장으로 승진) 대표와 한국 이규성(주일한국대표부 참사관), 이봉래(농림부 수산국장) 대표 간에 조정위원회(steering committee) 역할을 하는 4자 회담을 개최]에 따라 1965년 2월 4일~3월 1일까지 개최된 어업 4자 회담 기록
주제어	어업

문서명	제목 없음

문서파일번호 1032
작성연월일 1964. 12. 17
구분 제7차 회담
세부항목 어업 4자 회담
작성처 외무성 북동아시아과
매수 3
비밀등급 극비
문서종류 내부문서
공개구분 공개
내용 12월 16일 일본 히로세 다쓰오(広瀬達夫, 아시아국 참사관), 와다 마사아키(和田正明, 수산청 어정부장에서 수산청 차장으로 승진)와 한국 이규성(주일한국대표부 참사관), 김명년(농림부 수산국장) 회식 후 외무성 히로세 참사관으로부터 청취한 내용을 기록. 한국은 어업협정을 체결하면 어민들의 강한 반발이 예상되므로 시간을 두고 해결하는 것이 바람직하다는 의견을 제시함. 이는 한국이 3억 달러, 2억 달러로 청구권 문제만을 해결한 채 우선 국교정상화를 하고 어업 문제는 차후로 미루려는 포석이 아닌가 하는 생각이 들게끔 함.
주제어 어업

문서명	제1회 4자 회담(히로세, 와다, 이규성, 이봉래)[第1回4者会談(広瀬, 和田, 李圭星, 李鳳來)]

문서파일번호 1032
작성연월일 1965. 2. 4
구분 제7차 회담 어업 4자 회담 제1회 회의
세부항목
작성처 외무성 북동아시아과
매수 3
비밀등급 극비
문서종류 회의록
공개구분 공개
내용 어업 문제에 관한 4자 회담(히로세 다쓰오 외무성 아시아국 참사관, 와다 마사아키 수산청 차장, 이규성 주일한국대표부 참사관, 이봉래 농림부 수산국장) 제1회 회의기록. 공동규제수역에서의 규제 문제가 논의됨.
주제어 어업

문서명	히로세, 와다, 이규성 회담[広瀬、和田、李(圭)会談]

문서파일번호 1032
작성연월일 1965. 2. 19
구분 제7차 회담
세부항목 어업 4자 회담
작성처 외무성 북동아시아과
매수 4
비밀등급 극비
문서종류 회의록
공개구분 공개
내용 2월 17일 어업 문제에 관한 히로세 다쓰오, 와다 마사아키, 이규성이 참석한 회의 기록. 전문가 회의를 개최하기로 하는 등 향후의 교섭 진행에 관한 조정, 기선 설정 문제, 공동규제 문제가 논의됨.
주제어 어업

문서명	제2회 4자 회담(히로세, 와다, 이규성, 이봉래)[第1回4者会談(広瀬, 和田, 李圭星, 李鳳来)]

문서파일번호 1032
작성연월일 1965. 2. 24
구분 제7차 회담 어업 4자 회담 제2회 회의
세부항목
작성처 외무성 북동아시아과
매수 4
비밀등급 극비
문서종류 회의록
공개구분 공개
내용 2월 23일 제2회 어업 4자 회담(히로세 다쓰오, 와다 마사아키, 이규성, 이봉래 참석) 회의기록. 농상회담 개최 일정, 어업협력, 공동규제, 기선 문제 등이 논의됨.
주제어 어업

문서명	제3회 4자 회담(第3回4者会談)

문서파일번호 1032
작성연월일 1965. 2. 26
구분 제7차 회담 어업 4자 회담 제3회 회의
세부항목
작성처 외무성 북동아시아과
매수 3
비밀등급 극비
문서종류 회의록
공개구분 공개
내용 2월 24일 제3회 어업 4자 회담(히로세 다쓰오, 와다 마사아키, 이규성, 이봉래 참석) 회의기록. 기선 설정, 자원 조사, 공동규제, 어선 수출, 해산물 수입 등의 문제가 논의됨.
주제어 어업

문서명	제4회 4자 회담(第4回4者会談)

문서파일번호 1032
작성연월일 1965. 2. 26
구분 제7차 회담 어업 4자 회담 제4회 회의
세부항목
작성처 외무성 북동아시아과
매수 4
비밀등급 극비
문서종류 회의록
공개구분 공개
내용 2월 25일 제4회 어업 4자 회담(히로세 다쓰오, 와다 마사아키, 이규성, 이봉래 참석) 기록. 한일 농상회담과 관련한 의견교환이 이루어짐.
주제어 어업

문서명	제5회 4자 회담(第5回4者会談)

문서파일번호 1032
작성연월일 1965. 2. 27
구분 제7차 회담 어업 4자 회담 제5회 회의
세부항목
작성처 외무성 북동아시아과
매수 3
비밀등급 극비
문서종류 회의록
공개구분 공개
내용 2월 26일 제5회 어업 4자 회담(히로세 다쓰오, 와다 마사아키, 이규성, 이봉래 참석) 기록. 농상회담의 의제 설정 문제에 대한 조정이 있었으며, 한국으로부터 어업협력 내역이 제시됨.
주제어 어업

문서명	히로세, 와다, 이규성 회담(広瀬、和田、李会談)

문서파일번호 1032
작성연월일 1965. 3. 1
구분 제7차 회담
세부항목 어업 4자 회담
작성처 외무성 북동아시아과
매수 3
비밀등급 극비
문서종류 회의록
공개구분 공개
내용 2월 27일 히로세 다쓰오, 와다 마사아키, 이규성이 참석한 어업 관련 회의기록. 농상회담의 의제(① 기선 문제, ② 수산자원 보호를 위한 공동규제에 관한 문제, ③ 어업협력에 관한 문제, ④ 기타)에 합의하였으며, 그 밖에 어업규제 문제가 논의됨.
주제어 어업

제2차 한일어업 각료회담 제1~5회 회의기록
(第2次日韓漁業閣僚会談第1第5回会合記録)

문서파일번호	1033
작성연월일	1965. 3. 4 - 1965. 3. 9
구분	제7차 회담 제2차 한일 농림장관 회담(제1~5회 회의)
세부항목	
작성처	외무성 북동아시아과, 한국대표단
매수	54
비밀등급	
문서종류	회의록, 내부자료
공개구분	공개
내용	1965년 3월 3~9일까지 개최된 한일 농림장관[아카기 무네노리(赤城宗德)·차균희] 회담 제1~5회 회의기록
주제어	어업, 제2차 한일 농림장관 회담(어업 각료회담)

문서명	제2차 한일 어업각료회담 제1회 회의기록(第2次日韓漁業閣僚会談第1回会合記録)

문서파일번호 1033
작성연월일 1965. 3. 4
구분 제7차 회담 제2차 한일 농림장관 회담 제1회 회의
세부항목
작성처 외무성 북동아시아과
매수 3
비밀등급 극비
문서종류 회의록
공개구분 공개
내용 3월 3일 제2차 한일 농림장관 회담 제1회 회의기록. 양측 인사말 후 회담의제를 ① 어업기선 ② 어업자원 보호를 위한 규제조치 ③ 어업협력에 관한 문제 ④ 기타로 하기로 합의함.
주제어 어업

문서명	별첨1. 농림대신 인사말(別添 1 農林大臣 挨拶)

문서파일번호 1033
작성연월일 1965. 3. 3
구분 제7차 회담 제2차 한일 농림장관 회담 제1회 회의
세부항목
작성처 외무성 북동아시아과
매수 3
비밀등급 일반
문서종류 내부자료
공개구분 공개
내용 제2차 한일 농림장관 회담 제1회 회의기록 첨부1. 1965년 3월 3일 제2차 한일 농림장관 회담 제1회 회의 아카기 무네노리 일본 농림대신 인사말. 일본의 조업이 확보된다는 전제하에 한국의 어업 실정을 충분히 고려하고 한국 어업의 발전에 관해서도 협력을 아끼지 않는다는 생각으로 교섭에 임하겠다는 뜻을 표명함.
주제이 이업

문서명	차 농림부장관 인사말(別添 2 車 農林部長官 あいさつ)

문서파일번호 1033
작성연월일 1965. 3. 3
구분 제7차 회담 제2차 한일 농림장관 회담 제1회 회의
세부항목
작성처 한국대표단(일본 번역)
매수 3
비밀등급 일반
문서종류 내부자료
공개구분 공개
내용 제2차 한일 농림장관 회담 제1회 회의기록 첨부2. 제2차 한일 농림장관 회담 제1회 회의 차균희 한국 농림부장관 인사말. 한일 양국의 국교정상화에서 어업 문제 해결의 중요성을 강조하고, 양국 어민의 권익을 최대한 보장하는 방향으로 교섭에 임하겠다고 설명함.
주제어 어업

문서명	제2차 한일 어업각료회담 제2회 회의기록(第2次日韓漁業閣僚会談第2回会合記録)

문서파일번호 1033
작성연월일 1965. 3. 4
구분 제7차 회담 제2차 한일 농림장관 회담 제2회 회의
세부항목
작성처 외무성 북동아시아과
매수 8
비밀등급 극비
문서종류 회의록
공개구분 공개
내용 차균희 장관은 제주도 부근의 기선문제는 한국 외무부와 일본 외무성의 문제로 어업각료회담에서 논의하는 것은 바람직하지 않다고 주장함. 어선 어구의 대한수출 금지 해제와 한국 수산물의 대일수출 증가를 희망한다고 말함.
주제어 어업

문서명	제2차 한일 어업각료회담 제3회 회의기록(第2次日韓漁業閣僚会談第3回会合記録)

문서파일번호 1033
작성연월일 1965. 3. 5
구분 제7차 회담 제2차 한일 농림장관 회담 제3회 회의
세부항목
작성처 외무성 북동아시아과
매수 8
비밀등급 극비
문서종류 회의록
공개구분 공개
내용 제2차 한일 농림장관 회담 제3회 회의기록. 공동규제해역의 출어 규제에 대해 주로 논의함. 한국은 어획량 규제와 척수 규제의 절충안을 고집함.
주제어 어업

문서명	별첨1. 한국어업협력에 관한 한국 제안[(別添 1) 韓国漁業協力に関する韓国側提案]

문서파일번호 1033
작성연월일 1965. 3. 5
구분 제7차 회담 제2차 한일 농림장관 회담 제3회 회의
세부항목
작성처 한국대표단(일본 가역)
매수 2
비밀등급 일반
문서종류 내부자료
공개구분 공개
내용 제2차 한일 농림장관 회담 제3회 회의기록 첨부1. 회의에서 한국이 제안한 어업협력에 관한 안
주제어 어업

문서명	별첨2. 규제에 관한 요강[(別添 2) 規制に関する要綱]

문서파일번호 1033
작성연월일 1965. 3. 5
구분 제7차 회담 제2차 한일 농림장관 회담 제3회 회의
세부항목
작성처 한국대표단(일본 가역)
매수 3
비밀등급 일반
문서종류 내부자료
공개구분 공개
내용 제2차 농림장관회담 제3회 회의기록 첨부물. 회의에서 한국이 제안한 규제에 관한 요강
주제어 어업

문서명	제2차 한일 어업각료회담 제4회 회의기록(第2次日韓漁業閣僚会談第4回会合記録)

문서파일번호 1033
작성연월일 1965. 3. 6
구분 제7차 회담 제2차 한일 농림장관 회담 제4회 회의
세부항목
작성처 외무성 북동아시아과
매수 7
비밀등급 극비
문서종류 회의록
공개구분 공개
내용 제4회 농림장관 회담에서 제주도 부근의 기선 어업공동규제수역에서의 어획량과 어선 척수 규제 등을 논의함.
주제어 어업

문서명	제2차 한일 어업각료회담 제5회 회의기록(第2次日韓漁業閣僚会談第5回会合記録)

문서파일번호 1033
작성연월일 1965. 3. 9
구분 제7차 회담 제2차 한일 농림장관 회담 제5회 회의
세부항목
작성처 외무성 북동아시아과
매수 6
비밀등급 극비
문서종류 회의록
공개구분 공개
내용 3월 9일 제2차 농림장관 제5회 회의기록. 일본이 별첨1-(1), 1-(2), 1-(3), 2, 3을 준비하여 논의함.
주제어 어업

문서명	별첨1-(1). 15만 톤의 어획량의 성격에 관하여(3월 9일의 농상회담 제5회 회의에서 한국에 제시)[別添 1-(1) 15万トンの漁獲量の性格について(3月9日の農相会談第5回会合において韓国側に提示)]

문서파일번호 1033
작성연월일 1965. 3. 9
구분 제7차 회담 제2차 한일 농림장관 회담 제5회 회의
세부항목
작성처 외무성 북동아시아과
매수 3
비밀등급 일반
문서종류 내부자료
공개구분 공개
내용 제2차 한일 농림장관 회담 제5회 회의기록 첨부1-1. 15만 톤의 어획량은 어떤 어종을 말하는지 그 성격에 대하여 일본이 제시한 문서
주제어 어업

문서명	별첨1-(2). 9일 농상회담 제5회 회의에서 한국에 제시[別添 1-(2) 9日の農相会談第五回会合において韓国側に提示]

문서파일번호 1033
작성연월일 1965. 3. 9
구분 제7차 회담 제2차 한일 농림장관 회담 제5회 회의
세부항목
작성처 외무성 북동아시아과
매수 3
비밀등급 일반
문서종류 내부자료
공개구분 공개
내용 제2차 한일 농림장관 회담 제5회 회의기록 첨부1-2. 일본이 제시한 공동규제구역에서의 규제조치 관련 협정문안 요지
주제어 어업

문서명	별첨1-(3). 어획량에 관한 일본의 생각(농상회담 제3회 회의에서 일본이 제시)[別添 1-(3) 漁獲量について日本側考え方(農相会談第3回会合において日本側より提示)]

문서파일번호 1033
작성연월일 1965. 3. 5
구분 제7차 회담 제2차 한일 농림장관 회담 제5회 회의
세부항목
작성처 외무성 북동아시아과
매수 2
비밀등급 일반
문서종류 내부자료
공개구분 공개
내용 제2차 한일 농림장관 회담 제5회 회의기록 첨부1-3. 일본이 제시한 어획량에 관한 견해가 담긴 문서
주제어 어업

문서명	별첨2. 어업규제 및 재판관할권에 관하여(別添2 漁業取締り及び裁判管轄権について)

문서파일번호 1033
작성연월일 1965. 3. 9
구분 제7차 회담 제2차 한일 농림장관 회담 제5회 회의
세부항목
작성처 외무성 북동아시아과
매수 2
비밀등급 일반
문서종류 내부자료
공개구분 공개
내용 제2차 한일 농림장관 회담 제5회 회의기록 첨부2. 일본이 제시한 어업규제 및 재판관할권에 관한 견해가 담긴 문서
주제어 어업

문서명	별첨3. 어획량에 관한 일본의 생각(別添3 漁獲量についての日本側考え方)

문서파일번호 1033
작성연월일 1965. 3. 9
구분 제7차 회담 제2차 한일 농림장관 회담 제5회 회의
세부항목
작성처 외무성 북동아시아과
매수 1
비밀등급 일반
문서종류 내부자료
공개구분 공개
내용 제2차 한일 농림장관 회담 제5회 회의기록 첨부3. 일본이 제시한 어획량에 관한 견해가 담긴 문서
주제어 어업

제2차 한일 어업각료회담 제6~11회 회의기록
(第2次日韓漁業閣僚会談第6回 ~ 第11回会合記録)

문서파일번호	1034
작성연월일	1965. 3. 10 - 1965. 4. 1
구분	제7차 회담 제2차 한일 농림장관 회담(제6~11회 회의)
세부항목	
작성처	외무성 북동아시아과
매수	35
비밀등급	
문서종류	회의록
공개구분	공개
내용	1965년 3월 10일~4월 1일까지 개최된 제2차 한일 농림장관 회담 제6~11회 회의기록
주제어	어업, 제2차 한일 농림장관 회담

문서명	제2차 한일 어업각료회담 제6회 회의기록(才2次日韓漁業閣僚会談才6回会合記録)

문서파일번호 1034
작성연월일 1965. 3. 10
구분 제7차 회담 제2차 한일 농림장관 회담 제6회 회의
세부항목
작성처 외무성 북동아시아과
매수 4
비밀등급 극비
문서종류 회의록
공개구분 공개
내용 제2차 한일농림장관 회담 제6회 회의에서 제주도 부근의 한국 어업수역의 획정 방법, 어선척수 문제를 논의함.
주제어 어업, 제주도 부근 수역

문서명	제2차 한일 어업각료회담 제7회 회의기록(才2次日韓漁業閣僚会談才7回会合記録)

문서파일번호 1034
작성연월일 1965. 3. 12
구분 제7차 회담 제2차 한일 농림장관 회담 제7회 회의
세부항목
작성처 외무성 북동아시아과
매수 10
비밀등급 극비
문서종류 회의록
공개구분 공개
내용 제7회 농림장관 회담에서 기선 문제, 척수 규제와 어획량 규제, 공동규제조치, 협정 위반 단속 및 재판관할권, '이 라인' 철폐, 공동규제수역의 외측 수역에 어족자원 보호를 위해 어업조사수역을 설치하는 문제, 공동위원회의 성격 및 임무 등을 논의함. 한국은 '이 라인' 철폐 문제를 명확히 언급하지는 않았으나 한일어업협정에서 체결된 어업수역만이 연안국의 일방적인 관할권에 속하며, 한일어업협정이 한국의 국내법보다 우선한다고 설명함. 한국은 일본이 무엇을 말하는지를 이해하고 있다고 사료됨.
주제어 어업, '이 라인' 철폐 문제

문서명	제목 없음

문서파일번호 1034
작성연월일 1965. 3. 12
구분 제7차 회담 제2차 한일 농림장관 회담 제7회 회의
세부항목
작성처 외무성 북동아시아과
매수 1
비밀등급 극비
문서종류 내부자료
공개구분 공개
내용 제7회 회의에서 일본이 제시한 제주도를 포함한 남해안 지역 기선 설정 및 수역 표시 지도
주제어 어업

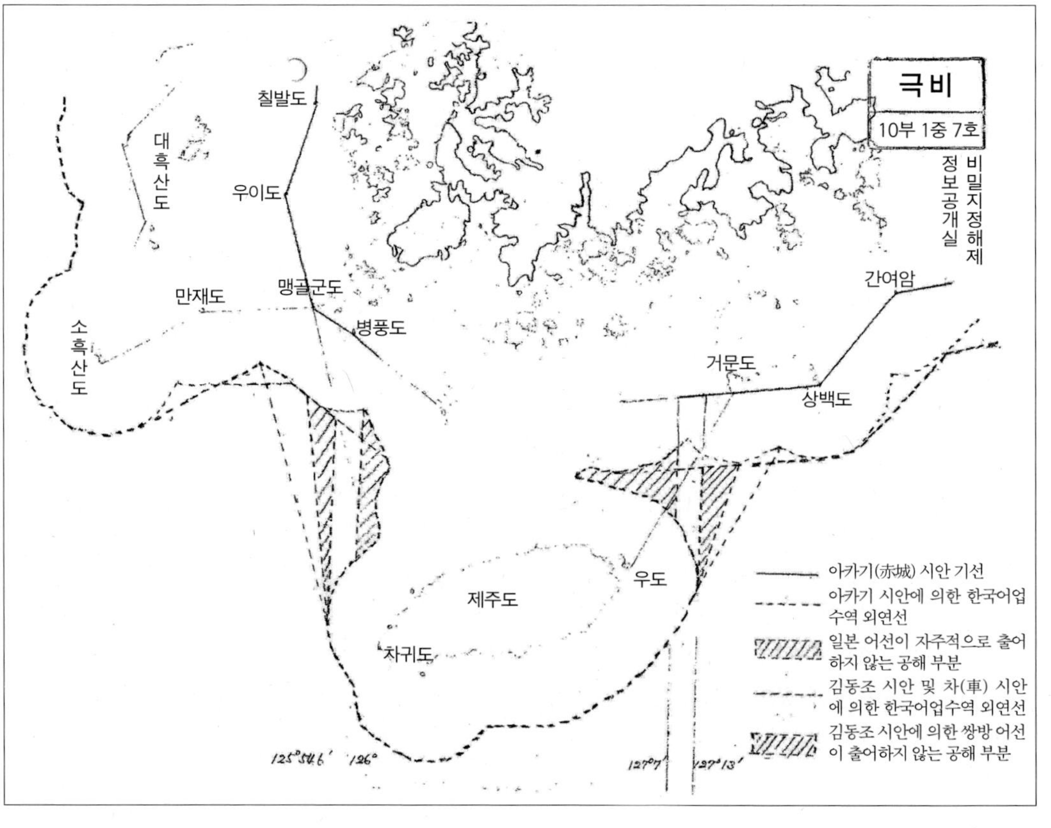

문서명	제2차 한일 어업각료회담 제8회 회의기록(才2次日韓漁業閣僚会談才8回会合記録)

문서파일번호 1034
작성연월일 1965. 3. 17
구분 제7차 회담 제2차 한일 농림장관 회담 제8회 회의
세부항목
작성처 외무성 북동아시아과
배수 6
비밀등급 극비
문서종류 회의록
공개구분 공개
내용 1965년 3월 16일 제2차 한일 농림장관 회담 제8회 회의기록. 일본은 나포 어선의 손해배상 문제를 거론하면서 손해액은 67억 엔, 이자까지 계산하면 약 2배가 된다고 설명함. 이 문제를 어업각료회담에서 논의하는 것은 회담 타결에 역행하는 것으로 수석대표회담에서 논의하는 것이 바람직하다고 제안함. 일본도 이를 받아들였음.
주제어 어업, 나포 어선 손해배상 문제

문서명	제2차 한일 어업각료회담 제9회 회의기록(才2次日韓漁業閣僚会談才9回会合記録)

문서파일번호 1034
작성연월일 1965. 3. 18
구분 제7차 회담 제2차 한일 농림장관 회담 제9회 회의
세부항목
작성처 외무성 북동아시아과
매수 5
비밀등급 극비
문서종류 회의록
공개구분 공개
내용 1965년 3월 17일 제2차 한일 농림장관 회담 제9회 회의기록. 어업금지구역인 공해 부분에서의 단속 문제, 어업공동규제조치의 실시, 어업척수 제한 등을 논의. 제주도 기선 문제는 양국이 의견차를 좁히지 못함.
주제어 어업

문서명	제2차 한일 어업각료회담 제10회 회의기록(才2次日韓漁業閣僚会談才10回会合記録)

문서파일번호 1034
작성연월일 1965. 3. 24
구분 제7차 회담 제2차 한일 농림장관 회담 제10회 회의
세부항목
작성처 외무성 북동아시아과
매수 5
비밀등급 극비
문서종류 회의록
공개구분 공개
내용 1965년 3월 17일 제2차 한일 농림장관 회담 제10회 회의기록. 제주도 부근의 기선 문제를 극적으로 타결함.
주제어 어업, 제주도 부근 기선 문제

문서명	제2차 한일 어업각료회담 제11회 회의기록(才2次日韓漁業閣僚会談才11回会合記録)

문서파일번호 1034
작성연월일 1965. 4. 1
구분 제7차 회담 제2차 한일 농림장관 회담 제11회 회의
세부항목
작성처 외무성 북동아시아과
매수 4
비밀등급 극비
문서종류 회의록
공개구분 공개
내용 제2차 한일 농림장관 회담 제11회 회의기록. 일본은 한국이 '이 라인'이 국제법상 합법·타당하다는 이유를 들어 어업협정에 포함시키지 않는다면 일본어선을 나포하지 않는다는 취지의 규정이라도 협정에 명기해야 일본 국회에서 비준을 받을 수 있다고 주장함. 이에 대해 한국은 곤란하다는 반응을 보임.
주제어 어업, '이 라인'

한일어업 문제에 관한 합의사항
(日韓間の漁業問題に関する合意事項)

문서파일번호	1035
작성연월일	1965. 4. 3 - 1965. 5. 10
구분	제7차 회담
세부항목	4·3 합의사항 가서명 이후 어업교섭
작성처	외무성 북동아시아과
매수	48
비밀등급	
문서종류	합의사항, 내부자료, 회의록
공개구분	공개
내용	1965년 4월 3일 '어업 문제 합의사항' 가서명 이후 한일 간에 진행된 어업 관련 교섭기록
주제어	어업

문서명	한일어업 문제에 관한 합의사항(안) [日韓間の漁業問題に関する合意事項(案)]

문서종류 1035
작성연월일 1965. 4. 3
구분 제7차 회담
세부항목 4·3 합의사항 가서명 이후 어업교섭
작성처 외무성 북동아시아과
매수 34
비밀등급 극비
문서종류 합의사항안
공개구분 공개
내용 가서명된 '한일어업 문제에 관한 합의사항'
주제어 어업

문서명	우시바 대표 발언 요지(안) [牛場代表発言要旨(案)]

문서파일번호 1035
작성연월일 1965. 5. 7
구분 제7차 회담
세부항목 4·3 합의사항 가서명 이후 어업교섭
작성처 외무성 북동아시아과
매수 7
비밀등급 극비
문서종류 내부자료
공개구분 공개
내용 1965년 5월 4일 한국이 제안한 '대한민국과 일본국의 어업자원의 보존 및 어업협력에 관한 잠정협정안'에 대해 일본이 검토한 결과를 정리한 문서. 일본은 4월 3일 가서명된 '한일어업 문제에 관한 합의사항'에 위반되는 사항을 열거했음.
주제어 어업

문서명	한국 어업협정안에 관하여(韓国側漁業協定案について)

문서파일번호 1035
작성연월일 1965. 5. 8
구분 제7차 회담
세부항목 4·3 합의사항 가서명 이후 어업교섭
작성처 외무성 북동아시아과
매수 5
비밀등급 극비
문서종류 내부자료
공개구분 공개
내용 1965년 5월 4일 한국이 제안한 '대한민국과 일본국의 어업자원의 보존 및 어업협력에 관한 잠정협정(안)'을 일본이 검토한 결과를 정리한 문서. 4월 3일 가서명된 '한일어업 문제에 관한 합의사항'에 위반되는 사항을 정리
주제어 어업

문서명	한국 어업협정안에 관한 우시바·이규성 회담(韓国側漁業協定案についての牛場·李圭星会談)

문서파일번호 1035
작성연월일 1965. 5. 10
구분 제7차 회담
세부항목 4·3 합의사항 이니셜 이후 어업교섭
작성처 외무성 북동아시아과
매수 2
비밀등급 극비
문서종류 회의록
공개구분 공개
내용 1965년 5월 8일 개최된 우시바 노부히코 외무심의관과 한국대표부 이규성 공사 어업 관련 회담 기록. 한국이 5월 4일 제시한 어업협정안에 관해 일본은 4월 3일 '합의사항'에서 후퇴한 것으로 여겨지는 한국의 어업협정안을 토대로 하는 교섭은 진행하기 어려움을 전달함.
주제어 어업

재개 어업 4자 회담
(再開漁業四者会談)

문서파일번호	1036
작성연월일	1965. 5. 14 - 1965. 5. 26
구분	제7차 회담
세부항목	재개 어업 4자 회담
작성처	외무성 북동아시아과
매수	17
비밀등급	
문서종류	회의록
공개구분	공개
내용	1965년 5월 14~26일까지 개최된 재개 어업 4자 회담(일본 히로세 다쓰오 참사관, 와다 마사아키 수산청 차장, 한국 이규성 공사, 김명년 대표 참석] 기록
주제어	어업

문서명	재개 어업 4자 회담 제1회 회의기록(再開漁業四者会談第1回会合記録)

문서파일번호	1036
작성연월일	1965. 5. 14
구분	제7차 회담 재개 어업 4자 회담 제1회 회의
세부항목	
작성처	외무성 북동아시아과
매수	3
비밀등급	극비
문서종류	회의록
공개구분	공개
내용	재개 어업 4자 회담 제1회 회의기록. 일본은 5월 4일 한국이 비공식적으로 제시한 어업협정안이 가서명한 '합의사항' 내용을 많이 수정했다고 지적함.
주제어	어업

문서명	재개 어업 4자 회담 제2회 회의기록(再開漁業四者会談第2回会合記録)

문서파일번호	1036
작성연월일	1965. 5. 17
구분	제7차 회담 재개 어업 4자 회담 제2회 회의
세부항목	
작성처	외무성 북동아시아과
매수	10
비밀등급	극비
문서종류	회의록
공개구분	공개
내용	재개 어업 4자 회담 제2회 회의기록. '합의사항'의 보완과 관련하여 논의함.
주제어	어업

문서명	재개 어업 4자 회담 제3회 회의기록(번외로 함)[再開漁業四者会談第3回会合記録(番外とする)]

문서파일번호	1036
작성연월일	1965. 5. 26
구분	제7차 회담 재개 어업 4자 회담 제3회 회의
세부항목	
작성처	외무성 북동아시아과
매수	4
비밀등급	극비
문서종류	회의록
공개구분	공개
내용	재개 어업 4자 회담 제3회 회의기록(기록에는 이 회의는 번외로 한다고 되어 있음). 양측은 우선 '합의사항'을 조문화하기로 함.
주제어	어업

한일 농상회담 개최에 관하여
(日韓農相会談開催について)

문서파일번호	707
작성연월일	1965. 12. 11 - 1965. 12. 16
구분	한일협정 체결 후
세부항목	한일 농상회담
작성처	주서울사무소장, 외무성 북동아시아과
매수	11
비밀등급	
문서종류	전문(電文), 내부문서
공개구분	공개
내용	한일 농상회담 의제에 관하여 한일 실무자 간 협의한 내용을 정리한 문서
주제어	어업

문서명	한일 농상회담 개최에 관하여(日韓農相会談開催について)

문서파일번호 707
작성연월일 1965. 12. 11
구분 한일협정 체결 후
세부항목 한일 농상회담
작성처 주서울사무소장
매수 3
비밀등급 비(秘)
문서종류 전문(電文)
공개구분 공개
내용 어업협정 체결 후 후속 민간어업약정교섭과 관련하여 연하구 외무부 아주국장이 마에다 도시카즈 주한사무소 소장에게 연락한 내용을 보고한 전문. 연 국장은 차균희 장관은 물론 수산당국자들이 어업협정 비준서 교환을 목전에 두고 있는 상황에서 민간약정교섭이 결렬될 경우 정부 간 신뢰에 악영향을 미칠 것임을 우려하고 있으며, 다음 두 가지 문제에 대한 일본의 유연한 대응을 요청함. ① 손해배상 관련 가해선의 국적 등이 불명확할 경우 대응 ② 분쟁 또는 사고에 관한 자국의 권한 있는 당국에의 보고 및 확인, 조정의 요청
주제어 어업

문서명	한일 농상회담의 의제에 관하여(日韓農相会談の議題について)

문서파일번호 707
작성연월일 1965. 12. 15
구분 한일협정 체결 후
세부항목 한일 농상회담
작성처 외무성 북동아시아과
매수 3
비밀등급 비(秘)
문서종류 내부문서
공개구분 공개

내용	1965년 12월 15일 한국대표부 안 서기관이 북동아시아과에 전달한 한일 농상회담의 의제에 관한 한국 견해를 정리한 문서. 어업기술협력협정, 한일어업합동위원회 개최, 농수산물의 교역 증진 등이 기술
주제어	어업

문서명	한일 농상회담의 의제에 관하여(日韓農相会談の議題について)

문서파일번호	707
작성연월일	1965. 12. 16
구분	한일협정 체결 후
세부항목	한일 농상회담
작성처	외무성 북동아시아과
매수	5
비밀등급	비(秘)
문서종류	내부문서
공개구분	공개
내용	한국대표부 안 서기관이 북동아시아과에 전달한 농상회담 의제 중 어업기술협정을 추가한 내용. 한국기술자의 일본 파견 인원수, 일본 전문가의 한국 초청 인원수, 한국어민 훈련 센터 설치, 한국수산교육시설 제공 등이 기술
주제어	어업

한일 농상회담
(日韓農相会談)

문서파일번호	920
작성연월일	1965. 2. 27 - 1965. 3. 8
구분	제7차 회담
세부항목	아카기·차균희 농림장관 회담
작성처	주서울 마에다 조사관, 외무성
매수	37
비밀등급	
문서종류	전문(電文), 내부문서
공개구분	공개 또는 일부비공개
내용	1965년 3월 3일~4월 1일까지 개최되는 한일 농림장관 회담과 관련한 문서, 언론 보도, 협정안 등 문서 모음
주제어	어업, 농림장관 회담

문서명	농상회담차 도일하는 차 장관을 둘러싼 정보(農相会談に渡日する車長官をめぐる情報)

문서파일번호 920
작성연월일 1965. 2. 27
구분 제7차 회담
세부항목 아카기 · 차균희 농림장관 회담, 주서울 마에다 조사관 보고
작성처 주서울 마에다 조사관
매수 2
비밀등급 극비
문서종류 전문(電文)
공개구분 일부비공개
내용 서울 체재 중인 마에다 조사관이 한일 농상회담차 방일하는 차균희 농림장관의 배경 등에 관해 보고
주제어 어업

문서명	농림부장관의 기자회견 요지(農林部長官の記者会見要旨)

문서파일번호 920
작성연월일 1965. 3. 2
구분 제7차 회담
세부항목 아카기 · 차균희 농림장관 회담, 주서울 마에다 조사관 보고
작성처 주서울 마에다 조사관
매수 2
비밀등급
문서종류 전문(電文)
공개구분 공개
내용 한일 농림장관 회담차 방일에 앞서 개최된 차균희 농림장관의 기자회견 내용을 보고. 평화선 존치, 연안 어족자원 보호, 한국어민의 발전을 기하는 범위 내에서 한일 농림장관 회담이 진행되도록 노력하겠다는 내용이 담김.
주제어 어업, 차균희 장관 기자회견

문서명	공동규제구역의 단속에 관한 한국안에 대한 반론(안) [共同規制区域における取締りに関する韓国案に対する反論張り(案)]

문서파일번호 920
작성연월일 1965. 3. 3
구분 제7차 회담
세부항목 한국의 공동규제안에 대한 반론
작성처 외무성 조약국 법규과
매수 7
비밀등급 극비
문서종류 내부문서
공개구분 공개
내용 공동규제수역의 한국 규제안에 대한 일본 반론을 정리한 문서. 한국안은 상호승선에 의한 공동 감시, 상당한 근거가 있으면 탑승 수색, 위반 판명 시 지정된 항구로 어선을 연행하여 일정기간 조사, 조사결과를 첨부하여 기국에 인도하는 것이 주요 내용임. 일본은 규제내용이 확정되지 않는다면 단속 절차나 방법을 논의해 봐야 추상적일 수밖에 없다는 자세로 대응해야 함.
주제어 어업, 공동규제수역

문서명	한일 농상회담 개시와 관련한 농림성 조율 사항(교섭 당초 일본의 교섭방침) [日韓農相会談開始にあたつて農林省との打合せ事項(交渉当初におけるわが方の交渉方針)]

문서파일번호 920
작성연월일 1965. 3. 3
구분 제7차 회담
세부항목 아카기 · 차균희 농림장관 회담
작성처 외무성
매수 3
비밀등급 극비
문서종류 내부문서
공개구분 공개
내용 한일 농상회담을 앞두고 외무성의 교섭방침을 정리한 문서. 어업협정상의 출어 규제는 어디까지나 척수 규제에 제한해야 하며, 어획량 규제는 피해야 함.
주제어 어업, 규제 관련 일본의 교섭방침

문서명	농상회담에 관한 신문 보도(農相会談に関する新聞報道)

문서파일번호	920
작성연월일	1965. 3. 4
구분	제7차 회담
세부항목	아카기 · 차균희 농림장관 회담, 언론 보도, 주서울 마에다 조사관 보고
작성처	주서울 마에다 조사관
매수	3
비밀등급	일반
문서종류	전문(電文)
공개구분	공개
내용	한일 농상회담과 관련하여 '평화선은 반드시 수호해야 한다'는 내용의 한국의 신문기사(경향신문, 대한일보) 내용을 정리하여 보고
주제어	어업, 평화선, 한국 언론 보도

문서명	농상회담에 관한 한국 보도(農相会談に関する韓国側報道)

문서파일번호	920
작성연월일	1965. 3. 5
구분	제7차 회담
세부항목	아카기 · 차균희 농림장관 회담, 언론 보도, 주서울 마에다 조사관 보고
작성처	주서울 마에다 조사관
매수	3
비밀등급	일반
문서종류	전문(電文)
공개구분	공개
내용	한일 농림장관 회담에 임하는 한국의 기본 입장에 관한 동양통신 1965년 3월 4일자 보도내용을 보고
주제어	어업, 한국 언론 보도

문서명	한일 농상회담에 관한 정보(日韓農相会談に関する情報)

문서파일번호 920
작성연월일 1965. 3. 8
구분 제7차 회담
세부항목 아카기·차균희 농림장관 회담, 한국 전략, 주서울 마에다 조사관 보고
작성처 주서울 마에다 조사관
매수 2
비밀등급 극비
문서종류 전문(電文)
공개구분 일부비공개
내용 한일 농림장관 회담에 임하는 한국의 전략과 관련하여 청와대와 총리실 측근에게 청취한 정보를 보고한 문서임. 농상회담에서 강경자세를 유지하고 일본이 한국의 의견을 받으면 좋으나 받지 않는다면 이번 농상회담에서 결론을 내지 말고 그 직후 예정된 무역회담에서 한일무역불균형 시정요구를 실현시킨 후 야당의 반대를 완화시키는 정책도 필요하다는 이야기를 청취함. 농상회담은 무역회담 이후에 다시 개최하는 방법도 있다고 총리실 측근으로부터 정보를 청취했음.
주제어 어업, 농림장관 회담 한국 전략

문서명	어획량에 관한 일본 생각[漁獲量についての日本側考え方(農相会談第3回会合において日本側より提出)]

문서파일번호 920
작성연월일 1965. 3. 5
구분 제7차 회담
세부항목 아카기·차균희 농림장관 회담, 일본의 제시 어획량
작성처 외무성
매수 2
비밀등급 극비
문서종류 내부문서
공개구분 일부비공개
내용 제3회 한일 농림장관 회담에서 일본이 제시한 어획량에 관한 안. 일본의 제도는 척수 허가로 규제를 해왔으므로 어획량은 규제 대상이 되어서는 안 된다는 내용이 담김.
주제어 어업, 일본의 제시 어획량

문서명	(시안) 협정 본문 제○조의 요지[(試案)協定本文第○条の要旨]

문서파일번호 920
작성연월일 1965. 3. 6
구분 제7차 회담
세부항목 아카기 · 차균희 농림장관 회담, 공동규제 관련 어업협정 조문 요지안
작성처 외무성 조약국 법규과
매수 2
비밀등급 극비
문서종류 내부문서
공개구분 공개
내용 공동규제와 관련한 일본의 어업협정 조문 요지(시안)
주제어 어업, 공동규제 관련 어업협정 조문요지안

문서명	공동규제해역에서의 일본의 제한 출어 척수(共同規制海域における日本側の制限出漁獲数)

문서파일번호 920
작성연월일 1965. 3. 6
구분 제7차 회담
세부항목 아카기 · 차균희 농림장관 회담, 제한 척수
작성처 외무성 북동아시아과
매수 1
비밀등급 극비
문서종류 내부자료
공개구분 공개
내용 공동규제수역에서의 일본의 제한 출어 척수에 대한 일본안과 한국안을 비교한 표
주제어 어업, 공동규제수역 내 어업 제한 척수

문서명	농림대신 브리핑용으로 법규과에서 작성한 자료 안[農林大臣ブリーフ用として法規課で作成したもの(案)]

문서파일번호	920
작성연월일	1965. 3. 8
구분	제7차 회담
세부항목	아카기·차균희 농림장관 회담, 어업교섭 현황
작성처	외무성 조약국 법규과
매수	10
비밀등급	극비
문서종류	내부자료
공개구분	공개
내용	농림대신에게 브리핑하기 위해 외무성 법규과에서 어업협정과 관련한 현재까지의 진행사항 및 일본 입장을 정리한 자료. 교환서한 또는 합의의사록 요지, 어업규제 및 재판관할권에 관한 자료, 어획량에 관한 일본 입장, 협정 본문 제○조의 요지 등이 포함됨.
주제어	어업, 어업교섭 현황

한일어업 문제에 관한 합의사항안
(日韓漁業問題に関する合意事項案)

문서파일번호	929
작성연월일	1965. 3. 13 - 1965. 4. 3
구분	제7차 회담
세부항목	어업 문제 합의사항
작성처	외무성, 한국대표단
매수	230
비밀등급	
문서종류	내부문서, 합의사항안, 합의의사록안, 합의각서안, 서한, 공동성명
공개구분	공개
내용	1965년 4월 3일 이루어진 '한일어업 문제에 관한 합의사항'과 관련한 문서 모음
주제어	어업

문서명	한일어업협정에 관한 가조인 형식에 관하여(안)[日韓漁業協定に関する仮調印の形式について(案)]

문서파일번호 929
작성연월일 1965(월일 불명)
구분 제7차 회담
세부항목 어업 문제 합의사항
작성처 외무성
매수 2
비밀등급 극비
문서종류 내부문서
공개구분 공개
내용 한일어업협정의 취지 등을 정리한 문서
주제어 어업, 합의사항

문서명	합의의사록 요지(안) 2건[合意議事録要旨(案) 二件]

문서파일번호 929
작성연월일 1965. 3. 17
구분 제7차 회담
세부항목 어업협정 부속 합의의사록안
작성처 외무성
매수 1
비밀등급 극비
문서종류 합의의사록안
공개구분 공개
내용 잠정적 규제조치(어선의 규모)에 관한 한일어업협정 합의의사록안과 동해안 공동규제구역에서의 일본 저인어선의 척수에 관한 합의의사록안
주제어 어업, 협정 부속 합의의사록안

문서명	제주도 부근의 기선 문제에 관하여(1965.4·3)[済州島付近の基線問題について(四〇·三·一三)]

문서파일번호 929
작성연월일 1965. 3. 13
구분 제7차 회담
세부항목 어업 문제 합의사항
작성처 외무성
매수 1
비밀등급 극비
문서종류 협정안
공개구분 공개
내용 제주도 부근 기선 문제에 관한 어업협정 조문. 대한민국 연안의 기선으로부터 측정하여 12해리까지의 수역을 대한민국의 어업수역으로 함.
주제어 어업

문서명	금지구역에 관한 합의의사록 요지(안)[禁止区域に関する合意議事録要旨(案)]

문서파일번호 929
작성연월일 1965. 3. 17
구분 제7차 회담
세부항목 어업협정 부속 합의의사록안
작성처 외무성
매수 2
비밀등급 극비
문서종류 합의의사록안
공개구분 공개
내용 어업 금지구역에 관한 합의의사록 요지안
주제어 어업, 조업 금지구역

문서명	어업공동위원회 협정문 요지(1965.3.16)[漁業共同委員会に関する協定文の要旨(四〇、三、一六)]

문서파일번호 929
작성연월일 1965. 3. 16
구분 제7차 회담
세부항목 어업공동위원회 협정안 요지
작성처 외무성
매수 2
비밀등급 극비
문서종류 협정안
공개구분 공개
내용 어업공동위원회 협정조문 요지
주제어 어업, 어업공동위원회

문서명	양국 어선 간의 조업 안전 및 질서유지 합의의사록 요지(안)[両国の漁船間の操業の安全及び秩序の維持に関する合意議事録要旨(案)]

문서파일번호 929
작성연월일 1965(월일 불명)
구분 제7차 회담
세부항목 어업협정 부속 합의의사록안
작성처 외무성
매수 1
비밀등급 일반
문서종류 합의의사록안
공개구분 공개
내용 양국 어선간의 조업 안전 및 질서유지 합의의사록 요지안
주제어 어업, 조업 안전 및 질서유지

문서명	협정문 제○조의 요지(1965. 3. 13)[協定本文第○条の要旨(昭四〇、三、一三)]

문서파일번호 929
작성연월일 1965. 3. 13
구분 제7차 회담
세부항목 어업협정 요지안
작성처 외무성
매수 2
비밀등급 극비
문서종류 협정안
공개구분 공개
내용 공동규제구역에서의 어업자원 보존조치 협정문 요지
주제어 어업, 어업자원 보존조치

문서명	합의의사록에서 다음의 요지를 확인한다(合意議事録において次の要旨を確認する)

문서파일번호 929
작성연월일 1965. 3. 16
구분 제7차 회담
세부항목 어업협정 부속 합의의사록안
작성처 외무성
매수 1
비밀등급 극비
문서종류 합의의사록안
공개구분 공개
내용 어선 단속 상황을 타방 정부의 승조원에게 알려 준다는 내용의 합의의사록 내용을 확인하는 문서
주제어 어업, 어선 단속

문서명	제2차 농상회담 확인사항(안) [第Ⅱ次農相会談確認事項(案)]

문서파일번호 929
작성연월일 1965. 3. 24
구분 제7차 회담
세부항목 제2차 농상회담 확인사항안
작성처 외무성
매수 3
비밀등급 일반
문서종류 내부문서
공개구분 공개
내용 어업수역을 12해리로 하는 것 외에 어업공동위원회 구성, 나포 어선에 대한 손해배상 문제, 어업협력 문제 등 9가지 합의사항을 확인
주제어 어업

문서명	일본국과 대한민국의 어업 문제 합의각서(안) [日本国と大韓民国との間の漁業問題に関する合意の覚書(案)]

문서파일번호 929
작성연월일 1965. 3. 24
구분 제7차 회담
세부항목 어업 문제 합의각서안
작성처 외무성
매수 12
비밀등급 일반
문서종류 합의각서안
공개구분 공개
내용 1965년 3월 3~24일까지 아카기 무네노리 농상과 차균희 농림장관 회담에 이어 양국 정부대표 간에 회의가 개최되어 어업수역 등에 관한 합의가 이루어졌다는 내용을 담음.
주제어 어업

문서명	일본국과 대한민국의 어업 문제 합의각서(안)[日本国と大韓民国との間の漁業問題に関する合意の覚書(案)]

문서파일번호	929
작성연월일	1965. 3. 25
구분	제7차 회담
세부항목	어업 문제 합의각서안
작성처	외무성
매수	15
비밀등급	극비
문서종류	합의각서안
공개구분	공개
내용	일본국과 대한민국의 어업 문제 합의각서 일본의 제1차안
주제어	어업

문서명	합의사항(Matters of Understanding)

문서파일번호	929
작성연월일	1965. 3. 26
구분	제7차 회담
세부항목	어업 문제 합의사항
작성처	한국대표단
매수	6
비밀등급	일반
문서종류	합의사항안
공개구분	공개
내용	한국의 합의사항에 관한 문서 제1차안(영문)
주제어	어업

문서명	일본국과 대한민국의 어업 문제 합의각서(안)[日本国と大韓民国との間の漁業問題に関する合意の覚書(案)]

문서파일번호	929
작성연월일	1965. 3. 27
구분	제7차 회담
세부항목	어업 문제 합의각서안
작성처	외무성
매수	15
비밀등급	극비
문서종류	합의각서안
공개구분	공개
내용	일본국과 대한민국의 어업 문제 합의각서 일본의 제2차안
주제어	어업

문서명	제목 없음

문서파일번호	929
작성연월일	1965. 3. 29
구분	제7차 회담
세부항목	나포 어선의 청구권 문제
작성처	외무성
매수	1
비밀등급	일반
문서종류	내부문서
공개구분	공개
내용	일본정부는 한일 간 제반 현안이 일괄 해결될 경우 나포 어선의 청구권 문제도 함께 해결하기를 희망함.
주제어	어업, 나포 어선

문서명	한일어업 문제에 관한 합의사항(안)[日韓間の漁業問題に関する合意事項(案)]

문서파일번호 929
작성연월일 1965. 3. 29
구분 제7차 회담
세부항목 어업 문제 합의사항
작성처 외무성
매수 17
비밀등급 극비
문서종류 합의사항안
공개구분 공개
내용 '일본국과 대한민국의 어업 문제 합의사항' 안(합의각서의 형식이 '합의사항'으로 바뀜) 제3차안
주제어 어업

문서명	한일어업 문제에 관한 합의사항 건(日韓间の漁業问題に関する合意事項に関する件)

문서파일번호 929
작성연월일 1965. 3. 31
구분 제7차 회담
세부항목 어업 문제 합의사항
작성처 외무성
매수 19
비밀등급 극비
문서종류 합의사항안
공개구분 공개
내용 히로세 다쓰오 참사관과 이규성 공사가 3월 29일 자 일본의 '합의사항' 문안을 수정하였다는 코멘트가 적힌 문서. 수정한 문안이 첨부됨.
주제어 어업

문서명	한일어업 문제에 관한 합의사항(안) [日韓間の漁業問題に関する合意事項(案)]

문서파일번호 929
작성연월일 1965. 3. 31
구분 제7차 회담
세부항목 어업 문제 합의사항
작성처 외무성
매수 17
비밀등급 극비
문서종류 합의사항안
공개구분 공개
내용 '한일어업 문제에 관한 합의사항' 안
주제어 어업

문서명	한일어업 문제에 관한 합의사항(안) [日韓間の漁業問題に関する合意事項(案)]

문서파일번호 929
작성연월일 1965. 4. 1
구분 제7차 회담
세부항목 어업 문제 합의사항
작성처 외무성
매수 16
비밀등급 극비
문서종류 합의사항안
공개구분 공개
내용 '한일어업 문제에 관한 합의사항' 안
주제어 어업

문서명	한일어업 문제에 관한 합의사항 가서명에 관하여(日韓間の漁業問題に関する合意事項のイニシアルについて)

문서파일번호 929
작성연월일 1965. 4. 3
구분 제7차 회담
세부항목 어업 문제 합의사항
작성처 외무성
매수 36
비밀등급 극비
문서종류 공문
공개구분 공개
내용 한일어업 문제에 관한 합의사항 가서명에 관하여 각의 승인을 요청(합의사항안, 설명자료, 합의사항 요강 첨부)
주제어 어업

문서명	한일어업 문제에 관한 합의사항 가서명에 관한 각의 양해(안)[日韓間の漁業問題に関する合意事項のイニシアルに関する閣議了解(案)]

문서파일번호 929
작성연월일 1965. 4. 3
구분 제7차 회담
세부항목 어업 문제 합의사항
작성처 외무성
매수 35
비밀등급 일반
문서종류 합의사항안
공개구분 공개
내용 한일어업 문제에 관한 합의사항 각의 양해안
주제어 어업

문서명	한일어업 문제에 관한 합의사항

문서파일번호 929
작성연월일 1965. 4. 3
구분 제7차 회담
세부항목 어업 문제 합의사항
작성처 한국대표단
매수 10
비밀등급 일반
문서종류 합의사항안
공개구분 공개
내용 '한일어업 문제에 관한 합의사항' 한국 문안
주제어 어업

문서명	아카기 일본국 농림대신이 대한민국 농림부 장관에게 보내는 서한(赤城日本国農林大臣より大韓民国農林部長官あて書簡)

문서파일번호 929
작성연월일 1965. 4. 3
구분 제7차 회담
세부항목 아카기 농상 · 차균희 농림장관 서한
작성처 외무성
매수 2
비밀등급 극비
문서종류 서한
공개구분 공개
내용 가서명된 '어업 문제 합의사항'과 '청구권 문제 해결 및 경제협력에 관한 합의사항' 제3항(3)에 따라 일본 아카기 무네노리 농상이 한국 차균희 농림장관에게 보낸 어업협력을 위한 일본의 9천만 달러 민간신용공여의 금리에 관한 내용이 담김.
주제어 어업, 어업협력

문서명	공동성명(共同コミュニケ)

문서파일번호 929
작성연월일 1965. 4. 3
구분 제7차 회담
세부항목 이동원 장관 방일 공동발표문
작성처 외무성
매수 6
비밀등급 일반
문서종류 공동성명
공개구분 공개
내용 1965년 3월23일부터 4월3일까지의 이동원 외무부장관 일본 방문, 방일 중의 논의 및 성과에 관한 양국 외무장관의 공동 발표문
주제어 청구권 · 경제협력, 어업, 재일한국인 법적지위

문서명	공동성명(Joint Communique)

문서파일번호 929
작성연월일 1965. 4. 3
구분 제7차 회담
세부항목 이동원 장관 방일 공동발표문
작성처 외무성
매수 2
비밀등급 일반
문서종류 공동성명
공개구분 공개
내용 이동원 장관 방일관련 양국 외무장관의 공동성명 영문본
주제어 청구권 · 경제협력, 어업, 재일한국인 법적지위

문서명	아카기 일본국 농림대신과 차균희 대한민국 농림부 장관 간의 공동성명(赤城宗德日本国農林大臣と車均禧大韓民国農林部長官との間の共同コミュニケ)

문서파일번호 929
작성연월일 1965. 4. 3
구분 제7차 회담
세부항목 한일 농림장관 공동성명
작성처 외무성
매수 3
비밀등급 일반
문서종류 공동성명
공개구분 공개
내용 아카기 무네노리 농상과 차균희 농림장관의 공동성명. 1965년 3월 3일부터 4월 3일까지 어업 문제에 관해 개최된 회담 결과 발표
주제어 어업

문서명	'한일어업 문제에 관한 합의사항'의 가서명 절차와 관련하여(「日韓間の漁業問題に関する合意事項」のイニシアルの手続に関連して)

문서파일번호 929
작성연월일 1965. 4. 3
구분 제7차 회담
세부항목 어업 문제 합의사항
작성처 외무성 북동아시아과
매수 2
비밀등급 극비
문서종류 내부문서
공개구분 공개
내용 '어업 문제 합의사항'의 한국어본 준비가 이루어지지 않아 일단 일본어본의 한국어 번역본에 가서명하였으며, 4월 22일 어업위원회 제20회 회의에서 제대로 된 한국어본에 가서명하였음.
주제어 어업

문서명	한국 김명년 대표가 일본 와다 대표에게 보낸 서한(韓国側金命年代表発日本側和田代表宛書簡)

문서파일번호 929
작성연월일 1965. 4. 3
구분 제7차 회담
세부항목 어업 문제 합의사항
작성처 한국대표단
배수 1
비밀등급 일반
문서종류 서한
공개구분 공개
내용 김명년 대표가 와다 마사아키 대표에게 보낸 서한. '어업 문제 합의사항'의 한국어 본은 수일 중에 일본과 협의 후 작성한다는 내용
주제어 어업

한일어업협정에 관한 하코네 회담
(日韓漁業協定に関する箱根会談)

문서파일번호	456
작성연월일	1965. 6. 7 - 1965. 6. 9
구분	제7차 회담
세부항목	하코네 어업회담
작성처	외무성 북동아시아과
매수	55
비밀등급	
문서종류	내부문서, 회의록
공개구분	공개
내용	1965년 6월 5~9일 하코네(箱根)에서 개최된 어업협정문안 교섭을 위한 회담과 관련한 기록
주제어	어업

문서명	한일어업협정에 관한 하코네 회담의 진척상황에 관하여(日韓漁業協定に関する箱根会談の進捗状況について)

문서파일번호 456
작성연월일 1965. 6. 7
구분 제7차 회담
세부항목 하코네 어업회담
작성처 외무성 북동아시아과
매수 7
비밀등급 극비
문서종류 내부문서
공개구분 공개
내용 하코네에서 개최 중인 어업회담에 관한 구로다 미즈오 북동아시아과장의 중간보고. 6월 8일 언론발표안과 회담 진척상황이 담김.
주제어 어업

문서명	한일어업 하코네 회담(日韓漁業箱根会談)

문서파일번호 456
작성연월일 1965. 6. 9
구분 제7차 회담
세부항목 하코네 어업회담
작성처 외무성 북동아시아과
매수 48
비밀등급 극비
문서종류 회의록
공개구분 공개
내용 1965년 6월 5~8일까지 하코네 관광호텔에서 개최된 어업회담 기록. 2개의 분과회를 설치하여 한편에서는 '합의사항'의 조문화 작업을 하고, 한편에서는 '미결사항'을 논의함. 미결사항에 관해서는 공동위원회의 구성·임무, 안전조업, 해난구조, 긴급피난, 분쟁처리조항, 협정수역, 표식증명서 등을 논의함.
주제어 어업

어업에 관한 일본국정부와 대한민국정부 협정(안)
[漁業に関する日本国政府と大韓民国政府との間の協定(案)]

문서파일번호	843
작성연월일	1965. 3. 12 - 1965. 3. 17
구분	제7차 회담
세부항목	한일어업협정안
작성처	외무성, 수산청 등
매수	46
비밀등급	
문서종류	협정안, 내부문서
공개구분	공개
내용	1965년 3월 13일 자로 작성된 일본의 한일어업협정안 및 관련 추가내용을 담은 문서
주제어	어업, 협정안

문서명	어업에 관한 일본국정부와 대한민국정부 간의 협정(안)[漁業に関する日本国政府と大韓民国政府との間の協定(案)]

문서파일번호 843
작성연월일 1965. 3. 13
구분 제7차 회담
세부항목 한일어업협정안
작성처 외무성 조약국 법규과
매수 30
비밀등급 극비
문서종류 협정안
공개구분 공개
내용 일본의 '어업에 관한 일본국정부와 대한민국정부 간의 협정 및 부속문서안'. 상당 부분이 미완성인 상태로 되어 있음.
주제어 어업

문서명	한일어업협정서에서 규정해야만 하는 사항 및 양해사항(日韓漁業協定書において規定するべき事項及び了解事項)

문서파일번호 843
작성연월일 1965. 3. 15
구분 제7차 회담
세부항목 한일어업협정안
작성처 수산청
매수 8
비밀등급 극비
문서종류 내부문서
공개구분 공개
내용 수산청이 한일어업협정에서 규정해야 하는 사항 및 양해사항 등을 정리
주제어 어업

문서명	한일어업협정안의 항목(日韓漁業協定案の項目)

문서파일번호 843
작성연월일 1965. 3. 17
구분 제7차 회담
세부항목 한일어업협정안
작성처 외무성 조약국 법규과
매수 5
비밀등급 극비
문서종류 내부문서
공개구분 공개
내용 일본의 한일어업협정안 항목을 정리
주제어 어업

문서명	어업공동위원회 협정문 요지(四〇·三·一二)[漁業共同委員会に関する協定文の要旨(四〇·三·一二)]

문서파일번호 843
문서명
작성연월일 1965. 3. 12
구분 제7차 회담
세부항목 한일어업협정안
작성처 불명
매수 3
비밀등급 극비
문서종류 내부문서
공개구분 공개
내용 한일어업협정에 포함될 어업공동위원회에 관한 사항 요지
주제어 어업

일본국과 대한민국의 어업협정(안)
[日本国と大韓民国との間の漁業に関する協定(案)]

문서파일번호	844
문서명	일본국과 대한민국의 어업협정(안)[日本国と大韓民国との間の漁業に関する協定(案)]
작성연월일	1965. 4. 8
구분	제7차 회담
세부항목	한일어업협정안
작성처	외무성
매수	28
비밀등급	일반
문서종류	협정안
공개구분	공개
내용	1965년 4월 3일 한일 간이 가서명한 어업 문제에 관한 '합의사항'의 내용이 반영된 4월 8일 자 '일본국과 대한민국의 어업협정안' 일본안
주제어	어업

일본국과 대한민국의 어업협정(안)
[日本国と大韓民国との間の漁業に関する協定(案)]

문서파일번호	845
작성연월일	1965. 4. 9 - 1965. 4. 14
구분	제7차 회담
세부항목	한일어업협정 및 부속문서안
작성처	외무성
매수	55
비밀등급	
문서종류	협정안, 교환공문안, 발언록 안, 합의의사록안
공개구분	공개
내용	1965년 4월 9~14일까지 작성된 '일본국과 대한민국의 어업협정안'과 부속문서안, 교환공문안, 합의의사록안
주제어	어업, 협정 및 부속문서안

문서명	일본국과 대한민국의 어업협정(안) [日本国と大韓民国との間の漁業に関する協定(案)]

문서파일번호 845
작성연월일 1965. 4. 14
구분 제7차 회담
세부항목 한일어업협정 및 부속문서(안)
작성처 외무성
매수 23
비밀등급 일반
문서종류 협정(안)
공개구분 공개
내용 '일본국과 대한민국의 어업협정 및 부속서' 일본안
주제어 어업

문서명	교환공문 제2호(한국 서한)(안)(일본 서한)(안) [交換公文第二号(韓国側書簡)(案)(日本側書簡)(案)]

문서파일번호 845
작성연월일 1965. 4. 14
구분 제7차 회담
세부항목 한일어업협정 및 부속문서안
작성처 외무성
매수 4
비밀등급 일반
문서종류 교환공문(안)
공개구분 공개
내용 어업협정에 관한 교환공문 제2호 한국과 일본의 서한(안)
주제어 어업

문서명	교환공문 제1호(한국 서한)(안)(일본 서한)(안)[交換公文第一号(韓国側書簡)(案)(日本側書簡)(案)]

문서파일번호 845
작성연월일 1965. 4. 14
구분 제7차 회담
세부항목 한일어업협정 및 부속문서안
작성처 외무성
매수 4
비밀등급 일반
문서종류 교환공문(안)
공개구분 공개
내용 어업협정에 관한 교환공문 제1호 한국과 일본의 서한(안)
주제어 어업

문서명	교환공문 제2호(한국 서한)(안)(일본 서한)(안)[交換公文第二号(韓国側書簡)(案)(日本側書簡)(案)]

문서파일번호 845
작성연월일 1965. 4. 13
구분 제7차 회담
세부항목 한일어업협정 및 부속문서안
작성처 외무성
매수 4
비밀등급 일반
문서종류 교환공문(안)
공개구분 공개
내용 어업협정에 관한 교환공문 제2호 한국과 일본의 서한(안)
주제어 어업

문서명	교환공문 제1호(한국 서한)(안)(일본 서한)(안)[交換公文第一号(韓国側書簡)(案)(日本側書簡)(案)]

문서파일번호 845
작성연월일 1965. 4. 13
구분 제7차 회담
세부항목 한일어업협정 및 부속문서안
작성처 외무성
매수 4
비밀등급 일반
문서종류 교환공문(안)
공개구분 공개
내용 어업협정에 관한 교환공문 제1호 한국과 일본의 서한(안)
주제어 어업

문서명	일본 서한(안) 한국 서한(안)[日本側書簡(案)韓国側書簡(案)]

문서파일번호 845
작성연월일 1965. 4. 9
구분 제7차 회담
세부항목 한일어업협정 및 부속문서안
작성처 외무성
매수 4
비밀등급 일반
문서종류 교환공문(안)
공개구분 공개
내용 어업협정에 관한 교환공문 한국과 일본의 서한(안)
주제어 어업

문서명	일본국과 대한민국의 어업협정 체결을 위한 교섭과정에서 나온 발언 기록(안)[日本国と大韓民国との間の漁業に関する協定の締結のための交渉の過程において行なわれた発言の記録(案)]

문서파일번호 845
작성연월일 1965. 4. 9
구분 제7차 회담
세부항목 한일어업협정 및 부속문서안
작성처 외무성
매수 8
비밀등급 일반
문서종류 발언록 안
공개구분 공개
내용 일본국과 대한민국의 어업협정 체결 과정에서 나온 발언 기록
주제어 어업

문서명	일본국과 대한민국의 어업협정에 관한 합의된 의사록(안)[日本国と大韓民国との間の漁業に関する協定についての合意された議事録(案)]

문서파일번호 845
작성연월일 1965. 4. 9
구분 제7차 회담
세부항목 한일어업협정 및 부속문서안
작성처 외무성
매수 4
비밀등급 일반
문서종류 합의의사록안
공개구분 공개
내용 일본국과 대한민국의 어업협정에 관한 합의의사록안
주제어 어업

일본국과 대한민국의 어업협정 및 관련 문서
(日本国と大韓民国との間の漁業に関する協定及び関連文書)

문서파일번호	846
문서명	일본국과 대한민국의 어업협정 및 관련 문서(日本国と大韓民国との間の漁業に関する協定及び関連文書)
작성연월일	1965. 4. 15
구분	제7차 회담
세부항목	한일어업협정 및 부속문서 일본안(1965.4.15)
작성처	외무성
매수	51
비밀등급	극비
문서종류	협정안, 교환공문안, 합의의사록안, 성명문안
공개구분	공개
내용	일본이 작성한 '일본국과 대한민국의 어업협정 및 그 부속문서' 안 모음 ① 일본국과 대한민국의 어업협정안 ② 부속서 ③ 교환공문 제1호(직선기선에 관한 것) ④ 교환공문 제2호(제주도 부근의 어업수역에 관한 것) ⑤ 일본국과 대한민국의 어업협정에 대하여 합의된 의사록 안 ⑥ 영해의 범위에 관한 입장의 유보에 관한 교환공문안 ⑦ 어업협력에 관한 교환공문안 ⑧ 일본국과 대한민국의 어업협정 서명 시 행하는 일본국 외무대신의 성명안 ⑨ 일본국과 대한민국의 어업협정 서명 시 행하는 대한민국 외무부장관의 성명안 ⑩ 일본국과 대한민국의 어업협정 서명 시 행하는 일본국 농림대신의 성명안 ⑪ 일본국과 대한민국의 어업협정 서명 시 행하는 대한민국 농림부장관의 성명안
주제어	어업

일본국과 대한민국의 어업협정 및 관련 문서
(日本国と大韓民国との間の漁業に関する協定及び関連文書)

문서파일번호	847
문서명	일본국과 대한민국의 어업협정 및 관련 문서(日本国と大韓民国との間の漁業に関する協定及び関連文書)
작성연월일	1965. 4. 20
구분	제7차 회담
세부항목	한일어업협정 및 부속문서 일본안(1965.4.20)
작성처	외무성
매수	51
비밀등급	극비
문서종류	협정안, 교환공문안, 합의의사록안, 성명문안
공개구분	공개
내용	일본의 '일본국과 대한민국의 어업협정안(협정안은 4월 15일 자) 및 그 부속문서' 모음 ① 일본국과 대한민국의 어업협정안 ② 부속서 ③ 교환공문 제1호(직선기선에 관한 것) ④ 교환공문 제2호(제주도 부근의 어업수역에 관한 것) ⑤ 일본국과 대한민국의 어업협정에 대하여 합의된 의사록 안 ⑥ 영해의 범위에 관한 입장의 유보에 관한 교환공문안 ⑦ 어업협력에 관한 교환공문안 ⑧ 일본국과 대한민국의 어업협정 서명 시 행하는 일본국 외무대신의 성명안 ⑨ 일본국과 대한민국의 어업협정 서명 시 행하는 대한민국 외무부 장관의 성명안 ⑩ 일본국과 대한민국의 어업협정 서명 시 행하는 일본국 농림대신의 성명안 ⑪ 일본국과 대한민국의 어업협정 서명 시 행하는 대한민국 농림부 장관의 성명안
주제어	어업

일본국과 대한민국의 어업협정 및 관련 문서
(日本国と大韓民国との間の漁業に関する協定及び関連文書)

문서파일번호	848
문서명	일본국과 대한민국의 어업협정 및 관련 문서(日本国と大韓民国との間の漁業に関する協定及び関連文書)
작성연월일	1965. 4. 22
구분	제7차 회담
세부항목	한일어업협정 및 부속문서 일본안(1965.4.22)
작성처	외무성
매수	51
비밀등급	극비
문서종류	협정안, 교환공문안, 합의의사록안, 성명문안
공개구분	공개
내용	일본의 '일본국과 대한민국의 어업협정안(협정안은 4월 15일 자) 및 그 부속문서' 모음 ① 일본국과 대한민국의 어업협정안 ② 부속서 ③ 교환공문 제1호(직선기선에 관한 것) ④ 교환공문 제2호(제주도 부근의 어업수역에 관한 것) ⑤ 합의의사록안 ⑥ 영해의 범위에 관한 교환공문안 ⑦ 어업협력에 관한 교환공문안 ⑧ 일본국 외무대신의 성명안 ⑨ 대한민국 외무부 장관의 성명안 ⑩ 일본국 농림대신의 성명안 ⑪ 대한민국 농림부 장관의 성명안
주제어	어업

한일어업협정(한국안)(가역문)
[日韓漁業協定(韓国側案)(假驛文)]

문서파일번호	849
작성연월일	1965. 5. 6
구분	제7차 회담
세부항목	한일어업협정 및 부속문서 한국안(1965. 5. 4)
작성처	한국대표단(일본 가역)
매수	46
비밀등급	
문서종류	내부문서, 협정안, 협정 부속문서안
공개구분	공개
내용	한국이 1965년 5월 4일에 제시한 협정과 부속문서안의 북동아시아과 가역문
주제어	어업

문서명	한일어업협정(한국안)의 제시[日韓漁業協定(韓国側案)の提示]

문서파일번호 849
작성연월일 1965. 5. 6
구분 제7차 회담
세부항목 한일어업협정 및 부속문서 한국안(1965. 5. 4)
작성처 한국대표단(일본 가역)
매수 1
비밀등급 극비
문서종류 내부문서
공개구분 공개
내용 1965년 5월 4일 한국대표부 이규성 공사가 아시아국 히로세 다쓰오 참사관에게 한국의 어업협정과 관련한 부속문서안을 제시함.
주제어 어업

문서명	대한민국과 일본국의 어업자원 보존 및 어업협력에 관한 잠정협정(안)[(仮訳文)大韓民国と日本国間の漁業資源の保存及び漁業協力に関する暫定協定(案)]

문서파일번호 849
작성연월일 1965. 5. 6
구분 제7차 회담
세부항목 한일어업협정 한국안(1965. 5. 4)
작성처 한국대표단(일본 가역)
매수 16
비밀등급 극비
문서종류 협정안
공개구분 공개
내용 1965년 5월 4일 자로 한국이 작성한 대한민국과 일본국의 어업자원 보존 및 어업협력에 관한 잠정협정안
주제어 어업

문서명	부속서(I)(최고 출어 척수 또는 총수, 어선 규모)[附屬書(I)(最高 出漁隻數又は總數, 漁船規模)]

문서파일번호 849
작성연월일 1965. 5. 6
구분 제7차 회담
세부항목 한일어업협정 부속문서 한국안(1965. 5. 4)
작성처 한국대표단(일본 가역)
매수 5
비밀등급 극비
문서종류 협정 부속서안
공개구분 공개
내용 1965년 5월 4일 자 어업협정 부속서(I). 최고 출어 척수 및 총수와 어선 규모를 규정하는 문서
주제어 어업

문서명	부속서(II)(어선 간의 조업 안전 및 질서유지에 관한 사항)[附屬書(II)(漁船間の操業安全及び秩序の維持に關する事項)]

문서파일번호 849
작성연월일 1965. 5. 6
구분 제7차 회담
세부항목 한일어업협정 부속문서 한국안(1965. 5. 4)
작성처 한국대표단(일본 가역)
매수 1
비밀등급 극비
문서종류 협정(안)
공개구분 공개
내용 1965년 5월 4일 자 어업협정 부속서(II). 어선 간의 조업 안전 및 질서유지에 관한 사항을 규정하는 문서인데, 내용은 비어 있음.
주제어 어업

문서명	대한민국과 일본국의 어업자원 보존 및 어업협력에 관한 잠정협정에 관한 합의의사록안[大韓民国と日本国との間の漁業資源の保存及び漁業協力に関する暫定協定に関する合意議事録(案)]

문서파일번호 849
작성연월일 1965. 5. 6
구분 제7차 회담
세부항목 한일어업협정 합의의사록 한국안(1965. 5. 4)
작성처 한국대표단(일본 가역)
매수 10
비밀등급 극비
문서종류 합의의사록안
공개구분 공개
내용 1965년 5월 4일 자로 한국이 작성한 대한민국과 일본국의 어업자원 보존 및 어업협력에 관한 잠정협정에 관한 합의의사록안
주제어 어업

문서명	대한민국과 일본국의 어업자원 보존 및 어업협력에 관한 잠정협정 서명 시 대한민국 외무부장관의 성명(안)[大韓民国と日本国間の漁業資源の保存及び漁業協力に関する暫定協定の署名に際して行なう大韓民国外務部長の声明(案)]

문서파일번호 849
작성연월일 1965. 5. 6
구분 제7차 회담
세부항목 한일어업협정 서명 시 한국 외무부장관 성명안(1965. 5. 4)
작성처 한국대표단(일본 가역)
매수 1
비밀등급 극비
문서종류 성명안
공개구분 공개
내용 1965년 5월 4일 자로 한국이 작성한 대한민국 외무부장관 성명안. 협정 발효 또는 독점어업수역 선포 시 한국 감시선이 일본어선의 한국 독점어업수역 침범 사실 확인과 어선 및 선원의 단속에 관해 국제통념에 따라 공정타당하게 처리할 것을 선언
주제어 어업

문서명	일본국과 대한민국의 어업자원 보존 및 어업협력에 관한 잠정협정의 서명 시 일본국 외무대신의 성명(안)[日本国と大韓民国間が漁業資源の保存及び漁業協力に関する暫定協定の署名に際して行なう日本国外務大臣の声明(案)]

문서파일번호 849
작성연월일 1965. 5. 6
구분 제7차 회담
세부항목 한일어업협정 서명 시 일본 외무대신 성명안(1965. 5. 4)
작성처 한국대표단(일본 가역)
매수 1
비밀등급 극비
문서종류 성명안
공개구분 공개
내용 1965년 5월 4일 자로 한국이 작성한 일본국 외무대신의 성명안. 협정 발효 또는 독점어업수역 선포 시 일본의 감시선이 한국어선의 일본 독점어업수역 침범 사실 확인과 어선 및 선원의 단속에 관해 국제통념에 따라 공정타당하게 처리할 것을 선언
주제어 어업

문서명	대한민국과 일본 간의 어업자원 보존 및 어업협력에 관한 잠정협정의 서명 시 대한민국 외무부장관의 성명(안)[大韓民国と日本間の漁業資源の保存及び漁業協力に関する暫定協定の署名に際して行なう大韓民国外務部長官の声明(案)]

문서파일번호 849
작성연월일 1965. 5. 6
구분 제7차 회담
세부항목 한일어업협정 서명 시 한국 외무부장관 성명안(1965. 5. 4)
작성처 한국대표단(일본 가역)
매수 1
비밀등급 극비
문서종류 성명안
공개구분 공개
내용 1965년 5월 4일 자로 한국이 작성한 대한민국 외무부장관의 성명안. 영해 및 독점수역에 대한 상대국의 무해 통항권에 관한 내용
주제어 어업

문서명	일본국과 대한민국의 어업자원 보존 및 어업협력에 관한 잠정협정의 서명 시 일본국 외무대신의 성명(안)[日本国と大韓民国間の漁業資源の保存及び漁業協力に関する暫定の署名に際して行なう日本国外務大臣の声明(案)]

문서파일번호 849
작성연월일 1965. 5. 6
구분 제7차 회담
세부항목 한일어업협정 서명 시 일본 외무대신 성명안(1965. 5. 4)
작성처 한국대표단(일본 가역)
매수 1
비밀등급 극비
문서종류 성명안
공개구분 공개
내용 1965년 5월 4일 자로 한국이 작성한 일본국 외무대신의 성명안. 영해 및 독점수역에 대한 상대국의 무해 통항권에 관한 내용
주제어 어업

문서명	대한민국과 일본 간의 어업자원 보존 및 어업협력에 관한 잠정협정의 서명 시 대한민국 농림부 장관의 성명(안)[大韓民国と日本国間の漁業資源の保存及び漁業協力に関する暫時協定の署名に際して行なう大韓民国農林部長官の声明(案)]

문서파일번호 849
작성연월일 1965. 5. 6
구분 제7차 회담
세부항목 한일어업협정 서명 시 한국 농림부장관 성명안(1965. 5. 4)
작성처 한국대표단(일본 가역)
매수 1
비밀등급 극비
문서종류 성명안
공개구분 공개
내용 1965년 5월 4일 자로 한국이 작성한 대한민국 농림부장관의 성명안. 공동규제수역 내에서의 포경어업규제에 관한 내용
주제어 어업

문서명	일본국과 대한민국의 어업자원 보존 및 어업협력에 관한 잠정협정의 서명 시 일본국 농림대신의 성명(안) [日本国と大韓民国間の漁業資源の保存及び漁業協力に関する暫定協定の署名に際して行なう日本国農林大臣の声明(案)]

문서파일번호 849
작성연월일 1965. 5. 6
구분 제7차 회담
세부항목 한일어업협정 서명 시 일본 농림대신 성명안(1965. 5. 4)
작성처 한국대표단(일본 가역)
매수 1
비밀등급 극비
문서종류 성명안
공개구분 공개
내용 1965년 5월 4일 자로 한국이 작성한 일본국 농림대신의 성명안. 공동규제수역 내에서의 포경어업규제에 관한 내용
주제어 어업

문서명	교환공문 한국 서한(안), 일본 서한(안) [交換公文 韓国側書簡(案)、日本側書簡(案)]

문서파일번호 849
작성연월일 1965. 5. 6
구분 제7차 회담
세부항목 한일어업협정 부속 교환공문 한국안(1965. 5. 4)
작성처 한국대표단(일본 가역)
매수 2
비밀등급 극비
문서종류 교환공문(안)
공개구분 공개
내용 1965년 5월 4일 자로 한국이 작성한 교환공문안. 독점수역의 직선기선 사용에 관한 내용
주제어 어업

문서명	교환공문 한국 서한(안), 일본 서한(안) [交換公文 韓国側書簡(案)、日本側書簡(案)]

문서파일번호 849
작성연월일 1965. 5. 6
구분 제7차 회담
세부항목 한일어업협정부속 교환공문 한국안(1965. 5. 4)
작성처 한국대표단(일본 가역)
매수 3
비밀등급 극비
문서종류 교환공문(안)
공개구분 공개
내용 1965년 5월 4일 자로 한국이 작성한 교환공문안. 독점수역을 구획하는 선과 별도로 표시하는 선으로 둘러싸인 수역은 한국의 독점어업수역에 포함시킨다는 내용
주제어 어업

문서명	어업협력차관에 관한 교환서한 요강안(漁業協力借款に関する交換書簡要綱案)

문서파일번호 849
작성연월일 1965. 5. 6
구분 제7차 회담
세부항목 한일어업협정 부속 어업차관에 관한 교환서한 한국안(1965. 5. 4)
작성처 한국대표단(일본 가역)
매수 2
비밀등급 극비
문서종류 교환서한안
공개구분 공개
내용 1965년 5월 4일 자로 한국이 작성한 어업협력 차관에 관한 교환서한 요강안.
주제어 어업

일본국과 대한민국의 어업협정(안) 및 부속문서(안)[日本国と大韓民国との間の漁業に関する協定(案)及び附屬文書(案)]

문서파일번호	850
문서명	일본국과 대한민국의 어업협정(안) 및 부속문서(안)[日本国と大韓民国との間の漁業に関する協定(案)及び附屬文書(案)]
작성연월일	1965. 6. 9
구분	제7차 회담
세부항목	한일어업협정 및 부속문서 일본안(1965. 6. 9)
작성처	외무성
매수	69
비밀등급	극비
문서종류	협정안, 교환공문안, 합의의사록안, 성명문안, 왕복 서한안
공개구분	공개
내용	일본이 작성한 '일본국과 대한민국의 어업협정안' 및 부속서, 직선기선에 관한 교환공문안, 한국의 어업 수역에 관한 교환공문안, 합의의사록안, 표지(表識)에 관한 교환공문안, 어업협력에 관한 교환공문안, 일본국 외무대신의 성명에 관한 구상서안, 대한민국 외무부장관의 성명에 관한 구상서안, 일본국 농림대신의 성명에 관한 구상서안, 대한민국 농림부장관의 성명에 관한 구상서안, 안전조업에 관한 양국 외무성 아주국장의 왕복 서한안
주제어	어업

일본국과 대한민국의 어업협정(안) 및 부속문서(안)[日本国と大韓民国との間の漁業に関する協定(案)及び附属文書(案)]

문서파일번호	851
문서명	일본국과 대한민국의 어업협정(안) 및 부속문서(안)[日本国と大韓民国との間の漁業に関する協定(案)及び附属文書(案)]
작성연월일	1965. 6. 11
구분	제7차 회담
세부항목	한일어업협정 및 부속문서 일본안(1965. 6. 11)
작성처	외무성
매수	69
비밀등급	극비
문서종류	협정안, 교환공문안, 합의의사록안, 성명문안, 왕복 서한안
공개구분	공개
내용	일본이 작성한 '일본국과 대한민국의 어업협정안' 및 부속서와 부속문서. 부속문서의 종류는 6월 9일 자와 동일함.
주제어	어업

일본국과 대한민국의 어업협정(안) 및 부속문서(안)[日本国と大韓民国との間の漁業に関する協定(案)及び附屬文書(案)]

문서파일번호	852
문서명	일본국과 대한민국의 어업협정(안) 및 부속문서(안)[日本国と大韓民国との間の漁業に関する協定(案)及び附屬文書(案)]
작성연월일	1965. 6. 20
구분	제7차 회담
세부항목	한일어업협정 및 부속문서 일본안(1965. 6. 20)
작성처	외무성
매수	59
비밀등급	극비
문서종류	협정안, 교환공문안, 합의의사록안, 성명문안, 왕복 서한안, 논의기록안
공개구분	공개
내용	일본이 작성한 '일본국과 대한민국의 어업협정' 및 부속서와 부속문서안. 부속문서는 6월 11일 자 안에 '토의의 기록(안)'[합의의사록 2(a)의 '출어 척수 또는 총수를 억제하는 행정지도를 행한다'에 있어 행정지도에는 '증명서 및 표지의 발급수의 조정이 행해지도록 지도하는 것을 포함한다'는 내용과, 의사록 3(c)의 '자국 내에서 단속의 실시상황의 시찰'에는 증명서 및 표지의 발급상황에 관한 증명이 행해진다는 내용)이 추가됨.
주제어	어업

일본국과 대한민국의 어업협정 및 부속문서
(日本国と大韓民国との間の漁業に関する協定及び附屬文書)

문서파일번호	853
문서명	일본국과 대한민국의 어업협정 및 부속문서(日本国と大韓民国との間の漁業に関する協定及び附屬文書)
작성연월일	1965. 6. 22
구분	제7차 회담
세부항목	한일어업협정, 부속문서
작성처	외무성
매수	59
비밀등급	일반
문서종류	협정, 교환공문, 합의의사록, 성명문, 왕복 서한, 논의기록
공개구분	공개
내용	한일 양국이 최종적으로 합의한 '일본국과 대한민국의 어업협정' 및 부속서, 부속문서. 직선기선에 관한 교환공문, 한국의 어업에 관한 수역에 관한 교환공문, 합의의사록, 표지(表識)에 관한 교환공문, 어업협력에 관한 교환공문, 일본국 외무대신의 성명에 관한 구상서, 대한민국 외무부장관의 성명에 관한 구상서, 일본국 농림대신의 성명에 관한 구상서, 대한민국 농림부장관의 성명에 관한 구상서, 안전조업에 관한(양국 외무성 아주국장의) 왕복 서한, 논의기록
주제어	어업

한일어업협정 서명에 임하며 외무대신 및 농림대신이 행한 성명의 통보(日韓漁業協定の署名に際して外務大臣及び農林大臣が行った声明の通報)

문서파일번호	854
작성연월일	1965. 6. 22
구분	제7차 회담
세부항목	어업협정 조인에 따른 외무·농림 대신 성명 통보
작성처	외무성 북동아시아과
매수	4
비밀등급	
문서종류	재가문서, 외교공한(구상서)
공개구분	공개
내용	한일 간에 어업협정 서명에 즈음하여 일본 외무대신과 농림대신이 발표한 성명을 주일한국대표부에 통보하는 공문 및 구상서
주제어	어업

문서명	한일어업협정 서명 시 외무대신이 발표한 성명 통보(日韓漁業協定の署名に際して外務大臣が行った声明の通報)

문서파일번호 854
작성연월일 1965. 6. 22
구분 제7차 회담
세부항목 어업협정 조인에 따른 외무대신 성명 통보
작성처 외무성 북동아시아과
매수 1
비밀등급 일반
문서종류 재가문서
공개구분 공개
내용 한일어업협정 조인 시 발표한 일본 외무대신의 성명을 한국대표부에 통보하고자 한다는 내부 결재문서
주제어 어업

문서명	구상서(口上書)

문서파일번호 854
작성연월일 1965. 6. 22
구분 제7차 회담
세부항목 어업협정 조인에 따른 외무대신 성명 통보
작성처 외무성 북동아시아과
매수 1
비밀등급 일반
문서종류 외교공한(구상서)
공개구분 공개
내용 한일어업협정 조인 시 발표한 일본 외무대신의 성명을 한국대표부에 통보하는 구상서
주제어 어업

문서명	한일어업협정 서명 시 농림대신이 발표한 성명 통보(日韓漁業協定の署名にさいして農林大臣が行なった声明の通報)

문서파일번호 854
작성연월일 1965. 6. 22
구분 제7차 회담
세부항목 어업협정 조인에 따른 농림대신 성명 통보
작성처 외무성 북동아시아과
매수 1
비밀등급 일반
문서종류 재가문서
공개구분 공개
내용 한일어업협정 조인 시 발표한 일본 농림대신의 성명을 한국대표부에 통보하고자 한다는 내부 결재문서
주제어 어업

문서명	구상서(口上書)

문서파일번호 854
작성연월일 1965. 6. 22
구분 제7차 회담
세부항목 어업협정 조인에 따른 농림대신 성명 통보
작성처 외무성 북동아시아과
매수 1
비밀등급 일반
문서종류 외교공한(구상서)
공개구분 공개
내용 한일어업협정 조인 시 발표한 일본 농림대신의 성명을 한국대표부에 통보하는 구상서
주제어 어업

한일 간 해저전선 분할에 관한 문제
(日韓間の海底電線分割に関する問題)

문서파일번호	1857
작성연월일	1955. 5. 26 - 1968. 3. 2
구분	한일회담 기간 및 그 이후
세부항목	해저전선 분할 문제
작성처	외무성. 주서울일본사무소
매수	50
비밀등급	
문서종류	협정안, 내부자료, 회의록, 내부문서, 전문
공개구분	공개 또는 일부비공개
내용	한일 간 해저전선 분할에 관한 문제 관련 문서 모음
주제어	한일 해저전선 분할 문제

문서명	일본국과의 평화조약 제21조 및 제4조에 의거해 일본국과 대한민국을 잇는 해저전선의 2등분에 관한 협정(안) [日本国との平和条約第二十一条および第四条に基づく日本国と大韓民国とを結ぶ海底電線二等分に関する取極(案)]

문서파일번호 1857
작성연월일 불명
구분 한일회담 시작 전
세부항목 한일 해저전선 분할협정(안)
작성처 외무성
매수 4
비밀등급 일반
문서종류 협정안
공개구분 공개
내용 한일 간 해저전선의 이등분에 관한 협정안. 제1조에 일본국과 대한민국 사이에 2등분한다는 해저전선의 정의, 제2조에 평등하고 유효하게 2등분된 것을 확인한다는 내용, 제3조에 해저전선을 철수하는 경우 필요한 조치를 취한다는 내용 등이 담김. 한일간 해저전선 분포도가 2매 포함됨.
주제어 한일 해저전선 분할협정(안)

문서명	재외자산■■■(在外資産■■■)

문서파일번호 1857
작성연월일 불명
구분 한일회담 시작 전
세부항목 해저전선 분할 문제
작성처 불명
매수 1
비밀등급 일반
문서종류 내부자료
공개구분 공개
내용 해저전선과 관련된 자산가격 등이 표시된 표
주제어 해저전선 분할 문제

문서명	의사록(議事録)

문서파일번호 1857
작성연월일 1955. 5. 26
구분 한일회담 시작 전
세부항목 해저전선 분할 문제
작성처 불명
매수 7
비밀등급 일반
문서종류 회의록
공개구분 일부비공개
내용 한일 해저케이블 요금과 관련하여 일본 공사와 미군 간에 개최된 회의 의사록. 미불요금 회계 완결과 1955~1956년도 서비스 기본계약에 의한 서비스 조정을 위한 회의 내용으로 갑이 한일해저전화선 사용요금을 설정하고 그에 관한 양 당사자의 책임에 대해 규정함.
주제어 해저전선 분할 문제

문서명	한일 해저전선에 대해서(日韓海底ケーブルについて)

문서파일번호 1857
작성연월일 1962. 3. 2
구분 제6차 회담
세부항목 해저전선 분할 문제
작성처 우정성 대신관방 전기통신감리관실(大臣官房 電氣通信監理官室)
매수 4
비밀등급 비(秘)
문서종류 내부문서
공개구분 공개
내용 우정성 대신관방 전기통신감리관실이 한일케이블의 현황과 한일케이블 처리의 문제점, 처리 후의 문제점 등을 정리한 내용이 담긴 문서. 우정성은 외무성과 협의한 후 그 상황에 따라 미군과 협의해서 정식회의를 열기로 함.
주제어 해저전선 분할 문제

문서명	해저전선 분할 문제에 대해서(海底電線分割問題について)

문서파일번호 1857
작성연월일 1965. 11. 9
구분 한일협정 체결 후
세부항목 해저전선 분할 문제
작성처 주서울일본사무소장
매수 2
비밀등급 극비
문서종류 전문(電文)
공개구분 공개
내용 주서울 마에다(前田利一) 사무소장이 외무부 최광수 동북아주과장과 해저전선 분할 문제에 관해 협의한 내용을 보고한 전문. 최 과장은 비준서 교환 전에 조치해야 하는 문제로서 해저전선 분할을 거론함.
주제어 해저전선 분할 문제

문서명	해저전선 분할 문제에 대해서(海底電線分割問題について)

문서파일번호 1857
작성연월일 1965. 11. 10
구분 한일협정 체결 후
세부항목 해저전선 분할 문제
작성처 주서울일본사무소장
매수 1
비밀등급 극비
문서종류 전문(電文)
공개구분 공개
내용 1965년 11월 9일 자 주서울 마에다 소장의 해저전선 분할 문제 관련 전문의 사본
주제어 해저전선 분할 문제

문서명	한일전선 사용료에 관련한 제 문제에 대해서(日韓ケーブル使用料に関連する諸問題について)

문서파일번호 1857
작성연월일 1965. 11. 24
구분 한일협정 체결 후
세부항목 해저전선 분할 문제
작성처 외무성
매수 6
비밀등급 일반
문서종류 내부문서
공개구분 공개
내용 한국 소유가 확정된 케이블 부분에 대한 미군의 케이블 사용료 지불 문제에 대해 미국의 관리권과 한국의 대리권의 법적 의미와 사용료 요구에 관한 타당성을 검토한 내용이 담긴 문서
주제어 해저전선 분할 문제

문서명	일본국·대한민국 간 해저전선 일람표(日本国·大韓民国間海底線一覧表)

문서파일번호 1857
작성연월일 1965. 11. 12
구분 한일협정 체결 후
세부항목 해저전선 분할 문제
작성처 외무성 경제국
매수 1
비밀등급 일반
문서종류 내부자료
공개구분 공개
내용 1952년 4월 28일 현재의 한일 양국 간에 깔린 해저전선 일람표. 위치, 길이 등이 표시됨.
주제어 해저전선 분할 문제

문서명	한일전선 사용료에 관련한 제 문제에 대해서(日韓ケーブル使用料に関連する諸問題について)

문서파일번호 1857
작성연월일 1965. 11. 24
구분 한일협정 체결 후
세부항목 해저전선 분할 문제
작성처 외무성
매수 1
비밀등급 일반
문서종류 내부문서
공개구분 일부비공개
내용 '한일전선 사용료에 관련한 제 문제에 대해서' 제하 문서의 첫 페이지(중복 수록)
주제어 해저전선 분할 문제

문서명	한일 해저전선의 이등분에 관한 교환공문(안)[日韓海底電線の二等分に関する交換公文(案)]

문서파일번호 1857
작성연월일 1965. 12(일자 불명)
구분 한일협정 체결 후
세부항목 해저전선 분할 문제
작성처 외무성
매수 6
비밀등급 일반
문서종류 교환공문안
공개구분 공개
내용 일본국과 대한민국 사이에 분할된 해저전선의 위치를 확인하고, 한일 양국이 서한 및 부표를 수령한 것을 확인한다는 내용의 교환공문안
주제어 해저전선 분할 문제

문서명	한일 간 해저전선의 이등분에 관한 교환공문안의 제시에 대해서(日韓間海底電線の二等分に関する交換公文案の提示について)

문서파일번호 1857
작성연월일 1965. 12. 8
구분 한일협정 체결 후
세부항목 해저전선 분할 문제
작성처 외무성 북동아시아과
매수 1
비밀등급 일반
문서종류 전문(電文)
공개구분 공개
내용 한일 간 해저전선 분할에 관한 일본의 방책(교환공문 형식)을 1965년 12월 7일 주일 한국대표부에 제시하였음을 주서울일본사무소장에게 통보하는 전문
주제어 해저전선 분할 문제

문서명	해저전선 분할 문제 건(海底電線分割に関する件)

문서파일번호 1857
작성연월일 1965. 12. 21
구분 한일협정 비준 후
세부항목 해저전선 분할 문제
작성처 외무성 북동아시아과
매수 2
비밀등급 비(秘)
문서종류 전문(電文)
공개구분 공개
내용 1965년 12월 20일 자 아사히신문 기사(오바타 특파원의 기사로 "한국체신부의 고관은 한일 간 해저전선 등분 문제에 대해 양국이 분할하지 않고 협력해서 상태가 나쁜 전선을 교체하고 공동 관리하기로 했다"는 내용)에 대해 한국에 확인 후 결과 보고하라는 주서울일본사무소 앞 전문
주제어 해저전선 분할 문제

문서명	일본국과 대한민국 간 해저선도(日本國·大韓民國間海底線圖)

문서파일번호 1857
작성연월일 불명
구분 한일협정 비준 후
세부항목 해저전선 분할 문제
작성처 불명
매수 1
비밀등급 일반
문서종류 내부자료
공개구분 공개
내용 일본과 한국 간에 설치되어 있는 해저전선을 표시한 지도
주제어 해저전선 분할 문제

문서명	한일 해저전선 문제의 교섭경위에 대해서(日韓海底ケーブル問題の交渉経緯について)

문서파일번호 1857
작성연월일 불명
구분 한일협정 비준 후
세부항목 해저전선 분할 문제
작성처 우정성 대신관방 전기통신감리관실
매수 2
비밀등급 일반
문서종류 내부자료
공개구분 공개
내용 해저전선 2등분 협정안에 대한 한일 간 교섭 경위를 정리한 문서
주제어 해저전선 분할 문제

문서명	한일 해저전선 분할(日韓海底ケーブル分割)

문서파일번호 1857
작성연월일 1968. 3. 2
구분 한일협정 비준 후
세부항목 해저전선 분할 문제
작성처 외무성 북동아시아과
매수 9
비밀등급 일반
문서종류 내부문서
공개구분 공개
내용 분할대상 11개의 해저전선과 종전 후 미국이 사용하게 된 경위, 대일평화조약 발효 후 전기통신서비스 계약을 통한 요금 문제 등 해저전선에 관한 경위와 분할에 따른 사건을 정리한 내용이 담긴 문서
주제어 해저전선 분할 문제

문서명	한일 해저전선 분할에 관한 문제점(日韓海底ケーブル分割に関する問題点)

문서파일번호 1857
작성연월일 1968. 3. 2
구분 한일협정 비준 후
세부항목 해저전선 분할 문제
작성처 외무성 북동아시아과
매수 3
비밀등급 일반
문서종류 내부자료
공개구분 공개
내용 한일 간 해저전선 분할에 관한 문제점을 정리한 총리 브리핑용 자료. 한일 간 해저전선 분할은 대일평화조약 제4조 C의 규정에 따라 2등분하게 되어 일본이 협정문안을 한국에 제안, 교섭을 촉진해 왔으나, 한국의 공식 반응이 없어 타결되지 못하고 있다는 점, 관련한 한국의 주장 등이 기술됨.
주제어 해저전선 분할 문제

한일 간 '금융협정', '무역협정' 및 '잠정해운협정'에 관하여(日韓間の「金融協定」,「貿易協定」及び「暫定海運協定」について)

문서파일번호	1870
문서명	한일 간 '금융협정', '무역협정' 및 '잠정해운협정'에 관하여(日韓間の「金融協定」,「貿易協定」及び「暫定海運協定」について)
작성연월일	1965. 3(일자 불명)
구분	제7차 회담
세부항목	금융협정, 무역협정, 잠정해운협정
작성처	외무성 경제국 아시아과
매수	12
비밀등급	일반
문서종류	내부문서
공개구분	공개
내용	한일 간 금융협정, 무역협정, 잠정해운협정의 현황, 주요 규정내용, 운용의 실상 등을 정리한 문서
주제어	금융협정, 무역협정, 잠정해운협정

한일 해운 신협정안과 구협정의 상이점
(日韓海運新協定案と旧協定との相違点)

문서파일번호	1871
삭성연월일	1965. 5. 13 - 1965. 5. 15
구분	제7차 회담
세부항목	해운협정
작성처	외무성
매수	44
비밀등급	
문서종류	내부문서, 협정(안), 내부자료
공개구분	공개
내용	한일 신협정안과 구해운협정을 비교한 문서
주제어	한일 해운협정

문서명	한일 해운 신협정안과 구협정의 상이점(日韓海運新協定案と旧協定との主な相違点)

문서파일번호 1871
작성연월일 1965. 5. 13
구분 제7차 회담
세부항목 해운협정
작성처 외무성 조약과
매수 4
비밀등급 극비
문서종류 내부문서
공개구분 공개
내용 한일 신해운협정안과 구해운협정의 상이점을 조항별로 정리
주제어 신구 해운협정 비교

문서명	일본국과 대한민국의 해운협정(안)[日本国と大韓民国との間の海運協定(案)]

문서파일번호 1871
작성연월일 1965. 5. 1
구분 제7차 회담
세부항목 해운협정
작성처 외무성
매수 12
비밀등급 극비
문서종류 협정안
공개구분 공개
내용 일본이 작성한 일본국과 대한민국의 해운협정안
주제어 신 해운협정안

문서명	대한민국과 일본국의 잠정해운협정(현행)[大韓民国と日本国との間の暫定海運協定(現行)]

문서파일번호 1871
작성연월일 불명
구분 제7차 회담
세부항목 해운협정
작성처 외무성
매수 8
비밀등급 일반
문서종류 협정
공개구분 공개
내용 대한민국과 일본국의 현행 잠정해운협정문
주제어 잠정해운협정

문서명	한미 간 우호통상해운협정(TREATY OF FRIENDSHIP, COMMERCE AND NAVIGATION BETWEEN THE REPUBLIC OF KOREA AND THE UNITED STATES OF AMERICA)

문서파일번호 1871
작성연월일 1956. 11. 28
구분 제7차 회담
세부항목 해운협정
작성처 외무성
매수 15
비밀등급 일반
문서종류 협정
공개구분 공개
내용 한국과 미국이 체결한 우호통상해운협정문(영문)
주제어 한미해운협정

문서명	한일해운협정(안)과 현행 잠정협정의 비교[日·韓海運協定(案)と現行暫定協定の比較]

문서파일번호	1871
작성연월일	1965. 5. 15
구분	제7차 회담
세부항목	해운협정
작성처	외무성 경제국 아시아과
매수	5
비밀등급	극비
문서종류	내부자료
공개구분	공개
내용	한일 신해운협정안과 현행 잠정협정의 비교표
주제어	신구 해운협정 비교

한일 간 해난구조 및 긴급피난에 관한 협정 교섭 (日韓間の海難救助及び緊急避難に関する取極めについての交渉)

문서파일번호	709
문시명	한일 간 해난구조 및 긴급피난에 관한 협정 교섭(日韓間の海難救助及び緊急避難に関する取極めについての交渉)
작성연월일	1969. 6. 20
구분	한일협정 체결 후
세부항목	한일 해난구조 및 긴급피난에 관한 협정 교섭
작성처	외무성 가와카미 조사관
매수	75
비밀등급	극비
문서종류	내부자료
공개구분	공개
내용	외무성 북동아과 가와카미 조사관이 한일 간 해난구조 및 긴급피난에 관한 협정 교섭 경위를 정리한 자료. ① 협정교섭과 해난구조, 긴급피난 ② 외국어선의 긴급피난에 대한 한국 방침 ③ 해난구조, 긴급피난협정 교섭 경위(1966년 2월~1967년 3월 제1~5회 회의)에 대한 기술과 함께 관련 자료가 수록되어 있음.
주제어	해난구조·긴급피난

일본의 어업 문제와 한국
(わが国の漁業問題と韓国)

문서파일번호	710
문서명	일본의 어업 문제와 한국(わが国の漁業問題と韓国)
작성연월일	1970. 6. 5
구분	한일협정 체결 후
세부항목	일본의 어업과 한국
작성처	외무성 가와카미 조사관
매수	53
비밀등급	일반
문서종류	내부자료
공개구분	공개
내용	외무성 북동아과 가와카미 조사관이 강의용으로 작성한 '일본의 어업 문제와 한국'이라는 제목의 자료. ① 외교상으로 본 어업 문제의 중요성 ② 일본의 어업 문제와 한국에 대한 기술과 함께 일본이 체결 또는 가입한 어업 협정, 일본이 참가한 어업 관련 국제회의, 국가별 영해, 어업수역 조사현황, 해양법 여러 조약의 가입 및 비준 상황 등이 첨부자료로 수록되어 있음.
주제어	어업

제12부

제7차 회담 청구권 및 경제협력 관련 정책 및 훈령 (1965)

평화조약에서 국민의 재산 및 청구권 포기의 법률적 의미(平和条約における国民の財産及び請求権放棄の法律的意味)

문서파일번호	1312
문서명	평화조약에서 국민의 재산 및 청구권 포기의 법률적 의미(平和条約における国民の財産及び請求権放棄の法律的意味)
작성연월일	1965. 4. 6
구분	제7차 회담
세부항목	대일평화조약 국민 재산 및 청구권 포기의 법률적 의미
작성처	외무성 조약국 법규과
매수	2
비밀등급	비(秘)
문서종류	내부문서
공개구분	공개
내용	대일평화조약에서 국민의 재산 및 청구권 포기의 법률적 의미를 검토한 내용이 담긴 문서. 일반적으로 국제법상 국가는 타국에 의해 자국민의 사적 권리에 대한 침해가 가해진 경우, 이 침해로부터 발생한 손해에 관하여 상대국에 국제법상의 청구를 제기할 권리를 가짐. 이 경우 국가가 상대국에 대해 제기하는 청구권은 발생적으로는 국민인 사인(私人)의 권리에 대해서 가해진 침해 사실로부터 발생한 것이지만, 법률적으로는 이와는 독립된 것으로 자국민에 대해서 가해진 침해를 통해 국가 자체가 권리를 침해당했다는 형태로, 국가가 상대국에 대해서 국제법 레벨에서 갖는 청구권으로 제기되는 것임.
주제어	청구권·경제협력

한국의 대일청구내용에 대한 작업일정(안)
[韓国側の対日請求内容についての作業日程(案)]

문서파일번호	1313
작성연월일	1965. 4. 8 - 1965. 4. 13
구분	제7차 회담
세부항목	한국 청구내용에 관한 검토
작성처	외무성, 우정성, 대장성
매수	29
비밀등급	
문서종류	
공개구분	공개 또는 일부비공개
내용	청구권 관련 한국 청구내용에 관한 교섭일정 및 관계성의 견해 등이 담긴 문서 모음
주제어	청구권·경제협력

문서명	한국의 대일청구내용에 대한 작업일정(안)[韓国側の対日請求内容についての作業日程(案)]

문서파일번호 1313
작성연월일 1965. 4. 8
구분 제7차 회담
세부항목 한국 청구내용에 관한 검토 일정
작성처 외무성 북동아시아과
매수 3
비밀등급 일반
문서종류 내부문서
공개구분 공개
내용 1965년 4월 12~16일에 걸쳐 작업해야 할 한국의 대일청구내용의 구체적인 항목들을 일정별로 정리한 문서
주제어 청구권 · 경제협력

문서명	협정 체결에서 요망사항(協定締結に当っての要望事項)

문서파일번호 1313
작성연월일 1965. 4(일자 불명)
구분 제7차 회담
세부항목 한국 청구내용에 관한 검토
작성처 우정성
매수 2
비밀등급 일반
문서종류 내부자료
공개구분 공개
내용 우정성이 작성한 청구권 소멸 대상이 되는 사람, 시점, 지역에 관한 사항이 기록된 표
주제어 청구권 · 경제협력

문서명	요강5. 유가증권, 일은권 관계 요망사항

문서파일번호 1313
작성연월일 1965. 4(일자 불명)
구분 제7차 회담
세부항목 한국 청구내용에 관한 검토
작성처 대장성
매수 1
비밀등급 일반
문서종류 내부자료
공개구분 공개
내용 대장성의 한국 청구요강 5항 유가증권 및 일은권에 관한 대장성의 요망사항이 적힘.
주제어 청구권 · 경제협력

문서명	한일 청구권 및 경제협력에 관한 문제 처리의 금후 진행에 관하여(日韓請求権及び経済協力に関する問題処理の今後の取り進め方について)

문서파일번호 1313
작성연월일 1965. 4. 6
구분 제7차 회담
세부항목 한국 청구내용에 관한 검토
작성처 대장성
매수 2
비밀등급 극비
문서종류 내부문서
공개구분 공개
내용 청구권 및 경제협력에 관한 문제 처리 관련 대장성 검토의견서(실태 파악 및 경제협력의 세목 작성 등)
주제어 청구권 · 경제협력

문서명	각 성의 회의 메모(各省打合会議メモ)

문서파일번호 1313
작성연월일 1965. 4. 12
구분 제7차 회담
세부항목 한국 청구내용에 관한 검토
작성처 외무성
매수 13
비밀등급 일반
문서종류 내부문서
공개구분 일부비공개
내용 청구권 관련 각 성 협의회 메모. 한국 청구요강 항목별로 쟁점 사항이 메모됨.
주제어 청구권 · 경제협력

문서명	경제협력 관계협의회(經濟協力關係打合せ会)

문서파일번호 1313
작성연월일 1965. 4. 13
구분 제7차 회담
세부항목 한국 청구내용에 관한 검토
작성처 외무성
매수 5
비밀등급 일반
문서종류 회의록
공개구분 일부비공개
내용 경제협력 관련 내부협의회에서 한국 청구요강 중 쟁점 부분을 정리
주제어 청구권 · 경제협력

문서명	대장성 요망사항(大蔵省要望事項)

문서파일번호 1313
작성연월일 1965. 4. 13
구분 제7차 회담
세부항목 한국 청구내용에 관한 검토
작성처 대장성 국유재산국 관리과
매수 3
비밀등급 일반
문서종류 내부문서
공개구분 공개
내용 대장성의 청구권 관련 요망사항이 적힌 문서. ① 특별한 국내입법을 필요로 하지 않도록 할 것. 할 수 없이 특별한 국내입법을 필요로 하는 경우에도 포괄적 입법에 의할 것 ② 대일청구권 8항목에 형식적으로 포함되는 모든 대일청구권이 소멸하는 것이 되도록 협정의 표현을 정확히 할 것 ③ 대일청구권 소멸 시점은 가능한 한 1952년 4월 28일로 하되, 최소한도 1945년 9월 23일로 할 것(1945년 칙령 제576호 및 이에 근거한 동년 대장성 제88호는 대외경제거래를 법률적으로 일체 금지하고, 동년 9월24일 이후의 행위는 허가가 없는 한 무효로 하고 있음) 등이 기술됨.
주제어 청구권 · 경제협력

기본방침 및 협정안의 심의
(基本方針および協定案の審議)

문서파일번호	1314
작성연월일	1965. 4. 17 - 1965. 6. 20
구분	제7차 회담
세부항목	한일 청구권 협정안 및 부속문서 작성 및 교섭
작성처	외무성, 한국대표부, 대장성
매수	336
비밀등급	
문서종류	내부문서, 협정안, 회의록, 교환공문안, 내부자료, 합의의사록안
공개구분	공개
내용	제7차 한일회담의 청구권협정문안 교섭에 관한 기본방침, 협정안, 교섭 관련 문서 모음
주제어	청구권·경제협력

문서명	처리방침(處理方針)

문서파일번호 1314
작성연월일 1965. 4. 17
구분 제7차 회담
세부항목 청구권 해결의 대상
작성처 외무성 조약국
매수 8
비밀등급 극비
문서종류 내부문서
공개구분 공개
내용 청구권 해결의 대상(지리적 범위, 인적 범위, 시간적 범위), 처리방침, 총독부 사업의 계승 문제, 해저전선 문제 등 청구권·경제협력에 관한 기본방침을 정리한 문서
주제어 청구권·경제협력

문서명	제목 없음

문서파일번호 1314
작성연월일 1965. 4. 17
구분 제7차 회담
세부항목 청구권 해결의 대상
작성처 외무성 조약국
매수 8
비밀등급 극비
문서종류 내부문서
공개구분 공개
내용 청구권·경제협력 처리방침 문서(앞에 나온 문서의 수정부분을 새로이 타이핑한 문서)
주제어 청구권·경제협력

문서명	재산 및 청구권 문제 해결 협정의 기본방침(안)[財産及び請求権問題解決協定の基本方針(案)]

문서파일번호 1314
작성연월일 1965. 4. 19
구분 제7차 회담
세부항목 청구권·경제협력협정 기본방침안
작성처 외무성 조약국
매수 6
비밀등급 극비
문서종류 내부문서
공개구분 공개
내용 1965년 4월 17일 문서와 동일한 내용의 4월 19일 자 문서
주제어 청구권·경제협력

문서명	한일 재산 및 청구권 문제 해결 협정의 기본방침(안)[日韓財産及び請求権問題解決協定の基本方針(案)]

문서파일번호 1314
작성연월일 1965. 4. 20
구분 제7차 회담
세부항목 청구권·경제협력협정 기본방침안
작성처 외무성 조약국
매수 7
비밀등급 극비
문서종류 내부문서
공개구분 공개
내용 1965년 4월 19일 문서 내용의 일부를 수정한 4월 20일 자 문서
주제어 청구권·경제협력

문서명	재산 및 청구권에 관한 문제 해결 및 경제협력에 관한 일본국과 대한민국의 협정(안)[財産及び請求権に関する問題の解決並びに経済協力のための日本国と大韓民国との間の協定(案)]

문서파일번호 1314
작성연월일 1965. 4. 24
구분 제7차 회담
세부항목 청구권 · 경제협력협정안
작성처 외무성 조약국
매수 10
비밀등급 극비
문서종류 협정안
공개구분 공개
내용 청구권 및 경제협력협정안 전문(前文), 제1, 2, 3, 4조 문안. 제5조(분쟁 해결) 및 제6조(비준조항)는 내용이 없음. 수기로 수정한 부분이 많음. 제2조 및 3조의 대안도 포함되어 있음.
주제어 청구권 · 경제협력

문서명	재산 및 청구권에 관한 문제 해결 및 경제협력에 관한 일본국과 대한민국의 협정(안)[財産及び請求権に関する問題の解決並びに経済協力に関する日本国と大韓民国との間の協定(案)]

문서파일번호 1314
작성연월일 1965. 4. 24
구분 제7차 회담
세부항목 청구권 · 경제협력협정안
작성처 외무성 조약국
매수 10
비밀등급 극비
문서종류 협정안
공개구분 공개
내용 청구권 및 경제협력협정문안에 1차 수정을 가한 문서
주제어 청구권 · 경제협력

문서명	재산 및 청구권에 관한 문제 해결 및 경제협력에 관한 일본국과 대한민국의 협정(안)[財産及び請求権に関する問題の解決並びに経済協力に関する日本国と大韓民国との間の協定(案)]

문서파일번호 1314
작성연월일 1965. 4. 24
구분 제7차 회담
세부항목 청구권 · 경제협력협정안
작성처 외무성 조약국
매수 10
비밀등급 극비
문서종류 협정안
공개구분 공개
내용 청구권 및 경제협력협정문안에 2차 수정을 가한 문서
주제어 청구권 · 경제협력

문서명	재산 및 청구권에 관한 문제 해결 및 경제협력에 관한 일본국과 대한민국의 협정(안)[財産及び請求権に関する問題の解決並びに経済協力に関する日本国と大韓民国との間の協定(案)]

문서파일번호 1314
작성연월일 1965. 4. 24
구분 제7차 회담
세부항목 청구권 · 경제협력협정안
작성처 외무성 조약국
매수 10
비밀등급 극비
문서종류 협정안
공개구분 공개
내용 청구권 및 경제협력협정문안에 3차 수정을 가한 문서
주제어 청구권 · 경제협력

문서명	재산 및 청구권에 관한 문제 해결 및 경제협력에 관한 일본국과 대한민국의 협정(안)[財産及び請求権に関する問題の解決並びに経済協力に関する日本国と大韓民国との間の協定(案)]

문서파일번호 1314
작성연월일 1965. 4. 27
구분 제7차 회담
세부항목 청구권 · 경제협력협정안
작성처 외무성 조약국
매수 12
비밀등급 극비
문서종류 협정안
공개구분 공개
내용 청구권 및 경제협력협정문안
주제어 청구권 · 경제협력

문서명	한일 재산 및 청구권 문제 해결 협정의 기본방침(안)[日韓財産及び請求権問題解決協定の基本方針(案)]

문서파일번호 1314
작성연월일 1965. 4. 27
구분 제7차 회담
세부항목 청구권 · 경제협력협정 기본방침안
작성처 외무성 조약국
매수 9
비밀등급 극비
문서종류 내부문서
공개구분 공개
내용 청구권 및 경제협력협정 체결 관련 기본방침에 관한 1965년 4월 17일 자 문서의 수정안. 청구권 해결의 대상이 되는 재산 및 청구권의 범위에서 인적범위 수정('종전 이전부터 계속해서 일본국에 거주하는 자를 제외한다'에서 '종전 시'를 '1945년 9월 2일'로 수정), 총독부사업의 계승 문제가 포함됨.
주제어 청구권 · 경제협력

문서명	재산 및 청구권에 관한 문제 해결 및 경제협력에 관한 일본국과 대한민국의 협정(안) [財産及び請求権に関する問題の解決並びに経済協力に関する日本国と大韓民国との間の協定(案)]

문서파일번호 1314
작성연월일 1965. 4. 28
구분 제7차 회담
세부항목 청구권·경제협력협정안
작성처 외무성 조약국
매수 6
비밀등급 극비
문서종류 협정안
공개구분 공개
내용 청구권 및 경제협력협정문안
주제어 청구권·경제협력

문서명	한일 재산 및 청구권 문제 해결 협정의 기본방침(안) [日韓財産及び請求権問題解決協定の基本方針(案)]

문서파일번호 1314
작성연월일 1965. 4. 28
구분 제7차 회담
세부항목 청구권·경제협력협정 기본방침안
작성처 외무성 조약국
매수 7
비밀등급 극비
문서종류 내부문서
공개구분 공개
내용 청구권 및 경제협력협정 체결 관련 기본방침
주제어 청구권·경제협력

문서명	한일 재산 및 청구권 문제 해결 협정의 기본방침(안)[日韓財産及び請求権問題解決協定の基本方針(案)]

문서파일번호 1314
작성연월일 1965. 4. 28
구분 제7차 회담
세부항목 청구권·경제협력협정 기본방침안
작성처 외무성 조약국
매수 8
비밀등급 극비
문서종류 내부문서
공개구분 공개
내용 각성에 검토를 의뢰한 '한일 재산 및 청구권 문제 해결 협정'의 기본 방침문서. ① 해결 대상이 되는 재산 및 청구권의 범위 ② 해결 청구권의 처리 ③ 해결 청구권의 귀속 ④ 총독부 소관의 간이보험 등 ⑤ 해저 전선의 처리 ⑥ 대일평화조약 제4조(b)의 확인 등의 내용이 담김.
주제어 청구권·경제협력

문서명	총리부 은급국의 요청(4·28 안에 대해서)[総理府恩給局よりの申し入れ(四·二八案について)]

문서파일번호 1314
작성연월일 1965. 4. 30
구분 제7차 회담
세부항목 청구권·경제협력협정 기본방침안
작성처 외무성 조약국
매수 2
비밀등급 일반
문서종류 내부문서
공개구분 공개
내용 1965년 4월 28일 검토를 의뢰한 청구권·경제협력협정 기본방침안에 대한 총리부 은급국의 검토의견. 군인 은급, 상해 은급에 관한 재일한국인의 청구여부 및 수령 가능 여부에 대해 간략하게 정리함.
주제어 청구권·경제협력

문서명	한일 재산 및 청구권 문제 해결 협정의 기본방침(안) [日韓財産及び請求権問題解決協定の基本方針(案)]

문서파일번호 1314
작성연월일 1965. 5. 1
구분 제7차 회담
세부항목 청구권 · 경제협력협정 기본방침안
작성처 외무성 조약국
매수 7
비밀등급 극비
문서종류 내부문서
공개구분 공개
내용 한일 재산 및 청구권 문제 해결 협정의 기본방침안
주제어 청구권 · 경제협력

문서명	재산 및 청구권에 관한 문제 해결 및 경제협력에 관한 일본국과 대한민국의 협정(안) [財産及び請求権に関する問題の解決並びに経済協力に関する日本国と大韓民国との間の協定(案)]

문서파일번호 1314
작성연월일 1965. 5. 1
구분 제7차 회담
세부항목 청구권 · 경제협력협정안
작성처 외무성 조약국
매수 12
비밀등급 극비
문서종류 협정안
공개구분 공개
내용 재산 및 청구권에 관한 문제 해결 및 경제협력에 관한 일본국과 대한민국의 협정안. 이 안으로 법제국 심의가 이루어짐.
주제어 청구권 · 경제협력

문서명	한일 재산 및 청구권 문제 해결 협정에 관하여(日韓財産及び請求権問題解決協定について)

문서파일번호 1314
작성연월일 1965. 5. 1
구분 제7차 회담
세부항목 청구권 · 경제협력협정안
작성처 외무성 조약국
매수 18
비밀등급 극비
문서종류 회의록
공개구분 공개
내용 한일 재산 및 청구권 문제 해결 협정에 대해 법제국, 조약국, 아시아국 북동아시아과, 대장성, 법무성 관계자가 모여 회의한 내용을 기록한 문서. 5월 1일 자 협정안을 중점적으로 논의함. 먼저 협정안에 대해 조약국이 설명을 하고 이후 다른 성청의 질의가 이어짐.
주제어 청구권 · 경제협력

문서명	5월 1일에 이어 5월 4일 오전 10시 20분부터 법제국에서 한일청구권협정(5월 1일 안)에 관하여 논의를 행하였음[5月1日に引き続き5月4日午前10時20分より法制局において日韓請求権協定案(5月1日案)について討議を行った]

문서파일번호 1314
작성연월일 1965. 5. 4
구분 제7차 회담
세부항목 청구권 · 경제협력협정안
작성처 외무성 조약국
매수 18
비밀등급 극비
문서종류 회의록
공개구분 공개
내용 1965년 5월1일에 이어 5월 4일 법제국, 조약국, 아시아국 북동아시아과, 대장성, 법무성 관계자가 한일 청구권 · 경제협력협정(5월 1일 안)에 관해 논의한 기록
주제어 청구권 · 경제협력

문서명	제2조(第二条)

문서파일번호 1314
작성연월일 1965. 5. 4
구분 제7차 회담
세부항목 청구권 · 경제협력협정 제2조 안
작성처 외무성 조약국
매수 2
비밀등급 일반
문서종류 협정안
공개구분 공개
내용 청구권 · 경제협력협정 제2조를 둘러싸고 1965년 5월 4~28일까지 한일 간에 18회 시안이 오갔음. 특히 5월 18~21일, 24일, 27일, 28일에는 하루에도 수차례의 교정과 공방이 이루어졌음. 한일 양국 간에 제2조를 둘러싸고 팽팽한 교섭이 있었음을 알 수 있음.
주제어 청구권 · 경제협력

문서명	제2조(안)[第二条(案)]

문서파일번호 1314
작성연월일 1965. 5. 6
구분 제7차 회담
세부항목 청구권 · 경제협력협정 제2조 안
작성처 외무성 조약국
매수 2
비밀등급 극비
문서종류 협정안
공개구분 공개
내용 1965년 5월 4일 법제국과 협의 후 작성한 청구권 · 경제협력협정 제2조 안
주제어 청구권 · 경제협력

문서명	제2조(第二条)

문서파일번호	1314
작성연월일	1965. 5. 7
구분	제7차 회담
세부항목	청구권 · 경제협력협정 제2조 안
작성처	외무성 조약국
매수	2
비밀등급	일반
문서종류	협정안
공개구분	공개
내용	마쓰나가 노부오(松永信雄) 조약과장의 청구권 · 경제협력협정 제2조 안
주제어	청구권 · 경제협력

문서명	제목 없음

문서파일번호	1314
작성연월일	1965. 5. 8
구분	제7차 회담
세부항목	청구권 · 경제협력협정 제2조 안
작성처	대장성
매수	2
비밀등급	극비
문서종류	내부문서
공개구분	공개
내용	청구권 · 경제협력협정안에 대한 대장성 검토의견서
주제어	청구권 · 경제협력

문서명	제2조(第二条)

문서파일번호 1314
작성연월일 1965. 5. 17
구분 제7차 회담
세부항목 청구권·경제협력협정 제2조 안
작성처 외무성 조약국
매수 3
비밀등급 일반
문서종류 회의록
공개구분 공개
내용 마쓰나가 노부오 조약과장의 청구권·경제협력협정 시안. 제2조에 관한 교환공문 내용이 포함됨.
주제어 청구권·경제협력

문서명	제2조(안)[第二条(案)]

문서파일번호 1314
작성연월일 1965. 5. 18
구분 제7차 회담
세부항목 청구권·경제협력협정 제2조 안
작성처 외무성 조약국
매수 4
비밀등급 극비
문서종류 협정안
공개구분 공개
내용 청구권·경제협력협정 제2조 안
주제어 청구권·경제협력

문서명	제2조(안)[第二条(案)]

문서파일번호 1314
작성연월일 1965. 5. 18
구분 제7차 회담
세부항목 청구권 · 경제협력협정 제2조 안
작성처 외무성 조약국
매수 4
비밀등급 극비
문서종류 협정안
공개구분 공개
내용 청구권 · 경제협력협정 제2조 1965년 5월 18일 자 안
주제어 청구권 · 경제협력

문서명	제2조(안)[第二条(案)]

문서파일번호 1314
작성연월일 1965. 5. 19
구분 제7차 회담
세부항목 청구권 · 경제협력협정 제2조 안
작성처 외무성 조약국
매수 3
비밀등급 극비
문서종류 내부문서
공개구분 공개
내용 청구권 · 경제협력협정 제2조 1965년 5월 19일 자 안
주제어 청구권 · 경제협력

문서명	제2조(안)[第二条(案)]

문서파일번호 1314
작성연월일 1965. 5. 19
구분 제7차 회담
세부항목 청구권·경제협력협정 제2조 안
작성처 외무성 조약국
매수 1
비밀등급 극비
문서종류 협정안
공개구분 공개
내용 청구권·경제협력협정 제2조 1965년 5월 19일 자 조약국 제3과장 안
주제어 청구권·경제협력

문서명	제2조(안)[第二条(案)]

문서파일번호 1314
작성연월일 1965. 5. 20
구분 제7차 회담
세부항목 청구권·경제협력협정 제2조 안
작성처 외무성 조약국
매수 2
비밀등급 극비
문서종류 협정안
공개구분 공개
내용 청구권·경제협력협정 제2조 1965년 5월 20일 자 안. 법제국과 회의 후 작성됨.
주제어 청구권·경제협력

문서명	제2조(안)[第二条(案)]

문서파일번호 1314
작성연월일 1965. 5. 20
구분 제7차 회담
세부항목 청구권 · 경제협력협정 제2조 안
작성처 외무성 조약국
매수 2
비밀등급 극비
문서종류 협정안
공개구분 공개
내용 청구권 · 경제협력협정 제2조 1965년 5월 20일 자 제2안
주제어 청구권 · 경제협력

문서명	제2조(안)[第二条(案)]

문서파일번호 1314
작성연월일 1965. 5. 21
구분 제7차 회담
세부항목 청구권 · 경제협력협정 제2조 안
작성처 외무성 조약국
매수 2
비밀등급 극비
문서종류 협정안
공개구분 공개
내용 청구권 · 경제협력협정 제2조 1965년 5월 21일 자 안
주제어 청구권 · 경제협력

문서명	제2조(안)[第二条(案)]

문서파일번호	1314
작성연월일	1965. 5. 21
구분	제7차 회담
세부항목	청구권·경제협력협정 제2조 안
작성처	외무성 조약국
매수	2
비밀등급	극비
문서종류	협정안
공개구분	공개
내용	청구권·경제협력협정 제2조 1965년 5월 21일 자 조약국장 안
주제어	청구권·경제협력

문서명	제2조(안)[第二条(案)]

문서파일번호	1314
작성연월일	1965. 5. 21
구분	제7차 회담
세부항목	청구권·경제협력협정 제2조 안
작성처	외무성 조약국
매수	1
비밀등급	극비
문서종류	외교공한
공개구분	공개
내용	청구권·경제협력협정 제2조 1965년 5월 21일 자 A안. 법제국 회의용
주제어	청구권·경제협력

문서명	제2조(안)[第二条(案)]

문서파일번호 1314
작성연월일 1965. 5. 21
구분 제7차 회담
세부항목 청구권·경제협력협정 제2조 안
작성처 외무성 조약국
매수 2
비밀등급 극비
문서종류 협정안
공개구분 공개
내용 청구권·경제협력협정 제2조 1965년 5월 21일 자 B안
주제어 청구권·경제협력

문서명	제2조에 관한 각 성 회의(第二条に関する各省会議)

문서파일번호 1314
작성연월일 1965. 5. 24
구분 제7차 회담
세부항목 청구권·경제협력협정 제2조 안
작성처 외무성 조약국
매수 12
비밀등급 극비
문서종류 회의록
공개구분 공개
내용 청구권·경제협력협정 제2조 문안 관련 관계성 협의회 기록
주제어 청구권·경제협력

문서명	제2조(안) [第二条(案)]

문서파일번호 1314
작성연월일 1965. 5. 24
구분 제7차 회담
세부항목 청구권·경제협력협정 제2조 안
작성처 외무성 조약국
매수 2
비밀등급 극비
문서종류 협정안
공개구분 공개
내용 청구권·경제협력협정 제2조 1965년 5월 21일 안에 대해 마쓰나가 노부오 조약과장 등이 수정을 가한 안
주제어 청구권·경제협력

문서명	제2조(안) [第二条(案)]

문서파일번호 1314
작성연월일 1965. 5. 27
구분 제7차 회담
세부항목 청구권·경제협력협정 제2조 안
작성처 외무성 조약국
매수 2
비밀등급 극비
문서종류 협정안
공개구분 공개
내용 청구권·경제협력협정 제2조 1965년 5월 27일 자 안
주제어 청구권·경제협력

문서명	5월 24일 안에 대한 각 성의 반향(五月に二十四日案に対する各省の反響)

문서파일번호 1314
작성연월일 1965. 5. 27
구분 제7차 회담
세부항목 청구권협정문안 협의
작성처 외무성 조약국
매수 4
비밀등급 일반
문서종류 내부문서
공개구분 공개
내용 청구권협정문안에 대한 관계 각 성의 의견을 모아 정리한 표
주제어 청구권 · 경제협력

문서명	제2조(안)[第二条(案)]

문서파일번호 1314
작성연월일 1965. 5. 27
구분 제7차 회담
세부항목 청구권 · 경제협력협정 제2조 안
작성처 외무성 조약국
매수 2
비밀등급 극비
문서종류 협정안
공개구분 공개
내용 마쓰나가 노부오 조약과장이 법제국 제3부장과 협의 후 작성한 청구권 · 경제협력협정 제2조 안
주제어 청구권 · 경제협력

문서명	제2조(안) [第二条(案)]

문서파일번호 1314
작성연월일 1965. 5. 28
구분 제7차 회담
세부항목 청구권 · 경제협력협정 제2조 안
작성처 외무성 조약국
매수 2
비밀등급 극비
문서종류 협정안
공개구분 공개
내용 청구권 · 경제협력협정 제2조 1965년 5월 28일 자 안
주제어 청구권 · 경제협력

문서명	한일청구권협정 제2조(안)와 나포 어선 문제 [日韓請求権協定第二条(案)とだ捕漁船問題]

문서파일번호 1314
작성연월일 1965. 5. 28
구분 제7차 회담
세부항목 나포 어선 손해배상 문제
작성처 외무성 조약국
매수 2
비밀등급 일반
문서종류 외교공한
공개구분 공개
내용 한일협정은 양국의 권리의무관계를 정하는 것이므로 나포 어선의 손해에 관해 국내적으로 어떤 조치를 취할 것인지는 협정 해석의 문제로 거론될 이유는 없다는 조약국의 견해가 담김.
주제어 청구권 · 경제협력

문서명	교환공문(안) [交換公文(案)]

문서파일번호 1314
작성연월일 1965. 5. 29
구분 제7차 회담
세부항목 청구권·경제협력협정 부속 교환공문
작성처 외무성 조약국
매수 5
비밀등급 극비
문서종류 교환공문(안)
공개구분 공개
내용 청구권·경제협력협정 제2조에 관한 교환공문 일본 및 한국 외교공한안. 수정 및 보완이 필요한 부분은 수기로 기록함.
주제어 청구권·경제협력

문서명	교환공문(안) [交換公文(案)]

문서파일번호 1314
작성연월일 1965. 5. 29
구분 제7차 회담
세부항목 청구권·경제협력협정 부속 교환공문
작성처 외무성 조약국
매수 3
비밀등급 극비
문서종류 교환공문(안)
공개구분 공개
내용 수기로 수정, 보완된 부분이 반영된 교환공문. 일본과 한국의 공한안
주제어 청구권·경제협력

문서명	재산 및 청구권에 관한 문제의 해결 및 경제협력에 관한 일본국과 대한민국의 협정 제2조에 관한 교환공문(안) [財産及び請求権に関する問題の解決並びに経済協力に関する日本国と大韓民国との間の協定第二条に関する交換公文(案)]

문서파일번호 1314

작성연월일 1965. 5. 31

구분 제7차 회담

세부항목 청구권 · 경제협력협정 부속 교환공문

작성처 외무성 조약국

매수 3

비밀등급 극비

문서종류 교환공문(안)

공개구분 공개

내용 교환공문안.

- 일본(안):

① 청구권 · 경제협력협정 제2조의 규정에 의해 한일회담에서 한국이 1952년 2월 20일에 제출한 '한국의 대일청구요강'의 범위에 속하는 모든 재산, 권리 및 이익, 청구권에 관해서는 어떤 주장도 할 수 없게 된다.

② 동 협정 제2조의 규정에 의해 동 협정의 서명일까지 대한민국에 의한 일본어선의 나포로 발생한 일본국의 대한민국에 대한 모든 청구권에 관해서는 어떠한 주장도 할 수 없게 된다.

- 한국(안):

일본 공한을 수령하였음을 확인한다.

- 일본(안):

전기(前記)를 한국정부를 대신하여 확인한다.

주제어 청구권 · 경제협력

문서명	재산 및 청구권에 관한 문제 해결 및 경제협력에 관한 일본국과 대한민국의 협정(안)[財産及び請求権に関する問題の解決並びに経済協力に関する日本国と大韓民国との間の協定(案)]

문서파일번호 1314
작성연월일 1965. 5. 31
구분 제7차 회담
세부항목 청구권 · 경제협력협정안
작성처 외무성 조약국
매수 10
비밀등급 극비
문서종류 협정안
공개구분 공개
내용 재산 및 청구권에 관한 문제 해결 및 경제협력에 관한 일본국과 대한민국의 협정안. 수정 및 보완이 필요한 부분을 수기 표시함.
주제어 청구권 · 경제협력

문서명	재산 및 청구권에 관한 문제의 해결 및 경제협력에 관한 일본국과 대한민국의 협정 및 관련 문서(財産及び請求権に関する問題の解決並びに経済協力に関する日本国と大韓民国との間の協定及び関連文書)

문서파일번호 1314
작성연월일 1965. 5. 31
구분 제7차 회담
세부항목 청구권 · 경제협력협정 및 부속문서안
작성처 외무성 조약국
매수 1
비밀등급 극비
문서종류 내부자료
공개구분 공개
내용 청구권 · 경제협력협정 및 관련 문서 목록. 무상의 경제협력 실시에 관한 협정, 무상 경제협력 실시에 관한 실시 상세목록에 관한 교환공문, 한일경제협력 공동위원회에 관한 교환공문 등 총 7개의 협정 또는 교환공문이 포함됨.
주제어 청구권 · 경제협력

문서명	제목 없음

문서파일번호	1314
작성연월일	1965. 5(일자 불명)
구분	제7차 회담
세부항목	청구권 · 경제협력협정안
작성처	외무성 조약국
매수	1
비밀등급	일반
문서종류	협정안
공개구분	공개
내용	청구권 · 경제협력협정 제2조의 일부. 수기로 앞뒤 쪽이 결락되어 있다는 기술
주제어	청구권 · 경제협력

문서명	한국 및 한국인의 권리에 관한 일본의 특별조치의 예(韓国及び韓国人の権利に関する日本側の特別の措置の例)

문서파일번호	1314
작성연월일	1965. 6. 1
구분	제7차 회담
세부항목	한국 및 한국인 권리에 관한 일본의 특별조치 예
작성처	대장성 외채과
매수	7
비밀등급	극비
문서종류	내부자료
공개구분	공개
내용	우편예금, 총독부 교통국 공제 조합원 재산처리, 폐쇄기관 및 재외회사관계, 유가증권관계, 일본은행권, 피징용자 미수금에 관한 각종 정령들이 열거된 문서
주제어	청구권 · 경제협력

문서명	제2조(안)[第二条(案)]

문서파일번호 1314
작성연월일 1965. 6. 10
구분 제7차 회담
세부항목 청구권·경제협력협정 제2조 안
작성처 한국대표부(일본 타이핑)
매수 2
비밀등급 극비
문서종류 협정안
공개구분 공개
내용 한국대표부가 송부한 청구권·경제협력협정 제2조 안
주제어 청구권·경제협력

문서명	제2조(안)[第二条(案)]

문서파일번호 1314
작성연월일 1965. 6. 10
구분 제7차 회담
세부항목 청구권·경제협력협정 제2조 안
작성처 한국대표부(일본 타이핑)
매수 2
비밀등급 극비
문서종류 협정안
공개구분 공개
내용 한국대표부가 송부한 청구권·경제협력협정 제2조 안에 수정이 필요한 곳에 밑줄 또는 삭제 표시를 남김.
주제어 청구권·경제협력

문서명	제2조(안)[第二条(案)]

문서파일번호 1314
작성연월일 1965. 6. 10
구분 제7차 회담
세부항목 청구권·경제협력협정 제2조 안
작성처 한국대표부
매수 2
비밀등급 일반
문서종류 협정안
공개구분 공개
내용 한국대표부가 송부한 청구권·경제협력협정 제2조 안(수기로 작성된 문서)
주제어 청구권·경제협력

문서명	재산 및 청구권에 관한 문제의 해결 및 경제협력에 관한 일본국과 대한민국의 협정 제2조에 관한 한국안(1965. 6. 10안)에 관하여[財産及び請求権に関する問題の解決並びに経済協力に関する日本国と大韓民国との間の協定第二条に関する韓国案(一九六五. 六. 一〇案)について]

문서파일번호 1314
작성연월일 1965. 6. 11
구분 제7차 회담
세부항목 청구권·경제협력협정 제2조 안
작성처 외무성 조약국
매수 5
비밀등급 극비
문서종류 내부문서
공개구분 공개
내용 1965년 6월 10일 한국대표부가 송부한 청구권·경제협력협정 제2조 안에 대한 일본 견해 정리
주제어 청구권·경제협력

문서명	제2조에 관한 한국안에 대해(第二条に関する韓国案について)

문서파일번호 1314
작성연월일 1965. 6. 11
구분 제7차 회담
세부항목 청구권 · 경제협력협정 제2조 안
작성처 외무성 조약국
매수 5
비밀등급 극비
문서종류 내부문서
공개구분 공개
내용 1965년 6월 10일 한국대표부가 송부한 청구권 · 경제협력협정 제2조(안)에 대한 일본 견해 정리
주제어 청구권 · 경제협력

문서명	제2조(안)[第二条(案)]

문서파일번호 1314
작성연월일 1965. 6. 14
구분 제7차 회담
세부항목 청구권 · 경제협력협정 제2조 안
작성처 외무성 조약국
매수 2
비밀등급 극비
문서종류 협정안
공개구분 공개
내용 청구권 · 경제협력협정 제2조 6월 14일 자 안. 제2조를 둘러싸고 한일 간에 1965년 5월에 이어 6월에도 14~19일까지 18회 시안이 오갔음. 6월 14일에 최종 타협안을 내놓은 후 6월 19일까지 계속 수정이 이루어졌음을 알 수 있음.
주제어 청구권 · 경제협력

문서명	제2조(안) [第二条(案)]

문서파일번호	1314
작성연월일	1965. 6. 14
구분	제7차 회담
세부항목	청구권 · 경제협력협정 제2조 안
작성처	외무성 조약국
매수	2
비밀등급	극비
문서종류	협정안
공개구분	공개
내용	청구권 · 경제협력협정 제2조 1965년 6월 14일 자 안
주제어	청구권 · 경제협력

문서명	제2조(안) [第二条(案)]

문서파일번호	1314
작성연월일	1965. 6. 14
구분	제7차 회담
세부항목	청구권 · 경제협력협정 제2조 안
작성처	외무성 조약국
매수	1
비밀등급	극비
문서종류	협정안
공개구분	공개
내용	청구권 · 경제협력협정 제2조 1965년 6월 14일 자 시안 A
주제어	청구권 · 경제협력

문서명	제2조(안) [第二条(案)]

문서파일번호	1314
작성연월일	1965. 6. 14
구분	제7차 회담
세부항목	청구권·경제협력협정 제2조 안
작성처	외무성 조약국
매수	2
비밀등급	극비
문서종류	협정안
공개구분	공개
내용	청구권·경제협력협정 제2조 1965년 6월 14일 자 시안 B
주제어	청구권·경제협력

문서명	제2조(안) [第二条(案)]

문서파일번호	1314
작성연월일	1965. 6. 14
구분	제7차 회담
세부항목	청구권·경제협력협정 제2조 안
작성처	외무성 조약국
매수	2
비밀등급	극비
문서종류	협정안
공개구분	공개
내용	청구권·경제협력협정 제2조 1965년 6월 14일 자 시안 C
주제어	청구권·경제협력

문서명	제2조(안)[第二条(案)]

문서파일번호 1314
작성연월일 1965. 6. 14
구분 제7차 회담
세부항목 청구권·경제협력협정 제2조 안
작성처 외무성 조약국
매수 2
비밀등급 극비
문서종류 협정안
공개구분 공개
내용 청구권·경제협력협정 제2조 1965년 6월 14일 자 시안 DC
주제어 청구권·경제협력

문서명	제2조(안)[第二条(案)]

문서파일번호 1314
작성연월일 1965. 6. 14
구분 제7차 회담
세부항목 청구권·경제협력협정 제2조 안
작성처 외무성 조약국
매수 2
비밀등급 극비
문서종류 협정안
공개구분 공개
내용 청구권·경제협력협정 제2조 1965년 6월 14일 자 안
주제어 청구권·경제협력

문서명	제2조(안)[第二条(案)]

문서파일번호 1314
작성연월일 1965. 6. 14
구분 제7차 회담
세부항목 청구권 · 경제협력협정 제2조 안
작성처 외무성 조약국
매수 2
비밀등급 극비
문서종류 협정안
공개구분
내용 청구권 · 경제협력협정 제2조 1965년 6월 14일 자 안
주제어 청구권 · 경제협력

문서명	제2조(안)[第二条(案)]

문서파일번호 1314
작성연월일 1965. 6. 15
구분 제7차 회담
세부항목 청구권 · 경제협력협정 제2조 안
작성처 외무성 조약국
매수 2
비밀등급 극비
문서종류 협정안
공개구분 공개
내용 청구권 · 경제협력협정 제2조 1965년 6월 15일 자 안
주제어 청구권 · 경제협력

문서명	제2조(안)[第二条(案)]

문서파일번호 1314
작성연월일 1965. 6. 15
구분 제7차 회담
세부항목 청구권·경제협력협정 제2조 안
작성처 외무성 조약국
매수 2
비밀등급 극비
문서종류 협정안
공개구분 공개
내용 청구권·경제협력협정 제2조 1965년 6월 15일 자 안
주제어 청구권·경제협력

문서명	제2조(안)[第二条(案)]

문서파일번호 1314
작성연월일 1965. 6. 15
구분 제7차 회담
세부항목 청구권·경제협력협정 제2조 안
작성처 외무성 조약국
매수 2
비밀등급 극비
문서종류 협정안
공개구분 공개
내용 청구권·경제협력협정 제2조 1965년 6월 15일 자 안
주제어 청구권·경제협력

문서명	제2조(안) [第二条(案)]

문서파일번호	1314
작성연월일	1965. 6. 16
구분	제7차 회담
세부항목	청구권·경제협력협정 제2조 안
작성처	외무성 조약국
매수	2
비밀등급	극비
문서종류	협정안
공개구분	공개
내용	청구권·경제협력협정 제2조 1965년 6월 16일 자 안
주제어	청구권·경제협력

문서명	제2조(안) [第二条(案)]

문서파일번호	1314
작성연월일	1965. 6. 16
구분	제7차 회담
세부항목	청구권·경제협력협정 제2조 안
작성처	외무성 조약국
매수	2
비밀등급	극비
문서종류	협정안
공개구분	공개
내용	청구권·경제협력협정 제2조 1965년 6월 16일 자 안
주제어	청구권·경제협력

문서명	제2조(안)[第二条(案)]

문서파일번호	1314
작성연월일	1965. 6. 17
구분	제7차 회담
세부항목	청구권·경제협력협정 제2조 안
작성처	외무성 조약국
매수	2
비밀등급	극비
문서종류	협정안
공개구분	공개
내용	청구권·경제협력협정 제2조 1965년 6월 17일 자 안
주제어	청구권·경제협력

문서명	제2조(안)(청구권조항 관계)[第二条(案)(請求權條項 關係)]

문서파일번호	1314
작성연월일	1965. 6. 17
구분	제7차 회담
세부항목	청구권·경제협력협정 제2조 안
작성처	외무성 조약국
매수	1
비밀등급	극비
문서종류	협정안
공개구분	공개
내용	청구권·경제협력협정 제2조의 '특별한 조치' '거주'에 관한 용어 설명
주제어	청구권·경제협력

문서명	제2조(안) 및 합의의사록안[第二条(案)及び合意議事錄]

문서파일번호 1314
작성연월일 1965. 6. 17
구분 제7차 회담
세부항목 청구권 · 경제협력협정 제2조 안 및 합의의사록안
작성처 외무성 조약국
매수 4
비밀등급 극비
문서종류 협정안
공개구분 공개
내용 한국이 제안한 청구권 · 경제협력협정 제2조 안 및 제2조에 관한 합의의사록안
주제어 청구권 · 경제협력

문서명	제2조(안) 및 합의의사록안[第二条(案)及び合意議事錄]

문서파일번호 1314
작성연월일 1965. 6. 17
구분 제7차 회담
세부항목 청구권 · 경제협력협정 제2조 안 및 합의의사록안
작성처 한국대표부
매수 4
비밀등급 극비
문서종류 협정안
공개구분 공개
내용 한국 제안 청구권 · 경제협력협정 제2조 안 및 제2조에 관한 합의의사록안 수기 작성본
주제어 청구권 · 경제협력

문서명	제2조(안)[第二条(案)]

문서파일번호 1314
작성연월일 1965. 6. 18
구분 제7차 회담
세부항목 청구권 · 경제협력협정 제2조 안
작성처 외무성 조약국
매수 2
비밀등급 극비
문서종류 협정안
공개구분 공개
내용 청구권 · 경제협력협정 제2조 1965년 6월 18일 자 안
주제어 청구권 · 경제협력

문서명	재산 및 청구권 문제 해결 조항(제2조)에 관하여[財産及び請求権問題解決條項(第二條)について]

문서파일번호 1314
작성연월일 1965. 6. 18
구분 제7차 회담
세부항목 청구권 · 경제협력협정 제2조 안
작성처 외무성 조약국
매수 3
비밀등급 극비
문서종류 내부문서
공개구분 공개
내용 청구권 · 경제협력협정 제2조에 관한 일본안에 대한 설명자료
주제어 청구권 · 경제협력

문서명	합의의사록안[合意議事錄(案)]

문서파일번호 1314
작성연월일 1965. 6. 18
구분 제7차 회담
세부항목 청구권·경제협력협정 부속 합의의사록안
작성처 외무성 조약국
매수 1
비밀등급 일반
문서종류 합의의사록안
공개구분 공개
내용 청구권·경제협력협정 제2조에 관한 합의의사록안. 제2조의 '특별조치'에 관한 내용을 설명하는 부속문서
주제어 청구권·경제협력

문서명	합의의사록안[合意議事錄(案)]

문서파일번호 1314
작성연월일 1965. 6. 18
구분 제7차 회담
세부항목 청구권·경제협력협정 부속 합의의사록안
작성처 외무성 조약국
매수 1
비밀등급 일반
문서종류 합의의사록안
공개구분 공개
내용 청구권·경제협력협정 부속 합의의사록의 '특별조치'에 관해 수기로 작성한 문서
주제어 청구권·경제협력

문서명	합의의사록(合意議事錄)

문서파일번호 1314
작성연월일 1965. 4. 3
구분 제7차 회담
세부항목 청구권·경제협력협정 부속 합의의사록안
작성처 외무성
매수 2
비밀등급 일반
문서종류 협정안
공개구분 공개
내용 가서명한 청구권 문제 합의의사록 6항 문안
주제어 청구권·경제협력

문서명	제2조(안)[第二条(案)]

문서파일번호 1314
작성연월일 1965. 6. 19
구분 제7차 회담
세부항목 청구권·경제협력협정 제2조 안
작성처 외무성 조약국
매수 2
비밀등급 극비
문서종류 협정안
공개구분 공개
내용 청구권·경제협력협정 제2조 1965년 6월 19일 자 안
주제어 청구권·경제협력

문서명	합의의사록안[合意議事錄(案)]

문서파일번호 1314
작성연월일 1965. 6. 19
구분 제7차 회담
세부항목 청구권 · 경제협력협정 부속 합의의사록안
작성처 외무성 조약국
매수 2
비밀등급 극비
문서종류 합의의사록안
공개구분 공개
내용 청구권 · 경제협력협정 부속 합의의사록 1965년 6월 19일 자 안
주제어 청구권 · 경제협력

문서명	합의의사록안[合意議事錄(案)]

문서파일번호 1314
작성연월일 1965. 6. 19
구분 제7차 회담
세부항목 청구권 · 경제협력협정 부속 합의의사록안
작성처 대장성
매수 1
비밀등급 일반
문서종류 합의의사록안
공개구분 공개
내용 청구권 · 경제협력협정 부속 합의의사록 대장성 안(1)(수기로 작성됨)
주제어 청구권 · 경제협력

문서명	합의의사록안[合意議事錄(案)]

문서파일번호 1314
작성연월일 1965. 6. 19
구분 제7차 회담
세부항목 청구권 · 경제협력협정 부속 합의의사록안
작성처 대장성
매수 1
비밀등급 일반
문서종류 합의의사록안
공개구분 공개
내용 청구권 · 경제협력협정 부속 합의의사록 대장성 안(2)(수기로 작성됨)
주제어 청구권 · 경제협력

문서명	합의의사록안[合意議事錄(案)]

문서파일번호 1314
작성연월일 1965. 6. 19
구분 제7차 회담
세부항목 청구권 · 경제협력협정 제2조 안
작성처 외무성
매수 1
비밀등급 일반
문서종류 합의의사록안
공개구분 공개
내용 청구권 · 경제협력협정 부속 합의의사록 외무성 안(수기로 작성됨)
주제어 청구권 · 경제협력

문서명	합의의사록안[合意議事錄(案)]

문서파일번호 1314
작성연월일 1965. 6. 20
구분 제7차 회담
세부항목 청구권 · 경제협력협정 부속 합의의사록안
작성처 외무성 조약국
매수 4
비밀등급 극비
문서종류 합의의사록안
공개구분 공개
내용 청구권 · 경제협력협정 제2조에 관한 합의의사록 1965년 6월 20일 자 안
주제어 청구권 · 경제협력

문서명	제2조(안)[第二条(案)]

문서파일번호 1314
작성연월일 1965. 6. 20
구분 제7차 회담
세부항목 청구권 · 경제협력협정 제2조 안
작성처 외무성 조약국
매수 2
비밀등급 극비
문서종류 협정안
공개구분 공개
내용 청구권 · 경제협력협정 제2조 1965년 6월 20일 자 안
주제어 청구권 · 경제협력

문서명	합의의사록안(청구권조항관계)[別紙 七 合意議事録(案)(請求権条項関係)]

문서파일번호 1314
작성연월일 1965. 6. 20
구분 제7차 회담
세부항목 청구권·경제협력협정 제2조 안
작성처 외무성 조약국
매수 3
비밀등급 극비
문서종류 합의의사록안
공개구분 공개
내용 청구권·경제협력협정에 관한 합의의사록 1965년 6월 20일 자 안
주제어 청구권·경제협력

한일회담에서 청구권 문제의 미해결점에 대해서
(日韓会談における請求権問題の未解決点について)

문서파일번호	1374
작성연월일	1965. 1. 12
구분	제7차 회담
세부항목	청구권 문제 미해결점
작성처	대장성, 해상보안청
매수	25
비밀등급	
문서종류	내부문서, 내부자료
공개구분	공개
내용	제6차 한일회담에서 청구권 문제의 미해결점에 대해 대장성이 검토한 내용이 담긴 문서와 관련자료 모음
주제어	청구권·경제협력

문서명	한일회담에서 청구권 문제의 미해결점에 대해서(日韓会談における請求権問題の未解決点について)

문서파일번호 1374
작성연월일 1965. 1. 12
구분 제7차 회담
세부항목 청구권 문제 미해결점
작성처 대장성 이재국
매수 10
비밀등급 극비
문서종류 내부문서
공개구분 공개
내용 청구권 교섭에 관한 경위 및 남은 과제, 또 일본이 주장해야 하는 논점 등을 대장성이 정리
주제어 청구권·경제협력

문서명	자료1: 한국의 대일청구요강(8항목)[資料1：韓国の対日請求要綱(8項目)]

문서파일번호 1374
작성연월일 1965. 1. 12
구분 제7차 회담
세부항목 대일청구요강
작성처 대장성 이재국
매수 3
비밀등급 극비
문서종류 내부자료
공개구분 공개
내용 한국이 일본에 제시한 청구권에 관한 대일청구요강 8항목
주제어 청구권·경제협력

문서명	자료2 - 1: 청구권 문제 해결 방식에 관한 일본의 메모(資料2の1：請求権問題の解決方式に関する日本側書き物)

문서파일번호 1374
작성연월일 1962. 12. 25
구분 제7차 회담
세부항목 청구권 문제 해결 방식
작성처 대장성 이재국
매수 2
비밀등급 일반
문서종류 내부자료
공개구분 공개
내용 제6차 한일회담 제21회 예비회의에서 일본이 제시한 청구권 관련 문서. 무상, 정부차관, 한국의 대일 무역채무 등에 관한 제공조건, 처리조건 등을 정리
주제어 청구권·경제협력

문서명	자료2 - 2: 청구권 문제 해결 방식에 관한 일본 메모의 보충 설명(資料2の2：請求権問題の解決方式に関する日本側書き物の補足説明)

문서파일번호 1374
작성연월일 1962. 12. 26
구분 제7차 회담
세부항목 청구권 문제 해결 방식
작성처 대장성 이재국
매수 2
비밀등급 일반
문서종류 내부자료
공개구분 공개
내용 1962년 12월 25일에 일본이 제시한 청구권 관련 문서에 대한 보충설명 문서. 한국의 무역채무, 정부차관, 민간 차관 등의 개념, 일본의 생각 등을 설명
주제어 청구권·경제협력

문서명	자료3: 청구권 문제 해결방법에 관하여 김종필씨가 오히라 외무대신에게 보낸 서한[資料3:(仮訳)請求権問題の解決方式に関する金鍾泌氏の大平外務大臣あて書簡]

문서파일번호 1374
작성연월일 1963. 1. 21
구분 제7차 회담
세부항목 청구권 문제 해결방법에 관해 김종필이 오히라 대신에게 보낸 서한
작성처 대장성 이재국
매수 3
비밀등급 일반
문서종류 내부자료
공개구분 공개
내용 김종필 부장이 청구권 문제에 관해 오히라 마사요시 외무대신에게 전달한 서한. 한국의 무역채무, 정부차관, 민간차관의 처리, 제공조건 등이 담겨 있음.
주제어 청구권 · 경제협력

문서명	자료4: 어업협력에 대한 한국 요구(資料4 : 漁業協力についての韓国側要求)

문서파일번호 1374
작성연월일 1965. 1. 12
구분 제7차 회담
세부항목 어업협력
작성처 대장성 이재국
매수 1
비밀등급 일반
문서종류 내부자료
공개구분 공개
내용 1963년 7월 16일의 어업 관계 회의, 1963년 3월의 농상회담에서 한국이 제시한 어업협력 제안을 정리
주제어 청구권 · 경제협력

문서명	나포 선박에 관한 청구권에 대하여(拿捕船舶に関す請求権について)

문서파일번호 1374
작성연월일 1965. 1. 12
구분 제7차 회담
세부항목 나포 선박에 대한 청구권
작성처 대장성 이재국
매수 3
비밀등급 극비
문서종류 내부자료
공개구분 공개
내용 나포 어선에 대한 일본의 청구권 요구를 ① 한국 독립 시기 이전 ② 독립부터 평화조약 발효시기 ③ 평화조약 발효부터 현재까지로 구분하여 유형별로 성격을 정리함. 오히라 마사요시·김종필 합의는 한국 청구권의 소멸에 대응해 경제협력을 공여한다는 것이지 청구권의 상호 포기가 아니며 이 문제는 국내보상, 향후 중국과의 협정 등에 영향을 미칠 것이므로 청구권을 주장해야 한다는 입장을 제시함.
주제어 청구권·경제협력

문서명	한국이 나포한 일본어선의 척수 및 인원수(해상보안청조사)[韓国による日本漁船のだ捕隻数および人数(海上保安庁調)]

문서파일번호 1374
작성연월일 1965. 1. 11
구분 제7차 회담
세부항목 나포 선박에 대한 청구권
작성처 해상보안청
매수 1
비밀등급 일반
문서종류 내부자료
공개구분 공개
내용 한국이 나포한 일본어선의 척수 및 인원수가 나포, 귀환, 침몰 및 사망, 미귀환 항목으로 정리되어 있음.
주제어 청구권·경제협력

한국향 연불수출 실적 및 현안
(韓国向け延払輸出 実績及び懸案)

문서파일번호	1375
문서명	한국향 연불수출 실적 및 현안(韓国向け延払輸出 実績及び懸案)
작성연월일	1965. 1. 12
구분	제7차 회담
세부항목	대한연불수출
작성처	외무성 경협과
매수	5
비밀등급	비(秘)
문서종류	내부문서
공개구분	일부비공개
내용	한국에 대한 연불수출 실적 및 현안 내용이 담긴 문서
주제어	대한연불수출

한국에 대한경제협력정책
(韓国に対する経済協力政策)

문서파일번호	1376
문서명	한국에 대한경제협력정책(韓国に対する経済協力政策)
작성연월일	1965. 3. 1
구분	第7차 회담
세부항목	대한경협정책
작성처	외무성 경제협력국
매수	12
비밀등급	극비
문서종류	내부문서
공개구분	공개
내용	한국에 대한경제협력정책을 기술한 문서
주제어	대한경협정책

제7차 한일회담 청구권위원회에 대해서
(第7次日韓全面会談における請求権委員会について)

문서파일번호	1377
문서명	제7차 한일회담 청구권위원회에 대해서(第7次日韓全面会談における請求権委員会について)
작성연월일	1965. 3. 5
구분	제7차 회담
세부항목	청구권위원회 개최에 대한 대장성 견해
작성처	대장성 이재국
매수	2
비밀등급	극비
문서종류	공문
공개구분	공개
내용	제7차 한일회담 청구권위원회에 관한 대장성 의견을 담은 공문. 일본정부는 이른바 '오히라 마사요시·김종필 양해'에 따른 경제협력 공여의 부수적 결과로써 한국의 청구권 문제는 일체 소멸되는 것으로 하고 있으나, 한국은 그 후에도 선박 청구권, 문화재 청구권은 별도로 청구. 대장성은 현 단계에서 청구권위원회의 개최에 응하는 것은 적당하지 않다고 생각함.
주제어	청구권·경제협력

대한 2천만 달러 차관협정의 그 후 경위에 대해서
(対韓2千万ドル借款協定のその後の経緯について)

문서파일번호	1378
문서명	대한 2천만 달러 차관협정의 그 후 경위에 대해서(対韓2千万ドル借款協定のその後の経緯について)
작성연월일	1965. 3. 10
구분	제7차 회담
세부항목	대한 차관협정
작성처	외무성 경협과 오카다
매수	3
비밀등급	극비
문서종류	내부문서
공개구분	공개
내용	대한 2천만 달러 차관협정의 그 후 경위에 대해 정리한 문서
주제어	대한 차관협정

수석대표 회의 등에서 바로 한국에 확인을 요청해야 하는 사항(首席代表会合等において当面韓国側に対して確認を求めるべき事項)

문서파일번호	1379
문서명	수석대표 회의 등에서 바로 한국에 확인을 요청해야 하는 사항(首席代表会合等において当面韓国側に対して確認を求めるべき事項)
작성연월일	1965. 3. 12
구분	제7차 회담
세부항목	대한국 경제협력 공여 관련 대장성 견해
작성처	대장성 이재국 외채과
매수	2
비밀등급	극비
문서종류	내부문서
공개구분	공개
내용	한국에 대한경제협력 공여에 관한 대장성 이재국의 검토의견서. 한국에 확인해야 할 사항들이 기술되어 있음.
주제어	청구권·경제협력

청구권 문제에 관한 한일 쌍방의 문제점 등
(請求権問題に関する日韓双方の問題点等)

문서파일번호	1381
작성연월일	1965. 3. 17 - 1965. 4. 3
구분	제7차 회담
세부항목	청구권 문제 관련 쌍방의 주장, 4·3 합의사항
작성처	외무성
매수	105
비밀등급	
문서종류	내부문서, 담화문, 공동성명문, 외교공한, 공문, 합의의사록
공개구분	공개
내용	1965년 3월 현재 청구권 문제에 관한 한일 양국 쌍방의 입장, 1965년 4월 3일 가서명된 청구권 문제에 관한 한일 합의사항 교섭 내용 등에 관한 문서 모음
주제어	청구권·경제협력

문서명	청구권 문제에 관한 한일 쌍방의 주장 대응표(참고용)[請求権問題に関する日韓双方主張対応表(参考用)]

문서파일번호 1381
작성연월일 1965. 3. 17
구분 제7차 회담
세부항목 청구권 문제 관련 쌍방 주장
작성처 외무성 북동아시아과
매수 9
비밀등급 극비
문서종류 내부문서
공개구분 공개
내용 1965년 3월 현재 청구권 문제에 관한 한일 양국 쌍방의 입장을 ① 무상협력 ② 유상협력 ③ 불량채권 ④ 통상차관 ⑤ 청구권 해결의 내용 ⑥ 협정문안 항목으로 정리
주제어 청구권 · 경제협력

문서명	청구권 문제에 관한 한일 쌍방의 주장(일본 시안)[請求権問題に関する日韓双方の主張(日本側試案)]

문서파일번호 1381
작성연월일 1965. 3. 19
구분 제7차 회담
세부항목 청구권 문제 관련 쌍방 주장
작성처 외무성 북동아시아과
매수 5
비밀등급 극비
문서종류 내부문서
공개구분 공개
내용 청구권 문제에 관한 한일 쌍방의 주장을 일본이 표로 정리한 문서. ① 무상협력 ② 유상협력 ③ 불량채권 ④ 통상차관 ⑤ 청구권 해결의 내용 ⑥ 협정문안 항목으로 구성
주제어 청구권 · 경제협력

문서명	청구권 문제에 관한 한일 쌍방의 입장(請求権問題に関する日韓双方の立場)

문서파일번호 1381
작성연월일 1965. 3. 20
구분 제7차 회담
세부항목 청구권 문제 관련 쌍방입장
작성처 외무성 북동아시아과
매수 5
비밀등급 극비
문서종류 내부문서
공개구분 공개
내용 청구권 문제에 관한 한일 쌍방의 입장을 ① 이른바 오히라 마사요시 · 김종필 합의의 성격 ② 경제협력공여 ③ 불량채권 ④ 청구권 해결의 내용 ⑤ 명목 문제 항목으로 정리한 문서. 5번 항목에서 일본은 무상, 유상공여는 '경제협력으로서' 진행한다는 것을 명시하자고 제안함.
주제어 청구권 · 경제협력

문서명	청구권 문제에 관한 일본 입장(請求権問題の関する日本側の立場)

문서파일번호 1381
작성연월일 1965. 3. 22
구분 제7차 회담
세부항목 청구권 문제 관련 일본 입장
작성처 외무성 북동아시아과
매수 4
비밀등급 극비
문서종류 내부문서
공개구분 공개
내용 청구권 문제에 관한 일본 입장만을 기술한 문서
주제어 청구권 · 경제협력

문서명	청구권 문제에 관한 한국 입장

문서파일번호 1381
작성연월일 1965. 3. 22
구분 제7차 회담
세부항목 청구권 문제 관련 한국 입장
작성처 한국대표단
매수 3
비밀등급 극비
문서종류 내부문서
공개구분 공개
내용 청구권 문제에 관한 한국 입장을 ① 오히라 마사요시 · 김종필 합의의 성격 ② 대일 일반청구권의 해결방법의 대강 ③ 청산계정상의 미 청산금 해결 ④ 청구권 해결의 효과 ⑤ 명목 문제 항목으로 정리
주제어 청구권 · 경제협력

문서명	청구권 문제에 관한 한국 입장(請求権問題に関する韓国側立場)

문서파일번호 1381
작성연월일 1965. 3. 22
구분 제7차 회담
세부항목 청구권 문제 관련 한국 입장
작성처 외무성 북동아시아과
매수 3
비밀등급 극비
문서종류 내부문서
공개구분 공개
내용 청구권 문제에 관한 한국 입장 문서의 일본어 번역
주제어 청구권 · 경제협력

문서명	오히라·김 합의에 기초한 청구권 문제의 해결과 '특별결정'(大平·金了解に基づく請求権問題の解決と「特別取極」)

문서파일번호 1381
작성연월일 1965. 3. 22
구분 제7차 회담
세부항목 오히라 · 김 합의에 대한 일본 입장
작성처 외무성 조약국
매수 3
비밀등급 극비
문서종류 내부문서
공개구분 공개
내용 경제협력협정(가칭)은 오히라 마사요시 · 김종필 합의에 기초하여 체결해야 하지만, 오히라 · 김 합의는 특별약속이 아니며 특별약속의 일종으로 보는 것도 적당하지 않다는 일본의 견해가 피력됨.
주제어 청구권 · 경제협력

문서명	청구권 문제 해결에 관한 합의사항(안)[請求権問題解決に関する合意事項(案)]

문서파일번호 1381
작성연월일 1965. 3. 24
구분 제7차 회담
세부항목 청구권 문제 관련 한국의 합의사항(안)
작성처 외무성 북동아시아과
매수 5
비밀등급 극비
문서종류 내부문서
공개구분 공개
내용 한국이 제시한 청구권 문제 해결 합의사항
주제어 청구권 · 경제협력

문서명	1965년 3월 ○일 한일 간 청구권 문제 해결에 관하여 시나 대신·이 장관이 의견일치를 본 내용(안)(1965年3月○日の日韓間の請求権問題解決に関し椎名大臣·李長官間において意見の一致を見た内容)

문서파일번호 1381
작성연월일 1965. 3(일자 불명)
구분 제7차 회담
세부항목 청구권 문제 관련 합의사항안 교섭
작성처 외무성 북동아시아과
매수 3
비밀등급 극비
문서종류 내부문서
공개구분 공개
내용 시나 에쓰사부로 대신 · 이동원 장관이 의견일치를 본 내용을 ① 무상경제협력 ② 유상경제협력 ③ 통상의 민간차관 ④ 무역상의 대한차관 ⑤ 청구권의 해결 ⑥ 문화재 양도 항목으로 정리
주제어 청구권 · 경제협력

문서명	한일 간 청구권 문제 해결 및 경제협력에 관한 합의사항(日韓間の請求権問題解決及び経済協力に関する合意事項)

문서파일번호 1381
작성연월일 1965. 3(일자 불명)
구분 제7차 회담
세부항목 청구권 문제 관련 합의사항안 교섭
작성처 외무성 북동아시아과
매수 3
비밀등급 극비
문서종류 내부문서
공개구분 공개
내용 한일 간 청구권 문제 해결 및 경제협력에 관한 합의사항을 ① 무상공여 ② 장기저리차관 ③ 대한채권 ④ 청구권의 해결 항목으로 정리
주제어 청구권 · 경제협력

문서명	합의된 사항(안) [合意された事項(案)]

문서파일번호	1381
작성연월일	1965. 3(일자 불명)
구분	제7차 회담
세부항목	청구권 문제 관련 합의사항안
작성처	외무성 북동아시아과
매수	4
비밀등급	극비
문서종류	내부문서
공개구분	공개
내용	시나 에쓰사부로 대신 · 이동원 장관이 의견일치를 본 내용을 ① 무상경제협력 ② 유상경제협력 ③ 통상의 민간차관 ④ 무역상의 대한차관으로 정리
주제어	청구권 · 경제협력

문서명	나포 어선에 관한 합의(안)(불공표) [拿捕漁船に関する合意(不公表)(案)]

문서파일번호	1381
작성연월일	1965. 3(일자 불명)
구분	제7차 회담
세부항목	나포 어선 청구권
작성처	외무성 북동아시아과
매수	1
비밀등급	극비
문서종류	내부문서
공개구분	공개
내용	합의된 어업 수역 바깥쪽 공해 부분에서 어느 한쪽이 다른 한쪽의 국가 및 국민, 선박에 대해 어떠한 경우에도 권력을 행사해서는 안 된다는 것을 조건으로 일본은 나포 어선에 대한 청구권을 주장하지 않는다는 입장을 확인
주제어	청구권 · 경제협력

문서명	청구권에 관한 교섭 현황(請求権に関する交渉の現状)

문서파일번호 1381
작성연월일 1965. 3. 29
구분 제7차 회담
세부항목 청구권 문제 관련 합의사항안 교섭
작성처 외무성 북동아시아과
매수 5
비밀등급 극비
문서종류 내부문서
공개구분 공개
내용 시나 에쓰사부로 대신·이동원 장관이 합의한 내용을 ① 무상공여 ② 장기저리차관 ③(한국안), (일본안) ④ 대한채권 ⑤ 청구권의 해결 항목 ⑥ 한국안, 일본안으로 정리한 문서. ③ 항목에서 한국은 통상 상업차관을 제안하고 일본은 민간신용공여를 제안하여 합의를 이루지 못함. ⑥ 항목은 문화재를 다룸.
주제어 청구권·경제협력

문서명	청구권에 관한 교섭 현황(請求権に関する交渉の現状)

문서파일번호 1381
작성연월일 1965. 3. 29
구분 제7차 회담
세부항목 청구권 문제 관련 합의사항안 교섭
작성처 외무성 북동아시아과
매수 5
비밀등급 극비
문서종류 내부문서
공개구분 공개
내용 '청구권에 관한 교섭 현황' 문서를 수기로 수정한 문서. 3번 항목에서 한국안이 삭제되고 일본안의 민간공여를 상업 베이스를 기반으로 하는 통상의 민간신용공여를 뜻하는 것으로 수정함. 그리고 민간신용공여의 금액에 관해 '기대 된다'가 삭제되고 금액을 명시하는 방향으로 문장을 수정함. 6번 항목에서는 문화재 관련 일본안을 수정함.
주제어 청구권·경제협력

문서명	청구권에 관한 문제점(請求権に関する問題点)

문서파일번호 1381
작성연월일 1965. 3(일자 불명)
구분 제7차 회담
세부항목 청구권 문제 관련 합의사항안 교섭
작성처 외무성 북동아시아과
매수 1
비밀등급 극비
문서종류 내부문서
공개구분 공개
내용 3억 달러 이상이 기대된다는 표현의 문제점 등 기술
주제어 청구권 · 경제협력

문서명	4 대신 양해(四相了解)

문서파일번호 1381
작성연월일 1965. 3(일자 불명)
구분 제7차 회담
세부항목 기타
작성처 외무성 북동아시아과
매수 1
비밀등급 극비
문서종류 내부문서
공개구분 공개
내용 4개 성 대신이 양해했다는 것으로 이해되는 표지 문서. 뒤에 계속되는 문서와 특별히 관계가 없는 것으로 보아 편철이 잘못된 것으로 보임.
주제어 기타

문서명	어업협력에 관한 한일 간 양해사항에 관한 대장성 국제금융국 안(漁業協力に関する日韓间の了解事項についての大蔵省国際金融局案)

문서파일번호 1381
작성연월일 1965. 3. 31
구분 제7차 회담
세부항목 어업협력
작성처 외무성 북동아시아과
매수 1
비밀등급 극비
문서종류 내부문서
공개구분 공개
내용 어업협력을 위한 민간신용공여 금액의 금리에 관해 한일 정부가 합의한 내용에 대한 대장성 국제금융국의 의견을 정리
주제어 청구권·경제협력

문서명	(안) 한일 간 청구권 문제의 해결 및 경제협력에 관한 합의사항[(Draft) Matters of Agreement on the Settlement of the Problems Concerning Claims between Japan and the Republic of Korea and Their Economic Cooperation]

문서파일번호 1381
작성연월일 1965. 3. 31
구분 제7차 회담
세부항목 청구권 문제 관련 합의사항안 교섭
작성처 외무성 북동아시아과
매수 3
비밀등급 극비
문서종류 내부문서
공개구분 공개
내용 청구권 문제 해결 및 경제협력에 관한 합의사항 영문 번역본
주제어 청구권·경제협력

문서명	(안) 한일 간 청구권 문제의 해결 및 경제협력에 관한 합의사항[(Draft) Agreed Points on the Solution of the Claims Problem and on the Economic Cooperation between Japan and the Republic of Korea]

문서파일번호 1381
작성연월일 1965. 4. 1
구분 제7차 회담
세부항목 청구권 문제 관련 합의사항안 교섭
작성처 외무성 북동아시아과
매수 3
비밀등급 극비
문서종류 내부문서
공개구분 공개
내용 청구권 문제 해결 및 경제협력에 관한 합의사항의 영문 번역본 제2안(대장성과 협의한 안)
주제어 청구권 · 경제협력

문서명	(안) 한일 간 청구권 문제의 해결 및 경제협력에 관한 합의사항[(Draft) Agreed Points on the Solution of the Claims Problem and on the Economic Cooperation between Japan and the Republic of Korea]

문서파일번호 1381
작성연월일 1965. 4. 1
구분 제7차 회담
세부항목 청구권 문제 관련 합의사항안 교섭
작성처 외무성 북동아시아과
매수 4
비밀등급 극비
문서종류 내부문서
공개구분 공개
내용 청구권 문제 해결 및 경제협력에 관한 합의사항의 영문 초안(4월 2일 한국에 송부하였다는 메모가 수기로 적혀 있음.)
주제어 청구권 · 경제협력

문서명	(안) 한일 간 청구권 문제의 해결 및 경제협력에 관한 합의사항[(Draft) Agreed Points on the Solution of the Claims Problem and on the Economic Cooperation between Japan and the Republic of Korea]

문서파일번호 1381
작성연월일 1965. 4. 1
구분 제7차 회담
세부항목 청구권 문제 관련 합의사항안 교섭
작성처 외무성 동북아시아과
매수 4
비밀등급 극비
문서종류 내부문서
공개구분 공개
내용 청구권 문제 해결 및 경제협력에 관한 합의사항의 영문 제3안
주제어 청구권 · 경제협력

문서명	(안) 한일 간 청구권 문제의 해결 및 경제협력에 관한 합의사항[(Draft) Agreed Points on the Solution of the Claims Problem and on the Economic Cooperation between Japan and the Republic of Korea]

문서파일번호 1381
작성연월일 1965. 4. 1
구분 제7차 회담
세부항목 청구권 문제 관련 합의사항안 교섭
작성처 외무성 동북아시아과
매수 4
비밀등급 극비
문서종류 내부문서
공개구분 공개
내용 청구권 문제 해결 및 경제협력에 관한 합의사항의 영문 제4안. 동 안은 한국과의 사전협의에서 사용됨.
주제어 청구권 · 경제협력

문서명	(안) 한일 간 청구권 문제의 해결 및 경제협력에 관한 합의사항[(Draft) Agreed Points on the Solution of the Claims Problem and on the Economic Cooperation between Japan and the Republic of Korea]

문서파일번호 1381
작성연월일 1965. 4. 1
구분 제7차 회담
세부항목 청구권 문제 관련 합의사항안 교섭
작성처 외무성 북동아시아과
매수 4
비밀등급 극비
문서종류 내부문서
공개구분 공개
내용 청구권 문제 해결 및 경제협력에 관한 합의사항의 영문 제5안
주제어 청구권·경제협력

문서명	시나 외무대신 담화(椎名外務大臣談話)

문서파일번호 1381
작성연월일 1965. 4. 3
구분 제7차 회담
세부항목 합의사항관련 시나 대신 담화문
작성처 외무성 북동아시아과
매수 1
비밀등급 극비
문서종류 담화문
공개구분 공개
내용 한일이 3개 현안에 대한 합의사항에 가서명한 후 발표한 시나 에쓰사부로 외무대신의 담화문. 어업 문제, 청구권과 경제협력, 재일한국인 처우 문제에 관해 합의하여 서명을 했다는 내용이 담김.
주제어 청구권·경제협력, 어업, 재일한국인 법적지위

문서명	공동성명(Joint Communique)

문서파일번호	1381
작성연월일	1965. 4. 3
구분	제7차 회담
세부항목	합의사항 관련 시나 에쓰사부로 · 이동원 공동성명
작성처	외무성 북동아시아과
매수	2
비밀등급	극비
문서종류	공동성명
공개구분	공개
내용	한일이 3개 현안에 관한 합의사항에 가서명한 후 발표한 시나 에쓰사부로 외무대신과 이동원 외무부장관의 공동성명문
주제어	청구권 · 경제협력

문서명	우시로쿠 국장으로부터 - - 에게 보내는 서한(안) [後宮局長より - - あて手紙(案)]

문서파일번호	1381
작성연월일	1965. 4(일자 불명)
구분	제7차 회담
세부항목	청구권에 관한 합의사항 제3항 내용 관련 우시로쿠 국장 서한
작성처	외무성 북동아시아과
매수	3
비밀등급	극비
문서종류	외교공한
공개구분	공개
내용	우시로쿠 도라오 국장이 청구권 및 경제협력에 관한 시나 에쓰사부로 외무대신과 이동원 외무부장관의 합의사항 제3항(2)에 대해 설명하는 내용이 담긴 서한(수신인이 적혀있지 않아 누구에게 보내는지는 알 수 없음). 민간신용공여 중 영세어민 대상 공여의 금리, 선박 수출을 위한 민간신용공여의 금리에 대해서 설명함.
주제어	청구권 · 경제협력

문서명	확인사항(안)[確認事項(案)]

문서파일번호 1381
작성연월일 1965. 4. 3
구분 제7차 회담
세부항목 청구권의 해결
작성처 외무성 북동아시아과
매수 2
비밀등급 극비
문서종류 내부문서
공개구분 공개
내용 한일 간 청구권 문제 해결 및 경제협력에 관한 합의사항에 따라 완전하고 최종적으로 해결되는 청구권은 한일교섭 과정에서 한일 어느 쪽이 주장한 적이 있는 모든 청구권이 포함된다는 것을 확인
주제어 청구권 · 경제협력

문서명	한일 간 청구권 문제 해결 및 경제협력에 관한 합의사항의 가서명에 관한 각의 승인(안)[日韓間の請求権問題解決及び経済協力に関する合意事項のイニシアルに関する閣議了解(案)]

문서파일번호 1381
작성연월일 1965. 4. 3
구분 제7차 회담
세부항목 청구권에 관한 합의사항
작성처 외무성 북동아시아과
매수 1
비밀등급 극비
문서종류 내부문서
공개구분 공개
내용 한일 간 청구권 문제 해결 및 경제협력에 관한 합의사항이 기술된 별지안에 서명한다는 내용이 담긴 각의 승인 안
주제어 청구권 · 경제협력

문서명	(별지)(불공표) 한일 간 청구권 문제 해결 및 경제협력에 관한 합의사항(안)[(別紙)(不公表) 日韓間の請求権問題解決及び経済協力に関する合意事項(案)]

문서파일번호 1381
작성연월일 1965. 4. 3
구분 제7차 회담
세부항목 청구권에 관한 합의사항
작성처 외무성 북동아시아과
매수 6
비밀등급 극비
문서종류 내부문서
공개구분 공개
내용 한일 간 청구권 문제 해결 및 경제협력에 관한 합의사항 각의 승인 문서의 별지안. 별지안 뒤에는 설명문서가 추가되어 있음.
주제어 청구권 · 경제협력

문서명	한일 간 청구권 문제 해결 및 경제협력에 관한 합의사항의 가서명에 관하여 (日韓間の請求権問題解決及び経済協力に関する合意事項のイニシアルについて)

문서파일번호 1381
작성연월일 1965. 4. 3
구분 제7차 회담
세부항목 청구권에 관한 합의사항
작성처 외무성 북동아시아과
매수 1
비밀등급 극비
문서종류 공문
공개구분 공개
내용 한일 간 청구권 문제 해결 및 경제협력에 관한 합의사항의 가서명에 대해 별지안에 따라 각의 양해를 요청하는 공문
주제어 청구권 · 경제협력

문서명	한일 간 청구권 문제 해결 및 경제협력에 관한 합의사항(안) [日韓間の請求権問題解決及び経済協力に関する合意事項(案)]

문서파일번호 1381
작성연월일 1965. 4. 3
구분 제7차 회담
세부항목 청구권에 관한 합의사항
작성처 외무성 북동아시아과
매수 4
비밀등급 극비
문서종류 내부문서
공개구분 공개
내용 한일 간 청구권 문제 해결 및 경제협력에 관한 합의사항의 가서명 각의 승인 요청 공문 별지안
주제어 청구권 · 경제협력

문서명	합의의사록(合意議事録)

문서파일번호 1381
작성연월일 1965. 4. 3
구분 제7차 회담
세부항목 청구권에 관한 합의사항
작성처 외무성 북동아시아과
매수 2
비밀등급 극비
문서종류 합의의사록
공개구분 공개
내용 한일 간 청구권 문제 해결 및 경제협력에 관한 합의사항에 의해 완전하고 최종적으로 해결되는 청구권의 내용에 대해 정리한 문서. '한국의 대일청구요강'(8항목)과 나포 어선에 대한 일본의 청구권이 포함된다는 내용이 담김.
주제어 청구권 · 경제협력

한국에 대한경제협력정책
(韓国に対する経済協力政策)

문서파일번호	1382
문서명	한국에 대한경제협력정책(韓国に対する経済協力政策)
작성연월일	1965. 4(일자 불명)
구분	제7차 회담
세부항목	대한경협정책
작성처	외무성 경제협력국
매수	16
비밀등급	극비
문서종류	내부문서
공개구분	공개
내용	경제협력국이 작성한 한국에 대한 일본의 경제협력정책 관련 문서
주제어	대한경협정책

대한국 무상경제협력 실시에 관한 문제점
(対韓無償経済協力実施のための問題点)

문서파일번호	1383
작성연월일	1965. 5. 4
구분	제7차 회담
세부항목	대한 유·무상 경협의 문제점
작성처	외무성 배상과
매수	9
비밀등급	
문서종류	내부문서
공개구분	공개
내용	대한 무상경제협력 실시를 위한 문제점에 대한 검토의견서
주제어	청구권·경제협력

문서명	대한국 무상경제협력 실시에 관한 문제점(対韓無償経済協力実施のための問題点)

문서파일번호 1383
작성연월일 1965. 5. 4
구분 제7차 회담
세부항목 대한국 유·무상 경협의 문제점
작성처 외무성 배상과
매수 7
비밀등급 극비
문서종류 내부문서
공개구분 공개
내용 대한국 무상경제협력 실시에 관한 문제점에 대한 검토의견서
주제어 청구권·경제협력, 대한 무상경협의 문제점

문서명	유상공여의 문제점(有償供与の問題点)

문서파일번호 1383
작성연월일 1965. 5. 4
구분 제7차 회담
세부항목 대한 유·무상 경협 의 문제점
작성처 외무성 배상과
매수 2
비밀등급 일반
문서종류 내부문서
공개구분 공개
내용 대한국 유상공여의 문제점을 검토한 내용이 담긴 문서
주제어 청구권·경제협력, 대한 유상공여의 문제점

청구권 문제 해결을 위한 대한국 여러 경제협력에 대해서(請求権問題解決のための対韓諸経済協力について)

문서파일번호	1385
문서명	청구권 문제 해결을 위한 대한국 여러 경제협력에 대해서(請求権問題解決のための対韓諸経済協力について)
작성연월일	1965. 7. 10
구분	한일협정 체결 후
세부항목	대한경제협력
작성처	외무성 경제협력국
매수	20
비밀등급	극비
문서종류	내부문서
공개구분	공개
내용	오카다 아키라(岡田晃) 경제협력과장의 경제국 관계관들에 대한 브리핑 기록. 한일 간 주장의 대립점이나 경제협력 방식에 대한 문제들을 중심으로 자유롭게 의견을 교환함. 3억 달러 무상경제협력은 협정효력 발생일로부터 10년간으로 하며 외상무역채권(OA 감정) 잔액 5천만 달러를 공제한 2억 5천만 달러를 실제 공여함. 분쟁을 해결하기 위한 중재기구로 사절단을 설치함.
주제어	대한경제협력

한일경제협력 관계 상정문답
(日韓経済協力関係想定問答)

문서파일번호	1386
문서명	한일경제협력 관계 상성문납(日韓経済協力関係想定問答)
작성연월일	1965. 7(일자 불명)
구분	한일협정 체결 후
세부항목	한일경제협력 상정문답
작성처	대장성 국제금융국(大蔵省 國際金融局)
매수	29
비밀등급	극비
문서종류	내부자료
공개구분	일부비공개
내용	대장성 국제금융국이 작성한 한일경제협력 관계 예상 질문 답변자료. 한일경제협력 일반 무상공여, 외상무역채권, 장기저리차관, 민간신용공여, 긴급원조, 기타 항목에 관한 설명이 수록되어 있음.
주제어	한일경제협력

대한경제협력의 실황
(対韓経済協力の実況)

문서파일번호	1387
문서명	대한경제협력의 실황(対韓経済協力の実況)
작성연월일	1965. 7. 13
구분	한일협정 체결 후
세부항목	한일경제협력
작성처	외무성 경제협력국
매수	5
비밀등급	일반
문서종류	내부자료
공개구분	일부비공개
내용	한국에 대한 경제협력 상황에 관하여 정리한 내용이 담긴 문서
주제어	한일경제협력

대한경제협력의 초년도 공여액의 ■에 대한 한국 신청에 대해서(対韓経済協力の初年度供与額の■についての韓国側申入れについて)

문서파일번호	1388
문서명	대한경제협력의 초년도 공여액의 ■에 대한 한국 신청에 대해서(対韓経済協力の初年度供与額の■についての韓国側申入れについて)
작성연월일	1965. 12. 14
구분	한일협정 체결 후
세부항목	한일경제협력
작성처	경제협력국 정책과
매수	14
비밀등급	비(秘)
문서종류	회의록
공개구분	공개
내용	1965년 12월 13일 이동원 외무장관이 사토 에사쿠 총리 및 시나 에쓰사부로 외상 면담 시 대한국 경제협력의 초년도 공여액의 증액을 요청하였다는 내용이 기록된 문서
주제어	한일경제협력

대한국 경제협력 실시에 관한 한국대표 회담
(対韓経済協力実施に関する韓国代表との会談)

문서파일번호	1389
작성연월일	1965. 11. 9 - 1965. 12. 27
구분	한일협정 체결 후
세부항목	대한국 경제협력 실시에 관한 한일회담
작성처	외무성 배상과
매수	162
비밀등급	
문서종류	회의록
공개구분	공개
내용	1965년 11월 9일~12월 27일까지 외무성 배상과와 한국대표부 및 대표단이 개최한 대한국 경제협력 실시에 관한 일련의 회담 기록
주제어	대한경제협력

문서명	한국대표부 최 경제과장 및 오 정무과장 회담 요지(韓国代表部崔経済課長及び呉政務課長との会談要旨)

문서파일번호 1389
작성연월일 1965. 11. 9
구분 한일협정 체결 後
세부항목 대한국 경제협력 실시에 관한 한일회담
작성처 외무성 배상과
매수 8
비밀등급 비(秘)
문서종류 회의록
공개구분 공개
내용 야스이(安井) 배상과장과 주일한국대표부 최호중 경제과장, 오재희 정무과장이 한일합동위원회 구성, 실시 절차 세목 및 제1차년도 실시계획에 관해 협의한 기록
주제어 대한경제협력

문서명	한국대표부 최 경제과장 회담 요지(韓国代表部崔経済課長との会談要旨)

문서파일번호 1389
작성연월일 1965. 11. 18
구분 한일협정 체결 後
세부항목 대한국 경제협력 실시에 관한 한일회담
작성처 외무성 배상과
매수 6
비밀등급 비(秘)
문서종류 회의록
공개구분 공개
내용 야스이 배상과장·주일한국대표부 최호중 경제과장이 무상, 유상공여 실시 절차 세목에 관한 협정의 교섭 시기, 제1차년도 실시계획의 작성 방법 등에 관해 협의한 기록
주제어 대한경제협력

문서명	한국대표부 최 경제과장 회담 요지(韓国代表部崔経済課長との会談要旨)

문서파일번호 1389
작성연월일 1965. 11. 24
구분 한일협정 체결 후
세부항목 대한국 경제협력 실시에 관한 한일회담
작성처 외무성 배상과
매수 3
비밀등급 비(秘)
문서종류 회의록
공개구분 공개
내용 야스이 배상과장·주일한국대표부 최호중 경제과장이 무상경제협력 실시 절차 세목 교섭을 위한 일본대표단의 구성, 교섭 장소 등에 관해 협의한 기록
주제어 대한경제협력

문서명	한국대표부 최 경제과장 회담 요지(韓国代表部崔経済課長との会談要旨)

문서파일번호 1389
작성연월일 1965. 11. 29
구분 한일협정 체결 후
세부항목 대한국 경제협력 실시에 관한 한일회담
작성처 외무성 배상과
매수 2 大使
비밀등급 비(秘)
문서종류 회의록
공개구분 공개
내용 야스이 배상과장·주일한국대표부 최호중 경제과장이 대한 무상경제협력 실시 절차 세목 교섭 관련 최종 서명 절차, 무역채무 관련 한국정부의 요청사항 등에 관해 협의한 기록
주제어 대한경제협력

문서명	한국대표부 최 경제과장 회담 요지(韓国代表部崔経済課長との会談要旨)

문서파일번호 1389
작성연월일 1965. 12. 3
구분 한일협정 체결 후
세부항목 대한국 경제협력 실시에 관한 한일회담
작성처 외무성 배상과
매수 4
비밀등급 비(秘)
문서종류 회의록
공개구분 공개
내용 야스이 배상과장·주일한국대표부 최호중 경제과장 협의 기록, 한국은 대한 무상 경제협력 실시 절차 세목 교섭을 12월 6일 도쿄에서 개최하고 싶다는 의사를 전달함. 이에 일본은 12월 13일 개최를 제의, 다음 주 중 양국 대표단의 상견례라도 가지는 것으로 의견을 모음.
주제어 대한경제협력

문서명	한국대표부 최 경제과장 회담 요지(韓国代表部崔経済課長との会談要旨)

문서파일번호 1389
작성연월일 1965. 12. 7
구분 한일협정 체결 후
세부항목 대한국 경제협력 실시에 관한 한일회담
작성처 외무성 배상과
매수 4
비밀등급 비(秘)
문서종류 회의록
공개구분 공개
내용 야스이 배상과장·주일한국대표부 최호중 경제과장 협의 기록. 양측은 12월 13일 양국 대표단 상견례 후 곧바로 회의를 시작하기로 함.
주제어 대한경제협력

문서명	한국대표부 이 공사 회담 요지(韓国代表部李公使との会談要旨)

문서파일번호 1389
작성연월일 1965. 12. 9
구분 한일협정 체결 후
세부항목 대한국 경제협력 실시에 관한 한일회담
작성처 외무성 배상과
매수 3
비밀등급 비(秘)
문서종류 회의록
공개구분 공개
내용 후지타 기미오(藤田公郎) 배상 담당 심의관·주일한국대표부 이규성 경제공사 협의 기록. 양측은 12월 13일 오후 대한국 경제협력 실시 절차 세목에 관한 교섭을 시작하기로 하고, 교섭은 일본어로 진행하기로 하는 등 회의 진행에 관해 협의함. 일본은 실시 절차 세목에 관한 초안을 전달하였으며, 한국은 교섭대표단 명단을 제출함.
주제어 대한경제협력

문서명	대한국 무상경제협력 실시에 관한 한국대표단 회담 요지(제1회)[対韓無償経済協力実施に関する韓国代表団との会談要旨(第1回)]

문서파일번호 1389
작성연월일 1965. 12. 13
구분 한일협정 체결 후 무상경제협력 실시에 관한 제1회 회의
세부항목
작성처 외무성 배상과
매수 7
비밀등급 비(秘)
문서종류 회의록
공개구분 공개
내용 제1회 대한국 무상경제협력 실시에 관한 회담(일본 후지타 기미오 배상 담당 심의관, 한국 이규성 주일한국대표부 공사가 각각 수석대표) 기록. 양측 대표단 소개가 있은 후 회의 의제(무상경협 실시 절차 세목에 관한 교환서한, 합동위원회에 관한 교환서한, 계약의 표준 양식)를 확정함.
주제어 대한경제협력

문서명	대한국 무상경제협력 실시에 관한 한국대표단 회담 요지(제2회) [対韓無償経済協力実施に関する韓国代表団との会談要旨(第2回)]

문서파일번호 1389
작성연월일 1965. 12. 14
구분 한일협정 체결 후 무상경제협력 실시에 관한 제2회 회의
세부항목
작성처 외무성 배상과
매수 19
비밀등급 비(秘)
문서종류 회의록
공개구분 공개
내용 제2회 대한국 무상경제협력 실시에 관한 회담 기록. 실시 절차 세목의 항목별(실시계획, 계약, 지불, 합동위원회 등) 논의를 진행함. 한국은 원자재 구입 방법에 관해 설명함.
주제어 대한경제협력

문서명	대한국 무상경제협력 실시에 관한 한국대표단 회담 요지(제3회) [対韓無償経済協力実施に関する韓国代表団との会談要旨(第3回)]

문서파일번호 1389
작성연월일 1965. 12. 15
구분 한일협정 체결 후 무상경제협력 실시에 관한 제3회 회의
세부항목
작성처 외무성 배상과
매수 20
비밀등급 비(秘)
문서종류 회의록
공개구분 공개
내용 제3회 대한국 무상경제협력 실시에 관한 회담 기록. 한국이 청산감정(외상무역 채무) 잔고의 분할상환 요청에 관한 대표부명의 구상서를 제출함. 실시 절차 세목의 항목별 논의가 이어짐. 무상공여의 첫 번째 지불에 관한 한국대표부 구상서, 한국의 구매물품 카테고리별 내역표, 허가서(Letter of Authorization), 지불 계획서 등이 첨부됨.
주제어 대한경제협력

문서명	대한국 무상경제협력 실시에 관한 한국대표단 회담 요지(제4회)[対韓無償経済協力実施に関する韓国代表団との会談要旨(4回)]

문서파일번호 1389
작성연월일 1965. 12. 16
구분 한일협정 체결 후 무상경제협력 실시에 관한 제4회 회의
세부항목
작성처 외무성 배상과
매수 18
비밀등급 비(秘)
문서종류 회의록
공개구분 공개
내용 제4회 대한국 무상경제협력 실시에 관한 회담 기록. 일본이 무역채무 변제에 관한 방안을 제시함. 한국 협상대표단의 명칭[한국은 청구권 및 경제협력대표단(Mission for Claims and Economic Cooperation), 일본은 단순히 대표단(Mission)으로 할 것을 주장]에 관해 논의. 추후 다시 정하기로 함. 무상공여금 첫 번째 지불에 관한 한국 구상서 수정안이 제시됨.
주제어 대한경제협력

문서명	대한국 무상경제협력 실시에 관한 한국대표단 회담 요지(제5회)[対韓無償経済協力実施に関する韓国代表団との会談要旨(5回)]

문서파일번호 1389
작성연월일 1965. 12. 17
구분 한일협정 체결 후 무상경제협력 실시에 관한 제5회 회의
세부항목
작성처 외무성 배상과
매수 8
비밀등급 비(秘)
문서종류 회의록
공개구분 공개
내용 제5회 대한국 무상경제협력 실시에 관한 회담 기록. 무역채무 잔고 변제에 관한 일본의 구상서안에 대해 논의한 후, 지난 회의에서 한국이 제시한 구상서안 문구에 대해 논의함.
주제어 대한경제협력

문서명	대한국 무상경제협력 실시에 관한 한국대표단 회담 요지(제6회)[対韓無償経済協力実施に関する韓国代表団との会談要旨(6回)]

문서파일번호 1389
작성연월일 1965. 12. 20
구분 한일협정 체결 후 무상경제협력 실시에 관한 제6회 회의
세부항목
작성처 외무성 배상과
매수 12
비밀등급 비(秘)
문서종류 회의록
공개구분 공개
내용 제6회 대한국 무상경제협력 실시에 관한 회담 기록. 일본이 잠정실시계획 합의 절차에 관해 필리핀과의 왕복 서한을 사례로 제시함. 또한 실시계획의 제출 방법, 차기 년도 이월 방법, 미 조달분 처리 등 9개 항목에 관해 설명함. 이와 관련 한국의 질의와 일본의 답변이 이어짐. 일본-필리핀 간 교환서한이 첨부됨.
주제어 대한경제협력

문서명	대한국 무상경제협력 실시에 관한 한국대표단 회담 요지(제7회)[対韓無償経済協力実施に関する韓国代表団との会談要旨(7回)]

문서파일번호 1389
작성연월일 1965. 12. 23
구분 한일협정 체결 후 무상경제협력 실시에 관한 제7회 회의
세부항목
작성처 외무성 배상과
매수 10
비밀등급 비(秘)
문서종류 회의록
공개구분 공개
내용 제7회 대한국 무상경제협력 실시에 관한 회담 기록. 한국이 그간의 협의를 통해 야기된 문제점[한국 조달청에 의한 계획 실시 문제, 보증금(bond) 문제, 연불 문제]을 열거하고 이에 관한 한국 입장을 제시함. 일본은 내부 의견 정리 후 답변하기로 함.
주제어 대한경제협력

문서명	대한국 무상경제협력 실시에 관한 한국대표단 회담 요지(제8회) [対韓無償経済協力実施に関する韓国代表団との会談要旨(8回)]

문서파일번호	1389
작성연월일	1965. 12. 27
구분	한일협정 체결 후
세부항목	
작성처	외무성 배상과
매수	38
비밀등급	비(秘)
문서종류	회의록
공개구분	공개
내용	제8회 대한국 무상경제협력 실시에 관한 회담 기록. 한국은 실시계획 변경이 필요할 경우 금액 변경이 승인될 때까지는 운영이 되지 않으므로 한국은행의 자금배정이 지체되어 곤란해진다면서, 명일 귀국 전까지 일본안을 제시해 줄 것을 요청함. 보증금(bond), 계좌(account) 운영 등 기술적인 사항과 교환서한의 문구에 관해 논의함. 한국이 계약의 표준양식 안을 제출하였으며, 일본이 검토 후 차기 회의에서 논의하기로 함. 교환서한 일본안과 관련 부속문서안들이 첨부됨.
주제어	대한경제협력

해외경제협력기금과 한국정부 간의 차관계약 관련 문서(対韓経済協力実施に関する韓国代表との会談)

문서파일번호	1398
작성연월일	1965. 12. 17 - 1965. 12. 28
구분	한일협정 체결 후
세부항목	해외경제협력기금과 한국정부 간의 차관계약
작성처	외무성, 한국 법무부 등
매수	7
비밀등급	
문서종류	전문(電文), 외교공한
공개구분	공개 또는 일부비공개
내용	해외경제협력기금과 한국정부 간의 차관계약 발효에 관한 한일 양국 간 왕래 서한 모음
주제어	해외경제협력기금과 한국정부 간의 차관계약

문서명	해외경제협력기금과 한국정부 간의 차관계약 발효에 관하여(海外経済協力基金と韓国政府との間の借款契約発効について)

문서파일번호 1398
작성연월일 1965. 12. 28
구분 한일협정 체결 후
세부항목 해외경제협력기금과 한국정부 간의 차관계약
작성처 외무성 경제협력과
매수 3
비밀등급 일반
문서종류 전문(電文)
공개구분 공개
내용 해외경제협력기금과 한국정부 간의 차관계약이 발효되었음을 주일한국대사에게 통보하는 공문을 주서울사무소장에게 전달
주제어 해외경제협력기금과 한국정부 간의 차관계약

문서명	제목 없음

문서파일번호 1398
작성연월일 1965. 12. 17
구분 한일협정 체결 후
세부항목 해외경제협력기금과 한국정부 간의 차관계약
작성처 한국 법무부
매수 2
비밀등급 일반
문서종류 외교공한
공개구분 공개
내용 한국 법무부장관이 일본 해외경제협력기금 이사장에게 동 기금과 한국정부 간 차관계약이 발효되었음을 통보
주제어 해외경제협력기금과 한국정부 간의 차관계약

문서명	제목 없음

문서파일번호 1398
작성연월일 1965. 12. 17
구분 한일협정 체결 후
세부항목 해외경제협력기금과 한국정부 간의 차관계약
작성처 한국 법무부
매수 1
비밀등급 일반
문서종류 외교공한
공개구분 공개
내용 한국 법무부장관이 일본 해외경제협력기금 이사장에게 동 기금과 한국정부 간 차관계약이 한국 국회를 통과하였음을 통보
주제어 해외경제협력기금과 한국정부 간의 차관계약

문서명	제목 없음

문서파일번호 1398
작성연월일 1965. 12. 18
구분 한일협정 체결 후
세부항목 해외경제협력기금과 한국정부 간의 차관계약
작성처 일본 해외경제협력기금
매수 1
비밀등급 일반
문서종류 외교공한
공개구분 일부비공개
내용 일본 해외경제협력기금 이사장이 한국 법무부장관에게 보내는 답신 서한
주제어 해외경제협력기금과 한국정부 간의 차관계약

한국의 대일청구권 경제협력사항
(韓国側における対日請求権経済協力事項)

문서파일번호	1390
작성연월일	1965. 1. 12 - 1966. 3. 10
구분	한일협정 체결 전후
세부항목	청구권 및 경제협력
작성처	외무성, 주서울 마에다 소장, 한국 상공부 등
매수	49
비밀등급	
문서종류	내부문서, 공문, 법령, 전문
공개구분	공개
내용	청구권·경제협력 관련 문서 모음
주제어	청구권·경제협력

문서명	장기저금리차관의 구매 및 지불절차(長期低利借款の購買및支拂節次)

문서파일번호 1390
작성연월일 1965(월일 불명)
구분 제7차 회담
세부항목 청구권 및 경제협력
작성처 외무성
매수 1
비밀등급 일반
문서종류 내부문서
공개구분 공개
내용 한국정부, 일본경제협력기금, 수출자, 수입자 간의 장기저리금리차관의 구매 및 지불 관계를 도표로 정리
주제어 청구권 · 경제협력

문서명	중소기업을 위한 차관에 관하여서(中小企業向借款について)

문서파일번호 1390
작성연월일 1965. 1. 12
구분 제7차 회담
세부항목 청구권 및 경제협력
작성처 외무성
매수 5
비밀등급 일반
문서종류 내부문서
공개구분 공개
내용 청구권자금계획안 총괄표에 따라 중소기업에 투입될 2억 달러의 계획 개요 및 문제점을 정리한 문서. 대부 산업 종류, 조건 등 검토
주제어 청구권 · 경제협력

문서명	한국 민주공화당의 청구권 사용법 방안에 대하여(韓国民主共和党の請求権の使用法法案について)

문서파일번호 1390
작성연월일 1965. 4. 26
구분 제7차 회담
세부항목 청구권 및 경제협력
작성처 외무성 북동아시아과
매수 7
비밀등급 일반
문서종류 내부문서
공개구분 공개
내용 조선일보 등의 보도. 민주공화당이 결정했다고 하는 일본 청구권자금의 사용 방법에 관한 방침, 원칙, 사용 방법 등을 정리
주제어 청구권 · 경제협력

문서명	공화당의 청구권 사용 방안 백지화에 대하여(共和党の請求権使用法案白紙化について)

문서파일번호 1390
작성연월일 1965. 4. 24
구분 제7차 회담
세부항목 청구권 및 경제협력, 언론 보도
작성처 주서울 마에다 조사관
매수 7
비밀등급 일반
문서종류 공문
공개구분 공개
내용 주한 마에다 도시카즈 조사관이 일본 청구권자금 사용 방법이 백지화되었다고 하는 한국 내 신문 보도를 보고
주제어 청구권 · 경제협력

문서명	대외 무역거래에서 한국의 선박 사용 건(対外貿易取引においてわが国の船舶使用の件)

문서파일번호 1390
작성연월일 1959. 3. 24
구분 제7차 회담
세부항목 청구권 및 경제협력
작성처 한국 상공부장관(일본 가역)
매수 2
비밀등급 일반
문서종류 공문
공개구분 공개
내용 상공부장관이 외무, 재무장관 및 한국은행총재에게 보낸 공문. 한국적 선박이 정기적으로 취항하는 일본, 홍콩, 타이완, 방콕과의 무역거래에서 한국선박을 사용하라는 한국 대통령의 지시가 있었음을 통보
주제어 청구권 · 경제협력

문서명	청구권자금 관리위원회 규정(請求権資金管理委員会規定)

문서파일번호 1390
작성연월일 1965. 8. 28
구분 한일협정 체결 후
세부항목 청구권 및 경제협력
작성처 한국정부(일본 가역)
매수 4
비밀등급 일반
문서종류 법령
공개구분 공개
내용 청구권자금 관리위원회 규정 전문이 수록됨. 제1조 설치, 제2조 정의, 제3조 기능, 제4조 구성, 제5조 위원장의 직무, 제6조 회의, 제7조 회의소집 · 통지 · 회의록, 제8조 위원수당, 제9조 간사, 제10조 운영 상세 항목으로 구성됨.
주제어 청구권 · 경제협력

문서명	대일청구권(민간 개인)의 처리에 대하여[対日請求権(民間個人)の取扱について]

문서파일번호 1390
작성연월일 1965. 4. 17
구분 제7차 회담
세부항목 청구권 및 경제협력
작성처 주서울 마에다 조사관
매수 2
비밀등급 일반
문서종류 전문(電文)
공개구분 공개
내용 원용석 장관이 한국 국민 개인의 청구권은 증거가 있는 한 한국정부가 보상할 것을 밝혔다는 것을 본국에 보고
주제어 청구권 · 경제협력

문서명	대일청구권 및 경제 협력 자금 사용 방법에 관한 제1회 공청회에 대하여(対日請求権及び経済協力資金使用法案に関する第一回公聴会について)

문서파일번호 1390
작성연월일 1965. 4. 17
구분 제7차 회담
세부항목 청구권 및 경제협력, 언론 보도
작성처 주서울 마에다 조사관
매수 3
비밀등급 일반
문서종류 전문(電文)
공개구분 공개
내용 기획원에서 열린 청구권자금 사용 방법에 관한 공청회의 내용을 보도한 한국 내 신문기사 내용을 보고
주제어 청구권 · 경제협력

문서명	청구권자금 사용 방법 등에 관한 한국기획원 장관의 발표(請求権資金使用方法等に関す韓国企画院長官の発表)

문서파일번호 1390
작성연월일 1965. 7. 7
구분 한일협정 체결 후
세부항목 청구권 및 경제협력
작성처 주서울 마에다 참사관
매수 3
비밀등급 일반
문서종류 전문(電文)
공개구분 공개
내용 기획원 장관이 밝힌 무상 3억 달러, 유상 2억 달러의 사용 용도에 관한 기자회견 내용을 보고
주제어 청구권 · 경제협력

문서명	일본에 대한 개인청구권 보상 관련 재무부와 외무부 간 논쟁(MINISTRIES OF FINANCE AND FOREIGN AFFAIRS DISPUTE OVER COMPENSATIONS FOR PRIVATE PROPERTY CLAIMS AGAINST JAPAN)

문서파일번호 1390
작성연월일 1965. 9. 18
구분 한일협정 체결 후
세부항목 청구권 및 경제협력
작성처 국제신보
매수 2
비밀등급 일반
문서종류 내부자료
공개구분 공개
내용 개인 보상에 대해 부정적인 입장인 외무부와 그에 관한 보상법을 준비하고 있는 재무부의 움직임을 보도한 1965년 9월 18일 자 국제신보 영문기사
주제어 청구권 · 경제협력

문서명	청구권자금 관리위원회 등에 대하여(請求権資金管理委員会等について)

문서파일번호 1390
작성연월일 1965. 10. 30
구분 한일협정 체결 후
세부항목 청구권 및 경제협력
작성처 주서울 마에다 소장
매수 2
비밀등급 극비
문서종류 전문(電文)
공개구분 공개
내용 한국 언론 보도에 관한 최광수 동북아주과장의 코멘트를 보고
주제어 청구권 · 경제협력

문서명	청구권자금 사용계획 총괄표(請求権資金使用計画総括表)

문서파일번호 1390
작성연월일 1965. 11. 3
구분 한일협정 체결 후
세부항목 청구권 및 경제협력
작성처 주서울 마에다 소장
매수 3
비밀등급 일반
문서종류 전문(電文)
공개구분 공개
내용 한국 정부가 작성한 청구권자금 사용계획 총괄표를 보고. 농업, 수산업, 중소공업, 기타 댐 건설, 기타 주요 산업별로 정리되어 있음.
주제어 청구권 · 경제협력

문서명	청구권자금 사용계획 총괄표(수산부)[請求権資産使用計画総括表(水産部)]

문서파일번호 1390
작성연월일 1965. 11. 3
구분 한일협정 체결 후
세부항목 청구권 및 경제협력
작성처 주서울 마에다 소장
매수 6
비밀등급 일반
문서종류 전문(電文)
공개구분 공개
내용 한국정부 작성의 청구권자금 사용계획 총괄표 중 수산업 부분의 내용을 보고
주제어 청구권 · 경제협력

문서명	한국에 대한 외국자본 투자 상황(韓国に対する外国資本投資状況)

문서파일번호 1390
작성연월일 1965. 11. 26
구분 한일협정 체결 후
세부항목 청구권 및 경제협력
작성처 외무성
매수 1
비밀등급 일반
문서종류 내부자료
공개구분 공개
내용 외무성이 국회에 제출한 한국에 대한 외국자본 투자 상황 자료. 1964년 현재 전 10건의 내용이 소개되어 있음.
주제어 청구권 · 경제협력

문서명	대일청구권 민간보상법안을 반려한다: 국회 법제사법위원회(対日請求権民間補償法案を差し戻す:国会法制司法委員)

문서파일번호 1390
작성연월일 1966. 3. 10
구분 한일협정 체결 후
세부항목 청구권 및 경제협력, 언론 보도
작성처 신아통신
매수 1
비밀등급 일반
문서종류 내부자료
공개구분 공개
내용 한국 국회 법제사법위원회의 대일청구권 민간보상법안 반려 관련 1966년 3월 10일자 신아통신 기사
주제어 청구권·경제협력

청구권·경제협력 합의사항 가서명
(請求権·経済協力合意事項イニシアル)

문서파일번호	1394
작성연월일	1965. 4. 3
구분	제7차 회담
세부항목	청구권 및 경제협력 합의사항
작성처	외무성
매수	9
비밀등급	
문서종류	합의사항, 교환공문, 합의의사록
공개구분	공개
내용	가서명한 청구권 및 경제협력에 관한 합의사항 문안 및 양국 간 교환공문, 합의의사록 모음
주제어	청구권·경제협력

문서명	한일 간 청구권 문제 해결 및 경제협력에 관한 합의사항(안) [日韓間の請求権問題解決及び経済協力に関する合意事項(案)]

문서파일번호 1394
작성연월일 1965. 4. 3
구분 제7차 회담
세부항목 청구권 및 경제협력 합의사항
작성처 외무성
매수 4
비밀등급 극비
문서종류 합의사항안
공개구분 공개
내용 가서명한 청구권 및 경제협력에 관한 합의사항 문안
주제어 청구권 · 경제협력

문서명	제목 없음

문서파일번호 1394
작성연월일 1965. 4. 3
구분 제7차 회담
세부항목 청구권 및 경제협력 합의사항 교환공문
작성처 외무성
매수 2
비밀등급 일반
문서종류 교환공문
공개구분 공개
내용 가서명한 청구권 및 경제협력에 관한 합의사항과 관련한 어업협력을 위한 민간신용공여에 관한 교환공문
주제어 청구권 · 경제협력

문서명	제목 없음

문서파일번호 1394
작성연월일 1965. 4. 3
구분 제7차 회담
세부항목 청구권 및 경제협력 합의사항 교환공문
작성처 외무성
매수 1
비밀등급 일반
문서종류 교환공문
공개구분 공개
내용 가서명한 청구권 및 경제협력에 관한 합의사항과 관련한 선박 수출을 위한 민간신용공여에 관한 교환공문
주제어 청구권 · 경제협력

문서명	합의의사록(合意議事録)

문서파일번호 1394
작성연월일 1965. 4. 3
구분 제7차 회담
세부항목 청구권 및 경제협력 합의사항 합의의사록
작성처 외무성
매수 2
비밀등급 일반
문서종류 합의의사록
공개구분 공개
내용 서명한 청구권 및 경제협력에 관한 합의사항 교섭에서 청구권 완전 해결에 관한 합의의사록
주제어 청구권 · 경제협력

한일청구권 협정서명에 따른 관계 법률 정비에 대해서(日韓請求権協定署名に伴う関係法律の整備について)

문서파일번호	1226
작성연월일	1965. 8. 5 - 1965. 8. 23
구분	한일협정 체결 후
세부항목	한일협정 서명에 따른 일본의 국내조치
작성처	외무성 등 관계 각 성·청
매수	47
비밀등급	
문서종류	내부문서
공개구분	공개
내용	한일청구권·경제협력협정 서명 후 일본의 관계법률 정비 등 국내조치에 관한 사항들을 기록한 문서 모음
주제어	한일협정 서명에 따른 일본의 국내조치

문서명	한일청구권협정 서명에 따른 관계 법률 정비에 관하여(日韓請求権協定署名に伴う関係法律の整備について)

문서파일번호 1226
작성연월일 1965. 8. 5
구분 한일협정 체결 후
세부항목 한일협정 서명에 따른 일본의 국내조치
작성처 외무성
매수 1
비밀등급 일반
문서종류 내부문서
공개구분 공개
내용 한일청구권협정 조인 후 관계성 사무차관 회의 등을 거쳐 수립한 일본의 관계법률 정비 방침이 기록된 문서. 국내법안은 각 성이 별도로 하지 않고 단일법안으로 하여 8월 말까지 성안하고 9월 각의 결정을 하는 것을 목표로 함.
주제어 일본 국내조치

문서명	한일청구권협정에 기초한 국내조치에 관하여(日韓請求権協定に基づく国内措置について)

문서파일번호 1226
작성연월일 1965. 8. 10
구분 한일협정 체결 후
세부항목 한일협정 서명에 따른 일본의 국내조치
작성처 노동성
매수 1
비밀등급 일반
문서종류 내부문서
공개구분 공개
내용 한일청구권협정 조인 후 노동성 관계 청구권에 대한 사항을 기록한 문서. 법령, 취업규칙, 노동계약 등에 기초한 임금, 퇴직금, 여비, 노동자 재해 부조료 등의 미불부분 및 사업주가 보관하는 한국인 노동자의 적립금, 저축금, 유가증권 등의 반환되지 않은 부분에 대한 청구권은 모두 소멸된다는 내용이 담김.
주제어 일본 국내조치, 노동성 해당 청구권

문서명	한일청구권협정에 따른 국내입법조치 대상이 되는 사항(日韓請求権協定に伴う國內立法措置の對象となる事項)

문서파일번호 1226
작성연월일 1965. 8(일자 불명)
구분 한일협정 체결 후
세부항목 한일협정 서명에 따른 일본의 국내조치
작성처 불명
매수
비밀등급 일반
문서종류 내부문서
공개구분 공개
내용 한일청구권협정에 따른 국내입법조치 대상이 되는 사항을 기재한 문서. 한국 국민(법인 포함)이 현재 보유 중인 우편저금, 우편 외환 및 저금에 관한 권리로서 종전 전 처리되었던 것에 관한 권리, 종전 후에 처리된 것 중 한일청구권협정 제2조 2항의 규정에 의해 특별 조치 대상이 된 권리가 기술됨.
주제어 일본 국내조치

문서명	관계성 해당사항에 관하여(関係省該当事項について)

문서파일번호 1226
작성연월일 1965. 8. 12
구분 한일협정 체결 후
세부항목 한일협정 서명에 따른 일본의 국내조치
작성처 외무성 심의실
매수 1
비밀등급 일반
문서종류 내부문서
공개구분 공개
내용 한일청구권협정 서명 후 조치가 필요한 해당사항에 대해 각 성의 조사현황을 1965년 8월 12일 기준으로 정리한 문서. 이하 우정성(저금국, 간이보험국), 대장성, 노동성, 총리부 은급국, 통상산업성, 법무성이 제출한 해당사항에 관한 문서가 수록됨.
주제어 일본 국내조치

문서명	한일청구권협정에 따라 소멸조치가 필요한 우편저금 등에 관한 권리에 관하여(日韓請求権協定に基づき消滅措置を必要とする郵便貯金等に関する権利について)

문서파일번호 1226
작성연월일 1965. 8. 4
구분 한일협정 체결 후
세부항목 한일협정 서명에 따른 일본의 국내조치
작성처 우정성 저금국
매수 4
비밀등급 일반
문서종류 내부문서
공개구분 공개
내용 한일청구권협정 서명 후 소멸조치가 필요한 사항을 기록한 우정성 저금국의 문서
주제어 일본 국내조치, 우정성

문서명	한일청구권협정에 따른 국내 입법조치의 대상이 되는 사항(日韓請求権協定に伴う国内立法措置の対象となる事項)

문서파일번호 1226
작성연월일 1965. 8(일자 불명)
구분 한일협정 체결 후
세부항목 한일협정 서명에 따른 일본의 국내조치
작성처 우정성 간이보험국
매수 1
비밀등급 일반
문서종류 내부문서
공개구분 공개
내용 한일청구권협정 서명 후 입법조치가 필요한 사항을 기록한 우정성 간이보험국의 문서
주제어 일본 국내조치, 우정성

문서명	대장성 관계(大藏省關係)

문서파일번호 1226
작성연월일 1965. 8(일자 불명)
구분 한일협정 체결 後
세부항목 한일협정 서명에 따른 일본의 국내조치
작성처 대장성
매수 3
비밀등급 일반
문서종류 내부문서
공개구분 공개
내용 한일청구권협정 서명 후 조치가 필요한 사항을 기록한 대장성의 문서
주제어 일본 국내조치, 대장성

문서명	한일청구권협정에 따른 국내조치에 관하여(日韓請求権協定に基づく国内措置について)

문서파일번호 1226
작성연월일 1965. 8. 10
구분 한일협정 체결 後
세부항목 한일협정 서명에 따른 일본의 국내조치
작성처 노동성
매수 2
비밀등급 일반
문서종류 내부문서
공개구분 공개
내용 한일청구권협정 서명 후 조치가 필요한 사항을 기록한 노동성 문서
주제어 일본 국내조치, 노동성

문서명	은급(恩給)

문서파일번호 1226
작성연월일 1965(월일 불명)
구분 한일협정 체결 후
세부항목 한일협정 서명에 따른 일본의 국내조치
작성처 총리부 은급국
매수 1
비밀등급 일반
문서종류 내부문서
공개구분 공개
내용 한일청구권협정 서명 후 조치 사항을 기록한 총리부 은급국 문서
주제어 일본 국내조치, 총리부 은급국

문서명	한일청구권협정 관련 국내조치에 관하여(日韓請求権協定に関連する国内措置について)

문서파일번호 1226
작성연월일 1965. 8. 9
구분 한일협정 체결 후
세부항목 한일협정 서명에 따른 일본의 국내조치
작성처 통상산업성
매수 1
비밀등급 일반
문서종류 내부문서
공개구분 공개
내용 한일청구권협정 서명 후 조치 사항을 기록한 통상산업성 문서
주제어 일본 국내조치, 통상산업성

문서명	한일청구권협정 관련 국내조치에 관한 법무성 소관사항(日韓請求権協定に関連する国内措置について法務省所管事項)

문서파일번호 1226
작성연월일 1965. 8(일자 불명)
구분 한일협정 체결 후
세부항목 한일협정 서명에 따른 일본의 국내조치
작성처 법무성
매수 1
비밀등급 일반
문서종류 내부문서
공개구분 공개
내용 한일청구권협정 서명 후 조치가 필요한 사항을 기록한 법무성 문서
주제어 일본 국내조치, 법무성

문서명	한일청구권협정에 따른 국내조치에 관하여(日韓請求権協定に伴う国内措置について)

문서파일번호 1226
작성연월일 1965. 8. 18
구분 한일협정 체결 후
세부항목 한일협정 서명에 따른 일본의 국내조치
작성처 외무성 심의실
매수 1
비밀등급 일반
문서종류 내부문서
공개구분 공개
내용 한일청구권협정 서명 후 조치가 필요한 사항에 대해 각 성의 조사현황을 1965년 8월 18일 기준으로 정리한 문서. 문부성, 후생성 원호국, 수산청, 법무성, 대장성 문서가 수록됨.
주제어 일본 국내조치

문서명	저작권 관련 한일청구권협정의 서명에 따른 조치에 관하여(著作権に係る日韓請求権協定の署名に伴う措置について)

문서파일번호 1226
작성연월일 1965. 8. 18
구분 한일협정 체결 후
세부항목 한일협정 서명에 따른 일본의 국내조치
작성처 문부성
매수 2
비밀등급 일반
문서종류 내부문서
공개구분 공개
내용 한일청구권협정 서명 후 조치가 필요한 사항(저작권)을 기록한 문부성 문서
주제어 일본 국내조치, 문부성

문서명	한일청구권협정의 성립에 따른 국내법상의 조치 필요여부 조사, 일본과 한국간의 협정 성립에 따른 국내입법의 조치 조사(日韓請求権協定の成立に伴う国内法上の装置の要否しらべ, 日本國と大韓民國との間の協定成立に伴う國内立法の措置調査)

문서파일번호 1226
작성연월일 1965. 8. 13
구분 한일협정 체결 후
세부항목 한일협정 서명에 따른 일본의 국내조치
작성처 후생성 원호국
매수 7
비밀등급 일반
문서종류 내부문서
공개구분 공개
내용 한일청구권협정 서명 후 조치가 필요한 사항을 기록한 후생성 원호국 문서
주제어 일본 국내조치, 후생성

문서명	한일청구권 포괄 입법 건(日韓請求権包括立法に関する件)

문서파일번호 1226
작성연월일 1965. 8. 23
구분 한일협정 체결 후
세부항목 한일협정 서명에 따른 일본의 국내조치
작성처 수산청
매수 3
비밀등급 일반
문서종류 내부문서
공개구분 공개
내용 한일청구권협정 서명 후 조치가 필요한 사항을 기록한 수산청 문서
주제어 일본 국내조치, 수산청

문서명	한일청구권협정 관련 국내조치에 관한 법무성 소관사항(日韓請求権協定に関連する国内措置についての法務省所管事項)

문서파일번호 1226
작성연월일 1965. 8(일자 불명)
구분 한일협정 체결 후
세부항목 한일협정 서명에 따른 일본의 국내조치
작성처 법무성
매수 1
비밀등급 일반
문서종류 내부문서
공개구분 공개
내용 한일청구권협정 서명 후 조치가 필요한 사항을 기록한 법무성 문서(수기로 작성된 문서로 동일한 내용이 타이핑된 문서가 앞에 이미 포함됨)
주제어 일본 국내조치, 법무성

문서명	1946년 이후 외국인계약에 관한 통달사항(昭和21年以後外國人契約に関する通達事項)

문서파일번호 1226
작성연월일 1965. 8(일자 불명)
구분 한일협정 체결 후
세부항목 한일협정 서명에 따른 일본의 국내조치
작성처 대장성
매수 16
비밀등급 일반
문서종류 내부문서
공개구분 공개
내용 대장성이 1946년 이후 외국인 계약과 관련하여 통달한 사항들을 모은 자료
① 한국인의 생명보험조사 건(1946년 7월 25일 대장성 은행국장)
② 한국인, 중화민국인 및 기타 외국인의 생명보험계약의 처리 건(1946년 12월 4일, 대장성 은행국장)
③ 한국인의 생명보험조사 의뢰 건(1946년 7월 23일, 생명보험협회)
④ 한국인, 타이완인, 기타 외국인이 귀국 시 생명보험계약의 처리 건(1946년 3월 19일, 대장성 은행국장)
⑤ 금융기관경리응급조치법, 생명보험관계사무 처리요령(2)(1946년 10월 1일, 대장성 은행국장)
⑥ 지정결산의 미경과 보험료 등에 관한 건(1946년 10월 4일, 생명보험협회 전무이사)
⑦ 금융기관경리응급조치법 및 금융기관재건정비법에 기초한 생명보험관계사무 처리요령(3) 건(1946년 12월 10일, 대장성 은행국장)
⑧ 한국인, 타이완인, 중국인 및 기타 외국인이 귀국 시 생명보험계약의 처리 건(1946년 3월 19일, 대장성 은행국장)
주제어 일본 국내조치, 대장성

문서명	대장성 관계(大藏省關係)

문서파일번호 1226
작성연월일 1965. 8(일자 불명)
구분 한일협정 체결 후
세부항목 한일협정 서명에 따른 일본의 국내조치
작성처 대장성
매수 2
비밀등급 일반
문서종류 내부문서
공개구분 공개
내용 한일청구권협정 서명 후 조치가 필요한 사항을 기록한 대장성의 문서. 수기로 작성된 본 문서와 동일한 내용의 타이핑된 문서가 앞에 수록됨.
주제어 일본 국내조치, 대장성

한일청구권 조항과 재한 사유재산에 대한 국내 보상문제(日韓請求権条項と在韓私有財産に対する国内補償問題)

문서파일번호	1227
문서명	한일청구권 조항과 새한 사유재산에 대한 국내보상 문제(日韓請求権条項と在韓私有財産に対する国内補償問題)
작성연월일	1965. 9. 1
구분	한일협정 체결 후
세부항목	재한사유재산에 대한 국내보상 문제
작성처	외무성
매수	7
비밀등급	일반
문서종류	내부문서
공개구분	공개
내용	한일청구권협정 조인 후 일본의 재한 사유재산에 대한 국내보상 문제를 검토한 보고서
주제어	재한사유재산 국내보상 문제

한국과의 청구권 문제 해결 등에 따른 특별조치 법안(검토시안)[韓国との請求権問題の解決等に伴う特別措置法案(検討試案)]

문서파일번호	1228
작성연월일	1965. 7. 16 - 1965. 7. 30
구분	한일협정 체결 후
세부항목	한국과의 청구권 문제 해결을 위한 국내법 정비
작성처	법제국, 외무성
매수	35
비밀등급	
문서종류	법령, 내부문서
공개구분	공개
내용	한일청구권·경제협력협정 조인 후 한국과의 청구권 문제 등 해결을 위한 국내 조치 관련 법안 및 문서 모음
주제어	한국과의 청구권 문제 해결을 위한 국내법 정비

문서명	한국과의 청구권 문제 해결 등에 따른 특별조치법안(검토시안) [韓国との請求権問題の解決等に伴う特別措置法案(検討試案)]

문서파일번호 1228
작성연월일 1965. 7. 16
구분 한일협정 체결 後
세부항목 한국과의 청구권 문제 해결을 위한 국내법 정비
작성처 법제국 제3부장
매수 1
비밀등급 일반
문서종류 법령
공개구분 공개
내용 한일청구권·경제협력협정 조인 후 한국과의 청구권 문제 해결 등을 위한 특별조치 법안 검토시안
주제어 청구권·경제협력

문서명	재산 및 청구권에 관한 문제 해결과 경제협력에 관한 일본국과 대한민국의 협정 실시에 따른 한국인 등의 재산에 관한 특별조치법안(검토시안) [財産及び請求権に関する問題の解決並びに経済協力に関する日本国と大韓民国との間の協定の実施に伴う韓国人等の財産に関する特別措置法案(検討試案)]

문서파일번호 1228
작성연월일 1965. 7. 30
구분 한일협정 체결 後
세부항목 한국과의 청구권 문제 해결을 위한 국내법 정비
작성처 법제국
매수 2
비밀등급 일반
문서종류 내부문서
공개구분 공개
내용 한국과의 청구권 문제 해결에 따라 1960년 6월 22일부로 한국 및 국민의 재산, 권리, 이익은 소멸된다고 지적함. 그리고 대일강화조약 제2조(a)가 지정하는 지역(대한민국을 제외) 주민의 재산, 권리, 이익 중에 전항에 규정된 것에 대해서는 당분간 권리의 행사를 정지한다고 규정함.
주제어 청구권·경제협력

문서명	외지관계법령 정리에 관한 선후조치에 대하여(外地関係法令整理に関する善後措置について)

문서파일번호	1228
작성연월일	1952. 4. 15
구분	한일협정 체결 후
세부항목	한국과의 청구권 문제 해결을 위한 국내법 정비
작성처	외무성 조약국 제4과
매수	15
비밀등급	일반
문서종류	내부문서
공개구분	공개
내용	외지관계법령의 정리에 관한 선후조치 관련 보고서. ① 문제의 요점 ② 외지관계법령의 현재 효력 ③ 대일평화조약이 외지관계법령의 효력에 미치는 영향 ④ 대일강화조약 발효에 따라 효력을 잃는 외지관계법령을 폐지하기 위한 입법조치의 필요성 여부 ⑤ 효력을 잃는 외지관계법령에 입각하여 형성되는 법률관계 ⑥ 외지관계법령의 실효와 관련된 문제의 선후조치.
주제어	외지관계법령 정리

문서명	재산 및 청구권에 관한 문제 해결과 경제협력에 관한 일본국과 대한민국의 협정 제2조 실시에 따른 대한민국 등의 재산권에 대한 조치에 관한 법률에 관한 질문 및 답변자료(財産及び請求権に関する問題の解決並びに経済協力に関する日本国と大韓民国との間の協定第二条の実施に伴う大韓民国等の財産権に対する措置に関する法律に関する疑問疑答)

문서파일번호	1228
작성연월일	1965(월일 불명)
구분	한일협정 체결 후
세부항목	한국과의 청구권 문제 해결을 위한 국내법 정비
작성처	외무성 북동아시아과
매수	17
비밀등급	비(秘)
문서종류	내부문서
공개구분	공개
내용	청구권·경제협력협정 제2조 실시에 따른 한국의 재산권에 대한 조치 관련 법률에 관한 질문 답변자료. 주로 조선 관련 4개의 특별회계(조선총독부, 조선간이생명보험 및 우편연금, 조선식량관리, 조선철도용품자금)에 관한 사실관계를 정리함.
주제어	청구권·경제협력협정 실시에 따른 한국의 재산권 조치에 관한 법률

'평화조약 제4조 해석에 관한 미국정부의 견해를 전달한 주일미국대사의 구상서' 처리 경위(「平和条約第四条の解釈に関する米国政府の見解を伝えた在日米国大使の口上書」の取扱いの経緯)

문서파일번호	1229
문서명	'평화조약 제4조 해석에 관한 미국정부의 견해를 전달한 주일미국대사의 구상서' 처리 경위(「平和条約第四条の解釈に関する米国政府の見解を伝えた在日米国大使の口上書」の取扱いの経緯)
작성연월일	1965. 11. 2
구분	한일협정 체결 후
세부항목	대일평화조약 제4조에 관한 미국 견해
작성처	외무성
매수	10
비밀등급	극비
문서종류	내부문서
공개구분	공개
내용	'대일평화조약 제4조 해석 관련 미국정부의 견해를 전달한 주일미국대사의 구상서' 처리 경위를 정리한 문서
주제어	대일평화조약 제4조 관련 미국 견해

한국정부에 제출을 요청할 자료 등
(韓国政府に対して提出を求める資料)

문서파일번호	1231
작성연월일	1965. 7. 9 - 1965. 10. 5
구분	제7차 회담 , 한일협정 체결 후
세부항목	한국정부에 요청할 자료
작성처	우정성, 외무성
매수	29
비밀등급	
문서종류	공문, 외교공한(구상서), 내부문서
공개구분	공개
내용	한일 청구권·경제협력협정 체결 후 한국정부에 제출을 요청할 자료에 관한 문서 모음
주제어	청구권·경제협력

문서명	한국정부에 제출을 요청할 자료에 관하여(의뢰)[韓国政府に対して提出を求める資料について(依頼)]

문서파일번호 1231
작성연월일 1965. 7. 9
구분 한일협정 체결 후
세부항목 한국정부에 요청할 자료
작성처 우정성 간이보험국장
매수 2
비밀등급 일반
문서종류 공문
공개구분 공개
내용 우정성이 외무성에 보낸 공문. 청구권 관련해 일본이 한국정부에 요청할 자료
주제어 청구권 · 경제협력

문서명	한국정부에 인도 방법을 요청할 우편저금 등에 관한 증거서류에 관하여(韓国政府に対して引渡方を要請する郵便貯金等に関する証拠書類について)

문서파일번호 1231
작성연월일 1965. 7. 9
구분 한일협정 체결 후
세부항목 한국정부에 요청할 자료
작성처 우정성 저금국장
매수 6
비밀등급 일반
문서종류 공문
공개구분 공개
내용 우정성이 외무성에 보낸 공문. 한일청구권 · 경제협력협정 체결에 따라 한국에 증거서류의 제출을 의뢰
주제어 청구권 · 경제협력

문서명	구상서(口上書)

문서파일번호 1231
작성연월일 1965. 7. 20
구분 한일협정 체결 후
세부항목 한국정부에 요청할 자료
작성처 외무성
매수 6
비밀등급 일반
문서종류 외교공한(구상서)
공개구분 공개
내용 외무성이 주일한국대표부에 청구권의 증거서류 제출을 요청하는 구상서
주제어 청구권 · 경제협력

문서명	구상서(NOTE VERBALE)

문서파일번호 1231
작성연월일 1965. 7. 20
구분 한일협정 체결 후
세부항목 한국정부에 요청할 자료
작성처 외무성
매수 7
비밀등급 일반
문서종류 외교공한(구상서)
공개구분 공개
내용 외무성이 주일한국대표부에 청구권의 증거서류 제출을 요청하는 구상서의 영문본
주제어 청구권 · 경제협력

문서명	청구권 처리의 국내 조치와 관련한 증거서류 외 관련정보의 입수에 관하여 (請求権処理の国内措置に関連する証拠書類ほか関連情報の入手について)

문서파일번호 1231
작성연월일 1965. 9. 27
구분 한일협정 체결 후
세부항목 한국정부에 요청할 자료
작성처 외무성 북동아시아과
매수 3
비밀등급 비(秘)
문서종류 공문
공개구분 공개
내용 1964년 한일 청구권소위원회가 개최된 이후 일본이 국내 조치를 위해 한국에 일본국 및 일본 국민에 대한 청구권의 증거서류 제출을 요구하였는데 아직 한국으로부터 답이 없다며 이와 관련하여 주서울사무소에서 한국에 대해 조치를 취할 것을 지시
주제어 청구권 · 경제협력

문서명	한국에서 구 우편저금의 처리에 관하여(조회)[韓国における旧郵便貯金の取扱い振りについて(照会)]

문서파일번호 1231
작성연월일 1965. 10. 5
구분 한일협정 체결 후
세부항목 한국정부에 요청할 자료
작성처 외무성 북동아시아과
매수 3
비밀등급 일반
문서종류 공문
공개구분 공개
내용 일본에서 돌아온 한국인이 소유한 저금의 여신 관계, 장부가 없는 우편예금을 어떻게 조사할지에 대해 한국에 문의할 것을 주서울사무소에 지시
주제어 청구권 · 경제협력

문서명	협정 체결에서 요망사항(協定締結に当って要望事項)

문서파일번호 1231
작성연월일 1965. 4(일자 불명)
구분 제7차 회담
세부항목 한국정부에 요청할 자료
작성처 우정성
매수 2
비밀등급 일반
문서종류 내부문서
공개구분 공개
내용 청구권의 대상이 되는 사람, 시점, 지역에 관한 우정성의 요망사항
주제어 청구권 · 경제협력

청구권 관계·법률안
(請求權關係·法律案)

문서파일번호	1232
작성연월일	1966. 3. 24 - 1967. 3. 10
구분	한일협정 비준 후
세부항목	청구권 관련 한국 조치사항
작성처	주대한민국대사 등
매수	51
비밀등급	
문서종류	공문, 내부자료
공개구분	공개
내용	한일청구권협정 체결 이후 한국의 관련 조치 및 언론 보도에 관해 보고하는 주대한민국일본대사관 공문 모음
주제어	청구권 관련 한국 조치사항

문서명	청구권 관련 법률에 관하여(請求権関係法律案について)

문서파일번호 1232
작성연월일 1966. 3. 24
구분 한일협정 비준 후
세부항목 청구권 관련 한국 조치사항, 주한대사 보고
작성처 주대한민국대사
매수 2
비밀등급 일반
문서종류 공문
공개구분 공개
내용 한국에서 민간인의 대일청구권 보상에 관한 법률로 별첨의 법안이 1966년 3월 22일 국회에 제출되었음을 보고
주제어 청구권

문서명	독립유공자 및 대일민간청구권 보상법안(独立有功者及び対日民間請求权補償法案)

문서파일번호 1232
작성연월일 1966. 3. 24
구분 한일협정 비준 후
세부항목 청구권 관련 한국 조치사항, 주한대사 보고
작성처 주대한민국대사
매수 21
비밀등급 일반
문서종류 내부자료
공개구분 공개
내용 1966년 3월 22일 자 주한대사 공문 첨부물. 한국 국회에 제출된 독립유공자 및 대일 민간청구권 보상법안(일문 번역본)의 조문
주제어 청구권

문서명	대일민간청구권 보상 준비 입법에 관하여(対日民間請求権補償準備立法について)

문서파일번호 1232
작성연월일 1967. 2. 23
구분 한일협정 비준 후
세부항목 청구권 관련 한국 조치사항, 주한대사 보고
작성처 주대한민국대사
매수 6
비밀등급 일반
문서종류 공문
공개구분 공개
내용 1967년 2월 25일부터 개최되는 대한민국 임시국회에서 대일민간보상 준비 입법 예정임을 보고
주제어 청구권

문서명	제목 없음

문서파일번호 1232
작성연월일 1967. 2. 23
구분 한일협정 비준 후
세부항목 청구권 관련 한국 조치사항 언론 보도
작성처 동아일보
매수 2
비밀등급 일반
문서종류 내부자료
공개구분 공개
내용 주한일본대사 보고 공문 첨부물. 대일민간청구권 보상 관련 1966년 12월 10일 자 및 1967년 2월 22일 자 동아일보 기사
주제어 청구권

문서명	대일민간청구권 보상준비 입법에 관하여(対日民間請求権補償準備立法について)

문서파일번호 1232
작성연월일 1967. 3. 10
구분 한일협정 비준 후
세부항목 청구권 관련 한국 조치사항, 주한임시대리대사 보고
작성처 주대한민국 임시대리대사
매수 10
비밀등급 일반
문서종류 공문
공개구분 공개
내용 '대일민간청구권 신고에 관한 법률안'이 가결되었으나 결국 1967년 3월 10일 폐안되었음을 보고
주제어 청구권

문서명	제목 없음

문서파일번호 1232
작성연월일 1967. 3. 10
구분 한일협정 비준 후
세부항목 청구권 관련 한국 조치사항 언론 보도, 주한임시대리대사 보고
작성처 조선일보 등
매수 10
비밀등급 일반
문서종류 내부자료
공개구분 공개
내용 주한임시대리대사 보고 공문 첨부물. 대일민간청구권 신고에 관한 법률안 등에 관한 조선일보, 한국일보, 동아일보, 서울신문, 경향신문 사설 및 기사
주제어 청구권

한일경제협력에 대한 문제점과 소견
(日韓経済協力に対する問題点と所見)

문서파일번호	1393
문서명	한일경제협력에 대한 문제점과 소견(日韓経済協力に対する問題点と所見)
작성연월일	1966. 2. 14
구분	한일협정 비준 후
세부항목	한일경협 문제점
작성처	외무성
매수	5
비밀등급	일반
문서종류	내부문서
공개구분	공개
내용	한일경제협력에 대한 문제점과 그에 관한 소견이 기록된 문서. 작성자 불명
주제어	한일경협 문제점

제13부

제7차 회담 청구권 및 경제협력위원회 회의록 및 협정(안)
(1965)

한일청구권 문제에 관한 실무레벨 회의기록(제1~2회 회의) [日韓請求権問題に関する事務レベル会合記録(第1~2回会合)]

문서파일번호	78
작성연월일	1965. 3. 20 - 1965. 3. 22
구분	제7차 회담 청구권 실무자 비공식회의(제1~2회)
세부항목	
작성처	외무성 북동아시아과, 한국대표단
매수	20
비밀등급	
문서종류	회의록, 내부자료
공개구분	공개
내용	1965년 3월 20일 및 3월 22일 개최된 청구권 문제에 관한 한일 양측의 실무자 비공식 회의기록
주제어	청구권·경제협력

문서명	한일청구권 문제에 관한 실무자 회의기록(日韓請求権問題に関する事務レベル会合記録)

문서파일번호 78
작성연월일 1965. 3. 20
구분 제7차 회담 청구권 실무자 회의
세부항목
작성처 외무성 북동아시아과
매수 7
비밀등급 극비
문서종류 회의록
공개구분 공개
내용 외무성 회의실에서 개최된 한일 양국의 실무자 회의 참석자 명단 및 회의 요지가 기록된 문서. 청구권 문제에 관한 양측의 입장을 정리해서 명확히 하려는 취지의 회의임. 일본이 '청구권 문제에 관한 한일 쌍방의 입장'이라는 제목의 문서를 한국에 제시했음.
주제어 청구권 · 경제협력

문서명	한일청구권 문제 실무자 제2회 회의기록(日韓請求権問題に関する事務レベル第2回会合記録)

문서파일번호 78
작성연월일 1965. 3. 22
구분 제7차 회담 청구권 실무자 제2회 회의
세부항목
작성처 외무성 북동아시아과
매수 6
비밀등급 극비
문서종류 회의록
공개구분 공개
내용 청구권 문제 관련 한일 양국 실무자 제2회 회의기록. 한국이 이전 회의 때 일본이 제시했던 문서에 대한 입장을 표명한 문서를 제출했음. 이에 대해 서로 의견교환을 함.
주제어 청구권 · 경제협력

문서명	청구권 문제에 관한 일본의 입장(請求権問題に関する日本側の立場)

문서파일번호	78
작성연월일	1965. 3. 22
구분	제7차 회담 청구권 실무자 제2회 회의
세부항목	
작성처	외무성 북동아시아과
매수	4
비밀등급	극비
문서종류	내부자료
공개구분	공개
내용	청구권 실무자 제2회 회의 첨부1. 오히라 마사요시·김종필 메모의 성격, 경제협력의 공여(무상, 유상, 차관), 악성채무, 청구권 해결 내용에 관한 일본의 입장을 정리
주제어	청구권·경제협력

문서명	청구권 문제에 관한 한국의 입장(請求権問題に関する韓国側の立場)

문서파일번호	78
작성연월일	1965. 3. 22
구분	제7차 회담 청구권 실무자 제2회 회의
세부항목	
작성처	한국대표단(일본 가역)
매수	3
비밀등급	극비
문서종류	내부자료
공개구분	공개
내용	청구권 실무자 제2회 회의 첨부2. 일본이 제시한 상기 문서에 대해 한국의 입장을 정리해서 제출한 문서(한국 자료를 일본이 가역한 자료)
주제어	청구권·경제협력

제7차 한일회담 청구권 및 경제협력위원회 회의 (제1~7회 회의) [第7次日韓全面會談請求権および経済協力委員会会合(第1~7回会合)]

문서파일번호	79
작성연월일	1965. 4. 20 - 1965. 5. 31
구분	제7차 회담 청구권·경제협력위원회(제1~7회 회의)
세부항목	
작성처	외무성 북동아시아과, 한국대표단, 한국정부
매수	126
비밀등급	
문서종류	회의록, 내부자료, 법령
공개구분	공개
내용	1965년 4월 20일~5월 31일까지 개최된 제7차 한일회담 청구권 및 경제협력위원회 제1~7회 회의기록 및 첨부자료, 1965년 4월 3일 이동원 외무장관과 시나 에쓰사부로 외상이 청구권 및 경제협력에 관한 기본적인 사항에 합의한 후 협정문안 작성을 위해 개최한 회의
주제어	청구권·경제협력

문서명	제7차 한일청구권 및 경제협력위원회 제1회 회의(第7次日韓全面会談請求権及び経済協力委員会第1回会合)

문서파일번호 79
작성연월일 1965. 4. 20
구분 제7차 회담 청구권·경제협력위원회 제1회 회의
세부항목
작성처 외무성 북동아시아과
매수 10
비밀등급 극비
문서종류 회의록
공개구분 공개
내용 제7차 한일회담 청구권 및 경제협력위원회 제1회 회의기록 및 참석자 명부. 주로 일본에서 문제를 제기함. 무상공여를 배상과 같은 개념으로 보아도 되는지에 대한 문제, 청구권 소멸과 경제협력은 일체불가분의 관계이므로 청구권 문제를 확실히 하지 않으면 경제협력도 어렵다는 입장을 피력함.
주제어 청구권·경제협력

문서명	제7차 한일청구권 및 경제협력위원회 제2회 회의(第7次日韓全面会談請求権及び経済協力委員会第2回会合)

문서파일번호 79
작성연월일 1965. 4. 21
구분 제7차 회담 청구권·경제협력위원회 제2회 회의
세부항목
작성처 외무성 북동아시아과
매수 7
비밀등급 극비
문서종류 회의록
공개구분 공개
내용 제7차 한일회담 청구권 및 경제협력위원회 제2회 회의기록 및 참석자 명부. 경제협력에 대한 한국의 설명. 정부사업 또는 공공투자에 중점을 둔다는 계획임.
주제어 청구권·경제협력

문서명	4월 21일 청구권 및 경제협력위원회 제2회 회의 한국 대표 발언 요지(4月21日の請求権および経済協力委員会第2回会合における韓国側代表の発言要旨)

문서파일번호 79
작성연월일 1965. 4. 21
구분 제7차 회담 청구권 · 경제협력위원회 제2회 회의
세부항목
작성처 한국대표단(일본 가역)
매수 6
비밀등급 극비
문서종류 내부자료
공개구분 공개
내용 제7차 한일회담 청구권 및 경제협력위원회 제2회 회의 한국 대표 발언 요지. 무상 제공 3억 달러, 장기저리차관의 제공 및 실시방식에 대한 한국의 견해(한국이 제출한 자료를 일본이 가역)가 표명됨.
주제어 청구권 · 경제협력

문서명	4월 21일 청구권 및 경제협력위원회 제2회 회의 한국 대표의 발언 요지

문서파일번호 79
작성연월일 1965. 4. 21
구분 제7차 회담 청구권 · 경제협력위원회 제2회 회의
세부항목
작성처 한국대표단
매수 4
비밀등급 극비
문서종류 내부자료
공개구분 공개
내용 제7차 한일회담 청구권 및 경제협력위원회 제2회 회의에서의 한국 대표 발언 요지 한글본
주제어 청구권 · 경제협력

문서명	제7차 한일청구권 및 경제협력위원회 제3회 회의(第7次日韓全面会談請求権及び経済協力委員会第3回会合)

문서파일번호 79
작성연월일 1965. 4. 30
구분 제7차 회담 청구권·경제협력위원회 제3회 회의
세부항목
작성처 외무성 북동아시아과
매수 7
비밀등급 극비
문서종류 회의록
공개구분 공개
내용 제7차 한일회담 청구권 및 경제협력위원회 제3회 회의기록 및 참석자 명부. 한국정부의 구매계약 당사자인 조달청에 관해 한국이 설명함.
주제어 청구권·경제협력

문서명	한일청구권 및 경제협력위원회 제3회 회의 일본의 질문사항(日韓請求権及び経済協力委員会第3回会合における日本側質問事項)

문서파일번호 79
작성연월일 1965. 4. 30
구분 제7차 회담 청구권·경제협력위원회 제3회 회의
세부항목
작성처 외무성 북동아시아과
매수 2
비밀등급 극비
문서종류 내부자료
공개구분 공개
내용 제7차 한일회담 청구권 및 경제협력위원회 제3회 회의 일본의 질문사항이 기술된 문서. ① 무상 3억 달러, 유상 2억 달러의 사용계획 ② 한국의 자금 수령체제: 특히 조달청에 관해(조달청과 사절단의 관계, 공공부문 및 민간부문 최종사용자와 조달청의 관계, 구매계약당사자를 조달청으로 한정하는 이유 등)
주제어 청구권·경제협력

문서명	제7차 한일청구권 및 경제협력위원회 제4회 회의(第7次日韓会談請求権および経済協力委員会第4回会合)

문서파일번호 79
작성연월일 1965. 5. 8
구분 제7차 회담 청구권 · 경제협력위원회 제4회 회의
세부항목
작성처 외무성 북동아시아과
매수 12
비밀등급 극비
문서종류 회의록
공개구분 공개
내용 제7차 한일회담 청구권 및 경제협력위원회 제4회 회의기록 및 참석자 명부. 무상 3억, 유상 2억에 대한 사용계획: 한국은 무상 · 유상 구별 없이 일괄적으로 구상. 기본 방침으로서 무상분은 상당량을 원자재 도입에, 유상분은 기간산업에 집중적으로 투자할 계획임을 밝힘(자금 도입 체계도 표 3매 첨부).
주제어 청구권 · 경제협력

문서명	제7차 한일청구권 및 경제협력위원회 제5회 회의(第7次日韓会談請求権および経済協力委員会第5回会合)

문서파일번호 79
작성연월일 1965. 5. 12
구분 제7차 회담 청구권 · 경제협력위원회 제5회 회의
세부항목
작성처 외무성 북동아시아과
매수 4
비밀등급 극비
문서종류 회의록
공개구분 공개
내용 제7차 한일회담 청구권 및 경제협력위원회 제5회 회의기록 및 참석자 명부. 니시야마 아키라(西山昭) 일본 대표가 제2회 회의에서 한국이 설명한 경제협력 구상에 대해 전반적으로 코멘트 함. 특히 협정해석에 관한 분쟁 해결은 제2회 회의에서 한국은 "일차적으로 외교경로를 통하여 해결하고 해결되지 않았을 때에는 중재에 회부"하자고 제안했으나, 일본은 최종적으로는 국제사법재판소에 회부하는 것을 생각하고 있다고 언급함.
주제어 청구권 · 경제협력

문서명	한일경제협력 합의방식 및 실시방법에 관한 한국안에 대한 회답(日韓経済協力の合意方式及び実施方法についての韓国案に対する回答)

문서파일번호 79
작성연월일 1965. 5. 10
구분 제7차 회담 청구권·경제협력위원회 제5회 회의
세부항목
작성처 외무성 북동아시아과
매수 5
비밀등급 극비
문서종류 내부자료
공개구분 공개
내용 제7차 한일회담 청구권 및 경제협력위원회 제5회 회의 일본의 회답안. 일본은 무상 3억 달러에 해당하는 구매계약체결을 서울에서 하자는 한국안에 대해 계약체결권을 가진 사절단을 도쿄에 설치하여 도쿄에서 계약을 체결하는 안 등을 제의함.
주제어 청구권·경제협력

문서명	제7차 한일청구권 및 경제협력위원회 제6회 회의(第7次日韓会談請求権および経済協力委員会第6回会合)

문서파일번호 79
작성연월일 1965. 5. 15
구분 제7차 회담 청구권·경제협력위원회 제6회 회의
세부항목
작성처 외무성 북동아시아과
매수 7
비밀등급 극비
문서종류 회의록
공개구분 공개
내용 제7차 한일회담 청구권 및 경제협력위원회 제6회 회의기록 및 참석자 명부. 일본은 한국에 대한경제협력은 한국이 생각하는 것처럼 일본의 의무에 따른 배상과 같은 것으로 생각하고 있지 않다고 강조함.
주제어 청구권·경제협력

문서명	별첨1. 청구권 및 경제협력에 관한 합의방식과 실시방법에 대한 일본의 회답과 관련한 한국의 코멘트(別添1. 請求權及び經濟協力に關する合意方式並びに實施方法に対する日本側回答に關聯する韓國側のコメント)

문서파일번호 79
작성연월일 1965. 5. 14
구분 제7차 회담 청구권·경제협력위원회 제6회 회의
세부항목
작성처 외무성 북동아시아과
매수 7
비밀등급 극비
문서종류 내부자료
공개구분 공개
내용 제7차 한일회담 청구권 및 경제협력위원회 제6회 회의기록 첨부1. 제6회 회의에서 한국의 코멘트가 담긴 문서. 일본에서 제출한 문서 제목에 청구권이란 용어가 빠져 있으나, 청구권 및 경제협력이라고 표현되지 않으면 안 된다는 한국 입장이 기술됨.
주제어 청구권·경제협력

문서명	별첨2. 경제기획원령 제25호 차관에 의한 외자구매 및 그 절차 건(別添2. 經濟企劃院令 第25号 借款による外資の購買及びその手續に關する件)

문서파일번호 79
작성연월일 1965(월일 불명)
구분 제7차 회담 청구권·경제협력위원회 제6회 회의
세부항목
작성처 한국정부(일본 가역)
매수 2
비밀등급 극비
문서종류 법령
공개구분 공개
내용 제7차 한일회담 청구권 및 경제협력위원회 제6회 회의기록 첨부2. 한국 경제기획원령 제25호 '차관에 의한 외자구매 및 그 수속 건'(북동아시아과 일본어 가역)
주제어 청구권·경제협력

문서명	第7차 한일청구권 및 경제협력위원회 第7회 회의(第7次日韓会談請求権および経済協力委員会第7回会合)

문서파일번호 79
작성연월일 1965. 5. 31
구분 第7차 회담 청구권·경제협력위원회 第7회 회의
세부항목
작성처 외무성 북동아시아과
매수 8
비밀등급 극비
문서종류 회의록
공개구분 공개
내용 第7차 한일회담 청구권 및 경제협력위원회 第7회 회의기록 및 참석자 명부. 일본은 (청구권) 협정의 구성, 기본협정 및 동 협정 제2조에 관한 교환공문 등에 관한 입장을 설명하고 협정 및 관련 부속문서 일본안을 제시함.
주제어 청구권·경제협력

문서명	재산 및 청구권에 관한 문제 해결 및 경제협력에 관한 일본국과 대한민국의 협정 및 관련 문서 목차(財産及び請求権に関する問題の解決並びに経済協力に関する日本国と大韓民国との間の協定及び関連文書 目次)

문서파일번호 79
문서명 작성연월일 1965. 5. 31
구분 第7차 회담 청구권·경제협력위원회 第7회 회의
세부항목
작성처 외무성 북동아시아과
매수 1
비밀등급 극비
문서종류 내부자료
공개구분 공개
내용 第7차 한일회담 청구권 및 경제협력위원회 第7회 회의에서 일본이 제시한 청구권 협정 및 관련 부속문서 목차
주제어 청구권·경제협력협정안 및 부속문서 목차

문서명	① 재산 및 청구권에 관한 문제 해결 및 경제협력에 관한 일본국과 대한민국의 협정(안) [①財産及び請求権に関する問題の解決並びに経済協力に関する日本国と大韓民国との間の協定(案)]

문서파일번호 79
작성연월일 1965. 5. 31
구분 제7차 회담 청구권·경제협력위원회 제7회 회의
세부항목
작성처 외무성 북동아시아과
매수 10
비밀등급 극비
문서종류 협정안
공개구분 공개
내용 청구권·경제협력협정안. 한국의 사회, 경제 발전에 일본이 기여하고 청구권 문제가 완전히 해결되길 바란다는 취지하에 제1조 1(a)와(b)에 각각 무상공여, 유상공여 내용을 규정하고 있음.
주제어 청구권·경제협력, 청구권·경제협력협정안

문서명	② 일본국과 대한민국의 무상경제협력 실시에 관한 협정(안) [②日本国と大韓民国との間の無償の経済協力の実施に関する協定(案)]

문서파일번호 79
작성연월일 1965. 5. 31
구분 제7차 회담 청구권·경제협력위원회 제7회 회의
세부항목
작성처 외무성 북동아시아과
매수 9
비밀등급 극비
문서종류 협정안
공개구분 공개
내용 ① 협정 제1조 1(a)의 무상경제협력 실시에 관한 협정안. 제8조에 협정 실시에 관해 양국 간이 협의한다고 규정하고 있음.
주제어 청구권·경제협력, 청구권·경제협력협정안

문서명	③ 일본국과 대한민국의 무상경제협력 실시에 관한 협정 실시 세목에 관한 교환공문(안) [③日本国と大韓民国との間の無償の経済協力の実施に関する協定の実施細目に関する交換公文(案)]

문서파일번호 79
작성연월일 1965. 5. 31
구분 제7차 회담 청구권 · 경제협력위원회 제7회 회의
세부항목
작성처 외무성 북동아시아과
매수 10
비밀등급 극비
문서종류 교환공문(안)
공개구분 공개
내용 앞에 나온 ② 협정 제8조에 입각하여 일본이 측이 실시계획, 계약 및 승인계약, 지불, 사절단의 방일에 관한 합의안을 교환공문 형식으로 제시함.
주제어 청구권 · 경제협력, 무상경협 실시세목 교환공문안

문서명	④ 재산 및 청구권에 관한 문제 해결 및 경제협력에 관한 일본국과 대한민국의 협정 제1조 1(a) 및 2의 규정 실시에 관한 교환공문(안) [④財産及び請求権に関する問題の解決並びに経済協力に関する日本国と大韓民国との間の協定第1条1(a)及び2の規定の実施に関する交換文書(案)]

문서파일번호 79
작성연월일 1965. 5. 31
구분 제7차 회담 청구권 · 경제협력위원회 제7회 회의
세부항목
작성처 외무성 북동아시아과
매수 4
비밀등급 극비
문서종류 교환공문(안)
공개구분 공개
내용 ① 협정 제1조 1(a)의 무상경제협력에서 각 년도의 공여액 산정 기준과 제1조 2(a)의 일본국 채권 변재, 변재에 대한 대한민국의 요청 시 1(a)와의 연관성을 구체적인 합의안 형식으로 제안하는 일본의 교환공문안
주제어 청구권 · 경제협력, 협정 제1조 1(a) 및 2 관련 교환공문

문서명	⑤ 재산 및 청구권에 관한 문제 해결 및 경제협력에 관한 일본국과 대한민국의 협정 제1조 1(b)의 규정 실시에 관한 교환공문(안) [⑤財産及び請求権に関する問題の解決並びに経済協力に関する日本国と大韓民国との間の協定第1条1(b)の規定の実施に関する交換公文(案)]

문서파일번호 79
작성연월일 1965. 5. 31
구분 제7차 회담 청구권 · 경제협력위원회 제7회 회의
세부항목
작성처 외무성 북동아시아과
매수 4
비밀등급 극비
문서종류 교환공문(안)
공개구분 공개
내용 ① 협정 제1조1(b)에서 규정한 2억 달러 규모의 장기저리 차관의 실시에 관해 일본 정부가 제시한 교환공문안
주제어 청구권 · 경제협력, 협정 제1조 1(b)관련 교환공문안

문서명	⑥ 한일경제협력합동위원회에 관한 교환공문(안) [⑥日韓経済協力合同委員会に関する交換公文(案)]

문서파일번호 79
작성연월일 1965. 5. 31
구분 제7차 회담 청구권 · 경제협력위원회 제7회 회의
세부항목
작성처 외무성 북동아시아과
매수 4
비밀등급 극비
문서종류 교환공문(안)
공개구분 공개
내용 ① 협정 제1조3의 한일경제협력합동위원회의 개최 장소, 대표단 구성, 협의 사항에 관해 일본이 제시한 교환공문안
주제어 청구권 · 경제협력, 한일경협합동위 관련 교환공문안

문서명	⑦재산 및 청구권에 관한 문제 해결 및 경제협력에 관한 일본국과 대한민국의 협정 제2조에 관한 교환공문(안) [⑦財産及び請求権に関する問題の解決並びに経済協力に関する日本国と大韓民国との間の協定第二条に関する交換公文(案)]

문서파일번호	79
작성연월일	1965. 5. 31
구분	제7차 회담 청구권 · 경제협력위원회 제7회 회의
세부항목	
작성처	외무성 북동아시아과
매수	3
비밀등급	극비
문서종류	교환공문(안)
공개구분	공개
내용	① 협정 제2조에 관해 양국의 양해사항을 담은 교환공문안. 1항에 협정 제2조의 규정에 따라 한국이 1952년 2월 20일에 제출한 '한국의 대일청구권 요강'의 범위에 속하는 모든 재산권리, 이익 및 청구권에 관해 어떠한 주장도 하지 않는다는 내용이 들어가 있음.
주제어	청구권 · 경제협력, 협정 제2조 관련 교환공문안

청구권 및 경제협력위원회 회의
(請求権および経済協力委員会会合)

문서파일번호	1384
작성연월일	1965. 4. 22 - 1965. 5. 10
구분	제7차 회담 청구권 및 경제협력위원회 제2회 회의
세부항목	
작성처	한국대표단, 외무성
매수	11
비밀등급	
문서종류	내부자료
공개구분	공개
내용	제7차 한일회담 청구권 및 경제협력위원회 제2회 회의에서의 한국 대표 발언 요지 및 경협의 합의방식에 관한 한국안에 대한 일본의 회답문서
주제어	청구권·경제협력

문서명	4월 21일의 청구권 및 경제협력위원회 제2회 회의 한국 대표의 발언 요지 (4月21日の請求権および経済協力委員会第2回会合における韓国側代表の発言要旨)

문서파일번호 1384
작성연월일 1965. 4. 22
구분 제7차 회담 제7차 한일회담 청구권 및 경제 협력위원회 제2회 회의
세부항목
작성처 한국대표단(일본 가역)
매수 6
비밀등급 극비
문서종류 내부자료
공개구분 공개
내용 제7차 한일회담 청구권 및 경제협력위원회 제2회 회의 한국 대표 발언 요지
주제어 청구권 · 경제협력

문서명	한일경제협력의 합의방식 및 실질적인 내용에 관한 한국안에 대한 회답(日韓経済協力の合意方式及び実施方法についての韓国案に対する回答)

문서파일번호 1384
작성연월일 1965. 5. 10
구분 제7차 회담 청구권 및 경제 협력위원회 제2회 회의
세부항목
작성처 외무성 경제협력국
매수 5
비밀등급 극비
문서종류 내부자료
공개구분 공개
내용 한일경제협력의 합의방식 및 실질적인 내용에 관한 한국안에 대한 일본의 회답문서
주제어 청구권 · 경제협력

청구권 문제 해결 및 경제협력에 관한 협정안
(請求權問題解決及び經濟協力に関する協定案)

문서파일번호	1395
작성연월일	1965. 4. 12 - 1965. 5. 7
구분	제7차 회담
세부항목	청구권·경제협력협정 및 부속문서 문안 교섭
작성처	외무성
매수	61
비밀등급	
문서종류	내부문서, 협정안, 교환공문안
공개구분	공개
내용	1965년 4월 12일 작성한 청구권 문제 해결 및 경제협력에 관한 협정안 1, 2, 3조를 보다 구체화하는 과정이 기록된 문서 모음
주제어	청구권·경제협력

문서명	한일 청구권·경제협력협정 구성(日韓請求権、経済協力取極構成)

문서파일번호 1395
작성연월일 1965(월일 불명)
구분 제7차 회담
세부항목 청구권 · 경제협력협정문안 교섭
작성처 불명
매수 1
비밀등급 비(秘)
문서종류 내부문서
공개구분 공개
내용 청구권 · 경제협력협정의 구성(기본협정: 무상 3억 달러에 관한 실시협정, 유상 2억 달러, 무역채권 처리에 관한 교환공문, 민간신용공여에 관한 별도 교환공문)의 총계를 표로 작성
주제어 청구권 · 경제협력

문서명	일본국정부와 대한민국정부 간의 청구권 해결 및 경제협력에 관한 협정(안) [日本国政府と大韓民国政府との間の請求権解決及び経済協力に関する協定(案)]

문서파일번호 1395
작성연월일 1965. 4. 12
구분 제7차 회담
세부항목 청구권 · 경제협력협정문안 교섭
작성처 외무성
매수 4
비밀등급 극비
문서종류 협정안
공개구분 공개
내용 청구권 및 경제협력협정 제1~8조까지의 조문 안이 담김
주제어 청구권 · 경제협력

문서명	한국의 설명요지 메모(미정고)[韓国側説明要旨メモ(未定稿)]

문서파일번호 1395
작성연월일 1965. 4. 21
구분 제7차 회담
세부항목 청구권 · 경제협력협정문안 교섭
작성처 외무성 경제협력과
매수 7
비밀등급 극비
문서종류 내부문서
공개구분 공개
내용 청구권 · 경제협력협정의 구성과 그 내용에 관한 외무성 경제협력과의 기초적인 의견을 정리
주제어 청구권 · 경제협력

문서명	일본국과 대한민국의 청구권 문제의 해결 및 경제협력에 관한 협정(안)[日本国と大韓民国との間の請求権問題の解決及び経済協力に関する協定(案)]

문서파일번호 1395
작성연월일 1965. 4. 22
구분 제7차 회담
세부항목 청구권 · 경제협력협정문안 교섭
작성처 외무성
매수 6
비밀등급 극비
문서종류 협정안
공개구분 공개
내용 일본이 작성한 청구권 · 경제협력협정안 제1, 2, 3, 4조 문안
주제어 청구권 · 경제협력

문서명	한일경제협력의 합의방식 및 실질적인 내용에 관한 한국안의 대처방침(안) [日韓経済協力の合意方式及び実質内容についての韓国案に関する対処方針(案)]

문서파일번호 1395

작성연월일 1965. 4. 22

구분 제7차 회담

세부항목 청구권 · 경제협력협정 문안 교섭

작성처 외무성

매수 9

비밀등급 극비

문서종류 내부문서

공개구분 공개

내용 한국의 청구권 · 경제협력협정에 대한 일본의 대처방침이 정리된 문서. 한국이 제안한 각 항목에 대해 어떠한 합의문서로 할 것인지는 원칙적으로 논의하지 않는다는 전제하에 실질적인 내용에 관한 일본 입장을 정리

주제어 청구권 · 경제협력

문서명	일본국과 대한민국의 무상경제협력의 실시에 관한 협정(안)[日本国と大韓民国との間の無償の経済協力の実施に関する協定(案)]

문서파일번호 1395

작성연월일 1965. 4. 23

구분 제7차 회담

세부항목 청구권 · 경제협력협정문안 교섭

작성처 외무성

매수 15

비밀등급 극비

문서종류 협정안

공개구분 공개

내용 1965년 4월 3일 자 일본국과 대한민국의 무상경제협력의 실시에 관한 협정안 및 협정의 실시세목에 관한 교환공문안

주제어 청구권 · 경제협력

문서명	민간신용공여에 관한 교환공문(안)[民間信用供与に関する交換公文(案)]

문서파일번호 1395
작성연월일 1965. 4. 23
구분 제7차 회담
세부항목 청구권 · 경제협력협정 부속 교환공문안
작성처 외무성
매수 3
비밀등급 극비
문서종류 교환공문(안)
공개구분 공개
내용 민간신용공여에 관한 교환공문안
주제어 청구권 · 경제협력

문서명	재산 및 청구권에 관한 문제 해결 및 경제협력에 관한 일본국과 대한민국의 협정(안)[財産及び請求権に関する問題の解決並びに経済協力に関する日本国と大韓民国との間の協定(案)]

문서파일번호 1395
작성연월일 1965. 5. 1
구분 제7차 회담
세부항목 청구권 · 경제협력협정안
작성처 외무성
매수 12
비밀등급 극비
문서종류 협정안
공개구분 공개
내용 재산 및 청구권에 관한 문제 해결 및 경제협력에 관한 일본국과 대한민국의 협정 및 부속문서(교환공문)안
주제어 청구권 및 경제협력

문서명	2억 달러의 장기저리차관에 관한 교환공문[二億ドルの長期低利借款に関する交換公文(案)]

문서파일번호	1395
작성연월일	1965. 5. 7
구분	제7차 회담
세부항목	청구권·경제협력협정 부속 교환공문안
작성처	외무성
매수	4
비밀등급	극비
문서종류	교환공문(안)
공개구분	공개
내용	2억 달러의 장기저리차관에 관한 교환공문안
주제어	청구권·경제협력

재산 및 청구권에 관한 문제 해결과 경제협력에 관한 일본국과 대한민국의 협정 및 관련 문서(財産及び請求権に関する問題の解決並びに経済協力に関する日本国と大韓民国との間の協定及び関連文書)

문서파일번호	1396
작성연월일	1965. 5. 31 - 1965. 6. 17
구분	제7차 회담
세부항목	청구권·경제협력협정 및 관련 문서
작성처	외무성
매수	63
비밀등급	극비
문서종류	협정 및 부속문서안, 내부문서
공개구분	공개
내용	재산 및 청구권에 관한 문제 해결과 경제협력에 관한 일본국과 대한민국의 협정 및 관련 문서 모음
주제어	청구권·경제협력

문서명	재산 및 청구권에 관한 문제 해결과 경제협력에 관한 일본국과 대한민국의 협정 및 부속문서 8가지(財産案及び請求権に関する問題の解決並びに経済協力に関する日本国と大韓民国との間の協定及び関連文書)

문서파일번호 1396

작성연월일 1965. 5. 31

구분 제7차 회담

세부항목 청구권 및 경제협력에 관한 협정 및 부속문서안

작성처 외무성

매수 48

비밀등급 극비

문서종류 협정안, 협정 부속문서안

공개구분 공개

내용 재산 및 청구권에 관한 문제 해결과 경제협력에 관한 일본국과 대한민국의 협정 및 부속문서안 8가지

① 재산 및 청구권 문제의 해결 및 경제협력에 관한 협정

② 무상의 경제협력 실시에 관한 협정

③ 무상경제협력 실시 세목에 관한 교환공문

④ 청구권·경제협력협정 제1조 1(a) 및 2의 규정 실시에 관한 교환공문

⑤ 청구권·경제협력협정 제1조 1(b) 규정의 실시에 관한 교환공문

⑥ 한일경제협력합동위원회에 관한 교환공문

⑦ 청구권·경제협력협정 제2조에 관한 교환공문

⑧ 상업상의 민간신용공여에 관한 교환공문

주제어 청구권·경제협력

문서명	경제협력 문제 기초분과회 결과에 관하여(經濟協力問題起草分科會の結果について)

문서파일번호 1396
작성연월일 1965. 6. 4
구분 제7차 회담
세부항목 청구권 · 경제협력협정문안 교섭
작성처 외무성 경제협력국(經濟協力局)
매수 3
비밀등급 비(秘)
문서종류 회의록
공개구분 공개
내용 경제협력 문제 기초분과회(과장급) 회의결과를 기록한 문서. 청구권 · 경제협력협정 문안 교섭이 이루어짐.
주제어 청구권 · 경제협력

문서명	제목 없음

문서파일번호 1396
작성연월일 1965. 6. 8
구분 제7차 회담
세부항목 어업협력 차관에 관한 합의의사록안
작성처 한국대표단(일본 번역)
매수 5
비밀등급 극비
문서종류 합의의사록안
공개구분 공개
내용 한국이 제시한 어업협력을 위한 한 · 일 간 합의의사록안
주제어 어업협력 차관

문서명	재산권 및 청구권에 관한 문제의 해결 및 경제협력에 관한 일본국과 대한민국의 협정 제1조 2의 합동위원회에 관한 교환공문(안)[財産權及び請求權に関する問題の解決並びに 經濟協力に関する日本國と大韓民國との間の 協定 第一條2の規定の合同委員會に関する交換公文(案)]

문서파일번호 1396
작성연월일 1965. 6. 17
구분 제7차 회담
세부항목 청구권 · 경제협력협정 제1조 2 합동위원회 관련 교환공문안
작성처 외무성
매수 3
비밀등급 극비
문서종류 교환공문(안)
공개구분 공개
내용 청구권 · 경제협력협정 제1조 2의 합동위원회에 관한 교환공문안
주제어 청구권 · 경제협력

문서명	재산권 및 청구권에 관한 문제의 해결 및 경제협력에 관한 일본국과 대한민국의 협정 제1조 1(b) 규정의 실시에 관한 교환공문(안)[財産權及び請求權に関する問題の解決並びに 經濟協力に関する日本國と大韓民國との間の 協定 第一條1(b)の規定の實施に関する交換公文(案)]

문서파일번호 1396
작성연월일 1965. 6. 17
구분 제7차 회담
세부항목 청구권 · 경제협력협정 제1조 1(b) 실시에 관한 교환공문안
작성처 외무성
매수 4
비밀등급 극비
문서종류 교환공문(안)
공개구분 공개
내용 청구권 · 경제협력협정 제1조 1(b)규정의 실시에 관한 교환공문안
주제어 청구권 · 경제협력

재산 및 청구권에 관한 문제 해결과 경제협력에 관한 일본국과 대한민국의 협정(안) 등[財産及び請求権に関する問題の解決並びに経済協力に関する日本国と大韓民国との間の協定(案)等]

문서파일번호	1397
문서명	재산 및 청구권에 관한 문제 해결과 경제협력에 관한 일본국과 대한민국의 협정(안) 등[財産及び請求権に関する問題の解決並びに経済協力に関する日本国と大韓民国との間の協定(案)等]
작성연월일	1965. 6. 17 - 1965. 6. 22
구분	제7차 회담
세부항목	청구권·경제협력협정 및 부속문서안
작성처	외무성, 한국정부
매수	154
비밀등급	극비
문서종류	협정안, 부속문서안
공개구분	공개
내용	1965년 6월 17일 작성된 재산 및 청구권에 관한 문제 해결과 경제협력에 관한 일본국과 대한민국의 협정안 및 관련 부속문서 모음 ① 청구권 및 경제협력에 관한 협정안 ② 제1의정서안 ③ 제1의정서의 실시세목에 관한 교환공문안 ④ 제2의정서안 ⑤ 협정 제1조1(b) 실시에 관한 교환공문안 ⑥ 협정 제1조2의 합동위원회에 관한 교환공문안 ⑦ 상업상의 민간신용공여에 관한 교환공문안(이상 협정 및 부속문서는 별지로 재차 동일한 문서들이 수록됨) ⑧ 협정에 관한 합의의사록안 ⑨ 기본차관계약 ⑩ 대한민국과 일본해외경제협력기금간의 사업계획합의서 안 ⑪ 해외경제협력기금과 한국정부 간의 차관계약(1965. 6. 22.) ⑫ 대한민국과 일본해외경제협력기금간의 사업계획합의서 안 영문본 ⑬ 해외경제협력기금과 한국정부 간의 차관계약 영문본(1965.6.22.) ⑭ 해외경제협력기금과 한국정부 간의 차관계약 한글본(1965.6.22)
주제어	청구권·경제협력

한일청구권 및 경제협력위원회 경제협력분과회 회의기록(日韓請求権および経済協力委員会経済協力分科会会合記録)

문서파일번호	80
작성연월일	1965. 6. 3 - 1965. 6. 4
구분	제7차 회담 청구권·경제협력위원회 경제협력분과회(제1~4회)
세부항목	
작성처	외무성
매수	25
비밀등급	
문서종류	회의록
공개구분	공개
내용	제7차 한일회담 청구권 및 경제협력위원회 경제협력분과회(한국은 이 회의를 청구권 및 도입절차에 관한 과장급 전문회의로 칭함) 회의기록. 청구권 및 경제협력위원회 회의가 청구권을 중시하는 한국과 경제협력을 중시하는 일본의 입장이 대립함에 따라 두 주제별로 분과회를 구성, 회의를 진행하기로 하였음. 이 회의는 경제협력에 관한 회의임.
주제어	청구권·경제협력

문서명	第7차 한일청구권 및 경제협력위원회 경제협력분과회 회의기록 ①②③(第7次日韓会談請求権および経済協力委員会経済協力分科会会合記録 ①②③)

문서파일번호 80
작성연월일 1965. 6. 3
구분 제7차 회담 청구권 · 경제협력위원회 경제협력분과회 제1, 2, 3회 회의
세부항목
작성처 외무성 북동아시아과
매수 22
비밀등급 극비
문서종류 회의록
공개구분 공개
내용 1965년 6월 1일 1회, 6월 2일 2회, 6월 4일 1회에 걸쳐 개최된 제7차 한일회담 청구권 및 경제협력위원회 경제협력분과회 회의기록. 협의대상 범위, 협정 전반, 기본협정, 무상협력의 실시협정, 무상실시 협정의 상세항목에 관한 교환공문, 기본협정 제1조 1(a) 및 2의 규정에 관한 교환공문, 합동위원회에 관한 교환공문 등에 대해 논의함.
주제어 청구권 · 경제협력

문서명	경제협력 문제 기초분과회의 결과에 관하여(経済協力問題起草分科会の結果について)

문서파일번호 80
작성연월일 1965. 6. 4
구분 제7차 회담 청구권 · 경제협력위원회 경제협력 문제 기초분과회 회의
세부항목
작성처 외무성 경제협력국
매수 3
비밀등급 비(秘)
문서종류 회의록
공개구분 공개
내용 경제협력 문제 기초분과회 회의기록. 기본협정 제1조 1(a), 무상실시협정 제3조, 실시상세 교환공문 등의 문구 수정 및 삭제에 관해 논의한 내용이 정리되어 있음.
주제어 청구권 · 경제협력

제7차 한일청구권 및 경제협력위원회 청구권 분과회 회의기록(제1~2회 회의)[日韓請求権および経済協力委員会請求権分科会会合記録(第1~2回会合)]

문서파일번호	81
작성연월일	1965. 6. 2 - 1965. 6. 3
구분	제7차 회담 청구권·경제협력위원회 청구권분과회(1~2회 회의)
세부항목	
작성처	외무성 북동아시아과
매수	26
비밀등급	
문서종류	회의록
공개구분	공개
내용	제7차 한일회담 청구권 및 경제협력위원회의 청구권 관련 분과위원회 회의(국장급)기록
주제어	청구권·경제협력

문서명	제7차 한일회담 청구권 및 경제협력위원회 청구권분과회 제1회 회의(第7次日韓全面会談請求権及び経済協力委員会請求権分科会第1回 会合)

문서파일번호 81
작성연월일 1965. 6. 2
구분 제7차 회담 청구권 · 경제협력위원회 청구권분과회 제1회 회의
세부항목
작성처 외무성 북동아시아과
매수 15
비밀등급 극비
문서종류 회의록
공개구분 공개
내용 제7차 한일회담 청구권 및 경제협력위원회 청구권분과회 제1회 회의기록. 5월 31일에 제출한 '재산 및 청구권에 관한 문제 해결 및 경제협력에 관한 일본국과 대한민국의 협정' 및 부속문서에 대해 논의함.
주제어 청구권 · 경제협력

문서명	제7차 한일청구권 및 경제협력위원회 청구권분과회 제2회 회의(第7次日韓全面会談請求権及び経済協力委員会請求権分科会第2回 会合)

문서파일번호 81
작성연월일 1965. 6. 3
구분 제7차 회담 청구권 · 경제협력위원회 청구권분과회 제2회 회의
세부항목
작성처 외무성 북동아시아과
매수 11
비밀등급 극비
문서종류 회의록
공개구분 공개
내용 제7차 한일회담 청구권 및 경제협력위원회 청구권분과회 제2회 회의기록. 일본이 재한 일본재산 및 미군정청령 제33호에 의해 몰수된 일본 및 일본인 소유의 유가증권 등에 대해 질의함.
주제어 청구권 · 경제협력

제14부

제7차 회담 재일한국인 법적지위 위원회 회의록 및 정책 (1965)

제7차 한일회담 재일한국인 법적지위에 관한 위원회 회의(제1~5회)[第7次日韓全面会談在日韓国人の法的地位に関する委員会会合(第1~5回)]

문서파일번호	97
작성연월일	1964. 12. 7 - 1964. 12. 17
구분	제7차 회담 재일한국인 법적지위위원회(제1~5회 회의)
세부항목	
작성처	외무성 북동아시아과
매수	27
비밀등급	
문서종류	회의록
공개구분	공개
내용	1964년 12월 7일~17일까지 개최된 제7차 한일회담 재일한국인 법적지위위원회 제1~5회 회의록
주제어	재일한국인 법적지위

문서명	第7차 한일회담 재일한국인 법적지위에 관한 위원회 제1회 회의(第7次日韓全面会談在日韓国人の法的地位に関する委員会第1回会合)

문서파일번호 97
작성연월일 1964. 12. 7
구분 제7차 회담 재일한국인 법적지위위원회 제1회 회의
세부항목
작성처 외무성 북동아시아과
매수 6
비밀등급 극비
문서종류 회의록
공개구분 공개
내용 제7차 한일회담 재일한국인 법적지위위원회 제1회 회의기록. 수석위원 상견례 및 인사
주제어 재일한국인 법적지위

문서명	第7차 한일회담 재일한국인 법적지위에 관한 위원회 제2회 회의(第7次日韓全面会談在日韓国人の法的地位に関する委員会第2回会合)

문서파일번호 97
작성연월일 1964. 12. 8
구분 제7차 회담 재일한국인 법적지위위원회 제2회 회의
세부항목
작성처 외무성 북동아시아과
매수 6
비밀등급 극비
문서종류 회의록
공개구분 공개
내용 제7차 한일회담 재일한국인 법적지위위원회 제2회 회의기록. 향후 진행 의제 순서, 영주권 허가 대상자 문제 등 논의
주제어 재일한국인 법적지위

문서명	제7차 한일회담 재일한국인 법적지위에 관한 위원회 제3회 회의(第7次日韓全面会談在日韓国人の法的地位に関する委員会第3回会合)

문서파일번호 97
작성연월일 1964. 12. 10
구분 제7차 회담 재일한국인 법적지위위원회 제3회 회의
세부항목
작성처 외무성 북동아시아과
매수 5
비밀등급 극비
문서종류 회의록
공개구분 공개
내용 제7차 한일회담 재일한국인 법적지위위원회 제3회 회의기록. 한국학교 설립, 사회보장, 귀환자의 반출 재산 문제 논의
주제어 재일한국인 법적지위

문서명	제7차 한일회담 재일한국인 법적지위에 관한 위원회 제4회 회의(第7次日韓全面会談在日韓国人の法的地位に関する委員会第4回会合)

문서파일번호 97
작성연월일 1964. 12. 15
구분 제7차 회담 재일한국인 법적지위위원회 제4회 회의
세부항목
작성처 외무성 북동아시아과
매수 4
비밀등급 극비
문서종류 회의록
공개구분 공개
내용 제7차 한일회담 재일한국인 법적지위위원회 제4회 회의기록. 경제활동, 사회보장, 교육, 귀환자의 반출 재산 문제 논의
주제어 재일한국인 법적지위

문서명	제7차 한일회담 재일한국인 법적지위에 관한 위원회 제5회 회의(第7次日韓全面会談在日韓国人の法的地位に関する委員会第5回会合)

문서파일번호 97
작성연월일 1964. 12. 17
구분 제7차 회담 재일한국인 법적지위위원회 제5회 회의
세부항목
작성처 외무성 북동아시아과
매수 6
비밀등급 극비
문서종류 회의록
공개구분 공개
내용 제7차 한일회담 재일한국인 법적지위위원회 제5회 회의기록. 전후 입국자, 협정과 남북한 문제, 귀화 문제 논의
주제어 재일한국인 법적지위

제7차 한일회담 재일한국인 법적지위에 관한 위원회 회의(제6~10회)[第7次日韓全面会談在日韓国人の法的地位に関する委員会会合(第6~10回)]

문서파일번호	98
작성연월일	1965. 1. 21 - 1965. 2. 5
구분	제7차 회담 재일한국인 법적지위위원회(제6~10회 회의)
세부항목	
작성처	외무성 북동아시아과, 한국대표단
매수	19
비밀등급	
문서종류	회의록, 협정 부속문서안, 협정안, 내부자료
공개구분	공개
내용	1965년 1월 21일~2월 5일까지 개최된 제7차 한일회담 재일한국인 법적지위위원회 제6~10회 회의록(제1~5회 회의는 1964년 12월 7~17일까지 개최)
주제어	제7차 한일회담 재일한국인 법적지위위원회 회의

문서명	第7차 한일회담 재일한국인 법적지위에 관한 위원회 제6회 회의(第7次日韓全面会談在日韓国人の法的地位に関する委員会第6回会合)

문서파일번호 98
작성연월일 1965. 1. 21
구분 第7차 회담 재일한국인 법적지위위원회 제6회 회의
세부항목
작성처 외무성 북동아시아과
매수 3
비밀등급 극비
문서종류 회의록
공개구분 공개
내용 第7차 한일회담 재일한국인 법적지위위원회 제6회 회의기록. 소요죄, 마약범에 대해 논의함.
주제어 재일한국인 법적지위, 강제퇴거 사유

문서명	第7차 한일회담 재일한국인 법적지위에 관한 위원회 제7회 회의(第7次日韓全面会談在日韓国人の法的地位に関する委員会第7回会合)

문서파일번호 98
작성연월일 1965. 1. 27
구분 第7차 회담 재일한국인 법적지위위원회 제7회 회의
세부항목
작성처 외무성 북동아시아과
매수 3
비밀등급 극비
문서종류 회의록
공개구분 공개
내용 第7차 한일회담 재일한국인 법적지위위원회 제7회 회의기록. 소요죄, 마약범에 대해 논의함.
주제어 재일한국인 법적지위, 강제퇴거 사유

문서명	제7차 한일회담 재일한국인 법적지위에 관한 위원회 제8회 회의(第7次日韓全面会談在日韓国人の法的地位に関する委員会第8回会合)

문서파일번호 98
작성연월일 1965. 1. 29
구분 제7차 회담 재일한국인 법적지위위원회 제8회 회의
세부항목
작성처 외무성 북동아시아과
매수 4
비밀등급 극비
문서종류 회의록
공개구분 공개
내용 제7차 한일회담 재일한국인 법적지위위원회 제8회 회의기록. 마약범에 대해 협정 발표 전 3회 이상 처벌받은 자를 협정 발표 후 2회 이상으로 수정하는 데 합의함. 다른 부분에 대해서는 타협점을 찾지 못함.
주제어 재일한국인 법적지위, 강제퇴거 사유

문서명	제7차 한일회담 재일한국인 법적지위에 관한 위원회 제9회 회의(第7次日韓全面会談在日韓国人の法的地位に関する委員会第9回会合)

문서파일번호 98
작성연월일 1965. 2. 2
구분 제7차 회담 재일한국인 법적지위위원회 제9회 회의
세부항목
작성처 외무성 북동아시아과
매수 2
비밀등급 극비
문서종류 회의록
공개구분 공개
내용 제7차 한일회담 재일한국인 법적지위위원회 제9회 회의기록. ① 내란, 외환 ② 마약범 ③ 흉악범. 이상 세 항목에 대한 일본의 제안(8회 회의 시 제안)에 대해 한국은 본부에 연락하여 이에 동의한다는 회답을 받고 합의함.
주제어 재일한국인 법적지위, 강제퇴거 사유

문서명	第7차 한일회담 재일한국인 법적지위에 관한 위원회 제10회 회의(第7次日韓全面会談在日韓国人の法的地位に関する委員会第10回会合)

문서파일번호 98
작성연월일 1965. 2. 5
구분 제7차 회담 재일한국인 법적지위위원회 제10회 회의
세부항목
작성처 외무성 북동아시아과
매수 2
비밀등급 극비
문서종류 회의록
공개구분 공개
내용 제7차 한일회담 재일한국인 법적지위위원회 제10회 회의기록. 강제퇴거의 사유 중 '외교상의 이익을 해한 자'에 대해 논의하고 협정 및 부속문서에 관한 별첨자료 1, 2를 교환함.
주제어 재일한국인 법적지위, 강제퇴거 사유

문서명	(토의용 자료) 부속문서의 골자(안)(대우에 관한 부분)[(討議用資料)附属文書の骨子(案)(処遇に関する部分)]

문서파일번호 98
작성연월일 1965. 2. 5
구분 제7차 회담 재일한국인 법적지위위원회 제10회 회의
세부항목
작성처 외무성 북동아시아과
매수 2
비밀등급 극비
문서종류 협정 부속문서안
공개구분 공개
내용 제7차 한일회담 제10회 재일한국인 법적지위위원회 회의 첨부1. 재일한국인 처우에 관한 부속문서 골자
주제어 재일한국인 법적지위

문서명	(가역)일본국에 거주하는 대한민국 국민의 법적지위 및 처우에 관한 협정 제6~9조(안)[(仮訳)日本国に居住する大韓民国国民の法的地位及び処遇に関する協定第6条~9条(案)]

문서파일번호 98
작성연월일 1965. 2. 5
구분 제7차 회담 재일한국인 법적지위위원회 제10회 회의
세부항목
작성처 한국대표단(일본 가역)
매수 2
비밀등급 극비
문서종류 협정안
공개구분 공개
내용 제7차 한일회담 제10회 재일한국인 법적지위위원회 회의 첨부2. 재일한국인 법적지위협정 제6~9조 한국안
주제어 재일한국인 법적지위

문서명	영주귀국자의 재산 반출 및 송금(永住帰国者の財産搬出及び送金)

문서파일번호 98
작성연월일 1965. 2. 5
구분 제7차 회담 재일한국인 법적지위위원회 제10회 회의
세부항목
작성처 외무성 북동아시아과
매수 1
비밀등급 극비
문서종류 내부자료
공개구분 공개
내용 영주귀국자의 재산 반출과 송금에 관한 일본 입장
주제어 재일한국인 법적지위

제7차 한일회담 재일한국인 법적지위에 관한 위원회 회의(제11~15회)[第7次日韓全面会談在日韓国人の法的地位に関する委員会会合(第11 ~ 15回)]

문서파일번호	99
작성연월일	1965. 2. 9 - 1965. 3. 1
구분	제7차 회담 재일한국인 법적지위위원회(제11~15회 회의)
세부항목	
작성처	외무성 북동아시아과, 한국대표단
매수	20
비밀등급	
문서종류	회의록, 내부자료
공개구분	공개
내용	1965년 2월 9일~3월 1일에 개최된 제7차 한일회담 재일한국인 법적지위위원회 제11~15회 회의록
주제어	제7차 한일회담 재일한국인 법적지위위원회 회의

문서명	제7차 한일회담 재일한국인 법적지위에 관한 위원회 제11회 회의(第7次日韓全面会談在日韓国人の法的地位に関する委員会第11回会合)

문서파일번호 99
작성연월일 1965. 2. 9
구분 제7차 회담 재일한국인 법적지위위원회 제11회 회의
세부항목
작성처 외무성 북동아시아과
매수 4
비밀등급 극비
문서종류 회의록
공개구분 공개
내용 제7차 한일회담 재일한국인 법적지위위원회 제11회 회의기록. 강제퇴거 요건 중 '외교상의 이익을 해한 자'를 '외국의 원수, 외교사절 또는 그 공관에 대한 범죄행위, 기타 국교의 죄에 의해 금고 이상의 형에 처해진 자'로 수정하기로 합의함.
주제어 재일한국인 법적지위, 강제퇴거 사유

문서명	제7차 한일회담 재일한국인 법적지위에 관한 위원회 제12회 회의(第7次日韓全面会談在日韓国人の法的地位に関する委員会第12回会合)

문서파일번호 99
작성연월일 1965. 2. 12
구분 제7차 회담 재일한국인 법적지위위원회 제12회 회의
세부항목
작성처 외무성 북동아시아과
매수 5
비밀등급 극비
문서종류 회의록
공개구분 공개
내용 제7차 한일회담 재일한국인 법적지위위원회 제12회 회의기록. 영주권자 자손의 영주권 문제에 대해 논의함.
주제어 재일한국인 법적지위, 영주권

문서명	제7차 한일회담 재일한국인 법적지위에 관한 위원회 제13회 회의(第7次日韓全面会談在日韓国人の法的地位に関する委員会第13回会合)

문서파일번호 99
작성연월일 1965. 2. 23
구분 제7차 회담 재일한국인 법적지위위원회 제13회 회의
세부항목
작성처 외무성 북동아시아과
매수 3
비밀등급 극비
문서종류 회의록
공개구분 공개
내용 제7차 한일회담 재일한국인 법적지위위원회 제13회 회의기록. 대우 중 사회보장에 대해 논의함.
주제어 재일한국인 법적지위, 사회보장 문제

문서명	제7차 한일회담 재일한국인 법적지위에 관한 위원회 제14회 회의(第7次日韓全面会談在日韓国人の法的地位に関する委員会第14回会合)

문서파일번호 99
작성연월일 1965. 2. 26
구분 제7차 회담 재일한국인 법적지위위원회 제14회 회의
세부항목
작성처 외무성 북동아시아과
매수 3
비밀등급 극비
문서종류 회의록
공개구분 공개
내용 제7차 한일회담 재일한국인 법적지위위원회 제14회 회의기록. 영주권의 범위에 대해 논의함.
주제어 재일한국인 법적지위, 영주권

문서명	법적지위 문제에 관하여 한국이 제출한 메모(法的地位問題に関し韓国側の提出したメモ)

문서파일번호 99
작성연월일 1965. 2. 26
구분 第7차 회담 재일한국인 법적지위위원회 제14회 회의
세부항목
작성처 한국대표단(일본 가역)
매수 1
비밀등급 극비
문서종류 내부자료
공개구분 공개
내용 第7차 한일회담 재일한국인 법적지위위원회 제14회 회의에서 한국이 제출한 메모. '1945년 종전일 이전부터 계속 일본국에 거주하는 자 및 그자의 자손으로 본 협정 발생 후 5년까지의 사이에 태어난 자의 직계비속, 본 협정 발표 후 5년 이후에 태어난 자는 일본국에 영주할 수 있다'는 내용이 담김.
주제어 재일한국인 법적지위, 영주권

문서명	第7차 한일회담 재일한국인 법적지위에 관한 위원회 제15회 회의(第7次日韓全面会談在日韓国人の法的地位に関する委員会第15回会合)

문서파일번호 99
작성연월일 1965. 3. 1
구분 第7차 회담 재일한국인 법적지위위원회 제15회 회의
세부항목
작성처 외무성 북동아시아과
매수 2
비밀등급 극비
문서종류 회의록
공개구분 공개
내용 第7차 한일회담 재일한국인 법적지위위원회 제15회 회의기록. 한국이 협정안의 전문을 제출함.
주제어 재일한국인 법적지위, 협정문안 논의

문서명	일본국에 거주하는 대한민국 국민의 법적지위 및 처우에 관한 협정 전문(안) [日本国に居住する大韓民国国民の法的地位および処遇に関する協定前文(案)]

문서파일번호	99
작성연월일	1965. 3. 1
구분	제7차 회담 재일한국인 법적지위위원회 제15회 회의
세부항목	
작성처	한국대표단(일본 가역)
매수	2
비밀등급	극비
문서종류	협정안
공개구분	공개
내용	제7차 한일회담 재일한국인 법적지위위원회 제15회 회의기록 첨부물. 한국이 제출한 협정안 전문(일본어 가역본 및 한글본)
주제어	재일한국인 법적지위

제7차 한일회담 재일한국인 법적지위에 관한 위원회 회의(제16~19회) [第7次日韓全面会談在日韓国人の法的地位に関する委員会会合(第16～19回)]

문서파일번호	100
작성연월일	1965. 3. 4 - 1965. 3. 15
구분	제7차 회담 재일한국인 법적지위위원회(제16~19회 회의)
세부항목	
작성처	외무성 북동아시아과, 한국대표단
매수	27
비밀등급	
문서종류	회의록, 협정안, 내부자료
공개구분	공개
내용	1965년 3월 4~15일까지 개최된 제7차 한일회담 재일한국인 법적지위위원회 제16~19회 회의록
주제어	제7차 한일회담 재일한국인 법적지위위원회 회의

문서명	第7차 한일회담 재일한국인 법적지위에 관한 위원회 第16회 회의(第7次日韓全面会談在日韓国人の法的地位に関する委員会第16回会合)

문서파일번호 100
작성연월일 1965. 3. 4
구분 第7차 회담 재일한국인 법적지위위원회 第16회 회의
세부항목
작성처 외무성 북동아시아과
매수 2
비밀등급 극비
문서종류 회의록
공개구분 공개
내용 第7차 한일회담 재일한국인 법적지위위원회 第16회 회의기록. 강제퇴거 사유 중 '외교상의 이익을 해한 자'에 대해 실질적인 합의가 이루어짐.
주제어 재일한국인 법적지위, 강제퇴거 사유

문서명	일본국에 거주하는 대한민국 국민의 법적지위 및 처우에 관한 협정(한국안) [日本国に居住する大韓民国国民の法的地位および処遇に関する協定(韓國側 案)]

문서파일번호 100
작성연월일 1965. 3. 4
구분 第7차 회담 재일한국인 법적지위위원회 第16회 회의
세부항목
작성처 한국대표단(일본 번역)
매수 6
비밀등급 극비
문서종류 협정안
공개구분 공개
내용 第7차 한일회담 재일한국인 법적지위위원회 第16회 회의기록 첨부물. 회의에서 한국이 제시한 일본국에 거주하는 대한민국 국민의 법적지위 및 처우에 관한 협정안(일본어본)
주제어 재일한국인 법적지위

문서명	일본국에 거주하는 대한민국 국민의 법적지위와 처우에 관한 협정(한국안)

문서파일번호 100
작성연월일 1965. 3. 4
구분 제7차 회담 재일한국인 법적지위위원회 제16회 회의
세부항목
작성처 한국대표단
매수 4
비밀등급 극비
문서종류 협정안
공개구분 공개
내용 제7차 한일회담 재일한국인 법적지위위원회 제16회 회의기록 첨부물. 제16회 회의에서 한국이 제시한 일본국에 거주하는 대한민국 국민의 법적지위와 처우에 관한 협정안(한글본)
주제어 재일한국인 법적지위

문서명	제7차 한일회담 재일한국인 법적지위에 관한 위원회 제17회 회의(第7次日韓全面会談在日韓国人の法的地位に関する委員会第17回会合)

문서파일번호 100
작성연월일 1965. 3. 8
구분 제7차 회담 재일한국인 법적지위위원회 제17회 회의
세부항목
작성처 외무성 북동아시아과
매수 9
비밀등급 극비
문서종류 회의록
공개구분 공개
내용 제7차 한일회담 재일한국인 법적지위위원회 제17회 회의기록. 한국은 강제퇴거 사유 중 '기타'는 다양한 이유로 강제퇴거될 수 있으므로 반대, '외국의 원수, 외교사절 또는 공관'이라는 문구에서는 외국의 공관이 전부 포함되므로 반대, '일본국의 형법이 개정된 경우에는 개정 후의 법률에 따른다'는 문구에 대해서는 현재의 법률을 전세로 할 것을 주장하며 반대함.
주제어 재일한국인 법적지위, 강제퇴거 사유

문서명	제목 없음

문서파일번호	100
작성연월일	1965. 3. 8
구분	제7차 회담 재일한국인 법적지위위원회 제17회 회의
세부항목	
작성처	외무성 북동아시아과
매수	1
비밀등급	극비
문서종류	내부자료
공개구분	공개
내용	제7차 한일회담 재일한국인 법적지위위원회 제17회 회의기록 첨부물. 일본의 내란에 관한 죄 및 국교에 관한 죄에 대한 설명 자료
주제어	재일한국인 법적지위, 강제퇴거 사유

문서명	제7차 한일회담 재일한국인 법적지위에 관한 위원회 제18회 회의(第7次日韓全面会談在日韓国人の法的地位に関する委員会第18回会合)

문서파일번호	100
작성연월일	1965. 3. 10
구분	제7차 회담 재일한국인 법적지위위원회 제18회 회의
세부항목	
작성처	외무성 북동아시아과
매수	4
비밀등급	극비
문서종류	회의록
공개구분	공개
내용	제7차 한일회담 재일한국인 법적지위위원회 제18회 회의기록. '공관'은 '외교사절국의 공관'으로, '일본국 형법이 개정된 경우에는 개정 후의 법률에 따른다'는 '본 협정 발효 당시의 형법'으로 변경할 것을 논의함.
주제어	재일한국인 법적지위, 강제퇴거 사유

문서명	제7차 한일회담 재일한국인 법적지위에 관한 위원회 제19회 회의(第7次日韓全面会談在日韓国人の法的地位に関する委員会第19回会合)

문서파일번호	100
작성연월일	1965. 3. 15
구분	제7차 회담 재일한국인 법적지위위원회 제19회 회의
세부항목	
작성처	외무성 북동아시아과
매수	1
비밀등급	극비
문서종류	회의록
공개구분	공개
내용	제7차 한일회담 재일한국인 법적지위위원회 제19회 회의기록. 특기사항 없음.
주제어	재일한국인 법적지위

第7次 한일회담 재일한국인 법적지위에 관한 위원회 회의(제20~ 23회)[在日韓国人の法的地位に関する委員会会合(第20~23回)記録]

문서파일번호	101
문서명	제7차 한일회담 재일한국인 법적지위에 관한 위원회 회의(제20~23회)[在日韓国人の法的地位に関する委員会会合(第20~23回)記録]
작성연월일	1970. 5(일자 불명)
구분	제7차 회담 재일한국인 법적지위위원회(제20~23회 회의)
세부항목	
작성처	외무성 북동아시아과 쓰루다 사무관
매수	5
비밀등급	극비
문서종류	회의록
공개구분	공개
내용	제7차 한일회담 재일한국인 법적지위위원회 제20~23회 회의기록. 쓰루다 사무관이 회의 당시의 메모를 근거로 1970년 5월에 작성한 기록. 제20회(1965. 3. 17), 제21회(1965. 3. 18), 제22회(1965. 3. 22), 제23회(1965. 3. 23) 회의의 주요 참석자 명단, 일정 및 주요 의제 등을 정리함.
주제어	재일한국인 법적지위

제7차 한일회담 재일한국인 법적지위에 관한 위원회 회의(제24~25회)[第7次日韓全面会談在日韓国人の法的地位に関する委員会会合(第24 ~ 25回)]

문서파일번호	102
작성연월일	1965. 4. 16 - 1965. 4. 21
구분	제7차 회담 재일한국인 법적지위위원회(제24~25회 회의)
세부항목	
작성처	외무성 북동아시아과
매수	12
비밀등급	
문서종류	회의록
공개구분	공개 또는 일부비공개
내용	1965년 4월 16~21일까지 개최된 제7차 한일회담 재일한국인 법적지위위원회 제24~25회 회의록
주제어	제7차 한일회담 재일한국인 법적지위위원회 회의

문서명	第7차 한일회담 재일한국인 법적지위에 관한 위원회 제24회 회의(第7次日韓全面会談在日韓国人の法的地位に関する委員会第24回会合)

문서파일번호 102
작성연월일 1965. 4. 16
구분 제7차 회담 재일한국인 법적지위위원회 제24회 회의
세부항목
작성처 외무성 북동아시아과
매수 5
비밀등급 일반
문서종류 회의록
공개구분 공개
내용 제7차 한일회담 재일한국인 법적지위위원회 제24회 회의기록. 금후 논의 진행방식에 관해 협의함.
주제어 재일한국인 법적지위

문서명	第7차 한일회담 재일한국인 법적지위에 관한 위원회 제25회 회의(第7次日韓全面会談在日韓国人の法的地位に関する委員会第25回会合)

문서파일번호 102
작성연월일 1965. 4. 21
구분 제7차 회담 재일한국인 법적지위위원회 제25회 회의
세부항목
작성처 외무성 북동아시아과
매수 7
비밀등급 일반
문서종류 회의록
공개구분 일부비공개
내용 제7차 한일회담 재일한국인 법적지위위원회 제25회 회의기록. 영주권자의 처우(국민건강보험, 진학 등)에 대해 논의함.
주제어 재일한국인 법적지위, 영주권자의 처우

제7차 한일회담 재일한국인 법적지위에 관한 위원회 회의(제26~30회)[第7次日韓全面会談在日韓国人の法的地位に関する委員会会合(第26~30回)]

문서파일번호	103
작성연월일	1965. 4. 23 - 1965. 5. 7
구분	제7차 회담 재일한국인 법적지위위원회(제26~30회 회의)
세부항목	
작성처	외무성 북동아시아과
매수	58
비밀등급	
문서종류	회의록
공개구분	공개 또는 일부비공개
내용	1965년 4월 23일~5월 7일까지 개최된 제7차 한일회담 재일한국인 법적지위위원회 제26~30회 회의록
주제어	제7차 한일회담 재일한국인 법적지위위원회 회의

문서명	第7次 한일회담 재일한국인 법적지위에 관한 위원회 第26회 회의(第7次日韓全面会談在日韓国人の法的地位に関する委員会第26回会合)

문서파일번호 103
작성연월일 1965. 4. 23
구분 第7차 회담 재일한국인 법적지위위원회 第26회 회의
세부항목
작성처 외무성 북동아시아과
매수 8
비밀등급 일반
문서종류 회의록
공개구분 일부비공개
내용 第7차 한일회담 재일한국인 법적지위위원회 第26회 회의기록. 주로 교육 문제에 대해 논의함.
주제어 재일한국인 법적지위, 교육 문제

문서명	第7차 한일회담 재일한국인 법적지위에 관한 위원회 第27회 회의(第7次日韓全面会談在日韓国人の法的地位に関する委員会第27回会合)

문서파일번호 103
작성연월일 1965. 4. 27
구분 第7차 회담 재일한국인 법적지위위원회 第27회 회의
세부항목
작성처 외무성 북동아시아과
매수 11
비밀등급
문서종류 회의록
공개구분 공개
내용 第7차 한일회담 재일한국인 법적지위위원회 第27회 회의기록. 국민건강보험을 비롯한 사회보장 관련 사항에 대해 논의함.
주제어 재일한국인 법적지위, 사회보장 문제

문서명	제7차 한일회담 재일한국인 법적지위에 관한 위원회 제28회 회의(第7次日韓全面会談在日韓国人の法的地位に関する委員会第28回会合)

문서파일번호 103
작성연월일 1965. 4. 30
구분 제7차 회담 재일한국인 법적지위위원회 제28회 회의
세부항목
작성처 외무성 북동아시아과
매수 17
비밀등급 일반
문서종류 회의록
공개구분 공개
내용 제7차 한일회담 재일한국인 법적지위위원회 제28회 회의기록. 귀국 시 갖고 갈 수 있는 재산과 송금 문제에 대해 논의함.
주제어 재일한국인 법적지위, 귀국 시 휴대 재산 및 송금 문제

문서명	제7차 한일회담 재일한국인 법적지위에 관한 위원회 제29회 회의(第7次日韓全面会談在日韓国人の法的地位に関する委員会第29回会合)

문서파일번호 103
작성연월일 1965. 5. 4
구분 제7차 회담 재일한국인 법적지위위원회 제29회 회의
세부항목
작성처 외무성 북동아시아과
매수 12
비밀등급 일반
문서종류 회의록
공개구분 공개
내용 제7차 한일회담 재일한국인 법적지위위원회 제29회 회의기록. 일본은 협정문안을 한국에 전달함. 양측은 합의사항의 조문화 및 협정의 명칭에 대해 논의함.
주제어 재일한국인 법적지위, 협정문안 논의

문서명	第7차 한일회담 재일한국인 법적지위에 관한 위원회 제30회 회의(第7次日韓全面会談在日韓国人の法的地位に関する委員会第30回会合)

문서파일번호	103
작성연월일	1965. 5. 7
구분	第7차 회담 재일한국인 법적지위위원회 제30회 회의
세부항목	
작성처	외무성 북동아시아과
매수	10
비밀등급	일반
문서종류	회의록
공개구분	공개
내용	第7차 한일회담 재일한국인 법적지위위원회 제30회 회의기록. 일본이 제시한 협정안 전반에 대해 한국이 견해를 제시함.
주제어	재일한국인 법적지위, 협정문안 논의

제7차 한일회담 재일한국인 법적지위에 관한 위원회 회의(제31~32회)[第7次日韓全面会談在日韓国人の法的地位に関する委員会会合(第31~32回)]

문서파일번호	104
작성연월일	1965. 5. 11 - 1965. 5. 14
구분	제7차 회담 재일한국인 법적지위위원회(제31~32회 회의)
세부항목	
작성처	외무성 북동아시아과
매수	9
비밀등급	
문서종류	회의록
공개구분	공개
내용	1965년 5월 11~14일까지 개최된 제7차 한일회담 재일한국인 법적지위위원회 제31~32회 회의록
주제어	제7차 한일회담 재일한국인 법적지위위원회 회의

문서명	第7차 한일회담 재일한국인 법적지위에 관한 위원회 제31회 회의(第7次日韓全面会談在日韓国人の法的地位に関する委員会第31回会合)

문서파일번호 104
작성연월일 1965. 5. 11
구분 제7차 회담 재일한국인 법적지위위원회 제31회 회의
세부항목
작성처 외무성 북동아시아과
매수 6
비밀등급 일반
문서종류 회의록
공개구분 공개
내용 제7차 한일회담 재일한국인 법적지위위원회 제31회 회의기록. 마약범의 강제퇴거, 협정 발효 후 5년 후에 출생한 '자(子)'에 대해 논의함.
주제어 재일한국인 법적지위, 강제퇴거 사유

문서명	第7차 한일회담 재일한국인 법적지위에 관한 위원회 제32회 회의(第7次日韓全面会談在日韓国人の法的地位に関する委員会第32回会合)

문서파일번호 104
작성연월일 1965. 5. 14
구분 제7차 회담 재일한국인 법적지위위원회 제32회 회의
세부항목
작성처 외무성 북동아시아과
매수 3
비밀등급 일반
문서종류 회의록
공개구분 공개
내용 제7차 한일회담 재일한국인 법적지위위원회 제32회 회의기록. 협정의 명칭, 전문에 대해 논의함.
주제어 재일한국인 법적지위, 협정문안

제7차 한일회담 재일한국인 법적지위에 관한 위원회 회의(제33~40회)[第7次日韓全面会談在日韓国人の法的地位に関する委員会会合(第33~40回)]

문서파일번호	105
문서명	제7차 한일회담 재일한국인 법적지위에 관한 위원회 회의기록(제33~40회)[第7次日韓全面会談在日韓国人の法的地位に関する委員会会合(第33~40回)]
작성연월일	1970. 5(일자 불명)
구분	제7차 회담 재일한국인 법적지위위원회(제33~40회 회의)
세부항목	
작성처	외무성 북동아시아과 쓰루다 사무관
매수	33
비밀등급	일반
문서종류	회의록
공개구분	공개
내용	제7차 한일회담 재일한국인 법적지위위원회 제33~40회 회의기록(외무성 쓰루다 사무관의 메모에 근거, 1970년 5월에 작성) 제33회 회의(1965년 5월 18일): 협정 제목을 '처우'가 아닌 '법적지위'로 하자고 한국이 주장하는 등 세세한 용어에 대하여 기술적인 의견이 개진됨. 제34회 회의(1965년 5월 21일): '법적지위' 용어 사용에 대해 한일 간 의견 대립됨. 제35회 회의(1965년 5월 25일): 한일 간 이견이 좁혀지지 않는 가운데, 구체적인 사례를 들어가며 기술적 문제들에 대해 논의함. 제36회 회의(1965년 5월 28일): 영주권 신청 자격 등에 관해 논의함. 제37회 회의(1965년 6월 1일): 영주권 신청 자격을 둘러싼 의견 대립 계속, 이산가족 일본 패전 후 입국자 등의 문제에 대해서도 한국 의견 개진함. 제38회(1965년 6월 4일): 전회의 한국 입장에 대해 일본 견해 표명함. 제39회(1965년 6월 11일): 일본이 표명한 '강제퇴거' 경과조치에 관해 협의함. 제40회 회의(1965년 6월 15일): 일본, '대우'만으로는 한국 납득 어렵다고 판단, '법적지위 및 처우'라고 제안한 것에 한국도 동의하는 등 합의 도출, 교육기관, 사회보장관계 등에 대해서도 논의. 16일 이후 회의에는 대장성, 통산성 담당관 등도 참석해 귀국 시 반입 재산 및 송금 문제 등을 논의, 후생성 관련자 등도 참석하여 사회보장 문제에 관해서도 논의함.
주제어	재일한국인 법적지위

외상회담 하에서의 재일한국인 법적지위 전문가 회의(제1~6회)[第7次日韓全面会談外相会談下における在日韓国人の法的地位専門家会合(第1~6回)]

문서파일번호	106
작성연월일	1965. 3. 24 - 1965. 3. 25, 1970. 5(일자 불명)
구분	제7차 회담 재일한국인 법적지위 전문가 회의(제1~6회 회의)
세부항목	
작성처	외무성 북동아시아과
매수	37
비밀등급	극비
문서종류	회의록, 교환공문안
공개구분	공개
내용	한일외상회담 하에서 개최된 6차례의 재일한국인 법적지위 전문가 회의기록
주제어	제7차 한일회담 재일한국인 법적지위 전문가 회의

문서명	외상회담 하에서의 재일한국인 법적지위에 관한 전문가 회의 제1회 회의 (外相会談の下における在日韓国人の法的地位に関する専門家会合第1回会合)

문서파일번호 106
작성연월일 1965. 3. 24
구분 제7차 회담 재일한국인 법적지위 전문가 회의 제1회 회의
세부항목
작성처 외무성 북동아시아과
매수 13
비밀등급 일반
문서종류 회의록
공개구분 공개
내용 제1회 재일한국인 법적지위 전문가 회의기록. 한국안의 '직계비속', '자자손손'의 범위에 관해 논의함.
주제어 재일한국인 법적지위

문서명	협정거주자의 성년 후 및 자손의 처리에 관한 서간 안(1965. 3. 23)[協定在留者の成年後及び子孫の取扱いについての書簡案(40. 3. 23)]

문서파일번호 106
작성연월일 1965. 3. 23
구분 제7차 회담 재일한국인 법적지위 전문가 회의 제1회 회의
세부항목
작성처 외무성 북동아시아과
매수 3
비밀등급 일반
문서종류 교환공문(안)
공개구분 공개
내용 일본 공문안과 일본 공문을 접수하였다는 한국 공문안
주제어 재일한국인 법적지위

문서명	외상회담 하에서의 재일한국인 법적지위에 관한 전문가 회의 제2회 회의 (外相会談の下における在日韓国人の法的地位に関する専門家会合第2回会合)

문서파일번호 106
작성연월일 1965. 3. 25
구분 제7차 회담 재일한국인 법적지위 전문가 회의 제2회 회의
세부항목
작성처 외무성 북동아시아과
매수 6
비밀등급 일반
문서종류 회의록
공개구분 공개
내용 제2회 재일한국인 법적지위 전문가 회의기록. 제1회 회의에 이어 '직계비속', '자자손손'의 범위 등에 관해 논의함.
주제어 재일한국인 법적지위

문서명	외상회담 하에서의 재일한국인 법적지위에 관한 전문가 회의 제3회 회의 (外相会談の下における在日韓国人の法的地位に関する専門家会合第3回会合)

문서파일번호 106
작성연월일 1965. 3. 25
구분 제7차 회담 재일한국인 법적지위 전문가 회의 제3회 회의
세부항목
작성처 외무성 북동아시아과
매수 7
비밀등급 일반
문서종류 회의록
공개구분 공개
내용 제3회 재일한국인 법적지위 전문가 회의기록. 한국이 '자'에 관한 조항을 정리하여 제시함.
주제어 재일한국인 법적지위

문서명	재일한국인 법적지위에 관한 위원회 회의기록(在日韓国人の法的地位に関する委員会会合記録) *문서명이 잘못 기재된 것으로 보임.

문서파일번호 106

작성연월일 1970. 5(일자 불명)

구분 제7차 회담 재일한국인 법적지위 전문가 회의 제4~6회 회의

세부항목

작성처 외무성 북동아시아과 쓰루다 사무관

매수 8

비밀등급 일반

문서종류 회의록

공개구분 공개

내용 북동아시아과 쓰루다(鶴田) 사무관이 회의 당시의 메모를 근거로 작성한 1965년 3월 26일(4회), 3월 31일(5회), 4월 1일(6회) 개최된 재일한국인 법적지위 전문가 회의기록(3월 31일과 4월 1일 회의에서 한국이 사회건강보험 포함을 주장, 결국 '생활 보호 등'으로 합의가 이루어지고, 4월 3일 합의사항에 대한 이니셜이 가능케 됨.)

주제어 재일한국인 법적지위

재일한국인 법적지위협정 조문화 교섭
(在日韓國人法的地位協定條文化交涉)

문서파일번호	472
작성연월일	1965. 5(일자 불명) - 1965. 6. 20
구분	제7차 회담
세부항목	재일한국인 법적지위협정 및 부속문서안
작성처	외무성
매수	128
비밀등급	
문서종류	합의의사록안, 내부자료, 교환공문안, 설명자료, 내부문서, 협정안
공개구분	공개
내용	1965년 5월~6월 20일까지 진행된 재일한국인 법적지위협정 조문화 교섭 자료
주제어	재일한국인 법적지위, 협정 및 부속문서안

문서명	합의의사록안[合意議事錄(案)]

문서파일번호 472
작성연월일 1965. 5(일자 불명)
구분 제7차 회담
세부항목 재일한국인 법적지위협정 및 부속문서안
작성처 외무성
매수 1
비밀등급 일반
문서종류 합의의사록안
공개구분 공개
내용 1965년 5월 재일한국인 법적지위협정 부속 합의의사록안
주제어 재일한국인 법적지위

문서명	'협정영주신청 유자격자로서 입관령의 강제퇴거 사유에 해당되는 자'와 협정 제3조(협정영주자에 대한 강제퇴거 사유)의 관계에 대해서[「協定永住申請有資格者で入管令の退去强制事由に該當するもの」と協定第三条(協定永住者に對する退去强制事由)との關係について]

문서파일번호 472
작성연월일 1965(월일 불명)
구분 제7차 회담
세부항목 재일한국인 법적지위협정 및 부속문서안
작성처 외무성
매수 2
비밀등급 일반
문서종류 내부자료
공개구분 공개
내용 재일한국인 법적지위협정 영주자의 강제퇴거 사유와 관련하여 입국관리령과 협정 제3조의 관계에 대한 해석자료
주제어 재일한국인 법적지위, 강제퇴거 사유

문서명	'협정영주신청 유자격자로서 입관령의 강제퇴거 사유에 해당되는 자'와 협정 제3조(협정영주자에 대한 강제퇴거 사유)의 관계에 대해서[「協定永住申請有資格者で入管令の退去强制事由に該當するもの」と協定第三条(協定永住者に對する退去强制事由)との關係について]

문서파일번호 472
작성연월일 1965. 6. 1
구분 제7차 회담
세부항목 재일한국인 법적지위협정 및 부속문서안
작성처 외무성
매수 3
비밀등급 극비
문서종류 내부자료
공개구분 공개
내용 재일한국인 법적지위협정 영주자의 강제퇴거 사유와 관련하여 입국관리령과 협정 제3조의 관계에 대한 설명 자료(1965년 6월 1일 회담에서 한국에 설명)
주제어 재일한국인 법적지위, 강제퇴거 사유

문서명	구두설명용 자료(口頭説明用資料)

문서파일번호 472
작성연월일 1965. 6. 3
구분 제7차 회담
세부항목 재일한국인 법적지위협정 및 부속문서안
작성처 외무성
매수 2
비밀등급 일반
문서종류 내부자료
공개구분 공개
내용 재일한국인 법적지위협정 영주자의 강제퇴거와 관련한 구두 설명자료
주제어 재일한국인 법적지위, 강제퇴거 사유

문서명	'협정영주신청 유자격자로서 입관령의 강제퇴거 사유에 해당되는 자'와 협정 제3조(협정영주자에 대한 강제퇴거 사유)의 관계에 대해서[「協定永住申請有資格者で入管令の退去强制事由に該當するもの」と協定第三条(協定永住者に對する退去强制事由)との關係について]

문서파일번호 472
작성연월일 1965. 6. 3
구분 제7차 회담
세부항목 재일한국인 법적지위협정 및 부속문서안
작성처 외무성
매수 3
비밀등급 극비
문서종류 내부자료
공개구분 공개
내용 재일한국인 법적지위협정 영주자의 강제퇴거 사유와 관련하여 입국관리령과 협정 제3조의 관계에 대한 6월 3일 자 해석 자료
주제어 재일한국인 법적지위, 강제퇴거 사유

문서명	법적지위 관련 교환공문 일본 서한(안)[法的地位關聯交換公文日本側書簡(案)]

문서파일번호 472
작성연월일 1965. 6. 3
구분 제7차 회담
세부항목 재일한국인 법적지위협정 및 부속문서안
작성처 외무성
매수 2
비밀등급 일반
문서종류 교환공문(안)
공개구분 공개
내용 재일한국인 법적지위 관련 교환공문 1965년 6월 3일 자 안
주제어 재일한국인 법적지위

문서명	법무성 협의용(法務省との協議用)

문서파일번호 472
작성연월일 1965. 6. 4
구분 제7차 회담
세부항목 재일한국인 법적지위협정 및 부속문서안
작성처 외무성
매수 2
비밀등급 일반
문서종류 내부자료
공개구분 공개
내용 재일한국인 법적지위협정 영주자의 강제퇴거 관련 법무성과의 협의 자료 ① 대한민국 국민은 협정 규정에 따라 영주허가 신청을 한 경우는 그 신청결과가 나올 때까지 일본으로부터 강제 송환되지 않음. ② 대한민국정부는 협정의 규정에 기초한 영주허가가 부여되지 않은 대한민국 국민 중에 일본국법령에 따라 강제퇴거 조치를 한 자를 받아들일 것(내용이 약간 다른 문서가 2매 있음)
주제어 재일한국인 법적지위, 강제퇴거 사유

문서명	설명자료(説明資料)

문서파일번호 472
작성연월일 1965. 6. 4
구분 제7차 회담
세부항목 재일한국인 법적지위협정 및 부속문서안
작성처 외무성
매수 2
비밀등급 극비
문서종류 설명자료
공개구분 공개
내용 재일한국인 법적지위협정 영주자의 강제퇴거 관련 1965년 6월 4일 한국에 제시한 설명자료
주제어 재일한국인 법적지위, 강제퇴거 사유

문서명	‘재일한국인 처우협정’ 교섭에 관하여(「在日韓国人待遇協定」交渉について)

문서파일번호 472
작성연월일 1965. 6. 3
구분 제7차 회담
세부항목 재일한국인 법적지위협정 및 부속문서안
작성처 외무성 조약국
매수 4
비밀등급 일반
문서종류 내부자료
공개구분 공개
내용 1965년 6월1일 회의에서 한국이 재일한국인 법적지위협정 관련해 제시한 5가지 안건[① ‘계속(引き続き)’의 정의(일본안 제1조) ② 국적증명(일본안 제1조) ③ 이산가족 ④ ‘용의가 있다’(일본안 제2조) ⑤ 협정영주자로 강제퇴거를 받은 자를 받아들이는 조항(일본안 제3조)]에 대한 한일 양국 입장이 정리된 문서
주제어 재일한국인 법적지위

문서명	법적지위협정의 조문화 교섭상의 문제점(法的地位協定の条文化交渉上における問題点)

문서파일번호 472
작성연월일 1965. 6. 3
구분 제7차 회담
세부항목 재일한국인 법적지위협정 및 부속문서안
작성처 외무성 북동아시아과
매수 8
비밀등급 극비
문서종류 내부문서
공개구분 공개
내용 재일한국인 법적지위협정 조문화 교섭과정에서 한일 간에 의견 대립이 발생할 사항을 정리한 문서. ① 협정의 명칭 ② 재협의 조항 ③ 송환자를 받아들일 의무 ④ 국적증명서 ⑤ 계속해서 거주(引き続き居住)한다는 표현의 의미 ⑥ 일반 국내법의 적용 등
주제어 재일한국인 법적지위

문서명	전후입국자에 관한 타협안(戰後入国者に関する妥協案)

문서파일번호 472
작성연월일 1965(월일 불명)
구분 제7차 회담
세부항목 재일한국인 법적지위협정 및 부속문서안
작성처 외무성
매수 3
비밀등급 극비
문서종류 내부문서
공개구분 공개
내용 재일한국인 법적지위협정문안 중 패전 후 입국자와 관련한 일본 타협안
주제어 재일한국인 법적지위

문서명	제목 없음

문서파일번호 472
작성연월일 1965. 6. 9
구분 제7차 회담
세부항목 재일한국인 법적지위협정 및 부속문서안
작성처 외무성
매수 1
비밀등급 일반
문서종류 내부문서
공개구분 공개
내용 재일한국인 법적지위협정 제1조(일본 영주허가를 받은 사람이 일본의 국공립 초·중등학교 입학을 희망할 경우 이를 허가하고, 중학교 졸업생은 상급학교 입학자격을 부여한다는 내용) 관련 문부성 협의를 마친 안
주제어 재일한국인 법적지위, 영주자 학교 입학자격

문서명	제목 없음

문서파일번호 472
작성연월일 1965. 6. 10
구분 제7차 회담
세부항목 재일한국인 법적지위협정 및 부속문서안
작성처 후생성
매수 1
비밀등급 일반
문서종류 내부문서
공개구분 공개
내용 재일한국인 법적지위협정 영주자의 건강보험 피보험자에 관한 후생성안
주제어 재일한국인 법적지위, 영주자 건강보험

문서명	합의의사록(合意議事録)

문서파일번호 472
작성연월일 1965. 6. 11
구분 제7차 회담
세부항목 재일한국인 법적지위협정 및 부속문서안
작성처 외무성
매수 3
비밀등급 극비
문서종류 합의의사록안
공개구분 공개
내용 재일한국인 법적지위협정 부속 합의의사록 1965년 6월 11일 자 안
주제어 재일한국인 법적지위

문서명	일본국에 거주하는 대한민국 국민의 법적지위 및 처우에 관한 일본국과 대한민국의 협정(안)[日本国に居住する大韓民国の法的地位及び待遇に関する日本国と大韓民国との間の協定(案)]

문서파일번호 472
작성연월일 1965. 6. 14
구분 제7차 회담
세부항목 재일한국인 법적지위협정 및 부속문서안
작성처 외무성 조약국
매수 13
비밀등급 극비
문서종류 협정안
공개구분 공개
내용 재일한국인 법적지위협정(안)
주제어 재일한국인 법적지위

문서명	합의의사록안[合意議事錄(案)]

문서파일번호 472
작성연월일 1965. 6. 15
구분 제7차 회담
세부항목 재일한국인 법적지위협정 및 부속문서안
작성처 외무성
매수 3
비밀등급 극비
문서종류 합의의사록안
공개구분 공개
내용 재일한국인 법적지위협정 부속 합의의사록안
주제어 재일한국인 법적지위

문서명	합의의사록안[合意議事錄(案)]

문서파일번호 472
작성연월일 1965. 6. 15
구분 제7차 회담
세부항목 재일한국인 법적지위협정 및 부속문서안
작성처 외무성
매수 1
비밀등급 극비
문서종류 합의의사록안
공개구분 공개
내용 1965년 6월 15일 밤에 작성된 재일한국인 법적지위협정 부속 합의의사록안
주제어 재일한국인 법적지위

문서명	제4조, 제5조, 제6조(第4条、第5条、第6条)

문서파일번호 472
작성연월일 1965. 6. 15
구분 제7차 회담
세부항목 재일한국인 법적지위협정 및 부속문서안
작성처 외무성
매수 4
비밀등급 극비
문서종류 협정안
공개구분 공개
내용 재일한국인 법적지위협정 제4, 5, 6조 안
주제어 재일한국인 법적지위

문서명	한국 제안(韓国側提案)

문서파일번호 472
작성연월일 1965. 6. 16
구분 제7차 회담
세부항목 재일한국인 법적지위협정 및 부속문서안
작성처 외무성
매수 2
비밀등급 일반
문서종류 협정안
공개구분 공개
내용 재일한국인 법적지위협정 한국 제안
주제어 재일한국인 법적지위

문서명	일본 제안(日本側提案)

문서파일번호 472
작성연월일 1965. 6. 16
구분 제7차 회담
세부항목 재일한국인 법적지위협정 및 부속문서안
작성처 외무성
매수 2
비밀등급 일반
문서종류 협정안
공개구분 공개
내용 재일한국인 법적지위협정 일본 제안
주제어 재일한국인 법적지위

문서명	법적지위협정 부속문서 기재사항(法的地位協定附属文書記載事項)

문서파일번호 472
작성연월일 1965. 6. 18
구분 제7차 회담
세부항목 재일한국인 법적지위협정 및 부속문서안
작성처 외무성
매수 20
비밀등급 극비
문서종류 내부자료
공개구분 공개
내용 재일한국인 법적지위협정 부속문서에 기재되어야 할 사항을 기록
주제어 재일한국인 법적지위

문서명	일본국에 거주하는 대한민국 국민의 법적지위 및 처우에 관한 일본국과 대한민국의 협정 및 부속문서(안)[日本国に居住する大韓民国の法的地位及び待遇に関する日本国と大韓民国との間の協定及び附属文書(案)]

문서파일번호 472
작성연월일 1965. 6. 18
구분 제7차 회담
세부항목 재일한국인 법적지위협정 및 부속문서안
작성처 외무성
매수 28
비밀등급 극비
문서종류 협정안, 부속문서안
공개구분 공개
내용 재일한국인 법적지위협정 및 부속문서안
주제어 재일한국인 법적지위

문서명	일본국에 거주하는 대한민국 국민의 법적지위 및 처우에 관한 일본국과 대한민국의 협정(안), 합의의사록안, 논의기록(안)[日本国に居住する大韓民国国民の法的地位及び待遇に関する日本国と大韓民国との間の協定(案), 合意された議事録(案), 討議の記録(案)]

문서파일번호 472
작성연월일 1965. 6. 20
구분 제7차 회담
세부항목 재일한국인 법적지위협정 및 부속문서안
작성처 외무성
매수 7
비밀등급 극비
문서종류 협정안, 부속문서안
공개구분 공개
내용 재일한국인 법적지위협정안, 합의의사록안 및 논의기록안
주제어 재일한국인 법적지위

제7차 한일회담 재일한국인 법적지위 문제 교섭
(第7次日韓会談における在日韓国人の法的地位問題の交渉)

문서파일번호	475
문서명	제7차 한일회담 재일한국인 법적지위 문제 교섭(第7次日韓会談における在日韓国人の法的地位問題の交渉)
작성연월일	1965. 6(일자 불명)
구분	제7차 회담
세부항목	재일한국인 법적지위위원회 교섭 일지
작성처	외무성
매수	7
비밀등급	일반
문서종류	내부자료
공개구분	공개
내용	1965년 3월 1일~6월 22일까지 진행된 법적지위위원회 교섭일지
주제어	재일한국인 법적지위

한일회담 관계 메모(재일한국인의 법적지위 문제)
[日韓会談関係メモ(在日韓国人の法的地位問題)]

문서파일번호	465
문서명	한일회담 관계 메모(재일한국인의 법적지위 문제)[日韓会談関係メモ(在日韓国人の法的地位問題)]
작성연월일	1965. 1. 14
구분	제7차 회담
세부항목	재일한국인 법적지위
작성처	법무성
매수	6
비밀등급	극비
문서종류	내부문서
공개구분	공개
내용	법무성이 한일회담에서 논의된 법적지위 문제에 관해 그 개요를 정리한 문서. 회담 기간, 주요 문제점, 부속문서 관련 의제 등이 정리되어 있음.
주제어	재일한국인 법적지위

법적지위 문제 현황
(法的地位問題の現況)

문서파일번호	466
문서명	법적지위 문제의 현황(法的地位問題の現況)
작성연월일	1965. 2. 15
구분	제7차 회담
세부항목	재일한국인 법적지위
작성처	외무성 북동아시아과
매수	7
비밀등급	극비
문서종류	내부문서
공개구분	공개
내용	재일한국인 법적지위 문제 관련 교섭 현황을 정리한 자료. 협정지위권 부여의 범위(협정 발효 후 5년 내에 태어난 자), 협정영주권자의 강제퇴거 대상 합의(내란, 외환에 관한 죄로 금고 이상의 형에 처해진 자, 마약범, 영리목적에 의한 죄로 3년 이상의 형에 처해진 자, 상습범, 7년을 넘는 형에 처해진 자). 영주권자의 '자손'의 범위, 국적 확인 조건에 대해서는 이견. 한국은 재일한국인 모두 대한민국 국민이라는 취지의 규정을 협정에 삽입할 것을 주장. 일본은 이에 반대함.
주제어	재일한국인 법적지위

재일한국인 법적지위협정 교섭 관련 문서
(在日韓國人法的地位協定交涉關聯文書)

문서파일번호	467
작성연월일	1965. 2. 5 - 1965. 3. 29
구분	제7차 회담
세부항목	재일한국인 법적지위협정 및 부속문서안
작성처	외무성, 한국대표단
매수	227
비밀등급	
문서종류	합의의사록안, 협정안, 메모, 교환공문안, 내부문서, 내부자료
공개구분	공개
내용	1965년 2월~3월까지 진행된 재일한국인 법적지위협정 및 부속문서 조문 작성 교섭 관련 양측의 협정문안 등 문서 모음
주제어	재일한국인 법적지위

문서명	부속문서의 골자(안)(처우에 관한 부분)[附属文書の骨子(案)(処遇に関する部分)]

문서파일번호 467
작성연월일 1965(월일 불명)
구분 제7차 회담
세부항목 재일한국인 법적지위협정 및 부속문서안
작성처 외무성
매수 6
비밀등급 일반
문서종류 합의의사록안
공개구분 공개
내용 재일한국인 법적지위협정 부속문서(합의의사록)에 포함시킬 처우 관련 주요 내용. ① 교육 ② 생활보호 ③ 가지고 갈 수 있는 재산
주제어 재일한국인 법적지위

문서명	부속문서의 골자(안)(처우에 관한 부분)[附属文書の骨子(案)(処遇に関する部分)]

문서파일번호 467
작성연월일 1965. 2. 5
구분 제7차 회담
세부항목 재일한국인 법적지위협정 및 부속문서안
작성처 외무성
매수 2
비밀등급 극비
문서종류 합의의사록안
공개구분 공개
내용 재일한국인 법적지위협정 부속문서(합의의사록)에 포함시킬 처우 관련 주요 내용에 일부를 추가하여 작성한 논의용 자료
주제어 재일한국인 법적지위

문서명	일본국에 거주하는 대한민국 국민의 법적지위 및 처우에 관한 협정(안)[日本国に居住する大韓民国国民の法的地位及び處遇に関する協定(案)]

문서파일번호 467
작성연월일 1965. 2. 5
구분 제7차 회담
세부항목 재일한국인 법적지위협정 및 부속문서안
작성처 한국대표단(일본 가역)
매수 4
비밀등급 극비
문서종류 협정안
공개구분 공개
내용 한국의 재일한국인 법적지위협정문안의 일부. 제6조 본 협정에 의해 영주하는 이들에게는 국민에게 주어지는 권리는 제외시키지만, 동등한 대우를 받게 함. 제7조 영주하는 이들에게 주어지는 의무교육 혜택 등에 관한 사항, 제8조 영주하는 이들에게 주어지는 사회보장 혜택에 관한 사항, 제9조 한국에 영주할 목적으로 귀국할 시에는 전 재산을 과세 없이 반출하는 것이 가능
주제어 재일한국인 법적지위

문서명	영주귀국자의 재산 반출 및 송금(永住帰国者の財産搬出及び送金)

문서파일번호 467
작성연월일 1965. 2. 5
구분 제7차 회담
세부항목 재일한국인 법적지위협정 및 부속문서안
작성처 외무성
매수 3
비밀등급 일반
문서종류 내부문서
공개구분 공개
내용 영주귀국자 재산 반출 및 송금 관련 내용. 휴대품, 취업용품, 이사물품은 모두 제한 없이 반출가능. 이외의 것은 수출허가를 신청. 송금액은 1세대당 1만 달러. 처분되지 않고 일본에 남는 재산에 대한 규정 등을 기재함.
주제어 재일한국인 법적지위

문서명	재일한국인 법적지위 문제에 관한 한국의 신 제안(在日韓国人の法的地位問題に関する韓国側新提案)

문서파일번호	467
작성연월일	1965. 2. 24
구분	제7차 회담
세부항목	재일한국인 법적지위 문제 한국 제안
작성처	외무성 북동아시아과
매수	2
비밀등급	극비
문서종류	내부문서
공개구분	공개
내용	양국 수석대표 회담에서 김동조 수석대표가 법적지위 문제의 해결책으로서 제안한 내용. 영주권 부여 및 협정 발효 5년 안에 태어난 이들에 관한 처우 등이 담겨 있음.
주제어	재일한국인 법적지위

문서명	법적지위 문제에 관하여 한국이 제안한 메모(法的地位問題に関し韓国側の提出したメモ)

문서파일번호	467
작성연월일	1965. 2. 26
구분	제7차 회담
세부항목	재일한국인 법적지위협정 및 부속문서안
작성처	한국대표단(일본 번역)
매수	1
비밀등급	일반
문서종류	기타(메모)
공개구분	공개
내용	재일한국인 법적지위에 관해 한국이 제안한 메모. 종전 전부터 일본에 거주하던 이들뿐 아니라 본 협정 발생 후 5년 안에 태어난 이들에게까지 영주할 수 있게 하며, 일반 외국인보다는 유리한 지위가 부여된다는 내용이 담김.
주제어	재일한국인 법적지위

문서명	일본국에 거주하는 대한민국 국민의 법적지위 및 처우에 관한 협정(안)[日本国に居住する大韓民国国民の法的地位および処遇に関する協定(案)]

문서파일번호 467
작성연월일 1965. 3. 1
구분 제7차 회담
세부항목 재일한국인 법적지위협정 및 부속문서안
작성처 한국대표단(일본 가역)
매수 1
비밀등급 일반
문서종류 협정안
공개구분 공개
내용 재일한국인 법적지위협정 서문 한국안의 가역본. 종전 전부터 일본에 거주하던 대한민국 국민의 역사적 배경에서의 특수성을 고려하여 그들과 그들 자손에 대해 특별한 법적지위를 부여하고 처우를 하기로 함.
주제어 재일한국인 법적지위

문서명	제1안A~제2안B(第一案—A~第二案—B)

문서파일번호 467
작성연월일 1965. 3. 3
구분 제7차 회담
세부항목 재일한국인 법적지위협정 및 부속문서안
작성처 외무성 조약국
매수 5
비밀등급 일반
문서종류 협정안
공개구분 공개
내용 조약국에서 제시한 재일한국인 법적지위협정안 일부. 제1안-A, B 및 제2안-A, B
주제어 재일한국인 법적지위

문서명	일본국에 거주하는 특정 대한민국 국민의 법률상 지위 및 처우에 관한 협정(안)[日本国に在留する特定の大韓民国国民の法律上の地位及び處遇に関する協定(案)]

문서파일번호 467
작성연월일 1965. 3. 4
구분 제7차 회담
세부항목 재일한국인 법적지위협정 및 부속문서안
작성처 외무성 조약국
매수 11
비밀등급 극비
문서종류 협정안
공개구분 공개
내용 일본의 재일한국인 법적지위협정 시안
주제어 재일한국인 법적지위

문서명	일본국에 거주하는 대한민국 국민의 법적지위 및 처우에 관한 협정(안)[日本国に居住する大韓民国国民の法的地位および処遇に関する協定(案)]

문서파일번호 467
작성연월일 1965. 3. 4
구분 제7차 회담
세부항목 재일한국인 법적지위협정 및 부속문서안
작성처 한국대표단(일본 번역)
매수 7
비밀등급 극비
문서종류 협정안
공개구분 공개
내용 한국의 재일한국인 법적지위협정(안). 제1조 종전 전부터 일본에 거주하는 대한민국 국민 및 그 직계자손에 대해 영주권을 부여, 제2조 협정 발효 후 5년 이내에 영주신청서를 제출해야 함, 제3조 내란에 관한 죄, 외환에 관한 죄, 마약 거래 등에 연루된 범죄자들에 대한 사항, 제4조 국민으로서의 권리를 제외하고는 일본 국민과 동등한 처우를 받음, 제5조 협정 발효 5년 후 태어난 이들에 관한 사항
주제어 재일한국인 법적지위

문서명	협정(안) 일부[協定(案) 一部]

문서파일번호 467
작성연월일 1965. 3. 8
구분 제7차 회담
세부항목 재일한국인 법적지위협정 및 부속문서안
작성처 외무성 조약국
매수 1
비밀등급 극비
문서종류 협정안
공개구분 공개
내용 일본 조약국의 재일한국인 법적지위협정 중 내란에 관한 죄, 국교(國交)에 관한 죄 조문(안)
주제어 재일한국인 법적지위

문서명	일본국에 거주하는 대한민국 국민의 처우에 관한 일본국과 대한민국의 협정(안)[日本国に在留する大韓民国国民の待遇に関する日本国と大韓民国との間の協定(案)]

문서파일번호 467
작성연월일 1965. 3. 10
구분 제7차 회담
세부항목 재일한국인 법적지위협정 및 부속문서안
작성처 외무성 조약국
매수 11
비밀등급 극비
문서종류 협정안
공개구분 공개
내용 일본의 재일한국인 법적지위협정 시안. 제1조 영주를 허가하는 이들의 범주, 제2조 강제퇴거를 당할 수 있는 이들의 범주, 제3조 영주를 허락받은 이들의 교육 및 생활보호에 관한 사항, 제4조 협정 이외의 사항은 다른 외국인들과 동일, 제5조 비준의 필요
주제어 재일한국인 법적지위

문서명	협정 제3조에 관한 교환공문(안)[協定第3条關する交換公文(案)]

문서파일번호 467
작성연월일 1965. 3. 10
구분 제7차 회담
세부항목 재일한국인 법적지위협정 및 부속문서안
작성처 외무성 조약국
매수 5
비밀등급 극비
문서종류 교환공문(안)
공개구분 공개
내용 재일한국인 법적지위협정 제3조 관련 일본정부가 취해야 할 조치에 관한 내용을 담은 양국 교환공문 일본 시안
주제어 재일한국인 법적지위

문서명	일본국에 거주하는 대한민국 국민의 처우에 관한 일본국과 대한민국의 협정에 관한 합의의사록안[日本国に在留する大韓民国国民の待遇に関する日本国と大韓民国との間の協定についての合意された議事録(案)]

문서파일번호 467
작성연월일 1965. 3. 10
구분 제7차 회담
세부항목 재일한국인 법적지위협정 및 부속문서안
작성처 외무성 조약국
매수 2
비밀등급 극비
문서종류 합의의사록안
공개구분 공개
내용 재일한국인 법적지위협정 합의의사록안
주제어 재일한국인 법적지위

문서명	귀화에 관하여 제1조 3, 4 사이에 넣은 문안(帰化に関し、第一条3と4の間に入れる案文)

문서파일번호 467
작성연월일 1965. 3. 11
구분 제7차 회담
세부항목 재일한국인 법적지위협정 및 부속문서안
작성처 외무성 조약국
매수 1
비밀등급 극비
문서종류 협정안
공개구분 공개
내용 재일한국인 법적지위협정의 귀화에 관한 사항
주제어 재일한국인 법적지위

문서명	한일법적지위협정의 일본안에 관하여(日韓法的地位協定の日本側案について)

문서파일번호 467
작성연월일 1965. 3. 12
구분 제7차 회담
세부항목 재일한국인 법적지위협정 및 부속문서안
작성처 외무성 조약국
매수 15
비밀등급 극비
문서종류 재가문서, 협정안, 교환공문안, 합의의사록안
공개구분 공개
내용 조약국 재가문서 및 동 문서에 첨부된 재일한국인 법적지위협정안, 교환공문 및 합의의사록 시안
주제어 재일한국인 법적지위

문서명	일본에 거주하는 한국인 처우에 관한 일본과 한국 간 협정, 합의의사록, 교환공문(안)[Agreement between Japan and the Republic of Korea on Treatment of Nationals of the Republic of Korea Residing in Japan, Agreed Minutes and Notes for Exchange(Draft)]

문서파일번호 467
작성연월일 1965. 3. 13
구분 제7차 회담
세부항목 재일한국인 법적지위협정 및 부속문서안
작성처 외무성 조약국
매수 13
비밀등급 극비
문서종류 협정안
공개구분 공개
내용 일본의 제2차 재일한국인 법적지위협정, 합의의사록, 교환공문 시안의 영문 번역본
주제어 재일한국인 법적지위

문서명	일본국에 거주하는 대한민국 국민의 처우에 관한 일본국과 대한민국의 협정(안) 등[日本国に在留する大韓民国国民の待遇に関する日本国と大韓民国との間の協定(案)等]

문서파일번호 467
작성연월일 1965. 3. 17
구분 제7차 회담
세부항목 재일한국인 법적지위협정 및 부속문서안
작성처 외무성 조약국
매수 27
비밀등급 극비
문서종류 협정안, 교환공문안, 합의의사록안
공개구분 공개
내용 일본이 한국에 전달한 재일한국인 법적지위협정안, 합의의사록안, 교환공문안 일문본 및 영문 번역본
주제어 재일한국인 법적지위

문서명	법적지위협정의 존속기간에 관하여(いわゆる法的地位協定の保存期間について)

문서파일번호 467
작성연월일 1965. 3. 17
구분 제7차 회담
세부항목 재일한국인 법적지위협정 및 부속문서안
작성처 외무성 조약국 조약과
매수 2
비밀등급 극비
문서종류 내부문서
공개구분 공개
내용 재일한국인 법적지위협정의 효력 존속기간에 관한 조약과의 검토의견.
① 제1조 1(1)a에 따르면 1945년 9월 2일이 기준이 되므로, 그 시점에서 태어난 이들을 생각하면 2005년(수명을 60년으로 추정)까지 효력이 존속하는 것이 됨 ② 제1조 1(b)에 따르면 협정 발효 후 5년이 기준이 되므로, 1970년 출생에 수명 60년을 더하면 2030년까지 효력이 존속하는 것이 됨 ③ 제1조 3에 따르면 협정 발효 5년 후 태어난 이들이 성년이 될 때까지 일본에 거주할 수 있음. 아울러 2의 이들이 50세까지(2020년) 출산한다고 보았을 때, 그 자손들이 성년이 되는 2040년까지 협정의 효력이 존속하는 것이 됨.
주제어 재일한국인 법적지위

문서명	한국(안)에 따를 경우 주요 문제점(韓國案によった場合の主要な問題点)

문서파일번호 467
작성연월일 1965. 3. 17
구분 제7차 회담
세부항목 재일한국인 법적지위협정 및 부속문서안
작성처 외무성 법규과
매수 9
비밀등급 일반
문서종류 내부문서
공개구분 공개

내용　한국의 재일한국인 법적지위협정안에 따를 경우 발생하게 될 문제점에 대한 검토의견. ① 자손에까지 '영주권'을 인정한다는 점 ② 현세대 이후의 세대에도 적어도 미성년까지는 현세대와 같은 수준의 처우를 받게 한다는 점 ③ 현세대 이후 세대의 성년 후 강제퇴거 등의 처우는 향후 협의로 돌린다는 점 등이 기재되어 있음.

주제어　재일한국인 법적지위

문서명	영주자의 범위에 관한 여러 안과 그 이해득실(永住者の範囲についての諸案とその利害得損)

문서파일번호　467

작성연월일　1965. 3. 18

구분　제7차 회담

세부항목　재일한국인 법적지위협정 및 부속문서안

작성처　외무성 마쓰나가 조약과장

매수　7

비밀등급　극비

문서종류　내부문서

공개구분　공개

내용　마쓰나가 노부오(松永信雄) 조약과장의 영주자 범위에 관한 안과 그 이해득실에 관한 검토의견이 담긴 문서. 재일한국인 법적지위협정안이 갖는 장단점을 정리함.

① 일본안(협정 발효 후 5년까지 출생한 이들에게까지 영주를 인정하고, 그 자손에게는 성년까지의 거주를 인정)-균형 잡힌 방법이지만, 자손들에게 한정된 거주밖에 보장하지 못함.

② 한국안[종전까지 일본에 거주했던 한국인 및 그 자손은 영구적으로 출생부터 영주권에 해당하는 지위를 취득하며, 일반외국인 영주자보다 유리한 처우(강제퇴거에 관해)를 부여]-안정된 생활을 할 수 있게 되지만, 국민으로서의 고유한 책임을 면제받는 불합리함이 있음.

③ 한국타협안, 이동원 안(협정 발효 후 5년 이후에 태어난 이들에게 영주를 인정하나 성년이 된 후의 대우는 25년 동안 협의하자는 안)-여전히 한국인의 불안정한 생활이 계속될 염려가 있음.

④ 합리적인 타협안-자동 영주자의 범위는 협정 발효 후 5년까지, 협정영주자의 자손은 성년까지 거주를 보장, 성년 이후에 본인이 희망한다면 귀화 내지 영주를 허가하는 보장

주제어　재일한국인 법적지위

문서명	(안)일본에 거주하는 한국인의 처우에 관한 일본과 한국 간 협정, 합의의사록, 교환공문[(Draft) Agreement between Japan and the Republic of Korea on treatment of nationals of the Republic of Korea residing in Japan, Agreed Minutes and Japanese, Korean Notes for Exchange]

문서파일번호 467
작성연월일 1965. 3. 18
구분 제7차 회담
세부항목 재일한국인 법적지위협정 및 부속문서안
작성처 조약과
매수 11
비밀등급 극비
문서종류 협정안, 교환공문안, 합의의사록안
공개구분 공개
내용 1965년 3월 17일 자 재일한국인 법적지위협정안 등의 영문 번역본에 수정을 가한 문서
주제어 재일한국인 법적지위

문서명	협정거주자의 성년 후 처리에 관한 교환공문안(協定在留者の成年後の取扱いについての書簡案)

문서파일번호 467
작성연월일 1965. 3. 20
구분 제7차 회담
세부항목 재일한국인 법적지위협정 및 부속문서안
작성처 조약과
매수 3
비밀등급 극비
문서종류 내부문서
공개구분 공개
내용 재일한국인 법적지위협정 부속 교환공문의 일본안. 협정 제1조 3의 규정에 따라 일본에 거주하는 이가 성년이 된 후에 일본에 영주를 신청하면 일본정부는 신청 허가를 호의적으로 고려할 것이며 그 자손들에게도 그에 준하는 처리를 한다는 내용
주제어 재일한국인 법적지위

문서명	재일한국인의 법적지위 문제 중 처우에 관한 문제점(在日韓国人の法的地位問題中処遇に関する問題点)

문서파일번호 467
작성연월일 1965. 3. 20
구분 제7차 회담
세부항목 재일한국인 법적지위협정 및 부속문서안
작성처 외무성 북동아시아과
매수 6
비밀등급 극비
문서종류 내부문서
공개구분 공개
내용 재일한국인 법적지위협정의 처우 관련 부분 문제점에 대한 검토의견.
① 사회보장: 한국이 내국민과 동등한 대우를 요구하고 있기에 현재 외국인에게 적용되고 있지 않은 생활보호법, 국민연금법, 국민건강보험법에 대한 합의 사항 및 과제를 정리함. 적용범위에 있어서도 한일 양국 간 이견이 있으나 최종적으로 한국에 양보하지 않을 수 없을 것이라고 함.
② 교육: 한국은 협정 발효후 5년 이내에 태어난 이들과 그 자손에게까지 일본 국민과 동등한 의무교육을 보장해야 한다는 등의 주장을 하고 있는 데 대한 문제점 및 반박 논리가 정리되어 있음.
주제어 재일한국인 법적지위

문서명	영주자의 범위에 관한 여러 안(永住者の範囲についての諸案)

문서파일번호 467
작성연월일 1965. 3. 22
구분 제7차 회담
세부항목 재일한국인 법적지위협정 및 부속문서안
작성처 외무성
매수 4
비밀등급 극비
문서종류 내부문서

공개구분 공개

내용 재일한국인 법적지위협정 내용 중 영주자의 범위에 관한 각 안이 가진 문제점을 지적.

① 일본안(협정 발효 후 5년까지 출생한 이들에게 영주를 인정하고, 그 자손에게는 성년까지의 거주를 인정)-양국의 장기적 문제를 해결하지 못하고 있을 뿐 아니라, 영주권자에게 불안정한 생활을 강제하게 됨.

② 한국안[종전까지 일본에 거주했던 한국인 및 그 자손은 영구적으로 출생부터 영주권에 해당하는 지위를 취득하며, 일반외국인 영주자보다 유리한 처우(강제퇴거에 관해)를 부여]-편파적 처우로 균형을 잃게 되고 치외법권 원칙에도 위반.

③ 한국타협안, 이동원 안(협정 발효 후 5년 이후에 태어난 이들에게 영주를 인정하나 성년이 된 후의 처우는 25년 동안 협의하자는 안)-불확정한 처우의 확정을 장기간 연기하는 것은 불합리

주제어 재일한국인 법적지위

문서명	강제퇴거자의 처리에 관한 교환공문(強制退去を受けた者の取扱いについての交換公文)

문서파일번호 467
작성연월일 1965. 3. 22
구분 제7차 회담
세부항목 재일한국인 법적지위협정 및 부속문서안
작성처 조약과
매수 2
비밀등급 극비
문서종류 교환공문(안)
공개구분 공개
내용 재일한국인 법적지위협정에 따른 일본법령 위반 한국인의 강제송환과 관련한 교환공문안
주제어 재일한국인 법적지위

문서명	일본국에 거주하는 대한민국 국민의 처우에 관한 일본국과 대한민국의 협정(안)[日本国に在留する大韓民国国民の待遇に関する日本国と大韓民国国民との間の協定案(案)]

문서파일번호 467
작성연월일 1965. 3. 22
구분 제7차 회담
세부항목 재일한국인 법적지위협정 및 부속문서안
작성처 조약과
매수 8
비밀등급 극비
문서종류 협정안
공개구분 공개
내용 재일한국인 법적지위협정안. 한일 양국은 일본에 거주하는 대한민국 국민의 역사적 배경을 고려하여 이들이 일본에서 평화롭고 행복하게 안정적 생활을 할 수 있도록 다음과 같이 처우를 결정: 제1조 영주권 부여의 범위(종전이전부터 거주하던 이들 및 그들의 직계비속 중 조약 발효 후 25년 안에 일본에서 태어나 계속 일본에 살고자 하는 이들), 제2조 수속 및 신청 절차, 제3조 강제퇴거 관련, 제4조 직계비속 중 신청기간 경과 후에 태어난 이들에 대한 처우, 제5조 교육 및 생활보호, 제6조 이 협정에서 결정된 것 외에는 다른 외국인들과 동등한 대우, 제7조 비준의 필요성
주제어 재일한국인 법적지위

문서명	일본국에 거주하는 대한민국 국민의 처우에 관한 일본국과 대한민국의 협정(안)[日本国に在留する大韓民国国民の待遇に関する日本国と大韓民国との間の協定(案)]

문서파일번호 467
작성연월일 1965. 3. 23
구분 제7차 회담
세부항목 재일한국인 법적지위협정 및 부속문서안
작성처 조약과
매수 11
비밀등급 극비
문서종류 협정안
공개구분 공개

내용 1965년 3월 22일 자 재일한국인 법적지위협정안을 수정한 3월 23일 자 안. 제1조 영주권 부여의 범위와 수속 및 신청 부분을 합침, 제2조 강제퇴거 관련, 제3조 교육 및 생활보호에 관련된 조항과 미성년이면서 한국 귀국을 희망하는 이들에 대한 처우, 제4조 신청기간 경과 후에 태어난 이들에 대한 처우, 제5조 영주권을 부여받은 미성년에 대해 협정에서 결정된 것 외에는 다른 외국인들과 동등한 처우, 제6조 비준의 필요성

주제어 재일한국인 법적지위

문서명	일본국에 거주하는 대한민국 국민의 처우에 관한 일본국과 대한민국의 협정에 관한 합의의사록(日本国に在留する大韓民国国民の待遇に関する日本国と大韓民国との間の協定についての合意された議事録)

문서파일번호 467

작성연월일 1965. 3. 23

구분 제7차 회담

세부항목 재일한국인 법적지위협정 및 부속문서안

작성처 조약과

매수 6

비밀등급 극비

문서종류 합의의사록안

공개구분 공개

내용 재일한국인 법적지위 합의의사록 〈1조에 관하여〉 일본-한국적 보유를 증명하는 서류를 제출하지 못하는 경우 한국정부가 발행하는 확인 서류로 대체하는 것으로 함. 한국이 동의함. 〈2조에 관하여〉 한국-강제퇴거를 당하는 경우 협력 용의 있음. 일본-앞의 한국 의견에 동의, 외교사절단의 공관에 관한 정의, 강제퇴거의 경우에도 인도적 배려를 할 것임. 〈3조에 관하여〉 일본-교육 및 재산에 관한 부분에 대한 구체적 언급. 한국-최대한 협력할 용의가 있음. 〈4조에 관하여〉 일본-협의는 협정 발효부터 24년이 지나면 1년 동안 하기로 하며 이 협정의 기본정신을 존중할 것. 한국이 동의함.

주제어 재일한국인 법적지위

문서명	협정거주자의 성년 후 및 자손의 처리에 관한 교환공문안(協定在留者の成年後及び子孫の取扱いについての書簡案)

문서파일번호	467
작성연월일	1965. 3. 23
구분	제7차 회담
세부항목	재일한국인 법적지위협정 및 부속문서안
작성처	조약과
매수	3
비밀등급	극비
문서종류	교환공문(안)
공개구분	공개
내용	재일한국인 법적지위협정 제3조와 관련한 교환공문 1965년 3월 23일 자 안
주제어	재일한국인 법적지위

문서명	협정거주자의 성년 후 및 자손의 처리에 관한 교환공문안(協定在留者の成年後及び子孫の取扱いについての書簡案)

문서파일번호	467
작성연월일	1965. 3. 23
구분	제7차 회담
세부항목	재일한국인 법적지위협정 및 부속문서안
작성처	조약과
매수	7
비밀등급	극비
문서종류	교환공문(안)
공개구분	공개
내용	재일한국인 법적지위협정 제3조와 관련한 교환공문의 1965년 3월 23일 자 제1안 및 제2안. 〈1안〉 영주를 허가받은 이들 및 자손이 조화롭고 안정적으로 살 수 있도록 '호의적 고려를 하겠다'라는 표현 등장, 〈2안〉 '호의적 고려'라는 부분을 보다 구체적으로 언급함.
주제어	재일한국인 법적지위

문서명	제4조(第四条)

문서파일번호 467
작성연월일 1965(월일 불명)
구분 제7차 회담
세부항목 재일한국인 법적지위협정 및 부속문서안
작성처 조약과
매수 2
비밀등급 일반
문서종류 협정안
공개구분 공개
내용 참사관용으로 기재되어 있는 재일한국인 법적지위협정 제4조의 내용(상세 불명)
주제어 재일한국인 법적지위

문서명	협정거주자의 성년 후 및 자손의 처리에 관한 교환공문안(協定在留者の成年後及び子孫の取扱いについての書簡案)

문서파일번호 467
작성연월일 1965. 3. 24
구분 제7차 회담
세부항목 재일한국인 법적지위협정 및 부속문서안
작성처 조약과
매수 3
비밀등급 극비
문서종류 교환공문(안)
공개구분 공개
내용 재일한국인 법적지위협정 제3조에 관한 교환공문 1965년 3월 24일 자 안. 영주를 허가받은 이들에게 '인도적 처리를 하겠다'라는 표현이 들어가 있음.
주제어 재일한국인 법적지위

문서명	재일한국인 법적지위 문제에 관한 발언 요령(在日韓国人の法的地位問題についての発言要綱)

문서파일번호 467
작성연월일 1965. 3. 24
구분 제7차 회담
세부항목 재일한국인 법적지위협정 및 부속문서안
작성처 외무성 북동아시아과
매수 5
비밀등급 극비
문서종류 내부문서
공개구분 공개
내용 외무성 아시아국장과 법무성 입국관리국장의 법적지위 문제에 관한 답변자료.
① 한국은 여전히 자자손손까지의 영주권을 주장하고 있는 점이 유감임. ② 일본 입장에서 이들을 내쫓을 건 아니라 해도 무기한이라는 내용을 협정에는 절대 포함시킬 수 없다는 점을 계속 주장함. ③ 한국도 이러한 일본의 입장을 이해해 협정 발효 20년 후까지로 일단 한정하고 재협의하기로 함. ④ 그런데 다시 한국이 자손까지를 주장하는 점은 매우 유감임. ⑤ 그러나 자손들의 장래가 불안하지 않도록 하자는 데에는 일본도 공감하며 타협안을 검토하였음. ⑥ 협정안에 '자자손손'이라고 명기하자고 한국이 계속 주장한다면 타협의 여지는 없지만, 그렇지 않다면 5번의 정신을 이어 받아 타결을 꾀할 용의가 있음.
주제어 재일한국인 법적지위

문서명	법적지위 문제의 최종적 타결안을 제시할 때의 발언 요령(法的地位問題の最終的妥協案を停止する際の発言要綱)

문서파일번호 467
작성연월일 1965. 3. 24
구분 제7차 회담
세부항목 재일한국인 법적지위협정 및 부속문서안
작성처 외무성 북동아시아과
매수 2
비밀등급 극비

문서종류 내부문서

공개구분 공개

내용 재일한국인 법적지위 문제 최종 타결안 제시 시 일본의 발언 요령.
① 이 안은 1961년 말 한국이 제시한 '협정 발효 20년 후 재협의'라고 하는 안과 거의 동일함. ② 한국 입장을 충분히 반영한 것임.

주제어 재일한국인 법적지위

문서명	재일한국인의 처우 문제의 최종적 타협안의 골자(在日韓国人の待遇問題の最終的妥協案の骨子)

문서파일번호 467

작성연월일 1965. 3. 24

구분 제7차 회담

세부항목 재일한국인 법적지위협정 및 부속문서안

작성처 외무성 북동아시아과

매수 9

비밀등급 극비

문서종류 협정안, 합의의사록안

공개구분 공개

내용 재일한국인 법적지위협정 최종 타협안 골자.
I. ① 영주 허가의 범위 ② 영주허가를 받은 직계비속에 협정 발효 5년 후부터 25년 후 사이에 태어난 이들에 대한 대우.
II. ① 미성년의 강제퇴거 및 처우에 관한 규정. 합의의사록에 관한 최종안 골자도 기록되어 있음.

주제어 재일한국인 법적지위

문서명	협정 제1조(協定第1条)

문서파일번호 467
작성연월일 1965(월일 불명)
구분 제7차 회담
세부항목 재일한국인 법적지위협정 및 부속문서안
작성처 외무성
매수 2
비밀등급 일반
문서종류 협정안
공개구분 공개
내용 재일한국인 법적지위협정 제1조 내용이 수기로 기록되어 있음(용도 등 불명)
주제어 재일한국인 법적지위

문서명	협정 본문에 규정된 영주자의 직계비속 처리에 관한 교환공문안(協定本文に規定された永住者の直孫卑属の取扱いに関する書簡案)

문서파일번호 467
작성연월일 1965(월일 불명)
구분 제7차 회담
세부항목 재일한국인 법적지위협정 및 부속문서안
작성처 외무성
매수 1
비밀등급 일반
문서종류 외교공한
공개구분 공개
내용 재일한국인 법적지위협정 교환공문 일본 공문안. 영주를 허가받은 이들 및 그 직계비속에 대해서 일본에서 안정적인 생활을 영위하는 것이 가능하도록, 그들의 영주 및 강제퇴거, 그 외의 처우에 관해 제1조 3의 규정된 범위와 동일하게 처리하기로 함.
주제어 재일한국인 법적지위

문서명	최종타협안 골자(最終妥協案骨子)

문서파일번호 467
작성연월일 1965. 3. 26
구분 제7차 회담
세부항목 재일한국인 법적지위협정 및 부속문서안
작성처 외무성
매수 3
비밀등급 극비
문서종류 협정안
공개구분 공개
내용 재일한국인 법적지위협정 최종타협안 골자. ① 영주 허가의 범위 ② 발효 후 5년에서 25년 후 사이에 태어난 이들이 성년이 되기까지 거주신청을 허가, 그 기간 중엔 영주 허가 받은 이들과 같은 대우 ③ 25년 이후 태어난 이들에게 협의에 응할 용의가 있음 ④ 협정효력을 25년까지는 존속하는 것으로 간주 ⑤ 강제퇴거에 관해 한국은 일본 요청에 협력함.
주제어 재일한국인 법적지위

문서명	합의의사록 요지(合意議事録要旨)

문서파일번호 467
작성연월일 1965. 3. 26
구분 제7차 회담
세부항목 재일한국인 법적지위협정 및 부속문서안
작성처 외무성
매수 1
비밀등급 일반
문서종류 합의의사록안
공개구분 공개
내용 1965년 3월 26일 자 재일한국인 법적지위협정 합의의사록 요지
주제어 재일한국인 법적지위

문서명	제1조, 제2조(第一条、第二条)

문서파일번호 467
작성연월일 1965. 3. 26
구분 제7차 회담
세부항목 재일한국인 법적지위협정 및 부속문서안
작성처 외무성
매수 6
비밀등급 일반
문서종류 협정안
공개구분 공개
내용 1965년 3월 26일 한국과의 교섭에서 일본이 제시한 재일한국인 법적지위협정 제1, 2조 문안
주제어 재일한국인 법적지위

문서명	재일한국인의 처우 문제 합의사항 내용(在日韓国人の待遇問題についての合意された事項の内容)

문서파일번호 467
작성연월일 1965. 3. 29
구분 제7차 회담
세부항목 재일한국인 법적지위협정 및 부속문서안
작성처 외무성
매수 3
비밀등급
문서종류 내부자료
공개구분 공개
내용 1965년 3월 29일 발표용 내용. ① 영주 허가의 범위 ② 협정 발효 후 25년이 경과할 때까지 직계비속에 관한 문제에 대해 협의할 용의가 있음 ③ 강제퇴거의 사유 ④ 협정상의 그 외 처우에 대해서 지속적으로 논의할 것임 등
주제어 재일한국인 법적지위

재일한국인의 처우 문제에 대한 합의사항의 서명 건(在日韓国人の待遇問題についての合意された事項のイニシャルに関する件)

문서파일번호	468
작성연월일	1965. 3. 26 - 1965. 4. 3
구분	제7차 회담
세부항목	재일한국인 법적지위 합의사항
작성처	외무성, 내각 관방장관
매수	36
비밀등급	
문서종류	내부문서, 재가문서, 합의사항안, 공문, 공동성명, 담화문
공개구분	공개
내용	1965년 4월 3일 시나 에쓰사부로 외상과 이동원 외무장관의 재일한국인 법적 지위 문제 관련 합의사항과 관련한 문서모음
주제어	재일한국인 법적지위, 합의사항 가서명

문서명	재일한국인의 처우 문제에 대한 합의사항의 서명에 관한 각의 승인(在日韓国人の待遇問題についての合意された事項のイニシャルに関する件閣議了解)

문서파일번호 468
작성연월일 1965(월일 불명)
구분 제7차 회담
세부항목 재일한국인 법적지위 합의사항
작성처 외무성
매수 5
비밀등급 일반
문서종류 내부문서
공개구분 공개
내용 재일한국인 처우 문제에 대한 합의사항의 서명에 대한 각의 승인 설명자료
주제어 재일한국인 법적지위

문서명	재일한국인의 처우 문제에 관하여 합의된 사항의 서명에 관하여(在日韓国人の待遇问題についての合意された事項のイニシャルについて)

문서파일번호 468
작성연월일 1965. 3. 26
구분 제7차 회담
세부항목 재일한국인 법적지위 합의사항
작성처 외무성
매수 6
비밀등급 극비
문서종류 재가문서
공개구분 공개
내용 재일한국인의 처우 문제 합의사항의 서명에 관해 각의 승인을 요청하는 문서(합의사항 내용 등이 첨부되어 있음)
주제어 재일한국인 법적지위

문서명	제목 없음

문서파일번호 468
작성연월일 1965. 3. 27
구분 제7차 회담
세부항목 재일한국인 법적지위 합의사항
작성처 내각관방장관
매수 1
비밀등급 일반
문서종류 공문
공개구분 공개
내용 '재일한국인의 처우 문제에 관해 합의된 사항의 서명에 관하여'가 각의 승인되었음을 통지
주제어 재일한국인 법적지위

문서명	처우 문제 합의사항에 관한 한국의 제2차안(処遇問題合意事項についての韓国側第二次案)

문서파일번호 468
작성연월일 1965. 3. 31
구분 제7차 회담
세부항목 재일한국인 법적지위 합의사항
작성처 한국대표단(일본 번역)
매수 8
비밀등급 극비
문서종류 합의사항안
공개구분 공개
내용 재일한국인 처우 문제 합의사항의 한국 2차안. 협정에 의해 영주가 허가된 자의 교육 및 사회보장, 영주를 포기하고 대한민국에 귀국하는 자의 재산 및 송금에 관한 내용이 담겨 있음.
주제어 재일한국인 법적지위

문서명	재일한국인의 처우 문제에 관하여 추가 합의된 사항의 서명에 관하여(在日韓国人の待遇問題についての追加の合意された事項のイニシャルについて)

문서파일번호 468
작성연월일 1965. 4. 3
구분 제7차 회담
세부항목 재일한국인 법적지위 합의사항
작성처 외무성
매수 4
비밀등급 극비
문서종류 재가문서
공개구분 공개
내용 '재일한국인의 처우 문제에 관해 추가 합의된 사항의 서명에 관하여' 각의 승인을 요청하는 문서 및 첨부물
주제어 재일한국인 법적지위

문서명	제목 없음

문서파일번호 468
작성연월일 1965. 4. 3
구분 제7차 회담
세부항목 재일한국인 법적지위 합의사항
작성처 내각관방장관
매수 1
비밀등급 일반
문서종류 공문
공개구분 공개
내용 '재일한국인의 처우 문제에 관해 추가 합의된 사항의 서명에 관하여'가 각의 승인되었음을 통지
주제어 재일한국인 법적지위

문서명	재일한국인의 처우 문제 합의사항의 내용(在日韓国人の待遇問題に関する合意事項の内容)

문서파일번호 468
작성연월일 1965. 4. 3
구분 第7차 회담
세부항목 재일한국인 법적지위 합의사항
작성처 외무성
매수 3
비밀등급 일반
문서종류 합의사항
공개구분 공개
내용 재일한국인의 처우 문제 합의사항 내용
주제어 재일한국인 법적지위

문서명	재일한국인의 처우 문제에 관한 추가 합의사항의 내용(在日韓国人の待遇問題に関する追加の合意事項の内容)

문서파일번호 468
작성연월일 1965. 4. 3
구분 第7차 회담
세부항목 재일한국인 법적지위 합의사항
작성처 외무성
매수 1
비밀등급 일반
문서종류 합의사항
공개구분 공개
내용 영주를 포기하고 대한민국에 귀국하는 자의 재산 및 송금에 관해 타당한 고려를 하겠다는 내용이 추가된 합의사항 문서
주제어 재일한국인 법적지위

문서명	공동성명(共同コミュニケ)

문서파일번호 468
작성연월일 1965. 4. 3
구분 제7차 회담
세부항목 재일한국인 법적지위 합의사항
작성처 외무성
매수 5
비밀등급 일반
문서종류 공동성명
공개구분 공개
내용 한일이 청구권, 재일한국인 처우 문제, 어업 문제 등에 관한 합의사항에 서명하였음을 밝히는 양국 외무장관 공동성명
주제어 재일한국인 법적지위

문서명	공동성명(Joint Communique)

문서파일번호 468
작성연월일 1965. 4. 3
구분 제7차 회담
세부항목 재일한국인 법적지위 합의사항
작성처 외무성
매수 2
비밀등급 일반
문서종류 공동성명
공개구분 공개
내용 공동성명의 영문본
주제어 재일한국인 법적지위

문서명	시나 외무대신 담화(椎名外務大臣談話)

문서파일번호 468
작성연월일 1965. 4. 3
구분 제7차 회담
세부항목 재일한국인 법적지위 합의사항
작성처 외무성
매수 1
비밀등급 일반
문서종류 담화문
공개구분 공개
내용 한일이 청구권, 재일한국인 처우 문제, 어업 문제 등에 관한 합의사항에 서명하였음을 밝히는 시나 에쓰사부로 외무대신의 담화
주제어 재일한국인 법적지위

재일한국인의 법적지위 및 처우 문제에 관한 요구사항(在日韓国人の法的地位および処遇問題に関する要求事項)

문서파일번호	469
문서명	재일한국인의 법적지위 및 대우 문제에 관한 요구사항(在日韓国人の法的地位および処遇問題に関する要求事項)
작성연월일	1965. 3. 3
구분	제7차 회담
세부항목	재일한국인 법적지위 민단 요구사항
작성처	재일본 대한민국거류민단(在日本大韓民国居留民団)
매수	8
비밀등급	일반
문서종류	공문
공개구분	공개
내용	재일본대한민국거류민단 중앙본부 권일 단장명의로 일본 외무성에 제출된 4가지 특별요망사항이 기술된 문서. ① 기왕의 경제사범 및 입관령 사범에 대해서는 조인 발효와 동시에 은전적 조치를 강구할 것. ② 한국인 사회의 공공적 성격을 갖는 각 기관의 기부금에 대해서는 특별면세 조치를 강구할 것. ③ 조인 후 적당한 시기에 한일 양국정부 혹은 재일한국인 측의 공동출자로 재일한국인을 대상으로 한 시중은행 설립을 허가할 것. ④ 입국관리령 개정 시, 거주외국인 중 최다수를 차지하는 한국인 측의 의견을 충분히 참작할 것.
주제어	재일한국인 법적지위 민단 요구사항

재일한국인의 법적지위 답변 자료
(在日韓国人の法的地位答弁資料)

문서파일번호	470
문서명	재일한국인의 법적지위 답변 자료(在日韓国人の法的地位答弁資料)
작성연월일	1965. 3. 5 - 1965. 3. 27
구분	제7차 회담
세부항목	재일한국인 법적지위 일본 국회 답변자료
작성처	외무성
매수	21
비밀등급	일반
문서종류	내부자료
공개구분	공개
내용	1965년 3월 5~27일까지 중·참의원(예산위, 외무위 등)에서 재일한국인 법적지위 문제와 관련하여 외무성 간부들이 답변한 자료
주제어	재일한국인 법적지위

일본국에 거주하는 대한민국 국민의 처우에 관한 일본국과 대한민국의 협정(안) 등[日本国に居住する大韓民国国民の待遇に関する日本国と大韓民国との間の協定(案)等]

문서파일번호	471
작성연월일	1965. 4. 9
구분	제7차 회담
세부항목	재일한국인 법적지위협정 및 부속문서안
작성처	외무성
매수	37
비밀등급	
문서종류	협정안, 합의의사록안, 교환공문안, 합의사항
공개구분	공개
내용	1965년 4월 3일 시나 에쓰사부로 외상과 이동원 외무장관이 합의한 재일한국인 법적지위 관련 사항 및 4월 9일 작성된 일본의 협정, 합의의사록, 교환공문 시안
주제어	재일한국인 법적지위

문서명	일본국에 거주하는 대한민국 국민의 처우에 관한 일본국과 대한민국의 협정(안)[日本国に居住する大韓民国国民の待遇に関する日本国と大韓民国との間の協定(案)]

문서파일번호 471
작성연월일 1965. 4. 9
구분 제7차 회담
세부항목 재일한국인 법적지위협정 및 부속문서안
작성처 외무성
매수 12
비밀등급 일반
문서종류 협정안
공개구분 공개
내용 일본의 재일한국인 법적지위협정 시안
주제어 재일한국인 법적지위

문서명	일본국에 거주하는 대한민국 국민의 처우에 관한 일본국과 대한민국의 협정에 관한 합의된 의사록(日本国に居住する大韓民国国民の待遇に関する日本国と大韓民国との間の協定についての合意された議事録)

문서파일번호 471
작성연월일 1965. 4. 9
구분 제7차 회담
세부항목 재일한국인 법적지위협정 및 부속문서안
작성처 외무성
매수 7
비밀등급 일반
문서종류 합의의사록안
공개구분 공개
내용 일본의 재일한국인 법적지위협정 합의의사록 시안
주제어 재일한국인 법적지위

문서명	일본국에 거주하는 대한민국 국민의 처우에 관한 일본국과 대한민국의 협정(안)[日本国に在留する大韓民国国民の待遇に関する日本国と大韓民国との間の協定(案)]

문서파일번호 471
문작성연월일 1965. 3. 17
구분 제7차 회담
세부항목 재일한국인 법적지위협정 및 부속문서안
작성처 외무성
매수 7
비밀등급 극비
문서종류 협정안
공개구분 공개
내용 일본의 재일한국인 법적지위협정안(참고자료로 첨부)
주제어 재일한국인 법적지위

문서명	일본국에 거주하는 대한민국 국민의 처우에 관한 일본국과 대한민국의 협정에 관한 합의된 의사록(日本国に在留する大韓民国国民の待遇に関する日本国と大韓民国との間の協定についての合意された議事録)

문서파일번호 471
작성연월일 1965. 3. 17
구분 제7차 회담
세부항목 재일한국인 법적지위협정 및 부속문서안
작성처 외무성
매수 2
비밀등급 극비
문서종류 합의의사록안
공개구분 공개
내용 일본의 재일한국인 법적지위협정 합의의사록안. 작성일자가 수기로 4월 9일로 정정됨.
주제어 재일한국인 법적지위

문서명	교환공문 일본 서한, 한국 서한(日本側書簡, 韓国側書簡)

문서파일번호 471
작성연월일 1965. 3. 17
구분 제7차 회담
세부항목 재일한국인 법적지위협정 및 부속문서안
작성처 외무성
매수 4
비밀등급 극비
문서종류 교환공문(안)
공개구분 공개
내용 일본의 재일한국인 법적지위협정 교환공문안. 작성일자가 수기로 4월 9일로 정정됨.
주제어 재일한국인 법적지위

문서명	합의된 사항(合意された事項)

문서파일번호 471
작성연월일 1965. 4. 3
구분 제7차 회담
세부항목 재일한국인 법적지위 합의사항
작성처 외무성
매수 3
비밀등급 일반
문서종류 합의사항
공개구분 공개
내용 시나 에쓰사부로 외상과 이동원 외무장관이 합의한 재일한국인 법적지위 문제 관련 합의사항
주제어 재일한국인 법적지위

문서명	추가 합의된 사항(追加の合意された事項)

문서파일번호	471
작성연월일	1965. 4. 3
구분	제7차 회담
세부항목	재일한국인 법적지위 합의사항
작성처	외무성
매수	2
비밀등급	일반
문서종류	합의사항(추가)
공개구분	공개
내용	1965년 4월 3일 가서명한 합의사항 5에 따른 양국 외무장관 논의결과가 추가된 재일한국인 법적지위 관련 합의사항
주제어	재일한국인 법적지위

법무대신 성명
(法務大臣声明)

문서파일번호	473
작성연월일	1965. 6. 22
구분	제7차 회담
세부항목	재일한국인 법적지위협정 조인에 따른 성명, 담화
작성처	법무성, 문부성, 외무성
매수	15
비밀등급	
문서종류	성명문, 담화문, 재가문서, 공동성명문
공개구분	공개
내용	한일이 재일한국인 법적지위 및 처우에 관한 협정에 조인한 후 패전 후 일본에 입국한 한국인의 처우에 관하여 발표한 법무대신의 성명 등
주제어	재일한국인 법적지위협정 조인에 따른 일본 성명, 담화

문서명	법무대신 성명(法務大臣声明)

문서파일번호 473
작성연월일 1965. 6. 22
구분 제7차 회담
세부항목 재일한국인 법적지위협정 조인에 따른 법무대신 성명
작성처 법무성
매수 2
비밀등급 일반
문서종류 성명문
공개구분 공개
내용 한일이 재일한국인 법적지위 및 처우에 관한 협정에 조인한 이후 패전 후 일본에 입국한 한국인의 처우에 관하여 발표한 법무대신 성명
주제어 재일한국인 법적지위

문서명	법적지위 및 처우에 관한 협정 조인에 따른 법무성 입관국장 담화(法的地位及び待遇に関する協定調印に際する法務省入管局長談)

문서파일번호 473
작성연월일 1965. 6. 22
구분 제7차 회담
세부항목 재일한국인 법적지위협정 조인에 따른 법무성 입관국장 담화
작성처 법무성
매수 1
비밀등급 일반
문서종류 담화문
공개구분 공개
내용 협정 발효 후 영주허가자의 근친 친척들이 재회를 위해 일본을 방문할 경우 호의적으로 검토하겠다는 내용의 법무성 입국관리국장 담화문
주제어 재일한국인 법적지위

문서명	한일협정 조인 문부성 초등중등교육국장 담화(日韓協定調印にあたり文部省初等中等教育長談)

문서파일번호 473
작성연월일 1965. 6. 22
구분 제7차 회담
세부항목 재일한국인 법적지위협정 조인에 따른 문부성 담화
작성처 문부성
매수 1
비밀등급 일반
문서종류 담화문
공개구분 공개
내용 재일한국인 법적지위협정이 한국인 학생들의 일본학교 입학을 인정해 온 사실을 재확인한다는 내용의 문부성 초등중등교육국장의 담화문
주제어 재일한국인 법적지위, 재일한국인 학생 학교입학

문서명	재일한국인의 법적지위 및 처우에 관한 한일 간 협정 서명에 따른 법무대신이 한 성명문 송부(在日韓国人の法的地位及び待遇に関する日韓間の協定の署名に際して法務大臣が行なった声明文の送付)

문서파일번호 473
작성연월일 1965. 6. 22
구분 제7차 회담
세부항목 재일한국인 법적지위협정 조인에 따른 법무대신 성명
작성처 외무성
매수 7
비밀등급 일반
문서종류 재가문서
공개구분 공개
내용 외무성이 주일한국대표부에 법무대신의 성명을 송부한다는 내용의 재가문서. 법무대신 성명문, 주일한국대표부 앞 구상서가 첨부되어 있음.
주제어 재일한국인 법적지위

문서명	공동성명(共同声明)

문서파일번호	473
작성연월일	1965. 6. 22
구분	第7차 회담
세부항목	재일한국인 법적지위협정 조인에 따른 성명, 담화
작성처	외무성
매수	4
비밀등급	일반
문서종류	공동성명문
공개구분	공개
내용	한일 양국 외무장관이 한일기본조약 및 여러 협정 조인 시 발표한 공동성명
주제어	한일공동성명

법적지위협정 제1조 해당자의 범위(메모)등
[法的地位協定第一条ノ該当者の範囲(メモ)等]

문서파일번호	474
작성연월일	1965. 10. 19 - 1966. 7. 11
구분	한일협정 체결 후
세부항목	재일한국인 법적지위협정 제1조 영주자격
작성처	법무성
매수	25
비밀등급	
문서종류	내부문서
공개구분	공개
내용	재일한국인 법적지위협정 제1조 해당자(영주자격자)에 대한 법무성의 해석과 입장에 관한 문서 모음
주제어	재일한국인 법적지위, 협정 제1조 영주자격

문서명	법적지위협정 제1조 해당자의 범위(메모)[法的地位協定第一条1該当者の範囲(メモ)]

문서파일번호 474
작성연월일 1965. 10. 19
구분 한일협정 체결 후
세부항목 재일한국인 법적지위협정 제1조 영주자격
작성처 법무성
매수 3
비밀등급 일반
문서종류 내부문서
공개구분 공개
내용 재일한국인 법적지위협정 제1조 해당자(영주자격자)의 범위에 관한 법무성의 해석
주제어 재일한국인 법적지위

문서명	법적지위협정에 기초한 영주신청 유자격자의 범위(法的地位協定に基づく永住申請有資格者の範囲)

문서파일번호 474
작성연월일 1965. 10. 21
구분 한일협정 체결 후
세부항목 재일한국인 법적지위협정 제1조 영주자격
작성처 법무성
매수 7
비밀등급 일반
문서종류 내부문서
공개구분 공개
내용 재일한국인 법적지위협정에 기초한 영주신청 유자격자의 범위 시안
주제어 재일한국인 법적지위

문서명	직계비속의 영주자격에 관하여(直系卑属の永住資格について)

문서파일번호 474
작성연월일 1965. 11. 10
구분 한일협정 체결 後
세부항목 재일한국인 법적지위협정 제1조 영주자격
작성처 법무성
매수 5
비밀등급 비(秘)
문서종류 내부문서
공개구분 공개
내용 재일한국인 법적지위협정에 기초한 직계비속의 영주자격
주제어 재일한국인 법적지위

문서명	법적지위협정 제1조 해당자의 범위(法的地位協定第一条1該当者の範囲)

문서파일번호 474
작성연월일 1965. 11. 12
구분 한일협정 체결 後
세부항목 재일한국인 법적지위협정 제1조 영주자격
작성처 법무성
매수 1
비밀등급 일반
문서종류 내부문서
공개구분 공개
내용 재일한국인 법적지위협정 제1조 해당자의 범위
주제어 재일한국인 법적지위

문서명	협정 제1조 해당자의 범위에 관하여(協定第一条1該当者の範囲について)

문서파일번호 474
작성연월일 1965. 11. 22
구분 한일협정 체결 후
세부항목 재일한국인 법적지위협정 제1조 영주자격
작성처 법무성
매수 5
비밀등급 일반
문서종류 내부문서
공개구분 공개
내용 재일한국인 법적지위협정 제1조 해당자의 범위
주제어 재일한국인 법적지위

문서명	제목 없음(영주신청 관련)

문서파일번호 474
작성연월일 1966. 7. 11
구분 한일협정 체결 후
세부항목 재일한국인 법적지위협정 제1조 영주자격
작성처 법무성
매수 4
비밀등급 일반
문서종류 내부문서
공개구분 공개
내용 재일한국인 영주신청과 관련한 세부사항 시안
주제어 재일한국인 법적지위

외국인등록상 국적란의 '한국' 혹은 '조선' 기재에 대해서(外国人登録上の国籍欄の「韓国」あるいは「朝鮮」の記載について)

문서파일번호	562
작성연월일	1965. 10. 26
구분	한일협정 체결 後
세부항목	재일한인 국적에 관한 용어 정리
작성처	법무성, 법무부
매수	8
비밀등급	
문서종류	내부문서, 내부자료, 담화문
공개구분	공개
내용	한일협정 체결 後 '조선'이라는 용어와 관련하여 일본 법무성이 정리한 입장
주제어	재일한인 국적에 관한 용어

문서명	외국인등록상 국적란의 '한국' 혹은 '조선' 기재에 대해서(外国人登録上の国籍欄の「韓国」あるいは「朝鮮」の記載について)

문서파일번호	562
작성연월일	1965. 10. 26
구분	한일협정 체결 후
세부항목	재일한인 국적에 관한 용어 정리
작성처	법무성
매수	2
비밀등급	일반
문서종류	내부문서
공개구분	공개
내용	'조선'이라는 명칭에 대한 법무성의 입장. '조선'이라는 기재는 이전에 일본영토였던 조선반도로부터 일본에 온 조선인을 가리키는 용어로 국적을 표시하는 것은 아님.
주제어	재일한국인 법적지위, 재일한인 국적에 관한 용어

문서명	외국인등록 사무상 '조선'과 '한국'의 기재 변경에 관하여(外国人登録事務上の「朝鮮」と「韓国」の書換について)

문서파일번호	562
작성연월일	1965. 9(일자 불명)
구분	한일협정 체결 후
세부항목	재일한인 국적에 관한 용어 정리
작성처	법무성 입국관리국
매수	4
비밀등급	비(秘)
문서종류	내부자료
공개구분	공개
내용	'조선'에서 '한국'으로의 기재 변경과 관련하여 1947년 5월 2일~1965년 9월 22일까지 법무성 입국관리국이 취한 조치 일람표
주제어	재일한국인 법적지위, '조선' 명칭

문서명	1950년 2월 23일 법무총재 담화(昭和二十五年二月二十三日法務総裁談話)

문서파일번호	562
작성연월일	1950. 2. 23
구분	한일협정 체결 후
세부항목	재일한인 국적에 관한 용어 정리
작성처	법무부
매수	2
비밀등급	일반
문서종류	담화문
공개구분	공개
내용	본인의 희망에 따라 국적란의 기재를 '조선'에서 '한국' 또는 '대한민국'으로 변경할 수 있다는 내용의 1950년 2월 23일 자 법무총재 담화문
주제어	재일한국인 법적지위, '조선' 명칭

일본국에 거주하는 대한민국 국민의 법적지위 및 처우에 관한 일본국과 대한민국의 협정 실시에 따른 출입국관리 특별법안(日本国に居住する大韓民国国民の法的地位及び待遇に関する日本国と大韓民国との間の協定の実施に伴う出入国管理特別法案)

문서파일번호	563
작성연월일	1965. 7. 12 - 1965. 12. 17
구분	한일협정 체결 後
세부항목	재일한국인 법적지위협정 체결 후 일본 국내법 정비
작성처	법무성, 외무성
매수	73
비밀등급	
문서종류	법령, 내부문서, 내부자료, 재가문서
공개구분	공개
내용	한일 간 재일한국인 법적지위 및 처우에 관한 협정 체결에 따라 제정되는 일본 국내법 및 관련 자료 모음
주제어	재일한국인 법적지위협정 체결 후 일본 국내법 정비

문서명	일본국에 거주하는 대한민국 국민의 법적지위 및 처우에 관한 일본국과 대한민국의 협정 실시에 따른 출입국관리 특별법안(日本国に居住する大韓民国国民の法的地位及び待遇に関する日本国と大韓民国との間の協定の実施に伴う出入国管理特別法案)

문서파일번호 563
작성연월일 1965. 10(일자 불명)
구분 한일협정 체결 후
세부항목 재일한국인 법적지위협정 체결 후 일본 국내법 정비
작성처 법무성
매수 29
비밀등급 일반
문서종류 법령
공개구분 공개
내용 한일협정 실시에 따른 출입국관리 특별법안. 제1조 협정에 근거한 영주, 제2조 신청, 제3조 조사, 제4조 영주허가서 교부 및 외국인등록원표 등에의 기재, 제5조 허가의 실효, 제6조 강제퇴거, 제7조 출입국관리령의 적용, 제8조 성령(省令)에의 위임, 제9조 벌칙으로 이루어진 재일한국인의 법적지위와 처우에 관한 법안. 해당 법안의 전문과 조항들에 대한 설명이 첨부되어 있음.
주제어 재일한국인 법적지위

문서명	법무성령 제36호(法務省令第36号)

문서파일번호 563
작성연월일 1965. 12. 17
구분 한일협정 체결 후
세부항목 재일한국인 법적지위협정 체결 후 일본 국내법 정비
작성처 법무성
매수 7
비밀등급 일반
문서종류 법령
공개구분 공개
내용 출입국관리특별법 제2조 및 제8조 규정에 기초한 법무성 성령(省令)
주제어 재일한국인 법적지위

문서명	일본국에 거주하는 대한민국 국민의 법적지위 및 처우에 관한 일본국과 대한민국의 협정 실시에 따른 출입국관리특별법 기본요강안(日本国に居住する大韓民国国民の法的地位及び待遇に関する日本国と大韓民国との間の協定の実施に伴う出入国管理特別法基本要綱案)

문서파일번호	563
작성연월일	1965. 7. 12
구분	한일협정 체결 후
세부항목	재일한국인 법적지위협정 체결 후 일본 국내법 정비
작성처	법무성 입국관리국
매수	3
비밀등급	극비
문서종류	내부문서
공개구분	공개
내용	출입국관리특별법 기본요강안과 자료목록
주제어	재일한국인 법적지위

문서명	법적지위 및 처우에 관한 협정 조인에 따른 법무성 입관국장 담화(法的地位及び待遇に関する協定調印に際する法務省入管局長談)

문서파일번호	563
작성연월일	1965. 6. 22
구분	한일협정 체결 후
세부항목	재일한국인 법적지위협정 체결 후 일본 국내법 정비
작성처	법무성 입국관리국
매수	1
비밀등급	일반
문서종류	담화문
공개구분	공개
내용	한일협정 체결 後 영주허가자의 근친자가 재회를 위해 일본 방문을 희망할 경우 가능한 호의적으로 배려하겠다는 내용의 법무성 입국관리국장 담화문
주제어	재일한국인 법적지위

문서명	재일한국인의 현행 국내법상의 지위에 대해서(在日朝鮮人の現行国内法上の地位について)

문서파일번호 563
작성연월일 1965. 7. 3
구분 한일협정 체결 후
세부항목 재일한국인 법적지위협정 체결 후 일본 국내법 정비
작성처 법무성 입국관리국
매수 1
비밀등급 일반
문서종류 내부문서
공개구분 공개
내용 한일협정 체결 후 현행 일본 국내법상 재일한국인의 지위에 관해 설명한 문서. 출입국관리령에 따라 일본 거주자격을 갖는 자의 자녀로 평화조약 발효일 혹은 이후 일본에서 출생한 자는 거주자격이 있어야 함 등 재일한국인의 지위에 대한 세 가지 사항이 설명됨.
주제어 재일한국인 법적지위

문서명	협정해당자 구분과 현행 국내법상의 지위(協定該当者の区分とその現行国内法上の地位)

문서파일번호 563
작성연월일 1965. 7. 3
구분 한일협정 체결 후
세부항목 재일한국인 법적지위협정 체결 후 일본 국내법 정비
작성처 법무성 입국관리국
매수 1
비밀등급 일반
문서종류 내부문서
공개구분 공개
내용 협정 제1조 1항(a)호 해당자, 협정 제1조 1항(b)호 해당자, 협정 제1조 2항 해당자 등 세 가지로 협정해당자를 구분하고 그 지위를 표시
주제어 재일한국인 법적지위

문서명	출입국관리령(초)[出入国管理令(抄)]

문서파일번호 563
작성연월일 1951(월일 불명)
구분 한일협정 체결 후
세부항목 재일한국인 법적지위협정 체결 후 일본 국내법 정비
작성처 법무성
매수 2
비밀등급 일반
문서종류 법령
공개구분 공개
내용 제4조 거주자격, 제21조 거주기간의 갱신, 제22조의 ② 거주자격의 취득 등 출입국관리령[1951년 정령(政令) 제319호]의 초안
주제어 재일한국인 법적지위

문서명	포츠담선언 수락에 따르는 명령 건에 의거한 외무성 관계 명령 조치에 관한 법률(초)[ポツダム宣言の受諾に伴い発する命令に関する件に基く外務省関係諸命令の措置に関する法律(抄)]

문서파일번호 563
작성연월일 1952(월일 불명)
구분 한일협정 체결 후
세부항목 재일한국인 법적지위협정 체결 후 일본 국내법 정비
작성처 외무성
매수 1
비밀등급 일반
문서종류 법령
공개구분 공개
내용 포츠담선언 수락과 관계없이 1945년 9월 20일 이전부터 일본에 거주하는 자는 계속 영주자격을 가지지 않고, 일본에 거주할 수 있다는 내용의 법률(1952년 법률 제 126호)
주제어 재일한국인 법적지위

문서명	아마미 군도의 복귀에 따른 법무성 관계법령 적용의 경과조치 등에 관한 정령(초)[奄美諸島の復帰に伴う法務省関係法令の適用の経過措置等に関する政令(抄)]

문서파일번호 563
작성연월일 1953(월일 불명)
구분 한일협정 체결 후
세부항목 재일한국인 법적지위협정 체결 후 일본 국내법 정비
작성처 법무성
매수 1
비밀등급 일반
문서종류 법령
공개구분 공개
내용 1945년 9월 20일 이전부터 아마미(奄美) 군도에 거주하는 자는 계속 영주자격을 가지지 않고, 일본에 거주할 수 있다는 내용이 담긴 1953년 정령 제404호
주제어 재일한국인 법적지위

문서명	특정의 거주자격 및 그 거주기간을 정한 성령(초)[特定の在留資格及びその在留期間を定める省令(抄)]

문서파일번호 563
작성연월일 1952(월일 불명)
구분 한일협정 체결 후
세부항목 재일한국인 법적지위협정 체결 후 일본 국내법 정비
작성처 외무성
매수 1
비밀등급 일반
문서종류 법령
공개구분 공개
내용 출입국관리령의 규정에 입각한 특정 거주자격 및 그 거주기간을 정하는 성령(省令)(1952년 외무성령 제14호)
주제어 재일한국인 법적지위

문서명	도도부현별 재일한국인 수 조사(都道府県別在日朝鮮人数調べ)

문서파일번호 563
작성연월일 1964. 4. 1
구분 한일협정 체결 후
세부항목 재일한국인 법적지위협정 체결 후 일본 국내법 정비
작성처 불명
매수 2
비밀등급 일반
문서종류 법령
공개구분 공개
내용 1964년 4월 1일 현재 일본의 도도부현(都道府県)에 거주하고 있는 재일한국인 수가 기재된 문서
주제어 재일한국인 법적지위

문서명	출입국관리령에 규정된 피강제퇴거용의자의 통보기준에 대해서(出入国管理令に定める被退去強制容疑者の通報基準について)

문서파일번호 563
작성연월일 1953. 12. 22
구분 한일협정 체결 후
세부항목 재일한국인 법적지위협정 체결 후 일본 국내법 정비
작성처 법무성
매수 9
비밀등급 일반
문서종류 공문
공개구분 공개
내용 법무성이 관계 부처에게 출입국관리령에 규정된 피강제퇴거 용의자의 통보기준을 알리는 1953년 공문. 통보의 범위, 통보담당자, 통보 시기, 통보와 수용에 관한 연락, 통보를 받은 입국관리사무소의 조치에 대한 내용이 수록됨.
주제어 재일한국인 법적지위

문서명	영주허가사무의 흐름(永住許可事務の流れ)

문서파일번호 563
작성연월일 1965(월일 불명)
구분 한일협정 체결 후
세부항목 재일한국인 법적지위협정 체결 후 일본 국내법 정비
작성처 법무성
매수 1
비밀등급 일반
문서종류 내부자료
공개구분 공개
내용 외국인, 시정촌(市町村), 도도부현, 입국관리국, 입국관리사무소 등 영주허가와 관련된 사무의 흐름을 그림으로 작성한 문서
주제어 재일한국인 법적지위

문서명	외국인등록증명서 기재사항에 대해서(外國人登錄證明書記載事項について)

문서파일번호 563
작성연월일 1965(월일 불명)
구분 한일협정 체결 후
세부항목 재일한국인 법적지위협정 체결 후 일본 국내법 정비
작성처 법무성
매수 1
비밀등급 일반
문서종류 내부자료
공개구분 공개
내용 외국인등록증명서에 기재되어야 하는 사항에 대한 설명문서. 등록번호, 국적, 성명, 성별, 거주지의 주소 등이 기재되어야 함.
주제어 재일한국인 법적지위

문서명	외국인등록 변경 연도에 대해서(外國人登錄變更年度について)

문서파일번호 563
작성연월일 1965(월일 불명)
구분 한일협정 체결 후
세부항목 재일한국인 법적지위협정 체결 후 일본 국내법 정비
작성처 법무성
매수 1
비밀등급 일반
문서종류 내부자료
공개구분 공개
내용 8차례에 걸친 외국인등록 변경 연도가 기술된 문서
주제어 재일한국인 법적지위

문서명	일본국에 거주하는 대한민국 국민의 법적지위 및 처우에 관한 일본국과 대한민국의 협정 실시에 따른 출입국관리특별법안의 각의요청에 대해서(日本国に居住する大韓民国国民の法的地位及び待遇に関する日本国と大韓民国との間の協定の実施に伴う出入国管理特別法案の閣議請議について)

문서파일번호 563
작성연월일 1965. 9. 30
구분 한일협정 체결 후
세부항목 재일한국인 법적지위협정 체결 후 일본 국내법 정비
작성처 법무대신
매수 7
비밀등급 일반
문서종류 재가문서
공개구분 공개
내용 재일한국인의 법적지위와 관련된 법안과 법안 제출의 이유가 기술된 문서. 재일한국인의 법적지위 관련 협정이 발표되면서 강제되거 규정을 정할 필요가 있어 동 법안을 제출
주제어 재일한국인 법적지위

문서명	법적지위협정 및 출입국관리 특별법안에 관하여 중의원 한일특별위원회에서 논의된 문제점(法的地位協定及び出入国管理特別法案に関し衆議院日韓特別委員会において論議された問題点)

문서파일번호 563
작성연월일 1965. 11. 16
구분 한일협정 체결 후
세부항목 재일한국인 법적지위협정 체결 후 일본 국내법 정비
작성처 법무성
매수 5
비밀등급 일반
문서종류 내부문서
공개구분 공개
내용 협정영주자의 처우와 재일한국인 처우상의 차등, 재일한국인의 국적 등 관련 법안에 대해 중의원 한일특별위원회에서 논의된 사항 정리
주제어 재일한국인 법적지위

문서명	재일한국인 처우상의 차등(在日朝鮮人の処遇上の差等)

문서파일번호 563
작성연월일 1965(월일 불명)
구분 한일협정 체결 후
세부항목 재일한국인 법적지위협정 체결 후 일본 국내법 정비
작성처 법무성
매수 2
비밀등급 일반
문서종류 내부자료
공개구분 공개
내용 영주자, 비영주자에 대해 법적지위, 강제퇴거, 사회보장, 교육, 지참 재산 등에 대한 차이를 간단하게 설명한 자료
주제어 재일한국인 법적지위

문서명	외국인 등록상의 국적란의 '한국' 혹은 조선 기재에 대해서(外国人登録上の国籍欄の「韓国」あるいは「朝鮮」の記載について)

문서파일번호 563
작성연월일 1965. 10. 26
구분 한일협정 체결 후
세부항목 재일한국인 법적지위협정 체결 후 일본 국내법 정비
작성처 법무성
매수 3
비밀등급 일반
문서종류 내부자료
공개구분 공개
내용 '조선'이라는 표기는 과거 조선에서 일본으로 온 자들을 지칭하는 것이며, 국적과는 아무런 상관이 없음 등 '조선'과 '한국'의 국적 표기에 관한 설명이 있음. 또한 북한계 조선인의 국적은 어떻게 생각하는지, 국적 변경의 자유를 인정해야 하는지 등 국적 선택에 관한 네 가지 질의응답도 수록됨.
주제어 재일한국인 법적지위

문서명	재산권 처리와 국적 확인에 대해(財産権処理と国籍確認について)

문서파일번호 563
작성연월일 1965. 10. 26
구분 한일협정 체결 후
세부항목 재일한국인 법적지위협정 체결 후 일본 국내법 정비
작성처 법무성
매수 2
비밀등급 비(秘)
문서종류 내부자료
공개구분 공개
내용 재일한국인의 국적과 재산권 처리에 관한 네 가지 질의응답
주제어 재일한국인 법적지위

일본국에 거주하는 대한민국 국민의 법적지위 및 처우에 관한 일본국과 대한민국의 협정 실시에 따른 출입국관리특별법안 참고자료 등(日本国に居住する大韓民国国民の法的地位及び待遇に関する日本国と大韓民国との間の協定の実施に伴う出入国管理特別法案参考資料等)

문서파일번호	564
작성연월일	1965(월일 불명)
구분	한일협정 체결 후
세부항목	재일한국인 법적지위협정 체결 후 일본 국내법 정비
작성처	법무성 입국관리국
매수	28
비밀등급	
문서종류	내부자료
공개구분	공개
내용	한일협정 체결에 따른 일본 국내법령 제정 관련 참고자료
주제어	재일한국인 법적지위, 협정 체결 후 일본 국내법 정비

문서명	일본국에 거주하는 대한민국 국민의 법적지위 및 처우에 관한 일본국과 대한민국의 협정 실시에 따른 출입국관리특별법안 참고자료(日本国に居住する大韓民国国民の法的地位及び待遇に関する日本国と大韓民国との間の協定の実施に伴う出入国管理特別法案参考資料)

문서파일번호 564
작성연월일 1965(월일 불명)
구분 한일협정 체결 후
세부항목 재일한국인 법적지위협정 체결 후 일본국내법 정비
작성처 법무성 입국관리국
매수 15
비밀등급
문서종류 내부자료
공개구분 공개
내용 재일한국인 법적지위협정 체결 후 출입국관리특별법안 참고자료.
표1. 한국인의 법적지위에 관한 연표(1910~1965)
표2. 종전 전의 재일한국인 인구의 추이(1883~1944)
표3. 재일한국인의 귀환 상황
표4. 재일한국인의 외국인 등록수 및 국세조사에 의한 인구(1947~1965)
표5. 도도부현(都道府県)별 재일한국인 수(1964년 4월 1일 현재)
표6. 출신지별 재일한국인 수(1964년 4월 1일 현재)
표7. 북한 귀환자 수(1959~1965)
표8. 외국인의 귀화 및 한국인의 귀화 수(1952~1964)
표9. 오무라 입국자 수용소에 있는 한국인 수용자 수(1953~1965)
표10. 한국인의 강제퇴거령서에 따른 송환 인원(1950~1965)
표11. 재일한국인의 통상 제1심 죄명 및 과형별 유죄 인원
표12. 재일한국인 전업 통계(1964년 4월 1일 현재)
주제어 재일한국인 법적지위

문서명	일본국에 거주하는 대한민국 국민의 법적지위 및 처우에 관한 일본국과 대한민국의 협정 실시에 따른 출입국관리특별법안 참조문(日本国に居住する大韓民国国民の法的地位及び待遇に関する日本国と大韓民国との間の協定の実施に伴う出入国管理特別法案参照条文)

문서파일번호 564

작성연월일 1965(월일 불명)

구분 한일협정 체결 후

세부항목 재일한국인 법적지위협정 체결 후 일본 국내법 정비

작성처 법무성 입국관리국

매수 1

비밀등급 일반

문서종류 내부자료

공개구분 공개

내용 출입국관리령(초), 포츠담선언 수탁에 따른 명령 건에 기초한 외무성 관계 제 명령의 조치에 관한 법률(초), 아마미(奄美) 군도의 복귀에 따른 법무성 관계법령 적용의 경과조치 등에 관한 정령(초), 특정 거주자격 및 그 거주기간을 정하는 성령(省令)(초), 외국인등록법(초) 등이 수록되어 있는 자료집

주제어 재일한국인 법적지위

문교조사회·외국인교육소위원회에 관한 자료
(文教調査会·外人教育小委員会に關する資料)

문서파일번호	565
작성연월일	1965. 3. 25 - 1965. 10. 6
구분	제7차 회담, 한일협정 체결 후
세부항목	재일한국인 교육관련 자료
작성처	자민당, 문부성 등
매수	90
비밀등급	
문서종류	내부자료, 회의록, 내부문서
공개구분	공개 또는 일부비공개
내용	자민당 문교조사회 외국인교육소위원회 관련 자료 모음
주제어	재일한국인 법적지위

문서명	한국인 교육의 개요(朝鮮人教育の概要)

문서파일번호 565
작성연월일 1965. 3. 25
구분 제7차 회담
세부항목 재일한국인 교육 관련자료
작성처 불명
매수 4
비밀등급 일반
문서종류 내부자료
공개구분 일부비공개
내용 재일한국인 교육과 관련하여 학생 수, 한국인을 위한 학교 현황, 의무교육, 상급학교 진학현황 등이 정리됨.
주제어 재일한국인 법적지위

문서명	재일한국인의 교육에 관한 문제점 일람(안)[在日朝鮮人の教育に関する問題点の一覧(案)]

문서파일번호 565
작성연월일 1965(월일 불명)
구분 제7차 회담
세부항목 재일한국인 교육 관련자료
작성처 불명
매수 3
비밀등급 비(秘)
문서종류 내부자료
공개구분 공개
내용 재일한국인 교육의 문제점을 정리한 문서. 한일협정의 내용을 어떻게 할 것인지, 협정 실시에 따른 문제점과 그 밖의 문제점으로 구분하여 정리함.
주제어 재일한국인 법적지위

문서명	문교조사회·외국인교육소위원회(제8회) [文教調査会·外人教育小委員会(第8回)]

문서파일번호 565
작성연월일 1965. 5. 19
구분 제7차 회담
세부항목 재일한국인 교육 관련자료
작성처 자민당 문교조사회 외국인교육소위원회
매수 68
비밀등급 일반
문서종류 회의록
공개구분 일부비공개
내용 자민당 문교조사회 외국인교육소위원회 제8회 회의기록. 국회의원 5명과 문부성, 법무성, 외무성, 공안조사청, 경찰청 관계관이 참석, 중간보고 안에 대하여 심의함. 중간보고(안) ① 문교조사회 · 외국인교육소위원회 의사요지 ② 재일한국인 교육의 개요 ③ 한일교섭 관계 ④ 한국인 교육관계 시설 ⑤ 외국의 외국인 교육 ⑥ 관계법령으로 구성된 중간보고 부속자료가 첨부됨.
주제어 재일한국인 법적지위

문서명	외국인교육소위원회 중간보고(안) [外人教育小委員会長官報告(案)]

문서파일번호 565
작성연월일 1965. 5. 26
구분 제7차 회담
세부항목 재일한국인 교육 관련자료
작성처 자민당 문교조사회 외국인교육소위원회
매수 13
비밀등급 일반
문서종류 내부문서
공개구분 일부비공개
내용 자민당정소문교소사회 외인교육소위원회의 중간보고 안.
① 한일회담 교육관계 사항에 관하여 ② 영주허가 한국인 이외의 조선인의 교육상

처우에 관하여 ③ 일본인, 한국인의 상호이해와 친화의 촉진에 관하여 ④ 재일 외국인 교육의 기본방침에 관하여 등의 내용으로 구성됨. 소위원회 위원 명부가 첨부됨.

주제어 재일한국인 법적지위

문서명	영주가 허가된 한국인의 교육상 처리에 관하여(永住を許可された韓国人の教育上の取り扱いについて)

문서파일번호 565

작성연월일 1965. 10. 6

구분 한일협정 체결 후

세부항목 재일한국인 교육에 관한 일본 방침

작성처 문부성

매수 2

비밀등급 일반

문서종류 내부문서

공개구분 공개

내용 한일협정 체결 후 협정 제4조(영주허가를 받은 한국인에 대한 일본의 교육에 관하여 타당한 고려를 한다)에 관한 일본의 조치사항에 대한 검토의견서

주제어 재일한국인 법적지위

일본국에 거주하는 대한민국 국민의 법적지위 및 처우에 관한 일본국과 대한민국의 협정 실시에 따른 출입국특별법안 축조설명서(日本国に居住する大韓民国国民の法的地位及び待遇に関する日本国と大韓民国との間の協定の実施に伴う出入国特別法案逐条説明書)

문서파일번호	1239
문서명	일본국에 거주하는 대한민국 국민의 법적지위 및 처우에 관한 일본국과 대한민국의 협정 실시에 따른 출입국특별법안 축조설명서(日本国に居住する大韓民国国民の法的地位及び待遇に関する日本国と大韓民国との間の協定の実施に伴う出入国特別法案逐条説明書)
작성연월일	1965. 10(일자 불명)
구분	한일협정 체결 후
세부항목	재일한국인 법적지위 및 처우에 관한 법률안 축조 설명
작성처	법무성 입국관리국
매수	8
비밀등급	일반
문서종류	내부자료
공개구분	공개
내용	재일한국인 법적지위 및 처우에 관한 협정 실시에 따른 출입국관리 특별법안 축조 설명서
주제어	재일한국인 법적지위

제15부

제7차 회담 문화재 위원회 회의록 및 정책 훈령

문화재소위원회에 대한 사전협의
(文化財小委員会に関する打合せ)

문서파일번호	581
작성연월일	1965. 3. 6 - 1965. 3. 22
구분	제7차 회담
세부항목	문화재소위원회 일본 자체 협의
작성처	외무성 북동아시아과
매수	24
비밀등급	
문서종류	회의록
공개구분	공개 또는 일부비공개
내용	1965년 3월 6~22일까지 외무성과 문부성(문화재보호위원회), 도쿄박물관이 개최한 협의회 기록
주제어	문화재 반환

문서명	문화재소위원회에 대한 협의(文化財小委員会に関する打合せ)

문서파일번호 581
작성연월일 1965. 3. 6
구분 제7차 회담
세부항목 문화재소위원회 일본 자체 협의
작성처 외무성 북동아시아과
매수 7
비밀등급 극비
문서종류 회의록
공개구분 공개
내용 외무성-문부성, 도쿄박물관 협의 기록. 외무성은 문화재소위원회가 시작되면 한국이 문화재 목록을 요구할 것이므로 일본도 문화재 목록을 준비할 필요가 있다고 언급함. 문부성은 외무성이 제시한 증여목록을 본 후, 자신들이 생각했던 것보다 많으며, 특히 양산 부부총은 학술상 중요하기 때문에 증여할 수 없고, 자신들이 시안을 만들어 보겠다고 언급함.
주제어 문화재 반환

문서명	문화재 문제 협의(文化財問題打合せ会)

문서파일번호 581
작성연월일 1965. 3. 15
구분 제7차 회담
세부항목 문화재소위원회 일본 자체 협의
작성처 외무성 북동아시아과
매수 7
비밀등급 극비
문서종류 회의록
공개구분 공개
내용 외무성-문부성, 도쿄박물관 협의 기록. 문부성은 외무성과 흥정하기 싫어 최대한 인도 가능한 목록을 만듦. 양산 부부총을 인도할 수 없는 이유로 일본에는 이와 비슷한 종류가 없는 반면 한국에는 비슷한 것이 많다는 점, 1958년 489점의 목록은 외무성이 문부성과 상의 없이 한국에 제출한 점 등을 들었음.
주제어 문화재 반환

문서명	문화재에 관한 협의(文化財に関する打合会)

문서파일번호	581
작성연월일	1965. 3. 22
구분	제7차 회담
세부항목	문화재소위원회 일본 자체 협의
작성처	외무성 북동아시아과
매수	10
비밀등급	극비
문서종류	회의록
공개구분	일부비공개
내용	외무성-문부성, 도쿄박물관 협의 기록. 한국에 증여할 문화재 목록 중 도쿄박물관에 소장되어 있는 경주 출토 유물, 이토 히로부미의 고려자기, 일본 국유 문화재 등에 관한 문부성의 구두 설명이 있었음.
주제어	문화재 반환

한일문화재 문제에 관한 문제점
(日韓文化財問題についての問題点)

문서파일번호	582
작성연월일	1965. 4. 30 - 1965. 5. 11
구분	제7차 회담
세부항목	문화재 반환 관련 문제점
작성처	외무성 북동아시아과, 문화재보호위원회 사무국
매수	14
비밀등급	
문서종류	내부문서, 재가문서, 합의사항
공개구분	공개
내용	일본 소재 한국문화재 반환과 관련한 문제점을 정리한 문서
주제어	문화재 반환

문서명	한일문화재 문제에 관한 문제점(日韓文化財問題についての問題点)

문서파일번호 582
작성연월일 1965. 4. 30
구분 제7차 회담
세부항목 문화재 반환 관련 문제점
작성처 외무성 북동아시아과
매수 3
비밀등급 비(秘)
문서종류 내부문서
공개구분 공개
내용 '청구권 문제 해결 및 경제협력에 관한 합의사항' 제6항에 기초한 문화재 인도에 대해, 인도품목, 인도 문서, 인도 절차 등 한국과의 교섭 및 최종처리상의 문제점을 정리
주제어 문화재 반환

문서명	한일회담에서 문화재 문제(日韓会談における文化財問題)

문서파일번호 582
작성연월일 1965. 5. 11
구분 제7차 회담
세부항목 문화재 반환 관련 문제점
작성처 외무성 북동아시아과
매수 2
비밀등급 극비
문서종류 재가문서
공개구분 공개
내용 1965년 4월 3일 한일이 가서명한 '합의사항'에 따라 일본이 작성한 한국문화재품목 리스트를 조만간 한국에 제출하고자 한다는 내용의 재가문서. 이 리스트는 인도 가능한 최대한의 것이라고 주장할 것이나, 경우에 따라 그 수의 증가가 있을 예정이라는 설명이 기재되어 있음.
주제어 문화재 반환

문서명	한일 간 청구권 문제 해결 및 경제협력에 관한 합의사항 내용(日韓間の請求権問題解決及び経済協力に関する合意事項の内容)

문서파일번호 582
작성연월일 1965. 4. 3
구분 제7차 회담
세부항목 청구권 문제 및 경제협력에 관한 합의사항 중 문화재 관련 부분
작성처 외무성 북동아시아과
매수 4
비밀등급 일반
문서종류 합의사항
공개구분 공개
내용 가서명한 '한일 간 청구권 문제 해결 및 경제협력에 관한 합의사항'의 내용 중 제6항에 '한일 간 문화재 문제 해결 및 문화협력의 증진에 관해 품목 그 이외는 협의 후 일본이 한국에 인도한다'고 규정되어 있음을 기술
주제어 청구권 · 경제협력, 문화재 반환

문서명	한일문화협력의 일환으로 한국에 증여할 것을 고려해야 하는 품목(시안)[日韓文化協力の一環として韓国側に贈与することを考慮すべき品目(試案)]

문서파일번호 582
작성연월일 1965. 3. 6
구분 제7차 회담
세부항목 반환 문화재 품목
작성처 외무성 북동아시아과
매수 3
비밀등급 극비
문서종류 내부문서
공개구분 공개
내용 일본이 한국에 증여를 고려하는 품목 중 한국이 1962년 2월 28일 제출한 '반환청구 한국문화재 목록' 가운데 도쿄국립박물관이 소장하고 있는 문화재의 증여품목
주제어 문화재 반환

문서명	한일문화재 협력의 일환으로 한국에 증여할 것을 고려해야 하는 품목(안)[日韓文化協力の一環として韓国側に贈与することを考慮すべき品目(案)]

문서파일번호	582
작성연월일	1965. 3. 12
구분	제7차 회담
세부항목	반환 문화재 품목
작성처	문화재보호위원회 사무국
매수	2
비밀등급	극비
문서종류	내부문서
공개구분	공개
내용	문화재보호위원회가 만든 한국에 증여를 고려하고 있는 문화재 품목 리스트
주제어	문화재 반환

도자기, 고고학 자료 및 석조미술품
(陶磁器、考古資料及び石造美術品)

문서파일번호	594
작성연월일	1965. 6(일자 불명) - 1965. 7. 1
구분	한일협정 체결 후
세부항목	한국 인도 문화재 관련 설명
작성처	외무성 북동아시아과
매수	56
비밀등급	
문서종류	내부문서, 의정서 부속서
공개구분	공개
내용	한국에 반환하는 도자기, 고고자료 및 석조 미술품에 대한 설명이 기술된 문서와 문화협력에 관한 의정서 부속서
주제어	문화재 반환

문서명	도자기, 고고학 자료 및 석조미술품(陶磁器、考古資料及び石造美術品)

문서파일번호 594
작성연월일 1965. 7. 1
구분 한일협정 체결 후
세부항목 한국 인도 문화재 관련 설명
작성처 외무성 북동아시아과
매수 3
비밀등급 일반
문서종류 내부문서
공개구분 공개
내용 도자기 97점, 고고자료 334점, 석조미술품 3점에 대한 간단한 설명이 기술된 문서
주제어 문화재 반환

문서명	한일 간 문화협력에 관한 의정서 부속서(日韓間文化協力に関する議定書付属書)

문서파일번호 594
작성연월일 1965. 6(일자 불명)
구분 한일협정 체결 後
세부항목 한일 간 문화협력에 관한 의정서 부속서
작성처 외무성 북동아시아과
매수 53
비밀등급 일반
문서종류 의정서 부속서
공개구분 공개
내용 한일 간 문화협력에 관한 의정서의 부속서. 일본이 한국에 인도할 도자기, 출토품, 석조미술, 고서적, 체신 관계 문화재에 대한 목록이 수록되어 있음.
주제어 문화재 반환

마이크로필름 기증품목 결정
(マイクロフィルム寄贈品目の決定)

문서파일번호	1119
작성연월일	1965. 6. 18 - 1965. 7. 9
구분	제7차 회담
세부항목	고서적 마이크로필름 기증
작성처	외무성 등
매수	51
비밀등급	
문서종류	내부문서, 내부자료, 서한
공개구분	공개 또는 일부비공개
내용	한국에 전달한 고서적 마이크로필름 목록과 한일 양측이 주고받은 서한
주제어	문화재 반환

문서명	마이크로필름 기증품목 결정(マイクロフィルム寄贈品目の決)

문서파일번호 1119
작성연월일 1965. 6. 18
구분 제7차 회담
세부항목 고서적 마이크로필름 기증
작성처 외무성 북동아시아과
매수 3
비밀등급 일반
문서종류 내부문서
공개구분 공개
내용 고도서의 마이크로필름 기증과 관련한 목록 작성 경위 및 그 의미를 정리한 문서. 다가와 고조(田川孝三) 박사가 한국에 기증할 고도서 243부 2,319책의 마이크로필름 목록을 작성했으며, 마이크로필름은 문화재를 찍은 것이나 문화재는 아니므로 마이크로필름의 기증은 문화재협정과는 별개로 문화협력으로 이루어지는 것이라는 내용이 수록됨.
주제어 문화재 반환

문서명	마이크로필름 기증도서 목록(マイクロポジフィルム寄贈圖書目錄)

문서파일번호 1119
작성연월일 1965. 6. 18
구분 제7차 회담
세부항목 고서적 마이크로필름 기증
작성처 궁내청 서릉부(宮內庁 書陵部)
매수 4
비밀등급
문서종류 내부자료
공개구분 공개
내용 궁내청 서릉부 소장 마이크로필름 기증 도서의 목록
주제어 문화재 반환

문서명	제목 없음(마이크로필름 기증도서 목록)

문서파일번호 1119
작성연월일 1965. 6. 18
구분 제7차 회담
세부항목 고서적 마이크로필름 기증
작성처 총리부
매수 8
비밀등급 일반
문서종류 내부자료
공개구분 공개
내용 총리부 내각문고 소장 마이크로필름 기증 도서의 목록
주제어 문화재 반환

문서명	Ⅳ.마이크로필름(Ⅳ. マイクロ·フィルム)

문서파일번호 1119
작성연월일 1965. 6. 18
구분 제7차 회담
세부항목 고서적 마이크로필름 기증
작성처 이홍식 대표
매수 13
비밀등급 일반
문서종류 내부자료
공개구분 공개
내용 한국 문화재위원회 이홍식 대표가 조회를 마친 마이크로필름 목록
주제어 문화재 반환

문서명	최종 리스트(最終的 リスト)

문서파일번호 1119
작성연월일 1965. 6(일자 불명)
구분 제7차 회담
세부항목 고서적 마이크로필름 기증
작성처 불명
매수 14
비밀등급 일반
문서종류 내부자료
공개구분 공개
내용 한국에 반환할 고서적 마이크로필름 최종 리스트
주제어 문화재 반환

문서명	제목 없음

문서파일번호 1119
작성연월일 1965. 6. 25
구분 제7차 회담
세부항목 고서적 마이크로필름 기증
작성처 주일한국대표부 방희 공사
매수 1
비밀등급 일반
문서종류 서한
공개구분 일부비공개
내용 일본의 마이크로필름 제공에 대해 주일한국대표부 방희 공사가 하리가이 마사유키 외무성 문화사업부장에게 보내는 감사 서한(영문)
주제어 문화재 반환

문서명	제목 없음

문서파일번호 1119
작성연월일 1965. 7. 9
구분 제7차 회담
세부항목 고서적 마이크로필름 기증
작성처 하리가이 부장
매수 1
비밀등급 일반
문서종류 서한
공개구분 공개
내용 방희 공사의 감사 서한에 대한 하리가이 마사유키 외무성 문화사업부장의 답신 서한(영문)
주제어 문화재 반환

문서명	제목 없음

문서파일번호 1119
작성연월일 1965. 7(일자 불명)
구분 제7차 회담
세부항목 고서적 마이크로필름 기증
작성처 외무성
매수 2
비밀등급 일반
문서종류 내부자료
공개구분 공개
내용 방희 공사의 서한과 하리가이 마사유키 외무성 문화사업부장의 서한 일어 번역
주제어 문화재 반환

문화재 인도에 관한 신문 보도에 관하여
(文化財引渡しに関する新聞報道について)

문서파일번호	1122
문서명	문화재 인도에 관한 신문 보도에 관하여(文化財引渡しに関する新聞報道について)
작성연월일	1966. 5. 31
구분	한일협정 비준 후
세부항목	문화재 반환 언론 보도
작성처	주대한민국 임시대리대사
매수	18
비밀등급	일반
문서종류	공문
공개구분	공개
내용	1966년 5월 27일과 28일 한국 각 신문에 보도된 문화재 반환에 관한 기사를 보고(문화재 관련 한국 일간지 기사 13개 복사본 첨부)
주제어	문화재

한국에 인도할 서적의 해제
(韓国に引渡す書籍の解題)

문서파일번호	388
문서명	한국에 인도할 서적의 해제(韓国に引渡す書籍の解題)
작성연월일	1965. 7(일자 불명)
구분	제7차 회담
세부항목	궁내청 서릉부 소장 한국 고서적
작성처	궁내청 하시모토 조사관
매수	48
비밀등급	일반
문서종류	설명자료
공개구분	공개
내용	한국에 인도할 서적 해제. 해제는 궁내청 하시모토(橋本) 조사관이 담당함.
주제어	문화재 반환

일본에서 가지고 온 임진왜란 이전의 한적 복사본
(日本から持ち帰った文禄慶長の役以前の韓籍複写本)

문서번호	389
문서명	일본에서 가지고 온 임진왜란 이전의 한적 복사본(日本から持ち帰った文禄慶長の役以前の韓籍複写本)
작성연월일	1967. 7. 23
구분	한일협정 비준 후
세부항목	일본반환 문화재 관련 기고
작성처	외무성 북동아시아과
매수	26
비밀등급	일반
문서종류	내부자료
공개구분	일부비공개
내용	한국국립중앙박물관 기관지 『도서관』 114호(1967년 2월)에 수록된 이홍식 박물관장(한일회담 문화재위원회 한국 대표)의 글을 일본이 번역한 것.
주제어	문화재

체신문화재의 회수 문제
(遞信文化財の回収問題)

문서파일번호	390
작성연월일	1958. 2. 15 - 1965. 8(일자 불명)
구분	제4~7차 회담
세부항목	체신관계 문화재 회수
작성처	우정성, 외무성 등
매수	37
비밀등급	
문서종류	진정서, 공문, 내부자료, 설명자료
공개구분	공개 또는 일부비공개
내용	체신문화재 회수에 관한 공문 및 관련 자료
주제어	체신문화재 반환

문서명	(한국일보) 1958. 2. 15~2. 16.[(韓国日報)一九五八.二.一五-二.一六]

문서파일번호 390
작성연월일 1958. 2. 15-1958. 2. 16
구분 제3~4차 회담 사이
세부항목 우편문화재
작성처 진영(대한우표회원)
매수 7
비밀등급 일반
문서종류 진정서
공개구분 공개
내용 대한우표회원인 진영 씨가 1958년 2월 15일, 16일에 걸쳐 한국일보에 게재한 글의 일본어본. 체신기념관 개관 시 한국 우편 역사를 보여 줄 우편문화재가 필요하며, 한일 통신합동 시 일본이 접수해 간 우편문화재를 반드시 돌려받아야 한다는 내용임.
주제어 문화재 반환

문서명	체신박물관 자료 중 한국자료 조서(逓信博物館資料中韓國資料調書)

문서파일번호 390
작성연월일 1961. 12. 16
구분 제5차 회담
세부항목 체신박물관 소재 한국관련 자료
작성처 우정성 체신박물관
매수 7
비밀등급 일반
문서종류 공문
공개구분 공개
내용 체신박물관이 외무성에 보낸 체신박물관에 소재하고 있는 자료 중 한국관련 자료 조사 결과서
주제어 문화재 반환

문서명	체신박물관 소장 한국관계 자료 건(逓信博物館所蔵の韓国関係資料に関する件)

문서파일번호 390
작성연월일 1963. 3. 29
구분 제6차 회담
세부항목 체신문화재
작성처 외무대신 관방장관
매수 2
비밀등급 극비
문서종류 공문
공개구분 공개
내용 외무성 측이 우정성에 대해 한일회담 문화재 반환 문제에 대한 외무성 측의 입장을 설명하고, 한국의 반환요구 물품에 체신문화재가 있으니, 문화재 반환 문제를 원활하게 해결하기 위해 우정성의 협력을 부탁한다는 내용의 문서
주제어 문화재 반환

문서명	체신박물관 소장 한국관계 자료 반환에 대해(逓信博物館所蔵の韓国関係資料の返還について)

문서파일번호 390
작성연월일 1963. 7. 12
구분 제6차 회담
세부항목 체신문화재
작성처 우정대신 관방장관
매수 1
비밀등급 극비
문서종류 공문
공개구분 공개
내용 외무성의 의뢰에 대해 원칙적으로 찬성한다는 우정성의 회신 공문
주제어 문화재 반환

문서명	한국의 반환청구 체신문화재에 대해(韓国側より返還請求の逓信関係文化財について)

문서파일번호 390
작성연월일 1965. 4. 3
구분 제7차 회담
세부항목 우편문화재
작성처 외무성 북동아시아과
매수 4
비밀등급 극비
문서종류 회의록
공개구분 공개
내용 1965년 4월 2일 개최된 외무성과 우정성 간의 회의기록. 우정성이 한국 우편문화재와 관련한 설명을 하고, 외무성이 한국에게 인도 물품의 리스트를 작성하여 보내달라고 의뢰함.
주제어 문화재 반환

문서명	체신박물관 소장 한국관계 자료 양도에 대해(逓信博物館所蔵の韓国関係資料の引渡しについて)

문서파일번호 390
작성연월일 1965. 5. 4
구분 제7차 회담
세부항목 체신문화재
작성처 우정대신 관방장관
매수 7
비밀등급 일반
문서종류 공문
공개구분 일부비공개
내용 우정대신 관방장관이 외무성에게 보낸 문서로, 첨부된 체신관계 문화재를 인도하기로 했다는 내용이 담김. 우정성 체신박물관 소장의 한국관계 체신문화재 목록, 체신문화재 목록에 의한 조치총괄조서 등이 첨부되어 있음.
주제어 문화재

문서명	체신박물관 소장 한국관계 자료 양도에 대해(逓信博物館所蔵の韓国関係資料の引渡しについて)

문서파일번호 390
작성연월일 1965. 5. 20
구분 제7차 회담
세부항목 체신문화재
작성처 우정대신 관방장관
매수 7
비밀등급 일반
문서종류 공문
공개구분 일부비공개
내용 우정대신 관방장관이 외무성 관방장관에게 보낸 공문으로, 앞선 5월 4일 자 공문 첨부 자료에 일부 변경이 있었다는 내용이 담김.
주제어 문화재 반환

문서명	체신박물관 소장의 한국관계 체신문화재 설명서(逓信博物館所蔵の韓国関係逓信文化財説明書)

문서파일번호 390
작성연월일 1965. 8(일자 불명)
구분 한일협정 체결 후
세부항목 체신문화재
작성처 우정성
매수 2
비밀등급
문서종류 설명자료
공개구분 공개
내용 체신박물관에 소장된 한국 관련 체신문화재의 품명과 간단한 설명이 되어 있는 문서
주제어 문화재 반환

한국에 인도할 문화재에 대해서
(韓国に引渡す文化財について)

문서파일번호	593
문서명	한국에 인도할 문화재에 대해서(韓国に引渡す文化財について)
작성연월일	1965. 7. 1
구분	한일협정 체결 후
세부항목	한국 인도 문화재 관련 설명
작성처	외무성 북동아시아과
매수	3
비밀등급	일반
문서종류	내부문서
공개구분	공개
내용	한일협정 체결과 함께 일본이 한국에 인도할 문화재에 대한 설명자료. 고려도자기 97점, 고고자료 334점, 석조미술품 3점, 도서 163부 852책, 체신 관계품 35점을 일본에 보유하게 된 배경 등이 적혀 있음.
주제어	문화재 반환

한일문화재 인도 내부협의회
(日韓文化財引渡し打合せ会)

문서파일번호	1120
작성연월일	1965. 7. 26 - 1966. 6. 24
구분	한일협정 체결 後
세부항목	문화재 반환
작성처	외무성, 주한임시대사대리
매수	109
비밀등급	
문서종류	회의록, 전문, 공문, 내부자료, 외교공한(구상서), 각서
공개구분	일부비공개
내용	1965년 6월 22일 한일협정 체결 후 한국 문화재 인도와 관련하여 개최된 일본 내부협의 기록, 한국과의 협의 기록, 구상서 및 언론 기사 등 모음
주제어	문화재 반환

문서명	한일 문화재 인도 관련 협의회(日韓文化財引渡し打合せ会)

문서파일번호 1120
작성연월일 1965. 7. 26
구분 한일협정 체결 後
세부항목 문화재 반환
작성처 외무성
매수 3
비밀등급 일반
문서종류 회의록
공개구분 공개
내용 한국문화재 인도와 관련한 외무성-문화재보호위원회 협의 기록. 문화재 인도 시 책임 문제, 기술적 문제, 선전효과, 인도 이전 국내공개, 실력저지의 가능성 등에 대해 협의
주제어 문화재 반환

문서명	한일 여러 협정의 처리에 관하여(日韓諸協定の処理について)

문서파일번호 1120
작성연월일 1966. 1. 18
구분 한일협정 체결 後
세부항목 문화재 반환
작성처 주한임시대리대사
매수 3
비밀등급 일반
문서종류 전문(電文)
공개구분 공개
내용 마에다 도시카즈 주한임시대리대사와 최광수 동북아주과장의 회의결과를 보고한 전문. 한일협정상 처리가 필요한 여러 문제에 관해 협의함. 해저케이블, 어업협정, 문화재 인도의 처리에 관한 내용 등이 기록됨.
주제어 문화새 반환

문서명	한국의 문화재 인도에 관한 협의사항 요지(韓国への文化財引渡に関する打合せ事項要旨)

문서파일번호 1120
작성연월일 1966. 4. 6
구분 한일협정 체결 후
세부항목 문화재 반환
작성처 외무성 문화제1과
매수 10
비밀등급 일반
문서종류 회의록
공개구분 공개
내용 한국문화재 인도 관련 외무성, 도쿄국립박물관, 우정성, 궁내청 협의 기록. 한국에 전달할 구상서 문구 검토, 확인, 포장에 관한 사항, 인도 일시, 관련 행사 및 언론 홍보 등에 관한 사안들이 협의됨.
주제어 문화재 반환

문서명	한국에 대한 문화재 인도에 관하여(韓国に対する文化財の引渡について)

문서파일번호 1120
작성연월일 1966. 4. 12
구분 한일협정 체결 후
세부항목 문화재 반환
작성처 문화제1과장
매수 2
비밀등급 일반
문서종류 공문
공개구분 공개
내용 외무성 문화제1과장이 회계과장에게 한국에 대한 문화재 인도와 관련하여 소요되는 예산 지원을 요청하는 공문 초안
주제어 문화재 반환

문서명	화물해상보험료율 견적서(貨物海上保険料率見積書)

문서파일번호 1120
작성연월일 1966. 4. 14
구분 한일협정 체결 후
세부항목 문화재 반환
작성처 불명
매수 2
비밀등급 일반
문서종류 내부자료
공개구분 일부비공개
내용 한국에 대한 문화재 인도 시 해상보험료율에 대한 견적서
주제어 문화재 반환

문서명	한국에 인도할 문화재에 관하여(韓国への文化財引渡について)

문서파일번호 1120
작성연월일 1966. 4. 15
구분 한일협정 체결 후
세부항목 문화재 반환
작성처 외무성 문화제1과
매수 4
비밀등급 일반
문서종류 회의록
공개구분 공개
내용 주일한국대사관 안광호 공사가 하리가이 마사유키 문화사업부장을 방문, 문화재 한국 인도와 관련하여 협의한 기록. 인도 시기의 조정, 문화재 손상 시 일본정부의 보상 문제, 일본의 부담 경비 범위, 문화재 평가액, 민간문화재의 기증 문제 등에 관해 협의함.
주제어 문화재 반환

문서명	한국에 대한 문화재 인도에 관하여(韓国に対する文化財の引渡について)

문서파일번호 1120
작성연월일 1966(월일 불명)
구분 한일협정 체결 후
세부항목 문화재 반환
작성처 외무성 문화제1과
매수 5
비밀등급 일반
문서종류 내부문서
공개구분 공개
내용 한국과의 합의에 기반하여 현재까지 진행된 문화재 인도 절차에 대해 정리
주제어 문화재 반환

문서명	한일문화재 인도에 관하여(日韓文化財の引渡について)

문서파일번호 1120
작성연월일 1966. 4. 28
구분 한일협정 체결 후
세부항목 문화재 반환
작성처 하리가이 부장
매수 6
비밀등급 일반
문서종류 회의록
공개구분 공개
내용 문화재 인도와 관련하여 하리가이 마사유키 문화사업부장이 주일한국대사관 안광호 공사와 협의한 기록. 인도 장소, 구상서 등에 관해 협의함.
주제어 문화재 반환

문서명	한국에 대한 문화재 인도에 관하여(韓国に対する文化財の引渡について)

문서파일번호 1120
작성연월일 1966. 4. 30
구분 한일협정 체결 후
세부항목 문화재 반환
작성처 외무성 문화제1과
매수 2
비밀등급 일반
문서종류 회의록
공개구분 공개
내용 주일한국대사관 안광호 공사와 하리가이 마사유키 문화사업부장이 문화재 인도에 관해 협의한 기록. 일본이 구상서안을 제시함.
주제어 문화재 반환

문서명	구상서(안)[口上書(案)]

문서파일번호 1120
작성연월일 1966. 4. 30
구분 한일협정 체결 후
세부항목 문화재 반환
작성처 외무성 문화제1과
매수 2
비밀등급 일반
문서종류 구상서(안)
공개구분 공개
내용 1966년 4월 30일 협의 시 하리가이 마사유키 문화사업부장이 제시한 구상서 초안
주제어 문화재 반환

문서명	한국에 인도할 문화재에 관하여(韓国への文化財の引渡について)

문서파일번호 1120
작성연월일 1966. 4. 30
구분 한일협정 체결 후
세부항목 문화재 반환
작성처 외무성 문화제1과
매수 2
비밀등급 비(秘)
문서종류 전문(電文)
공개구분 공개
내용 문화재 인도와 관련 일본이 한국까지 수송하는 형태로 처리하는 방안에 대해 한국도 좋다고 하였다는 내용을 주한일본대사관에 통보하는 전문
주제어 문화재 반환

문서명	한국에 인도할 문화재에 관하여(韓国への文化財の引渡について)

문서파일번호 1120
작성연월일 1966. 5. 7
구분 한일협정 체결 후
세부항목 문화재 반환
작성처 외무성 문화제1과
매수 3
비밀등급 비(秘)
문서종류 전문(電文)
공개구분 공개
내용 문화재 인도와 관련한 확인작업은 도쿄에서, 인도는 한국에서 하는 방식으로 주일한국대사관 측과 협의가 이루어졌음을 주한일본대사관에 통보
주제어 문화재 반환

문서명	한국에 대한 문화재 인도 절차에 관한 한국과의 협의(韓国に対する文化財引渡の手続に関する韓国側との打合せ)

문서파일번호 1120
작성연월일 1966. 5. 9
구분 한일협정 체결 후
세부항목 문화재 반환
작성처 외무성 문화제1과
매수 6
비밀등급 일반
문서종류 회의록
공개구분 공개
내용 한국 이홍식 교수 등 일행과 일본 외무성, 궁내청, 국립박물관, 문화재보호위원회 관계관이 문화재 인도 절차에 관해 협의한 기록. 일본은 한국이 국내적 사정을 고려해서 한국에서 양도할 것을 바란다는 것을 확인함.
주제어 문화재 반환

문서명	대한민국에 대한 문화재 인도에 관하여(大韓民国に対する文化財の引渡について)

문서파일번호 1120
작성연월일 1966. 5. 11
구분 한일협정 체결 후
세부항목 문화재 반환
작성처 외무성 문화사업부장
매수 1
비밀등급 일반
문서종류 공문
공개구분 공개
내용 외무성이 도쿄국립박물관 측에 한국 인도 문화재 확인 작업에 관한 협력을 요청
주제어 문화재 반환

문서명	대한민국에 대한 문화재 인도에 관하여(大韓民国に対する文化財の引渡について)

문서파일번호 1120
작성연월일 1966. 5. 11
구분 한일협정 체결 후
세부항목 문화재 반환
작성처 외무성 문화사업부장
매수 1
비밀등급 일반
문서종류 공문
공개구분 공개
내용 외무성이 궁내청(서릉부장)과 우정성(관방비서과장)에게 1966년 5월 12일에 도쿄국립박물관에서 문화재 확인 작업이 진행될 것이므로 문화재를 박물관에 반입하라고 요청하는 공문
주제어 문화재 반환

문서명	한국에 인도할 문화재에 관하여(韓国への文化財の引渡について)

문서파일번호 1120
작성연월일 1966. 5. 20
구분 한일협정 체결 후
세부항목 문화재 반환
작성처 외무성 문화제1과
매수 3
비밀등급 일반
문서종류 전문(電文)
공개구분 공개
내용 한국으로의 문화재 인도와 관련하여 결정된 사항을 주한일본대사관에 통보
주제어 문화재 반환

문서명	한국에 인도할 문화재에 관하여(韓国への文化財の引渡について)

문서파일번호 1120
작성연월일 1966. 5. 24
구분 한일협정 체결 후
세부항목 문화재 반환
작성처 주한임시대리대사
매수 2
비밀등급 비(秘)
문서종류 전문(電文)
공개구분 공개
내용 외무성의 전문에 대한 주한일본임시대리대사의 회신 전문. 본성에서 통보받은 내용대로 한국 외무부와 협의한 결과와 함께 문화재 인도 시 전문가 파견을 건의하는 내용이 담김.
주제어 문화재 반환

문서명	문화재 및 문화협력에 관한 일본국과 대한민국의 협정에 따른 문화재 수송에 관련된 경비 의뢰에 관하여(文化財及び文化協力に関する日本国と大韓民国との間の協定による文化財の輸送にかゝる警備方依頼について)

문서파일번호 1120
작성연월일 1966. 5. 24
구분 한일협정 체결 후
세부항목 문화재 반환
작성처 외무성 문화사업부장
매수 1
비밀등급 일반
문서종류 공문
공개구분 일부비공개
내용 외무성이 경시청에 보낸 공문. 문화재 한국 인도를 위한 수송 경비를 요청
주제어 문화재 반환

문서명	한국에 인도할 문화재에 관하여(韓国への文化財の引渡について)

문서파일번호 1120
작성연월일 1966. 5. 25
구분 한일협정 체결 後
세부항목 문화재 반환
작성처 외무성 문화제1과
매수 3
비밀등급 일반
문서종류 전문(電文)
공개구분 공개
내용 문화재 인도와 관련한 주한일본대사관의 건의에 대한 외무성의 답신 및 지시사항
주제어 문화재 반환

문서명	구상서(口上書)

문서파일번호 1120
작성연월일 1966. 5. 25
구분 한일협정 체결 後
세부항목 문화재 반환
작성처 외무성
매수 2
비밀등급 일반
문서종류 외교공한(구상서)안
공개구분 공개
내용 문화재 인도와 관련하여 외무성이 주일한국대사관에 보낸 구상서 초안. 문화재 및 문화협력에 관한 한일 간 협정 2조 규정에 입각, 협정 부속서에 포함되는 문화재의 이양 절차 및 관련 사항에 대해 서로 합의한 사항을 기록하고, 양국 정부의 권한 있는 직원의 입회하에 한국정부에 인도한다는 내용이 담김.
주제어 문화재 반환

문서명	구상서(NOTE VERBALE)

문서파일번호 1120
작성연월일 1966. 5. 25
구분 한일협정 체결 후
세부항목 문화재 반환
작성처 외무성
매수 2
비밀등급 일반
문서종류 외교공한(구상서)안
공개구분 공개
내용 문화재 인도와 관련하여 외무성이 주일한국대사관에 보낸 구상서 영문본
주제어 문화재 반환

문서명	제목 없음

문서파일번호 1120
작성연월일 1966. 5(일자 불명)
구분 한일협정 체결 후
세부항목 문화재 반환
작성처 주일한국대사관
매수 1
비밀등급 일반
문서종류 외교공한(구상서)
공개구분 공개
내용 문화재 및 문화협력에 관한 한일 간 협정 2조 규정에 입각하여 문화재 인도가 진행된다는 것을 확인한다는 한국의 회신 구상서(영문)
주제어 문화재 반환

문서명	각서(覚書)

문서파일번호 1120
작성연월일 1966. 5. 26
구분 한일협정 체결 후
세부항목 문화재 반환
작성처 도쿄국립박물관
매수 1
비밀등급 일반
문서종류 각서
공개구분 일부비공개
내용 한국에 인도할 간토다치(環頭大刀) 2점을 현 상태로 보내기가 어려워 수지로 경화시킨 후 보내겠다는 내용이 담긴 각서
주제어 문화재 반환

문서명	한국에 인도할 문화재에 관하여(韓国への文化財の引渡しについて)

문서파일번호 1120
작성연월일 1966. 5. 26
구분 한일협정 체결 후
세부항목 문화재 반환
작성처 주한임시대리대사
매수 2
비밀등급 비(秘)
문서종류 전문(電文)
공개구분 공개
내용 문화재 한국 인도와 관련한 주한일본임시대리대사 보고. 한국은 문화재 한국 인도 후 개봉과 관련 일본 전문가가 방한하므로 이들이 개봉해 줄 것을 요청한다는 내용이 담김.
주제어 문화재 반환

문서명	한국에 인도할 문화재에 관하여(韓国への文化財の引渡しについて)

문서파일번호 1120
작성연월일 1966. 5. 27
구분 한일협정 체결 후
세부항목 문화재 반환
작성처 주한임시대리대사
매수 2
비밀등급 비(秘)
문서종류 전문(電文)
공개구분 공개
내용 한국정부가 문화재 인도 행사를 1966년 5월 28일 거행하기로 했다는 사실과 일본의 구상서를 접수했다는 내용이 담긴 주한일본임시대리대사의 보고. 한국이 인도 문화재를 한국미술품(Korean Art Object)으로 호칭한 데 대한 본성의 의견을 요구하는 내용도 수록되어 있음.
주제어 문화재 반환

문서명	한국에 인도할 문화재에 관하여(韓国への文化財の引渡しについて)

문서파일번호 1120
작성연월일 1966. 5. 27
구분 한일협정 체결 후
세부항목 문화재 반환
작성처 외무성 문화제1과
매수 2
비밀등급 비(秘)
문서종류 전문(電文)
공개구분 공개
내용 외무성이 주한일본대사관에 보낸 전문. 한국은 '한국에서 유래한'의 의미로 해석하여 적절히 대응하라는 지침과 함께 문화재 인도 행사 참석자 확정 시 이를 보고할 것.
주제어 문화재 반환

문서명	한국에 인도할 문화재에 관하여(韓国への文化財の引渡しについて)

문서파일번호 1120
작성연월일 1966. 5. 27
구분 한일협정 체결 後
세부항목 문화재 반환
작성처 주한임시대리대사
매수 1
비밀등급 일반
문서종류 전문(電文)
공개구분 공개
내용 문화재가 1966년 5월 27일 김포에 잘 도착했다는 주한일본임시대리대사의 보고
주제어 문화재 반환

문서명	한국에 인도할 문화재에 관하여(韓国への文化財の引渡しについて)

문서파일번호 1120
작성연월일 1966. 5. 27
구분 한일협정 체결 後
세부항목 문화재 반환
작성처 주한임시대리대사
매수 1
비밀등급 일반
문서종류 전문(電文)
공개구분 공개
내용 한국문화재의 수송 중 안전 확인을 거쳐 문화재의 실질적 인도가 무사히 끝났다는 주한일본임시대리대사의 보고
주제어 문화재 반환

문서명	한국에 인도할 문화재에 관하여(韓国への文化財の引渡しについて)

문서파일번호 1120
작성연월일 1966. 5. 28
구분 한일협정 체결 後
세부항목 문화재 반환
작성처 주한임시대리대사
매수 1
비밀등급 일반
문서종류 전문(電文)
공개구분 공개
내용 문화재 한국 인도 행사가 거행되었음을 보고
주제어 문화재 반환

문서명	문화재 인도에 관한 출장보고(文化財引渡に関する出張報告)

문서파일번호 1120
작성연월일 1966. 6. 2
구분 한일협정 체결 後
세부항목 문화재 반환
작성처 외무성 문화제1과장, 모리타(森田) 사무관
매수 14
비밀등급 일반
문서종류 내부문서
공개구분 공개
내용 문화 제1과장과 모리타 요시오 사무관의 문화재 한국 인도 및 확인 작업 관련 서울 출장보고서
주제어 문화재 반환

문서명	구상서(NOTE VERBALE)

문서파일번호 1120
작성연월일 1966. 5. 28
구분 한일협정 체결 후
세부항목 문화재 반환
작성처 주한일본대사관
매수 1
비밀등급 일반
문서종류 외교공한(구상서)
공개구분 공개
내용 주한일본대사관이 한국 외무부에 보낸 구상서(영문). 한일 문화재 및 문화협력 협정에 따라 문화재를 양도했음.
주제어 문화재 반환

문서명	구상서(NOTE VERBALE)

문서파일번호 1120
작성연월일 1966. 5. 28
구분 한일협정 체결 후
세부항목 문화재 반환
작성처 주한일본대사관
매수 1
비밀등급 일반
문서종류 외교공한(구상서)
공개구분 공개
내용 주한일본대사관이 한국 외무부에 보낸 구상서(영문). 한일 문화재 및 문화협력 협정에 따라 도서 마이크로필름을 양도했음.
주제어 문화재 반환

문서명	구상서(NOTE VERBALE)

문서파일번호 1120
작성연월일 1966. 5. 28
구분 한일협정 체결 후
세부항목 문화재 반환
작성처 한국 외무부
매수 1
비밀등급 일반
문서종류 외교공한(구상서)
공개구분 공개
내용 한국 외무부가 한일 문화재 및 문화협력 협정에 따라 한국 문화재를 인도받았다고 주한일본대사관에 알리는 구상서(영문)
주제어 문화재 반환

문서명	문화재 반환 시 이동원 외무부 장관의 인사말(文化財返還に際する李東元外務部長官の挨拶)

문서파일번호 1120
작성연월일 1966. 5. 28
구분 한일협정 체결 후
세부항목 문화재 반환
작성처 한국 외무부
매수 3
비밀등급 일반
문서종류 내부자료
공개구분 공개
내용 국립박물관에서 거행된 문화재 반환 행사에서 이동원 장관이 한 인사말. 불행한 과거를 청산하고 새로운 한일관계를 수립하는 계기가 될 것임.
주제어 문화재 반환

문서명	문화재 반환식에서 요시다 대리대사가 한 인사말(文化財引渡式における吉田代理大使挨拶)

문서파일번호 1120
작성연월일 1966. 5. 28
구분 한일협정 체결 후
세부항목 문화재 반환
작성처 주한임시대리대사
매수 2
비밀등급 일반
문서종류 내부자료
공개구분 공개
내용 문화재 반환식에서 요시다 겐조(吉田健三) 주한임시대리대사가 한 인사말. 문화재 반환으로 양국의 이해와 신뢰가 깊어지길 바람.
주제어 문화재 반환

문서명	기사자료(記事資料)

문서파일번호 1120
작성연월일 1966. 5. 28
구분 한일협정 체결 후
세부항목 문화재 반환
작성처 외무성 정보문화국
매수 1
비밀등급 일반
문서종류 내부자료
공개구분 공개
내용 문화재 한국 인도와 관련한 일본 외무성의 보도자료. 이번 문화재 양도를 계기로 한일 간 문화협력 관계가 촉진되기를 바람.
주제어 문화재 반환

문서명	환두대도의 송부에 관하여(環頭大刀の送付について)

문서파일번호 1120
작성연월일 1966. 6. 24
구분 한일협정 체결 후
세부항목 문화재 반환
작성처 외무성
매수 1
비밀등급 일반
문서종류 공문
공개구분 공개
내용 외무성이 주한일본대사에게 보낸 공문. 환두대도(環頭大刀)의 운송상 위험에 대처하기 위한 조치 후에 한국에 송부하겠음.
주제어 문화재 반환

문서명	한국 환두대도의 보존 처치 사양서(韓国環頭大刀保存処置仕様書)

문서파일번호 1120
작성연월일 1966(월일 불명)
구분 한일협정 체결 후
세부항목 문화재 반환
작성처 동문연 보존과학부
매수 4
비밀등급 일반
문서종류 내부자료
공개구분 일부비공개
내용 도쿄문화재연구소의 환두대도 보존 조치에 관한 설명서. 작성자가 먹칠됨.
주제어 문화재 반환

문서명	한국에 대한 문화재 인도 경비(韓国に対する文化財引渡経費)

문서파일번호	1120
작성연월일	1966(월일 불명)
구분	한일협정 체결 후
세부항목	문화재 반환
작성처	외무성 문화제1과
매수	5
비밀등급	일반
문서종류	내부자료
공개구분	공개
내용	문화재 한국 인도와 관련하여 지출된 경비 내역
주제어	문화재 반환

한국에 마이크로필름 기증
(韓国へのマイクロフィルムの寄贈)

문서파일번호	1121
작성연월일	1965. 9. 11 - 1966. 4. 12
구분	한일협정 체결 후
세부항목	고서적 마이크로필름 기증
작성처	외무성
매수	33
비밀등급	
문서종류	내부문서, 내부자료, 공문
공개구분	공개 또는 일부비공개
내용	일본이 소장하고 있는 한국 고서적의 마이크로필름을 한국에 전달하는 문제에 관한 문서 모음
주제어	문화재 반환

문서명	한국에 기증하는 마이크로필름에 대해서(韓国へのマイクロフィルムの寄贈について)

문서파일번호 1121
작성연월일 1966. 4. 12
구분 한일협정 체결 후
세부항목 고서적 마이크로필름 기증
작성처 외무성 문화제1과
매수 4
비밀등급 일반
문서종류 내부문서
공개구분 공개
내용 한국 고서적의 마이크로필름을 기증하는 문제와 관련, 필름의 대조 확인, 목록 작성, 포장 발송, 구상서 발송의 항목 등을 정리
주제어 문화재 반환

문서명	제목 없음

문서파일번호 1121
작성연월일 1966. 4. 12
구분 한일협정 체결 후
세부항목 고서적 마이크로필름 기증
작성처 외무성 문화제1과
매수 25
비밀등급 일반
문서종류 내부자료
공개구분 일부비공개
내용 한국 고서적 마이크로필름의 제목과 릴 수 등을 리스트로 정리
주제어 문화재 반환

문서명	한국에 대한 도서 마이크로필름 기증에 대해서(韓国に対する図書マイクロフィルムの寄贈について)

문서파일번호 1121
작성연월일 1965. 9. 11
구분 한일협정 체결 후
세부항목 고서적 마이크로필름 기증
작성처 외무성
매수 2
비밀등급 일반
문서종류 공문
공개구분 공개
내용 외무성이 총리부 및 궁내청장관에게 보내는 협조 요청 공문. 한국의 요청에 따라 일본 소재 한국 고서적 일부에 대한 마이크로필름을 한국에 기증할 예정이며, 이에 따라 동 도서에 대한 마이크로 필름화 작업에 착수하고자 하니 협력해 달라는 내용이 담겨 있음.
주제어 문화재 반환

문서명	한국에 대한 도서 마이크로필름 기증에 대해서(韓国に対する図書マイクロフィルムの寄贈について)

문서파일번호 1121
작성연월일 1965. 12. 24
구분 한일협정 체결 후
세부항목 고서적 마이크로필름 기증
작성처 외무성
매수 2
비밀등급 일반
문서종류 공문
공개구분 공개
내용 외무성이 궁내청 서릉부장 및 관방 내각문고장에게 보내는 협조 요청 공문. 한일국교정상화에 따라 가까운 시일 내에 도서 마이크로필름을 한국에 기증할 예정이며, 이에 따라 동 도서에 대한 마이크로 필름화 작업에 착수하고자 하니 협력해 달라는 내용이 담겨 있음.
주제어 문화재 반환

인도할 한국문화재 도록(표지)
[引渡し韓国文化財図録(表紙)]

문서번호	1123
문서명	인도할 한국문화재 도록(표지)[引渡し韓国文化財図録(表紙)]
작성연월일	1967(월일 불명)
구분	한일협정 비준 후
세부항목	문화재 반환
작성처	도쿄국립박물관
매수	1
비밀등급	일반
문서종류	내부자료
공개구분	공개
내용	도쿄국립박물관이 작성한 반환 한국문화재 도록 표지
주제어	문화재

제7차 한일회담 문화재위원회 회의(제1~5회)
(第7次日韓会談文化財委員会会合)

문서파일번호	457
작성연월일	1965. 4. 24 - 1965. 6. 16
구분	제7차 회담 문화재위원회 회의(제1~5회)
세부항목	
작성처	외무성 북동아시아과, 한국대표단
매수	54
비밀등급	
문서종류	회의록, 내부자료
공개구분	공개
내용	1965년 4월 24일~6월 16일까지 5차례에 걸쳐 개최된 제7차 한일회담 문화재위원회 회의기록
주제어	제7차 한일회담 문화재위원회 회의

문서명	제7차 한일회담 문화재위원회 제1회 회의(第7次日韓会談文化財委員会第1回会合)

문서파일번호	457
작성연월일	1965. 4. 24
구분	제7차 회담 문화재위원회 제1회 회의
세부항목	
작성처	외무성 북동아시아과
매수	5
비밀등급	일반
문서종류	회의록
공개구분	공개
내용	제7차 한일회담 문화재위원회 제1회 회의기록. 여타 위원회와 마찬가지로 5월 15일까지 서명이 가능토록 마무리하고, 금후 논의되는 문제에 따라 전문가 회의를 개최하는 데 합의함. 한국은 1962년 2월 제출한 품목 안을 토대로 일본안을 받기를 희망함. 일본은 1962년 12월 제시한 문화협력에 관한 의정서 요강안에 관해서도 논의하기를 희망함.
주제어	문화재 반환

문서명	제7차 한일회담 문화재위원회 제2회 회의(第7次日韓会談文化財委員会第2回会合)

문서파일번호	457
작성연월일	1965. 4. 28
구분	제7차 회담 문화재위원회 제2회 회의
세부항목	
작성처	외무성 북동아시아과
매수	9
비밀등급	일반
문서종류	회의록
공개구분	공개
내용	제7차 한일회담 문화재위원회 제2회 회의기록. 한국은 인도품목에 관한 일본의 준비상황을 문의, 일본은 1962년 2월 한국안을 토대로 금후 연구를 통해 일본안을 준비하고자 한다고 답함.
주제어	문화재 반환

문서명	한일회담 문화재위원회 제3회 회의기록(日韓会談文化財委員会第3回会合記録)

문서파일번호 457
작성연월일 1965. 6. 11
구분 제7차 회담 문화재위원회 제3회 회의
세부항목
작성처 외무성 북동아시아과
매수 5
비밀등급 일반
문서종류 회의록
공개구분 공개
내용 제7차 한일회담 문화재위원회 제3회 회의기록. 일본은 관계 각 기관 협의를 통해 인도품목에 관한 일본안이 작성되었다면서 이를 한국에 전달함. 별첨 '하리가이 마사유키 발언 요지'에 따라 일본 입장을 설명하고 한일 간 문화협력에 관한 의정서 부속서와 상기 하리가이 발언 요지를 한국에 전달함. 한국은 다음 회의에서 이에 대한 입장을 표명하기로 함.
주제어 문화재 반환

문서명	제7차 한일회담 문화재위원회 제3회 회의 하리가이 대표 발언 요지(第7次日韓会談文化財委員会第3回会合における針谷代表発言要旨)

문서파일번호 457
작성연월일 1965. 6. 11
구분 제7차 회담 문화재위원회 제3회 회의
세부항목
작성처 외무성 북동아시아과
매수 3
비밀등급 일반
문서종류 내부자료
공개구분 공개
내용 제7차 한일회담 문화재위원회 제3회 회의 첨부문서. 제7차 한일회담 문화재위원회 제3회 회의 하리가이 마사유키 대표 발언 요지. 1962년 2월 28일 한국이 제출한 반환청구 문화재 목록과 한국의 설명을 고려, 일본 인도품목안을 작성하였으며, 일본이 한국에 인도를 고려할 수 있는 품목은 일본 국유문화재로 대한민국정부의 시정하에 있는 지역에서 반출된 것들로 한정됨.
주제어 문화재 반환

문서명	제4회 문화재 회의기록(第4回文化財会合記録)

문서파일번호 457
작성연월일 1965. 6. 15
구분 제7차 회담 문화재위원회 제4회 회의
세부항목
작성처 외무성 북동아시아과
매수 10
비밀등급 일반
문서종류 회의록
공개구분 공개
내용 제7차 한일회담 문화재위원회 제4회 회의기록. 일본은 '문화상 협력에 관한 일본국과 대한민국의 협정안'을, 한국은 '대한민국과 일본국간의 문화재 문제 해결 및 문화협력에 관한 의정서 요강안'을 제시함. 한국 방희 수석위원은 별첨 발언 요지를 낭독함. 양측은 상호 제시한 협정 또는 의정서 요강에 대해 설명한 후 이에 관해 논의함.
주제어 문화재 반환

문서명	(가역)제7차 한일회담 문화재위원회 제4회 회의에서 방희 대표 발언 요지[(仮訳)第七次日韓會談文化財委員会第四回會合における方熙代表発言要旨]

문서파일번호 457
작성연월일 1965. 6. 15
구분 제7차 회담 문화재위원회 제4회 회의
세부항목
작성처 한국대표단(일본 가역)
매수 2
비밀등급 일반
문서종류 내부자료
공개구분 공개
내용 제7차 한일회담 문화재위원회 제4회 회의기록 첨부문서. 일본이 제7차 한일회담 문화재위원회 제3회 회의에서 제시한 인도품목 안에 당연히 포함되어야 하거나 지금까지 한국이 요구한 중요 품목들이 누락된 것을 유감으로 생각함.
주제어 문화재 반환

문서명	제7차 한일회담 문화재위원회 제5회 회의(第7次日韓会談文化財委員会第5回会合)

문서파일번호	457
작성연월일	1965. 6. 16
구분	제7차 회담 문화재위원회 제5회 회의
세부항목	
작성처	외무성 북동아시아과
매수	20
비밀등급	일반
문서종류	회의록
공개구분	공개
내용	제7차 한일회담 문화재위원회 제5회 회의기록. 일본은 고려자기 등 일본에 남기고 싶은 문화재들을 눈물을 머금고 인도품 목록에 포함시켰다고 발언함. 이에 대해 한국은 반환목록에 들어가 있는 고려자기는 실물을 봐야 하겠지만 질적으로 좋은 것은 포함되어 있지 않은 것 같다고 발언함.
주제어	문화재 반환

제7차 한일회담 문화재 전문가 회의 제1회
(第7次日韓会談文化財専門家会合第1回)

문서파일번호	459
문서명	제7차 한일회담 문화재 전문가 회의 제1회(第7次日韓会談文化財専門家会合第1回)
작성연월일	1965. 5. 17
구분	제7차 회담 제1회 문화재전문가 회의
세부항목	
작성처	외무성 북동아시아과
매수	10
비밀등급	극비
문서종류	회의록
공개구분	일부비공개
내용	제7차 회담 문화재전문가 제1회 회의기록. 한국은 일본이 한국에 양도할 문화재 목록을 잠정안이라도 본 회의에 제출, 이를 토대로 논의할 수 있기를 희망함.
주제어	문화재 반환

외무성 발표집 등의 한국 관련 자료 목록
(外務省発表集等の韓國關聯資料の目次)

문서번호	438
문서명	외무성 발표집 등의 한국 관련 자료 목록(外務省発表集等の韓國關聯資料の目次)
작성연월일	1967(월일 불명)
구분	한일협정 비준 후
세부항목	한일관계 자료집 목록
작성처	외무성 정보문화국
매수	22
비밀등급	일반
문서종류	내부자료
공개구분	공개
내용	외무성 정보문화국 발행의 『외무성 발표집』(1955년 1월~1958년 6월), 『외무성 공표자료집』(1956년 1월~1958년 6월), 『외무성 발표집 및 공표자료집』(1958년 7월~1959년 12월), 『외무성 공표집』(1960년 1월~1966년 12월)에 수록된 한국 관련 외무대신 담화, 정보문화국 발표 기사자료, 자료, 기타 추기 자료 등
주제어	한일관계 자료집 목록

외무성 발표집 등의 한국 관련 자료
(外務省発表集等の韓國關聯資料)

문서파일번호	439
문서명	외무성 발표집 등의 한국 관련 자료(外務省発表集等の韓國關聯資料)
작성연월일	1967(월일 불명)
구분	한일협정 비준 후
세부항목	한일관계 자료
작성처	외무성 정보문화국
매수	355
비밀등급	일반
문서종류	내부자료
공개구분	공개
내용	외무성 정보문화국 발행의 『외무성 발표집』(1955년 1월~1958년 6월), 『외무성 공표자료집』(1956년 1월~1958년 6월), 『외무성 발표집 및 공표자료집』(1958년 7월~1959년 12월), 『외무성 공표집』(1960년 1월~1966년 12월)에 수록된 한국 관련 외무대신 담화, 정보문화국 발표기사 자료, 기타 추기 자료
주제어	한일관계 자료

문화재 및 문화협력에 관한 일본국과 대한민국의 협정 부속서 설명(文化財及び文化協力に関する日本国と大韓民国との間の協定付属書説明)

문서파일번호	595
문서명	문화재 및 문화협력에 관한 일본국과 대한민국의 협정 부속서 설명(文化財及び文化協力に関する日本国と大韓民国との間の協定付属書説明)
작성연월일	1965. 9. 18
구분	한일협정 체결 후
세부항목	문화재협정 부속서 설명
작성처	외무성 북동아시아과
매수	46
비밀등급	일반
문서종류	내부자료
공개구분	일부비공개
내용	한일협정 비준 국회 제출용으로 작성한 자료. 인도 문화재 목록에 대한 설명으로, 도자기, 출토품, 석조미술은 품명, 수량, 연대 등 간단한 설명이 되어 있음. 도서는 서적명, 편집자, 필사연차, 권수 등이 설명되어 있으며 체신관계 문화재는 품목, 수량 등이 설명되어 있음.
주제어	문화재 반환

문화재 및 문화협력에 관한 일본국과 대한민국의 협정부속서 설명보충자료(文化財及び文化協力に関する日本国と大韓民国との間の協定付属書説明補足資料)

문서파일번호	596
문서명	문화재 및 문화협력에 관한 일본국과 대한민국의 협정부속서 설명보충자료 (文化財及び文化協力に関する日本国と大韓民国との間の協定付属書説明補足資料)
작성연월일	1965. 9. 18
구분	한일협정 체결 후
세부항목	문화재협정 부속서 보충설명
작성처	외무성 북동아시아과
매수	15
비밀등급	일반
문서종류	내부자료
공개구분	일부비공개
내용	한일협정 비준 국회 제출용으로 작성한 협정부속서 설명자료의 보충자료. 인도 문화재 품목 중 도자기, 고고자료, 석조미술품에 관한 목록이 정리되어 있으나, 일부 항목이 먹칠되어 있음.
주제어	문화재 반환

제목 없음(한국 인도 문화재 목록)

문서번호	597
문서명	한국 인도 문화재 목록
작성연월일	1967. 3. 16
구분	한일협정 체결 후
세부항목	
작성처	주일한국대사관
매수	29
비밀등급	일반
문서종류	내부자료
공개구분	공개
내용	일본이 한일협정의 유엔 등록을 위해 1967년 3월 16일 주일한국대표부(오재희 정무과장)한테 전달받은 일본의 한국 인도 문화재 목록(영문)
주제어	문화재

한국과의 문화재·문화협정의 조문화 교섭
(韓国との文化財·文化協定の条文化についての交渉)

문서파일번호	461
문서명	한국과의 문화재·문화협정의 조문화 교섭(韓国との文化財·文化協定の条文化についての交渉)
작성연월일	1969. 3(일자 불명)
구분	한일협정 비준 후
세부항목	문화재 및 문화협력협정
작성처	외무성 아시아국 북동아시아과 내 교섭사 편찬위원회
매수	39
비밀등급	극비
문서종류	내부자료
공개구분	공개
내용	대한민국과 일본국의 '문화재 및 문화협력에 관한 협정' 체결을 위한 교섭 경위(조문화 교섭과정 중심)를 정리하고 관련 문서들을 모아 놓은 교섭사 편찬 자료의 일부
주제어	문화재 및 문화협력협정

한국 미술품의 기증
(韓国美術品の寄贈)

문서파일번호	1118
작성연월일	1958. 1. 9 - 1969. 11. 21
구분	제4차 회담
세부항목	문화재 반환
작성처	도쿄국립박물관(東京国立博物館), 문화재보호위원회(文化財保護委員会), 대장성, 외무성, 주일한국대표부 등
매수	56
비밀등급	
문서종류	내부자료, 공문, 내부문서, 회의록
공개구분	공개 또는 일부비공개
내용	제4차 한일회담 재개를 앞두고 일본이 한국에 반환하기로 한 미술품과 관련한 일련의 문서 모음
주제어	문화재 반환

문서명	일본정부가 대한민국에 기증할 미술품 목록(日本政府より大韓民国に寄贈すべき美術品のリスト)

문서파일번호	1118
작성연월일	1958. 1. 9
구분	제4차 회담
세부항목	문화재 반환
작성처	도쿄국립박물관
매수	1
비밀등급	극비
문서종류	내부자료
공개구분	공개
내용	일본정부가 한국에게 기증할 97점의 문화재 리스트(출토지는 경상남도 창녕군 창녕면 교동)
주제어	문화재 반환

문서명	일본정부가 대한민국에 기증할 미술품 목록(日本政府より大韓民国に寄贈すべき美術品のリスト)

문서파일번호	1118
작성연월일	1958. 2. 7
구분	제4차 회담
세부항목	문화재 반환
작성처	도쿄국립박물관
매수	1
비밀등급	극비
문서종류	내부자료
공개구분	공개
내용	일본정부가 대한민국에 기증할 미술품 목록. 수량이 97점에서 106점으로 늘어남(출토지는 경상남도 창녕군 창녕면 교동).
주제어	문화재 반환

문서명	한국미술품 증여에 대해서(조회)[韓国美術品の贈与について(照会)]

문서파일번호 1118
작성연월일 1958. 4. 12
구분 제4차 회담
세부항목 문화재 반환
작성처 문화재보호위원회
매수 1
비밀등급 비(秘)
문서종류 공문
공개구분 일부비공개
내용 문화재보호위원회가 외무성에 보낸 공문. 1957년 12월 30일의 각의 결정과 관련하여 첨부한 106점의 미술품을 대장성과 상의했으며, '물품의 무상부여 및 양여 등에 관한 법률'의 제5조에 따라 증여한다는 내용임.
주제어 문화재 반환

문서명	별첨1. 경상남도 창녕군 창녕면 교동 출토 미술품 목록(別紙 1 慶尙南道昌寧郡昌寧面校洞出 美術品リスト)

문서파일번호 1118
작성연월일 1958. 4. 12
구분 제4차 회담
세부항목 문화재 반환
작성처 도쿄국립박물관
매수 1
비밀등급 일반
문서종류 내부자료(문화재보호위원회의 1958년 4월 12일 자 외무성 앞 공문 첨부물)
공개구분 공개
내용 한국에 반환한 경상남도 창녕군 창녕면 교동 출토 미술품 목록
주제어 문화재 반환

문서명	물품의 무상증여에 대해서(物品の無償贈与について)

문서파일번호 1118
작성연월일 1958. 3. 10
구분 제4차 회담
세부항목 문화재 반환
작성처 대장성
매수 1
비밀등급 일반
문서종류 공문
공개구분 공개
내용 대장성이 문부성에 대해 한국에 반환할 미술품 목록에 대해 이의 없음을 통보하는 문서
주제어 문화재 반환

문서명	물품의 무상증여에 대해서(物品の無償贈与について)

문서파일번호 1118
작성연월일 1958. 3. 22
구분 제4차 회담
세부항목 문화재 반환
작성처 대장성 대신관방 회계참사관
매수 2
비밀등급 일반
문서종류 공문
공개구분 공개
내용 대장성 대신관방 회계참사관이 문화재보호위원회 사무국장에게 보내는 문서. 한국에 반환할 미술품(목록 별첨) 목록에 이의 없음을 통보하는 내용
주제어 문화재 반환

문서명	한국관계 문화재에 대한 대신 설명 요령(韓国関係文化財に関する大臣説明要領)

문서파일번호 1118
작성연월일 1958. 4. 14
구분 제4차 회담
세부항목 문화재 반환
작성처 외무성 아시아 제1과
매수 3
비밀등급 극비
문서종류 내부자료
공개구분 공개
내용 문화재 반환에 관한 외무대신의 한국에 대한 설명 요령. 1958년 4월 15일 한일회담 개최에 맞춰 구두 전달사항에 따라 106점(목록 별첨1)의 문화재를 인도할 계획이며, 한국이 집요하게 요구하고 있는 106점 이외의 리스트에 대해서는 인도 여부는 별개로 한 489점의 리스트(별첨2)를 건넬 예정이라는 내용임.
주제어 문화재 반환

문서명	별첨1. 한국 출토 미술품 리스트(도쿄국립박물관)[別紙第一 韓国出所美術品リスト(東京国立博物館)]

문서파일번호 1118
작성연월일 1958. 4. 14
구분 제4차 회담
세부항목 문화재 반환
작성처 도쿄국립박물관
매수 1
비밀등급 일반
문서종류 내부자료
공개구분 공개
내용 외무대신의 문화재 반환 설명 요령에 첨부된 반환 예정 미술품 106점 목록
주제어 문화재 반환

문서명	별첨2. 한국 출토 미술품 리스트(도쿄국립박물관소장) [別紙第二 韓国出土美術品リスト(東京国立博物館所蔵)]

문서파일번호 1118
작성연월일 1958. 4. 14
구분 제4차 회담
세부항목 문화재 반환
작성처 도쿄국립박물관
매수 9
비밀등급 극비
문서종류 내부자료
공개구분 공개
내용 외무대신의 문화재 반환 설명 요령에 첨부된 한국미술품 489점 목록
주제어 문화재 반환

문서명	한국 출토 고미술품 인도 시 이타가키 아시아국장 구두인사(韓国出土古美術品引渡しいの際における板垣アジア局長口頭挨拶)

문서파일번호 1118
작성연월일 1958. 4. 15
구분 제4차 회담
세부항목 문화재 반환
작성처 이타가키 아시아국장
매수 1
비밀등급 비(秘)
문서종류 내부자료
공개구분 공개
내용 일본 도쿄국립박물관이 소장하고 있는 한국 고미술품 106점을 한국에 인도하는 행사에서의 이타가키 아시아국장 인사말. 한국의 적당한 박물관에 일괄 전시하기를 희망한다는 내용이 포함되어 있음.
주제어 문화재 반환

문서명	제목 없음(문화재양도)

문서파일번호 1118
작성연월일 1958. 4. 15
구분 제4차 회담
세부항목 문화재 반환
작성처 대장성 외채과
매수 1
비밀등급 일반
문서종류 공문
공개구분 공개
내용 106점의 미술품 한국 양도와 관련한 대장성 검토의견. 1947년 법률 제229호(물품의 무상대여 및 양여 등에 관한 법률) 제3조 3호의 표본용 물품으로서 한국에 양여하는 것은 가능, 물품을 한국에 양여하기 위해서는 새롭게 조약을 체결할 필요성의 유무 및 해당 물품을 4월 15일에 한국에 인도할 수 있는지 없는지는 외교교섭상의 문제로, 이에 대해서 신중히 검토해 주기 바란다는 내용
주제어 문화재 반환

문서명	한국미술품의 증여 건(韓国美術品の贈与に関する件)

문서파일번호 1118
작성연월일 1958. 4. 16
구분 제4차 회담
세부항목 문화재 반환
작성처 외무성 아시아국장
매수 1
비밀등급 극비
문서종류 공문
공개구분 공개
내용 106점의 미술품 한국 양도와 관련, 외무성의 문화재보호위원회 질의에 대한 외무성 답신 공문. 문화재의 인도조건, 비용부담, 수취인 씨명 등에 관한 내용이 담겨 있음.
주제어 문화재 반환

문서명	문화재 양도 건(文化財引渡しに関する件)

문서파일번호 1118
작성연월일 1958. 4. 17
구분 제4차 회담
세부항목 문화재 반환
작성처 외무성 아시아 제1과
매수 7
비밀등급 극비
문서종류 내부문서
공개구분 공개
내용 1958년 4월 15일 106점의 문화재를 한국에 인도할 때의 상황을 보고한 문서. 일본이 106점에 대한 개략적인 설명을 하고, 한국이 이에 대한 질문, 현품 확인 등을 함. 그리고 한국의 요청으로 일본어를 영문으로 번역하여 영문의 수령증을 한국이 일본에 수교함.
주제어 문화재 반환

문서명	제목 없음

문서파일번호 1118
작성연월일 1958. 4. 16
구분 제4차 회담
세부항목 문화재 반환
작성처 주일한국대표부
매수 1
비밀등급 일반
문서종류 내부자료
공개구분 일부비공개
내용 일본정부가 한국정부에 양도한 한국문화재 106점에 대한 한국의 수령서
주제어 문화재 반환

문서명	수령서(受領書)

문서파일번호	1118
작성연월일	1958. 4. 16
구분	제4차 회담
세부항목	문화재 반환
작성처	주일한국대표부
매수	1
비밀등급	일반
문서종류	내부자료
공개구분	공개
내용	일본정부가 한국정부에 양도한 한국문화재 106점에 대한 수령서 및 미술품 목록
주제어	문화재 반환

문시명	제목 없음

문서파일번호	1118
작성연월일	1958. 4. 24-1958. 5. 1
구분	제4차 회담
세부항목	문화재 반환
작성처	도쿄신문, 마이니치신문
매수	2
비밀등급	일반
문서종류	내부자료
공개구분	공개
내용	한국에 문화재 106점을 양도했다는 내용의 1958년 4월 24일 도쿄신문 기사 및 5월 1일 자 마이니치신문 기사
주제어	문화재 반환, 언론 보도

문서명	문화재 106점의 한국 양도에 관한 국회 답변 요지(文化財106点の韓国引渡しに関する国会答弁要旨)

문서파일번호 1118
작성연월일 1958. 5. 31
구분 제4차 회담
세부항목 문화재 반환
작성처 외무성
매수 3
비밀등급 일반
문서종류 내부문서
공개구분 공개
내용 중의원 예산위원회에서 이타가키 아시아 국장이 한국에 양도한 문화재에 관한 사회당 의원의 질문에 대한 답변을 정리한 문서
주제어 문화재 반환

문서명	제목 없음

문서파일번호 1118
작성연월일 1958. 6. 1
구분 제4차 회담
세부항목 문화재 반환
작성처 아사히신문
매수 1
비밀등급 일반
문서종류 내부자료
공개구분 공개
내용 일본정부가 비밀리에 문화재 문제를 처리했다는 내용의 1958년 6월 1일 자 아사히신문 기사
주제어 문화재 반환, 언론 보도

문서명	대한민국정부에 양도한 한국 출토 문화재에 대한 자료 제출 건(大韓民国政府に引渡した韓国出土文化財についての資料提出の件)

문서파일번호 1118
작성연월일 1958. 7. 1
구분 제4차 회담
세부항목 문화재 반환
작성처 외무성 북동아시아과
매수 5
비밀등급 극비
문서종류 재가문서
공개구분 공개
내용 1958년 6월 24일 중의원 예산위원회에서 이마즈미(今澄勇) 의원이 요청한 문화재 한국 인도에 관한 자료를 송부한다는 1958년 7월 1일 자 내부 재가문서(미술품 목록, 1957년 12월 31일 구두 전달사항 첨부)
주제어 문화재 반환

문서명	제목 없음

문서파일번호 1118
작성연월일 1958. 2. 17-1958. 7. 4
구분 제4차 회담
세부항목 문화재 반환
작성처 외무위원회
매수 11
비밀등급 일반
문서종류 회의록
공개구분 공개
내용 1958년 2월 17일부터 7월 4일까지의 문화재 반환 관련 일본국회 외무위원회 속기록이 발췌되어 있음.
주제어 문화재 반환

문서명	1958년 한국에 양도한 106점의 문화재 목록(昭和三十三年韓国に引渡された百六点の文化財目録)

문서파일번호	1118
작성연월일	1969. 11. 21
구분	제4차 회담
세부항목	문화재 반환
작성처	외무성
매수	2
비밀등급	일반
문서종류	내부자료
공개구분	공개
내용	국회제출을 위해 1965년 11월 22일 자로 작성한 1958년 4월 16일 한국 양도 문화재 106점의 목록
주제어	문화재 반환

제16부

국내외 언론 및 해외 동향 보고
(1965)

제목 없음(영국대사관 서한 보고)

문서파일번호	추가 15
문서명	제목 없음(영국대사관 서한 보고)
작성연월일	1965. 2. 2
구분	제7차 회담
세부항목	야나기야 주영국대사관 직원이 구로다 과장에게 보낸 서한
작성처	야나기야 겐스케(柳谷謙介)
매수	4
비밀등급	극비
문서종류	서한
공개구분	공개
내용	주영국일본대사관의 야나기야 겐스케 사무관이 처칠 장례식에 참석한 기시 노부스케 전 총리에게 한일회담에 대해서 브리핑하고 의견을 청취하였다고 야나기야가 구로다 미즈오(黑田瑞夫) 북동아시아과장에게 보낸 서한
주제어	기시 전 총리 방영, 한일회담

한국 속의 일본을 고발한다(잡지 『신동아』 11월호 번역)
[韓国の中の日本を告発する(雑誌「新東亜」11月号より翻訳)]

문서파일번호	20
문서명	한국 속의 일본을 고발한다(잡지 『신동아』 11월호 번역)[韓国の中の日本を告発する(雑誌「新東亜」11月号より翻訳)]
작성연월일	1965. 2. 10
구분	제7차 회담
세부항목	한국 내 일본 잔재 비판, 언론 보도
작성처	외무성 북동아시아과
매수	121
비밀등급	일반
문서종류	내부자료
공개구분	공개
내용	신동아 1964년 11월호에 게재된 한국 내에 만연하는 일본의 잔재(한국인의 언어, 사고방식, 사회생활, 문물의 제반에 걸쳐 남아 있는 일본의 영향)를 비판한 기사 번역자료
주제어	한국 내 일본 잔재 비판, 한국 언론 보도

한국 속의 일본을 고발한다.
(잡지 『신동아』 11월호 번역)

문서파일번호	783
문서명	한국 속의 일본을 고발한다.(잡지 『신동아』 11월호 번역)
작성연월일	1965. 2. 10
구분	제7차 회담
세부항목	한국 내 일본 잔재 비판, 언론 보도
작성처	외무성 북동아시아과
매수	121
비밀등급	일반
문서종류	내부자료
공개구분	공개
내용	신동아 1964년 11월호에 게재된 한국 내에 만연하는 일본의 잔재(한국인의 언어, 사고방식, 사회생활, 문물의 제반에 걸쳐 남아 있는 일본의 영향)를 비판한 신동아 1964년 11월호 기사 번역자료. 문서파일번호 20의 내용과 동일함.
주제어	한국 내 일본 잔재 비판, 한국 언론 보도

한국외교의 전환기(「조선일보」 1월 22일~2월 2일 게재문 번역)[韓国外交の転換期(「朝鮮日報」自1月22日至2月2日掲載文翻訳)]

문서파일번호	21
문서명	한국외교의 전환기(「조선일보」1월 22일~2월 2일 게재문 번역)[韓国外交の転換期(「朝鮮日報」自1月22日至2月2日掲載文翻訳)]
작성연월일	1965. 2. 15
구분	제7차 회담
세부항목	언론 보도
작성처	외무성 북동아시아과
매수	23
비밀등급	일반
문서종류	내부자료
공개구분	공개
내용	1965년 1월 22일~2월 2일까지 조선일보에 게재된 기획 기사의 번역자료. 일본과 국교정상화를 앞두고 한국의 대일외교 방향에 대한 제언이 담김.
주제어	한국 외교정책에 대한 제안, 언론 보도

한국 노장 정치가의 대일 자세에 대한 동아일보 특집기사(韓国老荘政治家の対日姿勢についての東亜日報特集記事)

문서파일번호	22
문서명	한국 노장 정치가의 대일 자세에 대한 동아일보 특집기사(韓国老荘政治家の対日姿勢についての東亜日報特集記事)
작성연월일	1965. 3. 11
구분	제7차 회담
세부항목	언론 보도
작성처	외무성 북동아시아과
매수	42
비밀등급	일반
문서종류	내부자료
공개구분	공개
내용	1965년 3·1절을 맞아 동아일보가 윤보선, 허정, 백두진, 장택상, 장면 등 정치가 22명에 대해 실시한 설문조사 내용과 분석 기사 번역자료(3월 11일 자)
주제어	한일관계 제언

제7차 한일회담에 관한 언론 보도
(第7次韓日會談に関する言論報道)

문서파일번호	24
작성연월일	1965. 3. 11 - 1965. 4. 23
구분	제7차 회담
세부항목	언론 보도
작성처	외무성 북동아시아과
매수	78
비밀등급	
문서종류	내부자료
공개구분	공개
내용	제7차 한일회담 관련 한국 언론 보도(신문기사, 사설, 통신기사, 기자회견 등) 및 논조 분석 번역자료집
주제어	제7차 한일회담 관련 한국 언론 반응

문서명	한일기본조약 가서명에 대한 한국 신문 논조(韓基本條約イニシャル 対する韓國の新聞論調)

문서파일번호 24
작성연월일 1965. 3. 11
구분 제7차 회담
세부항목 언론 보도
작성처 외무성 북동아시아과
매수 18
비밀등급 일반
문서종류 내부자료
공개구분 공개
내용 ① 한국일보 1965년 2월 21일 자 사설
② 조선일보 1965년 2월 23일 자 사설
③ 경향신문 1965년 2월 24일 자 이한기 교수 논설
주제어 기본관계조약 문안 교섭 가서명

문서명	한일회담에 대한 한국 신문 사설(어업, 재일한국인 법적지위 및 청구권 문제의 가서명을 중심으로)[日韓会談に対する韓国紙社説(漁業、在日韓国人の法的地位および請求権問題のイニシアルを中心として)]

문서파일번호 24
작성연월일 1965. 4. 15
구분 제7차 회담
세부항목 언론 보도
작성처 외무성 북동아시아과
매수 28
비밀등급 일반
문서종류 내부자료
공개구분 공개
내용 ① 1965년 4월 4일 자 조선일보 사설
② 1965년 4월 5일 자 경향신문 사설
③ 1965년 4월 4일 자 한국일보 사설
주제어 어업, 청구권·경협, 재일한국인 법적지위

문서명	가서명된 어업, 청구권 및 재일한국인의 법적지위 합의요강 관련 조선일보 해설 기사(イニシアルされた漁業、請求権および在日韓国人の法的地位の合意要綱に関する朝鮮日報解説記事)

문서파일번호 24
작성연월일 1965. 4. 15
구분 제7차 회담
세부항목 언론 보도
작성처 외무성 북동아시아과
매수 13
비밀등급 일반
문서종류 내부자료
공개구분 공개
내용 1965년 4월 6일 자 조선일보에 게재된 김윤환 도쿄특파원의 해설기사
주제어 어업, 청구권 · 경협, 재일한국인 법적지위

문서명	시국수습에 관한 최근의 한국 신문 사설(時局の収拾に関する最近の한국 신문 사설)

문서파일번호 24
작성연월일 1965. 4. 23
구분 제7차 회담
세부항목 언론 보도
작성처 외무성 북동아시아과
매수 17
비밀등급 일반
문서종류 내부자료
공개구분 공개
내용 어업, 청구권 · 경협, 재일한국인 법적지위 관련 합의사항 가서명 이후 혼란스러워진 한국의 상황에 관한 수습방안을 제시한 동아일보 1965년 4월 12일 자, 4월 14일 자, 조선일보 4월 16일 자, 동아일보 4월 21일 자, 한국일보 4월 21일 자 기사(2건) 모음
주제어 한일 간 합의사항 가서명에 대한 반응

한일협정 체결에 관한 언론 보도
(韓日協定締結に関する言論報道)

문서파일번호	27
작성연월일	1965. 6. 28 - 1965. 8. 1
구분	한일협정 체결 後
세부항목	한국 언론 보도
작성처	외무성 북동아시아과
매수	86
비밀등급	
문서종류	내부자료
공개구분	공개
내용	한일협정 체결에 대한 한국 신문의 비판, 제언 등이 담긴 사설, 기고 모음집
주제어	한일협정 체결 한국 언론 반향

문서명	한일 여러 협정의 조인에 관한 한국 신문 논평(日韓諸協定の調印に関する韓国紙論評)

문서파일번호 27
작성연월일 1965. 6. 28
구분 한일협정 체결 후
세부항목 한국 언론 보도
작성처 외무성 북동아시아과
매수 21
비밀등급 일반
문서종류 내부자료
공개구분 공개
내용 1965년 6월 23일 조선일보 사설, 6월 22일 동아일보 사설, 6월 23일 한국일보 사설, 6월 23일 대한일보 사절, 6월 23일 서울신문 사설
주제어 한일협정 비판

문서명	한일 여러 협정 조인 후 한국 신문 논평(日韓諸協定調印後における韓国紙論評)

문서파일번호 27
작성연월일 1965. 7. 10
구분 한일협정 체결 후
세부항목 한국 언론 보도
작성처 외무성 북동아시아과
매수 20
비밀등급 일반
문서종류 내부자료
공개구분 공개
내용 1965년 7월 8일 조선일보 사설, 7월 2일 한국일보 해설, 7월 8일 조선일보 해설기사
주제어 한일협정 비판

문서명	한일협정 비준 동의에 대한 한국 신문 논평(日韓協定批准同意に対する韓国紙論評)

문서파일번호 27
작성연월일 1965. 7. 20
구분 한일협정 체결 후
세부항목 한국 언론 보도
작성처 외무성 북동아시아과
매수 34
비밀등급 일반
문서종류 내부자료
공개구분 공개
내용 1965년 7월 10일 동아일보 사설, 7월 13일 조선일보 사설.
주제어 한일협정 비판

문서명	한국 신문에 게재된 한일 여러 협정을 비판하는 논설 및 이에 대한 정부 측 반론(韓国紙に掲載された日韓諸協定を批判する論説およびこれに対する政府側反論)

문서파일번호 27
작성연월일 1965. 8. 1
구분 한일협정 체결 후
세부항목 한국 언론 보도
작성처 외무성 북동아시아과
매수 11
비밀등급 일반
문서종류 내부자료
공개구분 공개
내용 1965년 7월 4일, 8일 조선일보(부완혁 논설), 7월 11일, 12일 조선일보(원용석 반론)
주제어 부완혁 한일협정 비판, 원용석 반론

한일국교정상화 문제에 관한 동아일보 해설
(日韓国交正常化問題に関する東亜日報解説)

문서파일번호	28
문서명	한일국교정상화 문제에 관한 동아일보 해설(日韓国交正常化問題に関する東亜日報解説)
작성연월일	1965. 8. 24
구분	한일협정 체결 후
세부항목	한국 언론 보도
작성처	외무성 북동아시아과
매수	56
비밀등급	일반
문서종류	내부자료
공개구분	공개
내용	한일협정 조인 후 국교정상화와 관련하여 동아일보가 1965년 7월 28일~8월 7일에 걸쳐 연재한 해설 기사 ① 일본이란 무엇인가? ② 국교와 우리의 손익 ③ 국교와 일본의 시선 ④ 미국정책의 시(是)와 비(非) ⑤ 정상화는 진짜인가
주제어	기본관계, 청구권·경협

중의원 특별위원회의 한일 여러 조약 비준 심의에 관한 한국 신문 논평(衆議院特別委員会における日韓諸条約批准審議に関する韓国紙論評)

문서파일번호	31
작성연월일	1965. 11(일자 불명)
구분	한일협정 체결 後
세부항목	일본의 한일 여러 조약 비준 심의 동향 한국 언론 보도
작성처	외무성 북동아시아과
매수	29
비밀등급	
문서종류	내부자료
공개구분	공개
내용	일본 중의원에서 한일 여러 조약 비준 심의 동향에 관한 한국 신문의 사설 모음
주제어	일본의 한일 여러 조약 비준 심의 동향 한국 언론 보도

문서명	중의원 특별위원회의 한일 여러 조약 비준 심의에 관한 한국 신문 논평(衆議院特別委員会における日韓諸条約批准審議に関する韓国紙論評)

문서파일번호 31
작성연월일 1965. 11(일자 불명)
구분 한일협정 체결 후
세부항목 한국 언론 보도
작성처 외무성 북동아시아과
매수 16
비밀등급 일반
문서종류 내부자료
공개구분 공개
내용 ① 묵인할 수 없는 일본 발언(1965년 10월 6일 자 경향신문 사설)
② 일본의 비준 파동과 우리들의 관심(1965년 10월 8일 자 한국일보 사설)
③ 한일 양국의 해석 차이(1965년 10월 31일 자 조선일보 사설)
④ 다른 하나의 중대한 견해 차이(1965년 11월 1일 자 경향신문 사설)
주제어 일본협정 비준, 한일협정 해석차

문서명	한일 여러 조약 안건의 중의원 통과에 대한 한국 신문 논평(日韓諸條約案件の衆議院通過に対する韓國紙論評)

문서파일번호 31
작성연월일 1965. 11(일자 불명)
구분 한일협정 체결 후
세부항목 한국 언론 보도
작성처 외무성 북동아시아과
매수 13
비밀등급 일반
문서종류 내부자료
공개구분 공개
내용 ① 일본 국회의 파란을 보고(조선일보 1965년 11월 13일 자 사설)
② 한일정상화에의 노력은 지금부터-일본 중의원 비준안 통과를 보고(한국일보 1965년 11월 13일 자 사설)]
③ 일본 중의원 한일협정 비준안 통과를 보고(서울신문 1965년 11월 13일 자 사설)
④ 일본의 이른바 아시아 외교(동아일보 1965년 11월 12일 자 사설)
주제어 일본협정 비준

한일 여러 조약 비준서 교환에 관한 한국 신문 사설
(日韓諸条約批准書交換に関する韓国紙社説)

문서파일번호	32
문서명	한일 여러 조약 비준서 교환에 관한 한국 신문 사설(日韓諸条約批准書交換に関する韓国紙社説)
작성연월일	1965. 12. 20
구분	한일협정 체결 후
세부항목	언론 보도
작성처	외무성 북동아시아과
매수	25
비밀등급	일반
문서종류	내부자료
공개구분	공개
내용	한일 여러 조약 비준서 교환 관련 한국 신문 사설 모음. ① 한일 양국의 장래에 영광이 있으라(1965년 12월 18일 자 동아일보) ② 우리는 오늘 출발점에 있다 - 한일조약 비준서의 교환을 보고(1965년 12월 18일 자 한국일보) ③ 국교를 개시한 한일 양국의 이후 - 혼란한 기분으로 비준서 교환식을 마치고 - (1965년 12월 19일 자 조선일보)
주제어	협정 비준

한국 노장정치가의 반일태도에 관한 동아일보 특집기사(韓国老荘政治家の反日姿勢についての東亜日報特集記事)

문서파일번호	784
문서명	한국 노장정치가의 반일태도에 관한 동아일보 특집기사(韓国老荘政治家の反日姿勢についての東亜日報特集記事)
작성연월일	1965. 3. 11
구분	제7차 회담
세부항목	한국 노장 정치가 대일관, 언론 보도
작성처	외무성 북동아시아과
매수	42
비밀등급	일반
문서종류	내부자료
공개구분	공개
내용	1965년 3·1절을 맞아 동아일보가 윤보선, 허정, 백두진, 장택상, 장면 등 정치가 22명에 대해 실시한 설문조사 내용과 분석 기사 번역자료(3월 11일 자). 문서파일번호 22와 동일한 문서임.
주제어	한일회담 언론 보도

『우리들의 세계』 No.15
(「われらの世界」No.15 - "親しい仲になる日本と韓")

문서파일번호	648
문서명	『우리들의 세계』 No.15 - "친한 관계가 되는 일본과 한국"(「われらの世界」 No.15 - "親しい仲になる日本と韓國")
작성연월일	1965(월일 불명)
구분	제7차 회담
세부항목	한일관계 책자
작성처	외무성 정보문화국
매수	6
비밀등급	일반
문서종류	간행물
공개구분	공개
내용	외무성 정보문화국이 1965년 여름 발간한 『우리들의 세계』라는 잡지의 한일 양국이 한일협정 체결로 친한 관계가 될 것이라는 내용의 글을 발췌
주제어	한일관계

법률시보 9월호
(法律時報 9月号)

문서파일번호	649
문서명	법률시보 9월호(法律時報 9月号)
작성연월일	1965. 9. 1
구분	한일협정 체결 후
세부항목	법률시보 한일조약 특집호
작성처	일본평론사(日本評論社)
매수	87
비밀등급	일반
문서종류	간행물
공개구분	공개
내용	'한일조약의 종합적 검토'라는 부제로 한일조약에 관한 특집을 게재한 법률관계 잡지 1965년 9월호. 시평 - 식민지 없는 이익, 어업협정의 문제점, 한일 여러 협정의 법적 구성(formulation)의 검토, 재산·청구권 문제 처리 및 경제협력협정의 제 문제, 재일한국인의 법적지위·대우 문제, 문화재 및 문화협력에 관한 협정, 독도 분쟁과 그 해결절차, <자료> 한일회담 14년의 궤적, 한국 국회에서의 한일조약 논의, <해설> 한일조약 순으로 게재
주제어	한일협정

한일 정식 조인에 관한 국내신문 논조

(日韓正式調印に関する国内新聞論調)

문서파일번호	210
문서명	한일 정식 조인에 관한 국내신문 논조(日韓正式調印に関する国内新聞論調)
작성연월일	1965. 7. 1
구분	한일협정 체결 후
세부항목	일본 언론평가
작성처	외무성 정보문화국
매수	17
비밀등급	일반
문서종류	내부자료
공개구분	공개
내용	한일 정식 조인에 대해 일본 국내언론은 기본적으로 환영하나, 내용에 대해서는 비판적인 면이 있음.
주제어	한일협정 일본 언론 반향

이 외무부장관의 기자회견 요지 등
(李外務部長官の記者会見要旨 等)

문서파일번호	217
작성연월일	1965. 9. 27 - 1965. 11. 30
구분	한일협정 체결 後
세부항목	한일협정 반향 등
작성처	주한일본대표사무소 등
매수	12
비밀등급	
문서종류	전문(電文)
공개구분	공개
내용	한국, 소련의 언론 보도내용에 관한 현지 공관의 전문 보고
주제어	한국, 소련의 한일협정 반향

문서명	이 외무부장관의 기자회견 요지(李外務部長官の記者会見要旨)

문서파일번호 217
작성연월일 1965. 9. 27
구분 한일협정 체결 후
세부항목 한일협정 반향 등, 주한일본대표사무소장 보고
작성처 주한일본대표사무소장
매수 2
비밀등급 일반
문서종류 전문(電文)
공개구분 공개
내용 동남아시아외상회의, 한일 제 협정의 일본 국회 통과 전망, 독도, 한국영해 선포 등 관련 기자 질문에 대한 이동원 외무장관의 답변 요지를 보고하는 주한일본대표사무소장 전문
주제어 이동원 장관 기자회견

문서명	한일조약 비준에 대한 프라우다 보도(日韓条約批准に対するプラウダ報道)

문서파일번호 217
작성연월일 1965. 10. 14
구분 한일협정 체결 후
세부항목 한일협정 반향 등, 주소련대사 보고
작성처 주소련일본대사
매수 4
비밀등급 일반
문서종류 전문(電文)
공개구분 공개
내용 한일협정 비준을 위한 일본 국회 개원에 즈음한 소련의 동향 관련 언론 보도 내용을 보고하는 주소련대사 전문 보고
주제어 협정비준 소련 언론 보도

문서명	일본 중의원 특별위 비준안 통과에 관한 한국 신문 보도(日本衆院特別委批准案通過に関する韓□紙報道)

문서파일번호 217
작성연월일 1965. 11. 6
구분 한일협정 체결 후
세부항목 한일협정 반향 등, 주한일본대표사무소장 보고
작성처 주한일본대표사무소장
매수 1
비밀등급 일반
문서종류 전문(電文)
공개구분 공개
내용 한일 제 협정 비준안의 일본 중의원 통과에 대한 한국 언론 반향을 보고하는 주한일본대표사무소장 전문
주제어 협정비준 한국 반향 한국 언론 보도

문서명	정 총리, 키 수상 회담 요지(언론 보도)[丁總理,キー首相會談要旨(新聞報道)]

문서파일번호 217
작성연월일 1965. 11. 11
구분 한일협정 체결 후
세부항목 한일협정 반향 등, 주한일본대표사무소장 보고
작성처 주한일본대표사무소장
매수 2
비밀등급 일반
문서종류 전문(電文)
공개구분 공개
내용 1965년 11월 정일권 국무총리와 방한 중인 키 베트남 수상 간 회담 요지에 관한 언론 보도 보고하는 주한일본대표사무소장 전문
주제어 한·베트남 총리 회담, 한국 언론 보도

문서명	일본 중의원 본회의에서의 한일 안건의 표결에 관하여(日本衆議院本会議における日韓案件の表決について)

문서파일번호 217
작성연월일 1965. 11. 12
구분 한일협정 체결 후
세부항목 한일협정 반향 등, 주한일본대표사무소장 보고
작성처 주한일본대표사무소장
매수 1
비밀등급 일반
문서종류 전문(電文)
공개구분 공개
내용 한일협정 비준안 일본 중의원 통과에 대한 한국 언론 보도 보고하는 주한일본대표사무소장 전문
주제어 협정 비준 한국 반향, 한국 언론 보도

문서명	이 외무부장관의 한미일 각료회의 제안에 관한 신문 보도(李外務部長官の日韓米閣僚会議提案に関する新聞報道)

문서파일번호 217
작성연월일 1965. 11. 30
구분 한일협정 체결 후
세부항목 한미일 각료회담, 주한일본대표사무소장 보고
작성처 주한일본대표사무소장
매수 2
비밀등급 일반
문서종류 전문(電文)
공개구분 공개
내용 1965년 11월 29일 한미 외상회담 후 이동원 외무장관이 기자회견에서 제안한 한미일 각료회담에 대한 언론 보도 보고하는 주한일본대표사무소장 전문
주제어 한미일 각료회담 언론 보도

서울 속의 일본(「신아일보」 9월 3~8일 자 해설)
[ソウルの中の日本(「新亜日報」9月3日 ~ 8日付解説)]

문서파일번호	789
문서명	서울 속의 일본(「신아일보」9월 3~8일 자 해설)[ソウルの中の日本(「新亜日報」9月3日 ~ 8日付解説)]
작성연월일	1965. 10. 2
구분	한일협정 체결 후
세부항목	한국 내 일본문화, 언론 보도
작성처	외무성 북동아시아과
매수	12
비밀등급	일반
문서종류	내부자료
공개구분	공개
내용	한일협정 체결 후 1965년 9월 3~8일까지 신아일보가 연재한 <서울 속의 일본> 제목 기사 번역자료. 일본요리, 일본식 신발(草履 조리), JAL의 광고탑, 일본서적, 시계 · 만년필, 상사(商社)를 소재로 한 내용들이 게재됨.
주제어	한국 내 일본문화

『세계의 움직임』
(「世界の動き」)

문서파일번호	640
작성연월일	1953. 11. 1 - 1965. 8(일자 불명)
구분	한일회담 전반
세부항목	세계의 움직임(월간지)
작성처	외무성 정보문화국
매수	88
비밀등급	
문서종류	간행물
공개구분	공개
내용	일본 외무성 정보문화국에서 발간하는 월간지 『세계의 움직임』에 게재된 한일회담 관련 기사, 대담기록 등 모음
주제어	한일회담 관련 기사, 대담기록

문서명	『세계의 움직임』 특집호 6 한일회담 경위(「世界の動き」特輯号6 日韓會談のいきさつ)

문서파일번호 640
작성연월일 1953. 11. 1
구분 한일회담
세부항목 세계의 움직임(월간지)
작성처 외무성 정보문화국
매수 17
비밀등급 일반
문서종류 간행물
공개구분 공개
내용 외무성 정보문화국이 발간하는 『한일회담 경위에 관한 세계의 움직임』 특집호. 다음 제목의 글들이 게재됨. 〈일본은 선린우호를 바란다〉, 〈한일 문제의 포인트를 보다〉, 〈상식을 벗어난 이승만 라인〉, 〈한국은 어떻게 나올까〉, 〈일본은 이렇게 생각한다〉, 〈한일 문제 타개의 열쇠는 있다〉
주제어 한일회담

문서명	『세계의 움직임』(「世界の動き」1965年 5月号)

문서파일번호 640
작성연월일 1965. 5
구분 한일회담
세부항목 세계의 움직임(월간지)
작성처 외무성 정보문화국
매수 26
비밀등급 일반
문서종류 간행물
공개구분 공개
내용 외무성 정보문화국이 발간하는 『세계의 움직임』 1965년 5월호. 〈상호의 깊은 이해에 서서〉, 〈한일회담과 일본의 아시아외교〉, 〈지금부터의 한일경제〉 등의 제목으로 한일회담 관련 글들이 게재됨.
주제어 한일회담

문서명	『세계의 움직임』(「世界の動き」1963年 12月号)

문서파일번호 640
작성연월일 1963. 12
구분 한일회담
세부항목 세계의 움직임(월간지)
작성처 외무성 정보문화국
매수 3
비밀등급 일반
문서종류 간행물
공개구분 공개
내용 외무성 정보문화국이 발간하는 『세계의 움직임』 1963년 12월호. 한국의 대통령 선거에 관한 글이 게재됨.
주제어 한국정세

문서명	『세계의 움직임』(「世界の動き」1964年 2月号)

문서파일번호 640
작성연월일 1964. 2
구분 한일회담
세부항목 세계의 움직임(월간지)
작성처 외무성 정보문화국
매수 4
비밀등급 일반
문서종류 간행물
공개구분 공개
내용 외무성 정보문화국이 발간하는 『세계의 움직임』 1964년 2월호. 〈민정이양된 한국〉, 〈한국의 사람들〉 제하 글이 게재됨.
주제어 한국정세

문서명	한일회담에 관한 보고(『세계의 움직임』) 자료[日韓會談に關する報告(「世界の動き」資料)]

문서파일번호 640
작성연월일 1964. 3
구분 한일회담
세부항목 세계의 움직임(월간지)
작성처 외무성 정보문화국
매수 4
비밀등급 일반
문서종류 간행물
공개구분 공개
내용 외무성 정보문화국이 발간하는 『세계의 움직임』 한일회담 관련 자료
주제어 한일회담

문서명	『세계의 움직임』(「世界の動き」1964年 5月号)

문서파일번호 640
작성연월일 1964. 5
구분 한일회담
세부항목 세계의 움직임(월간지)
작성처 외무성 정보문화국
매수 4
비밀등급 일반
문서종류 간행물
공개구분 공개
내용 외무성 정보문화국이 발간하는 『세계의 움직임』 1964년 5월호. 〈선린우호를 기대하는 한일교섭〉 제하 글이 게재됨.
주제어 한일회담

문서명	『세계의 움직임』(「世界の動き」1965年 4月号)

문서파일번호 640
작성연월일 1965. 4
구분 한일회담
세부항목 세계의 움직임(월간지)
작성처 외무성 정보문화국
매수 5
비밀등급 일반
문서종류 간행물
공개구분 공개
내용 외무성 정보문화국이 발간하는 『세계의 움직임』 1965년 4월호. 〈일보 전진한 한일 교섭〉 제하 글이 게재됨.
주제어 한일회담

문서명	『세계의 움직임』(「世界の動き」1965年 5月号)

문서파일번호 640
작성연월일 1965. 5
구분 한일회담
세부항목 세계의 움직임(월간지)
작성처 외무성 정보문화국
매수 18
비밀등급 일반
문서종류 간행물
공개구분 공개
내용 외무성 정보문화국이 발간하는 『세계의 움직임』 1965년 5월호. 다음과 같은 제목의 글들이 게재됨. 〈결실 맺은 호양의 정신〉, 〈사이좋게 나누는 어족자원〉, 〈한일의 상호번영을 향해서〉, 〈평화외교에의 길〉, 〈재일한국인의 장래〉, 〈자료: 한일조약 및 협정문〉
주제어 한일협정

문서명	『세계의 움직임』(「世界の動き」1965年 6月号)

문서파일번호 640
작성연월일 1965. 6
구분 한일회담
세부항목 세계의 움직임(월간지)
작성처 외무성 정보문화국
매수 3
비밀등급 일반
문서종류 간행물
공개구분 공개
내용 외무성 정보문화국이 발간하는 『세계의 움직임』 1965년 6월호. 〈기대되는 한일경제협력〉 제하 글이 게재됨.
주제어 한일경제협력

문서명	『세계의 움직임』(「世界の動き」1965年 8月号)

문서파일번호 640
작성연월일 1965. 8(일자 불명)
구분 한일회담
세부항목 세계의 움직임(월간지)
작성처 외무성 정보문화국
매수 4
비밀등급 일반
문서종류 간행물
공개구분 공개
내용 외무성 정보문화국이 발간하는 『세계의 움직임』 1965년 8월호. 〈한일조약협정의 정식조인〉 제하 글이 게재됨.
주제어 한일협정 조인

제17부

한일협정과 해외동향 (1965)

각국의 태도(1965년) – 소련
[各国の態度(昭和40年) ソ連]

문서파일번호	662
작성연월일	1965. 2. 26 - 1965. 11. 17
구분	제7차 회담~
세부항목	한일조약 체결 북한, 중공, 소련 반응
작성처	주소련대사
매수	22
비밀등급	
문서종류	전문(電文)
공개구분	공개
내용	1965년 2월 26일~11월 17일까지 주소련일본대사가 한일조약과 관련하여 소련 언론에 보도된 내용을 보고한 전문 모음. 주로 한일기본조약 조인을 비판하는 내용이 많음.
주제어	한일조약 체결에 대한 북한, 중공, 소련 반응

문서명	한일기본관계조약 가조인에 관한 소련의 보도(북한 외무성 성명) [日韓基本関係条約仮調印に関するソ連紙報道(北朝鮮外務省声明)]

문서파일번호 662
작성연월일 1965. 2. 26
구분 제7차 회담
세부항목 한일기본관계조약 가조인에 대한 북한 반응, 주소련일본대사 보고
작성처 주소련대사
매수 2
비밀등급 일반
문서종류 전문(電文)
공개구분 공개
내용 한일기본관계조약 가조인 관련, 북한 외무성의 1965년 2월 25일 비판성명에 대한 소련 언론 보도내용을 보고
주제어 북한 반응에 대한 소련 언론 보도

문서명	한일기본관계조약 조인에 관한 소련의 보도(중공 외무성 성명) [日韓基本関係条約調印に関するソ連紙報道(中共外務省声明)]

문서파일번호 662
작성연월일 1965. 3. 1
구분 제7차 회담
세부항목 한일기본관계조약 가조인 중공 반응, 주소련일본대사 보고
작성처 주소련대사
매수 1
비밀등급 일반
문서종류 전문(電文)
공개구분 공개
내용 1965년 3월 1일 프라우다지는 중공 외무성이 한일교섭에 대해 북한의 입장을 지지한다는 신화사의 통신기사를 받아 보도함. 그 내용을 보고
주제어 중공 반응에 대한 소련 언론 보도

문서명	한일기본관계조약 조인에 관한 소련의 보도(日韓基本関係条約調印に関するソ連紙報道)

문서파일번호 662
작성연월일 1965. 3. 2
구분 제7차 회담
세부항목 한일기본관계조약 가조인 소련 반응, 주소련일본대사 보고
작성처 주소련대사
매수 3
비밀등급 일반
문서종류 전문(電文)
공개구분 공개
내용 소련 이즈베스티아의 1965년 3월 1일 자 한일기본관계조약 가조인에 대한 논평 요지를 보고
주제어 소련 언론 보도

문서명	한일교섭에 관한 전소련 노동조합중앙평의회의 성명에 관하여(日韓交渉に関する全ソ労働組合中央評議会の声明について)

문서파일번호 662
작성연월일 1965. 3. 11
구분 제7차 회담
세부항목 한일기본관계조약 가조인 소련 반응, 주소련일본대사 보고
작성처 주소련대사
매수 2
비밀등급 일반
문서종류 전문(電文)
공개구분 공개
내용 소련 도르도가 1965년 3월 10일 자로 보도한 '조선의 평화적 통일을 위하여' 제하 전소련 노동조합중앙평의회의 성명 요지를 보고
주제어 소련 언론 보도

문서명	한일조약 비준에 대한 프라우다 보도(日韓条約批准に対するプラウダ報道)

문서파일번호 662
작성연월일 1965. 10. 14
구분 한일협정 체결 후
세부항목 한일협정 비난 소련 언론 보도, 주소련일본대사 보고
작성처 주소련대사
매수 4
비밀등급 일반
문서종류 전문(電文)
공개구분 공개
내용 소련 프라우다가 1965년 10월 14일 자로 한일협정을 비난하는 타스 성명을 게재한 내용을 보고
주제어 소련 언론 보도

문서명	한일조약 비준 문제에 관한 이즈베스티아지 보도(日韓条約批准問題に関しイズベスチア紙報道)

문서파일번호 662
작성연월일 1965. 11. 13
구분 한일협정 체결 후
세부항목 한일협정 소련 반응, 소련 언론 보도, 주소련일본대사 보고
작성처 주소련대사
매수 2
비밀등급 일반
문서종류 전문(電文)
공개구분 공개
내용 소련 이즈베스티아 도쿄특파원이 1965년 11월 13일 자로 한일협정 비준 관련해 일본 중의원 데모에 대해 보도한 내용을 보고
주제어 소련 언론 보도

문서명	한일조약에 대한 프라우다의 논평(日韓条約に対するプラウダ論評)

문서파일번호	662
작성연월일	1965. 12. 30
구분	한일협정 체결 후
세부항목	한일협정 소련 반응, 소련 언론 보도, 주소련일본대사 보고
작성처	주소련대사
매수	4
비밀등급	일반
문서종류	전문(電文)
공개구분	공개
내용	소련 프라우다가 1965년 12월 30일 자로 '한일협정 뒤에 숨어 있는 것'이라는 제목으로 보도한 내용을 보고
주제어	소련 언론 보도

각국의 태도(1965년) - 미국
[各国の態度(昭和40年) 米国]

문서파일번호	663
작성연월일	1959. 8. 21 - 1965. 11. 21
구분	제4~7차 회담, 한일협정 체결 후
세부항목	한일회담 및 한일협정에 대한 미국 반응
작성처	주미대사, 외무성 등
매수	26
비밀등급	
문서종류	공문, 내부문서, 전문
공개구분	공개 또는 일부비공개
내용	1959년 8월 21일~1965년 11월 21일까지 한일회담 및 한일조약에 관한 미국의 반응 모음
주제어	한일회담 및 한일협정에 대한 미국반응, 미국 언론 보도

문서명	한일회담에 대한 미 신문 논평 보고 건(日韓会談に対する米紙論評報告の件)

문서파일번호	663
작성연월일	1959. 8. 21
구분	제4차 회담
세부항목	한일회담 관련 미국 언론 기사에 관한 주미대사 등 보고
작성처	주미대사
매수	5
비밀등급	일반
문서종류	공문
공개구분	공개
내용	주미대사의 한일회담 재개 관련 1959년 8월 미국 언론 기사 보고 공문
주제어	미국 언론 보도

문서명	매카너기 주한대사의 견해 건(マッコノギー駐韓米大使の見解に関する件)

문서파일번호	663
작성연월일	1960. 8. 30
구분	제4~5차 회담 사이
세부항목	한국정세에 관한 주한미국대사 언급
작성처	외무성 북동아시아과
매수	6
비밀등급	일반
문서종류	내부문서
공개구분	일부비공개
내용	1960년 8월 27일 도쿄에 들린 월터 매카너기(Walter P. McConaughy) 주한미국대사의 언급사항을 주일미대사관 직원이 외무성 북동아과에 전달한 내용을 기술한 문서. 장면 내각은 신구파 모두로부터 지지를 받지 못하는 약체인 관계로 정권에 영향을 미칠 정책에 매우 신중함.
주제어	장면 정권, 한국정세

문서명	한일교섭에 관한 뉴욕타임스 사설 송부 건(日韓交渉についてのニューヨーク·タイムズ紙社説送付の件)

문서파일번호 663
작성연월일 1962. 8. 7
구분 제6차 회담
세부항목 한일회담 관련 미국 언론 보도, 주뉴욕총영사 보고
작성처 주뉴욕총영사
매수 3
비밀등급 일반
문서종류 공문
공개구분 공개
내용 1962년 8월 6일 자 뉴욕타임스지의 최근 한일회담에 대한 일본의 미국 언론 보도
주제어 미국 언론 보도

문서명	한일관계에 관한 뉴욕타임스 사설 송부 건(日韓関係に関するニューヨーク·タイムス紙社説送付の件)

문서파일번호 663
작성연월일 1962. 8. 9
구분 제6차 회담
세부항목 한일회담 관련 미국 언론 보도, 주미대사보고
작성처 주미대사
매수 2
비밀등급 일반
문서종류 공문
공개구분 공개
내용 주미대사의 1962년 8월 6일 자 뉴욕타임스지 한일회담 관련 사설 보고 공문
주제어 미국 언론 보도

문서명	한일교섭에 관한 미 신문 논평 건(日韓交渉に関する米紙論評の件)

문서파일번호 663
작성연월일 1962. 12. 27
구분 제6차 회담
세부항목 한일회담 관련 미국 언론 보도, 주미대사보고
작성처 주미대사
매수 2
비밀등급 일반
문서종류 전문(電文)
공개구분 공개
내용 주미대사의 1962년 12월 27일 자 워싱턴 포스트지 한일회담 관련 도쿄특파원 기사 보고 전문
주제어 미국 언론 보도

문서명	한일관계에 관한 미 신문 논평(日韓関係に関する米紙論評)

문서파일번호 663
작성연월일 1965. 4. 22
구분 제7차 회담
세부항목 한일회담 관련 미국 언론 보도, 주미대사보고
작성처 주미대사
매수 1
비밀등급 일반
문서종류 전문(電文)
공개구분 공개
내용 주미대사의 1965년 4월 22일 자 워싱턴 포스트지 한일회담 진전에 관한 긍정적 내용의 사설 보고 전문
주제어 미국 언론 보도

문서명	한일조약 문제에 대하여(日韓条約問題について)

문서파일번호 663
작성연월일 1965. 10. 30
구분 한일협정 체결 후
세부항목 한일협정 관련 미국 언론 보도, 주미대사보고
작성처 주미대사
매수 2
비밀등급 일반
문서종류 전문(電文)
공개구분 공개
내용 주미대사의 1965년 10월 29일 자 크리스천 사이언스 모니터(Christian Science Monitor)지 '한국인은 한일조약에 회의적' 제하 기사 내용 보고 전문
주제어 미국 언론 보도

문서명	한일조약 중의원 통과에 대한 보도지(日韓条約衆院通過報道誌)

문서파일번호 663
작성연월일 1965. 11. 12
구분 한일협정 체결 후
세부항목 한일협정 관련 미국 언론 보도, 주미대사보고
작성처 주미대사
매수 1
비밀등급 일반
문서종류 전문(電文)
공개구분 공개
내용 주미대사의 1965년 11월 12일 자 워싱턴 포스트(Washington Post)지 한일조약 일본 중의원 통과 관련 기사 내용 보고 전문
주제어 미국 언론 보도

문서명	한일조약 중의원 통과에 대하여(日韓条約衆議院通過について)

문서파일번호 663
작성연월일 1965. 11. 12
구분 한일협정 체결 후
세부항목 한일협정 관련 미국무성 반응, 주미대사보고
작성처 주미대사
매수 1
비밀등급 일반
문서종류 전문(電文)
공개구분 공개
내용 주미대사의 1965년 11월 12일 미국무성 보도관의 한일조약 관련 코멘트 요청에 참의원 통과 후 코멘트 하겠다는 내용을 보고한 전문
주제어 미 국무성 반응

문서명	한일조약에 관한 워싱턴포스트의 사설(日韓条約に関するワシントンポストの社説)

문서파일번호 663
작성연월일 1965. 11. 21
구분 한일협정 체결 후
세부항목 한일협정 관련 미국 언론 보도, 주미대사보고
작성처 주미대사
매수 2
비밀등급 일반
문서종류 전문(電文)
공개구분 공개
내용 주미대사의 1965년 11월 21일 자 워싱턴 포스트지 한일조약 일본 중의원 통과에 관한 사설 보고 전문
주제어 미국 언론 보도

각국의 태도(1965년)-인도네시아
[各国の態度(昭和40年) インドネシア]

문서파일번호	664
작성연월일	1965. 3. 10 - 1965. 4. 12
구분	제7차 회담
세부항목	한일기본관계조약 가조인에 대한 인도네시아 반응
작성처	외무성, 주인도네시아대사
매수	11
비밀등급	
문서종류	전문(電文)
공개구분	공개
내용	인도네시아 노동조합(SOBSI)이 한일조약 가조인에 항의한 것의 언론 보도 등 인도네시아 반응, 일본정부의 대응 관련 문서 모음
주제어	한일기본관계조약 가조인에 대한 인도네시아 반응

문서명	인도네시아 노동조합의 한일회담에 관한 항의(SOBSIの日韓会談に関する抗議)

문서파일번호 664
작성연월일 1965. 3. 10
구분 제7차 회담
세부항목 한일기본관계조약 가조인에 대한 인도네시아 반응
작성처 외무성 남동아시아과
매수 2
비밀등급 극비
문서종류 전문(電文)
공개구분 공개
내용 1965년 3월 9일 교토통신은 인도네시아 노동조합이 한일기본조약 가조인에 항의하면서 일본정부가 이 항의를 무시할 경우 인도네시아 소재 일본자산을 접수할 필요가 있다는 내용의 전보를 주인니일본대사관에 전달했다고 보도함. 외무성이 이 보도 관련 사실관계, 재인니 자산의 의미 등을 파악하라고 주인니대사관에 지시
주제어 한일기본관계조약 가조인에 대한 인도네시아 반응

문서명	한일기본조약 가조인에 관한 스반드리오 외상의 담화(日韓基本条約暇調印に関するスバンドリオ外相談)

문서파일번호 664
작성연월일 1965. 3. 11
구분 제7차 회담
세부항목 한일기본관계조약 가조인에 대한 인도네시아 반응, 주인도네시아 일본대사 보고
작성처 주인도네시아대사
매수 2
비밀등급 비(秘)
문서종류 전문(電文)
공개구분 공개
내용 인도네시아 스반드리오 외상이 한일기본조약 가조인을 긍정적으로 평가하는 성명을 발표한 것을 보고
주제어 기본관계조약 가조인에 대한 인도네시아 반응

문서명	인도네시아 노동조합의 한일회담에 관한 항의(SOBSIの日韓会談に関する抗議)

문서파일번호 664
작성연월일 1965. 3. 11
구분 제7차 회담
세부항목 한일기본관계조약 가조인에 대한 인도네시아 반응, 주인도네시아 일본대사 보고
작성처 주인도네시아대사
매수 2
비밀등급 극비
문서종류 전문(電文)
공개구분 공개
내용 인도네시아 노동조합의 항의에 관해 주인도네시아대사의 1965년 3월 11일 자 조사결과 보고. 인도네시아 공산당이 북한 및 일본공산당과 연계하여 취한 조치이며, 더 이상 발전되지는 않을 것이라는 내용이 담김.
주제어 기본관계조약 가조인에 대한 인도네시아 반응

문서명	인도네시아의 한일회담 항의에 대한 외상 담화(「イ」の日韓会談抗議に対する外相内話)

문서파일번호 664
작성연월일 1965. 3. 15
구분 제7차 회담
세부항목 한일기본관계조약 가조인에 대한 인도네시아 반응, 주인도네시아 일본대사 보고
작성처 주인도네시아대사
매수 2
비밀등급 극비
문서종류 전문(電文)
공개구분 공개
내용 주인도네시아일본대사가 스반도리오 외상을 면담하면서 인도네시아 노동조합 항의 건을 언급하자 외상은 신경쓸 일이 아니라면서 한일교섭의 진전을 평가하는 발언을 했다는 내용의 보고
주제어 기본관계조약 가조인에 대한 인도네시아 반응

문서명	정정보(訂正報)

문서파일번호 664
작성연월일 1965. 3. 16
구분 제7차 회담
세부항목 한일기본관계조약 가조인에 대한 인도네시아 반응, 주인도네시아 일본대사 보고
작성처 주인도네시아대사
매수 1
비밀등급 극비
문서종류 전문(電文)
공개구분 공개
내용 1965년 3월 15일 자 전문 보고내용의 일부를 정정 보고
주제어 기본관계조약 가조인에 대한 인도네시아 반응

문서명	조선 문제 등에 관한 인도네시아 국회의 결의 채택에 관하여(朝鮮問題等関するインドネシア国会の決議採択について)

문서파일번호 664
작성연월일 1965. 4. 12
구분 제7차 회담
세부항목 한일기본관계조약 가조인에 대한 인도네시아 반응
작성처 외무성 북동아시아과
매수 2
비밀등급 극비
문서종류 전문(電文)
공개구분 공개
내용 인도네시아 국회가 한일기본조약에 관해 비방 내용을 포함한 결의안을 채택한 것과 관련, 인도네시아 정부에 대해 유감을 표하고 그 배경 등을 조사하라고 지시
주제어 기본관계조약 가조인에 대한 인도네시아 반응

한일가조인에 관한 트리뷴지 논평
(日韓仮調印に関しトリビューン紙論評)

문서파일번호	666
문서명	한일가조인에 관한 트리뷴지 논평(日韓仮調印に関しトリビューン紙論評)
작성연월일	1965. 4. 12
구분	제7차 회담
세부항목	한일기본관계조약 가조인에 대한 반응, 주위니페크일본총영사 보고
작성처	주위니페그총영사
매수	1
비밀등급	일반
문서종류	전문(電文)
공개구분	공개
내용	캐나다 서부 위니페그(Winnipeg) 지역에서 발행되는 트리뷴(Tribune)지의 한일 협정 가조인 평가 기사 관련 전문 보고
주제어	기본관계조약 가조인에 대한 캐나다 언론 반응

각국의 태도(1965년) - 한국
[各国の態度(昭和40年) 韓国]

문서파일번호	661
작성연월일	1965. 6. 1 - 1965. 11. 28
구분	제7차 회담~
세부항목	한일회담 및 한일협정 한국 반응, 주한일본사무소 보고
작성처	주서울 마에다, 미타니 조사관
매수	241
비밀등급	
문서종류	전문(電文)
공개구분	공개 또는 일부비공개
내용	1965년 6월 1일~11월 28일까지 한일회담, 한일협정 비준 등과 관련한 한국의 반응을 보고한 주한일본사무소의 전문 모음
주제어	한일회담 및 한일협정에 대한 한국 반응

문서명	한일 문제에 관한 아주국장의 견해(日韓問題に関する亜州局長の内話について)

문서파일번호 661
작성연월일 1965. 6. 1
구분 제7차 회담
세부항목 한일회담 및 한일협정 한국 반응, 주한일본사무소 보고
작성처 주서울 마에다 조사관
매수 4
비밀등급 극비
문서종류 전문(電文)
공개구분 공개
내용 1965년 5월 31일 마에다 도시카즈 조사관이 연하구 아주국장에게 청취한 내용을 보고. 최근 한국 내 사정이 험하기 때문에 김동조 대사를 중심으로 상세한 교섭이 원활히 진행될 수밖에 없다는 한국 사정이 담겨 있음.
주제어 한일회담 관련 한국정세

문서명	하세가와·김 회담에 관한 연 아주국장의 견해(長谷川·金会談に関する廷亜州局長内話)

문서파일번호 661
작성연월일 1965. 6. 1
구분 제7차 회담
세부항목 한일회담 및 한일협정 한국 반응, 주한일본사무소 보고
작성처 주서울 마에다 조사관
매수 2
비밀등급 극비
문서종류 전문(電文)
공개구분 공개
내용 1965년 5월 31일 마에다 도시카즈 조사관이 연하구 국장과 면담한 결과에 관해 추가 보고. 연 국장이 주한일본사무소의 명칭 문제와 관련하여 하세가와 의원 · 김(형욱) 부장이 의견교환이 있었다고 하면서 당분간은 '간판'에 신경쓰지 않는 것이 일본을 위해서도 좋을 것이라고 언급한 내용이 담김.
주제어 주한일본사무소 설치 문제

문서명	한일 문제(日韓問題)

문서파일번호 661
작성연월일 1965. 6. 2
구분 제7차 회담
세부항목 한일회담 및 한일협정 한국 반응, 주한일본사무소 보고
작성처 주서울 마에다 조사관
매수 2
비밀등급 일반
문서종류 전문(電文)
공개구분 공개
내용 1965년 6월 2일 한국일보 보도 내용을 보고. 6월 1일 정일권 국무총리 주재로 관계 요인들이 모여 회의한 결과 김동조 대사에게 6월 18일까지 여러 현안의 조문 작성을 마치도록 지시하기로 결정하였다는 내용이 담김.
주제어 한일회담 조문교섭

문서명	한일회담에 관한 신문 보도(日韓会談に関する新聞報道)

문서파일번호 661
작성연월일 1965. 6. 2
구분 제7차 회담
세부항목 한일회담 및 한일협정 한국 반응, 주한일본사무소 보고
작성처 주서울 마에다 조사관
매수 3
비밀등급 일반
문서종류 전문(電文)
공개구분 공개
내용 1965년 6월 2일 자 동아일보의 '우리가 포기하지 않는 한 청구권은 엄존한다'는 사설 내용을 보고
주제어 청구권·경제협력

문서명	이 외무부장관에게 보내는 서한(통보) [李外務部長官宛の書簡(通報)]

문서파일번호 661
작성연월일 1965. 6. 2
구분 제7차 회담
세부항목 시나 에쓰사부로 대신이 이동원 장관에게 보내는 서한 전달 사실 통보
작성처 외무성 북동아시아과
매수 5
비밀등급 일반
문서종류 전문(電文)
공개구분 일부비공개
내용 시나 에쓰사부로 외무대신이 이동원 외무장관에게 보낸 서신(한일회담 타결 촉구, 독도 문제 언급)을 주일한국대표부에 전달하였음을 통보(서한 사본 첨부)
주제어 시나 에쓰사부로 · 이동원 서한

문서명	한일 문제에 관한 홍익표 의원의 견해(日韓問題に関する 洪翼杓議員の内話)

문서파일번호 661
작성연월일 1965. 6. 3
구분 제7차 회담
세부항목 한일회담 조기 타결에 대한 미국 압력, 주한일본사무소 보고
작성처 주서울 마에다 조사관
매수 4
비밀등급 극비
문서종류 전문(電文)
공개구분 공개
내용 1965년 6월 2일 홍익표 의원(민중당 영수의 일인)이 주서울사무소 미타니에게 언급한 내용을 보고. 박정희 정권은 미국한테 한일회담 조기 타결에 관해 매우 강한 압력을 받고 있다는 내용이 담김.
주제어 한일회담 조기 타결

문서명	한일 문제에 관하여(日韓問題について)

문서파일번호 661
작성연월일 1965. 6. 4
구분 제7차 회담
세부항목 한일회담 및 한일협정 한국 반응, 주한일본사무소 보고
작성처 주서울 마에다 조사관
매수 3
비밀등급 극비
문서종류 전문(電文)
공개구분 공개
내용 1965년 6월 3일 있었던 연하구 국장 회담 내용에 관한 마에다 추가 보고. 조문 교섭과 관련한 진전사항에 관한 의견교환이 있었다는 내용이 담김.
주제어 조문 교섭

문서명	한일교섭에 관한 이 외무부장관 담화(日韓交渉に関する李外務部長官談話)

문서파일번호 661
작성연월일 1965. 6. 4
구분 제7차 회담
세부항목 한일회담 및 한일협정 한국 반응, 주한일본사무소 보고
작성처 주서울 마에다 조사관
매수 1
비밀등급 일반
문서종류 전문(電文)
공개구분 공개
내용 이동원 외무장관의 한일회담 관련 기자회견 내용(1965년 6월 14일 한국일보 기사)에 관한 보고. 6월 19~21일까지 일본을 방문, 외상회담을 갖고 6월 22일 조인하겠다는 내용이 담김.
주제어 이동원 기자회견

문서명	한일회담에 관한 신문 보도(日韓会談に関する新聞報道)

문서파일번호 661
작성연월일 1965. 6. 4
구분 제7차 회담
세부항목 한일회담 및 한일협정 한국 반응, 주한일본사무소 보고
작성처 주서울 마에다 조사관
매수 2
비밀등급 일반
문서종류 전문(電文)
공개구분 공개
내용 1965년 6월 3일 자 경향신문의 '일본의 불순한 저의를 규탄한다'라는 제목의 사설에 관한 보고
주제어 한국 언론 보도

문서명	사토 신내각에 관한 해설기사 요지(佐藤新内閣に関する解説記事要旨)

문서파일번호 661
작성연월일 1965. 6. 4
구분 제7차 회담
세부항목 한일회담 및 한일협정 한국 반응, 주한일본사무소 보고
작성처 주서울 마에다 조사관
매수 2
비밀등급 일반
문서종류 전문(電文)
공개구분 공개
내용 1965년 6월 4일 자 조선일보의 사토 에사쿠 신내각에 관한 도쿄특파원 해설기사 내용을 보고
주제어 한국 언론 보도

문서명	한국 신문 보도(韓国新聞報道)

문서파일번호 661
작성연월일 1965. 6. 5
구분 제7차 회담
세부항목 한일회담 및 한일협정 한국 반응, 주한일본사무소 보고
작성처 주서울 마에다 조사관
매수 2
비밀등급 일반
문서종류 전문(電文)
공개구분 공개
내용 1965년 6월 4일 자 대한일보의 '사토 에사쿠 내각의 개혁과 한일교섭'이라는 제목의 사설 내용 보고
주제어 한국 언론 보도

문서명	사토 신내각에 관한 해설기사 요지(佐藤新内閣に関する解説記事要旨)

문서파일번호 661
작성연월일 1965. 6. 5
구분 제7차 회담
세부항목 한일회담 및 한일협정 한국 반응, 주한일본사무소 보고
작성처 주서울 마에다 조사관
매수 4
비밀등급 일반
문서종류 전문(電文)
공개구분 공개
내용 사토 에사쿠 내각 발족에 관한 한국 각 신문의 1965년 6월 4일 자 논조 분석 내용을 보고
주제어 한국 언론 보도

문서명	한일회담에 대한 대학생 동정(日韓会談に対する大学生の動静)

문서파일번호 661
작성연월일 1965. 6. 10
구분 제7차 회담
세부항목 한일회담 및 한일협정 한국 반응, 주한일본사무소 보고
작성처 주서울 마에다 조사관
매수 2
비밀등급 일반
문서종류 전문(電文)
공개구분 공개
내용 한일회담에 반대하는 한국 학생모임의 동향 보고
주제어 한일회담 반대 동향

문서명	한일교섭(아주국장 회담)[日韓交渉(亜州局長との会談)]

문서파일번호 661
작성연월일 1965. 6. 12
구분 제7차 회담
세부항목 한일회담 및 한일협정 한국 반응, 주한일본사무소 보고
작성처 주서울 마에다 조사관
매수 6
비밀등급 극비
문서종류 전문(電文)
공개구분 공개
내용 연하구 국장과 마에다 도시카즈 조사관의 회담 내용 보고. 연 국장은 이동원 장관이 시나 에쓰사부로 외상의 서한에 대해 답신을 보내는 것보다 마에다를 통해 자신의 뜻을 전달하는 것이 더 좋겠다는 생각임. 현 단계에서는 김동조 대사로 하여금 회담 마무리를 짓도록 하자는 것이 한국정부의 입장임.
주제어 한일교섭에 대한 한국 입장

문서명	법적지위 문제에 관한 신문 보도(法的地位問題について新聞報道)

문서파일번호	661
작성연월일	1965. 6. 12
구분	제7차 회담
세부항목	한일회담 및 한일협정 한국 반응, 주한일본사무소 보고
작성처	주서울 마에다 조사관
매수	2
비밀등급	일반
문서종류	전문(電文)
공개구분	공개
내용	1965년 6월 12일 자 한국일보의 '강제퇴거 문제를 둘러싼 의제'라는 제목의 1면 톱기사 내용 보고
주제어	한국 언론 보도

문서명	한일회담 반대 대학생 집회에 관하여(日韓会談反対学ぶ集会について)

문서파일번호	661
작성연월일	1965. 6. 12
구분	제7차 회담
세부항목	한일회담 및 한일협정 한국 반응, 주한일본사무소 보고
작성처	주서울 마에다 조사관
매수	2
비밀등급	일반
문서종류	전문(電文)
공개구분	공개
내용	서울법대생 150여 명의 한일회담 반대 집회 보고
주제어	한일회담 반대 동향

문서명	한일회담에 관한 보도 경향(日韓会談についての報道振り)

문서파일번호 661
작성연월일 1965. 6. 13
구분 제7차 회담
세부항목 한일회담 및 한일협정 한국 반응, 주한일본사무소 보고
작성처 주서울 마에다 조사관
매수 2
비밀등급 일반
문서종류 전문(電文)
공개구분 공개
내용 1965년 6월 12일 자 경향신문의 '최종단계에 온 한일회담에 한마디'라는 제목의 사설 보고
주제어 한국 언론 보도

문서명	한일회담에 관한 보도 경향(日韓会談についての報道振り)

문서파일번호 661
작성연월일 1965. 6. 13
구분 제7차 회담
세부항목 한일회담 및 한일협정 한국 반응, 주한일본사무소 보고
작성처 주서울 마에다 조사관
매수 2
비밀등급 일반
문서종류 전문(電文)
공개구분 공개
내용 1965년 6월 13일 자 한국일보의 '한일회담에 집요한 일본의 도발'이라는 제목의 사설 보고
주제어 한국 언론 보도

문서명	한일교섭(아주국장 회담)[日韓交渉(亜州局長との会談)]

문서파일번호 661
작성연월일 1965. 6. 14
구분 제7차 회담
세부항목 이동원 장관 방일, 주한일본사무소 보고
작성처 주서울 마에다 조사관
매수 2
비밀등급 극비
문서종류 전문(電文)
공개구분 공개
내용 연하구 아주국장과 마에다 도시카즈 조사관의 회담 내용 보고. 시나 에쓰사부로 외상이 AA(Asian-African)회담 전 한일조약 서명을 원하고 있는 점을 감안, 이동원 장관이 직접 일본을 방문하는 건에 대해 검토 중임.
주제어 이동원 방일

문서명	한일회담에 관한 한국 태도(日韓会談に関する韓国側態度)

문서파일번호 661
작성연월일 1965. 6. 15
구분 제7차 회담
세부항목 한일회담 및 한일협정 한국 반응, 주한일본사무소 보고
작성처 주서울 마에다 조사관
매수 2
비밀등급 일반
문서종류 전문(電文)
공개구분 공개
내용 이동원 외무장관의 기자회견에 관한 언론 보도 내용을 보고. 6월 22일 협정 조인을 위해 방일할 계획은 현 단계에서는 없음. 일본이 독도를 제외한다면 방일 의사가 있음을 시사함.
주제어 이동원 기자회견

문서명	한일교섭 타결 시기에 관한 정문국장의 발언에 관하여[日韓交渉交渉妥結時期に関する情文局長発言について]

문서파일번호 661
작성연월일 1965. 6. 15
구분 제7차 회담
세부항목 한일회담 및 한일협정 한국 반응, 주한일본사무소 보고
작성처 외무성 북동아시아과
매수 2
비밀등급 극비
문서종류 전문(電文)
공개구분 공개
내용 오해의 소지가 있는 외무성 정문국장의 발언에 관한 해명을 마에다 도시카즈 조사관에게 통보. 시나 에쓰사부로 외상의 일정상 6월 22일 협정 조인이 이루어지지 못하면 7월 하순에는 반드시 조인하겠다는 의미임.
주제어 한일협정 조인

문서명	한일회담(독도 문제)에 관한 보도[日韓会談(竹島問題)についての報道]

문서파일번호 661
작성연월일 1965. 6. 16
구분 제7차 회담
세부항목 한일회담 및 한일협정 한국 반응, 주한일본사무소 보고
작성처 주서울 마에다 조사관
매수 2
비밀등급 일반
문서종류 전문(電文)
공개구분 공개
내용 1965년 6월 16일 조선일보의 '독도 문제를 거래 재료로 하고자 하는 저의는 무엇인가'라는 제목의 사설 내용을 보고
주제어 한국 언론 보도

문서명	한일교섭 반대운동에 관하여(日韓交渉反対運動について)

문서파일번호 661
작성연월일 1965. 6. 18
구분 제7차 회담
세부항목 한일회담 및 한일협정 한국 반응, 주한일본사무소 보고
작성처 주서울 미타니 조사관
매수 1
비밀등급 일반
문서종류 전문(電文)
공개구분 공개
내용 1965년 6월 18일 윤보선 대일굴욕외교반대 범국민투쟁위원회 의장 취임과 관련한 한국 조간신문 보도내용을 보고
주제어 한국 언론 보도

문서명	한일회담 반대 학생 데모(日韓会談反対学生デモ)

문서파일번호 661
작성연월일 1965. 6. 18
구분 제7차 회담
세부항목 한일회담 및 한일협정 한국 반응, 주한일본사무소 보고
작성처 주서울 미타니 조사관
매수 2
비밀등급 일반
문서종류 전문(電文)
공개구분 공개
내용 서울상과대학생 400명의 한일회담 반대 데모(18일 석간 보도) 관련 내용 보고
주제어 한일회담 반대 동향

문서명	대일굴욕외교반대투쟁위원회 성명에 관하여(対日屈辱外交反対闘争委員会声明について)

문서파일번호 661
작성연월일 1965. 6. 19
구분 第7차 회담
세부항목 한일회담 및 한일협정 한국 반응, 주한일본사무소 보고
작성처 주서울 미타니 조사관
매수 1
비밀등급 일반
문서종류 전문(電文)
공개구분 공개
내용 1965년 6월 18일 대일굴욕외교반대투쟁위의 성명발표(18일 석간보도) 보고
주제어 한일회담 반대 동향

문서명	박순천 최고위원의 기자회견 요지(朴順天最高委員の記者会見要旨)

문서파일번호 661
작성연월일 1965. 6. 19
구분 第7차 회담
세부항목 한일회담 및 한일협정 한국 반응, 주한일본사무소 보고
작성처 주서울 미타니 조사관
매수 2
비밀등급 일반
문서종류 전문(電文)
공개구분 공개
내용 1965년 6월 19일 박순천 민중당 대표최고의원의 한일회담 타결 반대 입장 기자회견 내용 보고
주제어 한일회담 반대 동향

문서명	한일회담 반대 관련 학생의 움직임(日韓会談反対についての学生の動き)

문서파일번호 661
작성연월일 1965. 6. 19
구분 제7차 회담
세부항목 한일회담 및 한일협정 한국 반응, 주한일본사무소 보고
작성처 주서울 미타니 조사관
매수 2
비밀등급 일반
문서종류 전문(電文)
공개구분 공개
내용 한일회담에 반대하는 학생들의 집회 동향 보고
주제어 한일회담 반대 동향

문서명	대일굴욕외교반대투쟁위원회 성명(신문 보도)[対日屈辱外交反対闘争委員会声明(新聞報道)]

문서파일번호 661
작성연월일 1965. 6. 21
구분 제7차 회담
세부항목 한일회담 및 한일협정 한국 반응, 주한일본사무소 보고
작성처 주서울 미타니 조사관
매수 2
비밀등급 일반
문서종류 전문(電文)
공개구분 공개
내용 1965년 6월 21일 대일 굴욕외교반대투쟁위 의장이 장택상으로 교체되었음(21일 석간 보도)을 보고
주제어 한일회담 반대 동향

문서명	한국 학생 데모에 관하여(韓国学生デモについて)

문서파일번호 661
작성연월일 1965. 6. 21
구분 제7차 회담
세부항목 한일회담 및 한일협정 한국 반응, 주한일본사무소 보고
작성처 주서울 미타니 조사관
매수 2
비밀등급 일반
문서종류 전문(電文)
공개구분 공개
내용 1965년 6월 21일 한국 학생들의 집회 동향(21일 석간 보도) 보고
주제어 한일회담 반대 동향

문서명	대일굴욕외교반대투쟁위원회 성토대회 개최에 관하여(対日屈辱外交反対闘争委員会声討大会開催について)

문서파일번호 661
작성연월일 1965. 6. 21
구분 제7차 회담
세부항목 한일회담 및 한일협정 한국 반응, 주한일본사무소 보고
작성처 주서울 미타니 조사관
매수 1
비밀등급 일반
문서종류 전문(電文)
공개구분 공개
내용 대일굴욕외교반대투쟁위가 1965년 6월 22일 성토대회를 개최할 예정(22일 석간 보도)이라고 보고
주제어 한일회담 반대 동향

문서명	한국정세에 관하여(韓国情勢について)

문서파일번호	661
작성연월일	1965. 6. 21
구분	제7차 회담
세부항목	한일회담 및 한일협정 한국 반응, 주한일본사무소 보고
작성처	주서울 미타니 조사관
매수	1
비밀등급	일반
문서종류	전문(電文)
공개구분	공개
내용	한일회담 반대 학생 동향(1965년 6월 21일 한국일보) 보고
주제어	한일회담 반대 동향

문서명	한국정세에 관하여(韓国情勢について)

문서파일번호	661
작성연월일	1965. 6. 22
구분	제7차 회담
세부항목	한일회담 및 한일협정 한국 반응, 주한일본사무소 보고
작성처	주서울 미타니 조사관
매수	2
비밀등급	일반
문서종류	전문(電文)
공개구분	공개
내용	한일회담 반대 학생 동향 보고
주제어	한일회담 반대 동향

문서명	한국정세 보고(韓国政情報告)

문서파일번호	661
작성연월일	1965. 6. 22
구분	제7차 회담
세부항목	한일회담 및 한일협정 한국 반응, 주한일본사무소 보고
작성처	주서울 미타니 조사관
매수	2
비밀등급	일반
문서종류	전문(電文)
공개구분	공개
내용	1965년 6월 22일 민중당과 대일 굴욕외교반대 투쟁위 집회 상황(6월 22일 석간 보도) 보고
주제어	한일회담 반대 동향

문서명	한국 학생 데모에 관하여(韓国学生デモについて)

문서파일번호	661
작성연월일	1965. 6. 22
구분	제7차 회담
세부항목	한일회담 및 한일협정 한국 반응, 주한일본사무소 보고
작성처	주서울 미타니 조사관
매수	2
비밀등급	일반
문서종류	전문(電文)
공개구분	공개
내용	1965년 6월 22일 한국 학생 집회(6월 22일 석간 보도) 보고
주제어	한일회담 반대 동향

문서명	한일 문제에 관한 신문 보도(日韓問題についての新聞報道)

문서파일번호	661
작성연월일	1965. 6. 24
구분	한일협정 체결 후
세부항목	한일협정 한국 반응, 주한일본사무소 보고
작성처	주서울 미타니 조사관
매수	2
비밀등급	일반
문서종류	전문(電文)
공개구분	공개
내용	1965년 6월 24일 동아일보의 '대어선단을 투입한 비준 전의 배신행위, 일본대표부 설치는 불허'라는 제목의 사설내용 보고
주제어	한국 언론 보도

문서명	한국정세(韓国政情)

문서파일번호	661
작성연월일	1965. 6. 28
구분	한일협정 체결 후
세부항목	한일협정 처리 관련 보도, 주한일본사무소 보고
작성처	주서울 미타니 조사관
매수	1
비밀등급	일반
문서종류	전문(電文)
공개구분	공개
내용	1965년 7월 12일 개최예정인 제51회 임시국회에서 한일협정 비준동의안 등을 처리할 예정이라는 6월 12일 석간 보도내용 보고
주제어	한국정세

문서명	한국 학생 데모에 관하여(韓国学生デモについて)

문서파일번호 661
작성연월일 1965. 6. 28
구분 한일협정 체결 후
세부항목 한일협정 한국 반응, 주한일본사무소 보고
작성처 주서울 미타니 조사관
매수 2
비밀등급 일반
문서종류 전문(電文)
공개구분 공개
내용 한국 학생 데모 상황 보고
주제어 한일회담 반대 동향

문서명	이 외무부장관의 기자회견 발언 요지 보고(李外務部長官の記事会見発言要旨報告)

문서파일번호 661
작성연월일 1965. 6. 29
구분 한일협정 체결 후
세부항목 한일협정 한국 반응, 주한일본사무소 보고
작성처 주서울 미타니 조사관
매수 2
비밀등급 일반
문서종류 전문(電文)
공개구분 공개
내용 1965년 6월 29일 이동원 외무장관 기자회견 요지(6월 29일 동방통신) 보고
주제어 이동원 기자회견

문서명	데모 학생의 동향 보고(デモ学生の動向報告)

문서파일번호 661
작성연월일 1965. 6. 29
구분 한일협정 체결 後
세부항목 한일협정 한국 반응, 주한일본사무소 보고
작성처 주서울 미타니 조사관
매수 2
비밀등급 일반
문서종류 전문(電文)
공개구분 공개
내용 중고생을 포함한 학생들의 데모 상황(6월 29일 석간) 보고
주제어 한일협정 비준 반대 동향

문서명	단식학생의 움직임에 관하여(断食学生の動きについて)

문서파일번호 661
작성연월일 1965. 6. 30
구분 한일협정 체결 後
세부항목 한일협정 한국 반응, 주한일본사무소 보고
작성처 주서울 마에다 참사관
매수 1
비밀등급 일반
문서종류 전문(電文)
공개구분 공개
내용 1965년 6월 30일 단식 중인 연대 의대 학생 220명이 일본상품 불매운동을 전개하기로 결의했다는 내용(6월 30일 석간) 보고
주제어 한일협정 비준 반대 동향

문서명	한국정세(韓国政情)

문서파일번호 661
작성연월일 1965. 7. 6
구분 한일협정 체결 後
세부항목 한일협정 한국 반응, 주한일본사무소 보고
작성처 주서울 마에다 참사관
매수 3
비밀등급 일반
문서종류 전문(電文)
공개구분 공개
내용 한일협정 반대를 위한 정당대회 개최 상황(7월 6일 조간 보도) 보고
주제어 한일협정 비준 반대 동향

문서명	한일교섭 보고 강연회에 관한 신문 보도(日韓交渉報告講演会に関する新聞報道)

문서파일번호 661
작성연월일 1965. 7. 7
구분 한일협정 체결 後
세부항목 한일협정 한국 반응, 주한일본사무소 보고
작성처 주서울 마에다 참사관
매수 3
비밀등급 일반
문서종류 전문(電文)
공개구분 공개
내용 1965년 7월 6일 공보부 주최 한일교섭 보고강연회의 개최 상황 보고
주제어 한일교섭 보고 강연회

문서명	한국 내 한일비준 반대운동에 대한 신문 보도(韓国内の日韓批准反対運動に対する新聞報道)

문서파일번호 661
작성연월일 1965. 7. 8
구분 한일협정 체결 후
세부항목 한일협정 한국 반응, 주한일본사무소 보고
작성처 주서울 마에다 참사관
매수 2
비밀등급 일반
문서종류 전문(電文)
공개구분 공개
내용 한일협정 비준 반대운동의 일환으로 일본상품 불매운동이 일어나고 있으며, 정부당국은 일본어 사용 자숙을 지시했다는 내용(7월 7일 경향신문 등 보도) 보고
주제어 한일협정 비준 반대 동향

문서명	한일교섭 비준에 대한 신문 보도(日韓交渉批准に対する新聞報道)

문서파일번호 661
작성연월일 1965. 7. 8
구분 한일협정 체결 후
세부항목 한일협정 한국 반응, 주한일본사무소 보고
작성처 주서울 마에다 참사관
매수 2
비밀등급 일반
문서종류 전문(電文)
공개구분 공개
내용 1965년 7월 8일 조선일보의 '비준동의안의 임시국회 상정을 보류하라'는 제목의 사설 요지 보고
주제어 한일협정 비준 반대 동향

문서명	한일 문제에 관한 신문 보도(日韓問題に関する新聞報道)

문서파일번호 661
작성연월일 1965. 7. 9
구분 한일협정 체결 후
세부항목 한일협정 한국 반응, 주한일본사무소 보고
작성처 주서울 마에다 참사관
매수 1
비밀등급 일반
문서종류 전문(電文)
공개구분 공개
내용 1965년 7월 8일 전국 24개 교회 신도 50만 명이 국난타개 금식기도에 돌입하였다는 내용(7월 8일 석간, 9일 조간 보도) 보고
주제어 한일협정 비준 반대 동향

문서명	한일 문제에 관한 신문 보도(日韓問題に関する新聞報道)

문서파일번호 661
작성연월일 1965. 7. 9
구분 한일협정 체결 후
세부항목 한일협정 한국 반응, 주한일본사무소 보고
작성처 주서울 마에다 참사관
매수 2
비밀등급 일반
문서종류 전문(電文)
공개구분 공개
내용 1965년 7월 9일 한일협정 비준을 둘러싼 여야 간 동향에 관한 언론 보도 보고
주제어 한일협정 비준 반대 동향

문서명	한국정세(韓国情勢)

문서파일번호 661
작성연월일 1965. 7. 10
구분 한일협정 체결 後
세부항목 한일협정 한국 반응, 주한일본사무소 보고
작성처 주서울 마에다 참사관
매수 2
비밀등급 일반
문서종류 전문(電文)
공개구분 공개
내용 1965년 7월 10일 한국정세 관련 언론 보도 보고
주제어 한국정세

문서명	한일 문제에 관한 신문 보도(日韓問題に関する新聞報道)

문서파일번호 661
작성연월일 1965. 7. 10
구분 한일협정 체결 後
세부항목 한일협정 한국 반응, 주한일본사무소 보고
작성처 주서울 마에다 참사관
매수 2
비밀등급 일반
문서종류 전문(電文)
공개구분 공개
내용 1965년 7월 9일 대일굴욕외교반대투쟁위가 부산, 광주, 대전, 인천에서 비준 반대 성토대회를 개최했음(7월 9일 석간, 10일 조간 보도)을 보고
주제어 한일협정 비준 반대 동향

문서명	한일 문제에 관한 신문 보도(日韓問題に関する新聞報道)

- **문서파일번호** 661
- **작성연월일** 1965. 7. 12
- **구분** 한일협정 체결 후
- **세부항목** 한일협정 한국 반응, 주한일본사무소 보고
- **작성처** 주서울 마에다 참사관
- **매수** 3
- **비밀등급** 일반
- **문서종류** 전문(電文)
- **공개구분** 공개
- **내용** 1965년 7월 12일 대학교수단의 한일협정 비준 반대 집회 관련 석간 보도내용을 보고
- **주제어** 한일협정 비준 반대 동향

문서명	한일협정 비준 반대 행동에 관하여(日韓協定批准反対行動について)

- **문서파일번호** 661
- **작성연월일** 1965. 7. 13
- **구분** 한일협정 체결 후
- **세부항목** 한일협정 한국 반응, 주한일본사무소 보고
- **작성처** 주서울 마에다 참사관
- **매수** 2
- **비밀등급** 일반
- **문서종류** 전문(電文)
- **공개구분** 공개
- **내용** 1965년 7월 13일 국회 여야총무회의에서 협정 비준안 처리와 관련한 협의 내용(7월 13일 석간 보도)을 보고
- **주제어** 협정 비준안 처리 동향

문서명	한일협정 비준 반대 행동에 관하여(日韓協定批准反対行動について)

문서파일번호 661
작성연월일 1965. 7. 13
구분 한일협정 체결 후
세부항목 한일협정 한국 반응, 주한일본사무소 보고
작성처 주서울 마에다 참사관
매수 2
비밀등급 일반
문서종류 전문(電文)
공개구분 공개
내용 1965년 7월 11일 영락교회 연합기도회를 비롯하여 전국에서 비준 반대를 위한 유사한 기도회가 열리고 있으며, 학생들도 공동궐기대회를 개최할 것이라는 내용(7월 13일 조간, 석간 보도)을 보고
주제어 한일협정 비준 반대 동향

문서명	한일 문제에 관한 신문 보도(日韓問題に関する新聞報道)

문서파일번호 661
작성연월일 1965. 7. 14
구분 한일협정 체결 후
세부항목 한일협정 한국 반응, 주한일본사무소 보고
작성처 주서울 마에다 참사관
매수 2
비밀등급 일반
문서종류 전문(電文)
공개구분 공개
내용 1965년 7월 14일 예비역 장성 11명의 협정 비준 반대 성명(7월 14일 석간 보도) 보고
주제어 한일협정 비준 반대 동향

문서명	한일 문제에 관한 신문 보도(日韓問題に関する新聞報道)

문서파일번호 661
작성연월일 1965. 7. 16
구분 한일협정 체결 後
세부항목 한일협정 한국 반응, 주한일본사무소 보고
작성처 주서울 마에다 참사관
매수 2
비밀등급 일반
문서종류 전문(電文)
공개구분 공개
내용 1965년 7월 16일 예비역 장성 103명의 연명으로 발표된 한일협정 찬성 성명(7월 16일 석간 보도) 보고
주제어 한일협정 비준 찬성 동향

문서명	대한변호사협회의 한일협정 비준 반대 성명 발표에 관하여(大韓弁護士協会の日韓協定批准反対声明発表について)

문서파일번호 661
작성연월일 1965. 7. 20
구분 한일협정 체결 後
세부항목 한일협정 한국 반응, 주한일본사무소 보고
작성처 주서울 마에다 참사관
매수 2
비밀등급 일반
문서종류 전문(電文)
공개구분 공개
내용 1965년 7월 20일 대한변호사협회의 협정 비준 반대 성명(7월 20일 석간 보도) 보고
주제어 한일협정 비준 반대 동향

문서명	한일 문제에 관한 신문 보도(日韓問題に関する新聞報道)

문서파일번호	661
작성연월일	1965. 7. 21
구분	한일협정 체결 後
세부항목	한일회담 및 한일협정 한국 반응, 주한일본사무소 보고
작성처	주서울 마에다 참사관
매수	2
비밀등급	일반
문서종류	전문(電文)
공개구분	공개
내용	1965년 7월 21일 여야영수회담에 관한 언론 보도 내용을 보고
주제어	한국정세

문서명	최 동북아주과장으로부터의 의뢰(崔東北亜州課長よりの依頼)

문서파일번호	661
작성연월일	1965. 7. 22
구분	한일협정 체결 後
세부항목	한일협정 한국 반응, 주한일본사무소 보고
작성처	주서울 마에다 참사관
매수	2
비밀등급	극비
문서종류	전문(電文)
공개구분	공개
내용	1965년 7월 22일 외무부 최광수 동북아주과장의 요망사항을 본성에 보고. 주일한국대표부를 통해 모 인사가 한국에 와서 한국의 협정 비준 관련 동향을 시찰하고 정당요인을 만나고 싶다는 요청이 있으나 한국 입장에서는 시기적으로 적절치 않다는 판단임. 우익인사로 알려진 동인에 관한 참고자료를 부탁함.
주제어	일본 인사 방한

문서명	한일협정 비준 반대 운동의 동향(日韓協定批准反対運動の動向)

문서파일번호 661
작성연월일 1965. 7. 23
구분 한일협정 체결 후
세부항목 한일협정 한국 반응, 주한일본사무소 보고
작성처 주서울 마에다 참사관
매수 2
비밀등급 일반
문서종류 전문(電文)
공개구분 공개
내용 1965년 7월 22일 그간 한일협정 비준을 반대해 온 13개 단체가 연합하여 범국민적 운동을 전개해 나가기로 하였다는 내용(7월 23일 조간 보도)을 보고
주제어 한일협정 비준 반대 동향

문서명	한일 문제에 관한 신문 보도(日韓問題に関する新聞報道)

문서파일번호 661
작성연월일 1965. 7. 24
구분 한일협정 체결 후
세부항목 한일협정 한국 반응, 주한일본사무소 보고
작성처 주서울 마에다 참사관
매수 3
비밀등급 일반
문서종류 전문(電文)
공개구분 공개
내용 1965년 7월 23일 한일협정 비준 반대 운동을 전개해 온 민중당 강경파가 민중당원에게 보내는 호소(appeal)를 발표했다는 내용(7월 24일 조간 보도)을 보고
주제어 한일협정 비준 반대 동향

문서명	한일협정 비준 반대 운동의 동향(日韓協定批准反対運動の動向)

문서파일번호 661
작성연월일 1965. 7. 28
구분 한일협정 체결 후
세부항목 한일협정 한국 반응, 주한일본사무소 보고
작성처 주서울 마에다 참사관
매수 2
비밀등급 일반
문서종류 전문(電文)
공개구분 공개
내용 1965년 7월 28일 한일협정 비준 반대 운동이 통합되었다는 내용(7월 28일 석간 보도)을 보고
주제어 한일협정 비준 반대 동향

문서명	한일협정 비준 저지 운동에 관한 신문 보도(日韓協定批准阻止運動に関する新聞報道)

문서파일번호 661
작성연월일 1965. 7. 30
구분 한일협정 체결 후
세부항목 한일협정 한국 반응, 주한일본사무소 보고
작성처 주서울 마에다 참사관
매수 5
비밀등급 일반
문서종류 전문(電文)
공개구분 공개
내용 1965년 7월 28일 윤보선 민중당 고문이 협정 비준 저지를 위해서는 당을 해체하는 것이 유일한 방책이라며 탈당하고 29일 기자회견한 내용(7월 29일 신아일보 보도)을 보고
주제어 한일협정 비준 반대 동향

문서명	한일협정 비준 저지운동에 관한 신문 보도(日韓協定批准反対運動についての新聞報道)

문서파일번호 661
작성연월일 1965. 7. 30
구분 한일협정 체결 후
세부항목 한일협정 한국 반응, 주한일본사무소 보고
작성처 주서울 마에다 참사관
매수 2
비밀등급 일반
문서종류 전문(電文)
공개구분 공개
내용 1965년 7월 29일 협정 비준에 반대하는 학생연합회의 동향(7월 30일 대한, 신아일보 보도)을 보고
주제어 한일협정 비준 반대 동향

문서명	한일협정 비준 저지 운동에 관한 신문 보도(日韓協定批准反対運動についての新聞報道)

문서파일번호 661
작성연월일 1965. 7. 31
구분 한일협정 체결 후
세부항목 한일협정 한국 반응, 주한일본사무소 보고
작성처 주서울 마에다 참사관
매수 3
비밀등급 일반
문서종류 전문(電文)
공개구분 공개
내용 1965년 7월 31일 대학교수, 예비역장성, 종교인, 문화인 등 250~300명이 모인 조국수호 국민협의회 결성대회 내용(7월 31일 석간 보도)을 보고
주제어 한일협정 비준 반대 동향

문서명	재일한국인의 한일협정 비준 반대 성명에 관하여(在日韓国人の日韓協定批准反対声明について)

문서파일번호 661
작성연월일 1965. 8. 3
구분 한일협정 체결 후
세부항목 한일협정 한국 반응, 주한일본사무소 보고
작성처 주서울 마에다 참사관
매수 3
비밀등급 일반
문서종류 전문(電文)
공개구분 공개
내용 1965년 8월 3일 조선일보 가판에 '법적지위 요구 관철, 평화선 수호, 재일한국인 투쟁위원회' 명의 광고가 게재되었음을 보고
주제어 한일협정 비준 반대 동향

문서명	재일한국인의 한일협정 비준 반대 성명에 관하여(在日韓国人の日韓協定批准反対声明について)

문서파일번호 661
작성연월일 1965. 8. 3
구분 한일협정 체결 후
세부항목 한일협정 한국 반응, 주한일본사무소 보고
작성처 주서울 마에다 참사관
매수 2
비밀등급 일반
문서종류 전문(電文)
공개구분 공개
내용 1965년 8월 3일 조선일보 가판 광고가 익일 아침 본판에서 사라진 경위 등을 보고
주제어 한일협정 비준 반대 동향

문서명	학생의 움직임에 관하여(学生の動きについて)

문서파일번호 661
작성연월일 1965. 8. 10
구분 한일협정 체결 後
세부항목 한일협정 한국 반응, 주한일본사무소 보고
작성처 주서울 마에다 참사관
매수 2
비밀등급 일반
문서종류 전문(電文)
공개구분 공개
내용 1965년 8월 10일 8개 대학 대표 10명이 집회에서 발표한 성명서 내용(8월 10일 석간)을 보고
주제어 한일협정 비준 반대 동향

문서명	민중당 4의원의 의원자격 상실에 관하여(民衆党4議員の議員資格喪失について)

문서파일번호 661
작성연월일 1965. 8. 10
구분 한일협정 체결 後
세부항목 한일협정 한국 반응, 주한일본사무소 보고
작성처 주서울 마에다 참사관
매수 2
비밀등급 일반
문서종류 전문(電文)
공개구분 공개
내용 1965년 8월 9일 윤보선 등 민중당 소속 의원 4명이 탈당계를 국회의장에게 제출, 의원직을 상실하였음(8월 10일 석간 보도)을 보고
주제어 한일협정 비준 반대 동향

문서명	한국에서의 협정 비준 반대 운동(韓国における協定批准反対運動)

문서파일번호 661
작성연월일 1965. 8. 11
구분 한일협정 체결 후
세부항목 한일협정 한국 반응, 주한일본사무소 보고
작성처 주서울 마에다 참사관
매수 2
비밀등급 일반
문서종류 전문(電文)
공개구분 공개
내용 1965년 8월 11일 대일굴욕외교반대투쟁위와 조국수호국민협의회의 합동회의 개최 관련 내용(8월 11일 석간 보도)을 보고
주제어 한일협정 비준 반대 동향

문서명	한일협정 비준 무효 투쟁에 관하여(日韓協定批准無効闘争について)

문서파일번호 661
작성연월일 1965. 8. 14
구분 한일협정 체결 후
세부항목 한일협정 한국 반응, 주한일본사무소 보고
작성처 주서울 마에다 참사관
매수 2
비밀등급 일반
문서종류 전문(電文)
공개구분 공개
내용 1965년 8월 14일 민중당의 한일협정 비준 무효화 투쟁 관련 회의내용을 보고
주제어 한일협정 비준 반대 동향

문서명	한일 문제에 관한 신문 보도(日韓問題についての新聞報道)

문서파일번호 661
작성연월일 1965. 8. 15
구분 한일협정 체결 후
세부항목 한일협정 한국 반응, 주한일본사무소 보고
작성처 주서울 마에다 참사관
매수 2
비밀등급 일반
문서종류 전문(電文)
공개구분 공개
내용 1965년 8월 14일 조국수호협의회에 의한 협정 비준 반대 국민대회(8월 15일 조간 보도) 보고
주제어 한일협정 비준 반대 동향

문서명	한일 간 통상항해조약의 체결에 관한 동양통신사 보도에 대해서(日韓間通商航海条約の締結についての東洋通信社報道について)

문서파일번호 661
작성연월일 1965. 8. 16
구분 한일협정 체결 후
세부항목 한일협정 한국 반응, 주한일본사무소 보고
작성처 주서울 마에다 참사관
매수 3
비밀등급 일반
문서종류 전문(電文)
공개구분 공개
내용 1965년 8월 16일 자 동양통신의 '비준안 통과에 따라 다가오는 여러 문제'라는 제목의 해설기사에 통상항해조약 관련 내용이 담겨 있음을 보고
주제어 한일통상항해조약

문서명	서울대 학생에 의한 한일협정 비준 무효화 투쟁(신문 보도)[ソウル大学生による日韓協定批准無効化闘争(新聞報道)]

문서파일번호 661
작성연월일 1965. 8. 18
구분 한일협정 체결 후
세부항목 한일협정 한국 반응, 주한일본사무소 보고
작성처 주서울 마에다 참사관
매수 2
비밀등급 일반
문서종류 전문(電文)
공개구분 공개
내용 1965년 8월 18일 서울법대생 250명의 협정 비준 무효화 선언식(8월 18일 석간 보도) 보고
주제어 한일협정 비준 반대 동향

문서명	학생 동향에 관하여(学生の動向について)

문서파일번호 661
작성연월일 1965. 8. 20
구분 한일협정 체결 후
세부항목 한일협정 한국 반응, 주한일본사무소 보고
작성처 주서울 마에다 참사관
매수 2
비밀등급 일반
문서종류 전문(電文)
공개구분 공개
내용 1965년 8월 20일 경희대, 경기대, 동아대 학생들의 협정 비준 무효화 성명(8월 20일 석간 보도) 보고
주제어 한일협정 비준 반대 동향

문서명	민중당 주류파의 성명발표(신문 보도)［民衆党主流派の声明発表(新聞報道)］

문서파일번호 661
작성연월일 1965. 8. 21
구분 한일협정 체결 후
세부항목 한일협정 한국 반응, 주한일본사무소 보고
작성처 주서울 마에다 참사관
매수 2
비밀등급 일반
문서종류 전문(電文)
공개구분 공개
내용 1965년 8월 21일 윤보선계 민중당 온건, 주류파가 서범석 지도위원을 통해 협정 비준 무효 성명을 발표한 내용(8월 21일 석간 보도)을 보고
주제어 한일협정 비준 반대 동향

문서명	서울의 학생 데모(ソウルの学生デモ)

문서파일번호 661
작성연월일 1965. 8. 21
구분 한일협정 체결 후
세부항목 한일협정 한국 반응, 주한일본사무소 보고
작성처 주서울 마에다 참사관
매수 2
비밀등급 일반
문서종류 전문(電文)
공개구분 공개
내용 1965년 8월 21일 개학을 맞이한 대학가의 협정 비준 무효화 성토대회에 관한 내용(8월 21일 석간 보도)을 보고
주제어 한일협정 비준 반대 동향

문서명	한국정세(韓国情勢)

문서파일번호 661
작성연월일 1965. 8. 22
구분 한일협정 체결 후
세부항목 한일협정 한국 반응, 주한일본사무소 보고
작성처 주서울 마에다 참사관
매수 2
비밀등급 일반
문서종류 전문(電文)
공개구분 공개
내용 1965년 8월 21일 서울시내 종합대학 학생회장 12명이 모여 22일부터 산발적 행동을 통일, 조직적 반대 운동을 전개하기로 했다는 내용(8월 22일 조간 보도)을 보고
주제어 한일협정 비준 반대 동향

문서명	한국정세(韓国情勢)

문서파일번호 661
작성연월일 1965. 8. 23
구분 한일협정 체결 후
세부항목 한일협정 한국 반응, 주한일본사무소 보고
작성처 주서울 마에다 참사관
매수 2
비밀등급 일반
문서종류 전문(電文)
공개구분 공개
내용 1965년 8월 22일 중앙대학 학생들의 성토대회 등(8월 23일 합동통신 보도)을 보고
주제어 한일협정 비준 반대 동향

문서명	서울의 학생 데모(ソウルの学生デモ)

문서파일번호 661
작성연월일 1965. 8. 23
구분 한일협정 체결 후
세부항목 한일협정 한국 반응, 주한일본사무소 보고
작성처 주서울 마에다 참사관
매수 3
비밀등급 일반
문서종류 전문(電文)
공개구분 공개
내용 1965년 8월 23일 서울시내 대학 학생들의 데모 관련 소식(8월 23일 석간 보도)을 보고
주제어 한일협정 비준 반대 동향

문서명	학생 동향에 관하여(学生の動向について)

문서파일번호 661
작성연월일 1965. 8. 24
구분 한일협정 체결 후
세부항목 한일협정 한국 반응, 주한일본사무소 보고
작성처 주서울 마에다 참사관
매수 2
비밀등급 일반
문서종류 전문(電文)
공개구분 공개
내용 1965년 8월 24일 서울시내 대학 학생들의 데모 관련 소식(8월 24일 석간 보도)을 보고
주제어 한일협정 비준 반대 동향

문서명	4부 장관 연명 공동담화문 요지(四部長官連命共同談話文要旨)

문서파일번호 661
작성연월일 1965. 8. 25
구분 한일협정 체결 후
세부항목 한일협정 한국 반응, 주한일본사무소 보고
작성처 주서울 마에다 참사관
매수 2
비밀등급 일반
문서종류 전문(電文)
공개구분 공개
내용 1965년 8월 24일 내무, 문교, 법무, 공보부 장관 연명의 공동담화문(한일협정 비준 반대 데모 등에 유감표명, 조국 근대화에 역행하는 어떠한 무질서도 불법으로 용서하지 않는다는 내용) 관련 보고(8월 24일 석간 보도)
주제어 한국정부 담화문

문서명	학생 데모에 관한 신문 보도(学生デモに関する新聞報道)

문서파일번호 661
작성연월일 1965. 8. 25
구분 한일협정 체결 후
세부항목 한일협정 한국 반응, 주한일본사무소 보고
작성처 주서울 마에다 참사관
매수 3
비밀등급 일반
문서종류 전문(電文)
공개구분 공개
내용 1965년 8월 25일 서울시내 대학 학생들의 데모 관련 소식(8월 25일 석간 보도)을 보고
주제어 한일협정 비준 반대 동향

문서명	한국학생 데모 대처에 관하여(신문 보도)[韓国学生デモ対処について(新聞報道)]

문서파일번호	661
작성연월일	1965. 8. 25
구분	한일협정 체결 후
세부항목	한일협정 한국 반응, 주한일본사무소 보고
작성처	주서울 마에다 참사관
매수	2
비밀등급	일반
문서종류	전문(電文)
공개구분	공개
내용	협정 반대 데모 대책으로 박정희 대통령이 1965년 8월 25일 오후 특별담화를 발표할 예정임(8월 25일 석간 보도)을 보고
주제어	박정희 특별담화

문서명	한일 문제에 관한 신문 보도(日韓問題に関する新聞報道)

문서파일번호	661
작성연월일	1965. 8. 25
구분	한일협정 체결 후
세부항목	한일협정 한국 반응, 주한일본사무소 보고
작성처	주서울 마에다 참사관
매수	1
비밀등급	일반
문서종류	전문(電文)
공개구분	공개
내용	1965년 8월 25일 김홍일 예비역 중장 등 퇴역장군 11명이 재차 협정 비준 반대 성명을 발표하였음(8월 25일 석간 보도)을 보고
주제어	한일협정 비준 반대 동향

문서명	학생 데모에 관한 박대통령의 특별담화에 관하여(学生デモに関する朴大統領の特別談話について)

문서파일번호	661
작성연월일	1965. 8. 25
구분	한일협정 체결 후
세부항목	한일협정 한국 반응, 주한일본사무소 보고
작성처	주서울 마에다 참사관
매수	3
비밀등급	일반
문서종류	전문(電文)
공개구분	공개
내용	1965년 8월 25일 발표된 박정희 대통령의 특별담화 요지를 보고
주제어	박정희 특별담화

문서명	한국정세(韓国情勢)

문서파일번호	661
작성연월일	1965. 8. 26
구분	한일협정 체결 후
세부항목	한일협정 한국 반응, 주한일본사무소 보고
작성처	주서울 마에다 참사관
매수	5
비밀등급	일반
문서종류	전문(電文)
공개구분	공개
내용	최근의 협정 반대 학생 데모 동향 등을 정리, 보고
주제어	한일협정 비준 반대 동향

문서명	서울지구에 계엄령 발동(ソウル地区の戒厳令発動)

문서파일번호 661
작성연월일 1965. 8. 26
구분 한일협정 체결 後
세부항목 한일협정 한국 반응, 주한일본사무소 보고
작성처 주서울 마에다 참사관
매수 1
비밀등급 일반
문서종류 전문(電文)
공개구분 공개
내용 1965년 8월 26일 학생 데모 저지 및 수습을 위해 서울지구에 계엄령이 선포되었다는 내용(8월 26일 석간 보도)을 보고
주제어 계엄령 선포

문서명	한국 학생 데모(韓国の学生デモ)

문서파일번호 661
작성연월일 1965. 8. 26
구분 한일협정 체결 後
세부항목 한일협정 한국 반응, 주한일본사무소 보고
작성처 주서울 마에다 참사관
매수 2
비밀등급 일반
문서종류 전문(電文)
공개구분 공개
내용 박정희 대통령의 특별담화에도 불구하고 1965년 8월 26일 학생 데모가 계속되어 군부대가 학교에 진입하였다는 내용(8월 26일 석간 보도)을 보고
주제어 한일협정 비준 반대 동향

문서명	정 총리와 야당대표의 회담에 관하여(丁總理と野黨代表との會談について)

문서파일번호 661
작성연월일 1965. 8. 27
구분 한일협정 체결 후
세부항목 한일협정 한국 반응, 주한일본사무소 보고
작성처 주서울 마에다 참사관
매수
비밀등급 일반
문서종류 전문(電文)
공개구분 공개
내용 1965년 8월 27일 정일권 총리와 야당대표들 회담 내용(8월 27일 대한일보 보도)을 보고
주제어 정일권·야당대표 회담

문서명	학생의 동향에 관하여(学生の動向について)

문서파일번호 661
작성연월일 1965. 8. 27
구분 한일협정 체결 후
세부항목 한일협정 한국 반응, 주한일본사무소 보고
작성처 주서울 마에다 참사관
매수 3
비밀등급 일반
문서종류 전문(電文)
공개구분 공개
내용 1965년 8월 27일 서울시내 대학 학생들의 데모 관련 소식(8월 27일 석간 보도)을 보고
주제어 한일협정 비준 반대 동향

문서명	문교부장관 교체에 관하여(文教部長官の交代について)

문서파일번호 661
작성연월일 1965. 8. 27
구분 한일협정 체결 후
세부항목 한일협정 한국 반응, 주한일본사무소 보고
작성처 주서울 마에다 참사관
매수 1
비밀등급 일반
문서종류 전문(電文)
공개구분 공개
내용 1965년 8월 27일 윤천주 문교부장관을 권호병 법무부차관으로 교체하였음(8월 27일 서울신문 보도)을 보고
주제어 문교장관 교체

문서명	한국정세(신문 보도)[韓国情勢(新聞報道)]

문서파일번호 661
작성연월일 1965. 8. 28
구분 한일협정 체결 후
세부항목 한일협정 한국 반응, 주한일본사무소 보고
작성처 주서울 마에다 참사관
매수 1
비밀등급 일반
문서종류 전문(電文)
공개구분 공개
내용 1965년 8월 27일 김홍일, 김재춘 등 예비역 장군 11명이 학생 데모 진압을 위해 군이 동원된 것과 관련하여 국군장병에게 자제를 당부하는 호소문을 발표하였음(8월 28일 라디오 방송)을 보고
주제어 한일협정 비준 반대 동향

문서명	한국정세(신문 보도)[韓国情勢(新聞報道)]

문서파일번호 661
작성연월일 1965. 8. 28
구분 한일협정 체결 후
세부항목 한일협정 한국 반응, 주한일본사무소 보고
작성처 주서울 마에다 참사관
매수 3
비밀등급 일반
문서종류 전문(電文)
공개구분 공개
내용 1965년 8월 27일 서울시내 대학 학생들의 동향(8월 27일 석간, 28일 조간 보도)을 보고
주제어 한일협정 비준 반대 동향

문서명	한국정세(신문 보도)[韓国情勢(新聞報道)]

문서파일번호 661
작성연월일 1965. 8. 29
구분 한일협정 체결 후
세부항목 한일협정 한국 반응, 주한일본사무소 보고
작성처 주서울 마에다 참사관
매수 3
비밀등급 일반
문서종류 전문(電文)
공개구분 공개
내용 1965년 8월 29일 서울지검이 김홍일 예비역 장군등을 구속한 내용(8월 29일 조간 보도)을 보고
주제어 한일협정 비준 반대 동향

문서명	학생 동향에 관하여(学生の動向について)

문서파일번호	661
작성연월일	1965. 8. 30
구분	한일협정 체결 후
세부항목	한일협정 한국 반응, 주한일본사무소 보고
작성처	주서울 마에다 참사관
매수	1
비밀등급	일반
문서종류	전문(電文)
공개구분	공개
내용	1965년 8월 29일 서울시내 대학 학생들의 동향(8월 30일 자 통신)을 보고
주제어	한일협정 비준 반대 동향

문서명	학생 데모 주모자의 처분에 관하여(学生デモ首謀者の処分等について)

문서파일번호	661
작성연월일	1965. 8. 31
구분	한일협정 체결 후
세부항목	한일협정 한국 반응, 주한일본사무소 보고
작성처	주서울 마에다 참사관
매수	2
비밀등급	일반
문서종류	전문(電文)
공개구분	공개
내용	1965년 8월 30일 내무부장관이 문교부에 대해 고교생을 포함한 학생 데모 주모자 157명을 행정처분하도록 요구한 내용(8월 31일 석간 보도)을 보고
주제어	한일협정 비준 반대 동향

문서명	정 국무총리 기자회견에 관하여(丁国務総理記事会見について)

문서파일번호 661
작성연월일 1965. 8. 31
구분 한일협정 체결 후
세부항목 한일협정 한국 반응, 주한일본사무소 보고
작성처 주서울 마에다 참사관
매수 3
비밀등급 일반
문서종류 전문(電文)
공개구분 공개
내용 정일권 국무총리가 기자회견을 통해 데모 만능의 풍조를 철저히 단속하기로 한 정부방침을 발표한 것을 보고
주제어 데모에 대한 한국정부 대응

문서명	학생 데모 주모자의 처분에 관하여(学生デモ首謀者の処分等について)

문서파일번호 661
작성연월일 1965. 9. 1
구분 한일협정 체결 후
세부항목 한일협정 한국 반응, 주한일본사무소 보고
작성처 주서울 마에다 참사관
매수 1
비밀등급 일반
문서종류 전문(電文)
공개구분 공개
내용 1965년 8월 31일 고려대와 연세대의 데모 주모자 처분 내용(9월 1일 조간)을 보고
주제어 데모에 대한 한국정부 대응

문서명	일본어선의 출어에 관한 신문 보도(日本漁船の出漁についての新聞報道)

문서파일번호 661
작성연월일 1965. 9. 4
구분 한일협정 체결 후
세부항목 한일협정 한국 반응, 주한일본사무소 보고
작성처 주서울 마에다 참사관
매수 2
비밀등급 일반
문서종류 전문(電文)
공개구분 공개
내용 1965년 9월 1일과 2일 거문도 부근에 일본어선 500여 척이 대거 침입, 조업 중이라는 한국 신문의 기사 내용(9월 4일 조선일보 보도)을 보고
주제어 일본어선 불법조업

문서명	학생 데모에 대한 정부조치(신문 보도)[学生デモに対する政府の措置(新聞報道)]

문서파일번호 661
작성연월일 1965. 9. 4
구분 한일협정 체결 후
세부항목 한일협정 한국 반응, 주한일본사무소 보고
작성처 주서울 마에다 참사관
매수 2
비밀등급 일반
문서종류 전문(電文)
공개구분 공개
내용 1965년 9월 4일 학생 데모에 대한 정부의 강경조치에 관한 한국일보 호외를 보고
주제어 데모에 대한 한국정부 대응

문서명	서울의 학생 데모(ソウルの学生デモ)

문서파일번호 661
작성연월일 1965. 9. 6
구분 한일협정 체결 後
세부항목 한일협정 한국 반응, 주한일본사무소 보고
작성처 주서울 마에다 참사관
매수 2
비밀등급 일반
문서종류 전문(電文)
공개구분 공개
내용 1965년 9월 6일 서울시내 대학 학생들의 동향을 보고
주제어 한일협정 비준 반대 동향

문서명	데모 주모 학생의 처분(デモ首謀学生の処分について)

문서파일번호 661
작성연월일 1965. 9. 14
구분 한일협정 체결 後
세부항목 한일협정 한국 반응, 주한일본사무소 보고
작성처 주서울 마에다 참사관
매수 2
비밀등급 일반
문서종류 전문(電文)
공개구분 공개
내용 1965년 9월 13일 정부와 서울시내 사립대학 10개교 합동회의에서 데모 관련 교수에 대해서는 학교의 자율적 처분에 맡기기로 하고 연세, 고려대에 대한 휴업령을 금주 중에 해제하기로 했다는 내용(9월 14일 조간 보도)을 보고
주제어 데모에 대한 한국정부 대응

문서명	이 외무부장관의 기자회견 요지(李外務部長官の記事会見要旨)

문서파일번호	661
작성연월일	1965. 9. 27
구분	한일협정 체결 후
세부항목	한일협정 한국 반응, 주한일본사무소 보고
작성처	주서울 마에다 참사관
매수	2
비밀등급	일반
문서종류	전문(電文)
공개구분	공개
내용	1965년 9월 27일 이동원 외무부장관의 기자회견 요지(9월 27일 석간 보도)를 보고
주제어	이동원 기자회견

문서명	한일 문제에 관한 협의(日韓問題に関する話合について)

문서파일번호	661
작성연월일	1965. 10. 19
구분	한일협정 체결 후
세부항목	한일협정 체결 후속 조치 교섭, 주한일본사무소 보고
작성처	주서울 마에다 소장
매수	2
비밀등급	극비
문서종류	전문(電文)
공개구분	공개
내용	최광수 동북아주과장과 주서울사무소 미타니 조사관 회담 내용을 보고. 한국은 협정 비준안의 일본 중의원 통과가 예정되는 11월 중순경 양국 간 협정 체결에 따른 후속 조치(비준서 교환 이전에 조치가 필요한 사항) 관련 협의를 하기를 희망함.
주제어	한일협정 후속 교섭

문서명	한일 문제에 관한 협의(日韓問題に関する話合について)

문서파일번호 661
작성연월일 1965. 10. 29
구분 한일협정 체결 후
세부항목 한일협정 체결 후속 조치 교섭, 주한일본사무소 보고
작성처 주서울 마에다 소장
매수 3
비밀등급 극비
문서종류 전문(電文)
공개구분 공개
내용 1965년 10월 29일 미타니 조사관이 최광수 과장에게 확인한 협정 체결 후속 조치(비준서 교환 이전 조치가 필요한 사항) 관련 양국 협의에 대한 내용을 보고. 한국은 양국이 한두 차례 전반적인 사항에 대해 협의한 후 교섭항목 선정, 시기 및 장소 등을 정한 후 본격적인 교섭을 시작하는 것이 좋겠다는 입장임.
주제어 한일협정 후속 교섭

문서명	일본 중의원 특별위 비준안 통과에 관한 한국 보도(日本衆議院特別委批准案通過に関する韓国側報道)

문서파일번호 661
작성연월일 1965. 11. 6
구분 한일협정 체결 후
세부항목 한일협정 일본 국회 통과 보도, 주한일본사무소 보고
작성처 주서울 마에다 소장
매수 2
비밀등급 일반
문서종류 전문(電文)
공개구분 공개
내용 한국 언론들이 일본 중의원 특별위원회에서의 협정 비준안 통과 사실을 1면 톱으로 보도하였음을 보고
주제어 협정 비준안 일본 중의원 특별위원회 통과

문서명	일본 중의원 본회의 한일 안건의 표결에 관하여(日本衆議院本会議における日韓案件について)

문서파일번호 661
작성연월일 1965. 11. 12
구분 한일협정 체결 후
세부항목 한일협정 일본 국회 통과 보도, 주한일본사무소 보고
작성처 주서울 마에다 소장
매수 1
비밀등급 일반
문서종류 전문(電文)
공개구분 공개
내용 1965년 11월 12일 한국 신문 조간에서 협정 비준안이 일본 중의원 본회의에서 예상을 뒤집는 압도적 표차로 통과되었다고 보도한 것을 보고
주제어 협정 비준안 일본 중의원 통과

문서명	비준서 교환 전에 합의를 요하는 사항에 관하여(批准諸交換前に合意を要する事項について)

문서파일번호 661
작성연월일 1965. 11. 16
구분 한일협정 체결 후
세부항목 한일협정 후속 교섭, 주한일본사무소 보고
작성처 주서울 마에다 소장
매수 3
비밀등급 극비
문서종류 전문(電文)
공개구분 공개
내용 최광수 과장이 비준서 교환 이전 조치가 필요한 사항에 대한 교섭과 관련하여 일본의 분명한 입장을 요구하고 있다고 보고
주제어 한일협정 후속 교섭

문서명	한국과의 절충사항(韓国側との折衝事項について)

문서파일번호 661
작성연월일 1965. 11. 19
구분 한일협정 체결 후
세부항목 한일협정 후속 교섭, 주한일본사무소 보고
작성처 외무성 북동아시아과
매수 3
비밀등급 비(秘)
문서종류 전문(電文)
공개구분 공개
내용 주한일본사무소의 전문 보고에 대한 외무성 답신. 비준서 교환 이전에 조치가 필요한 사항 교섭에 관한 일본 견해가 담겨 있음.
주제어 한일협정 후속 교섭

문서명	박 대통령과 소오시 기자의 단독회견(朴大統領とソオシ記者との単独会見)

문서파일번호 661
작성연월일 1965. 11. 23
구분 한일협정 체결 후
세부항목 박정희 기자회견, 주한일본사무소 보고
작성처 주서울 마에다 소장
매수 2
비밀등급 일반
문서종류 전문(電文)
공개구분 공개
내용 1965년 11월 19일 박정희 대통령의 소오시 기자의 단독회견에 관한 서울신문 11월 22일 자 기사를 보고
주제어 박정희 기자회견

문서명	비준 교환 전의 합의사항 문제(批准交換前の合意事項問題)

문서파일번호	661
작성연월일	1965. 11. 28
구분	한일협정 체결 후
세부항목	한일협정 비준 이전 후속 교섭, 주한일본사무소 보고
작성처	주서울 마에다 소장
매수	2
비밀등급	비(秘)
문서종류	전문(電文)
공개구분	공개
내용	1965년 11월 27일 김동조 대사가 비준서 교환 이전의 합의사항 문제에 관해 언급한 내용을 보고
주제어	한일협정 후속 교섭

한일관계에 관한 중공의 논평
(日韓関係に関する中共の論評ぶり)

문서파일번호	209
문서명	한일관계에 관한 중공의 논평(日韓関係に関する中共の論評ぶり)
작성연월일	1965. 6. 30
구분	한일협정 체결 후
세부항목	한일회담 중공 논평
작성처	외무성 중국과
매수	13
비밀등급	비(秘)
문서종류	내부자료
공개구분	공개
내용	한일협정 체결에 관한 중공 논평을 분석한 내용이 담긴 문서. 중공 논평의 특징은 한일회담은 미 제국주의 획책, 북한의 입장 지지, 일본이 군국주의를 부활시켜 독점자본세력을 한국에 진출시키고자 하는 것이라고 공격하는 데 있음.
주제어	한일회담 중공 논평

서한(한일국교정상화에 관한 조약, 협정 서명에 대한 태국 타낫트 외상 축사 전달 서한의 답신)[書簡(日韓国交正常化に関する条約、協定署名に対するタナット外相祝辞伝達書簡の返簡)]

문서파일번호	786
문서명	서한(한일국교정상화에 관한 조약, 협정 서명에 대한 태국 타낫트 외상 축사전달 서한의 답신) [書簡(日韓国交正常化に関する条約、協定署名に対するタナツト外相祝辞伝達書簡の返簡)]
작성연월일	1965. 7. 6
구분	한일협정 체결 후
세부항목	태국외상의 한일협정 조인 축하서한 답신
작성처	남서아시아과
매수	4
비밀등급	일반
문서종류	공문
공개구분	일부비공개
내용	태국 타낫트 외상의 1965년 6월 28일 자 한일조약 및 협정 조인 축하 서한에 대한 일본 시나 에쓰사부로 외무대신의 답신
주제어	태국외상의 한일협정 조인 축하 서한 답신

한일회담 타결에 대한 필리핀 외무장관의 성명에 대해서(보고)[日韓会談妥結に対するフィリピン外相のステートメントについて(報告)]

문서파일번호	787
문서명	한일회담 타결에 대한 필리핀 외무장관의 성명에 대해서(보고)[日韓会談妥結に対するフィリピン外相のステートメントについて(報告)]
작성연월일	1965. 7. 8
구분	한일협정 체결 후
세부항목	필리핀의 한일협정 조인 평가 성명
작성처	주필리핀대사
매수	3
비밀등급	일반
문서종류	공문
공개구분	공개
내용	한일조약 및 협정 조인을 평가하는 필리핀 리카르도 카이코 외상의 성명 내용을 보고(성명문 첨부)
주제어	필리핀의 한일협정 조인 평가 성명

한일조약에 관한 북한의 반향
(日韓条約に関する北鮮の反響)

문서파일번호	212
문서명	한일조약에 관한 북한의 반향(日韓条約に関する北鮮の反響)
작성연월일	1965. 7. 10
구분	한일협정 체결 後
세부항목	한일협정 북한반향
작성처	외무성 북동아시아과
매수	12
비밀등급	일반
문서종류	내부자료
공개구분	공개
내용	한일협정 조인과 관련한 북한정부 성명(1965년 6월 23일 자)을 보도한 조선통신의 1965년 6월 25일 자 기사내용을 번역한 자료. 북한은 한일협정 조인을 침략적, 매국적 문서에 조인했다고 비난함.
주제어	한일협정 북한 반향

(국회 제출자료) 한일협정 및 여러 협정 조인에 관한 북한의 반향[(国会提出資料)日韓協定および諸協定調印に関する北朝鮮の反響]

문서파일번호	29
문서명	(국회 제출자료) 한일협정 및 여러 협정 조인에 관한 북한의 반향[(国会提出資料)日韓協定および諸協定調印に関する北朝鮮の反響]
작성연월일	1965. 9(일자 불명)
구분	한일협정 체결 後
세부항목	한일협정 체결 등에 대한 북한 측 반응
작성처	외무성 북동아시아과
매수	54
비밀등급	일반
문서종류	내부자료
공개구분	공개
내용	한일협정 조인 등에 대한 북한 측 반응이 나타난 조선통신 기사 및 노동신문 사설 내용을 정리한 국회제출용 자료 ① 한일기본관계조약 서명에 대한 조선민주주의인민공화국 외무성 성명(2월 25일) ② 한일 여러 협정 요강 서명에 대한 「조선민주주의인민공화국 외무성 대변인 성명(4월 5일) ③ 조선민주주의인민공화국 성명(6월 23일) ④ 「매국적 한일조약은 전적으로 무효」(8월 16일 노동신문 사설)
주제어	한일협정 체결 등에 대한 북한 측 반응

몽골의 한일조약 비난에 대해서
(モンゴルの日韓条約批難について)

문서파일번호	665
문서명	몽골의 한일조약 비난에 대해서(モンゴルの日韓条約批難について)
작성연월일	1965. 10. 6
구분	한일협정 체결 후
세부항목	한일협정에 대한 몽골 반응, 주유엔일본대사 보고
작성처	주유엔대사
매수	1
비밀등급	비(秘)
문서종류	전문(電文)
공개구분	공개
내용	1965년 10월 5일 유엔 총회에서 몽골대사가 한일회담에 관한 비판적 발언을 한 데 대해 일본대사가 답변권 행사 등을 통해 반박한 것과 관련, 주유엔한국대표부 직원이 일본에 사의를 표명했다고 보고한 전문
주제어	한일협정 몽골 반응

한일 여러 조약 비준서 교환에 대한 한국 및 각국의 반향(日韓諸条約批准書交換に対する韓国および各国の反響)

문서파일번호	219
문서명	한일 여러 조약 비준서 교환에 대한 한국 및 각국의 반향(日韓諸条約批准書交換に対する韓国および各国の反響)
작성연월일	1966. 1. 20
구분	한일협정 비준 後
세부항목	협정 비준 후 각국 반향
작성처	외무성 북동아시아과
매수	14
비밀등급	일반
문서종류	내부자료
공개구분	공개
내용	한국, 미국, 영국, 캐나다, 타이완, 북한, 중공, 소련, 북베트남의 한일 여러 조약 비준에 대한 반향
주제어	협정 비준 후 각국 반향

제18부

제7차 회담 대표단 임면관계 및 연표, 일본 외교
(1964~1965)

한일관계 연표 1964~1966년(미정고)
[日韓関係年表 昭和39年～41年(未定稿)]

문서파일번호	504
문서명	한일관계 연표 1964~1966년(미정고)[日韓関係年表 昭和39年～41年(未定稿)]
작성연월일	1966(월일 불명)
구분	한일협정 비준 후
세부항목	한일관계 연표(1964~1966)
작성처	외무성
매수	23
비밀등급	극비
문서종류	내부자료
공개구분	공개
내용	1964~1966년 한일관계 연표
주제어	한일관계 연표

제7차 회담 대표단 명부
(第7次会談代表團名簿)

문서파일번호	61
작성연월일	1964. 11. 13 - 1965. 6. 22
구분	제7차 회담
세부항목	회담 대표단
작성처	외무성
매수	43
비밀등급	
문서종류	내부문서, 내부자료, 공문, 재가 문서
공개구분	공개
내용	제7차 한일회담 대표단 명부
주제어	제7차 한일회담 대표단

문서명	한일회담 일본정부 대표 임명에 대하여(日韓全面会談日本政府代表任命について)

문서파일번호 61
작성연월일 1964. 11. 13
구분 제7차 회담
세부항목 회담 대표단
작성처 외무성
매수 2
비밀등급 일반
문서종류 내부문서(인사발령)
공개구분 공개
내용 신임 야기 마사오(八木正男) 법무성 입국관리국장을 한일회담 대표단에 임명
주제어 제7차 회담 일본 법무성 신임대표 임명

문서명	제7차 한일회담 양국 대표 명부(第7次日韓全面会談両国代表名簿)

문서파일번호 61
작성연월일 1964. 11. 30
구분 제7차 회담
세부항목 회담 대표단
작성처 외무성
매수 2
비밀등급 일반
문서종류 내부자료
공개구분 공개
내용 제7차 한일회담 양국 대표단 명부
주제어 제7차 회담 한일 대표단

문서명	제7차 한일회담 어업위원회 위원 명부(第7次日韓全面会談漁業委員会委員名簿)

문서파일번호	61
작성연월일	1964. 12. 5
구분	제7차 회담
세부항목	회담 대표단
작성처	외무성 아시아국
매수	2
비밀등급	일반
문서종류	내부자료
공개구분	공개
내용	제7차 회담 어업위원회 양국 대표단 명부
주제어	제7차 회담 어업위 한일 대표단

문서명	한일회담 일본정부 대표 임명에 대하여(日韓全面会談日本政府代表任命について)

문서파일번호	61
작성연월일	1965. 1. 6
구분	제7차 회담
세부항목	회담 대표단
작성처	외무성
매수	2
비밀등급	일반
문서종류	내부문서(인사발령)
공개구분	공개
내용	다카스기 신이치(高杉晋一)를 한일회담 일본정부 대표에 임명
주제어	제7차 회담 일본정부 대표 임명

문서명	한일회담 일본정부 대표 및 지위협정에 기초한 미일합동위원회 및 유엔군협정에 기초한 합동회의 일본정부 대표 대리 등 임명에 대하여(日韓全面会談日本政府代表並びに地位協定に基づく日米合同委員会及び国連軍協定に基づく合同会議日本政府代表代理等任命について)

문서파일번호 61
자선연월일 1964. 1. 14
구분 제7차 회담
세부항목 회담 대표단
작성처 외무성
매수 2
비밀등급 일반
문서종류 내부문서(인사발령)
공개구분 공개
내용 법무성 민사국장을 한일회담 일본정부 대표, 지위협정에 기초한 미일합동위원회 및 유엔군협정에 기초한 합동회의 일본정부 대표대리 직책에 임명
주제어 제7차 회담 법무성 신임 대표 임명

문서명	문화재위원회에 대하여(한일회담)[文化財委員会について(日韓会談)]

문서파일번호 61
작성연월일 1965. 4. 17
구분 제7차 회담
세부항목 회담 대표단
작성처 외무성 북동아시아과
매수 1
비밀등급 일반
문서종류 내부문서(보고서)
공개구분 공개
내용 주일한국대표부에서 문화재위원회 위원 명부를 접수하였음을 보고
주제어 제7차 회담 문화재위원회 한국대표

문서명	한일회담 일본정부 대표 임명에 대하여(日韓全面会談日本政府代表任命について)

문서파일번호 61
작성연월일 1965. 4. 20
구분 제7차 회담
세부항목 회담 대표단
작성처 외무성
매수 2
비밀등급 일반
문서종류 내부문서(인사발령)
공개구분 공개
내용 경제기획청 조정국장 등을 한일회담 대표에 임명
주제어 제7차 회담 일본 경제기획정 신임대표 임명

문서명	한일회담 일본정부 대표 임명에 대하여(日韓全面会談日本政府代表任命について)

문서파일번호 61
작성연월일 1965. 4. 22
구분 제7차 회담
세부항목 회담 대표단
작성처 외무성
매수 2
비밀등급 일반
문서종류 내부문서(인사발령)
공개구분 공개
내용 문부성 초등중등교육국장 등을 한일회담 대표에 임명
주제어 제7차 회담 일본 문부성 신임대표 임명

문서명	제7차 한일회담 대표 명부(第7次日韓全面会談代表名簿)

문서파일번호	61
작성연월일	1965. 4. 26
구분	제7차 회담
세부항목	회담 대표단
작성처	외무성
매수	2
비밀등급	일반
문서종류	내부자료
공개구분	공개
내용	제7차 회담 양국 대표단 명부
주제어	제7차 회담 한일 대표단

문서명	한일회담 일본정부 대표 임명에 대하여(日韓全面会談日本政府代表任命について)

문서파일번호	61
작성연월일	1965. 5. 25
구분	제7차 회담
세부항목	회담 대표단
작성처	외무성
매수	2
비밀등급	일반
문서종류	내부문서(인사발령)
공개구분	공개
내용	신임 대장성 국제금융국장을 한일회담 대표에 임명
주제어	제7차 회담 일본 대장성 신임대표 임명

문서명	한일회담 일본정부 대표 임면에 대하여(日韓全面会談日本政府代表任免について)

문서파일번호 61
작성연월일 1965. 6. 4
구분 제7차 회담
세부항목 회담 대표단
작성처 외무성
매수 2
비밀등급 일반
문서종류 내부문서(인사발령)
공개구분 공개
내용 수산청 차장을 한일회담 대표에 임명
주제어 제7차 회담 일본 수산청 신임대표 임명

문서명	한일회담 일본정부 대표 임명에 대하여(日韓全面会談日本政府代表任命について)

문서파일번호 61
작성연월일 1965. 6. 11
구분 제7차 회담
세부항목 회담 대표단
작성처 외무성
매수 2
비밀등급 일반
문서종류 내부문서 (인사발령)
공개구분 공개
내용 후생성 사회국장을 한일회담 대표에 임명
주제어 제7차 회담 일본 후생성 신임대표 임명

문서명	제7차 한일회담 청구권 및 경제협력위원회(일본 명부)[第七次日韓全面会談請求権および経済協力委員会(日本側名簿)]

문서파일번호	61
작성연월일	1965(월일 불명)
구분	제7차 회담
세부항목	회담 대표단
작성처	외무성
매수	3
비밀등급	일반
문서종류	내부자료
공개구분	공개
내용	제7차 회담 청구권 및 경제협력위원회 일본대표단 명부
주제어	제7차 회담 청구권·경제협력위원회 일본대표단

문서명	제7차 한일회담 대표 명부(第7次日韓全面会談代表名簿)

문서파일번호	61
작성연월일	1965. 6. 14
구분	제7차 회담
세부항목	회담 대표단
작성처	외무성
매수	2
비밀등급	일반
문서종류	내부자료
공개구분	공개
내용	제7차 회담 양국 대표단 명부(일본 명단에 약간의 수정이 가해짐)
주제어	제7차 회담 한일 대표단(수정본)

문서명	일본국과 대한민국의 기본관계에 관한 조약에 서명할 전권위원에 교부해야 할 전권위임장에 관한 각의결정(안)[日本国と大韓民国との間の基本関係に関する条約に署名する全権委員に交付すべき全権委員状に関する閣議決定(案)]

문서파일번호 61
작성연월일 1965(월일 불명)
구분 제7차 회담
세부항목 회담 대표단
작성처 외무성
매수 3
비밀등급 일반
문서종류 공문
공개구분 공개
내용 한일기본관계조약 조인을 위해 시나 에쓰사부로 외상에게 전권위임장을 교부하는 것에 대한 천황의 인증을 요청하는 각의 결정문(안) 및 설명자료
주제어 제7차 회담 일본 외상 전권위임장

문서명	내각외 제120호 지령(内閣外第120号指令)

문서파일번호 61
작성연월일 1965. 6. 19
구분 제7차 회담
세부항목 회담 대표단
작성처 총리실
매수 1
비밀등급 일반
문서종류 공문
공개구분 공개
내용 기본관계조약에 서명하는 전권위원 시나 에쓰사부로 외상에게 교부할 전권위임장에 관해 천황의 인증을 받았음을 증명
주제어 제7차 회담 일본 외상 전권위임장

문서명	일본국과 대한민국의 기본관계에 관한 조약에 서명할 전권위원에 교부해야 할 전권위임장에 관한 각의 의결 요청에 대하여(日本国と大韓民国との間の基本関係に関する条約に署名する全権委員に交付すべき全権委員状に関する閣議請議)

문서파일번호 61
작성연월일 1965. 6. 18
구분 제7차 회담
세부항목 회담 대표단
작성처 외무성
매수 7
비밀등급 일반
문서종류 공문
공개구분 공개
내용 외상이 한일회담 관련 협정 조인을 앞두고 전권위임장과 관련하여 총리에게 각의 의결을 요청
주제어 제7차 회담 일본 외상 전권위임장

문서명	내각외 제122호 지령(内閣外第122号指令)

문서파일번호 61
작성연월일 1965. 6. 22
구분 제7차 회담
세부항목 회담 대표단
작성처 총리실
매수 1
비밀등급 일반
문서종류 공문
공개구분 공개
내용 총리가 시나 외상의 한일회담 관련 협정 조인을 허가
주제어 제7차 회담 일본 외상 협정 조인 허가

문서명	일본국과 대한민국의 국교정상화 및 여러 현안 해결 교섭의 결과 작성된 일본국과 대한민국의 기본관계조약 기타의 문서 서명 등에 관한 각의 의결 요청에 대하여(日本国と大韓民国との間の国交正常化及び諸懸案解決交渉の結果作成された日本国と大韓民国との間の基本関係条約との他の文書の署名等に関する閣議請議について)

문서파일번호 61
작성연월일 1965. 6. 22
구분 제7차 회담
세부항목 회담 대표단
작성처 외무성 조약과
매수 1
비밀등급 일반
문서종류 재가 문서
공개구분 공개
내용 기본관계조약 및 문서 서명을 위한 전권위임장 관련 각의 의결을 요청
주제어 제7차 회담 조약 서명 전권위임장

문서명	일본국과 대한민국의 어업협정, 청구권 및 경제협력 협정, 재일한국인 법적 지위 및 처우에 관한 협정, 문화재 및 문화협력 협정에 서명하기 위한 위임장 교부에 대하여(日本国と大韓民国との間の「漁業協定」、「請求権及び経済協力協定」、「在日韓国人の法的地位及び待遇に関する協定」、「文化財及び文化協力協定」に署名するための委員状交付について)

문서파일번호 61
작성연월일 1965. 6. 21
구분 제7차 회담
세부항목 회담 대표단
작성처 외무성 조약과
매수 2
비밀등급 일반
문서종류 재가 문서
공개구분 공개
내용 다카스기 신이치(高杉晋一) 수석대표에게 한일회담 관련 협정 서명과 관련한 위임장을 교부하는 건 내부 재가
주제어 제7차 회담 일본 수석대표 협정서명 전권위임장

오히라 외무대신 시대의 한일관계
(大平外務大臣時代の日韓関係)

문서파일번호	503
문서명	오히라 외무대신 시대의 한일관계(大平外務大臣時代の日韓関係)
작성연월일	1964(월일 불명)
구분	제6차 회담
세부항목	한일관계 연표(1962.7 ~1964.7)
작성처	외무성
매수	12
비밀등급	극비
문서종류	내부자료
공개구분	공개
내용	오히라 마사요시 외무대신 재임 기간인 1962년 7월 18일~1964년 7월 18일 한일관계 연표
주제어	한일관계 연표

『일본 외교의 근황』 발췌
(「わが外交の近況」抜粋)

문서파일번호	440
문서명	『일본 외교의 근황』 발췌(「わが外交の近況」抜粋)
작성연월일	1966(월일 불명)
구분	한일협정 비준 후
세부항목	일본외교의 근황
작성처	외무성
매수	112
비밀등급	일반
문서종류	간행자료
공개구분	공개
내용	『일본 외교의 근황』의 1955~1966년 한일관계 또는 한국관계 내용 발췌 부분
주제어	일본외교의 근황

제19부

한일회담 일지

한일회담 일지(Ⅰ) 예비회담·제1차 회담(미정고)
[日韓会談日誌(Ⅰ) 予備会談·第1次会談(未定稿)]

문서파일번호	144
문서명	한일회담 일지(Ⅰ) 예비회담·제1차 회담(미정고)[日韓会談日誌(Ⅰ) 予備会談·第1次会談(未定稿)]
작성연월일	1969. 11(일자 불명)
구분	한일협정 비준 후
세부항목	예비회담~제1차 회담 일지
작성처	외무성 한일국교정상화교섭사 편찬위원회
매수	30
비밀등급	비(秘)
문서종류	내부자료
공개구분	공개
내용	예비회담(수석회담, 본회의, 선박위원회, 국적처우소위원회) 및 제1차 회담(수석회담, 본회의, 기본관계위원회, 어업위원회, 청구권위원회, 선박위원회, 국적처우소위원회) 일지
주제어	회담 일지

한일회담 일지(I) 예비회담·제1차 회담(미정고)
[日韓会談日誌(I) 予備会談·第1次会談(未定稿)]

문서파일번호	275
문서명	한일회담 일지(I) 예비회담·제1차 회담(미정고)[日韓会談日誌(I) 予備会談·第1次会談(未定稿)]
작성연월일	1969. 11(일자 불명)
구분	한일협정 비준 후
세부항목	예비회담~제1차 회담 일지
작성처	외무성 한일국교정상화교섭사 편찬위원회
매수	30
비밀등급	비(秘)
문서종류	내부자료
공개구분	공개
내용	문서파일번호 144와 동일한 문서
주제어	회담 일지

한일회담 일지(Ⅰ) 예비회담·제1차 회담(미정고)
[日韓会談日誌(Ⅰ) 予備会談·第1次会談(未定稿)]

문서파일번호	485
문서명	한일회담 일지(Ⅰ) 예비회담 · 제1차 회담(미정고)[日韓会談日誌(Ⅰ) 予備会談 · 第1次会談(未定稿)]
작성연월일	1969. 11(일자 불명)
구분	한일협정 비준 후
세부항목	예비회담~제1차 회담 일지
작성처	외무성 한일국교정상화교섭사 편찬위원회
매수	30
비밀등급	비(秘)
문서종류	내부자료
공개구분	공개
내용	문서파일번호 144, 275와 동일한 문서
주제어	회담 일지

한일회담 일지(II) 제2차·제3차 회담(미정고)
[日韓会談日誌(II) 第2次会談·第3次会談(未定稿)]

문서파일번호	146
문서명	한일회담 일지(II) 제2차 회담·제3차 회담(미정고)[日韓会談日誌(II) 第2次会談·第3次会談(未定稿)]
작성연월일	1970. 1(일자 불명)
구분	한일협정 비준 後
세부항목	제2~3차 회담 일지
작성처	외무성 한일국교정상화교섭사 편찬위원회
매수	20
비밀등급	비(秘)
문서종류	내부자료
공개구분	공개
내용	제2차 회담(수석회담, 본회의 기본관계위원회, 어업위원회, 청구권위원회, 선박위원회, 국적처우위원회) 및 제3차 회담(수석회담, 본회의, 기본관계위원회, 어업위원회, 청구권위원회, 선박위원회, 국적처우위원회) 일지
주제어	회담 일지

한일회담 일지(II) 제2차·제3차 회담(미정고)
[日韓会談日誌(II) 第2次会談·第3次会談(未定稿)]

문서파일번호	276
문서명	한일회담 일지(II) 제2차·제3차 회담(미정고)[日韓会談日誌(II) 第2次会談·第3次会談(未定稿)]
작성연월일	1970. 1(일자 불명)
구분	한일협정 비준 후
세부항목	제2~3차 회담 일지
작성처	외무성 한일국교정상화교섭사 편찬위원회
매수	20
비밀등급	비(秘)
문서종류	내부자료
공개구분	공개
내용	문서파일번호 146과 동일
주제어	회담 일지

한일회담 일지(II) 제2차·3차 회담(미정고)
[日韓会談日誌(II) 第2次会談·第3次会談(未定稿)]

문서파일번호	486
문서명	한일회담 일지(II) 제2차·3차 회담(미정고)[日韓会談日誌(II) 第2次会談·第3次会談(未定稿)]
작성연월일	1970. 1(일자 불명)
구분	한일협정 비준 후
세부항목	제2~3차 회담 일지
작성처	외무성 한일국교정상화교섭사 편찬위원회
매수	20
비밀등급	비(秘)
문서종류	내부자료
공개구분	공개
내용	문서파일번호 146, 276과 동일 문서
주제어	회담 일지

예비회담 일지
(予備会談日誌)

문서파일번호	494
문서명	예비회담 일지(予備会談日誌)
작성연월일	1954. 2. 9
구분	제3~4차 회담 사이
세부항목	예비회담, 국적처우소위원회 일지
작성처	외무성
매수	17
비밀등급	일반
문서종류	내부자료
공개구분	공개
내용	1951년 10월 20일~1951년 12월 4일까지 개최된 예비회담, 1951년 10월 30일 ~1952년 10월 10일까지 개최된 국적처우소위원회 일지
주제어	예비회담, 국적처우소위원회 일지

한일회담 일지
(日韓会談日誌)

문서파일번호	495
문서명	한일회담 일지(日韓会談日誌)
작성연월일	1954(월일 불명)
구분	제3~4차 회담 사이
세부항목	제1차 회담 일지
작성처	외무성
매수	10
비밀등급	일반
문서종류	내부자료
공개구분	공개
내용	1952년 2월 13일~4월 26일까지 개최된 한일회담 일지(제1차 회담 중심)
주제어	제1차 한일회담 일지

한일회담 일지
(日韓会談日誌)

문서파일번호	496
문서명	한일회담 일지(日韓会談日誌)
작성연월일	1954(월일 불명)
구분	제3~4차 회담 사이
세부항목	제1차 회담 일지
작성처	외무성 아시아국 제2과
매수	34
비밀등급	일반
문서종류	내부자료
공개구분	공개
내용	1952년 2월 13일~4월 26일까지 개최된 한일회담 일지(제1차 회담 중심). 앞에 나온 일지보다 상세하게 기록됨.
주제어	제1차 한일회담 일지

1953년도 회담 일지[전기 회담 일지]
[昭和二十八年度會談日誌(前期会談日誌)]

문서파일번호	497
문서명	1953년도 회담 일지(전기 회담 일지)[昭和二十八年度會談日誌(前期会談日誌)]
작성연월일	1954(월일 불명)
구분	제3~4차 회담 사이
세부항목	제2차 회담 일지
작성처	외무성
매수	42
비밀등급	일반
문서종류	내부자료
공개구분	공개
내용	1953년 4월 3일~7월 31일까지 개최된 한일회담 일지(제2차 회담 중심)
주제어	제2차 한일회담 일지

후기 회담 일지
(後期会談日誌)

문서파일번호	498
문서명	후기 회담 일지(後期会談日誌)
작성연월일	1954(월일 불명)
구분	제3~4차 회담 사이
세부항목	제3차 회담 일지
작성처	외무성
매수	17
비밀등급	일반
문서종류	내부자료
공개구분	공개
내용	1953년 8월 27일~10월 14일까지 개최된 한일회담 일지(제3차 회담 중심)
주제어	제3차 한일회담 일지

한일회담 일지(Ⅲ) 제4차·제5차 회담(미정고)
[日韓会談日誌(Ⅲ) 第4次会談·第5次会談(未定稿)]

문서파일번호	148
문서명	한일회담 일지(Ⅲ) 제4차·제5차 회담(미정고)[日韓会談日誌(Ⅲ) 第4次会談·第5次会談(未定稿)]
작성연월일	1970. 3(일자 불명)
구분	한일협정 비준 후
세부항목	제4~5차 회담 일지
작성처	외무성 한일국교정상화교섭사 편찬위원회
매수	52
비밀등급	비(秘)
문서종류	내부자료
공개구분	공개
내용	제4차 회담 전기(수석회담, 본회의, 어업위원회, 청구권위원회, 일반청구권소위원회, 선박위원회, 문화재소위원회, 법적지위위원회), 제4차 회담 후기(수석회담, 본회의, 어업위원회, 선박소위원회, 법적지위위원회) 및 제5차 회담(수석회담, 본회의, 어업위원회, 청구권위원회, 선박소위원회, 문화재소위원회, 법적지위위원회) 일지
주제어	회담 일지

한일회담 일지(Ⅲ) 제4차·제5차 회담(미정고)
[日韓会談日誌(Ⅲ) 第4次会談·第5次会談(未定稿)]

문서파일번호	277
문서명	한일회담 일지(Ⅲ) 제4차·제5차 회담(미정고)[日韓会談日誌(Ⅲ) 第4次会談·第5次会談(未定稿)]
작성연월일	1970. 3(일자 불명)
구분	한일협정 비준 後
세부항목	제4~5차 회담 일지
작성처	외무성 한일국교정상화교섭사 편찬위원회
매수	52
비밀등급	비(秘)
문서종류	내부자료
공개구분	공개
내용	문서파일번호 148과 동일
주제어	회담 일지

한일회담 일지(III) 제4차·제5차 회담(미정고)
[日韓会談日誌(III) 第4次会談·第5次会談(未定稿)]

문서파일번호	487
문서명	한일회담 일지(III) 제4차·제5차 회담(미정고)[日韓会談日誌(III) 第4次会談·第5次会談(未定稿)]
작성연월일	1970. 3(일자 불명)
구분	한일협정 비준 후
세부항목	제4~5차 회담 일지
작성처	외무성 한일국교정상화교섭사 편찬위원회
매수	52
비밀등급	비(秘)
문서종류	내부자료
공개구분	공개
내용	문서파일번호 148, 277과 동일 문서
주제어	회담 일지

한일회담 일지(IV) 제6차 회담·예비교섭(미정고)
[日韓会談日誌(IV) 第6次会談·豫備交渉(未定稿)]

문서파일번호	278
문서명	한일회담 일지(IV) 제6차 회담·예비교섭(미정고)[日韓会談日誌(IV) 第6次会談·豫備交渉(未定稿)]
작성연월일	1971. 7(일자 불명)
구분	한일협정 비준 후
세부항목	제6차 회담~예비교섭 일지
작성처	외무성 한일국교정상화교섭사 편찬위원회
매수	81
비밀등급	극비
문서종류	내부자료
공개구분	공개
내용	제6차 회담(수석회담, 본회의, 어업위원회, 일반청구권소위원회, 일반청구권 소위원회 임시소위원회, 일반청구권 피징용자관계 등 전문위원회, 선박소위원회, 선박소위원회실무자회의, 문화재소위원회, 문화재전문가 회의, 법적지위위원회, 강제퇴거에 관한 전문가 회의) 및 예비교섭(수석회담, 어업 관계 회의, 와다·김명년 비공식회의, 어업 6자회담, 어업협력분과위, 어업관계한일수석위원회의, 경제협력 관계 회의, 경제협력에 관한 전문가 회의, 법적지위 관계 회의, 문화재 관계 회의) 일지
주제어	회담 일지

한일회담 일지(IV) 제6차 회담·예비교섭(미정고)
[日韓会談日誌(IV) 第6次会談·豫備交涉(未定稿)]

문서파일번호	488
문서명	한일회담 일지(IV) 제6차 회담·예비교섭(미정고)[日韓会談日誌(IV) 第6次会談·豫備交涉(未定稿)]
작성연월일	1971. 7(일자 불명)
구분	한일협정 비준 後
세부항목	제6차 회담~예비교섭 일지
작성처	외무성 한일국교정상화교섭사 편찬위원회
매수	81
비밀등급	극비
문서종류	내부자료
공개구분	공개
내용	문서파일번호 278과 동일한 문서
주제어	회담 일지

한일회담 일지(V) 재개 제6차·제7차 회담(미정고)
[日韓会談日誌(V) 再開第6次会談·第7次 會談(未定稿)]

문서파일번호	279
문서명	한일회담 일지(V) 재개 제6차·제7차 회담(미정고)[日韓会談日誌(V) 再開第6次会談·第7次 會談(未定稿)]
작성연월일	1971. 11(일자 불명)
구분	한일협정 비준 後
세부항목	재개 제6~7차 회담 일지
작성처	외무성 한일국교정상화교섭사 편찬위원회
매수	
비밀등급	극비
문서종류	내부자료
공개구분	공개
내용	재개 제6차 회담(수석회담, 본회의, 기본관계위원회, 어업각료회담, 어업각료회담하의 전문가 회의, 어업각료회담 하 어업협력에 관한 전문가 회의, 법적지위위원회, 문화재소위원회) 및 제7차 회담(수석회담, 본회의, 기본관계위원회, 어업위원회, 어업위원회 전문가 회의, 어업4자 회담, 재개 어업4자 회담, 어업각료회담, 어업 하코네 회담, 청구권 및 경제협력위원회, 청구권 및 경제협력위원회 청구권분과회, 청구권 및 경제협력위원회 경제협력분과위, 법적지위위원회, 외상회담하 재일한국인 법적지위에 관한 전문가 회의, 문화재위원회, 문화재전문가 회의) 일지
주제어	회담 일지

한일회담 일지(V) 재개 제6차·제7차 회담(미정고)
[日韓会談日誌(V) 再開第6次会談·第7次 會談(未定稿)]

문서파일번호	489
문서명	한일회담 일지(V) 재개 제6차·제7차 회담(미정고)[日韓会談日誌(V) 再開第6次会談·第7次 會談(未定稿)]
작성연월일	1971. 11(일자 불명)
구분	한일협정 비준 후
세부항목	재개 제6~7차 회담 일지
작성처	외무성 한일국교정상화교섭사 편찬위원회
매수	74
비밀등급	극비
문서종류	내부자료
공개구분	공개
내용	문서파일번호 279와 동일한 문서
주제어	회담 일지

러일 개전부터 한일병합까지의 연대기
(日露開戦から日韓併合までのクロノロジー)

문서파일번호	499
문서명	러일 개전부터 한일병합까지의 연대기(日露開戦から日韓併合までのクロノロジー)
작성연월일	1960. 10. 15
구분	제5차 회담
세부항목	1904~1910년 한일관계 연대기
작성처	외무성 북동아시아과
매수	6
비밀등급	일반
문서종류	내부자료
공개구분	공개
내용	1904년 1월 23일~1910년 10월 1일까지 러일전쟁 개전 이후 한일병합까지의 주요 역사적 사실에 대한 기록
주제어	한일관계 연대기

종전부터 현재까지의 한일관계 연대기
(終戦時より現在までの日韓関係クロノロジー)

문서파일번호	500
문서명	종전부터 현재까지의 한일관계 연대기(終戦時より現在までの日韓関係クロノロジー)
작성연월일	1960. 11. 14
구분	제5차 회담
세부항목	1943~1960 주요사안 일지
작성처	외무성 북동아시아과
매수	19
비밀등급	비(秘)
문서종류	내부자료
공개구분	공개
내용	1943년 11월~1960년 10월까지 한일관계에 있어서의 주요사안 일지
주제어	1943~1960 주요사안 일지

제20부

교섭사 자료 및 연표

교섭사 자료2: 한일회담에서 일본정부대표 임면 및 한일대표단 구성(미정고)[交渉史資料2: 日韓会談における日本政府代表の任免および日韓代表団の構成(未定稿)]

문서파일번호	62
문서명	교섭사 자료2: 한일회담에서 일본정부대표 임면 및 한일대표단 구성(미정고) [交渉史資料2: 日韓会談における日本政府代表の任免および日韓代表団の構成(未定稿)]
작성연월일	1968. 10(일자 불명)
구분	한일협정 비준 후
세부항목	한일회담 대표단
작성처	외무성 한일국교정상화교섭사 편찬위원회
매수	89
비밀등급	비(秘)
문서종류	내부자료
공개구분	공개
내용	예비회담부터 제7차 회담에 이르기까지 한일회담 일본 대표 임면에 관한 설명 및 한일 양국 대표단 명부를 수록한 자료 Ⅰ. 일본 전권 및 일본정부대표의 임명에 관하여 Ⅱ. 일본정부대표의 임면 Ⅲ. 한일 쌍방의 대표단 명부(예비회담~제7차 회담)
주제어	예비회담~제7차 회담 일본대표 임면 및 한일대표단 명부

교섭사 자료2: 한일회담에서 일본정부대표 임면 및 한일대표단 구성(미정고)[交渉史資料2: 日韓会談における日本政府代表の任免および日韓代表団の構成(未定稿)]

문서파일번호	135
문서명	교섭사 자료2: 한일회담에서 일본정부대표 임면 및 한일대표단 구성(미정고) [交渉史資料2: 日韓会談における日本政府代表の任免および日韓代表団の構成(未定稿)]
작성연월일	1968. 10(일자 불명)
구분	한일협정 비준 후
세부항목	한일회담 대표단
작성처	외무성 한일국교정상화교섭사 편찬위원회(日韓國交常化交涉史編纂委員會)
매수	89
비밀등급	비(秘)
문서종류	내부자료
공개구분	공개
내용	파일번호 62와 동일한 문서
주제어	예비회담~제7차 회담 일본대표 임면 및 한일대표단 명부

교섭사 자료2: 한일회담에서 일본정부대표 임면 및 한일대표단 구성(미정고)[交渉史資料2: 日韓会談における日本政府代表の任免および日韓代表団の構成(未定稿)]

문서파일번호	280
문서명	교섭사 자료2: 한일회담에서 일본정부대표 임면 및 한일대표단 구성(미정고) [交渉史資料2: 日韓会談における日本政府代表の任免および日韓代表団の構成(未定稿)]
작성연월일	1968. 10(일자 불명)
구분	한일협정 비준 후
세부항목	한일회담 대표단
작성처	외무성 한일국교정상화교섭사 편찬위원회
매수	89
비밀등급	비(秘)
문서종류	내부자료
공개구분	공개
내용	파일번호 62, 135와 동일한 문서
주제어	예비회담~제7차 회담 일본대표 임면 및 한일대표단 명부

한일관계 연표(Ⅰ)(미정고)
[日韓関係年表(Ⅰ)(未定稿)]

문서파일번호	145
문서명	한일관계 연표(Ⅰ)(미정고)[日韓関係年表(Ⅰ)(未定稿)]
작성연월일	1969. 11(일자 불명)
구분	한일협정 비준 후
세부항목	한일관계 연표(1945. 7~1952. 4)
작성처	외무성 한일국교정상화교섭사 편찬위원회
매수	23
비밀등급	비(秘)
문서종류	내부자료
공개구분	공개
내용	1945년 7월~1952년 4월까지 한일 간 회담 및 여타 회합, 양국 관계의 특기사항, 북한 동향 등에 관해 정리한 연표
주제어	한일관계 연표

한일관계 연표(Ⅰ)(미정고)
[日韓関係年表(Ⅰ)(未定稿)]

문서파일번호	270
분서명	한일관계 연표(Ⅰ)(미정고)[日韓関係年表(Ⅰ)(未定稿)]
작성연월일	1969. 11(일자 불명)
구분	한일협정 비준 후
세부항목	한일관계 연표(1945. 7~1952. 4)
작성처	외무성 한일국교정상화교섭사 편찬위원회
매수	23
비밀등급	비(秘)
문서종류	내부자료
공개구분	공개
내용	문서파일번호 145와 동일
주제어	한일관계 연표

한일관계 연표(Ⅰ)(미정고)
[日韓関係年表(Ⅰ)(未定稿)]

문서파일번호	490
문서명	한일관계 연표(Ⅰ)(미정고)[日韓関係年表(Ⅰ)(未定稿)]
작성연월일	1969. 11(일자 불명)
구분	한일협정 비준 후
세부항목	한일관계 연표(1945. 7~1952. 4)
작성처	외무성 한일국교정상화교섭사 편찬위원회
매수	23
비밀등급	비(秘)
문서종류	내부자료
공개구분	공개
내용	문서파일번호 145, 270과 동일한 문서
주제어	한일관계 연표

한일관계 연표(Ⅱ)
[日韓関係年表(Ⅱ)]

문서파일번호	147
문서명	한일관계 연표(II)[日韓関係年表(II)]
작성연월일	1970. 3(일자 불명)
구분	한일협정 비준 후
세부항목	한일관계 연표(1952. 5~1957. 12)
작성처	외무성 한일국교정상화교섭사 편찬위원회
매수	19
비밀등급	비(秘)
문서종류	내부자료
공개구분	공개
내용	1952년 5월~1957년 12월까지 한일관계 등 연표
주제어	한일관계 연표

한일관계 연표(Ⅱ)
[日韓関係年表(Ⅱ)]

문서파일번호	271
문서명	한일관계 연표(Ⅱ)[日韓関係年表(Ⅱ)]
작성연월일	1970. 3(일자 불명)
구분	한일협정 비준 후
세부항목	한일관계 연표(1952. 5~1957. 12)
작성처	외무성 한일국교정상화교섭사 편찬위원회
매수	19
비밀등급	비(秘)
문서종류	내부자료
공개구분	공개
내용	문서파일번호 147과 동일
주제어	한일관계 연표

한일관계 연표(II)
[日韓關係年表(II)]

문서파일번호	491
문서명	한일관계 연표(II)[日韓關係年表(II)]
작성연월일	1970. 3(일자 불명)
구분	한일협정 비준 후
세부항목	한일관계 연표(1952. 5~1957. 12)
작성처	외무성 한일국교정상화교섭사 편찬위원회
매수	19
비밀등급	비(秘)
문서종류	내부자료
공개구분	공개
내용	문서파일번호 147, 271과 동일
주제어	한일관계 연표

한일관계 연표(Ⅲ)
[日韓関係年表(Ⅲ)]

문서파일번호	272
문서명	한일관계 연표(Ⅲ)[日韓関係年表(Ⅲ)]
작성연월일	1970. 5(일자 불명)
구분	한일협정 비준 후
세부항목	한일관계 연표(1958.1~1961.9)
작성처	외무성 한일국교정상화교섭사 편찬위원회
매수	25
비밀등급	비(秘)
문서종류	내부자료
공개구분	공개
내용	1958년 1월~1961년 9월까지 한일회담, 한일관계, 북한 동향 등에 관해 정리한 연표
주제어	한일관계 연표

한일관계 연표(Ⅲ)
[日韓関係年表(Ⅲ)]

문서파일번호	492
문서명	한일관계 연표(Ⅲ)[日韓関係年表(Ⅲ)]
작성연월일	1970. 5(일자 불명)
구분	한일협정 비준 후
세부항목	한일관계 연표(1958. 1~1961. 9)
작성처	외무성 한일국교정상화교섭사 편찬위원회
매수	25
비밀등급	비(秘)
문서종류	내부자료
공개구분	공개
내용	문서파일번호 272와 동일한 문서
주제어	한일관계 연표

한일관계 연표(Ⅲ)
[日韓関係年表(Ⅲ)]

문서파일번호	1622
문서명	한일관계 연표(Ⅲ)[日韓関係年表(Ⅲ)]
작성연월일	1970. 5(일자 불명)
구분	한일협정 비준 후
세부항목	한일관계 연표(1958. 1~1961. 9)
작성처	외무성 한일국교정상화교섭사 편찬위원회
매수	25
비밀등급	비(秘)
문서종류	내부자료
공개구분	공개
내용	문서파일번호 272, 492와 동일한 문서
주제어	한일관계 연표

한일관계 연표(IV)
[日韓関係年表(IV)]

문서파일번호	273
문서명	한일관계 연표(IV)[日韓関係年表(IV)]
작성연월일	1971. 7(일자 불명)
구분	한일협정 비준 후
세부항목	한일관계 연표(1961. 10~1966. 12)
작성처	외무성 한일국교정상화교섭사 편찬위원회
매수	41
비밀등급	비(秘)
문서종류	내부자료
공개구분	공개
내용	1961년 10월~1966년 12월까지 한일회담, 한일관계, 북한 동향 등에 관해 정리한 연표
주제어	한일관계 연표

한일관계 연표(IV)(미정고)
[日韓関係年表(IV)(未定稿)]

문서파일번호	493
문서명	한일관계 연표(IV)(미정고)[日韓関係年表(IV)(未定稿)]
작성연월일	1971. 7(일자 불명)
구분	한일협정 비준 후
세부항목	한일관계 연표(1961. 10~1966. 12)
작성처	외무성 한일국교정상화교섭사 편찬위원회
매수	41
비밀등급	비(秘)
문서종류	내부자료
공개구분	공개
내용	문서파일번호 273과 동일한 문서
주제어	한일관계 연표

제21부

한일국교정상화 교섭의 기록 총설

한일국교정상화 교섭기록 머리말, 총설 목차, 총설 제1장(대일평화조약 발효 전의 한일관계와 한일회담 예비회담)[日韓国交正常化交渉の記録 はしがき，総説目次，総説I(平和条約発効前の日韓関係と日韓会談予備会談)]

문서파일번호	1124
문서명	한일국교정상화교섭의 기록 머리말, 총설 목차, 총설 제1장(대일평화조약 발효전의 한일관계와 한일회담 예비회담)[日韓国交正常化交渉の記録 はしがき，総説目次，総説I(平和条約発効前の日韓関係と日韓会談予備会談)]
작성연월일	1970(월일 불명)
구분	한일협정 비준 후
세부항목	예비회담 교섭기록
작성처	모리타 요시오(森田芳夫)
매수	285
비밀등급	
문서종류	내부문서
공개구분	일부비공개
내용	북동아과 모리타 요시오 사무관이 집필한 한일국교정상화 교섭기록 머리말 및 총설 목차, 제1장 평화조약 발효전의 한일관계와 한일회담 예비회담 머리말 ① 편찬경위 ② 편찬업무 ③ 한일국교정상화교섭의 기록 총 목차(제1편 총설, 제2편 교섭담당자의 수기·담화, 제3편 자료) 총설 서(序) 총설 목차 제1장 평화조약 발효전의 한일관계와 한일회담 예비회담 ① 일본통치의 종말과 남북한정부의 수립 ② 한국정부 수립 후 ③ 대일평화조약의 한국관계 사항 ④ 한일회담 예비회담 ⑤ 한국정부, 인접 해양에 대한 주권선언의 발표 - '이승만 라인'의 설정
주세어	한일국교정상화 교섭기록 총설 서, 목차, 제1장

한일국교정상화 교섭기록 총설 제2장(제1차 한일회담과 대일평화조약 발효)[日韓国交正常化交渉の記録 總説II(第1次日韓会談と対日平和条約の発効)]

문서파일번호	1125
문서명	한일국교정상화 교섭기록 총설 제2장(제1차 한일회담과 대일평화조약의 발효)[日韓国交正常化交渉の記録 總説II(第1次日韓会談と対日平和条約の発効)]
작성연월일	1970(월일 불명)
구분	한일협정 비준 후
세부항목	제1차 한일회담 교섭기록
작성처	모리타 요시오
비밀등급	
매수	228
문서종류	내부문서
공개구분	일부비공개
내용	북동아과 모리타 요시오 사무관이 집필한 한일국교정상화 교섭기록 총설 제2장 제1차 한일회담과 대일평화조약의 발효 ① 대표의 임명과 회담 대책 ② 제1차 회담의 추이 ③ 회담의 중단 ④ 평화조약 제4조에 관한 미국 견해 ⑤ 대일평화조약의 발효 ⑥ 한국, 강제퇴거 해당 형벌법령 위반자의 수용 거부
주제어	한일국교정상화 교섭기록 총설 제2장

한일국교정상화 교섭기록 총설 제3장(제2, 3차 한일회담)[日韓国交正常化交渉の記録 総説三(第2, 3次 日韓會談)]

문서파일번호	1915
문서명	한일국교정상화 교섭기록 총설 제3장(제2, 3차 한일회담)[日韓国交正常化交渉の記録 総説三(第2, 3次 日韓會談)]
작성연월일	1970(월일 불명)
구분	한일협정 비준 후
세부항목	제2, 3차 한일회담 교섭기록
작성처	무리타 유시오
매수	220
비밀등급	
문서종류	내부자료
공개구분	일부비공개
내용	북동아과 모리타 요시오 사무관이 집필한 한일국교정상화 교섭기록 총설 제3장 제2, 3차 한일회담 ① 회담 재개 교섭 ② 이승만 대통령의 방일 ③ '이 라인' 문제의 분규 ④ 제2차 한일회담 ⑤ 격화하는 어업분쟁 ⑥ 제3차 한일회담
주제어	한일국교정상화 교섭기록 총설 제3장

한일국교정상화 교섭기록 총설 제4장(한일회담 재개 교섭과 억류자 상호석방)[日韓国交正常化交渉の記録 総説四(日韓會談 再開交渉と抑留者相互釋放)]

문서파일번호	1916
문서명	한일국교정상화 교섭기록 총설 제4장(한일회담 재개 교섭과 억류자 상호석방)[日韓国交正常化交渉の記録 総説四(日韓會談 再開交渉と抑留者相互釋放)]
작성연월일	1970(월일 불명)
구분	한일협정 비준 후
세부항목	한일회담 재개 및 억류자 상호석방 교섭
작성처	모리타 요시오
매수	220
비밀등급	
문서종류	내부자료
공개구분	일부비공개
내용	북동아과 모리타 요시오 사무관이 집필한 한일국교정상화 교섭기록 총설 제4장 한일회담 재개 교섭과 억류자 상호석방 ① 제3차 한일회담 결렬 후의 조치 ② 한국정부의 오무라 수용자 인수 거부 ③ 하토야마 내각의 발족과 다니 대사·김 공사 회담 ④ 북한의 대일교류 기도와 한국의 반발 ⑤ 나포 어선원의 장기 억류와 일본어선 격침 성명 ⑥ 대일무역 금지조치 ⑦ 한일회담 재개교섭의 계속 ⑧ 상호석방 교섭의 진전 ⑨ 상호석방·한일회담 재개 교섭 ⑩ 기시 총리 방미 전의 교섭 ⑪ 교섭 타결 ⑫ 적십자 국제위원회의 권고
주제어	한일국교정상화 교섭기록 총설 제4장

한일국교정상화 교섭기록 총설 제5장(제4차 한일회담)[日韓国交正常化交渉の記録総説V(第4次日韓会談)]

문서파일번호	125
문서명	한일국교정상화 교섭의 기록 총설 제5장(제4차 한일회담)[日韓国交正常化交渉の記録総説V(第4次日韓会談)]
작성연월일	1970(월일 불명)
구분	한일협정 비준 후
세부항목	제4차 한일회담 교섭기록
작성처	모리타 요시오
매수	199
비밀등급	
문서종류	내부자료
공개구분	일부비공개
내용	북동아과 모리타 요시오 사무관이 집필한 한일국교정상화 교섭기록 제5장 제4차 한일회담 ① 상호석방의 실시 ② 문화재 106점의 인도 ③ 제4차 한일회담(前期) ④ 제4차 한일회담(後期) ⑤ 제2차 상호석방 실시와 제4차 회담(後期)의 재개 한일전면회담에 관한 기본방침(각의 승인 안)
주제어	한일국교정상화 교섭기록 총설 제5장

한일국교정상화 교섭기록 총설 제6장(재일조선인의 북한 귀환 문제와 귀환협정 체결)[日韓国交正常化交渉の記録総説VI(在日朝鮮人の北朝鮮帰還問題と帰還協定の締結)]

문서파일번호	126
문서명	한일국교정상화 교섭기록 총설 제6장(재일조선인의 북한 귀환 문제와 귀환협정 체결) [日韓国交正常化交渉の記録総説VI(在日朝鮮人の北朝鮮帰還問題と帰還協定の締結)]
작성연월일	1970(월일 불명)
구분	한일협정 비준 후
세부항목	재일한인 북송
작성처	모리타 요시오
매수	225
비밀등급	
문서종류	내부자료
공개구분	일부비공개
내용	북동아과 모리타 요시오 사무관이 집필한 한일국교정상화 교섭기록 제6장 재일조선인의 북한 귀환 문제와 귀환협정의 체결 ① 6·25 전쟁 휴전 후 ② 북한 잔류 일본인의 송환과 재일조선인의 귀환 ③ 적십자 국제위원회의 관여 ④ 북한정부의 적극적 태도와 일본 내 귀환운동의 활성화 ⑤ 각의 승인 ⑥ 일본·북한 적십자 회담과 귀환협정 조인 ⑦ 귀환 안내의 보충설명과 귀환 실시
주제어	한일국교정상화 교섭기록 총설 제6장

한일국교정상화 교섭기록 총설 제7장(장면 정권의 성립과 제5차 한일회담)[日韓国交正常化交渉の記録 総説七(張勉政権の成立と第5次韓日會談)]

문서파일번호	505
문서명	한일국교정상화 교섭기록 총설 제7장(장면 정권의 성립과 제5차 한일회담)[日韓国交正常化交渉の記録 総説七(張勉政権の成立と第5次韓日會談)]
작성연월일	1970(월일 불명)
구분	한일협정 비준 後
세부항목	제5차 한일회담 교섭기록
작성처	모리타 요시오
매수	220
비밀등급	
문서종류	내부자료
공개구분	일부비공개
내용	북동아과 모리타 요시오 사무관의 한일국교정상화 교섭기록 총설 제7장 장면 정권의 성립과 제5차 한일회담 ① 허정 과도정권 ② 장면 내각의 성립과 고사카(小坂善太郎) 외무대신의 방한 ③ 제5차 한일회담 일본의 방침 ④ 유진오 대표의 논고 ⑤ 제5차 한일회담 ⑥ 자유민주당 의원의 방한 - 이세키 아시아국장 · 김용식 외무부차관 회담 ⑦ 북한귀환협정 갱신 교섭 ⑧ 유태하 대사의 사임과 장경환 전 내무부장관의 불법 입국 ⑨ 한일교류의 긴밀화
주제어	한일국교정상화 교섭기록 총설 제7장

한일국교정상화 교섭기록 총설 제8장(군사정권의 성립과 제6차 한일회담)[日韓国交正常化交渉の記録 総説八(軍事政權の成立と第6次韓日會談)]

문서파일번호	506
문서명	한일국교정상화 교섭기록 총설 제8장(군사정권의 성립과 제6차 한일회담)[日韓国交正常化交渉の記録 総説八(軍事政權の成立と第6次韓日會談)]
작성연월일	1970(월일 불명)
구분	한일협정 비준 후
세부항목	제6차 한일회담 교섭기록
작성처	모리타 요시오
매수	359
비밀등급	
문서종류	내부자료
공개구분	일부비공개
내용	북동아과 모리타 요시오 사무관이 집필한 한일국교정상화 교섭기록 총설 제8장 군사정권의 성립과 제6차 한일회담 ① 군사정권의 성립 ② 주한일본대표부 설치 신청 ③ 마에다 북동아시아과장의 방한 ④ 제6차 한일회담 개시 ⑤ 스기(杉道助) 한일회담 수석대표의 방한 ⑥ 박정희 의장 방일 ⑦ 제6차 한일회담 추이 ⑧ 정치절충과 청구권 문제 ⑨ 고사카 외무대신·최덕신 외무부장관 회담 ⑩ 윤보선 대통령 사임 ⑪ 정치절충 이후 ⑫ 재일조선인의 북한귀환협정 연장
주제어	한일국교정상화 교섭기록 총설 제8장

한일국교정상화 교섭기록 총설 제9장(한일회담 예비교섭 - 청구권처리 대강의 결정과 어업 문제의 진전) [日韓国交正常化交渉の記録 総説九(日韓會談豫備交渉 - 請求權處理大綱の決定と漁業問題等の進展)]

문서파일번호	1882
문서명	한일국교정상화 교섭기록 총설 제9장(한일회담 예비교섭 - 청구권처리 대강의 결정과 어업 문제의 진전)[日韓国交正常化交渉の記録 総説九(日韓會談豫備交渉 - 請求權處理大綱の決定と漁業問題等の進展)]
작성연월일	1970(월일 불명)
구분	한일협정 비준 후
세부항목	제6차 한일회담 교섭기록
작성처	모리타 요시오
매수	220
비밀등급	
문서종류	내부자료
공개구분	일부비공개
내용	북동아과 모리타 요시오 사무관이 집필한 한일국교정상화 교섭기록 총설 제9장 한일회담 예비교섭 - 청구권처리 대강의 결정과 어업 문제의 진전 ① 한일회담의 진전 방안에 관한 간부회의 ② 한일 전면회담 예비교섭의 개시와 미국의 관심 ③ 오히라(大平正芳)외무대신·김종필 중앙정보부장 회담 ④ 오노(大野伴睦) 자민당 부총재의 방한과 청구권처리 대강의 결정 ⑤ 동요하는 한국 정국과 외무성 직원의(한국) 출장 체류 ⑥ 예비교섭의 추이 ⑦ 오히라·김용식 외상회담 ⑧ 외상회담 후의 어업, 법적지위 문제 논의 ⑨ 박정희 정권 수립
주제어	한일국교정상화 교섭기록 총설 제9장

한일국교정상화 교섭기록 제10장(재개 제6차 회담)

[日韓国交正常化交渉の記録 總說X(再開第6次会談)]

문서파일번호	1126
문서명	한일국교정상화 교섭기록 제10장(재개 제6차 회담)[日韓国交正常化交渉の記録 總說X(再開第6次会談)]
작성연월일	1970(월일 불명)
구분	한일협정 비준 후
세부항목	재개 제6차 한일회담 교섭기록
작성처	모리타 요시오
매수	110
비밀등급	
문서종류	내부문서
공개구분	공개
내용	북동아과 모리타 요시오 사무관이 집필한 한일국교정상화 교섭기록 총설 제10장 재개 제6차 한일회담 ① 한일어업 각료회담 개최와 제6차 회담의 재개 ② 회담 평가
주제어	한일국교정상화 교섭기록 총설 제10장

한일국교정상화 교섭기록 총설 제11장(제7차 회담 개시와 기본관계조약안 서명)[日韓国交正常化交渉の記録 總說XI(第7次会談の開始と基本関係条約案イニシャアル)]

문서파일번호	1127
문서명	한일국교정상화 교섭기록 총설 제11장(제7차 회담 개시와 기본관계조약안 서명)[日韓国交正常化交渉の記録 總說XI(第7次会談の開始と基本関係条約案イニシャアル)]
작성연월일	1970(월일 불명)
구분	한일협정 비준 후
세부항목	제7차 한일회담 교섭기록
작성처	모리타 요시오
매수	212
비밀등급	
문서종류	내부문서
공개구분	일부비공개
내용	북동아과 모리타 요시오 사무관이 집필한 한일국교정상화 교섭기록 총설 제11장 제7차 회담 개시와 기본관계조약안 서명 ① 제7차 회담의 개시와 기본관계조약 서명 ② 시나 외무대신의 방한 ③ 한일 외상회담과 기본관계조약안 서명 ④ 방한에 대한 한국 반향 ⑤ 한일 양 외상의 국회보고
주제어	한일국교정상화 교섭기록 총설 제11장

한일국교정상화 교섭기록 총설 제12장(청구권·법적지위·어업 문제 합의사항 서명)[日韓国交正常化交渉の記録 總說XII(請求權·法的地位·漁業問題合意事項イニシャアル)]

문서파일번호	1128
문서명	한일국교정상화 교섭기록 총설 제12장(청구권·법적지위·어업 문제 합의사항 서명)[日韓国交正常化交渉の記録 總說XII(請求權·法的地位·漁業問題合意事項イニシャアル)]
작성연월일	1970(월일 불명)
구분	한일협정 비준 후
세부항목	제7차 한일회담 교섭기록
작성처	모리타 요시오
매수	366
비밀등급	
문서종류	내부문서
공개구분	일부비공개
내용	북동아과 모리타 요시오 사무관이 집필한 한일국교정상화 교섭기록 총설 제12장 청구권·법적지위·어업 문제 합의사항 서명 ① 한국의 조인 스케줄 ② 제2차 어업각료회담 ③ 재일한국인의 법적지위 문제 ④ 이동원 외무부장관의 방일과 한일 외상회담 개최 ⑤ 재일한국인의 법적지위 문제 합의 ⑥ 청구권·경제협력 문제 합의 ⑦ 청구권·경제협력, 법적지위, 어업 문제 합의사항 서명 ⑧ 제1차 한일무역회담
주제어	한일국교정상화 교섭기록 총설 제12장

한일국교정상화 교섭기록 총설 제13장-1(조문 작성 교섭과 한일조약 여러 협정 조인)[日韓国交正常化交渉の記録 総説十三-1(条文作成交渉と日韓条約諸協定の調印)]

문서파일번호	1315
문서명	한일국교정상화 교섭기록 총설 제13장-1(조문 작성 교섭과 한일조약 여러 협정 조인) [日韓国交正常化交渉の記録 総説十三-1(条文作成交渉と日韓条約諸協定の調印)]
작성연월일	1970(월일 불명)
구분	한일협정 비준 後
세부항목	조문 작성 교섭과 한일조약 여러 협정 조인
작성처	모리타 요시오
매수	269
비밀등급	
문서종류	내부자료
공개구분	공개
내용	북동아과 모리타 요시오 사무관이 집필한 한일국교정상화 교섭기록 총설 제13장 조문 작성 교섭과 한일조약 여러 협정 조인 ① 조문 작성 교섭의 진전 ② 어업 문제
주제어	한일국교정상화 교섭기록 총설 제13장

한일국교정상화 교섭기록 총설 제13장-2(조문 작성 교섭과 한일조약 여러 협정 조인)[日韓国交正常化交渉の記録 総説十三-2(条文作成交渉と日韓条約諸協定の調印)]

문서파일번호	1316
문서명	한일국교정상화 교섭기록 총설 제13장-2(조문 작성 교섭과 한일조약 여러 협정 조인) [日韓国交正常化交渉の記録 総説十三-2(条文作成交渉と日韓条約諸協定の調印)]
작성연월일	1970(월일 불명)
구분	한일협정 비준 후
세부항목	조문 작성 교섭과 한일조약 여러 협정 조인
작성처	모리타 요시오
매수	375
비밀등급	
문서종류	내부자료
공개구분	일부비공개
내용	북동아과 모리타 요시오 사무관이 집필한 한일국교정상화 교섭기록 총설 제13장 조문 작성 교섭과 한일조약 여러 협정 조인(계속) ③ 청구권 및 경제협력 문제 ④ 재일한국인 법적지위 문제 ⑤ 문화재 문제 ⑥ 한국어역과의 조합 ⑦ 최후의 정치회담 ⑧ 한일조약 여러 협정의 조인 ⑨ 주서울 일본정부 재외사무소 개설 부(付) 서명된 한일조약 여러 협정
주제어	한일국교정상화 교섭기록 총설 제13장

한일국교정상화 교섭기록 총설 제13장(조문 작성 교섭과 한일조약 여러 협정조인)[日韓国交正常化交渉の記録総説 XIII(条文作成交渉と日韓条約諸協定の調印]

문서파일번호	391
문서명	한일국교정상화 교섭기록 총설 제13장(조문 작성 교섭과 한일조약 여러 협정 조인) [日韓国交正常化交渉の記録總説 XIII(条文作成交渉と日韓条約諸協定の調印]
작성연월일	1970(월일 불명)
구분	한일협정 비준 후
세부항목	제7차 한일회담 교섭기록
작성처	모리타 요시오
매수	358
비밀등급	
문서종류	내부자료
공개구분	공개
내용	북동아과 모리타 요시오 사무관이 집필한 한일국교정상화 교섭기록 총설 제13장 조문 작성 교섭과 한일조약 여러 협정 조인 ① 조문 작성 교섭의 진전 ② 어업 문제 ③ 청구권 및 경제협력 문제 ④ 재일한국인의 법적지위 문제 ⑤ 문화재 문제 ⑥ 한국어 번역과의 조합 ⑦ 최후의 정치회담 ⑧ 한일조약 여러 협정의 조인 ⑨ 주서울 일본정부 재외사무소 개설 첨부(付) 서명된 한일조약 여러 협정
주제어	한일국교정상화 교섭기록 총설 제13장

한일국교정상화 교섭기록 총설 제14장(한일조약 여러 협정의 비준과 국교정상화)[日韓国交正常化交渉の記録総説 XIV(日韓条約諸協定の批准と国交の正常化)]

문서파일번호	392
문서명	한일국교정상화 교섭기록 총설 제14장(한일조약 여러 협정의 비준과 국교정상화)[日韓国交正常化交渉の記録総説 XIV(日韓条約諸協定の批准と国交の正常化)]
작성연월일	1970(월일 불명)
구분	한일협정 비준 후
세부항목	한일협정 비준과 국교정상화
작성처	모리타 요시오
매수	155
비밀등급	
문서종류	내부자료
공개구분	공개
내용	북동아과 모리타 요시오 사무관이 집필한 한일국교정상화 교섭기록 총설 제14장 한일조약 여러 협정의 비준과 국교정상화 ① 한국 국회에서의 비준 ② 한국에서의 비준 반대운동 ③ 일본 국회에서의 비준 ④ 비준서 교환식 ⑤ 한일조약 여러 협정의 공포 ⑥ 주한일본대사관, 주일한국대사관 개설 ⑦ 제2차 한일무역회담과 한일금융협정 종료 ⑧ 한일농상회담과 한일어업민간협정 ⑨ 그 후의 조약협정 실시 ⑩ 한일조약 여러 협정 영문텍스트의 유엔 제출
주제어	한일국교정상화 교섭기록 총설 제14장

한일국교정상화 교섭기록(제15장 독도 문제)
[日韓国交正常化交渉の記録(第十五章竹島問題)]

문서파일번호	910
문서명	한일국교정상화 교섭기록(제15장 독도 문제)[日韓国交正常化交渉の記録(第十五章竹島問題)]
작성연월일	1970(월일 불명)
구분	한일협정 비준 후
세부항목	독도
작성처	모리타 요시오
매수	253
비밀등급	일반
문서종류	내부자료
공개구분	일부비공개
내용	북동아과 모리타 요시오 사무관이 집필한 한일국교정상화 교섭기록 제15장 독도 문제에 관한 내용 ① 종전 후 일본정부의 조치 ② 대책요강의 결정과 일본관헌의 상륙 ③ 해상보안청선의 독도 순시 ④ 한국관헌의 독도 점거와 일본정부의 방침 ⑤ 독도 영유를 둘러싼 한일 구상서 왕복 ⑥ 독도 영유에 관한 한일 양국의 견해 ⑦ 국제사법재판소 제소안의 제시 ⑧ 분쟁 해결의 교환공문안 타결
주제어	한일국교정상화 교섭기록 제15장

한일국교정상화 교섭기록(제16장 한일회담과 북한)
[日韓国交正常化交渉の記録(第十六章日韓会談と北朝鮮)]

문서파일번호	911
문서명	한일국교정상화 교섭기록(제16장 한일회담과 북한)[日韓国交正常化交渉の記録(第十六章日韓会談と北朝鮮)]
작성연월일	1970(월일 불명)
구분	한일협정 비준 후
세부항목	한일회담, 북한관계
작성처	모리타 요시오
매수	74
비밀등급	일반
문서종류	내부자료
공개구분	공개
내용	북동아과 모리타 요시오 사무관이 집필한 한일국교정상화 교섭기록 제16장 한일회담과 북한에 관한 내용 ① 대일평화조약과 북한 ② 일본과의 국교수립을 요구하는 외상 성명 ③ 상호석방·한일회담 재개 교섭에 대해 ④ 한일회담의 진전과 대일태도의 경화 ⑤ 기본조약안의 서명, 조약 및 여러 협정의 조인에 대해 ⑥ 특히 재일한국인의 문제에 대해
주제어	한일국교정상화 교섭기록 제16장

독도문제에 관한 문헌자료
(竹島問題に關する文獻資料)

문서번호	137
문서명	독도문제에 관한 문헌자료(竹島問題に關する文獻資料)
작성연월일	불명
구분	
세부항목	
작성처	
매수	
비밀등급	
문서종류	
공개구분	비공개
내용	
주제어	

한일회담 자료총서 15

한일회담 일본외교문서 상세목록집Ⅴ
– 제7차 회담

초판 1쇄 인쇄 2021년 11월 10일
초판 1쇄 발행 2021년 11월 30일

엮은이 | 동북아역사재단
펴낸이 | 이영호
펴낸곳 | 동북아역사재단

등록 | 제312-2004-050호(2004년 10월 18일)
주소 | 서울시 서대문구 통일로 81 NH농협생명빌딩
전화 | 02-2012-6065
팩스 | 02-2012-6189
홈페이지 | www.nahf.or.kr
제작·인쇄 | 청아출판사

ISBN 978-89-6187-665-0 94910
978-89-6187-660-5 (세트)